Weißenfels, Friedrich Gerhardt zu

Geschichte der Stadt Weissenfels a. S.

Weißenfels, Friedrich Gerhardt zu

Geschichte der Stadt Weissenfels a. S.

Inktank publishing, 2018

www.inktank-publishing.com

ISBN/EAN: 9783747776124

Friedrich Gerhardt · Pastor zu Weißenfels

Geschichte der Stadt Weißenfels a. S.

mit neuen Beiträgen
zur Geschichte des Herzogtums
Sachsen-Weißenfels.

Weißenfels a. S. · Verlag von A. Urlaub

DD901
W42G4

Dem Rate der Stadt

und dem

Kollegium der Stadtverordneten

zu Weißenfels

zugeeignet

vom

Verfasser.

Vorwort.

Die Heimat wird dann erst heimisch, wenn der Boden sich belebt und redet, und die Vaterlandsliebe, die Mutter so vieler Tugenden, kann nicht besser angeregt werden, als wenn schon die Jugend lernt, daß Geburts- und Wohnort nichts Zufälliges und Gleichgültiges sei."

Mit diesem Motto Ferdinand Schmidts zur brandenburgisch-preußischen Geschichte möchte ich meine Geschichte der Stadt Weißenfels einführen und vorstellen.

Ich habe mich bemüht die Darstellung so zu gestalten, daß im allgemeinen keine große Gelehrsamkeit zum Verständnis nötig ist. Wenn sich trotzdem manche Partien nicht so leichthin lesen lassen, so bitte ich zu bedenken, daß die Darstellung dann noch viel schwerer war!

Mehr allgemeine Landesgeschichte, als zum Verständnis nötig erschien, glaube ich nicht gebracht zu haben.

Die Geschichtsquellen lasse ich manchmal reden, obwohl ich weiß, daß manche behaupten: Regestenmaterial gehöre nicht in eine Lokalgeschichte. Aber die Sprache verschiedener Zeit belebt und illustriert. Ich habe jahrelang Urkunden gesammelt.

Erklärende Anmerkungen habe ich durchweg vermieden. Wo nötig, sind sie mit Vorsicht in den Text verwoben.

Wo die Zitate der Quellenangabe entbehren, sind sie als solche doch kenntlich gemacht.

Ein ausführliches allgemeines Literaturverzeichnis, das ich beifügen wollte, habe ich in letzter Stunde beiseite legen müssen.

Wegen einzelner Irrtümer und Druckfehler bitte ich um Nachsicht. Berichtigungen sachlicher Art werden dankbar angenommen.

Wie zu meiner im Jahre 1898 erschienenen Gelegenheitsschrift über die Schloßkirche, so haben auch zu diesem Buche das Königl. Sächsische Haupt-Staatsarchiv in Dresden und die Königl. öffentliche Bibliothek daselbst ihre Pforten weit aufgetan. Vorsichtiger geschah es in Weimar. Den Königlichen Archiven zu Magdeburg und Merseburg, der Direktion der Stadtbibliothek in Leipzig, dem vornehmen Entgegenkommen der Universitätsbibliotheken in Halle und ganz besonders auch in Jena sage ich ergebenen Dank.

Auch das „Weißenfelser Tageblatt" sei nicht vergessen!

Für die Benützung des städtischen Archivs habe ich Herrn Oberbürgermeister Wadehn verbindlich zu danken. —

In einem Faszikel fand ich eine Notiz über die Schicksale des hiesigen Rats-Archivs:

„.... angesehen unser Rathhauß die Fatalitäten erlitten, daß es nicht nur 1668 und 1718 abgebrand, sondern auch im dreißigjährigen Kriege etliche mahl geplündert und hernach Dokumente auffn Gassen wiederum zusammengesucht werden müssen, desgleichen so hat der erste angeführte Brand viele Schriften in der Luft bis nach Lützen getrieben, damit freylich bey solchen Nothfällen das Archiv in Unordnung und starke Abnahme gerathen ist."

Herr Oberlehrer Dr. Löscher in Gera gruppierte das Vorgeschichtliche zur Einleitung sachgemäß.

Die Herausgabe des Buches ist wesentlich gefördert durch den von den städtischen Behörden bewilligten Zuschuß.

Die Dietrichschen Papierfabriken aber stellten dem Autor und Verleger das Druckpapier zur ganzen Auflage zur Verfügung!

Allen sei ehrerbietiger, herzlicher Dank gesagt.

Weißenfels, am 12. August 1907.

Der Verfasser.

Inhalt.

Seite

Vorwort V
Inhaltsverzeichnis VII
Ortsgeschichtliches Literaturverzeichnis X
Vorgeschichtliches zur Einleitung XIV

Die Anfänge unter verschiedenen Herren.

Kapitel 1—3.

1. Thüringer und Slaven 1
2. Unter sächsischen Kaisern und südthüringischen Markgrafen (Ekkehardinern), 919—1024 5
3. Unter salischen, fränkischen Kaisern (—1125); sächsischen Pfalzgrafen (—1075) und Thüringer Landgrafen (—1242) 9

Eine Übersicht über die bisher genannten und im folgenden gelegentlich erwähnten Herren des heutigen Weißenfelser Gebietes, der Billunger Sachsenherzöge, sächsischen (Gosecker) Pfalzgrafen u. Thüringer Landgrafen 15
Genealogische Tafel 16

Der I. Hauptteil: Weißenfels unter dem Hause Wettin.

1. Abschnitt: Unter den Markgrafen von Meißen und vom Osterlande.

Kapitel 4—12.

4. Unter Markgraf Otto dem Reichen (1166—1190) und Dietrich dem Bedrängten, Grafen von Weißenfels (1190—1221) 17
5. Unter Markgraf Heinrich dem Erlauchten (1227—1262) 24
6. Unter Markgraf Dietrich dem Weisen von Landsberg (1265—1285) . . . 28
Das Clarenkloster von St. Niclas 32
7. Unter Markgraf Friedrich von Landsberg gen. Friedrich Tuta (1285—1291) 39
8. Unter Markgraf Diezmann (Thessemann), (1291—1307) 44
9. Unter Markgraf Friedrich I., dem Freidigen, Gebissenen (1307—1324) . . 52
10. Unter Markgraf Friedrich II. (Ernsthaften, Jüngern) (1323—1349) . . . 57
11. Unter Markgraf Friedrich III., dem Strengen (1349—81), (Balthasar und Wilhelm) 64
12. Unter Herzog Wilhelm II. (1381—1425) 71

2. Abschnitt: Unter Kurfürsten und Herzögen.

Kapitel 13–15.

13. Unter Markgraf Friedrich IV., dem Streitbaren (1425—1428) 80
14. Unter Kurfürst Friedrich II., dem Sanftmütigen (1428—1464) 83
15. Unter Herzog Wilhelm III., dem Strengen (1445—1482) 89

3. Abschnitt: Unter Albertinischen Herzögen.

Kapitel 16—18.

16. Unter Albrecht dem Beherzten, Potestaten in Friesland (1482—1500) . . 98
17. Unter Herzog Georg dem Bärtigen (1500—1539) 110
18. Unter Herzog Heinrich dem Frommen (1539—1541) 120

4. Abschnitt: Unter albertinischen Kurfürsten.

Kapitel 19—23 B.

19. Unter Herzog und Kurfürst Moritz (1541—1553) 127
20. Unter Kurfürst August dem Sparsamen (1550/53—86) 133
21. Unter Kurfürst Christian I. (1586—1591) und Herzog Friedrich Wilhelm dem Administrator (1591—1601) 148
22. Unter Kurfürst Christian II. (1601—1611) 158
23 A. Unter Kurfürst Johann Georg I. (1611—1656) 161
Die Weißenfelser Stadt-Jahr-Rechnung 173
23 B. Weißenfels im dreißigjährigen Kriege.
1. Bis zum Prager Frieden mit Kursachsen (1631—1635) 182
2. Schwedische Rache 190
3. Waffenstillstand des Kurfürsten mit den Schweden 197

5. Abschnitt: Unter Weißenfelser Herzögen bis 1746.

Kapitel 24—28.

24. Unter Administrator Augustus (1650—1680) 201
25. Unter Herzog Johann Adolf I. (1686—1697) 215
26. Unter Herzog Johann Georg (1697—1712) 228
27. Unter Herzog Christian (1712—1736) 241
28. Unter Herzog Johann Adolph II. (1736—1746) 255

6. Abschnitt: Wieder kursächsisch (—1815).

Kapitel 29—31.

29. Unter Kurfürst August II. (1746—1762) 265
30. Unter den Kurfürsten Friedrich Christian und Friedrich August III. (1762 bis 1806) 287
31. Unter König Friedrich August (1806—1815) 308

Der II. Hauptteil: Weißenfels unter den Hohenzollern.

Kapitel 32—35.

32. Unter König Friedrich Wilhelm III. (1815—1840) 323
33. Unter König Friedrich Wilhelm IV. (1840—1861) 333
34. Aus großer Zeit. Unter Wilhelm I., König von Preußen, Kaiser in Deutschland (1861—1888) 347
35. Unter Kaiser Wilhelm II. (1888 bis zur Gegenwart) 357
Kunst und Künstler in Weißenfels. (Eine ästhetische Beigabe.) . . 369
Alphabetisches Sachregister 385

Ortsgeschichtliches Literatur-Verzeichnis.

Daß dem Verfasser zu seiner Arbeit die Quellen- und große Literatur zugrunde lag, wird der Kenner alsbald sehen. Auf die Anführung des ganzen Materials muß aus praktischen Gründen verzichtet werden. Sie würde dem Charakter des Buches auch nicht entsprechen. Mit Schmerzen habe ich den 6. Halbband der regesta diplomatica Thuringiae von Professor Dobenecker-Jena erwartet. Schätzenswerte Winke erteilten auch Herr Archiv-Rat Dr. Mitzschke in Weimar, Herr Dr. Wustmann in Leipzig (Stadtbibliothek), Herr Dr. Schnorr von Carolsfeld an der königlichen öffentlichen Bibliothek in Dresden. — Von neueren Stadtgeschichten der Nachbarstädte lagen vor: A. Schmeckel, Historisch topische Beschreibung des Hochstifts Merseburg. Dr. E. Borkowsky, Die Geschichte der Stadt Naumburg. E. Zergiebel, Chronik von Zeitz. Spangenberg, Mansfelder Chronik. Dr. H. Größler, Chronicon Islebiense u. a. Die Geschichte der Städte Halle und Leipzig ist mit der unserer Stadt nicht selten verwoben. Natürlich ist ihre reiche Literatur auch benutzt.

Und nun zur Darstellung des lokalgeschichtlichen Materials:

I. Geschriebene Chroniken.

1. Die älteste Büttnersche Chronik im Besitze des Altertums-Vereins. Sie hat Otto schon zu seinen 1795 erschienenen Nachrichten von der ganzen Pflege Weißenfels gekannt und gemeint, daß man sie nun getrost verbrennen könne. — Das ist bisher nicht geschehen und unterbleibt wohl auch künftig.
2. Das Manuskript der Zeitzer Stiftsbibliothek — ist reichlich benützt zu Heydenreichs Kirchen- und Schul-Chronik.
3. Johann Vulpius geschriebene Stadt- und Land-Chronik (1000 Seiten): „Weißenfels' Ansehnlichkeit" in drei Teilen. I. Teil: Name, Situation, Gewässer, angrenzende Städte und zugehörige Dorfschaften. II. Teil: Schloß und Stadt mit allen Gebäuden ... Vorstädte, Weichbild, Freyheiten und Gerechtigkeiten. III. Teil: Eine Beschreibung der hohen Landesobrigkeit, Regenten, geist- und weltlichen Personen, auch andern Gelehrten. (17. Jahrhundert, fortgesetzt im 18. Jahrhundert.)

   Auf die Spuren dieses (sonst wohl genannten) Manuskripts kam der Verfasser als seine Arbeit fast vollendet war. Die „Ansehnlichkeit" hat aber doch noch manchen Beitrag geliefert. Die Handschrift befindet sich in der königlichen öffentlichen Bibliothek zu Dresden. Sie war mir der wertvollste Fund. Ganz zuverlässig ist Vulpius indes nicht.
4. Die Chronik des St. Clarenklosters (Manuskript) aus dem 14./15. Jahrhundert befindet sich ebenda.
5. Weißenfelser Memorabilien von Assessor Degen (Manuskript) habe ich nicht kennen gelernt.

II. Gedruckte Stadtgeschichten.

1. Otto, G. E. Historischtopische Nachrichten von der ganzen Pflege Weißenfels. Gedruckt bei Severin 1795.

   NB. Ein Jahr später erschien das Werk schon wieder unter dem Titel: „Geschichte der Topographie der Stadt und des Amtes Weißenfels. 1796.
2. Sturm, K. A. H.: a) Chronik der Stadt Weißenfels im Verlag von C. J. Sueß 1846.
   b) Kleine Chronik der Stadt Weißenfels. Nach Quellen bearbeitet Weißenfels 1869.

Wir wollen hier auch einreihen die Spielereien von:

3. Vulpius, Joh. Einige der berühmten fürstlich Sächsischen Residenzstadt Weißenfels sonderbar nützliche Gedächtnisse 1674. In Verlegung Johann Melchior Wogau, Buchhändler.
4. Erfurt, Simon. Singularia Weissenfelsensia oder Besonderheiten — „carminice Lateinisch und Teutsch". Weißenfels 1673. In Verlegung Tobiä Kretzschmars. Gedruckt bey Johann Brühlen.

III. Kirchengeschichte.

A. Allgemeine.

Dr. Heydenreich, G. H., Superintendent. Kirchen- und Schulchronik der Stadt und Ephorie Weißenfels. L. Kell 1840. (Von 1539 an.)

B. Besondere.

1. Kloster St. Clara.
   a) A. Dietrich. Markgraf Dietrich von Landsberg und sein Haus. Gedruckter, im hiesigen literarischen Verein gehaltener Vortrag des damaligen Gymnasial-Lehrers Dietrich.
   b) Lepsius. Historische Nachricht von dem St. Clarenkloster zu Weißenfels.
   c) J. O. Opel. Die Chronik des Clarenklosters zu Weißenfels.
2. Cistercienser-Nonnen-Kloster Beudit.
   a) Joh. Gottl. Horns nützliche Sammlung. Leipzig 1728.
   b) Schöttgen und Kreysig, diplomataria.
3. Marienkirche.
   a) Schieferdecker, J. D. Erneutes Gedächtnis des Weißenfelsischen Zions 1703. Zum 400jährigen Jubiläum.
   b1) Schieferdecker, J. D. Denkwürdigkeiten des Weißenfelser Stadtkirchturms.
   b2) Schieferdecker, J. D. Erneute Denkwürdigkeiten des Weißenfelsischen Stadtkirchturms und seiner neu gegossenen vier Glocken am Tage der Einweihung 1718.
   c) Erneute Denkwürdigkeiten des durch entstandene heftige Feuersbrunst am Mai 1718 in die Asche gelegten Stadtkirchthurms und seiner . . . Glocken. Weißenfels, druckts G. A. Leg, Hochf. Sächs. Augustei-Buchdrucker.
   d) Adler, M. 500jährige Jubelfeier der Stadt- und Hauptkirche.
   e) Lorenz, O., Superintendent. Die Stadtkirche zu Weißenfels (zum 600jährigen Jubiläum 1903).
4. Schloßkirche.
   a) Behrisch. Einweihungsgedächtnis der Fürstlichen Schloßkirche 1682.
   b) Gabler. Die Fürstengruft auf Neu-Augustusburg.
   c) Trost, Joh. Caspar. Ausführliche Beschreibung des neuen Orgelwerkes der Augustusburg zu Weißenfels. Wie zugleich enthalten, was zu der Orgelmacherkunst gehöre. Nürnberg 1677.
   d) Crueger. Tabelle der Musikstücke für die Gottesdienste der Schloßkirche. (Manuskript in der Superintendentur Weißenfels).
   e) Gerhardt, Fr. Schloß und Schloßkirche zu Weißenfels. Herausgegeben von der Königl. Unteroffizierschule 1898. M. Lehmstedts Verlag.

IV. Weißenfelser Schulwesen.

1. Schmidt, Chr. G., Superintendent. „Das städtische Schulwesen in Bezug auf Weißenfels, wie es war vor 25 Jahren und wie es ist im Jahre 1826."
2. Harnisch, Dr. W. Das Weißenfelser Schullehrer-Seminar und seine Hilfsanstalten 1838.
3. Weydling, Chr. Augustei Weissenfelsens. Illustre seminarium. Pflanzgarten edler Wissenschaften und Tugenden, so an hochfürstl. Geburtstage eröffnet. Weißenfels 1716.
4. Kosalsky, Dr. R., Professor, Direktor. Geschichte des akademischen Gymnasiums zu Weißenfels. 1873.
5. Seeliger, G., Seminardirektor. Das Seminar zu Weißenfels. (Festschrift.) 1894.

V. Zur vaterländischen Geschichte schrieben die Weißenfelser:

1. Müllner, A. G. K., Erinnerungen aus den Kriegstagen 1813.
2. Wiltsch, J. E. Th., Die Schlacht von nicht bei Roßbach. Halle 1858.
3. Schröter, E., Die Schlacht bei Roßbach. 1907, R. Schirdewahns Buchhandlung.

VI. Zur Geschichte des Herzogtums Weißenfels-Querfurt.

1. Dümmler, Die Musiker am Hofe der Herzöge zu Weißenfels.
2. Opel, J., Der Musenhof zu Weißenfels unter den Herzögen von Sachsen. Magdeburger Zeitung, 1884, Beilage 7.
3. Opel, J. O., Musiker am Hofe der Herzöge von Weißenfels-Querfurt. „Neue Mitteilungen" Bd. 15.
4. Walther, Sam., Beschreibung der Introduktion Herzog Augusti als Administratoris zu Magdeburg. Schieferdecker, Leistenius, Riemer, Olearius, Geier, J. Chr. Sagittarius verherrlichen ihn und die folgenden Herzöge. Material in den verschiedenen Archiven.
   Johann Adolfs II. Leben: „Der Biograph" Bd. II.
   Johann Adolfs II. Leben: Hercules Saxonum, Frankfurt 1744. (Weimar).
5. Gerhardt, Fr., Schloß und Schloßkirche zu Weißenfels, zugleich ein Beitrag zur Geschichte des Herzogtums Weißenfels. Herausgegeben von der Königlichen Unteroffizierschule Weißenfels.

VII. Zur Literaturgeschichte (Weißenfels als Ort der Handlung).

1. a) Müllner, A. G. K., Vermischte Schriften.
   b) Müllners Leben. Herausgegeben von Schütz, Meissen 1830.
2. Wilhelmine von Sydow, Johann Adolph der letzte Herzog von Sachsen-Weißenfels. Historischer Roman. Leipzig 1852.
3. Auguste von der Decken (A. von der Elbe) „Souverän".
4. Luise von François, a) Die letzte Reckenburgerin.
   b) Der Posten der Frau.
   c) Phosphorus Hollunder u. a.
5. Lorenz, O., Dr., Superintendent, Gustav Adolf in Weißenfels. —
6. Gerhardt, Fr., Die Clarissinnen, Bilder aus der kirchlichen Vergangenheit. Für die Bühne bearbeitet. Halle a. S. 1903. Schwetschkes Verlag.

VIII. Besonderes und Zufälliges.

1. Jahn, Cajetan, Aug., Beschreibung eines Königlichen Denkmahls in dem Amtshause zu Weißenfels. Gedruckt bey Friedrich Severin zu Weißenfels 1801.
2. Heydenreich, K. H., Opfer der weltbürgerlichen Gesinnung und des Patriotismus bei dem Eintritt des 19. Jahrhunderts. Weißenfels und Leipzig.
3. Lehmann, Georg, Superintendent, Das brandbeschädigte Weißenfels. Weißenfels 1808.
4. Holderieder, Laurent. Historische Nachricht von der Weißenfelsischen alethophilischen Gesellschaft. Leipzig 1750.
5. Erckmann-Chatrian, Geschichte eines 1813 Konskribierten. Aus dem Französischen (Reclams Universalbibliothek).

— Weitere Angaben sind dem Verfasser erwünscht. —

Korrekturen

sind vorzunehmen:

Seite 19 a. E.: Sibtenberg — auch Sibbenberg. Nach Anderer Meinung baute Albrecht auf ihn, den nachmaligen Georgenberg, den Trotzer.
" 99 Absatz 2 muß es heißen: Das kurfürstliche Erbe trat Friedrich der Weise an.
" 201: Administrator Augustus von 1656—1680 (nicht 1650).
" 239 Zeile 14: documenta statt decumenta.
" 249: Lust- und Sauerhaus muß heißen: Lust- und Sommerhaus.
" 265 Kap. 29: Unter Kurfürst August II. (nicht III.)
" 336 Zeile 23 muß heißen: „in der nachmaligen Feuergasse".
" 371: Händel geboren 1685.

Unter die Korrekturen will ich auch stellen den Seite 13 genannten Pflichtbrief der Bürger von Duchelitz. Er findet sich bei Vulpius. Der gibt als Quelle an die vita Viperti. Diese enthalten die Pegauer Annalen (annales Pegavienses). Ich habe den Brief da nicht gesehen. Auch nicht in der „Chronica Graf Wiprechts zu Groitzsch" in der Historia Martisburgica Ditmari. In letzter Stunde bestätigt mir Professor Dobenecker, daß dieser Pflichtbrief nirgends zu finden, daß er „entweder fabriziert oder aus einem anderen Diplom verderbt" ist.

Vorgeschichtliches zur Einleitung.

Ihren Namen verdankt unsere Stadt der weißen Felsmasse, dem Sandsteine, wie er am Klemmberge zu tage tritt. Der größte Teil der Stadt steht auf sogenanntem Alluvium, d. h. auf Boden, den die in ihrem Laufe oft wechselnde Saale angeschlemmt hat.

Vor mehr als 40000 Jahren — in der sogenannten ersten Tertiärzeit — herrschte in unserer Gegend ein Klima, wie es heutzutage nur die Bewohner der Tropen, die Länder zwischen den Wendekreisen, kennen. Dichte Urwälder von Laub- und Nadelhölzern, von Feigenbäumen, Zypressen und Palmen bedeckten die Ufer großer Seen und Flüsse. Ihre Stämme wurden dann durch Überschwemmungen im Schlamme vergraben und durch einen Verkohlungsprozeß in Braunkohle verwandelt, wie sie in der Nähe unserer Stadt so reich zutage gefördert wird.

Nach dieser Tertiärzeit treten dann in Europa mehrmals Kälteperioden, die sogenannten Eiszeiten, ein. Da rückten ungeheuere Gletscher vom Norden her auch bis in unsere Gegend. Sie brachten auf ihrem Rücken große Steinblöcke aus Skandinavien und aus den Ostseeprovinzen mit. Diese „erratischen Blöcke" oder Findlinge liegen auf Feldern nach Dehlitz zu, fanden und finden sich auch in den Kiesgruben nahe bei Weißenfels.

Zwischen den verschiedenen Eiszeiten gab es wieder Perioden, in denen die Durchschnittstemperatur des Jahres der heutigen glich: da traten große Überschwemmungen ein. Man nennt diese Zwischeneiszeiten Diluvium, große Flut (Sintflut). In dieser Zeit haben sich die meisten Kies- und Lehmlager hiesiger Gegend gebildet.

In diese Lager eingebettet fand man bei der Salpeterhütte, bei Uichteritz und Leißling, Knochen von Tieren, die uns Aufschluß geben darüber, wie die Tierwelt der Diluvialzeit beschaffen war. Da gab es Mähnenelefanten, das wollhaarige Nashorn und das Mammuth, dessen Stoßzähne meterlang und 80 Kilo schwer waren, da tummelten sich Höhlenbären, Urstiere, Auerochsen. Hyänen schleppten die gefallenen Tiere als willkommene Beute in ihre Höhlen.

Auch der Mensch lebte in dieser Zeit. Das beweisen die Höhlenfunde hier und da: von Menschenhand bearbeitete Knochen und

Feuersteine aus dem Anfange der sogenannten älteren Steinzeit. Diese Menschen waren umherstreifende Jäger, die in Höhlen Obdach suchten. Erst später wurden aus ihnen Ackerbauer mit festen Wohnungen und zutunlichen Haustieren.

In der sogenannten jüngeren Steinzeit ist die Arbeit der Menschen schon sorgfältiger: die Steinäxte und Steinbeile sind schön geglättet, zum Anbringen des Holzstieles kunstvoll durchbohrt. Auch formte der Mensch in dieser Periode der neueren Steinzeit Gefäße aus Ton und versah sie mit Verzierungen. Nach Professor Virchows Urteil vom Jahre 1874 ist die Mühlbergkette im Gebiete der Cubamark eine Wohnstätte dieser jüngeren Steinzeit gewesen. Ende der siebziger Jahre machte man Funde einer gleichen Siedlung auf dem Grundstücke der Oettlerschen Brauerei.

Die meisten neusteinzeitlichen Funde, wie sie der Weißenfelser Altertumsverein aufbewahrt, stammen aus Grabstätten.

Die waren zweifacher Art: entweder Flach- oder Hügelgräber. Aufgeschichtete Steinhaufen bildeten den Hügel, in dessen Innern zuweilen durch größere Steine ein kistenartiger Raum geschaffen wurde. In diesen Steinkisten wurden die Leichen entweder in sitzender oder hockender Stellung beigesetzt. Man gab ihnen Waffen und Geräte aus Stein, Gefäße aus Ton mit in das Grab.

Hatten in der letzten Steinzeit die Waffen und Geräte immer vollkommenere Bearbeitung erfahren, so lernte der Mensch allmählich auch Metalle für seine Zwecke verwenden. Neuerdings wird angenommen, daß die Metallzeit für unsere Gegend mit einer Kupferzeit begann. Gerade bei Weißenfels ist eine schön gearbeitete Doppelaxt aus Kupfer gefunden worden. — Sonst bestehen die ältesten metallenen Waffen, Geräte, Schmuckstücke aus Bronze. Der Beginn der Bronzezeit wird für unsere Gegend gewöhnlich in die Mitte des zweiten Jahrhunderts vor Christi gesetzt. Gegenstände aus der sogenannten „älteren Bronzezeit" sind durch Guß hergestellt, teilweise schon mit mehr oder weniger kunstvollen Verzierungen versehen. In diesem Zeitabschnitte wechseln Leichenbestattung und Leichenverbrennung. Ausgrabungen, die R. Virchow 1874 auf der Höhe südöstlich von Rödgen oberhalb Leißling leitete, brachten bronzene Hals- und Armringe, die den Toten mitgegeben waren. In einem Grabhügel im „Großen Hain" bei Goseck fand sich nach Fr. Klopfleisch ein schöner Bronzekelch. Getriebene Bronzestücke aber weist erst die „jüngere Bronzezeit" (600 vor bis 100 nach Chr.) auf. Jetzt mehren sich bereits die Eisenfunde. Ich denke an den Inhalt eines Einzelgrabes am nordöstlichen Hange des Fuchsberges in Schönburger Flur: ein Skelett mit eiserner Schwertklinge und Lanzenspitze.

Wir treten nun ein in die Epoche, in welcher die Römer mit den germanischen Stämmen in Berührung treten. Die Funde römischen

Ursprungs sind damals als Tausch- und Handelsartikel in unsere Gegend gekommen.

Weiter ist dann wichtig für die Geschichte unserer Gegend das Eindringen und die Ansiedlung slawischer Stämme um das Jahr 600 nach Chr. Ich denke hier an die Burgwälle und Schanzen jener Zeit: an die Hainburg bei Leißling, an die offene Schanze der Nordseite von Uichteritz auf dem sogenannten Gröbitzberge, vielleicht auch an die Schanze bei der Kirche zu Treben. Möglich, ja wahrscheinlich ist es, daß auch schon in der Stein- und Metallzeit solche für Befestigungen geeignete Orte zu Verteidigungsanlagen gewählt und von den Slaven dann wieder befestigt wurden.

Für den slavischen Ursprung sprechen Funde wie der 1876 auf dem Gröbitzberge bei Stößen gemachte: Gefäße mit wellenförmig eingekratzten Linien, dem sogenannten Burgwallornament.

Zur Literatur vergleiche:

Virchow, R., Professor. Ausgrabungen bei Weißenfels. Berliner Verh. 1874. 1887.
" Korrespondenzblatt 1875.
" Neue Ausgrabungen bei Weißenfels:
Vossische Zeitung 1878 Nr. 111, Beilage 4.
" " Korrespondenzblatt 1882.
" Neue Mitteilungen aus dem Bereiche historisch-antiquarischer Forschungen. Band 1, 1834. Seite 135.
Klopfleisch, Fr., " Bericht über die Ausgrabungen bei Goseck. Deutsche Gesellschaft für Anthropologie 1882. Seite 177.
Ausgrabungen aus der Bronzezeit bei Weißenfels (Leißlinger Flur): Verh. der Berl.-Gesellschaft für Anthropologie VI, 1874.

Die Anfänge unter verschiedenen Herren.

Kapitel 1.

Thüringer und Slaven.

Unter dem Kaiser Augustus war es den Römern gelungen, in Deutschland festen Fuß zu fassen. Des Kaisers Stiefsohn Tiberius drang seit 12 v. Chr. in vier Feldzügen bis zur Elbe vor.

Es ist der erste Schein der Geschichte, der über unsere Heimat fällt, als die römischen Heere die Ufer des hermundurischen Stromes, die Saale, erreichen. Des Drusus Zug hatte nicht den gehofften Erfolg: die römische Herrschaft blieb im wesentlichen auf das linke Rheinufer beschränkt.

Als dann die großen Bewegungen, die wir mit dem Namen der Völkerwanderung bezeichnen (375—568), den gewaltigen Koloß des römischen Reiches zerbrachen, da waren die Hermunduren das in dem allgemeinen Flusse noch am meisten verharrende Element.

In der Folge gingen sie im Thüringer Reiche auf, das 427 errichtet worden war. Weit erstreckten sich dieses Reiches Grenzen nach Norden. Dem ältesten Sohne des Königs Bisino, Hermanfried, gab Dietrich von Bern, Theoderich d. Gr., seine Nichte Amalaberga zur Frau und dankte ihm in gewählten Worten für die ihm gesandten silberfarbenen Pferde. Aber Hermanfried verlor 531 in der Schlacht bei Scidingi (Burgscheidungen) Land und Leute an die siegreichen Franken. Diese breiten sich nun in dem unterworfenen Gebiete aus.

Von der Frankenkönige Gnade eingesetzte Thüringer Stammesherzöge regieren das eroberte Thüringer Königreich: Als solcher hat Radulf (650) seine Burg auf dem Ronneberge bei Nebra.

Unter seinen Nachfolgern treiben irische Mönche Mission: An den heiligen Kilian erinnerte noch die bis zum Jahre 1794 in Freyburg a. U. vorhandene Kilianskapelle.

Dünn genug war freilich das eroberte Land besetzt. Ob auch den Sachsen ein Teil gegen zu entrichtenden Tribut überlassen wurde, — gegen Osten das ganze Gebiet an der Saale blieb schier entvölkert.

Das gab Raum für ein neues Element, das in den Vordergrund tritt, für slavische Siedler. Wir wollen für sie den seit dem 8. Jahrhundert gebräuchlichen Namen „Sorben" beibehalten. Sie waren, sie sind ein Zweig von dem vielgegliederten Baume der slavischen Rasse. Geräuschlos, ohne Widerstand zu finden, waren diese anders gearteten Fremdlinge vom fernen Osten, seit dem Falle des Thüringer Reiches auch bis an die Ufer der Saale vorgedrungen. Sie entrichteten eine Abgabe an die derzeitigen Herren alten Thüringer Gebietes — im übrigen waren sie frei. Man wird gut tun, in der Geschichte der fremden Siedler zwei Perioden zu unterscheiden: die ihrer Selbständigkeit und die ihrer Unterwerfung. In der ersten Periode ist Erfurt Stapelplatz. Dort tauschen auch die sorbischen Siedler von hier ihr gebautes Korn, Flachs, Leinwand, Vieh, Pelz, Wolle, Salz um. Ihre Fürsten sind Stammesfürsten. Erst später ist das Volk in Stände gegliedert. Die Siedlungen haben sie durch einen Erdwall geschützt. In der Folgezeit aber geraten die Fremdlinge zwischen drei Dränger: zwischen ihre von Osten massenhaft nachrückenden Stammesgenossen, zwischen die im Laufe der Jahrhunderte wechselnden Herren des Landes und Gebietes an der Saale und die noch vorhandenen Reste alter Thüringer. So mag sich ihre stille Art mit der Zeit geändert haben: aus idyllischen Siedlern, die allzu arbeitsfroh nicht waren, sind kampfbereite Männer geworden, die dem Frankenkönige Dagobert zu trotzen wagen! Den rettet Radulf, der Thüringer Herzog in der Franken Dienst: Er treibt die vorgedrungenen Sorben über die Saale zurück und wird ausdrücklich mit der Verteidigung der Saalgrenze betraut. Bis 634 residiert er in seiner Holzburg an der Unstrut, „dem Worte nach dem Frankenkönige Sigibert gehorsam, wirklich aber ein unabhängiger Fürst". — Er ist der Wallenstein der altfränkischen Geschichte. Seine Untreue schlägt nachmals den eigenen Herrn mit Hülfe der Sorben bei Wangen a. U. im Jahre 650: Jetzt werden die Sorben Herren des Landes saalaufwärts bis an den Main!

Wir wandern durch ein hundertjähriges Dunkel und treffen uns wieder, als Pipin 766 die Macht der Slaven bei Weidahaburg (Wettaburg) gebrochen hat. Ein karolingischer Grenz- und Markgraf schützt die Landesmark jetzt gegen feindliche Angriffe. Das Landesgebiet hier unterstand unmittelbar dem Könige.

Durch den Sorbenwall — den limes sorabicus — der sich von Regensburg—Bamberg über den Frankenwald nach Erfurt auch durch unsere Gegend hinzog, hat Karl der Große das Grenzgebiet hier weiter gesichert, nachdem er die anmaßenden Slaven zwischen Saale und Elbe mit doppelter Heermacht geschlagen: auf dem Werinafelde unterlag

Milito, der Sorben-„König“. Werinafeld sei die Landschaft Weißenfels gewesen — so hat einer gedeutet. Man solle nur an die griechische Sprache denken, wo die Buchstaben r und s auch einander ersetzen, dann sei Werinafeld = Wesinafeld = Weißenfelds!

Mit dem Jahre 816 beginnt dann wieder eine große Waffenruhe zwischen Sorben und Germanen, um später mit elementarer Gewalt sich wieder in ihr Gegenteil zu verkehren.

Wir haben indes zum lokalgeschichtlichen Verständnis noch manches nachzuholen:

Schon vor Karl dem Großen hatte Radulf das thüringische Grenzland durch Deckungstürme an den Ufern der Saale gesichert. Da den Sorben der entvölkerte Boden auf dem rechten Ufer der Saale angewiesen war, so hatte man meist auf dem linken deutschen Flußufer Erdschanzen aufgeworfen, Holztürme aufgerichtet in Camburg, Großjena (Jene), Burgwerben, Merseburg.

Im Innern des linksufrigen deutschen Gebietes erhob sich eine ganze Reihe gefesteter Plätze. Das Zehntenverzeichnis des Klosters Hersfeld, das 760 gegründet war, nennt u. a. Wiehe, Burgscheidungen. Ritterliche Herrenburgen direkt an dem linken Ufer der Saale erhoben sich erst später — Dornburg, Rudelsburg, Schönburg.

Nach dem Jahre 1000 beginnen die Germanen die lästig gewordenen Slaven auf dem ihnen überlassenen rechten Saalufer zum Teil in ihren eigenen Festen zu zügeln.

Die Camburg wird auf das rechte Ufer verlegt, hart am Flusse entstehen die Rudelsburg, die Altenburg (Almrich), die Naumburg, Weißenfels u. a.

Hier in Weißenfels denke ich mir die anfangs friedlichen Siedlungen der sorbischen Fremdlinge erster Zeit unten am rechten Ufer der Saale. Die einzelnen Stämme, die von hier landeinwärts wohnten, haben dann Stützpunkte angelegt. Als erste Feste errichteten sie wohl ein Bollwerk auf dem Horkliß oder auf dem heutigen Schloßberge. Später entstanden im Innern die festen Orte Tucher (Teuchern), Hohenmölsen (Mol = Anhöhe), Schkölen (östlich von Lützen) u. a. In die den Sorben abgenommenen Festen wurden Burgmannen mit einer Besatzung gelegt.

Die von Karl dem Großen eingerichtete slavische Grenzprovinz der Thüringer Mark zerfiel in eine südthüringische, das sogenannte Ost- oder Osterland und in eine nordthüringische. Das Weißenfelser Gebiet gehörte in die südthüringische Mark, insbesondere zur Mark Zeitz, die mit dem 968 gegründeten Bistum gleichen Umfang hatte. Zur Zeitzer Mark gehörte auf dem rechten Saalufer oberhalb Dornburg der Gau Strupenice, an den schloß sich der Gau Weitao (Wethau), an dessen nördlicher Seite Niunburg und an der Grenze gegen die Mark

1*

Merseburg Trebuni (Treben) lag. An die Gaue Strupenice—Weitao lehnten sich in östlicher Richtung die Gaue Puonzowa und Tucherini. Das Gebiet der heutigen Stadt Weißenfels, die sorbischen Hütten am Flußlauf gehörten zum Gau Weitao.

Später verschieben sich die Gaue.

An diese wendische Vergangenheit erinnern die meisten Ortsnamen auf itz und witz. Voll hätten diese Endungen icy und ecy gelautet — das davor stehende Stammwort sei der Name des Besitzers, des Familienhauptes gewesen. Ganz sorbisch sind Namen wie Reutzschenn, Repsenn, Jetzsch, Storkowe, Uichteritz u. a. Die letzten liegen aber doch auf dem linken, deutschen thüringischen Gebiete? Jawohl, aber die Sorben haben, wie wir sahen, je und je die Saale überschritten: erst als Angreifer, dann als Besiegte, als Sklaven und Hörige, die für germanische Herren die Scholle bebauten. So sind wohl die slavischen Namen auf dem linken Ufer der Saale zu erklären.

Umgekehrt empfingen im Laufe der Zeiten sorbische Siedlungen auf dem rechten Ufer deutsche Namen. — Als Muster einer sorbischen Siedlung ist heute noch Zorbau unverkennbar. Hütte an Hütte bauten die Sorben in Ringform an. Nur ein Weg, ein Tor führte in den Häuserkranz, den sie um einen Teich, um ein stilles Wasser legten.

Kaum werden wohl die irren, die in dem nahen Zschirnhügel ein Heiligtum Czernebogs sehen vor einem stillen Wasser, umgeben von düstern, dunkelschattigen Bäumen. Hier mag der Stammesälteste als Priester seines einflußreichen Dienstes vor grellbemalten Götzen gewaltet haben. —

Aber während die Sorben aus den Hütten in der Niederung zum Heiligtum mit ihren Opfern emporsteigen, erklingen schon in der ersten Hälfte des 10. Jahrhunderts (937) christliche Weisen aus der Pfeilerbasilica der Burgwerbener Höhe und von dem nahegelegenen Sachsendörflein zu Tale.

In der Urkunde Kaiser Ottos II. vom Jahre 977 werden dem Bischof Hugo von Zeitz die Ortschaften und „Städte" der einzelnen Gaue zugewiesen. Der Name Weißenfels steht da nicht mit. Ungenannt sind auch die Siedlungen, aus denen später die Stadt erwuchs: Pulschitz und Walbitz „nahe bei der alten Burg", ungenannt ist Klenkowe, selbst das vom Greislaubach durchflossene Tauchlitz — nicht zu finden ist der Horklitz, nicht Podelicz jenseits der Saale unterhalb des heutigen Mühlberges und der Cubamark.

Genannt ist 1056 erst Butici, Beuditz.

Kapitel 2.

Unter sächsischen Kaisern und südthüringischen Markgrafen (Ekkehardinern), 919—1024.

Schon nach der Katastrophe von Burgscheidungen waren auch Sachsen ins alte Thüringen gekommen. Damals den Franken noch tributpflichtig, hatten sie das Gebiet erhalten, welches über der Unstrut der Elbe zu lag. Hier bauten sie ihre „Sachsenburg". Beim Zerfalle der Karolingerherrschaft am Ende des 9. Jahrhunderts hatte sich der sächsische Graf Liudolf zu herzoglicher Gewalt erhoben.

Durch seinen Sohn Otto den Erlauchten kam Thüringen 908 an das Haus Sachsen. Jetzt gehen die Thüringer in den Sachsen mit auf. Die Verbindung Thüringens mit Ostfranken ist erloschen.

Ottos des Erlauchten Sohn Heinrich I. ist der erste deutsche König sächsischen Namens und Herr von Thüringen. Er sichert die Grenzen legt feste Punkte im Innern an (Burgwarde), er schafft ein Heer.

Wie nach der Meinung fabelnder Chronisten Drusus Weißenfels erbaute, so sollen die Gesandten der Fürsten, die ihm die Königskrone anboten, Heinrich bei Weißenfels angetroffen haben, als er mit abgerichteten Falken der Beize oblag. (Bei Beuditz!)

Die Feinde des Reiches, die Not der Zeit sind die Ungarn und Slaven. Gegen die ersten geht König Heinrich aus der bisherigen Defensive in eine energische Offensive über. Neun Jahre hat er Frieden ausgewirkt. Die galt's zu nützen. Er entflammt den Mut der Seinen, deckt das Land durch feste Plätze, von denen im Hessegau Cucunburg, Consurdeburg (Querfurt), Muchunleoaburg (Mücheln), Gozzesburg (Goseck) und Wirbinaburg (Burgwerben) genannt seien, und gewöhnt die Thüringer an das Wohnen hinter festen Mauern. Als die Ungarn nach neun Jahren wiederkommen, stürzen sich auf einen Teil sächsische Große im Geschling bei Sondershausen, der andere Hauptteil wird bei Riade geschlagen.

Auf der Hochfläche zwischen den heutigen Städten Merseburg, Lützen und Weißenfels bezog am Schkölzigholze der andere Teil ein durch Verhaue gedecktes Lager. Jetzt sei König Heinrich mit dem Reichsheere herangezogen, sei bei Schkortleben über die Saale gesetzt und habe auf der Höhe des rechten Ufers ein festes Lager errichtet. Die deutschen Hülfsvölker hatten sich bei Treben verschanzt. Am 8. September 933 wehte das Reichsbanner mit dem Erzengel Michael im Bilde. Als im dumpfen Geheul die viel stärkeren Reiterscharen den Ungarn entgegenbrausten, fielen sie unter deutschen Hieben.

Unter den Teilnehmern der Schlacht nennen alte Chronisten, auf unglaublichen Quellen fußend, auch einen Grafen Ernst von Weißenfels. So Rivander 1590: „Die Deutschen hatten sich gelagert auf einem Berge Trebnitz bey dem Dorfe Dölitz beyen Wässerlein der Rippach, nicht ferne von Tauchelitz, an dem Orte, da jetzt die Stadt Weißenfels steht."

Der Lokalhistoriker Otto tröstet sich, weil es doch eine Stelle ist, darinnen auf einmal der Name des Schlosses und des darauf gesessenen Grafens angegeben wird. — Das geht indes beim besten Willen nicht.

Welcher Art sollte der Graf Ernst damals sein? Ein Markgraf könnte es sein, wie sie schon von Karl dem Großen zum Schutze der Landesmark eingesetzt waren. Aber das hiesige Gebiet gehörte damals wohl dem 937 gestorbenen Grafen Siegfried von Merseburg, zu dessen Machtbereiche auch Zeitz und Meißen gekommen waren. Seit Mitte des 10. Jahrhunderts ist dann Herr der gewaltige Markgraf Gero († 965). — Vielleicht war Graf Ernst aber ein Burggraf? Die gibts aber erst seit der Mitte des 11. Jahrhunderts! —

Und nun zu den ständigen Feinden des Reiches, zu den Slaven. Mit ihrer Unterwerfung hatte Otto I. (—973) den Markgrafen Gero beauftragt. Der löste die Aufgabe gründlich, er machte alle slavischen Stämme dem Kaiser tributpflichtig.

Die unterworfenen Gebiete wurden nach Geros Tode von weltlichen Markgrafen und geistlichen Bischöfen besetzt mit unfreien sorbischen Ackerbauern. Die Merseburger Mark erhielt Graf Wikbert, die Zeitzer Graf Wipper, die von Meißen Graf Günther. Als Bischöfe walteten ihres Amtes seit Weihnachten 968 Boso in Merseburg, Hugo in Zeitz, Burchard in Meißen. Thietmar von Merseburg erzählt, daß Bischof Boso zu schuldiger Belohnung für seine bisherigen großen Anstrengungen die Leitung der Gemeinde zu Zeitz (Citici) erhalten: „Und weil er im Osten durch unabläßiges Predigen und Taufen eine unzählige Menge Volks gewonnen, so hatte der Kaiser ein solches Gefallen an ihm, daß er ihm zwischen drei zu errichtenden Bistümern die Wahl ließ: Er erbat sich vom Kaiser als die friedlichste unter allen die Merseburgische Kirche." Das geschah unter König Ottos I. kirchlicher Regierung. Er hatte in Magdeburg auch ein Erzbistum für die slavischen Länder errichtet. Wie weise Boso gewählt, als er nach Merseburg ging, bekundet die Nachricht, daß Zeitz von einem böhmischen Heere unter Führung des Grafen Dedo von Wettin eingenommen, die Kirche geplündert und der erste Bischof Hugo von da vertrieben worden sei.

In der Folge stellen die sächsischen Kaiser, die Ottonen, in kluger Weise slavische Intelligenz in nationalen Dienst: Sie setzen slavische Zupane als landesherrliche Vögte und Richter ein. Der Supan hat das Zinskorn (Zip) einzuziehen von seinen jetzt mehr oder weniger hörigen Landsleuten. Er hat die Leistungen an Staat und Kirche zu überwachen. Die Erinnerung an diese Supane ist noch heute lebendig in dem Namen alter (zinsfreier) „Supengüter". Für seine Mühe, zur Stärkung seiner Autorität war dem Supan zinsfreies Land zugewiesen. Das Erbbuch St. Georgen von Naumburg von 1590 erzählt, daß Zorbau bei Weißenfels aus 26 bewohnten und 8 wüsten Hofstätten bestehe, die nach Naumburg zu zinsen hatten. Zinsfrei ist da genannt die „Supanei", zu der zwei Hufen Landes gehörten.

Die vom Supan beaufsichtigten Landsleute sind abhängige, zum großen Teil persönlich unfreie Leute geworden. Im Jahre 1040 werden Kösen und Taucha von slavischen Smurdenfamilien bebaut. Die in Taucha verschenkt Kaiser Heinrich einem Meißenschen Vasallen Marquard. Bei Naumburg hat sich eine Smurdenhufe (Schmordt-Huffe) lange erhalten. Sie stammt aus uralter Zeit.

Es kocht natürlich in den Gemütern der Unterworfenen. Von Zeit zu Zeit werfen sie die Lava ihres Zornes aus, aber vergeblich.

Auf den mächtigen Gero ist wieder eine eindrucksvolle Gestalt gefolgt: Seit 985 steht Ekkehard I., der vom Kaiser Otto II. geliebte und von der Kaiserin Theophano begnadete, hier im Vordergrunde der Geschichte.

Ekkehards Vorfahren waren in Groß-Jene heimisch und ringsum reich begütert. Auf dem Hausberge stand ihre Stammburg. Ekkehard I. hatte zu der Mark Meißen auch wieder die markgräflichen Bezirke Merseburg und Zeitz erhalten. Der Gau Weitao, der Burgwart Treben, die Malstadt Schkölen werden als Ekkehards Herrschaftsgebiet genannt. Auf dem Platze des jetzigen Oberlandsgerichts in Naumburg baut er eine „Neue Burg", den Anfang der Stadt Naumburg. Dazu legt er den Grund zur nachmaligen Kathedrale und errichtet ein Kloster St. Georg.

Auch auf dem Horklitz über der Saale hier soll Ekkehard I. die dem heiligen Georg geweihte, bis 1539 gebrauchte Kapelle errichtet haben. Was Brotuffs Annalen außerdem dazu erklären, ist mit Vorsicht zu genießen.

Als der „getreue" Ekkehard 1002 durch Meuchelmord gefallen und in Groß-Jene ehrenvoll begraben war, hält Boleslaw Chrobry den

Zeitpunkt gekommen, um die deutsche Herrschaft abzuschütteln. Der Erzbischof von Magdeburg und Thietmar, der gelehrte spätere Bischof von Merseburg, nehmen im Jahre 1007 selbst am Feldzuge teil. Die Politik bringt diesmal den Frieden zustande: Boleslaw heiratet Oda, Ekkehards Tochter.

Aber das hindert nicht, daß Boleslaws Sohn Miecislaw um 1030 das Land hier mit Feuer und Schwert verwüstet. Die unwilligen Sorben hier sind ihm willkommene Helfer. So wird Zeitz verbrannt, Altenburg zerstört, auch das Weißenfelser Gebiet, die Gaue Tucherin und Weitao trugen ihren Anteil.

Das Bistum Zeitz wurde infolge dieser Ereignisse in das von den Ekkehardinern nahe bei der „Neuen Burg" (Naumburg) geschenkte Gebiet verlegt.

Die letzte Ekkehardinerin, Mechtildis, war die Gemahlin Dietrichs II., des Grafen von Wettin. An ihn hätte das den Ekkehardinern überwiesene Weißenfelser Gebiet kommen können. Aber Kaiser Heinrich III. verlieh die Herrschaft Weißenfels im Jahre 1046 „cum castro vicoque adjacente" mit der Veste und dem daranliegenden Flecken samt allen Zugehörungen an den nachmals Pfalzgrafen Friedrich II. von Goseck.

Kapitel 3.

Unter salischen, fränkischen Kaisern (—1125); sächsischen Pfalzgrafen (—1075), und Thüringer Landgrafen (—1242).

„An gerodetem Wald waren neue Hufen ausgemessen und mit Ansiedlern besetzt, in der eigenen Dorfflur war altes Weideland in Ackerboden verwandelt .....“ schreibt Gustav Freytag.

Dem Reiche angeschlossen, wirtschaftlich voll aufgeschlossen wurde das slavische Gebiet erst unter den fränkischen Kaisern. Sie ließen es geschehen, daß von weltlichen und geistlichen Herren deutsche Bauern in die sorbischen Gaue eingeführt wurden aus Hessen, Schwaben, Franken, Friesland. Nach ihnen bekommen alte Gaue neue Namen: Hessegau, Schwabengau, Friesenfeld, Fränkenau.

Diese fremden Siedler bilden je länger je mehr den Sauerteig, der die slavische Masse wirkungsvoll durchdringt. Ohne sie wäre die Germanisierung der slavischen Rasse auf germanischem Boden noch nicht einmal erfolgt. Die Zeit der Kolonisation berechnen die Kenner von 1100—1399. Da werden fremde Bauern ins Land und Bürger in die Städte gezogen zur Stärkung der deutschen Elemente und zur wirtschaftlichen Hebung. Je länger je mehr haben die Slaven sich ins Unvermeidliche ergeben. Herdenmenschen sinds geworden, Sklaven, die sich manchmal der Zeiten erinnern, da sie germanischen Kaisern trotzten und römische Bischöfe verhöhnten.

Auch der Supane Stunde wird schlagen. Sie werden zu Lehnrichtern. Aus Lassiten werden Lehnbauern, aus Smurden Dreschgärtner. Slavische Dörfer werden nach deutschem Muster umgestaltet. Aber es sind dabei auch viele sorbische Bauern frei geworden — gegen gewisse Verpflichtungen an die einstigen Herren. Alte Hand- und Spanndienste der Kommunen wiesen auf den in uralter Zeit erfolgten Freikauf zurück.

Vom freigebigen Kaiser Heinrich III. (—1056) hatte Graf Dedo die Burg Ponzigk am westlichen Abhange des Igelsberges bei Lobitzsch für treue Dienste zugleich mit der Markgrafenwürde erhalten.

Dedos Geschwister waren Adalbert, der spätere einflußreiche Erzbischof von Bremen, Friedrich II. von Goseck und Uda, des Grafen Adalbert von Seveko, des Sommerseburgers, Gemahlin.

Die damals auch schon vorhandene Veste Goseck wurde im Einverständnis der Geschwister in ein der Jungfrau Maria und dem Erzengel Michael geweihtes Mönchskloster Benediktiner Ordens verwandelt.

Es war die Erntezeit der Kirche. Auch die Burg Sulza wurde jener Zeit eine Propstei.

Die Bedeutung des Klosterstifters in Goseck sagt sein Titel. Er nennt sich: „Friedrich II., von Gottes Gnaden Pfalzgraf zu Sachsen, Burggraf zur Zörbig, Graf von Brehna, Wettin, Sommerseburg, Barby und Weißenfels."

Hier stoßen wir zum erstenmal auf den Namen Weißenfels in der Urkunde, in welcher Heinrich III. den Gosecker mit der Herrschaft Weißenfels belehnt. Sie lautet auf deutsch:

„. . . . In Gottes Namen, Amen.

Wir, Heinrich III., von Gottes Gnaden Römischer König, bekennen durch den Wortlaut dieses Briefes, daß wir wegen der Bitte und der Treue und der oft erwiesenen Dienste und der von Unseren Vorfahren gegebenen Versprechen dem Pfalzgrafen Friedrich III. die erledigte Herrschaft Vyzenfels mit der Burg und dem anliegenden Orte mit allen zugehörigen Geschäften, den bebauten und unbebauten Ackern, Wiesen, Wäldern, Bergen, Tälern, Höhlen, Gewässern, Fischerei-Gerechtigkeiten, Jagden, Vogelfang, Steinbrüchen, Sand- und Tongruben, Gerichten und Schatzungen, Steuern und Zöllen im Umkreise — unter welchem Namen sie auch belegt oder welcher Art auch die Vorteile und Königlichen Rechte sein mögen: ob seit altersher vorhanden oder in letzter Zeit erworben, — daß Wir sie ihm, demselben Getreuen, Kraft Unseres Lehnrechts übertragen haben, wie Ekkhardt und seine Vorfahren sie besessen und benutzt und Uns dafür verpflichtet gewesen sind. Wir stellen ihm den gegenwärtigen Lehnsbrief aus und bekräftigen denselben mit dem Insiegel Unserer Königlichen Majestät das zum Zeugnis.

Gegeben zu Fulda am 30. Januar 1048. Im neunten Jahre Unserer Regierung."

Schändlicherweise erklären die Kenner die Urkunde für falsch: Heinrich, der römische Kaiser, nenne sich „König", und 1048 sei nicht Friedrich, sondern Dedi Pfalzgraf gewesen. Auf den tragischen Einschlag im Leben dieses Pfalzgrafen können wir hier nicht eingehen. Die Schicksale des vom Bruder des Gosecker Pfalzgrafen, vom Erzbischof Adalbert von Bremen, erzogenen jungen Kaisers Heinrich IV. erfüllen sich z. T. auf thüringischem Boden in Kämpfen mit dem Adel, zu dem das erzürnte Volk hält. Die Vergeltung des Kaisers für die zerstörte Harzburg (1073) bekam nach dem Siege bei Homburg [Hohenburg a. U.] (1075) auch die Herrschaft Weißenfels zu erfahren.

Nach fünf Jahren (1080) stand das Volk doch wieder auf des Kaisers Seite, als er sich für den Canossagang rächen wollte, als die päpstlich Gesinnten Rudolf v. Schwaben zum Gegenkaiser erhoben, als die Entscheidungsschlacht an der Elster bei Merseburg erfolgte —

von welcher die ausgetretenen Wasser der Gruna die feindlichen Heere getrennt hatte. (1080.)

„Sie hatten nur wenig Fußvolk. Sie ergänzten es, indem die Ritter, deren Pferde ermüdet waren, sich zu Fuß an die Seite der Bauern stellten. So zogen sie aus, während die Bischöfe Psalm 82 anstimmen ließen. In geschlossenen Reihen einander näher rückend kamen beide Heere bald an einen Sumpf, Grona damals genannt, durch den keine Furt zu finden war. Herausforderungen ertönten von hüben und drüben, aber mit Waffen konnte man sich nicht erreichen ... In der Nähe von Hohenmölsen trafen endlich die beiden Heere zusammen ... Das ganze Lager fiel in die Hände der Sachsen. Noch bis in die Neuzeit fand man Lanzenspitzen, Sporen. Der Rest jenes Sumpfes ist der Grunaubach zwischen Pegau und Mölsen." — Otto von Nordheim war Sieger, Rudolfs Leiche brachten seine Sachsen nach Merseburg.

Zu diesen Heimsuchungen der Herrschaft Weißenfels im Besitze des Goseckers kam häusliches Leid: Verrat und Mord seines kränklichen Sohnes Friedrichs III. durch Ludwig den Springer im Jahre 1083. Mit dem versucht der letzte Gosecker Friedrich IV. auf Bottendorf in schwankenden Fehden abzurechnen.

Unglücklich ist sein Aufstand wider den Kaiser: Er wird 1112 beim Kastell Tuchurn (Teuchern) geschlagen und büßt in zweijähriger Haft.

Mit seinem Tode 1129 ist das Geschlecht der Gosecker erloschen. Seine zwei Söhne führt von hinnen der Tod und die Kirche.

Und nun von Goseck hinüber nach Freyburg — aus pfalzgräflichem in landgräfliches Gebiet.

Ludwig der Springer hatte einen ziemlichen Vorsprung vor den anderen Grafen seiner Zeit gewonnen. Er ist der Erbauer der Wartburg, der Neuenburg a. U., der Eckartsburg.

Die Schuld seines Lebens ist der Tod des Pfalzgrafen Friedrichs III. von Goseck und seine Ehe mit der Mutter des noch ungeborenen Friedrichs IV. von Goseck.

Die Haft Ludwigs des Springers (Saliers) auf dem Giebichenstein (1116) hängt mit der Ermordung des Goseckers nicht zusammen, sondern mit der Auflehnung gegen den Kaiser.

Im Jahre 1076 soll Ludwig aber den Fischern in Weißenfels für geleistete Dienste bei der Flucht vom Giebichenstein einen herrlichen Freibrief gegeben haben. Er lautet in deutscher Übersetzung:

Wir, Ludwig, von Gottes Gnaden Herr von Thüringen und Weißenfels, Graf und Herr von Weißenburg ....

„Da wir in Gnaden willens sind, die treuen Bürger unserer Stadt Weißenfels durch eine ganz besondere Gnade auszuzeichnen, indem wir sie, alle und jeden Einzelnen für jetzt und immer in Zollfreiheit versetzen und ihnen selbst Erlaß von Warenzoll für Ein- und Ausfuhr durch alle unsere Gebiete geben, dergestalt und also, daß sie von dieser Zollverpflichtung aller Orten in unserem Gebiete ganz frei und ledig sein sollen. — Auch den Fischern derselben Stadt verleihen wir wegen ihrer Treue die Berechtigung — daß sie die Fischerei im Saalstrome nicht allein soweit sie unser Lehen berühret — in die Länge einer knappen Meile unterhalb Sulza bis zur Burg Giebichenstein, ebenso im Unstrutflusse von der Mündung $1\frac{1}{2}$ Meilen, den Gebrauch und die Nutzung ohne Widerrede. Deß zur Evidenz haben wir unserem Schreiber Hermann dieses Pergament mit unserem Insiegel bekräftigen und ihnen (den Fischern) aushändigen lassen.

Zu Freiburg am Tage vor dem Pfingstfest im Jahre 1076."

Zwar hätte Ludwig der Springer nach der Schlacht bei Nägelstedt a. U. (1075), als der Gosecker gefangen gesetzt wurde, allenfalls in den Besitz von Weißenfels kommen können, wenn noch dieses und jenes der Fall gewesen wäre, aber, wo wollte Ludwig die Fischereigerechtigkeit bis Giebichenstein her haben?

Weiter: Es ist 1076 an eine Stadt Weißenfels mit getreuen Bürgern überhaupt noch nicht zu denken. Von den Nachfolgern Ludwigs des Springers ist keiner im Besitze oder im Rechte des Weißenfelser Gebietes wie Kapitel 4 zeigt.

Bis zur Schlacht bei Nägelstedt (1075) war das Weißenfelser Gebiet in den Händen der Gosecker.

Der jetzt gefangene Pfalzgraf nannte sich wohl: „Von Gottes Gnaden, Friedrich, Pfalzgraf zu Sachsen, Burggraf zu Zörbig, Graf zu Brehna, Wettin, Ileburg, Sommerseburg, Barboge und Wiezenvels, Herr zu Banzig und Weißenburg. —

In dieser Zeit tritt auch hier Wiprecht II. von Groitzsch auf den Plan, ein abenteuernder, heldenhafter, aber in der Wahl seiner Mittel nicht wählerischer Wende, der in die Gegend von Pegau kommt. Er zerstört mit den Böhmen die Jakobskirche in Zeitz und baut zur Sühne das Kloster Pegau. Er streitet mit und für den Kaiser, er verliert seinen erkämpften und zweimal erheirateten Besitz und gewinnt ihn wieder.

Er ist Markgraf der Ostmark (1117—1124) und Markgraf von Meißen (1123—1124). Er war zugleich der geborene Kolonisator. „Sumpfige Gegenden ließ er austrocknen, unebenes Land ebenen, den Urwald stellenweise ausrotten."

Kaiser Heinrich IV. hatte schon 1070 das Osterland als unmittelbares Gut an sich genommen und nach der Gefangennahme Friedrichs II. von Goseck (1075) das Weißenfelser Gebiet besonders. Das gab des Kaisers Gunst nun Wiprecht von Groitzsch, dessen Leute den feindlichen Betherich von Teuchern erschlagen. Seinen Söhnen hinterließ er die fürstliche Gewalt über Thüringen und das Osterland. Jene hatte inne Hermann von Winzenburg, Landgraf von Thüringen bis 1130, diese besaß Heinrich bis 1136. Jene kam an Ludwig des Springers Sohn, diese an Konrad von Wettin, den Vater des ersten Herrn von Weißenfels, Otto des

Reichen. In der vita Viperti findet sich nun der nachfolgende Pflichtbrief der alten Stadt zu Tauchlitz. Er lautet:

„Wyr, Scholtzez, Viertelsmeyster u. Gaßyner, wie auch alle Bürger czu Duchelitz ob Wyczenveltz bekenin durch crafft diezes gegynwertigen Breves, daz nachdem der achtpar Hochgeborne Marchgreve Wyprecht zu Myßen, Lusitz u. Ostirland, Unser Herr, als wir ym gesoldet, in Befindung unser Gebiethin, dy uns überlestig waren, uns syne Gnade erteylet, daz Er auf den Sante Michels Tag alle Jahr Eyr die Brodte u. Dynste mit sybnczig Mark Myneze will zeu frieden syn, daz wyr dorkeypen uns vorhyzzen haben durch diesen Brev öhme die angeczeigte LXX (70) Mark alle Jahr uf Sant Michels Tag czu bezalen u. fest vorsprechin, dafór wyr czum Czeyniß undt Bekresftigung dieses mit unsern Stadt Sygel behangln haben, gegeben ufn Schlozze Wyczenvels am Abend S. Marcus anno domini MCXXI."

Wenn diese Verschreibung der Bürger czu Duchelitz ob Wyczenveltz vom Jahre 1121 echt ist, so sind wir sehr erfreut:

Wir erfahren, daß das um 1075 mit Verkehrsrecht begabte Dorf Tauchlitz sich ganz städtisch ausgebildet hat: Das Schreiben nennt Schulzen, Viertels- und Gassenmeister, es redet von einem Stadtsiegel, mit dem die Verpflichtung der Bürger bekräftigt ist.

Zuletzt noch ein Wort über die **Grafen von Burgwerben.**

Unter den Sachsenherzögen hatten die Billunger bis 1106 einen ehrenvollen Platz eingenommen. Mit Magnus scheiden sie aus. Er hinterließ keinen Träger seines Namens. Seine zwei Töchter waren Eilika und Wulfhild. Die älteste war vermählt mit Otto dem Reichen, Wulfhild mit Heinrich dem Stolzen von Bayern. Das erledigte Herzogtum Sachsen gab der Kaiser nun nicht dem Gemahl der ältesten, sondern dem der jüngsten Tochter, Heinrich dem Stolzen. Das gab Anlaß zu Streit und Kampf, der unter den Söhnen der Schwestern, unter Heinrich dem Löwen und Albrecht dem Bären (gestorben 1170), dem Begründer der Mark Brandenburg, noch andauerte. Der Sohn Eilikas, der Enkel Konrads des Großen von Wettin, war in der Nordmark eingesetzt. Eilika war Besitzerin des von ihr erbauten Schlosses Burgwerben. Sie heißt darum auch domina Eilica de Wirbene. Ihren Söhnen half sie tapfer in den Wirren der Zeit. Sie setzt ihren Willen auch durch gegen den Landgrafen Ludwig I. und verfolgt ihr Recht bis an den päpstlichen Stuhl. Das verfallene Kloster Goseck hob sie zu neuer Blüte durch den Abt Nenter, den sie auf ihre Kosten nach Bremen gehen ließ, um die Reformation vom Erzbischof zu erbitten. Sie sah viele Enkel: Otto, den Erben der Mark Brandenburg, Dietrich, der auf Burgwerben blieb, Hermann, Adalbert, Bernhard. Dietrich von Burgwerben ist 1182 mit auf dem Hoftage Kaiser Barbarossas in Merseburg. Die Namen der Enkel Eilikas und Ottos des Reichen begegnen uns in der Folgezeit hier und da als Burggrafen von Meißen, als Burggrafen von der Neuenburg.

Irre ich nicht, war Hermanns Gemahlin Gertrud eine Erbtochter des letzten Grafen von Mansfeld-Hoyerscher Linie. Eilikas Enkel nennt sich darum auch comes (Graf) de Mansfeld, um seine Ansprüche auf das Mansfelder Erbe deutlich zum Ausdruck zu bringen. So am 1. Dezember 1246, als er ein Gut in Beuditz dem Kloster da zum Geschenk macht.

Ein Hermann von Werben ist im Rat und Gefolge Heinrichs des Erlauchten und dient ihm in Urkunden als Zeuge. Er nennt sich auch sogar: „Hermann, von Gottes Gnaden Graf von Osterfeld". Sein Bruder ist Vorsitzer des Landgerichts in Laucha. Seine zwei Töchter zweiter Ehe gibt Hermann von Burgwerben in der Urkunde vom 10. Juli 1267 dem Kloster Beuditz mit vier Hufen Landes. Irmentrud ist 1285 Priorin. Dem stimmten bei seine sieben Söhne, von denen zwei als Burggrafen der Neuenburg erscheinen: Heinrich und Hermann. Der älteste war Propst, nachmals Bischof Meinher in Naumburg bis 1280. Die Tochter des Grafen Hermann von Osterfeld, Elisabeth, war seit 1280 vermählt mit dem Grafen Friedrich von Rabinswalde. Sein Erbe ist sein Schwiegersohn Hermann von Orlamünde, dessen Söhne sind Friedrich zu Weimar und Hermann zu Wiehe. Sie und andere stammen zuletzt aus Burgwerben.

Die Slaven nannten Burgwerben: Wirbina. „Wiribeni" heißt es bei dem bischöflichen Chronisten Thietmar von Merseburg.

Eine Übersicht

über die bisher genannten und im folgenden gelegentlich erwähnten Herren des heutigen Weißenfelser Gebietes wird dem aufmerksamen Leser nicht unwillkommen sein. Wir finden im engen Rahmen drei herrschende Kreise:

1. Billunger Sachsenherzöge.

Der letzte Billunger Magnus — 1106

hat zwei Töchter: Eilika und Wulfhild. Wulfhild war vermählt mit

vermählt mit dem Sohne Conrads von Wettin: Otto dem Reichen.....

Heinrich dem Stolzen von Bayern, der das Herzogtum Sachsen erhielt.

Heinrich der Löwe — 1180. Nach seinem Falle wird das alte Herzogtum Sachsen aufgeteilt.

Albrecht der Bär 1123/1170.

Otto Brandenburg — Dietrich Burgwerben — Hermann — Adalbert — Bernhard (erhält Namen und Würde eines Herzogs von Sachsen in Wittenberg nach Heinrichs des Löwen Falle).

Dietrich vermählt mit Mathilde von Thüringen, Tochter des Landgrafen Ludwigs II.

Heinrich der Dicke, Anhaltiner. — Albrecht I., Stammherr der Kurfürsten von Sachsen.

---

2. Sächsische (Gosecker) Pfalzgrafen.

NB. Pfalzgrafen waren die obersten Richter und Pfleger des Rechts.

Graf Friedrich I. auf Burg Pourigk (Igelsberg) 1010.

Dedi (1040—1056). Richtender Pfalzgraf seit Siegfrieds, des letzten Merseburger Pfalzgrafen, Tode; richtet Burg Goseck zum Kloster ein.

Friedrich II. (1056—1085), des vorigen Bruder, Stifter des Klosters Sulza. Weh dem Lande, des König ein Kind ist! In der Schlacht bei Nägelstedt 1075 verliert Friedrich Freiheit und Pfalz.

Friedrich III. von Putelendorf (1085—1110) auf Zscheiplitz, vermählt mit der schönen Adelheid von Stade. Nach seiner Ermordung kommt Zscheiplitz an Ludwig den Springer und

Friedrich IV. († 1129). Erhält Bottendorf als Ersatz für Zscheiplitz, das Kloster geworden ist, sucht sich an seinem Stiefvater Ludwig dem Springer zu rächen. Seine Söhne sind nicht seine Erben: Heinrich starb 1130, Friedrich wird geistlich.

---

3. Thüringer Landgrafen

(führen den Vorsitz in den Land- und Friedensgerichten).

Eine Reihe von Herren hatte Thüringen schon gesehen, als Ludwig der Bärtige 1036 sich klug vermählte und geschmackvoll ankaufte am Thüringer Walde. Sein Sohn, Erbauer der Wartburg und der Neuenburg a. U., ist

Ludwig der Springer (Salier), 1056—1130. Seine Schuld an Friedrich III. von Goseck, dessen Witwe er heiratet. Er zieht sich am Ende zurück in das von ihm gestiftete Kloster Reinhardtsbrunn. — Mit ihm lebt gleichzeitig und ist innerlich

verwandt Wipprecht von Groitzsch, der am Abend seines Lebens 1123 die Markgräfliche Würde vom Kaiser zu fischen verstand. Sein So[...]
Hermann von Winzenburg wird Landgraf von Thüringen bis 1130. Ih[...] dieser Würde des Springers Sohn.
Ludwig I. (1130—1140) Landgraf von Thüringen.
Ludwig II. der Eiserne (1140—1172), mehr durch Sage als Geschichte verh[...] Kaiser Friedrich I. durch seine Gemahlin Jutta verschwägert. Stifter [...] Roßleben. Starb auf Schloß Freyburg.
Ludwig III. der Fromme (1172—1190), lebt in kampferfüllter Zeit. Nach Heinrichs des Löwen erhält er bei der Aufteilung des alten Herzogtums [...] Sächsische Pfalzgrafschaft. Stirbt kinderlos. Nach Lehnsrecht sollte [...] jetzt an den Kaiser fallen. Der aber hatte in Italien zu tun und ließ des Verstorbenen Bruder
Hermann I. 1190—1216, seit 1181 Pfalzgraf von Sachsen. Berühmter [...] der Poesie als durch sein sonstiges Handeln. Ihn löst ab sein Sohn
Ludwig IV. der Heilige (1216—1227), Gemahl der heiligen Elisabeth, treuer Heinrichs des Erlauchten. Ungetreuer Vormund der Kinder des Heil[...]
Heinrich Raspe (1229—1242), der Rastenberg baut. Nur drei Jahre hat er Zeit die Landgrafschaft an Ludwig des Heiligen Sohn zu überlassen. Friedrich II. hatte schon eine Eventualbelehnung Heinrich dem Erlauchten [...] An ihn kommt Thüringen nach Raspes Tode.

7.

9

11.

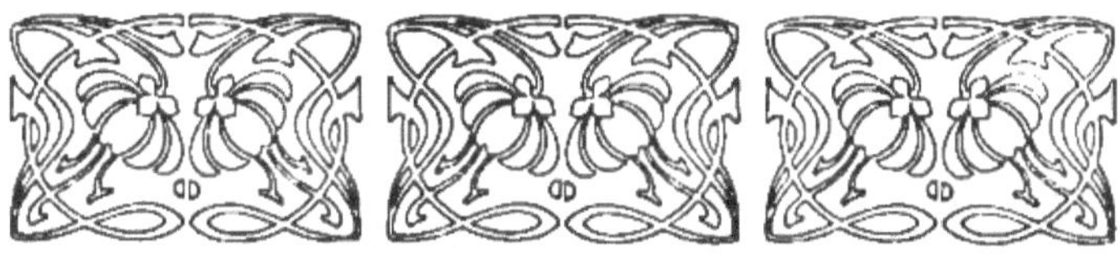

Der I. Hauptteil.

Weißenfels unter dem Hause Wettin.

1. Abschnitt:

Unter den Markgrafen von Meißen und vom Osterlande.

Kapitel 4.

Unter Markgraf Otto dem Reichen (1166—1190) und Dietrich dem Bedrängten, Grafen von Weißenfels (1190—1221).

(Nr. 1/2 der genealogischen Tafel.)

„Eine Stadt war gebaut, wo einst der Reiher über das Wiesenland geflogen oder der Hirsch auf dem Waldpfad zur Tränke gelaufen war. Und die Städte waren in den letzten Jahrhunderten wie über Nacht entstanden, daß man bei vielen nicht zu sagen wußte, wann sie begonnen hatten.“ (G. Freytag.)

Der Begründer der Macht des wettinischen Hauses war Markgraf Konrad (1156—1190). Und er gab gleich das böse Beispiel der Länderteilung. Otto, der älteste, erhielt die Markgrafschaft Meißen, die andern vier Söhne andere Landesteile.

Noch unter Kaiser Lothar hatte schon Konrad von Wettin das Osterland erworben. Von ihm kam es in Ottos, des Meißeners, Besitz. Wäre das nicht auf unanfechtbare Weise geschehen, so hätte wohl auch Kaiser Barbarossa dem vom Urenkel Ludwigs des Springers, vom Landgrafen Ludwig III., auf der Neuenburg gefangen gesetzten Markgrafen Otto nicht haben helfen können. So mußte der Freyburger das abgetrotzte Gut zurückgeben. Otto blieb im Besitze von Weißenfels.

Kein Wunder, daß er jetzt doppelt darauf bedacht war, noch festeren Fuß zu fassen, daß er so viel als möglich die Burg Weißenfels durch Heranziehung neuer Siedler zu decken bemüht war.

In großem Stile führte er den Plan alsbald aus. Er legt unter der Burg eine neue Stadt an. Alle Voraussetzungen zu solcher Anlage waren da: Die Saale bot natürlichen und vorteilhaften Schutz auf der einen, die Burg auf der anderen Seite. Alte Straßen führten hier schon lange von Norden nach Süden. — Auch an anderen Orten hatte man einen Marktplatz neben der alten Siedlung errichtet. —

Durch den Zuzug neuer Siedler wird der Schutz der Burg jetzt vermehrt, die Grenze geschützt, der Besitz gesichert.

Mitten in der neuen Siedlung erhob sich alsbald auch eine Kirche. Man baute in jener Zeit erst Kirchen, damit sich darunter volkreiche Städte gruppierten. Die Urkunde ist noch vorhanden, in welcher Kaiser Friedrich I. am 24. November 1158 der Kirche der heiligen Maria und Michael zu Weißenfels Güterschenkungen des Markgrafen Dietrich bestätigt. (Cod. dipl. Sax. reg. I, 2. 289.)

Es heißt da: Marchio Dietrich habe zur Ehre Gottes, der Mutter Gottes, der Jungfrau Maria und des heiligen Michael zum Heile seiner Seele und allen seinen Vorfahren die Kirche, welche er in Weißenfels erbaut und fundiert, in kaiserlichen Schutz gegeben.

Nach der Kapitelüberschrift zu schließen, kann als Kirchengründer nur Ottos des Reichen Sohn Dietrich I., der Bedrängte, in Frage kommen.

Aber der 1162 erst geborene Markgraf Dietrich, seit 1190 Graf in Weißenfels, kann 1158 doch nicht einmal den Namen zur Gründung hergeben. — So müssen wir uns nach einem anderen Dietrich umsehen, der uns vielleicht die Schwierigkeit erschließt: Otto der Reiche hatte einen Bruder Dietrich, der vom Vater die Niederlausitz und Eilenburg als Erbteil empfing. Er starb 1185 im Kloster auf dem Petersberge bei Halle. Er hat das Werk des Bruders hier alsbald durch Stiftung einer Kirche gefördert.

Zwischen 1212 und 1217 wird hier ein Priester Hermann von Weißenfels genannt.

Dietrich, der Graf von Weißenfels, verlieh der jungen Stadtanlage alsbald ein Wappen: Ein schwarzer Löwe im goldgelben Felde zwischen zwei übereckgestellten Türmen, die hinter einer in fünf Felder geteilten Mauer aufsteigen. Die Markgrafen führten einen roten Löwen im blauen Felde.

Leider war die Stadt bald in schwere Kämpfe verflochten. Otto der Reiche, mit Hedwig von Brandenburg, der Tochter Albrechts des Bären vermählt, hatte sein Testament gemacht: Der älteste Sohn Albrecht sollte die Mark Meißen, Dietrich, der jüngere, u. a. die Herrschaft Weißenfels erhalten. Die Mutter sucht eine Änderung des letzten Willens zugunsten des jüngeren Sohnes herbeizuführen — das Unheil ist da! Der ältere Sohn setzt den Vater gefangen. Jedes neue Jahr bringt neue Nöte. Und als der bedrängte Albrecht seinen Schwager Ottokar von Böhmen herbeiruft, hausen die fremden Scharen hier so, daß Albrecht selbst um den Abzug dieser Retter bitten und zusehen muß, wie sie mit unerhörter Beute davonziehen.

Als Otto der Reiche 1190 unversöhnt mit dem ältesten Sohne starb, trat sein ursprüngliches erstes Testament in Kraft: Albrecht nahm und erhielt Meißen, Dietrich wurde Herr des Osterlandes und der Städte Leipzig, Grimma, Schkeuditz, Sangerhausen, Camburg, Eisenberg. Dietrich blieb möglichst in Weißenfels. Aber die Ruhe war nur von kurzer Dauer. Der Krieg brach bald wieder aus und in der zweiten Hälfte des Jahres war Weißenfels der Schauplatz des Kampfes der feindlichen Brüder. — Als die Kunde kam: Albrecht nahe sich mit zahlreichem Kriegsvolk, da suchten die Dietrich ergebenen Bürger die Stadt Weißenfels so gut als möglich in Verteidigungszustand zu setzen. Mauern erhoben sich oder wurden ausgebessert, die Gräben vertieft und mit Wasser gefüllt. Tag und Nacht standen die Bürger gerüstet auf der Wacht. Und die Feinde ließen nicht lange auf sich warten. Stadt und Burg Weißenfels wurden hart belagert, besonders hatten die am rechten Ufer der Saale gelegenen Ortschaften zu leiden. Die Weißenfelser wußten ja genau, was ihnen bevorstand, wenn sie unterlagen. Aber da die Hülfe ausblieb, ermatteten die Kräfte zuletzt doch. Das hatten die Belagerer auch schon gemerkt. Darum sammelte Albrecht in einer Nacht sein ganzes Kriegsvolk zum Sturme. Als die Wachen auf den Türmen das Notzeichen gaben, konnten die Bürger dem Dränger nicht trotzen. Die Feinde erstiegen die Mauer, ihr Strom ergoß sich in die Gassen der Stadt. Jetzt stand noch die Burg allein. So ohne weiteres war sie nicht zu nehmen. Auch brach von da die Besatzung aus und fügte den Truppen Albrechts großen Schaden zu. Wochen waren vergangen und ein Ende noch nicht abzusehen. Da faßte Albrecht den Entschluß, auf dem benachbarten Sibtenberge eine Feste anzulegen. Gedacht — getan! Zum erzwungenen Bau wurde alles aufgeboten, Gräben wurden ausgeworfen, Mauern errichtet. Schneller als man's gedacht, ist das Bollwerk errichtet. Der „Trotzer" soll sie heißen, so hat's Albrecht bestimmt. Durch diesen Trotzer will er seinen Bruder auf der Burg beklemmen. Ebenso baute in Eisenach 1262 Landgraf Heinrich im Kampfe mit der brabantischen Partei ein Kastell, um die Eisenacher im Zaume zu halten. Wie dieses seitdem die Klemme oder Klemda hieß, so nannte der Volksmund hier in der Folge den Sibtenberg auch die Klemme oder den Klemmberg.

2*

Die Ausfälle aus der Burg waren jetzt wesentlich erschwert. Die Lebensmittel drohten zur Neige zu gehen, die Not stieg, die Verzweiflung kroch wie ein Gespenst herbei. — In dieser Zeit hatte Dietrich heimlich die Burg verlassen, um bei dem Landgrafen Hermann von Thüringen Hülfe zu suchen. Der ließ sich aber nicht gleich finden: Er habe keinen Grund, sich mit Albrecht zu verfeinden. Wäre er mit dem Suchenden verwandt, so lägen die Dinge ja anders! So der Not gehorchend, heiratete Dietrich des Landgrafen häßliche Tochter Jutta. Nun ist der Schwiegervater bald zur Stelle, nimmt Camburg erst, dann rücken die Mannen des Helfers vor Weißenfels, Schloß und Stadt werden befreit, die Besatzung vom eben vollendeten Trotzer verjagt, die Klemme wieder zerstört. — Albrecht hatte kaum Zeit gehabt, um Leben und Freiheit zu retten.

Es ist das Jahr 1194: „Des Nichtstuns müde," wie der Reinhardsbrunner Annalist sagt, „griff Albrecht den Bruder von Neuem an und forderte die Burg Weißenfels für sich. Der vermittelnden Bitte des Landgrafen, daß er Frieden halten möge, schenkte er kein Gehör, ja blinde Wut verleitete ihn sogar, einen Reichsministerialen, Bernhard, zu blenden.... Als Albrecht die Belagerung der Feste Weißenfels durch Erbauung eines Gegenforts eingeleitet hatte und Graf Dietrich zum Entsatz herbeieilte, da spielte diesem der Bruder des geblendeten Ministerialen das Gegenfort in die Hände."

Albrecht mußte mit Verlust vieler Gefangener Weißenfels freigeben.

Die Untaten Albrechts hatten auch den Landgraf Hermann wieder ins Feld geführt. Albrechts Versuch, ihn dafür zu strafen, scheiterte ganz in der Ebene bei Röblingen.

Auf verwundetem Rosse erreicht er den Petersberg und von da als Mönch verkleidet mit frischen Pferden Leipzig. Jetzt sucht er den Kaiser vergeblich zu versöhnen. Noch schweres Leid hätte er über das Land gebracht, wenn ihn der Tod nicht entführte. Jetzt übernahmen kaiserliche Beamte die ersehnte Mark Meißen zur Verwaltung. Der Kaiser zog die Länder als Reichslehen ein, weil weder Ottos des Reichen Testament noch der Antritt der Erbschaft durch die Söhne die kaiserliche Bestätigung gehabt habe. Mächtiger als je stand der Kaiser da. Der sonst nicht bedeutende Dietrich fügte sich klugerweise und suchte dem Kaiser zu gefallen. Er zauderte nicht, seinem Rufe zu einer Kreuzfahrt Folge zu leisten.

Auf einem Landding zu Schkölen (bei Lützen), der alten Malstatt, in der Grafschaft seines Vetters Dietrich von Groitzsch verabschiedete sich Graf Dietrich von Weißenfels am 5. Januar 1197 von seiner Familie und von dem versammelten Adel. Als gegenwärtig werden genannt (Codex dipl. Anhalt. I.): Meinher Graf von Werben, Erkenbold von Greislau, Berthold von Schönburg, Heinrich von Camburg, Heinrich von Slatebach, Ekkehard von Teuchern, Burchard von Vesta, Otto von Lichtenhayn, Rudolf von Bünau, Nortbert von Wizenvels mit seinen Söhnen Heinrich und Conrad. Dabei und sonst waren wohl Meinher von Burgwerben als Vizegraf, Albrecht von Droyßig als Rechtsprecher, der von Ransted als Besteller tätig.

Nach der Fabel der Petersberger Chronik sei Dietrich bei dem Tode des Bruders im heiligen Lande gewesen, habe auf der Rückkehr den Nachstellungen des Kaisers nur durch Verbergung in einer Tonne entgehen können. Aber Dietrichs Aufenthalt in der Heimat ist durch gleichzeitige Urkunden bezeugt.

Nach Kaiser Heinrichs VI. Tode (1197) waren wieder schwere Zeiten über Deutschland gekommen.

Von der Parteien Gunst und Haß getragen standen sich zwei Kaiser gegenüber: Philipp von Schwaben und Otto IV. Das Erbe seines Bruders Albrecht erhielt Dietrich von Philipp zurück. Der Bürgerkrieg zerfleischte das Reich. Auch Thüringen hatte schwer zu tragen. Als dann 1201 der Papst sich auf Ottos, des Welfen, Seite stellte, als auch Landgraf Hermann von Thüringen die Fahne wechselte und welfisch wurde, da blieb um den Preis des Schwiegervaters Dietrich dem Schwaben treu. Wenigstens hat er's zum offenen Abfalle nicht kommen lassen. — So ist Walther von der Vogelweide, der größte Lyriker des Mittelalters, des Lobes voll über Dietrich: „Und der Missenaere — von Gote wurde ein engel ê verleitet".

Der Eisenacher Schwiegervater aber rief die Böhmen ins Land. Die lieblichen Gelände der Saale, die fruchtbaren Auen der Unstrut, die emporstrebenden Städte und die stillen Dörfer wurden wieder einmal jämmerlich verwüstet und rücksichtslos zerstört. Nach Philipps Ermordung 1208 wurde schließlich Otto IV. doch allgemein anerkannt und in Rom zum Kaiser gekrönt. Jetzt zog er zur Rache nach Thüringen, soweit es seinem Gegner geholfen. Als Langensalza seinem Ansturm erlag, hat die Burg Weißenfels noch so lange Widerstand geleistet, bis das Auftreten wieder eines neuen Gegenkönigs, Friedrichs II. von Hohenstaufen, dem Kampfe ein Ende machte.

Schließlich hat sich Dietrich doch dem alten Feinde zum Beistande verpflichten müssen und dafür, daß er sein Wort halten werde, als Geiseln stellen müssen die Edeln und Mannen: Grafen Gebhard von Querfurt, Heinrich von Schwarzburg, Konrad von Zahna, Hermann den Vogt von Salick, Heinrich von Schkeuditz, Erkenbold von Weißenfels. Von seinen Ministerialen (Hausbeamte, Dienstleute aus dem niederen Adel) muß Dietrich ziehen lassen: Otto von Lichtenhayn, Heinrich von Camburg und 13 Söhne von Ministerialen.

Dafür will ihm der Kaiser dann Hülfe leisten gegen jedermann.

In dieser unruhigen Zeit ist bewundernswert die stille Tätigkeit Bischof Engelhardts (—1242) in Naumburg. Von Philipp von Schwaben befördert, ausgezeichnet von Kaiser Friedrich II., der 1214 beim Landgrafen Hermann auf der Neuenburg a. U. zu Besuch ist, treibt er in ruheloser Zeit stille Politik. Er siedelt holländische Kolonisten (Vlämen) in Tribun (dem nachmaligen Flemmingen) an. Er ruft Franziskaner-Minoriten zur Gründung einer Filiale von Leipzig nach Weißenfels. Sie dienen dem Klarenkloster, sie sammeln für die Marienkirche. — In Treben weiht Bischof Engelhardt 1227 eine Kapelle.

Endlich ist die **Begründung des Beuditzklosters** zu berichten. Wenn unser Beuditz damit gemeint ist, so hatte schon Kaiser Heinrich III. dem Bistum Naumburg den Ort Butici zugeeignet. (S. 4 a. E.)

Hier gründete 1218 Mechtildis, des Grafen Meinherus von Meißen (aus Burgwerben gebürtig) Tochter, Witwe des Grafen Konrad von Lobdaburg, ein Hospital für Arme, Dürftige, Sieche. Schon 1220 wurde das auf dem Plateau des Eichberges errichtete Hospital von der Stifterin selbst in ein Nonnenkloster Bernhardiner oder Cisterzienser Ordens verwandelt und mit einer Marienkirche versehen, die zugleich dem Apostel Matthäus geweiht war.

Dieses Kloster erfreute sich der Gunst der immer spendefreudigen Burgwerbener Herren. Sie schenkten schon unzählige Mal, als eine Enkelin Albrechts des Bären, die Schwestern Irmengard oder Irmentrud Priorin war. Als Gertrud und Elisabeth 1267 eingekleidet werden, erhält das Kloster die Beuditzmühle, nachdem die Ansprüche derer von Bünau beseitigt sind.

Dann treten die Gebrüder Knuth, Thymo und Heino als opferwillige Gönner hervor. Sie waren mit dem Kloster Beuditz auch besonders verwachsen: Katharina Knuthin ist 1369 Äbtissin und Ehrenfried des Klosters praepositus (Propst).

Der Brunnen der Schenkungen lief unaufhörlich. Ich nenne noch einige. Das Kloster in Beuditz erhält Grundbesitz in Motelowe (Muttlau) in superior (Ober-) Greislau, in Gorstiwitz, in Wydebach.

Heinrich der Erlauchte und Erzbischof Erich beweisen dem Kloster ihre Gunst. Der letztere schenkt eine Saaleinsel mit einer Mühle darauf. Dietrich von Landsberg gibt den Zehnten von seinen Weinbergen in Camburg, am Jenzich (Jena), in Kirchberg und Eisenberg — die seit den Tagen Luvos von Camburg angepflanzt sind. Dazu kam Weinbergsbesitz bei Lobdaburg, den die Herren von Lobdaburg 1282 noch vermehren. Auch die Mühle zu Pulschicz, die Herrenmühle, gehörte dem Beuditzkloster. Dazu Patronate über Kirchen und Pfarreien in Prittitz und Plennschütz. Der ganze Besitz an Äckern und Wiesen, an Wäldern und Feldern kann hier nicht aufgezählt werden. Die Schenkungen werden alle vor Zeugen vollzogen, von Zeugen beglaubigt.

Als solche erscheinen Timo und Konrad von Greislau, als nobiles viri, als vornehme Männer die Gebrüder von Wydebach. Dem alten Adel gegenüber derer von Gleichen, von Leuchtenburg erscheinen die Namen der milites Otto und Hermann von Zorbau als Emporkömmlinge. (S. 26.) Die Gerichte des Klosters gehörten dem Amte. Ungehorsame Diener kann der Propst in den Stock setzen. Das Kloster war schriftsässig d. h. dem Amte zu Geschirrdienst verpflichtet.

Wir umgehen die Klostermauern. Von der Prittitzer Höhe schaut der Wald herüber. Unten glänzen im Sonnenschein die Wasser der Saale. Scheinbar in Frieden liegt drüben das Kloster Goseck.

Weiter hin geht der Blick zur Neuenburg a. U., nach Freyburg hinüber. Was für Bilder bewegten Lebens aus der Landgrafenzeit ziehen da am Auge vorüber!

Aber auch die Gestalt eines mittelhochdeutschen, höfischen Poeten ersteht: die Heinrichs von Veldeke, der dort seine epische Dichtung, die „Eneide“, vollendet.

Indes die Gegenwart ruft uns zurück: der Gesang der zweiten Vesper, der aus dem Beuditzkloster gehört wird. Wir lauschen den Klängen einen Augenblick, um uns still der Stadt zuzuwenden.

Kapitel 5.

Unter Markgraf Heinrich dem Erlauchten (1227—1262).

(Nr. 3 der genealogischen Tafel.)

Als Markgraf Dietrich der Bedrängte, doch wohl an Gift, gestorben war, ließ er seine Gemahlin Jutta mit drei Söhnen zurück (vergl. die Tafel), von denen der dritte, Heinrich, der Erbe von Weißenfels wurde.

Die Rechte des Dreijährigen vertrat der bei Lebzeiten des Vaters schon zum Vormund bestellte Oheim Ludwig IV., Landgraf von Thüringen. Er hielt 1222 als Administrator einen Landtag in Delitz a. S. ab, wo viel Grafen, Ritter und Edle zugegen waren.

Als Vormund hatte er keinen leichten Stand: Seines Mündels unruhige Mutter vermählte sich nämlich bald wieder mit dem Grafen Poppo VII. von Henneberg und stellte sich ihrem eigenen Bruder, ihres Kindes Pfleger, feindlich gegenüber.

Als er in eigener Sache an der Unstrut Gerichtstag hielt, hätte die Schwester ihn in Weißenfels, ihrem Witwensitze, gewiß aufheben lassen, wenn er von den Bürgern der Stadt nicht rechtzeitig gewarnt worden wäre. Als Grund für ihr Verhalten gab sie an: ihr Bruder wolle seinen Neffen um sein Erbteil bringen. Keine Lüge ist so gemein, daß sie nicht ihr Publikum fände.

So sah sich der selbstlose Vormund in den Kampf mit der eigenen Schwester hineingezogen, der mit der Flucht Juttas nach Österreich endete, wo sie ihren Witwensitz Weißenfels für 2000 Mark Silber an den Herzog Leopold verpfändete. So kam Weißenfels vorübergehend an das Haus Österreich. — Als Heinrich der Erlauchte später die Tochter Leopolds von Österreich heiratete, erhielt er Weißenfels als billige Mitgift zurück.

Der wackere Vormund war 1227 auf einem Kreuzzuge gestorben. Drei Jahre später trat der noch Zwölfjährige unter dem zweifelhaften Schutze Heinrich Raspes sein Erbteil an. Als er nach kaiserlichem Spruche auch des letzten Thüringer Landgrafen Erbe werden sollte, erhoben sich Ansprüche ringsum. Dreizehn Jahre währte der Thüringer Erbfolgekrieg 1247—63. Bekannt ist die Auskunft, die Heinrich von seinen Räten über Thüringen empfing: „Das Land ist edel und reich, es ist so gut, daß, wenn Euer Gnaden einen Fuß im Himmel und den anderen in Thüringen hätten, Sie den anderen aus dem Himmel zurückziehen und Thüringen behalten würden."

Die auswärtigen Verwandten, die Grafen des Landes, der Erzbischof Christian von Mainz — alle erhoben sich gegen den jungen Markgrafen.

Aber wo blieb der Kaiser? Der hatte genug mit sich zu tun. — So begann Heinrich zuerst mit den Magnaten abzurechnen. Mit Stoßmaschinen und Wurfgeschossen, mit Pleiten und Bliden berannte der Markgraf die Festen, bis einer nach dem anderen sich unterworfen und bis am 1. Juli 1249 der Weißenfelser Friede zustande kam. Aus dem lateinischen Reverse geben wir einen Teil deutsch wieder:

Wir Günther, Graf von Kefernburg, Berthold sein Sohn, Graf Albrecht von Rabinswalde, Heinrich und Günther, Grafen von Schwarzburg, Graf Friedrich von Stolberg, Heinrich von Heldrungen, Lutolff und Heinrich von Allerstedt, Heinrich und Edolfus von Bardeleben, Ditmar von Weilerstedt ꝛc. Thun kund . . daß zwischen dem Durchlauchtigen Fürsten uns. Herrn Heinrichen, Markgrafen zu Meißen und uns dieser Vergleich getroffen ist, daß wir Ihn für unseren wahren Herrn und Landtgrafen in Th. halten und Ihm wider jedermann — wo wir mit guten Gewissen und Ehren es thun können, dienen wollen . . . ohne arge List und Betrug und wollen auch sein land . . . getreul. beschirmen über diß wollen wir alle unsere Güter, welche wir von dem Landgrafen gehabt, von Ihm in lehen nehmen, ausgenommen Pudlendorf, welches Graf Albrecht von Rabinswalde von den Grafen zu Anhalt in Lehen empfangen hat. Und alle dieselbigen, so er vom Reiche oder Kirche erlanget hat oder erlangen kann und wir schuldig sind zu empfangen, wollen wir von ihm in Lehen nehmen und dergleichen wollen wir auch thun bei den Gütern, die dem Landgrafen gewesen sind; doch, daß uns auch unser Herr, der durchlauchtigste Markgrafe, wegen der Güter, die wir von Ihm zu Lehen empfangen, Schutz und Gewehr leiste. Ingleichen wenn er dem H. Pabste oder Reiche beistehen wird, wollen wir zugleich neben Ihm denenselben beystehen. Wenn er aber Geld vor seine Dienste überkommet, wird er uns ebenfalls Geld verordnen, wie es billig ist und wir mit seiner Gnaden können zufrieden seyn. Es sollen auch alle neue Festungen im Lande Thüringen, die nach dem Todte des Landgrafens gebauet sind, sonderlich aber Vicinburg und Sachsenburg niedergerissen und geschleifft werden, darzu wollen Ihm wir allermögliche Hülffe thun u. Er selbst wird uns mit Macht darzu helffen. Dieweil aber Ihm wir uns also verschreiben, wird er unsere Suchen auch statt geben und mit Rath der Seinigen, wenn etl. Ihn mit dem Grafen von Anhalt in Güte vergleichen könnten, Vertrag und Friede machen oder die Streitigkeit sonsten rechtl. ausführen. Nechstdem wollen wir: Dietrich von Hohenstein, Friedrich von Beichlingen, Heinrich und Günther Gebr. von Schwarzburg, Grafen, alle Güter, so von dem vorigen Landgrafen uns verpfändet sind, Ihm wieder einzulösen geben, wenn er sie wieder zu haben verlanget. Darzu soll ein jedweder diejenigen Güther, darüber erkannt wird, daß sie der Landgraf sel. Gedächtnis besessen, aber zu ungebühr wären eingenommen worden, Ihm wirklich wieder eingeräumt werden und wenn jemand zu selbiger Zeit in seinen Nahmen etwas frembdes Besizes an sich bracht, soll er gleichfalls Rechenschaft davon geben.

Überdiß soll eine beständige Freundschaft unter allen sein, sowol die seinerseits als unserseits im Kriege sind begriffen gewesen. — So aber einer oder der andere

Feindschaft gegen ein ander hätte, die nicht wegen dieses Krieges herkäme oder dannenhero entstanden wäre, die sollen alle vor Ihm gegenwärtig zu Recht stehen und sich seinem ausspruch unterwerfen. — Die Gefangenen sollen allenthalben frei, losgelassen werden, ausgen. dreyfurth u. a. die zu Gotha gewesen. Doch sollen sie Versicherung tun und die Urphede leisten. Er soll auch die Irrung, so zwischen Graf Hermann von Mansfeld an Einem und Graf Albrecht von Rabiasmalde anderstheils schwebet, womöglich in Güte beilegen oder durch einen schleunigen Rechts Schutz beylegen. Wenn aber Jemand von Uns im Kriege gefangen würde, soll Er denselben schadlos solcher Gefangenschaft befreyen und so einer seinetwegen eine Stadt oder Schloß verlieren möchte, soll er nicht eher friede machen, biß das Verlorene . . . wieder erstattet werde.

Solches, was vorstehet, sollen die Herren Markgrafen und seine Söhne uns und unsere bedienten und freunden treulich und unverbrüchlich halten und den Bedienten der Bedienten Recht und den Vasallen das Recht und Gewohnheit der Vasallen allewege wiederfahren lassen. Wir hingegen versprechen Ihm und seinen Söhnen alles auch getreulich und unversehret zu halten als es mittels cörperlichen Eydes von uns beschwohren worden.

Geschehen sind diese Dinge zu Wizinvels anno Domini M. CCXLVIII
d. 1. July septimae indictionis.

L. S.	L. S.
Graf Günther von Kefernburg.	Graf Günther von Schwarzburg.

Nicht lange danach wurde zwischen dem Grafen von Anhalt und der Herzogin von Brabant und Markgraf Heinrich der Interims-Friede zu Weißenfels geschlossen, daß bis zum Ausspruche des Kaisers und der Reichsfürsten auf einem Reichstage Markgraf Heinrich das Land Thüringen, die Herzogin aber das Hessenland friedlich gebrauchen solle, wie eine geschriebene Thüringer Chronika meldet, „darbey es etliche Jahre also geblieben".

Auf alle Fälle zog sich aber Heinrich der Erlauchte doch neben diesen Edelfreien eine Anzahl unfreie sogen. Ministerialen zu treuen, zuverlässigen Diensten heran. Ein solcher Vertrauensmann ist der sogen. miles. Als solche milites werden genannt Otto und Hermann von Zorbau (S. 23), Otto von Lichtenhayn, Albert von Gröbitz, die Verwandten Konrads von Weißenfels gen. Scharoch. Der miles hat ein Vorwerk zu Lehen, er ist der Nachfolger der slavischen Supane.

Das Herrschaftsgebiet Heinrichs des Erlauchten hatte sich wesentlich erweitert, die Reichslehen hat er sich gesichert: Thüringen, Meißen, Orlamünde, das Osterland. Als unveräußerliche Rechte hat er erworben: die Erteilung des Geleits zu Wasser und zu Lande, Zölle, Münze, Marktrecht, Bergwerke, Judenschutz.

Zur Regierung und Verwaltung zieht er sich vertraute Männer heran, die sogen. familiares. Die sind ihm mit Rat und Tat zur Seite im Kriege und im Frieden.

Als getreue Ritter werden genannt die Gebrüder Knut, die in Weißenfels Reichbegüterten.

Hell leuchtet der Stern der Treue Rudolf von Vargulas. Er hilft auch später den Sieg von Besenstedt gegen Albrecht von Braunschweig bei Wettin erringen. Böse hatten die Braunschweiger auch in Weißenfels gehaust, dann waren sie im verheerenden Zuge ihrer Niederlage entgegengegangen. Daß er als Bruder des Bischofs Dietrich in Naumburg diesem gewisse Zehntrechte in Weißenfels gern bestätigt, ist wohl verständlich. Auch die Nonnenklöster in Langendorf und Untergreislau kamen nicht zu kurz.

Erst siebenundvierzigjährig (1262) entsagt Heinrich der Regierung; vor ihm sollten noch 26 Jahre schmerzhafter Erfahrungen liegen.

Kapitel 6.

Unter Markgraf Dietrich dem Weisen von Landsberg (1265—1285).

(Nr. 4 der genealogischen Tafel.)

Nun muß ich den Leser bitten, einen Blick auf die genealogische Tafel zu tun, sonst findet er sich nicht zurecht.

Schon 16jährig hatte sich Heinrich der Erlauchte mit Constantia von Österreich vermählt. Aus der neunjährigen Ehe gingen zwei Söhne: Albrecht und Dietrich, hervor. Jenem gab die Geschichte den Beinamen des Entarteten, diesem den des Weisen.

Der Witwer vermählte sich wieder mit Agnes von Böhmen, die ihm zwei Töchter schenkte. Sie starb 1268.

Noch lagen 18 Jahre des Lebens vor Heinrich. So heiratet er zum drittenmal und vermählt sich mit Elisabeth von Maltitz. Sie schenkt ihm zwei Söhne, von denen die Geschichte Friedrich den Kleinen nannte. Wenn ich dem geduldigen Leser nun erzähle, daß Heinrichs des Erlauchten ältester Sohn Albrecht auch dreimal vermählt war, mit Margareten, Kaiser Friedrichs II. Tochter, von der außer anderen Kindern Diezmann und Friedrich der Freidige stammen, vermählt war zum zweitenmal mit Kunigunde von Eisenberg, die ihm Apitz als Sohn schenkt, vermählt war mit der Gräfin von Arnshaugk — wenn wir erfahren, daß des Erlauchten zweiter Sohn Dietrich der Weise vermählt war mit Helena, Tochter des Markgrafen Johann I. von Brandenburg, und daß aus dieser Ehe ein Sohn Friedrich (Tata oder Tuta) und vier Töchter stammen, von denen zwei (Sophie und Gertrud) in der Geschichte des hiesigen Clarenklosters eine Rolle spielen, so will einen beim Blick auf den Zusammenhang des Einzelnen im Ganzen fast ein Gefühl der Ohnmacht beschleichen.

Der Gordische Knoten konnte viel verschlungener kaum sein.

Unser Dietrich nannte sich mit Vorliebe Dietrich von Landsberg. Zu dieser Mark Landsberg gehörte außer dem gleichnamigen Schlosse,

Stadt und Schloß Delitzsch, Reideburg, Schkopau, die Schlösser Lauchstedt und Schafstedt.

Als Heinrich der Erlauchte vom Schauplatze der handelnden Personen abtrat, hatte er sich das Meißener Land und die Niederlausitz noch vorbehalten. Das gab den Anlaß zu fortwährenden Zwistigkeiten, die des Erlauchten Bruder, Bischof Dietrich von Naumburg, Mühe hatte, beizulegen.

Das Verhängnis der Familie ist Albrecht (—1308), Herr von Thüringen und der Pfalzgrafschaft Sachsen. Er verstößt Margareten, die Hohenstaufentochter. Sie muß von ihren Söhnen Heinrich und Friedrich tränenreichen Abschied nehmen.

Die Schwarzburger Chronik erzählt das so:

In deme jare, da wart Lantgrave Albrecht siner frowen Magaretin gram umm(e) eyner ... dy was genant Kunne von Ysinberg und walde sie lassin totin, da quam (kam) sie zcu orin Kindir u. gesegnete sie, da sie noch in orin (ihren) hotzin lagen u. beiß den eldisten Friderichen — yn synen backen ...

Als die verstoßene Kaisertochter Margarete gestorben war, heiratet Albrecht Kunigunden und fordert Anerkennung für sie und ihren Sohn Apitz.

Jetzt brach der helle Krieg aus, der von 1279—1286 die Gemüter bewegt.

In den Stürmen der Zeit ist Dietrich eine geschlossene Persönlichkeit. Er nimmt sich der Kinder seines Bruders Albrecht aus erster Ehe an, verteidigt seine Rechte gegen den unartigen Bruder, schützt die Städte gegen raubende Ritter und begehrende Bischöfe.

Interessant ist sein Verhalten zu denen von Naumburg und Merseburg.

Den ersten überhäuft er mit Geschenken und gesteht die Befestigung der Stiftsstadt Naumburg zu, den andern beraubt und bedroht er. Die Luft der Zeit war eben rauh.

Nicht ohne Dietrichs Vorwissen werden 1270 die Gebrüder Knut-Markwerben den Merseburger Bischof so lange in Gewahrsam gesetzt haben, bis er versprach, 600 Mark Silber als Lösegeld zu zahlen, bis er schwur, diese Behandlung niemals zu rächen!

Die Gebrüder Knut sind Wohltäter des Beuditzklosters. Sie tun nichts anderes als ihr Herr selbst. Der hat den Merseburger so belästigt und belästigen lassen, daß er über die zu seinem Sprengel gehörigen Landesteile Dietrichs am 10. November 1270 das Interdikt aussprach. Die Einfälle in das bischöflich Merseburgische Gebiet waren am Ende nicht so schwer zu bewerkstelligen. Über der Saale drüben lag schon Merseburgisches Gebiet. Markwerben gehörte kirchlich zu Merseburg.

Aber Dietrich ist dem Bischof wirklich arg zu Leibe gegangen. Während er — so heißt es in der Anklageschrift desselben — einer Synode präsidiert, nimmt Dietrich ihm die Pferde weg. Weil das Domkapitel auf seinen Willen nicht eingeht, straft er die einzelnen Mitglieder. Ja, er borgte wohl, und als die Merseburger an die Zahlung mahnen, wird er grob und droht mit Gewalt. Klein- und Großvieh ließ er wohl gleich mit den Hütern und Wächtern verschwinden.

Keine Frage: Dietrich hatte sich mehrfach zur Beobachtung der Privilegien des Bistums Merseburg verpflichtet. Das dritte Mal war das 1277 geschehen.

Wie anders erscheint sein Verhalten zum Naumburger Bischof. Freilich, das war sein Oheim! Und ein kluger Oheim! Der hat es verstanden, den Neffen zu nehmen. Recht um Recht räumt ihm der Markgraf ein, Besitz um Besitz fließt Kirchen und Klöstern zu. — Und was etwa noch wünschenswert blieb, das kaufte später Bischof Bruno: Die Rechtspflege über den Grundbesitz, Dörfer und Städte.

Einer reichen Schenkung an die Marienkirche in Weißenfels ist hier zu gedenken:

1268, zwei Jahre vor dem Interdikt des Merseburger Bischofs, vermachte Meinherus, ein Merseburger Domherr, Pfarrer zu Groitzsch und Weißenfels, den Kirchen und Kapellen hier verschiedene Güter zur freien Verfügung.

Es sind 110 Jahre vergangen, seit Kaiser Friedrich der Kirche der heiligen Maria und Michael in Weißenfels eine Güterschenkung bestätigte. Diesmal ist ein Geistlicher der Schenkende. Die Urkunde ist lateinisch und in altem Deutsch im Magdeburger Staatsarchive. Darin heißt es:

„Daß ist aber dasselbe eygenthüm:

zcu Bistlicz zweene Höffe und zwu Huffen
zu Schipplitz syben huffen u. neun Hoffstade
zu Hettstedt vier Husen und vier „
zu Fridburg vir Hoffstadt
zu Podelicz eyn halbe Huse.

Solch Eigentum hat Meinherus zugeeignet den Mutterkirchen S. Marien — S. Margareten, S. Kunigunden, S. Niklaus u. andern Patronen der Kirchen u. Kapellen zu Weißenfels vom Schloß u. von der Stadt. . . . .“

Diese Güter werden dem Kirchenwesen in Weißenfels vermacht mit allen Diensten, „mit eygen Leuthen addir Knechten, ob etliche sein addir geporn werden . . . unt allen Rechten: beyde bluts und peynlich sache. . .“

Die Urkunde in Weißenfels „in jhar der gnaden Tausent zweihundert und acht und sechzig 5te Kal. Augusti“ ist interessant durch ausführliche geschichtliche Angaben. Eine Reihe von Personen beleben sie, von Dietrichs feindlichem Bruder und Albrecht von Storkowe,

Ritter bis zu den Hörigen, geborenen und ungeborenen, die mit verschenkt werden.

Die Schenkung ist unter den oben angedeuteten Verhältnissen um so bemerkenswerter. Meinherus ist Pfarrer an mehreren Orten zugleich. Da sehen wir in nächster Nähe den Unfug bestätigt, daß Günstlinge mehrere geistliche Stellen auf einmal besetzen konnten.

So edel wie Meinherus, der seine eigene Stelle reich dotiert, waren nicht alle und konnten's am Ende auch nicht immer sein. —

Wir gedenken hier weiter der

Begründung des Hospitals St. Laurentii.

Über den Anfang dieser Stiftung fehlen bisher die Nachrichten. Aber die Urkunde ist vorhanden, in welcher Ehrenfried, Kanonikus von Merseburg und Pfarrer von Markwerben (rector parochiae in Marctwerben), die Gründung eines Hospitals in seinem Pfarrsprengel vor der Stadt Weißenfels durch den Markgrafen Dietrich von Landsberg gegen eine jährliche Abgabe von fünf Schillingen zuläßt.

Das Datum fehlt wie bei anderen zuverlässigen Urkunden auch. Es wird aber ungefähr durch die im Texte genannten Personen bestimmt: Ehrenfried ist Domherr in Merseburg bis 1274. Somit ist die Gründung dieses Hauses spätestens in dieses Jahr zu verlegen.

Der Vorsteher der Anstalt heißt auch rector.

Der Dekan Wigger schreibt ihm, ersucht ihn, das noch geltende Interdikt ja zu beobachten.

Die bisher ganz unbekannte, für die Stadtgeschichte nicht unwichtige Urkunde lautet:

„Ehrenfried, Domherr der Kirche zu Merseburg, Vorsteher der Parochie Markwerben, sagt allen Christgläubigen Heil .....

Es mag allen in der Gegenwart wie in der Zukunft bekannt sein, daß wir auf das gnädige Ersuchen des erlauchten Fürsten, des Herrn Dietrich, Markgrafen von Landsberg und seiner vielbekannten Gattin und Herrin Helena, der Markgräfin, und auf den Rat entscheidender Männer zugelassen haben, daß sie ein Hospital zur Ehre des allmächtigen Gottes und der allerheiligsten Maria Seiner Mutter erbauen zur Erquickung und zur Tröstung armer Schwacher — dergestalt und also, daß uns und unsern Nachfolgern in genannter Parochie Markwerben vom Versorger des Hospitals fünf Schillinge Freiberger Münze für die einzelnen Jahre entrichtet werden dergestalt, daß dieses Hospital frei und ganz von vorgenannter Parochie Markwerben exempt sein soll sowohl in Begräbnissen als in allen andern kirchlichen Verpflichtungen, so daß keiner unserer Amtsnachfolger an diesem Hospitale etwas als ihm zustehend in Anspruch zu nehmen vermag.

Dessen sind Zeugen Herr Walther, der vorgen. Herrin und Markgräfin, diese und andere glaubwürdige Männer.

Und da wir ein Eigen Siegel nicht zu führen pflegen, haben wir Auftrag und Befehl gegeben, daß mit dem Siegel des besonderen Mannes, des Herrn Otto, Dekans der Merseburger Kirche, gegenwärtige Urkunde beglaubigt werde."

Später, 1310, befreit Landgraf Friedrich dann alle Güter des Hospitals von Steuern und Beden. Im Jahre 1337 wird diese Begnadigung neu bestätigt. Bischof Otto aber gibt 1404 für jede dem Hospital gemachte Stiftung einen vierzigtägigen Ablaß.

Das Clarenkloster von St. Niclas.

Die Geschichte dieses Klosters bedeutet ein gut Stück Stadt- und Kirchengeschichte. Sie bedeutet den wertvollsten Edelstein im altgeschichtlichen Schmucke der Stadt. Mehr als eine kundige Feder hat die Geschichte dieses Klosters ins rechte Licht gesetzt. Sie hat in einer Geschichte der Stadt den ihr gebührenden Platz zu beanspruchen.

Die klassische Quelle für die Geschichte des Klosters ist das im Dresdener Archiv befindliche Manuskript: „Chronika des Jungfrauen-Klosters zu Weißenfels." Sie reicht bis zum Jahre 1347.

Der Klosterstifter ist Dietrich der Weise von Landsberg. Die in der Handlung auftretenden Personen sind Dietrichs Gemahlin Helena und deren Kinder Markgraf Friedrich, die Töchter Sophia und Gertrud. Im Vordergrunde der Handlung, welche die Stiftung des Clarenklosters beschreibt, steht Sophia. Sie wurde nach der Sitte der Zeit am Hofe eines ungenannten Herzogs erzogen und nach dessen Tode „wart sie aber vertrawet und gegeben einem edlen Konige, der ward erschlagen, ehe sie zwolff jar alt ward". Als die Zwölfjährige das erfährt — so heißt's im Klosterberichte weiter —

„do wart erfreuet ihr seele und ihr mutt... Do verbant sich die junge konigliche furstin mit gotte und vertrauete sich mit ihme und kor den zue einem fridele in solcher burnenden liebe, das sie eher tausend tode wolte leiden, ob es meglich were, ehe sie das gelübde wolte brechen..."

Nur ein Gedanke erfüllt sie, Gott im Kloster zu dienen und sich dem Heiland geistlich zu vermählen, und dazu hilft ihr nach der Chronik Gott selbst:

„Gott, der alle Dinge wohl fügen kann, der (wiste) wußte zu einer Zeit eine wunderbare Geschichte zu Weißenfels auf der Burg... Zu der Zeit war auch da ihr (der Burgbewohner) Beichtiger, ein Barfüßer Bruder," dem war schon vor Jahren eine Jungfrau erschienen, in Kleidern weißer als Schnee, mit einer Krone auf dem Haupte und hatte ihn beschworen, ihre Aufnahme unter das Hofgesinde der Markgräfin anzuregen. Bei der dritten Erscheinung hatte sie sich dem Hof-Beichtiger als die heilige Clara selbst zu erkennen gegeben und ihm ihre Aufnahme unter das Hofgesinde dahin gedeutet, daß man ihr in Weißenfels ein Kloster bauen solle.

Als die junge, aber doch schon geprüfte und nun gottverlangende Tochter der Markgräfin, Sophia, das erfährt, fleht sie ihre Mutter an: „Hilf und rate und beweise deine mütterliche Gunst bei meinem Vater, daß er mir dazu helfen wolle, daß ich Gott dienen mag." Die Mutter kennt ihren Gemahl besser als das überspannte Kind. Sie weiß: er wird das nicht tun.

Da geht die Tochter selbst zum Vater: „Daß du mich zum dritten male niemand anderem verlobest und giebst denn alleine dem obersten Herrn, den mir der Tod nicht nehmen mag."

Der Vater antwortet ablehnend, ernst und kurz. Aber die wiederholte und dringende Bitte erregt seinen Zorn aufs Höchste: „Da schlug er sie im Grimme mit Fäusten in ihre Zähne und mit den flachen Händen in ihre Backen und auf ihren Nacken; er raufte ihr aus ihr Haar und schleifte sie bei ihren Zöpfen rund herum, er trat sie mit seinen Füßen und sprach zu ihr die allerschnödesten Worte."

Der Vater erreichte damit auch nichts. Als er plötzlich von der Burg Weißenfels abgerufen wird zu einem Feldzuge, sucht er sich durch gute und böse Worte Gehorsam zu verschaffen. Vergebens! Jetzt läßt er die widerspenstige Tochter einschließen, versagt ihr Speise und Trank, bis sie mürbe sei. Aber vom Klemmberge aus kam man doch an die Burg und steckte ihr Proviant zu, daß sie „daz lebin behilt".

In dieser schweren Zeit hat die Markgräfin nun selbst eine Vision der heiligen Clara: Als sie eines Tages von der Stadt zur Burg eingeht, steht die Heilige an der rechten Seite des Burgtores. In derselben Nacht noch erscheint sie der Schlafenden und fordert ihre Fürbitte für der Tochter Begehren beim störrischen Markgrafen.

Als nach dessen Rückkehr der Sinn der Tochter noch nicht sich geändert, vergreift er sich von Neuem an ihr, wird die Haft noch strenger. — Jetzt verlangt die Gefangene mit der Mutter zugleich vor den Vater zu treten, um ihm den Verzicht auf einen Klosterbau auszusprechen. Nur möge der Vater ihr erlauben, in ein fremdes Kloster zu gehen. Vergebens! „Da tobete der Herre also, ob he unsinic ware" und hieß sie beide einschließen.

Jetzt wird der Markgraf Dietrich in eine Fehde verwickelt, ins Feld gerufen, gefangen genommen „und wart geleit in den torm". Der Gefangene bietet dem Sieger reichliches Lösegeld. Vergeblich! Kein Mittel, kein Weg will sich zeigen zur Freiheit. Da denkt er an Gott, an seiner Tochter und Frau frommes Begehren, das er so schnöde abgewiesen: „Da gedachte er hin und her, wie er ledig, frei möchte werden, und sprach zu den Herren, die mit waren gefangen: Ihr Herren, ihr wisset's wohl, daß mich meine Tochter viel gebeten hat, daß ich ihr ein Kloster bauen lassen soll. Wie deucht euch? Ob ich ihr folgte, ob ich's gelobete, damit Gott mich löste aus diesem Gefängnis? Da sprachen die Herren: Edler Fürste, gelobet es freilich! Da gelobete er es mit heißen Tränen ... Alsobald löste sich die Kette von seinem Halse und die Fesseln sprangen von seinen Händen und Füßen und er war frei ..."

Den Heimgekehrten empfängt die Familie festlich, bringt er doch die ersehnte Botschaft: „Ich will dir ein Kloster bauen, desgleichen in diesem Lande nicht sein soll." Zweitausend Mark Silbers, seidene Gewänder für Altar und Kanzel, Priester stiftete er. Die vorhandene Pfarrkirche hat von ihren Einnahmen dem zu errichtenden Kloster den Zehnten zu geben.

Zu der Darstellung des Dresdener Manuskripts bis hierher seien zunächst einige Worte erlaubt.

Zunächst über die Motivierung des Klosterbaues.

Dietrich von Landsberg wird vom klösterlichen Chronisten so hingestellt, als ob er dem Klosterbau, den die Frauen seines Hauses so heiß ersehnen, sich mit gröbsten Worten und schändlichen Mißhandlungen widersetzt habe. Erst die Gefangennahme und die Haft auf der Burg Werben machen ihn mürbe.

Aber damit steht im Widerspruche die lange Reihe der geistlichen Stiftungen gerade Dietrichs. Es geht gar nicht an, sie hier alle aufzuzählen. Wie reimt sich das zusammen? Möglich, daß Dietrich das Stiften nun satt hatte, möglich, daß er durch Heirat seiner Töchter seine Hausmacht stärken wollte. Übrigens hatte schon Heinrich der Erlauchte seiner verstorbenen zweiten Gemahlin Agnes von Böhmen zu Ehren eben solches Kloster in Seuselitz a. E. erbaut.

Also: die Charakteristik des Klosterstifters schlechthin will nicht passen, ist nicht ohne Tendenz.

Aber weiter. Die Absicht der Darstellung merkt man schon in dem Vorspiel zum Ganzen: ich meine an der Art und Weise, wie durch Visionen der heiligen Clara für den Klosterbau Stimmung gemacht wird. Sie sind auch hier wie sonst das den geistlichen Bau motivierende Mirakel.

Vom Klosterbau erzählt die Dresdener Handschrift nun weiter:

„Do ginc der rat also, daz man daz closter vor di stad zu sente Niclaus solde lege ... Der marc graue sante allewegen noch steynmezin und noch zimerluten und his uzrufen ... Den tac, alse man den ersten sten lege solde ... Do quamen darzu vorsten, greuen (Grafen), herzogen, rittere, bischafe, epte und allerlei volck geistlich und wertlich. Des volckes waz also vel, alse ob die halbe werlt gesamnit were ... und leiten den steyn mit grozer andechtiger innikeit und darzu gap he zwei tusint marck ane siden gewant und andere zirheit vlel und hat och unser vrowen pfarre zu Wissenfels mit uren kapellen zu deme clostere gegebin mit alle den zenden, die dazu gehoren ..."

Der Klosterbau wurde nun eifrig betrieben. Die Einweihung sollte Dietrich indes nicht erleben. Von einem Zuge nach Polen, wo er die andere Tochter Gertrud mit dem Herzoge Polko von Fürstenberg verlobte, kehrte er nicht heim:

„Darumme wart he zu Suſelitz begrabin... Darnach in dem ſelben ſumere, da wart das cloſter vollinbuwit und da begunde man... zu bereitende alle dinc, waz man bedorfte zu der hochzit der ynſeinunge. Man vurte zu von allen ſteten win, mete, bir, kirſchtranc und allerleige wulprete und allis, daz man irdencke konde... und waz man nicht in dem lande konde vinde, daz ſolde man brenge von anderen lande... Zu diſer grozen hochzit (der Vermählung Sophiens mit dem Kloſter) wurdin geladin groze herren, vorſten, herzogen, greuin, rittere, biſchofe, epte, probiſte, monche, phapſen und allerleige volck, geiſliche und werliche. Da quamen och riche, arme, eidele, ſnode, den wart allen gnuc eſſenes und trinckenes und allis, dazu ſu begerten, dazu wart un allis ubirvluzic, da worin geſatzt di lute mit wine und mit bire... mildiclichin geſpizit und nimant ſolde ungetroſt von dire gotlichin brutluſt geſundirt werde..."

Der Feſtzug war ſo geordnet, „daze... zu vordirſt ſolde ge di lobeliche erliche juncvrowe Gerdrut, di leite ur erliche bruder.. Friderich mit herzoge Polken, ebir den trugen vir rittere uf langen ſtangen einen ſchonin baldickin. Darnoch vurte biſchof Erich von Meldeburg miner vrowen vor Elenen bruder und marcgraue Otte mit dem pſile die eidele gotis brut mine vrowe vor Sophien och undir eyme baldekins himele, ſu zwu und zwu ſune vrowen volgeten und noch den truk man vor und mitten undir un nach un ehrliche gewundine kerzen... Der geiſtlichen perſonen waren vunſzen... Da waren allerleige ſeitenſpiel, baſuſen, ſebelen, harfin; mit welchir ere und wirdickeit ſie ingeſent und geleibet wurdin, daz kan nimant vollinſpreche und ſribe."

Die Mutter der Gottesbraut hatte das neue Kloſter auch mit dem praktiſch Nötigen verſehen: „Da ſu in das cloſter gingen, do vundin ſu gereit die tunnen mit vriſcher putere und mit ſmalze, die eſteriche waren beſchut mit ephelen und bernen..."

Nun begann ein eifriges Kloſterleben: „mit hitziger andacht, mit ynniger borninder libe und mit groſer geiſtlicher zucht..."

Sophia tat es allen zuvor, ſie hielt nicht nur ihr Gelübde, ſie übertrieb es: „Wi demutick und barmherzic diſſe vrowe waz, daz kan nimant vollindencke noch ſpreche... den miſt und den ſtoup nam ſu allis ſelbir uf mit uren henden... So (ſie) ginc och undir daz heimelich gemach und machtis reine mit yren henden... Su ubete ſich an allen demutigen wercken. In welcher muterlichin gunſt und libe ſu ſich och bewiſete kein den krancken und kein den ſichen, daz iſt unbegrifelichin... Iz waz nickeine ſuche (es gab keine Seuche) noch unreinickeit ſo groz noch ſo ſwer, di ſu mide wolde. So wuſch die toten ſelber, ſu cleidete ſu und berichte ſu zu deme grabe."

Das blieb nicht ohne Einfluß auf die verlobte Schweſter Gertrud. Weihnachten 1285 ſchneidet ſie ſich ſelbſt den wallenden Haarſchmuck ab und bleibt trotz Bitten und Drohungen des Bruders des Oheims Otto mit dem Pfeile im Kloſter. Selbſt ihr Oheim, der Erzbiſchof Erich, ſprach ihr vergeblich „di aller ſcherfiſten Wort zu". Und als der Bräutigam ſelbſt kam, weigert ſich die Kloſterbraut, ihn zu ſehen und ſchickt ihre Schweſter Sophia. Und als ſie endlich doch erſcheint, hat ſie ſich bis zur Unkenntlichkeit entſtellt. Da iſt dem Bräutigam der Appetit vergangen.

Seit Clara von Aſſiſi 1212 ihren weiblichen Orden mit dem Ideal freiwilliger Armut, doch ohne betteln zu gehen, geſtiftet hatte, war der Orden bald in Italien, Frankreich, Spanien heimiſch geworden. Prinzeſſinen und Töchter der vornehmſten Geſchlechter gehörten ihm

3*

an. Die Hauptregeln waren neben äußerer Armut strengste Abgeschlossenheit, eifriges Fasten, stummes Schweigen. Der späteren milderen Richtung gehörte auch das hiesige Clarenkloster an. Das Gewand der Klosterjungfrauen war aus rauhem Wollstoff, an den Füßen trugen sie Sandalen.

Die klösterliche Frömmigkeit nahm bei den Clarissinnen in Weißenfels schier sinnliche Formen an. Christus ist den Nonnen der „Friedel", der Geliebte, dem sich die fürstlichen Damen verloben. —

Dem Clarenkloster dienten, besonders im Gottesdienst, schon vor der Gründung des Klosters hier stationierte Franziskaner aus Leipzig, die in eigner Terminei nach demselben Gelübde lebten. Ihnen war zum Meß- und Chordienst der östliche Chor der Niklauskirche vor den Toren angewiesen.

Die in der Mundart hiesiger Gegend geschriebenene Chronik erzählt, daß Sophia Äbtissin wurde und Gertrud „schulmeisterinne" für solche, die schon als Kinder ins Kloster gebracht wurden, wie Elisabeth von Orlamünde, die Verwandte König Adolfs von Nassau.

Markgraf Friedrich hat eine Wette verloren, als er sich vermaß, er wolle es dahin bringen, daß sie ihn ansehe. Was König Adolf, dem Oheim, nicht gelang, konnte dem Markgrafen auch nicht glücken. Sie war anderer Gnaden gewürdigt: die Mutter Gottes, der heilige Franziskus, der Heiland selbst erschienen ihr.

Gertrud ward krank über den Klosterübungen und Kasteiungen, aber sie jauchzt dem Tode entgegen „in hitziger andacht und borninder libe."

Von anderen Klosterjungfrauen sind noch genannt: Margarete, Tochter des Markgrafen Heinrich I., des Askaniers, Agnes, die Schwester Kaiser Ludwigs († 1347) als Äbtissin.

Endlich finde hier Platz ein Teil der Stiftungsurkunde des Clarenklosters vom Jahre 1284, die auch J. O. Opel seiner Wiedergabe der Chronik beifügt. Sie ist freilich nicht das lateinische Original, aber eine im ganzen treue Übersetzung aus der ersten Zeit des 16. Jahrhunderts. Der größte Teil der darin genannten Zeugen findet sich auch in anderen Urkunden.

„. . . . . Mit voller verwilligung des erwirdigen herns hern Brunonis, Bischofs der kirchenn zu Neuenborg und hern Meinhart, thumherre zw Mersseborg, pfarher zw Grozzig, und Weissenuels und unsirs fürstlichen Hofes notarien, verleihen wir mit andechtiger donation und begebung dye capelle Sanct Niklas in der **alten** stadt Weissenuels, angehangen und vereinigett als ein ding mit den andern kapellen aldo zw Weissenuels mit der pfarkirchen inwendig der stat Weissenuels, mit den hofen und anhangenden garten den selbigen jungfrawen zu einem closter — — szo haben wir gegeben der vorgesprochen stadt und closter zw enthaltunge seiner heiligen samelunge dye nach geschrieben güter . . . mit namen:

Dy merckte und flecke Ranstete (Markranstädt), Rothawe (Rödichen?), Milssin (Hohenmölsen) und das dorff Selowe .... und des forberg, des do hatt funf husen gelegen bey der vorgesprochen stadt Weyssenuels mit seinem hofe gelegenn an der selbigen stadt ... ewiglich dy zu besitzenn (nur sollte der Markgräfin Witwe Zeit ihres Lebens die Nutznießung zustehen und sie das Kloster versorgen) wy sy ess wirt erkennen nach gote, das es wirtt nott und nutzlich sein ... Obir das zw bessir versorgung in zukunfftige gezeite der heilligen versamelunge unsir pflantzung und stifftunge begehrende einzuleiben und incorporirn dem gnenten closter dy pfarkirche der ehegenanten stadt Weissenuels mit allen gutern, jar rendtenn, zehenden und gerechtikeiten, dy do gehören zu der selbigen kirche ader zu iren capellen .... Szo transferiren und obirgeben wir das jus patronatus (Patronatsrecht) der selbigen pfarkirchenn gantz frey der ebtissin und dem conuentt der heilligen jungfrawen ... mit dem titell der eigenschafft ewiglich zw besitzenn ...

Des seindt aber dy güter mit namen:

1) Das dorff Walwitz mit acht husen, dy do zinsen sieben pfundt pfennige Walpurgis und Michaelis und 72 hunner und acht lebendige bocklchin auff ostern.
2) Ein forbergk bey dem selbigen Dorffe, hat vier husen, welchs den der pfarher selbst list bawen und erbetenn und dye
3) möell (Walwitz, spätere Herrenmühle) unter dem berge des selbigen dorffes gelegen auff der sall, gibt ierliches zinses 16 scheffel korns Weissenuels mass und das
4) weldich zwischen der moell und dem baumgartenn vor dem clingennthore.
5) Item zw Pultschitz zwue husen, geben anderthalbe margk Michaelis.
6) Item zw Selowe 24 schillinge Walpurgis und Michaelis und 30 mass zweyerley getreides, korn und haffer, das do zw deutsch wirt genantt messekorn, auch Michaelis.
7) Item in Sorbwitz (Zörbitz?) acht schilling Walpurgis und Michaelis. Aber
8) in der stadt Weissenuels ein pfund pfennige, dy zw deutsch genant werdenn messepfennige, welche der kirchner aldo zu Weißenuels zu mitte fasten sammelt und obirantwort dye dem pfarhern.
9) Den gantzen zehenden aber von allen fruchten und von vierley getreide werdenn gegeben der pfarre von den nachgeschrieben forbergen, der edeln hofe und slossern unter unsirm slosse und amptt zw Weissenuels:

   ... von dem forberge Heinrichs von der Vhesta, Heinrichs von Slatebach, Friderichs von Pomzin, Heinouis Knuth von Orborff Siffridi von Sorbwitz und von den eckern, dy do genantt werdenn der Brüll, welche den bawet und inne hath Ditterich vom margkte, ein burger der selbigen stadt Weissenuels.

   Aber dy gewisse zall der garben wirt gegeben von den nachgeschribenen forbergen:

   vom forberge Bertoldi von Scheidingen .... vom forberge Eberhards Knuth .... vom forberge Heinrici von Kirchdorff .... item von der Ebtey ....

   item von dem weingarten Heinrichs von Kall bey der stadtmauer nahe der stadt Weissenuels gepürt sich der zehende ein eymer.

Das seindt dy guter der villgedachten pfarren zw Weissenuels ane dye von dem vorgesprochen hern Meinhart pfarrhernn erkaufft seindt ...

Dy gezeugen dissir donation und begebunge seindt Bertoldus, Abbt zu Gozigk, und dy edelen menner unsir getrawen Otto von Arnsho, Hartmannus von Lobdeburg,

Eberhardus von Quernfortte, Hermanus burggraue von der Nawenborck und sein son thumprobest zur Newenborgk, Albertus burggraue von Leissenick, Heinrich kamerer von Gnanstein, Wignandus von Herstein, Heyno Knuih, Bartolomeus von Libenawe, Conrad von der Luppe und andere vill mehr glaubwirdige. Geschehen und gegeben seindt diesse dingk zu Weissenueis auff unsir borgk nach Christo unsirs herrn gepurt 1284. jare am sechsten tage des mandenn Septembris."

Den Beschluß mache die Erwähnung des Ablaßbriefes Bischof Heinrichs von Havelberg vom 10. Juli 1284. Er verheißt in lateinischer Sprache 40 Tage Ablaß allen denen, welche von den ihnen von Gott verliehenen Gütern hülfreich ihre Hand für das neue Kloster auftun.

Kapitel 7.

Unter Markgraf Friedrich von Landsberg (1285—1291) gen. Friedrich Tuta.

(Nr. 5 der genealogischen Tafel.)

Im Grunde ist dieses und auch das folgende Kapitel die Fortsetzung der Geschichte des Clarenklosters. Aber ein paar Worte über Friedrich Tuta, dessen Eltern in der Burg Weißenfels wohnten, dessen Geschwister im Clarenkloster zu Weißenfels Gott dienten, dessen sterbliche Hülle zuletzt in Weißenfels beigesetzt wurde, mögen vorausgehen.

Für die Stadt selbst ist wesentliches aus den sechs Jahren der Herrschaft Friedrichs nicht zu berichten. Schade, daß er nur so kurze Zeit am Ruder war. Er war für die komplizierten Verhältnisse der rechte Mann: Rauh und kriegerisch, zähe und klug, ist er in den Kämpfen mit den Gliedern seiner Familie, im Streite mit den raubenden Rittern. Dazu hat er den Mauer-Ring um die Stadt fester gezogen. Das väterliche Erbteil hat er noch erweitert durch den Ankauf des Gebietes von Meißen, das nach Heinrichs des Erlauchten Tode endlich in die Hände des Entarteten, alle Zeit auf den Schaden seiner Söhne bedachten Albrecht gekommen war. Hätte Friedrich Tuta diese Mark dem geldbedürftigen Oheim nicht abgekauft, wer weiß, in welche Hände sie dann gekommen wäre! Aber Tutas Vettern waren darüber, wie über den Erwerb Dresdens, aufgebracht: Albrechts Söhne, Diezmann und Friedrich der Freidige, verlangten ihren Anteil an Meißen und langten alsbald zu: Diezmann bemächtigte sich der Lausitz, Friedrich nahm den Vater gefangen. Er erhielt erst die Freiheit wieder, als er auf alle Ansprüche verzichtete.

Aber, was bedeuten Versprechen, was besagen Verträge in jener Zeit und besonders für diesen Mann! Nun verpfändet und verschwendet Albrecht erst recht und vollends noch alles, was er hat — und was er nicht hat.

Also mit dem Oheim Albrecht hatte Friedrich Tuta seine Not, mit seinen Vettern Krieg und Streit und mit den raubenden Rittern — galt es wieder einmal abzurechnen. Auf dem Reichstage in Erfurt 1290 kam es zu wirksamen Maßregeln, in Folge deren mehr als 60 Raubnester ausgenommen wurden. Endlich verstanden auch die Bischöfe die allgemeinen und die besonderen Verhältnisse, die günstigen und ungünstigen Lagen des Landesherrn zweckentsprechend zu benützen: Hatte Friedrich Tuta am 8. November 1285 dem Bischof Heinrich von Merseburg die Gerichtsbarkeit von 29 Dörfern verkauft oder verkaufen müssen, so folgte 1286 der Verkauf des Gerichtsstuhls vom „Roten Graben", der noch ein Stück Reichsgewalt bezeichnete — der Hauptteil des heutigen Zeitzer Kreises — an den Bischof Bruno von Merseburg. Der hatte die Errungenschaften seines Vorgängers gehalten und gehütet, nicht ohne auf den gräßlichen Bannfluch hinzuweisen, mit dem die belegt werden könnten, welche sich des Bischofs Wunsche und Willen zu widersetzen wagten. Mit dem Clarenkloster war Friedrich Tuta durch Bande des Blutes verbunden: Zwei Schwestern, Sophie und Gertrud, dienen da dem himmlischen Bräutigam und „der eidele vorste vorgas (vergaß) doch ure (ihrer) darumme ni, he bedachte su (sie) zu allen ziten, als(e) ab su alle sine eygenen Kindere weren".

Er bestätigte sogleich die von seinem Vater dem Kloster gemachten Schenkungen.

Kein Unternehmen beginnt er ohne die Fürbitte des Klosters:

Zu einer zit geschach is, daz he salde zi (ziehen) zu dem Keisere, do sante he aber nach und bat su, daz su got vor un beten (für ihn bitten), daz iz ume wol muste ge (daß es ihm wohl gehen müßte) und gelobete un (ihnen): queme he weder mit gelucke, allis, daz su un beten (alles, was sie ihn bitten würden), daz welde he un gebe" do he weder quam, da sprach he zu un (zu ihnen): ir habit wol gebet, bit nu, waz ir wolt. Da batin su un, daz he un lize (ihnen ließe) cellen mache — und später: daz he un eyn halb suber melis gebe, da gap he un ein ganzis und gap un (ihnen) nach dazu me, den sie un batin". Hetten su un gebeten um stete und um dorfere, he het ez un allis gegebin — Sie waren aber so Gott erfüllt, daz su dachten, su hetten gnuc", darümme so baten su un (ihn) nicht um sulche sache ...

Groß ist die Reihe der Stiftungen vom 4. November 1287, wie sie aus der Urkunde Ottos, des Markgrafen von Brandenburg (Tutas Mutter war eine Brandenburgerin), ersichtlich sind.

Seiner Mutter aber hatte er in einem besonderen Diplom des Jahres 1286 Weißenfels als Witwensitz verbürgt.

Das Kloster erhielt durch Friedrich die Einkünfte aus dem Dorfe Treben im Betrage von 16 Mark und die aus „Buchshol" von 4 Mark.

Am 4. November 1287 bestätigt Otto, Markgraf von Brandenburg, die Schenkung Friedrichs und seiner Schwester Elisabeth:

1) Das Patronatsrecht über die Parochie Weißenfels (patronatus parochiae in wizenvels).
2) die Schenkung von fünf Curien und einer Camera (Gewölbe) in Weißenfels.
3) In der „alten Stadt“ Weißenfels Abgaben von jedem Flurstück oder von jeder Hofstadt (area). Ebenda weiter:
4) Drei Güter, zwei Berghöhen (montes humuli), eine Waldung (rubetum) und eine Weidenpflanzung. Daneben noch vier Hufen.
5) Eine Insel neben der Brücke. (1287 ist die Brücke erstmals genannt.)
6) Fünf Hufen in Obergreislau.
7) Die Stadt Stößen mit allem Rechte.
8) Besitz im Dorfe Rohrbach (gemeint ist wohl der Rohrteich vor dem Klingentore).
9) Im Dorfe Dellitz eine Hufe.
10) Im Dorfe Weiersin (wohl — Wetterscheid).
11) In Markranstedt 5 Pfund talente und 6 Schillinge.
12) In Tronitz (Tronez) 9 Mark.
13) In Leipzig einen Hof an der Nikolaikirche (in civitate Lipz.).
14) Noch einen Hof das. „Bets“ neben der Brücke.
15) In Dorf Treben das Gericht mit 17 Mark.
16) Im Dorfe Buch 5 Pfund 7 Schilling.
17) Bei Kleinzschocher Holz und eine Wiese.
18) Im Dorfe Roine (Reyna) 10 Mark.
19) Bei Schloß Freyburg (juxta castrum Nuwenburg) das Dipholz.

Ein paar Worte zu den alten hie und da schon erwähnten Geldsorten mögen hier gleich erlaubt sein.

Wenn bisher (1350) die Preise gelegentlich in Mark angegeben wurden, so ist darunter zu verstehen 1 Mark = 16 Lot reines Silber, die wohl einen Wert von 14 Talern hatte. Diese alte Mark hieß die reine Mark im Unterschiede von der lotigen Mark, die aus 15 Lot reinen Silbers mit einem Lot Kupferzusatz bestand. Man rechnete mit der $^1/_4$ Mark (ferto) und mit der $^1/_8$ Mark (loto). Als 1273 eine Bede bewilligt wurde, um die vom Landgrafen Albrecht von Hessen verpfändete Burg Weißensee zurückzukaufen, wurde von jedem Pfluge 1 loto = $^1/_8$ Mark erhoben. Den Mittelstand im Reiche des Geldes stellt in jener Zeit der Groschen dar (denarius). Sein Zeichen ist der Anfangsbuchstabe des lateinischen Namens denarius (₰). Wir brauchen das ₰-Zeichen heute noch zur Bezeichnung der geringsten Münze, des Pfennigs. Der silberne Pfennig, damals der Denar, war zwölf heutige Kupferpfennige wert. Seit 1358 ist er die laufende Münze. Bis an das Ende des 15. Jahrhunderts zählt man ihn nach Pfunden (Talenten) oder nach Schocken: der Burggraf Friedrich von Altenburg erhält 1289 14 Pfund (Talente) Wächtergeld. In Thüringen rechnete man meist nach Talenten = Gewogenen, in Meißen nach Schocken. Meißener Groschen ließ Friedrich der Freidige im Anfange des 14. Jahrhunderts prägen. Der Bruder des zierlichen Groschens ist der solide Schilling (solidus), der breite Groschen. Als Markgraf Friedrich III. gestattet, daß Gartolf, der Mundschenk seines Vaters, 40 Schock breite Groschen für Bauten am Schlosse Burgwerben verwendet, verspricht er ihm die

Vergütung dieses Betrages. Seit 1400 rechnet man auch hier nach Gulden zu 21 Groschen.

Einzelne Schenkungen für das Clarenkloster seien nun noch angedeutet: Das dem Kloster 1285 verliehene Kirchenpatronat wird 1293 dahin erweitert, daß die Pfarrkirche 1293 ganz Eigentum des Klosters und 1303 glänzend geweiht wird. Dem Clarenkloster schenkt der Bischof Bruno 1301 die Parochie Leisnig (Liznich). Dafür nimmt ihn das Kloster auf in die Gemeinschaft seiner guten Werke. Wer sich beim Landesherrn beliebt machen wollte, schenkte der Kirche. Das tun die Brüder Ludwig und Otto von Kale. Sie schenken dem Kloster den halben Garten über der alten Stadt vor Weißenfels, welche der Katzenezail heißt.

Danach gibt es vor dem Eintritt des Jahres 1300 eine alte und eine neue Stadt Weißenfels.

In fünf Vierteljahrhunderten ungefähr hätte sich das kleinstädtische Gemeinwesen immerhin so entwickelt, daß man zwischen alter und neuer Stadt auch in Urkunden unterschied. Und die Lage der beiden? Es sind Gärten genannt in der alten Stadt neben dem Kloster. Somit lag das Kloster in der alten Stadt, begrenzte wohl die alte Stadt mit ihren paar Wegen nach Naumburg, Langendorf und Beudiß. Bei der später nötig werdenden Klosterverlegung heißt es, daß die Markgräfin Elena vorhätte, das Kloster „uf den berck zu legin (de)", aber — „do mochte su nicht wazzirs ge habe." So kam sie „zu rate, daz su iz wolde lege in die stad".

Aber wir haben noch einiger für das alte Stadtbild wesentlichen Schenkungen an das Clarenkloster zu gedenken:

Auch Heinrich genannt Therevint in Wizenvels und seine Gattin Gertrudis setzen das Kloster zum Erben eines Gartens ein. Nikolaus von Borau (de Borowe), Th. Faber, Bürger in Weißenfels, bezeugen den löblichen Beschluß. Und — da wir bei den Gartenschenkungen sind — sei einer aus späterer Zeit gedacht (1367): Da vermacht Hencze Zcirer mit seinen beiden Töchtern Keten und Cleren dem Kloster den Garten in der grünen Gasse und vier zwischen dem Niklastore und dem Grißlawe gelegene Höfe. Von adeligen Donatoren seien genannt Agnes von Brandenburg, die ihre Tochter Margarete dem Kloster in Weißenfels anvertraute. Sie schenkt ihm die Patronatsrechte in Delz (Dehlitz). Weiter die von Burgwerben stammenden Grafen, die sich gelegentlich die von Osterfeld und geflissentlich die Mansfeld nennen. Auch dieses Grafen Hermann Tochter, Gemahlin des Grafen Folker von Rabenswald. Sie schenkt eine Hufe alten Familienbesitzes in Greislauer Flur. Heinrich von Lobdaburg aber läßt dem Kloster einen Weinberg in Amirbach bei Jena zukommen.

Die äußerlichen Geschäfte der Kloster-Ökonomie besorgt ein bestellter Vorsteher. Er nimmt auch wahr des Klosters Rechte, Gerichte und Zinse in der Altstadt vor dem Niklastore, in der Klingenvorstadt und in Selau, Borau, Cleben. Kein Wunder, wenn das Kloster zu den wenigen gehörte, die ein amtlich Siegel führten. Als Friedrich Tuta die Augen schloß, hatten als Äbtissinnen ihres Amtes schon gewartet: Adelheid, Margareta, Agnes. Seinen Tod betrauerte Sofia, Heinrichs des Erlauchten und seiner dritten Gemahlin von Maltitz Tochter, als derzeitige Äbtissin.

In demselben Jahre wie Kaiser Rudolf von Habsburg starb Markgraf Friedrich am 16. August 1291 — wie die Sage geht — an vergifteten Kirschen.

„Do der erlich vorste tot waz, do bracht man yn uf eyner rosbahre von Misen bis zu Wißenfels, da wart he begrabin mit grozer ere und wirdickeit bi den vrowen zu sente Niclaus in dem clostere, daz sin vater gestift hat."

Seine Statue aus Holz in der Klosterkirche zeigte ihn im roten Unterkleid und blauen Mantel, auf dem Schilde befand sich der Meißnische schwarze Löwe im gelben Felde. Die rechte Hand trug eine Fahne als Zeichen des Sieges und Zeugnis des Ruhmes.

Das Bildnis hat die Zeit leider verderben lassen. Die verwitwete Markgräfin Mutter, die in Weißenfels des Sohnes Tod erlebte, erfüllte des Toten letzten Wunsch und verkaufte die Burgen Sayda und Borsenstein, altböhmischen Besitz, an König Wenzel, um den Erlös für Seelenmessen anzulegen zum Heile der Seele des Verstorbenen.

Der trauernden Witwe sollten noch schwere Tage bevorstehen: der Kampf in Weißenfels und um das Erbe Friedrich Tutas entbrennt.

Kapitel 8.

Unter Markgraf Diezmann (Thessemann), 1291—1307.

(Nr. 6 der genealogischen Tafel.)

Als Erben Friedrich Tutas treten auf den Plan: Sein Oheim Albrecht II., der Unartige, seine Söhne Diezmann und Friedrich der Freidige, dazu die Verwandten und Schwäger des Verstorbenen aus dem Hause Brandenburg. An Otto IV. mit dem Pfeile hatte Albrecht die Mark Landsberg verkauft.

Der Verstorbene hatte mit seinen Landständen den Söhnen Albrechts das Erbe zugesichert: Diezmann, mit Jutta von Henneberg vermählt, wurde Herr des Osterlandes und von Leipzig. Als es Albrecht gar nicht gelingen wollte, den Adel und seine Söhne zur Anerkennung einer Erbteilung zu gunsten Apitzens zu bewegen, so verkaufte er in zorniger Rache Thüringen, Meißen und das Osterland an den besitzlosen König Adolf von Nassau. Nur einen Teil behielt er für sich: die Wartburg, Tenneberg, Winterstein und Gothaisches Gebiet. Diesem Verkaufe widersetzten sich alle: die Söhne, der Adel, auch die Bürger der Städte mochten den neuen König nicht. Der zog nun heran mit einem gewaltigen Söldnerheere — man nannte sie kurzweg „die Schwaben" und „schonte wedir clostir noch Kerchin". Sie haben böse hier gehaust. Der Unfug der Schwaben schrie zum Himmel. Schrecklich hatte Freyburg zu leiden. Die Bürger hatten tapfer gekämpft, mancher Schwabe wurde von der Mauer herabgestürzt, am Ende war aber die Zahl der Verteidiger doch zu geringe. Nun ergossen sich die Unmenschen in die Straßen und Gassen, in die Häuser und Hütten, trieben Greise und Kinder zu Paaren und verbrannten die Stadt.

Noch stand unversehrt die Burg auf der Höhe. Da wies des Nachts ein Verräter den Weg. Das Los der Burgbewohner war fast noch gräßlicher als das der Bürger. Eine hochlodernde Flammensäule verkündet das Schicksal der Burg. — In der Folge brannten Naumburg und Leipzig. Auch der Stadt Weißenfels wäre das gleiche Schicksal beschieden gewesen. Hatten doch seine Bürger auch dem

König die Huldigung versagt, um ihren Wettinern die Treue zu halten. Ja, gerade die Verwüstung dieser vom Markgrafen bevorzugten Stadt wäre mit besonderem Eifer betrieben worden, — hätte diesmal nicht das Kloster St. Clara die Stadt beschützt. In diesem befand sich gerade König Adolfs Verwandte, Elisabeth von Orlamünde.

Hielt sie die Klosterordnung auch so streng, daß sie nicht dazu gebracht werden konnte, die Augen zu dem Könige zu erheben, so erhielt die Stadt um ihretwillen doch einen Schutzbrief.

Ein paar Sätze aus der lateinischen Schutz-Urkunde König Adolfs für das Claren-Kloster in Weißenfels aus Leipzig vom 10. Mai 1296 mögen in freier Übersetzung hier folgen:

.... so wisse denn die Gegenwart und die nachfolgende Zukunft, daß Wir den devoten Bitten der Uns ergebenen Äbtissin mit dem Convent der Klosterjungfrauen in Weißenfels vom Orden der h. Clara günstig geneigt, das Kloster mit den darin Gott Dienenden samt allen Gütern, die sich jetzt rechtens haben und besitzen und in Zukunft — gefällt es Gott — auf rechtmäßige Weise erlangen können, daß Wir besagtes Kloster in Unseren und des heiligen Reiches besonderen Schutz aufnehmen, daß wir alle Schenkungen, Freiheiten, Vergünstigungen der Güter und Rechte von weiland Friedrich, Markgrafen von Meißen und Landsberg, ebenso die von Albert, Landgrafen von Thüringen und seinen Söhnen, ebenso alle dem Kloster vorsorglich und rechtmäßig gemachten Schenkungen, sie mögen bestehen in Menschen, Dörfern, Wiesen, Weiden, Gewässern oder in anderen Sachen mit wer weiß welchen Namen, daß Wir sie kraft Unserer königlichen Freiheit bestätigen, erneuern und durch den Schutz des gegenwärtigen Schriftstückes befestigen .... Sollte sich jemand herausnehmen, das anzutasten, der wisse, daß er Unserer Ungnade verfallen ist ....

In dieser schweren Zeit hatten die Brüder Stadt Weißenfels und Schloß Burgwerben an den Bischof Heinrich II. von Merseburg versetzen müssen. Der kümmerte sich um die Stiftsverwaltung überhaupt nicht und überließ sie seinem Oheim Heinrich von Harras. Als den Diezmann eines Tages gefangen nahm, mußte der Bischof bei der Auslösung des Neffen auf das Schloß Burgwerben, das für 500 Mark verpfändet war, verzichten. „So entäußerte er — der Bischof — sich dieser Burg ohne Wissen des Kapitels und der Stiftsvasallen." Indessen stand für Albrechts Söhne der Tag der Entscheidung immer noch aus! Denn, als Adolf von Nassau Krone und Leben verloren, hatte Albrecht von Österreich den Kaiserthron bestiegen. Er tat — nach vergeblicher Vorladung — die Brüder in die Acht und paktierte, verhandelte mit ihrem Vater Albrecht. Dem nahmen die Söhne nun die Wartburg weg. Das Glück wurde ihnen günstig. Bald war ganz Thüringen in den Händen Friedrichs des Gebissenen. Den völligen Sieg bei Lucka 1307 halfen auch die getreuen Weißenfelser mit erringen.

Lange sollte Diezmann sich des Sieges nicht freuen.

Gegen Ende des Jahres 1307 ereilt ihn in Leipzig ein schneller Tod. Von seiner angeblichen Ermordung an den Stufen des Altars der Thomaskirche wissen die ältesten Quellen nichts.

Auf die Kämpfe zwischen Albrecht dem Unartigen und seinen Söhnen weisen hin zwei lateinische Urkunden vom Jahre 1291, welche der Stadt Weißenfels die **Zollfreiheit** verleihen. Als Albrecht der Unartige damit am 23. Oktober Weißenfels begnadete, wollte er die Stadt offenbar für sich gewinnen:

„.... eingedenk der vielen Dienste, welche die guten Bürger von Wiczenvels Unserm Vater Heinrich, Markgrafen von Meißen und Osterland, und auch Mir bei Lebzeiten Meines Vaters und nach seinem Absterben erwiesen, daß Wir, zur Vergeltung der geleisteten Dienste, nach Recht und aus besonderer Gnade bestimmen und bewilligen, daß die Bürger von Wiczenvels von allem Zolle frei und demselben nicht unterworfen sind ...“

Aber Albrechts Privilegium war vergeblich oder unnötig. Da die Stadt Weißenfels es mit den Söhnen hielt, so bestätigen diese acht Tage später am 31. Oktober 1291 dasselbe Recht:

„Wir Friedrich (admorsus) und Dietrich, Gebrüder, Markgrafen ... bestimmen durch diese Urkunde, zur unentgeltlichen Vergeltung der Dienste Unserer lieben und getreuen Bürger zu Wyczenvels, daß alle, so wie auch jeder einzelne Bürger dieser Stadt, die gewöhnlichen Rechte bei Abgaben und Nachwachen genießen, auch beim Ein- und Ausführen ihrer Waren von allem Zolle ... frei und ungehindert bleiben sollen ....“

Wenig freundlich war Diezmanns Verhalten zur verwitweten Markgräfin und zu dem Kloster gewesen. Haltens doch ihre Brüder, Otto mit dem Pfeile und Konrad I., mit dem unartigen Vater gehalten und von ihm die Mark Landsberg, auch die alte landgräfliche Feste Neuenburg a. U. erworben! Dazu mochte kommen, daß die damals militärisch nicht unwichtige Burg Weißenfels für Diezmanns Zwecke so gut wie nicht vorhanden war, so lange seine Tante Helene sie bewohnte. So gab es für das Kloster unruhige Zeit. Die Markgräfin mußte die Klosterjungfrauen drei Wochen auf die Burg nehmen. Denn „lantgraue Thizemann, der gine ur, der erlichin vorsten (Fürstin) vrowe Elenen uf lip und leben“. Mit Mühe retten Ritter Ulrich von Slatebach und „her Cunce Knut“ ihr Leben aus einer Klosterfeier am Tage der elftausend Jungfrauen, „satzten sich mit ur uf eynen Wagen und furin mit gotis beschermunge mitten durch alle ure viende ucd quamen hiedene zu der klemburg weder uf ure burck“.

Und nicht nur von diesen äußeren Feinden wurde das Kloster angefochten, „sunder iz wart och angevochten von dem teufele“. Da dachte die Burgfrau an die **Verlegung des Klosters**: „und di selbe stad, do man daz closter hin leite, die wart vor bewisit eyme heiligen manne, der stund an eyner holin widen und sprach sin gebet und sach die stad, do daz closter itzunt stet, die waz um das widech umringit mit den heiligen engeln.“ Das war der Platz des Klostergutes unmittelbar **vor** der jetzigen Stadt, der uns noch in dem Seminargrundstück mit der Klosterkirche bekannt ist. So wurde der neue Klosterbau betrieben und bald fertiggestellt. Die Brüder der Markgräfin förderten das Werk so gut sie konnten. Sie statteten Altar und Kirche aus. Im Juni **1301** erfolgte der Umzug. Die Zuwendungen auch an dieses **neue** Kloster waren sehr reich. Die Pfeffermühle diente seinen wirtschaftlichen Zwecken. Die Markgräfin ging ganz im Klosterleben auf. Vor dem Kloster hatte sie einen Hof mit Turm bauen lassen, von dem, wie es scheint, ein verdeckter Gang in die Kirche führte.

Noch drei Jahre — „da gap die eidele vorstine uf ure heilige sele und wart begraben in der bruder kor mit grose ere und würdickeit".

Das alte erste Kloster zu St. Nicolai, „davon eigentlich diese Vorstadt den Namen hat", in der Naumburgerstraße, wurde nun — das sei gleich hier bemerkt — ein Hospital für arme, alte Frauen. Der dazu gehörige Garten war zugleich Begräbnisplatz für die Insassen, für Verunglückte und „enthauptete arme Sünder".

Und nun zur **Kirchweihe 1303.**

Zweimal ist uns die **Marienkirche** von Weißenfels schon begegnet: im Jahre 1158 und 1268. Seit 1293 ist sie dem Clarenkloster übergeben. (S. 42.) In der Urkunde heißt es nach der deutschen Wiedergabe des Jahres 1381 u. a. so:

„ . . . daß czu bethe (auf Bitten) der erlauchten frommen Helenen . . . und auch der Ebtischen (Äbtissin) unde daß ganzen Conuents deß ordens Sant Claren in Wizenvels Begabet und gegeben haben den Schwestern . . . dy pfarrkirche in wyzenvels mit aller nuzunge . . . czu yhren gebrauch unnd nothdurfft czu Eygen . ."

Zur Versorgung des Gotteshauses soll die Äbtissin „ubirantworten einen bequemen und ewigen Priester". Für ihn soll die domina sorgen, soll „auch vor ihn gastung halten. Szo sich aber begebe, daß der selbe priester in der pfarren stürbe, soll dy Ebtischen dem bischöflichen Archidiakonus ‚zwei Marck' geben" (= 28 Taler).

Des Schutzes Adolfs von Nassau, wie er in dem Briefe vom 10. Mai 1296 zugesichert war, konnte sich das Kloster nur noch zwei Jahre erfreuen. Die Zeiten wurden sehr unruhig, das Kloster hart bedrängt. So hatten sie am 2. Juni 1301 ihr neues in den Schutz der Stadt verlegtes Heim bezogen. Da standen nun zwei Kirchen dem Kloster zur Verfügung, die Kloster- und die Marienkirche. Diese sollte das „oratorium magnum", das große Bethaus für das Kloster und die Kirche für die Gemeinde werden.

Und nun zur Weihe.

Geht man aus der Sakristei die Treppe hinauf zur reichen Kirchenbibliothek, so sieht man zur linken Hand des oberen Treppenabsatzes auf einem verkehrt eingemauerten Stein eine Inschrift, welche Tag und Datum der Einweihung bezeugt. Sie lautet: Anno Domini MCCCIII Dominica proxima post exaltationem memorem crucis dedicata est haec ecclesia, d. h. „Im Jahre 1303, am nächsten Sonntage nach der denkwürdigen Kreuzerhöhung ist diese Kirche geweiht worden".

Ein Sonntagmorgen ists. Durchsichtiger erscheinen an dem Septembertage die Sonnenstrahlen. Wenn die Luft leicht die Baumkronen berührt, zittern die Blätter der Erde schon zu. Aus dem Walde von den Höhen ziehen die Leute zum Tale der Saale am weißen Felsen. Da ist ein festlich Treiben in den geschmückten Gassen und Straßen der Stadt mit ihren kleinen Häusern und niederen Hütten. Oben von der alten Burg wehen viele Wimpel. Auch die Kapelle auf dem Horklitz grüßt ohne Eifersucht die reichere und schönere Schwester im Tale.

Hell tönt das Glöcklein vom Clarenkloster. Seine Inschrift bedeutet sein Geläut: „O König der Ehren komme mit Frieden." Ihr folgen im feierlichen Akkorde die Glocken vom Turme der zu weihenden Kirche.

Wie schiebt sichs und drängt sichs in den Straßen, die der Festzug berührt! Er kommt vom Clarenkloster. Der Bischof Bruno mit seinem geistlichen Stabe eröffnet ihn. Am Eingange des Gotteshauses angelangt, betet der Bischof. Dann umschreitet der ganze Festzug die Kirche, deren Mauern der Bischof mit dem in Weihwasser getauchten Ysopbündel dreimal besprengte. Am Haupteingange angekommen, klopft er dreimal mit dem Bischofstabe an die verschlossene Türe und ruft lateinisch die Worte hinein: „Machet die Tore weit und die Türen in der Welt hoch, daß der König der Ehren einziehe." Aus der Kirche heraus wird in derselben Sprache gefragt: „Wer ist derselbe König der Ehren?" Und der Bischof antwortet: „Es ist der Herr mächtig im Streit."

Jetzt tut sich das Gotteshaus auf. Zunächst und zuerst betritt es der Bischof Bruno nur mit zwei Geistlichen. Er spricht die grüßenden und segnenden Worte: „Friede sei mit diesem Hause und allen, so darinnen wohnen."

Den weiteren Verlauf beschreibt der Chronist: „Mittlerweile kniete der Bischof vor dem hohen Altar und betete, schrieb darauf an die Wände, besprengte sie mit Weihwasser, Salz, Asche und bekreuzte den Altar, die Wände und Winkel unter den Worten: „Sanctificetur hoc templum in nomine Patris et filii et spiritus sancti. Amen." (Dieses Gotteshaus werde geweiht im Namen Gottes, des Vaters und des Sohnes und des heiligen Geistes. Amen.)

Jetzt zieht der ganze Festzug, der inzwischen Litaneien auf dem Kirchhofe gesungen und die Heiligen angerufen hat, in das Gotteshaus. Der Bischof hält die Weiherede. Er mahnt, nicht müde zu werden im Danke gegen Gott durch fernere Gaben und durch weitere Opfer. Der Jungfrau Maria weiht er die Kirche, wie es die Inschrift noch heute bezeugt: Basilica B. Mariae Dominica XV. post. Trinit. Soli Deo Sancto gloria, d. h. „Die Kirche ist der heiligen Maria am 15. Sonntage nach Trinit. geweiht. Dem heiligen Gott allein sei Ehre."

Weißenfels im XVI. Jahrhundert. Nach Merian.

Nun durchbrausen Dankeslieder und Jubelgesänge die heilige Stätte. Alsdann werden Kerzenweihe, Messen und Altarweihen gehalten. Die neue Kirche ist ein würdiger aber schmuckloser Bau.

Der zierliche Ostchor ist noch nicht vorhanden. Zum Glockenklange fehlt der Orgel Ton. Erst hundert Jahre nach Einführung der Reformation bekommt die Kirche eine Orgel. Das heutige Gotteshaus hat mit dem 1303 wieder geweihten, zum Klosterbesitz besonders geweihten keine Ähnlichkeit mehr. Denn auch die Emporen muß man sich wegdenken, die werden erst 280 Jahre später errichtet. Aber festlich ist das Gotteshaus geschmückt. Die Altäre der Heiligen strahlen im Glanze der Kerzen.

Der kirchlichen Feier folgte der zweitägige Kirchweihschmaus. Den Markgrafen vertritt hier wohl sein Amtsvogt. Ist der Speisezettel auch sattsam bekannt, so darf er doch der Vollständigkeit wegen nicht fehlen:

I.

Den Ehrsten Dagk ald de Domina zerby.

1. Daz ehrste Gericht: Ein Eyersope mit Saffran,
Pfefferkörner und Honigk darein.
Ein Hyrzengemyze.
Ein Eßgen Schaoflenysch mit Czypollen darüber.
Ein gebraten Hun mit Tzwetzschcken.

2. Daz ander Gericht: Stockfisch mit Oel undt Roßzynen.
Bleyer in Oel gebacken.
Gesotten Al mit Pfeffer.
Gerehster Pückling mit Senff.

3. Daz drytte Gericht: Speisefische sawer gesotten.
Ein Parmen gebacken.
Kleine Vögel in Schmaltz gepregelt mit Rettich.
Ein Schwynzkeile mit Korcken.

II.

Den andern Dagk wird man tho eßen gewen:

1. Daz ehrste Gericht: Gelb Schwyneflelsch.
Ein Eyerkochen mit Honigk und Wynbeeren.
Gebratten Heeringk.

2. Daz ander Gericht: Kleine vische mit roßynen.
Kalte Bleyer, da des vohrigen Tages ewrig geblewen.
Ein gebraten Ganez mit roten Rüben.

3. Daz dritte Gericht: Gesalzen Hecht mit Petterlin.
Ein Sallat mit Eiern.
Ein Gallardiin mit Mandyln befetzt.

Und damitt is seyne Gnaden gar wol tho freite geweezen. Daz allez hatt gekost VIII fl. XV gr. IX pf. Undt der Byschop hatt tho Lohne gekregen V Schock breeter Groschen. Undt för Wachs, Wyrauch, Cyndel, Schweebich, Wyszeblawe undt schwareze Lynewandt hatt man gegeben III fl. VII gr. VI pf.

Hier sei endlich des **Kalands** gedacht.

Der Verfasser der Kirchen- und Schulchronik von Weißenfels, Superintendent Heydenreich, schreibt 1840:

„Es befanden sich in Weißenfels sogen. Kalandbrüder oder Bettelmönche mit ihrem dem St. Clarenkloster gehörigen Kaland- oder Terminelhause, worinnen sie sich monatlich zu einem christlichen convivium versammelten. Sie hatten ihren besonderen Guardian oder Prior, ihre Regeln und Gebote vom Almosengeben, Fegefeuer, Anrufen der Heiligen, Verdienste der guten Werke und von Bitten für die Seelen der Verstorbenen und bettelten für das St. Clarenkloster und die Pfarrkirche viele Almosen. Übrigens führten sie ein sehr lockeres Leben und beherbergten besonders Reisende und Geistliche allerlei Ordens."

So Heydenreich.

Indessen: „Kalandbrüder oder Bettelmönche" kann man nicht in einem Atem nennen, darf man nicht für dasselbe halten. Der Kaland ist das Gegenteil der Bettelmönche, der Terminirer, der Marienknechte. Diese Franziskanerkolonie hatte Privilegien, die sie über die Autorität des Pfarrers setzen: Sie können in jeder geordneten Gemeinde kirchliche Verrichtungen vollziehen. Vulpius erzählt:

„Anno 1509 war der Rat zu Naumburg im Banne und ihre Geistlichen wollten die (Rats) Herren nicht ad sacra lassen, d. h. hatten sie von der Kirche ausgeschlossen. Da wurde ihnen geraten, daß sie Terminirer, wenn solche von Weißenfels kämen, nehmen sollten, ihnen beichten und in der Ratskapelle auf dem Rathause das Sakrament vor Ostern empfangen. Denn den Terminirern war durch ein Privileg, welches man nennt mare magnum (das sind die Anfangsworte der lateinischen Urkunde) erlaubet die Sakramente zu reichen, wie das Ratsarchiv zu Naumburg bezeuget."

Sie taten also beides: sie bettelten: „Die Brüder und Knechte der heiligen Maria kommen, gebet Almosen" und hörten, wo es paßte, Beichte in den Gemeinden hin und her.

Ihren Ausgang nahmen sie von der hiesigen Terminei, einem heutigen Vereinshause vergleichbar. Da gab es Zellen für Reisende, da ließ das Kloster seinen Wein, sein Bier verschenken, hier hatten auch, daß ich so sage, die Kalandherren ihre Vereinszimmer. Der Kaland bestand meist aus Pfarrgeistlichen. Ihr Los war traurig genug. Sie hatten auf Abwehr, auf eigene Sicherung bedacht zu sein gegen die, in deren Hause sie einkehrten. Doch, das war ja Klostergut. So kamen sie in den ersten Tagen des römisch gerechneten Monats, an den Kalenden einmal zusammen, fanden sich hier, wie wir heute sagen würden, zur Besprechung ihrer Standesinteressen ein. Waren die ersten Kalandmitglieder Pfarrgeistliche, so ist der Ausdruck Kaland-Mönche hinfällig. Die Versammlung der Geistlichen, die regelmäßige Zusammenkunft an den Kalenden hieß nun selbst der Kaland.

Daß sie keine Ordenskleider trugen, bedarf jetzt keines Nachweises mehr.

Dieser Zusammenschluß der Pfarrgeistlichen zu einem ständigen „Kaland" geschah ganz in den Formen jener Zeit.

Was andere konnten, das konnten sie auch. Was andere boten, das boten sie einander erst recht, nämlich Förderung des Seelenheiles der einzelnen, möglichste Kürzung des Aufenthaltes im Fegefeuer durch Seelenmessen und Gebete, Hülfe in äußeren Nöten und solenne Leichenfeier.

Durch Hinzunahme wohlhabender Laien zu Ehrenmitgliedern, durch Schenkungen und Zuwendungen ward der Kaland reich.

Er hatte in einer der Kirchen seinen besonderen Altar, den ein eigener Priester bediente. Nach dem Namen der Kirche nennt sich die Gemeinschaft Kaland St. Marien, St. Katharinen, St. Gertrudis.

Die Begründung solcher Kalandsozietät war beim Bischof anzumelden, der sie gern bestätigte und ihr reichlich Ablaß gewährte. Sie waren zahlreich vorhanden, in Thüringen, Sachsen und Meißen.

Je länger je weiter waren die Türen zur Aufnahme aufgetan worden.

In Werda gab es einen Fürstenkaland, in Zwickau einen großen und kleinen Kaland. Auch in Merseburg gabs eine Kalanderbruderschaft. Im Laufe der Zeit waren auch Meister Mitglieder geworden, darum kann Hans Sachs sagen von seiner Ankunft in Merseburg: „... versah ich mich der Arbeit mein, und lag bei einem Meister ein, der wohnte in St. Maximi und war ein Kalandbruder hie". An den Kaland zu Lützen zahlt 1514 der Rat von Weißenfels jährlich noch 10 fl. Zinsen.

Der zur Aufnahme in den Kaland sich Meldende mußte durchaus unverdächtig sein. Die Anmeldung zum Beitritt hatte bei dem Altarpriester zu geschehen. Ehe die Aufnahme durch Eintragung in das Brüderbuch erfolgte, hatte der Aspirant den Treueid zu leisten.

Am ersten Tage jeden Monats wurde in der Kirche, in welcher die Bruderschaft ihren Altar hatte, eine besondere Andacht verrichtet, nachher beriet man sich in der Terminei über die Angelegenheiten der Brüderschaft: was denselben Monat für Jahrgedächtnisse Verstorbener, was für Fasten zu halten und was für Almosen auszuleihen waren. War das beraten und beschlossen, so aß und trank man.

Das hat im Laufe der Zeit unfraglich ausgeartet, das ursprüngliche Ideal ist einigermaßen verblaßt und verwischt.

Aber die Kalandherren sind besser als ihr Ruf.

Die Reformation brachte das Ende des Kalands. Während in Halle das Kalandsvermögen der Rat der Stadt an sich nahm, wurde es hier zu Kirchen- und Schulzwecken verwendet. Das Kalandhaus wurde Wohnung eines evangelischen Geistlichen. Die Lokalgeschichte aber hat den Namen des einstigen Kalands aufbewahrt in einer Großen und Kleinen Kalandstraße.

Um 1492 sind hier auch Pauler-Mönche, Eremiten des heiligen Franz von Paula. Sie wollten noch demütiger, kleiner, sie wollten ganz gering erscheinen und nannten sich oder wurden genannt die Minimen. Endlich finden sich Spuren einer Gemeinschaft corporis Christi, einer Bruderschaft der geweiheten Hostie, des heiligen Blutes. Ihre Satzungen sagen ziemlich dasselbe wie die des Kalands. — Nach Vulpius stiftet sie später mit der Schützengesellschaft „St. Fabiani zu Erwecken der Andacht die annoch (1640) vor dem Nikols- und Gottesackertore befindliche statuam".

4*

Kapitel 9.

Unter Markgraf Friedrich I., dem Freidigen, gebissenen (1307—1324).

(Nr. 7 der genealogischen Tafel.)

Und der Lantgraue Friedrich, der wart da gancz gewaldiger Herre czu Doringen in deme ostirlande und zcu Missen." Mit diesen Worten beschließt die Schwarzburger Chronik ihre Notizen.

Freilich mußte sich Friedrich zur Sicherung seiner Stellung, wie üblich, erst die Burgvögte und Amtleute seines verstorbenen Bruders einzeln „kaufen". Dann huldigten sie ihm in Erfurt. — Auch die Reichsstädte Altenburg, Zwickau, Chemnitz brachte er an sich. Am Ende stand der Markgraf so angesehen da, daß er den Helm mit den Schilden vom Osterlande, von Thüringen und von Meißen trug, und daß er sogar bei der Königswahl mit in Vorschlag kam.

Er heißt „der Freidige". Hieße das so viel als der Freudige, so wäre es eine schwere Ironie der Geschichte. Sein Leben war so leidvoll, so neidvoll, so streitvoll wie kaum eines: Von dem Augenblicke an, da seine unglückliche Mutter tränenreichen Abschied von ihm und seinen Geschwistern nehmen muß und dem geliebten Friedrich ein bleibendes Zeichen wahnsinnigen Abschiedsschmerzes hinterläßt, von diesem Augenblicke an ist des „Freidigen" Leben ausgefüllt mit Kämpfen — Kämpfen mit Kaisern, mit Fürsten, mit dem Adel, mit den Städten, mit der Kirche, mit dem eigenen Vater, mit den leiblichen Brüdern.

Aber er stellt in einem unruhigen Jahrhundert die Zukunft seines Geschlechtes sicher. — An Stelle der Erbbeamten setzt er frei ernannte Ministerialen = ursprünglich unfreie Hausbeamte und Dienstleute, aus denen der niedere Adel, die Ritterschaft hervorgeht.

In jener Zeit ließen die Ansprüche auf Meißen und Thüringen den neu gewählten Königen keine Ruhe. Einen dramatischen Verlauf hatte für unseren Markgrafen die brandenburgische Fehde.

Der Zankapfel zwischen dem Hause Wettin und Brandenburg war jener Zeit die Niederlausitz. Als diese durch Heinrichs des Erlauchten Tod im Jahre 1288 — ebenso wie Meißen — frei geworden war, da hatten die Söhne des „Erlauchten" zugelangt: Albrecht der Unartige hatte die Pfalz Sachsen, Dietrich der Weise die Niederlausitz als Erbe in Besitz genommen — ohne kaiserliche Begnadigung und Bestätigung. Schon König Adolf von Nassau und Albrecht hatten darauf ihre Überfälle gegründet.

In den Zeiten, wo Sein oder Nichtsein die Frage war, hatte Diezmann nicht nur Weißenfels, Burgwerben, sondern auch die Niederlausitz in den Jahren 1303—1306 an die Brandenburger Markgrafen verkaufen müssen.

Das führte in der Folge zu der sogenannten Brandenburger Fehde, die am 1. Januar 1317 durch den Hauptvergleich zu Weißenfels beendet wurde: „zu Wiszenvels am Jarstage eine ewege vruntschaft haben geteidinget".

Damit war wohl die Urkunde der Markgräfin Jutta von Brandenburg vom 18. Januar 1310 „datum Wyzinvels" bedeutungslos geworden!

Auch die zukünftigen Herren der Mark Brandenburg, die Burggrafen von Nürnberg, begegnen uns im Panorama unserer Stadtgeschichte: Unserem Markgrafen gelobt der Burggraf Friedrich von Nürnberg den mit den Vögten von Weida abgeschlossenen Frieden zu halten:

„Daz wir dem erberen fursten marcgraven Frideriche von Meissen unserem lieben Herren haben gelobet einen steten vride umbe alle sache anve geverde fur unz unde fur alle unser diener . . .

Wizenvelse, do von Gotes geburt waren drutzehn hundert jahr unde darnach in dem eilften jare, an dem nehesten tage nach sante johannestage des taufers."

Neben den Vögten zu Weida werden in der Geschichte des „Freidigen" genannt die von Gera und Plauen. Die Streitigkeiten mit diesen, insonderheit mit Heinrich dem Älteren, Vogte von Plauen, waren in dem Schiedsgerichte zu Weißenfels am 1. November 1316 beigelegt worden:

„Ich Heinrich der elter, voit von Plaue bekenne . . . daz ich in rechten treuen gelobet habe dem edelen fürsten meinem Herrn, Friederichen von Meißen eine rechte sühne für mich und für alle meine mannen und für alle meine leute. Ich soll kiesen zwei mann und mein herr zween. Die viere sollen gewalt haben und macht uns zu berichten (berichtigen) um alle sachen, die wir zu einander haben nach minne oder nach recht . . . Entzweiten sich die viere, so haben wir einen Obermann gekoren, graf Knuten von „Swarzburch", was der uns heißet um alle sache, auf minne oder auf recht . . . das sollen wir ganz und stete halten und sollen des eines tages warten auf aller Heiligen Tag, der nun nächstens kommt, zu Wizenvels. Wartete ich des Tages nicht . . . oder hielte ich nicht, was mich die viere oder der Obermann heißen, oder hielte ich die Sühne nicht stets und ganz, so soll ich treulos und ehrlos sein . . ."

Die Schiedsgerichte hin und her, und ab und zu, die wortbereichen Bedingungen und weitläufigen Versicherungen ihrer Urkunden beweisen, wie sehr Friedrich bemüht war, das Recht und den Landfrieden aufrecht zu erhalten.

Das ließ er sich im eigenen Gebiete, im Osterlande und in Thüringen ebenso angelegen sein wie seine Vorgänger. Er brach die Raspenburg (Rastenberg) und Eckartsburg.

Den Sohn der Hohenstaufin hatte die Kirche nicht sonderlich ins Herz geschlossen. Und doch war Friedrich, der Mann mit der harten Jugend, ein religiöses Gemüt. Freilich in dem Maße wie seine Ahnen hat er die Kirche nicht dotiert und hat er sie auch nicht beschenken können. Mußten die armen Brüder doch, wie schon erwähnt, Eigengüter versetzen und Darlehen aufnehmen bei reichen Bischöfen im Kampfe gegen den ihr Erbe begehrenden Kaiser. Aber trotzdem fehlt es nicht an Betätigung kirchlicher Gesinnung.

Er hat 1310 alle Güter des Hospitals bei Weißenfels von allen Beten und Steuern befreit. Dem Beuditzkloster überläßt er die Saalmühle an der Brücke zu Weißenfels gegen bestimmte Mehllieferungen zu Michaelis, Weihnachten, Ostern, Johannis sowie gegen Lieferung von sechs Schweinen, die einen Wert von drei Mark Silbers haben müssen. — Das war vielleicht ein Opfer des Dankes für die in waffenstarrender Umgebung auf der Wartburg geborene und in Tenneberg nach schreckhaften Hindernissen bei Nacht getaufte Tochter Elisabeth, ebendieselbe, die sich den Sohn Ottos von Hessen, Heinrich, zum Gatten und zu unglücklicher Ehe wählt, so daß sie später (1339) zu ihrem Bruder Friedrich dem Ensthaften fliehen muß.

Der Lebensabend des streitbaren Helden ist trübe. Bei den Anfängen des deutschen Dramas hat er sich den Tod geholt. Bei einem geistlichen Spiele war's, wie sie jener Zeit die Feste schmückten, beim Spiel von den klugen und törichten Jungfrauen, welches in der „Rolle", dem Hause am Tiergarten des Landgrafenhofes, stattfand. Da spielten Eisenacher Prediger, Mönche mit ihren Schülern an einem Sonnabend abend — es war der 24. April 1322 — das Schicksal der törichten Jungfrauen, der Weltkinder, so ergreifend, daß ein Schlag den Markgrafen der Sprache beraubte und dann noch 2½ Jahre ans Bett fesselte.

In diesen letzten Tagen des Markgrafen mußte Albrecht von Hackeborn die ihm von den Sterbenden einst verliehenen Vorwerke vor der Stadt „Wysenfeld" dem Sohne des Kranken und seiner ihn zärtlich pflegenden Gemahlin überlassen. Angesichts des nahen Todes haben „Heinrich der reuze von Plauen, Heinrich von Zcurbow der ritter, Otto von Kotewiz, Heinrich von der Vesten, Heinrich Seucke, Gerbote buergermeister zcu Wysenfels und ander leute genuck" das Schriftstück unterschrieben.

Übrigens war Friedrich der Freidige zweimal vermählt: Zuerst mit Agnes von Kärnthen, dann mit Elisabeth von Lobdaburg-Arnshaugk, die ihm die schon genannten Kinder Friedrich (den Jüngeren) und eine Tochter Elisabeth geschenkt hatte.

Als Markgraf Friedrich der Freidige die Augen geschlossen hatte und in der Eisenacher Katharinenkirche beigesetzt wurde, betrauern ihn „Gerbote (des Jahres) Bürgermeister; Zeykin, Richter; Seuco, judex (auch Richter); Peter, der Stadtschreiber." Seelenmessen haben dem Toten zu Ehren gehalten Ludwig, als rector ecclesiae suae, intra muros, als Stadtgeistlicher in der neu geweihten Marienkirche. Der andere Geistliche Johannes bediente wohl die Kapellen außerhalb der Ringmauer, denn bei seinem Namen steht die Bezeichnung „außerhalb der Mauer", er heißt auch kurzweg Johannes in indagine = im Weichbilde tätig.

Des derzeitigen Bürgermeisters Gerbote Befugnisse werden nicht weit gereicht haben. Er ist seit 1328 von der Äbtissin Richza Gnaden Prokurator des Nikolaihospitals.

Wir merken aus dieser Notiz für unsere Zwecke, daß die Stadt Weißenfels im Jahre 1328 Mauern hat, daß für die Bürger innerhalb der Stadtmauern der Bürgermeister da ist, daß außerhalb der Stadtmauer liegende Kapellen von einem eigenen Geistlichen bedient werden. — Die Bürger sind als „natürliche Vasallen" erwerbsfähig geworden. Die Ausübung der Stadtgerichte ist Sache des Landesherrn. Das Lehnbuch Friedrichs des Strengen vom Jahre 1349/50 nennt Heinrich Stake, mit dem Stadtgerichte Wiscenvelz belehnt. Das Marktgericht ist Stadtgericht geworden, in dem ein landesherrlicher Beamter unter Zuziehung von Bürgern Recht spricht. Diese Schöffen sind die Vorgänger der Ratsherren.

Im 13. Jahrhundert begann im allgemeinen die zunehmende Macht der Städte. Im Meißener Gebiete und im Osterlande sind es jetzt noch Gnadenakte, wenn eine Stadt selbständig wird. So Freiberg i. S., dessen 24 geschworene Bürger seit 1293 gewaltig sein sollen, „Recht zu rügen und zu setzen". Weißensee hatte 1265 schon städtische Statuten, früher als Dresden.

Anders lagen die Dinge in Merseburg, Zeitz, Naumburg. Das waren bischöfliche Städte.

Da durfte niemand in den Rat gewählt werden, der dem Bischof nicht genehm war. Alljährlich mußte der Rat dieser Städte dem Bischofe den Eid der Treue wiederholen und zum Zeichen seines Gehorsams die Schlüssel der Stadt, der Tore und Türme überantworten.

Hier war übrigens das Clarenkloster mit Gerichtsbarkeit begnadet über die halbe Stadt, und dem Beuditzkloster stand, wie schon gesagt, die Ausübung der Halsgerichte zu.

Ein Fortschritt war es, als Friedrich der Freidige den Städten die Erlaubnis gab, geschlossene Güter durch Kauf an sich zu bringen. Die Stadt Weißenfels macht in der Folge von diesem Rechte Gebrauch. Daß aber im März 1312 ein einzelner Bürger in Weißenfels, Enkelmann, 1 ¼ Hufen in Gronzitz (Granschütz) vom Kloster um 20 Mark erwerben kann, ist für damalige Verhältnisse gewiß das Zeichen einer neuen Zeit gewesen.

Der Ritterschaft und der Kirche hat es jedenfalls nicht gepaßt, daß „denen Inwohnern Bürgerstandes in Thüringen — Meißen gegeben (erlaubt) sein soll, daß sie mechten Ritterlehen käuflich an sich bringen und als natürliche Vasallen ungehindert sein."

Kapitel 10.

Unter Markgraf Friedrich II. (Ernsthaften, Jüngern) 1328—1349.

(Nr. 8 der genealogischen Tafel.)

Ernst waren die Zeiten unter Friedrich dem Ernsthaften. Der Bürgerkrieg spaltete das Reich, in dem wieder einmal zwei Kaiser zugleich herrschten. Jeder war von einem Teile der Fürsten gewählt: Ludwig der Bayer (1314—1347) und Friedrich der Schöne von Österreich (—1330). Das Oberhaupt der Kirche, welches Rom mit Avignon vertauschen mußte, hatte den Kaiser Ludwig mit dem Banne und sein Land mit dem Interdikt belegt; — die Vornahme kirchlicher Handlungen in seinem Gebiete war verboten. Für jene Zeit eine harte Maßregel. Sehr zu statten kam unserem Markgrafen die Verwandtschaft mit dem Kaiser: „Der nam Keyser Lodewigs tochter genannt Mechtilt, by der gewan her vier sone: Friederichen, Balthazarn, Lodewigin und Wilhelmen und auch zwo tochter, by eyne nam den Herzogin von Lotringen, by andere ward eyn clostirfrouwe und eyn eptischin zcu Suselicz".

Statt der Mitgift hatte der Schwiegersohn die freien Reichsstädte Mühlhausen und Nordhausen erhalten, die er sich freilich erst unterwerfen mußte. In der Folge bringt er auch Orlamünde, Langensalza, Dornburg an sich.

Auch das Recht über die Juden innerhalb seines Gebietes hatte ihm der kaiserliche Schwiegervater verliehen. Das bedeutete eine gar nicht so geringe Einnahme.

Die Zwistigkeiten des Markgrafen mit seiner Mutter Elisabeth sind freilich wenig erfreulich. Sie dauern von 1332—1333. Das Chronikon Sampetrinum in Erfurt berichtet davon in lateinischer Sprache, daß der Streit um das Leibgedinge der Mutter geschehen sei. Der Sohn verlangte Gotha und Weißenfels mit der Begründung, daß ihm diese mehr als seiner Mutter zustünden. Kaiser Ludwig macht dann Frieden zwischen beiden. Die „Marchionissa" erhält Gotha, Jena,

Tenneberg und Reinhardtsbrunn. Weißenfels aber behauptete Markgraf Friedrich II. Das geschah am 15. Oktober 1331. Die Auflassung des mütterlichen Leibgedinges Weißenfels besorgen und bezeugen Heinrich gen. von Tuchirn, Bürger in Wizinvels. Dem Kloster Langendorf aber schenkt die mit dem Ausgange offenbar zufriedene Mutter eine halbe Hufe in Obernessa. Auch Friedrich der Ernsthafte hatte seine Not mit den raubenden Rittern und zerstörte ihre Burgen Heßler, Dornburg, Nebra, die Neuenburg.

Man nennt die Fehden von 1342—1346 den Thüringer Grafenkrieg.

Albrecht der Unartige, der allezeit Geldbedürftige, hatte neben Freyburg, Eckartsberga auch die Neuenburg an den Merseburger Bischof Heinrich II. verpfändet. Aber das Geleite durch Thüringen hatte er sich überall vorbehalten. Die Söhne Albrechts dann hatten in den Zeiten des thüringisch-meißenschen Krieges auch nicht daran denken können, das Verpfändete einzulösen. So blieb die Neuenburg 30 Jahre im Besitze des Merseburgers und Gebhard von Schraplau, der in des Bischofs Namen auf der Neuenburg saß, zog aus, um Reisende von ihren Bürden zu befreien. Im Namen des Kaisers vollzog nun Markgraf Friedrich II. an Gebhard die Reichsexekution als an einem Landfriedensbrecher. Die Neuenburg kommt jetzt wieder an die Markgrafen von Meißen.

Um den Räubereien der Herren der Burg Nebra, der Kunemunde, ein Ende zu machen, werden 1341 auch Weißenfelser Bürger aufgeboten, die das Raubnest zerstören. Der tapfere Vogt der Markgräfin, Friedrich von Wangenheim, nahm die Herren von Kunemund gefangen und ließ jeden mit einer Katze an den Galgen hängen.

Andere gleicher Art verband sich der Markgraf durch friedlichen Vertrag, so die Herren von Pouch in einem Briefe „czu Wisenfels versigilt 1340".

In solchen Unruhen war das Geld klamm geworden. Der Landgraf muß 1344 seine Getreuen an die Landbete zu Weißenfels verweisen und mit dem Holze zu Milsen — ohne die Hasenjagd — beleihen.

Gar nicht befriedigt von der zunehmenden Macht Friedrichs waren die Grafen von Weimar-Orlamünde und von Schwarzburg. Es paßte ihnen gar nicht, daß ihr Nachbar und Standesgenosse durch Protektion und eigene Energie sich über sie erhoben hatte.

Die genannten Grafen hatten im Saaltale von Dornburg bis Saalfeld festen Fuß gefaßt. Als ihnen, den hier nunmehr privilegierten Besitzern, Friedrich ein paar feste Plätze weggekauft hatte, entlud sich alsbald die satte Spannung. Andere, auch über Friedrich Mißvergnügte gesellten sich den beiden zu. Das Land wurde verwüstet, Städte sanken in Asche. Vergeblich sucht der Kaiser die Sühne. Zwar wird Friedrich im Treffen bei Arnstadt verwundet und muß vier Wochen still liegen. Dann aber muß sich einer nach dem anderen ihm bequemen in den Friedensverträgen vom 26./28. Juli 1346 zu Dornburg-Weißenfels. In dem Vertrage heißt es hochdeutsch:

„In diese Sühne ziehen und nehmen wir . . . die ehrwürdigen Herren, Herrn Wittigen, Bischof zu Naumburg, und Herrn Heinrich, Bischof zu Merseburg, die hochgeborenen Fürsten Rudolfen, Herzog zu Sachsen und seine Söhne . . . Burcharden Grafen von Anhalt, Herrn zu Bernburg, unsern lieben Oheim, Albrechten, Grafen von Anhalt, Herrrn zu Köthen, unsern lieben Schwager, die edlen Leute Grafen Heinrich von Hoinstein, dem Sondershausen ist, Heinrich den Ältern und Heinrich den Jungen, Vögte zu Weida, Sigfrieden und alle jungen Grafen von Mansfeld. Dieser Brief ist gegeben zu Wyzinfelz . . . .“

Die Besiegten mußten auf verschiedene Herrschaften und Klöster verzichten: Stadt und Schloß Weimar, Wiehe, Memleben, Donndorf u. a., um sie als Lehen wieder zu empfangen. Die gebrochenen Burgen durften nicht wieder befestigt werden, ihre Bürger und Mannen hatten dem Markgrafen zu huldigen. — Städte und Stände entrichten die Landbete jetzt als Servitut. Ein Verzeichnis vom Jahre 1347 zeigt auch Weißenfels u. a. mit 40 Schock Groschen verpflichtet. Besondere Ereignisse machen dann Notbeten des Landesherrn erforderlich. Im folgenden Jahre 1347 erwirbt Friedrich II. vom Herzog Magnus von Braunschweig auch die altsächsische Mark Landsberg wieder „um 8000 schmale Groschen, die gang und gebe sind“. Als Pfand für die in vier Raten zahlbare Summe stellt er „unser Vesten Eckersperge, Wiehe und Kamburg mit den stetechen, dy daczu gehören". So geschehen in Weißenfels am Bonifatiustage 1347.

Und nun einen Blick auf die schreckhaften Ereignisse der ernsten Zeit. Alle Chroniken berichten von dem gewaltigen Erdbeben am 25. Juni 1348, welches „Berge erschütterte und Städte verwüstete". Man meinte: die Welt gehe unter, der jüngste Tag sei nahe. In nachfolgender Zeit sind die Jahre 1598 und 1690 dem 1348 ähnlich. Und zum Erdbeben kamen Überschwemmungen, Mißwachs, Hungersnot, strenger Winter — eine schaurige Ouverture zum schwarzen Tod, zu büßenden Geißlerfahrten, zu wüstem Judengemetzel.

Unerhört waren die Verheerungen, welche diese Pest anrichtete. Manche Orte starben ganz aus. Volkreiche Städte wurden auf die Hälfte, auf zwei Drittel ihrer Bevölkerung gebracht. An den Befallenen brachen böse Geschwüre auf, nach drei Tagen schon waren sie tot. Die Pest wütete diesseits und jenseits des Meeres. In Straßburg wurden über 16000 Menschen begraben, in Erfurt 16000, in Weimar 5000 Menschen. In manchen Gegenden blieben die Toten auf den Straßen liegen, herrenlos irrten die Haustiere herum. Feierliche Bestattung, letzter Trost war nicht mehr möglich.

Im Jahre 1310 war der schwarze Tod schon eingekehrt und hatte sieben Jahre gewährt.

Diesmal wütete die Pest vier Jahre hintereinander. Zum drittenmale erschien sie 1367—1374.

Für Weißenfels war das Jahr 1349 das schrecklichste. Da gabs, wie an anderen Orten, nicht Hülfe und Hände genug, um die Massen der Leichen zu beerdigen. Hier, wie anders wo, beherrschte blasse Furcht, heillose Panik, starres Entsetzen die Gemüter.

Die Kaufleute im nordischen Venedig, in Lübeck, trugen willig ihre Schätze in die Klöster und Kirchen.

Eine potenzierte Religiosität war die Folge bei den einen: Sie schließen mit der Zeit und Welt ab, die Ewigkeit tut sich vor ihnen auf, Jesus der Heiland erwartet sie. Reue bemächtigt sich der Frevler. Auf der anderen Seite hat die entsetzliche Not alles entnervt: Erschreckende Gleichgültigkeit hat die andern gepackt. Eine dritte Gruppe aber treibt die Verzweifelten zum äußersten: Gesetze des Friedens gelten nichts während der Herrschaft des Todes — der Freund flieht den Freund, der Bruder den Bruder, die Gattin den Mann, der Vater sein Kind. Scham und Zucht gelten nichts mehr, das Mitleid ist ausgewandert, die Teilnahme hat in die Verbannung ziehen müssen, um hohen Lohn kaum findet sich eins, das bereit ist, dem Kranken eine Erquickung zu reichen. In dies grauenvolle Elend klingt die Totenschelle hinein, die eines Mönchs Hand noch in Bewegung setzt — oder das wahnsinnige Auflachen der Verweiflung. In dieser Zeit macht sich opferfreudiger Sinn einen Namen: Peter und Heinrich, Bürger von Weißenfels, gründen das Hospital St. Jakob vor dem Salztore in Naumburg.

Und an dem grenzenlosen Elend — am schwarzen Tod, am großen Sterben seien die Juden schuld, hieß es. Schon 1303 sollten sie in Weißensee einen Christenknaben ermordet haben. Auch in Weißenfels waren sie heimisch geworden. Unterhalb des Schlosses lag ihre Synagoge, da klang es am Sabbath:

Gelobt sei unser Gott: Boruch Eluhenu!
Gelobt sei unser Herr: Boruch Adonenu,
Gelobt sei unser König: Boruch Malkenu,
Gelobt sei unser Helfer: Boruch Moschuenu.

Wie auf Flügeln des Windes verbreitet sich das Gerücht: sie hätten die Brunnen vergiftet, mit dem getrockneten Blute ermordeter Christenkinder ein Mittel bereitet, das sie selbst unverwundbar mache. Aller Orten erhob man sich gegen die Juden. Nun pressen Folter und Scheiterhaufen erwünschte Geständnisse ab. Ob Papst und Kaiser die Verfolgungen mißbilligen, sie sind gegen die Wut der Bürger machtlos. Die einen werden erschlagen, die anderen verbrannt, die dritten fliehen, alle werden ihres Eigentums beraubt. Von der Brücke stürzen sich andere in die stillen Wasser der Saale.

Komm gütige Nacht und breite deinen dunklen Schleier über die Greuel des Tages!

Gegen Schutzgeld nahmen die Fürsten sich dann der Juden an. Später ist es ihnen auch in Weißenfels besser gegangen. Halten sie doch sogar einmal ein Turnier ab!

Andere sahen die Pest an als die Strafe des über die Verderbtheit der Menschen zürnenden Gottes. So die Kirche. Diese selbst aber wurde zur Masse des Verderbens gerechnet von den **Geißlern**.

Der Chronist Sturm beschreibt die Anwesenheit der Geißler in Weißenfels nach der Festschrift des Dr. Schieferdecker im Weißenfelser Zion. Beide sagen nur allgemeines aus:

„Paarweis zogen sie in die Stadt, ihre Kleider waren mit daraufgenähten roten Kreuzen bezeichnet; blutrote Fahnen mit Kreuzen von schwarzer Farbe wurden vor ihnen hergetragen. Barfuß, ohne Kopfbedeckung, mit verhülltem Angesicht, nur bis an den Nabel bekleidet, zogen sie von Ort zu Ort, sangen geistliche Lieder, zerschlugen und zerfetzten sich den Körper mit Geißeln, an deren Ende spitze Nägel oder mit scharfen Spitzen versehene eiserne Sternchen befestigt waren, riefen dabei Gott, die Maria und alle Heiligen um Hülfe an und erfüllten mit schauerlichen Wehrufen die Straßen und Gassen. — Andere aber taten es mehr zum Scheine und machten es ziemlich gnädig, daß sie es kaum fühlten. Die Haare des Kopfes wild um das mit Schmutz und Blut bedeckte Gesicht hängend — Wahnsinn und Verzweiflung in den Zügen, gewährten viele einen scheußlichen und erschreckenden Anblick. Dreimal umzogen sie die Kirche der Stadt. So oft sie einmal herumkamen, fielen sie alle auf die Erde kreuzweis nieder, sangen, beteten, daß Gott sich erbarmen und das große Sterben und die anderen Plagen wenden möge. Nachdem sie eine Nacht hier verweilt und gespeiset und getränket worden, zogen sie des anderen Tages ab."

Die kirchlichen Übungen dauerten drei Stunden. Dann suchten die Bürger einen der Heiligen zu erwischen, um ihn als Gast heimzuführen.

Viel umfangreicher aber waren die Übungen, die sie im Freien abhielten, wo erst die eigentlichen Geißelungen geschahen.

Nach den grausamen Bußübungen im Freien war die Menge sehr erschüttert; es hob ein allgemeines Schluchzen, Weinen und Klagen an.

Wer in die Gemeinschaft eintrat, mußte nachweisen, daß er gebeichtet, wahre Reue empfunden und seinen Feinden verziehen habe. Erforderlich war der Besitz von 21 Schilling und 4 Pfennigen, um niemandem zur Last zu fallen und um nicht betteln zu müssen. An keinem Orte blieb man zwei Nächte. Mit Frauen zu sprechen war dem Geißler verboten. Priester durften sich ihnen wohl anschließen, konnten aber keinen Grad und keine Würde empfangen.

Bei allen Übertreibungen ist diese von der Kirche losgelöste Bewegung doch wieder ein Hinweis auf das Bedürfnis des Menschenherzens nach unmittelbarer Gemeinschaft mit Gott.

Von diesen Ereignissen erzählen bekanntlich die Steine der Marienkirche. Auf einem Pfeiler der Südseite ist zu lesen:

Anno Dm. MCCCL · id est iubileo flagellatores · fuerunt · et · iudei · cremati · sunt: Im Jahre des Herrn 1350, das ist im Jubeljahre, sind Geißler dagewesen und die Juden verbrannt worden.

Da muß der Mutigsten einer gewesen sein Peter gen. Porzk von Radezuln (von Riedesel?), daß er im November 1333 vom Kloster „Langindorph" einen Hof zu Lehn nimmt in Wisinvelz am Clingithor.

Auch Bürger Bertram hier, der Mann Kunigundens, daß er für 2 Mark 15 Groschen eine Insel bei der Brücke 1340 übernimmt, wie Johannes Wolfhardt und Heinrich Blumintritt bezeugen.

Der Witwe des Letztgenannten wird drei Jahre später ein Garten „in der grünen Gasse vor Weißenfels" zu Lehen gegeben.

Parallel der grünen Gasse ging die Handelsstraße nach Naumburg. Sie war schon reich belebt. Ich erinnere nur an die Verordnung vom 21. April 1347, welche anordnet, daß die Salzfuhrleute über Wyßenfels fahren sollen. Markgraf Friedrich hatte den westlich von der Mulde gelegenen Städten verboten, von Halle Salz zu holen, fortan sollten sie über Weißenfels, Naumburg, Freyburg, Wiehe nach Frankenhausen fahren, um da Salz zu fassen. Diese Salzfuhrleute waren (nach Wuttke) Händler, „die auf eigenes Risiko das Salz einkauften, um es meist auf Jahrmärkten wieder abzusetzen". Der Salzzoll war im Lehnsbesitz adliger Herren.

Doch zurück nach Weißenfels.

Ins Jahr 1341 fällt die allerälteste Nachricht von einer Schule hier:

Auf den plebanus, d. h. den Geistlichen außerhalb des Klosters, auf den plebanus und rector ecclesiae suae Ludewig ist Berthold gefolgt. Er vermacht am 23. August ein von ihm am Gottesacker zur Knabenschule erbautes Haus, zu dem das Kloster noch ein anderes Haus gibt. Die Schenkung bezeugen Heinrich Seuco, judex civitatis Weißenfels, Richter der Stadt Weißenfels — Petrus gen. Riber Proconsul, Bürgermeister — Otto, Sachwaltergehilfe und Bertram, Bürger in Weißenfels.

Einer für das Stadtgesicht nicht uninteressanten Nachricht sei noch gedacht, nämlich:

Landgraf Friedrich hat den gestrengen Hentscheln v. d. Vesten und dessen Erben 60 Schock breiter Groschen von der Landbete zu Weißenfels angewiesen, hat ihn auch beliehen mit dem Holze zu „Milsen“ und dessen Nutzung — die Hasenjagd nur ausgenommen. Das ist bewilligt „vor den vierten Teil der Mühle, welche an der Saale inwendig Weißenfels lieget, die ihm von gedachten Hentscheln abgetreten ward.“ —

Welche Mühle konnte 1344 an der Saale inwendig Weißenfels liegen? Inwendig! Das heißt doch einmal: nicht außerhalb der Stadtmauern und dann: an der Saale! Mir schien nur die Möglichkeit der Lösung vorhanden zu sein, daß „inwendig Weißenfels“ heißen soll „inwendig des Weichbildes von Weißenfels“ — dann war die Sache einfach. Aber ein Weichbild erhält die Stadt erst 1454! Sollte das nicht angehen, so müßte die Saale, mindestens ein Saalarm, durch die von Toren begrenzte Stadt geflossen sein.

Kapitel 11.

Unter Markgraf Friedrich III., dem Strengen (1349—81). (Balthasar und Wilhelm.)

(Nr. 9 der genealogischen Tafel)

Friedrich der Strenge übernahm, zunächst auf 10 Jahre, das Regiment für seine noch unmündigen Brüder Balthasar und Wilhelm. Sie gaben sich das Bruderwort, „nie sich zu sondern und zu teilen". So vergingen 30 Jahre im gemeinsamen Regiment. Friedrich wohnte meist in Leipzig. Von Weißenfels aus verlieh er 1353 dem Kloster Pforta die Hals- und Erbgerichte in Altenburg a. S., Flemmingen und Hassenhausen. Im Innern machten die Brüder, wie ihre Vorgänger, kurzen Prozeß. Die Räuber, die man fing, wurden gehängt, die Raubschlösser, die man stürmte, wurden zerstört. So das der von Mellingen bei Eckartsberga. Noch war der Begriff eines höchsten und allgemeinen, jede einseitige Gewalt ausschließenden Rechts nicht vorhanden — noch fehlen, bis 1379, die Landstände. Die Getreuen aber, die Milites, werden belehnt und belohnt. Davon gibt Zeugnis das Lehnbuch Friedrich des Strengen vom Jahre 1349/50. Groß ist da auch die Zahl der Belehnten im Amte Weißenfels. Die Bezeichnung dafür war damals noch „Gericht". So wird 1353 genannt der Ort Gnäbitz (Gneuticz) „des gerichtes zcu Wißenfels."

Wir lassen die meisten dieser nachbarlichen Belehnungen folgen.

1. Heinrich genannt Stuke mit dem Stadtgerichte Wiszenvelz, mit weidenflanzung und wiesen in Kuba, ebenso mit einem weinberge in Ruolz (Mark-Röhlitz), in Crichow mit drei Hufen und zwei Mark Einkünften.

2. Theodericus (Dietrich) de Czurbow (von Zorbau) mit Feld in Gronischicz und Rothewicz. Dietrichs Bruder ist Heinrich. Sie heißen jetzt „equites", Ritter, aus den früher Milites (512) genannten, sind inzwischen Ritter geworden.

3. Conrad und Otto von Uchtericz haben Lehen erhalten. Ebenso Tannus von Haldecke residens in Uchtericz.

4. Albert Knut empfing eine Curie, 10 Hufen, 2 Weinberge. Außer Albert werden genannt Tyme, Heinrich, Ritter, die da heißen die Knute. Sie waren begütert in Markwerben. Eine Knutin, Katharine, ist 1369 Äbtissin im Beuditzkloster. Ein

Albrecht Knut (oder Albert) heißt auch von Pulßhitz. Er beherrschte zu Anfang des Jahrhunderts den Landgrafen Albert dermaßen, daß das Sprichwort hieß: „Landgrave nu trute, das landt ist der Knute."

5. Albert von Doelicz empfing 10 Curien und 1 Mühle in villa Treben. Genannt werden auch Heinrich und Günther von Doelicz.

6. Hanemann von Schonenberg empfing Besitz in Wendilsdorf.

7. Hermann und Otto von Kirchdorf Lehen in Rospach und Lunstete.

8. Cuno von Richarczwerben: $5^1/_2$ Hufen und 3 Curien in Tanwerben.

9. Heidenricus Rumpel: $6^1/_2$ Hufen in Richarczwerben und Curien in Tanwerben.

10. Heinrich genannt Weiße und Johannes Ruchoupt erhalten Lehen in Obernessa.

11. Ulcz und seine Brüder von Slatebach waren belehnt: „in villa czu der Sal", der späteren Wüstung Sahla auf dem linken Flußufer zu Schkortleben und Gniebendorf. Ulcz (Ulrich) Ritter von Schladebach hatte dazu Besitz erhalten in Sperge, in Korwek (Korweg = Korwet, Corbetha), in Crichow, in Werben, in Crumpen, in Richarczwerben, in Wiszenvelz, in Posicz (Paschlitz ist Wüstung auf der Höhe zwischen Lösau und Cleben), in Nesze, in Stontsch, in Nuenburg ... Zu den Erträgen dieser Liegenschaften kamen noch 14 talenta denariorum in moneta Wiszenfels.... Die reichen Belehnungen werden klar, wenn wir erfahren, daß Ulrich „heimlicher" Sekretär des Markgrafen war.

12. Johannes Porzelk, miles, Ritter, ist auch reich bedacht in Grenzeicz, in Webow, in Gneuticz, in Kasicz, in Zeetsch, in Obernesse, in Pusere, in Pultschicz, in Lesow, in Wellcz, in Kratendorf (in districtu Lipzcig). Dazu hat er noch: in civitate Wiszenfels ortum = in der Stadt Weißenfels einen Garten.

13. Heinrich von Querfurt ist belehnt mit Besitz in Gritzlow, Langendorf, in Motelow, in Wildebeche, in Nesse, in Stosen, in Richarzwerben, Kossenplocz und in Tanwerben.

14. Til Mangolt und seine Brüder haben erhalten 4 Hufen in Poserna, dazu in Weißenfels curiam jure castrensi, einen Hof mit Burgrecht.

15. Ritter Heinrich Gartolfus, der Mundschenk Markgraf Friedrichs des Ersten, saß mit Burgrecht auf Burgwerben, mit Besitz in Krumpen, in Scheben, (Weinberg) in Werben. Dazu empfing er 12 Mark Einkünfte aus dem Geleitsamte Weißenfels. Gartolf scheint als Mundschenk (pullere) des Vaters Markgraf Friedrichs III. in großer Gunst gestanden zu haben. Schon daß er das Schloß Burgwerben — markgräflichen Besitz — bewohnt, ist so zu deuten. Auch zahlt der Markgraf die Reparaturkosten einmal. Dem Andreas Gartolf gibt der Markgraf für 1362—1365 Anweisung auf die Weißenfelser Bete.

16. Heinrich von Haldeks Bruder in Uichteritz haben wir schon kennen gelernt. Haldek hatte 7 Freihufen mit Burgrecht erhalten — ad quod pertinet theloníi medietas de curribus pontem transeuntibus — mit den Einkünften des halben Ertrages vom Brückenzoll in Weißenfels. Dafür hatte er auch Ritterpferde dem Landesherrn zu Dienste zu stellen. Brücken-Korn und -Schilling werden schon im 13. Jahrhundert erhoben. — Gewisse Bauernschaften bildeten Brückengerichte.

17. Heinrich und Dietrich (Theodericus) Hebestreit, Ritter, empfingen Besitz in Webow, in Crimmowe (Grimma), in Gneuticz tabernam, eine Schenke. In Webau war auch Jan von Kirchberg, Heinrichs Schwiegersohn, belehnt.

18. Otto und Albert von Rulcz empfingen vier Hufen vor der Stadt Wiszenvels, 6 Hufen in Pultschicz, vier in Nedelist, 6 in Gr. Korwert, dazu ein Talent in baar ...

19. Rudolf von Buenau, Ritter, des Markgrafen „Heimlicher", ist belehnt mit Gütern in Unter-Nessa, Podelicz, Dobich, Gladow, Smerdorf, Kotewicz, Bolln (Wüstung Böhlen bei Unter-Nessa), Kattenroda u. a. Seine Gemahlin ist Beata von Buenau.

20. Heinrich von Zeurbow, Ritter, ist belehnt mit Gütern in Goskwicz (Gerstewitz), in Wervelt, im Dorfe „zcu der Tannen" (Wüstung) in Lieben, Korwet, Kaschicz (bei Rippach), Rodesul, in Boelen (Wüstung Bohlen), in Koslin, Griezlow u. a. — Genannt wird jener Zeit auch ein Hermann von Zorbau, der aber nicht miles, nicht Ritter ist.

21. Dietrich von Kahl(a) empfing einen Hof auf dem Berge in Weißenfels, 5 Talente aus der Münze, dazu ein Allod, ein Forwerk und eine halbe Curie (Hof), die auf dem Berge innerhalb der Mauer von Weißenfels liegt. Dazu vor der Stadt eine propugnaculum mit sieben Hufen Lehngut (mansos feodales) ....

22. Die Brüder Dietrich, Heinrich, Conrad von Tierbach (Tierbach zwischen Weißenfels und Stößen) sind auch belehnt.

23. Der schon genannte Tannus von Haldeke residens in Uchtericz hat Lehen in Groß-Kayna, Reichartswerben, Kriechau, hat Einkünfte aus Borau, Lesau — auch drei Hufen (lertones) in der Stadt Weißenfels.

24. Conrad und Albert von Storkau, die „Unteilbaren" („fratres indivisi de Storkow") haben Lehen empfangen in Upschicz, Storkow, Mark- und Richartswerben und Uchtericz. In Grontschicz ist ihnen der Brauer (braxator) zur Lieferung von neun Hühnern verpflichtet. Außer ihnen sind noch genannt Erich, Ulricus, Johannes von Storkau.

25. Heinrich, Bertrami = Bertrams Sohn in Kube (Cubamark), war belehnt mit Besitz in Corbet, Lunow (Leina bei Lützen), in Krumpen, in Poschicz, in Smerdorf, in der alten Stadt Wißenvels mit 18 grossi Einkommen, mit 34 Acker in Nuenburg (Freyburg), mit einer Wiese bei Wißenvelz und 6 Schock Zehnten. Die reichen Lehen sind erklärlich: Heinrichs Vater

26. Bertram(us) ist creditor domini, Gläubiger des Landesherrn. Er hat schon vor der Stadt Weißenfels drei Hufen, einen großen Hopfenberg (montem humuli) und 1 Mark Einkünfte innerhalb der Stadtmauern erhalten. Außer Einkünften aus den verschiedenen „Werben" war ihm solche gesichert aus Poschicz (Wüstung Paschitz), aus 30 acker Holz in Zeuchebebel (Zeuchfeld). Dazu kam eine Weidenpflanzung an der Saale. Seine Gemahlin Kunigunde erhält 1350 diese Güter als „Leibgedinge" (dotalicium). Ich nenne nur noch

27. Johannes von Besta. Er empfing zu Lehen 12 Hufen und $1^1/_2$ Mark Einkünfte vor der Stadt Wizzenfels, dazu eine halbe Mühle vor der Stadt, 8 Höfe in Wizzenfels mit Burgrecht. Einen Hof auf der Burg, auf dem Schlosse (in castro) mit Burgrecht, 20 Lehnhufen, 1 Fuder Holz, eine Curie auf dem Berge, die er auch bewohnt.

In einzelnen Fällen wurden durch die Belehnungen nicht nur Dienste belohnt, sondern auch Schulden gedeckt. So verleihen 1365 die Landgrafen ihren Gläubiger Alberus eine Curie bei der Parochialkirche in Weißenfels.

Staatssteuern nach heutigen Begriffen gibt es noch nicht. Trat ein Defizit ein — was grundsätzlich nicht geschehen durfte — so wurde seine Deckung als die Erfüllung einer besonderen Bitte betrachtet und als sogenannte „Bete" (Bede) verwilligt.

Bischof Nikolaus teilt 1385 seinen Lehnsleuten mit, daß er dem Markgrafen Wilhelm, der eine allgemeine Bete von seinen Landen erhebe, diese auch für sein Gebiet „zugestanden" habe. Ein Beweis, wie groß die Macht der Kirche war.

Zu dieser allgemeinen Bete kam bald eine besondere: „Der Bär", den Balthasar, Friedrichs des Strengen Bruder, ausschreibt. Wurde die Bete vom Grundbesitz erhoben, so traf der Bär jeden Kopf und Stand.

In Nr. 11 der vorgenannten Belehnungen war auch genannt eine Münze, Münzstätte in Weißenfels (moneta Wiszenfels). Im Jahre 1272 hatte Dietrich von Landsberg schon sechs Pfund Groschen in Weißenfelser Münze dem Beudißkloster vermacht. Als Münzmeister ist 1293 Gozvinus genannt. Er ist Zeuge, daß die Markgräfin Helene ihren Ansprüchen auf Güter in Wetterscheid entsagt. Und zur Zeit Markgraf Friedrichs III. ist Henze monetarius. Im Jahre 1397 aber überläßt Katharina, des Streitbaren Gemahlin, mit ihren Söhnen den Clauß Swarcze ihre Pfennigmünze zu Weißenfels — so lange es beide Teile zufrieden sind. Die Marschroute ist Claußen vorgeschrieben, er ist unterrichtet, wie viel er Pfennige (Silberpfennige) auf die Erffurtische Mark schlagen soll: Es „sullen der vier Pfund eyne Mark wegin" (wiegen). Von jeder Mark soll Swarcze geben zum Schlägeschatz 15 Groschen. Versucher sollen sein der Vogt und der Ratsmeister zu Weißenfels.

Nach Katharinas Tode kam die Weißenfelser Münze an Hans Berteram.

Das Münzrecht war damals noch nicht ein so ängstlich gehütetes Monopol. Münzstätten gab es genug. So in Halle, Jena, Freyburg, Mücheln, Nebra. Gewicht und Feingehalt, Schrot und Korn wurde durch Abstempelung gewährleistet.

Otto berichtet Seite 89, daß der „Goldene Ring" in der Saalgasse ehedem die Münze genannt wurde, weil Herzog August zu Sachsen, ehe er zur Chur gelangt, bei seiner hiesigen Hofhaltung da münzen ließ.

Eine andere Einnahmequelle war das bewaffnete Geleit, das Händler und Reisende sicher zum Ziele führte auf den vorgeschriebenen Straßen, die den Süden mit dem Norden verbanden.

Mittelpunkt des Straßennetzes ältester Zeit war Erfurt. Als sich der Handel von Erfurt nach Leipzig verschiebt, ist das auch für die Straßen bedeutsam.

Ein uralter Weg — was man darunter auch verstehen mag — führte wohl schon im 1. Jahrhundert nach Christus die Römer an die Ostsee, wo die Meereswellen Bernstein aus der blauen Erde ausschwemmen und anspülen. Drei Jahrhunderte lang haben ihn die Römer da geholt. Und ihr Weg soll an der mittleren Saale hin gegangen sein.

5*

Dann lief die älteste Straße von Erfurt nach Groß-Jene, bis zur Gründung Naumburgs. Die ersten Handelszentren sind Erfurt und Nürnberg. Als Erfurt durch Leipzig in den Hintergrund gedrängt und Nürnberg von Frankfurt überholt ist, münden in Frankfurt zwei thüringisch-sächsische Straßen: die Leipziger und die alte Erfurter, die sich in Koburg vereinigen. Die Thüringer Straßenzüge verbinden Hamburg, Bremen, Leipzig mit Augsburg, Regensburg, Nürnberg. Die Frankfurt-Leipzigerstraße stellt jetzt die Thüringer Eisenbahn noch dar.

Da zogen die langen Wagenzüge. Die Kaufherren zu Pferde oder in der Kutsche. Der Rat der Stadt Nürnberg hat sie dem Rate zu Weißenfels schon gemeldet und hat um Geleit für seine Bürger, die Handelsherren, ersucht.

Im 16. Jahrhundert verbindet die Ober-, die Berg-, die Hohestraße Frankfurt und den Rhein mit Leipzig. Sie ging über Lützen, Weißenfels, Naumburg, Almrich — durch die Furth — Fränkenau, Eckartsberga, Buttelstedt, Erfurt, Eisenach, Kreuzburg.

Die Niederstraße führte durch das Saaltal. Sie ging von Leipzig nach Lützen, Weißenfels, Naumburg, Jena.

Ich nenne nun noch die Frankenstraße (Nürnberg-Leipzig), erinnere an die Salzstraße, die von Sulza und über die Finne von Artern her das Salz nach Norden führte, und die Weinstraße, die über Schleusingen den Frankenwein beförderte. Natürlich hatten die Hauptstraßen Nebenstraßen und Beiwege, die zu fahren verboten war.

Hier in Weißenfels ging die alte Leipziger Heerstraße über den Georgenberg, die noch heute sogenannte Alte Leipzigerstraße hinauf und hinaus über die Hohestraße, „Kreuzstraße" nach Lützen-Leipzig.

Die Deckung dieser Straßen war in den Zeiten des Raubrittertums eine Notwendigkeit. Der Geleitsmann zieht die Geleitsfätze ein, sorgt dafür, daß solche, die Beiwege fahren, um das Geleitsgeld zu schinden, gestraft werden. Im Jahre 1694 hat er hier die Geleitskutsche der Nürnberger belegt. Da gibts eine sechs Jahre währende Verhandlung. Aber es rupfte und zupfte auch alles an den die Karawanen begleitenden Kaufherren.

In der Mitte des 14. Jahrhunderts belief sich der Durchschnittsertrag des hiesigen Geleitsamtes auf 88 Schock Freiberger Groschen.

Es sei noch einmal daran erinnert, daß Weißenfelser Bürger von der Abgabe des Geleites im landesherrlichen Gebiete befreit waren!

Eine Geleitrolle von 1630 hier einzufügen, verbietet der Mangel an Raum. Aber zu gedenken ist der im hiesigen Ratsarchive aufbewahrten uralten Urkunde, vergilbt, zerfressen, vom Jahre 1321, in welcher Landgraf Wilhelm der Stadt und den Bürgern von Weißenfels die „von unserm Eltern seligen und von unserm lieben Bruder Herrn Friederichen" verliehenen Geleitsfreiheit bestätigt. Dazu ist zu bemerken, daß die Urkunde kaum von Wilhelm dem Einäugigen sein kann. Er lebte von 1343—1407 und war der Bruder Friedrichs des Strengen. Daß sein Vater Friedrich der Ernsthafte das von Friedrich dem Freidigen und Diezmann verliehene Privileg bestätigte, ist sehr wahrscheinlich. — Von Weimar aus bestätigt wieder ein Wilhelm — es ist der dritte, der Strenge — im Jahre 1457 dasselbe Privileg.

Wie das Geleit, so brachte auch der Zoll, das Zollrecht dem Markgrafen nicht unwesentliche Einkünfte. Die aufblühenden Städte liebten den Zoll nicht und trugen zum Teil schwer daran. Zumal wenn seine Einnahmen, wie früher das Schultheißenamt, an Auswärtige übergeben war. Hier war der Zoll dem Herrn von Poserna verliehen. Der ließ gegen bestimmten Ersatz die Erhebung dann dem hiesigen Rate. Der Floßzoll — um den besonders zu nennen — brachte gut ein. Was vom Walde zu Tale fuhr, hatte in Jena einen Gulden, in Weißenfels zwei Gulden an Zoll zu entrichten. Derselbe Betrag war fällig, wenn die Flöße zu Weißenfels und Jena zum Verkauf kamen. Noch am Ende des 18. Jahrhunderts wurden in Weißenfels am Floßscheitplatze (Stadtrat Röthes und der Zuckerfabrik Gebiet) etliche 1000 Klaftern aufgestapelt. Was von hier aus davon ins Land geführt wurde, war seit 1291 zollfrei.

Diese und andere landesherrliche Einnahmen reichten aber meist nicht zu, um die Ausgaben zu decken.

Und an Gelegenheiten zu Ausgaben fehlte es ja auch in Friedenszeiten nie. Ich denke an den großen Stadtbrand des Jahres 1374. Beim Dörren des Flachses war das Unglück entstanden. Ich sehe die Flachsbündel zum Brechen dürr auf den Treppen und Gängen, an den Wänden und Giebeln der hölzernen Häuser ausgelegt, ehe sie der Hechel verfallen. Da — wer weiß wie — fängt ein Büschel Feuer. Dem Blitze gleich eilt's über Treppen und Gänge, über Böden und Dächer. Wenige Stunden reichen hin, um diese Häuser in Aschenhaufen zu verwandeln. Aber auch öffentliche Gebäude sind zum Teil schwer mitgenommen. Die Flammen sind übergesprungen, durch die Glut haben sie sich allein entzündet: Rathaus, Kirche, Schule. Lange rauchen die Trümmer, der brandige Geruch weicht nicht sobald. So eilig hat man's nicht wie heute mit dem Räumen der Unglücksstätte. Bis Zeit und Gelegenheit kommen, bis Mittel und Wege sich finden zum ordentlichen Bau, bis dahin mögen und müssen Notdächer die Kirche, das Rathaus bedecken. Löblich ist des Markgrafen Anordnung, daß von nun an und in Zukunft kein Flachs mehr in der Stadt gedörrt, daß kein Haus, keine Hütte mehr mit Schindeln gedeckt werde. Löblicher, daß der Rat und Friedrich der Strenge dann aber das ihre tun zum Aufbau der öffentlichen Gebäude, des Rathauses, der Schulen und geistlichen Gebäude.

Wir schließen dieses Kapitel und leiten zum folgenden über mit ein paar Worten über Markgraf Friedrich den Strengen.

Streng erscheint er, wo er liebevoll sein sollte: Als der Schwiegervater ihm die Zusage wegen der versprochenen Mitgift nicht hielt, sandte er ihm die Tochter „kurzer Hand" zurück und überzog den trefflichen Vater mit Krieg. Das half! Die nun erbeutete Mitgift stellte er der Familie und Gattin im Amt und Schlosse Weißenfels sicher.

Aber Strenges hat sich mit Mildem in ihm vereint. Umsonst kann ihm die Geschichte nicht auch den Namen des „Freundholdigen" verliehen haben. Offenbar heißt er darum so, weil er sich mit seinen Brüdern so lange gut vertragen hat; so gut vertragen, daß er selbst mit den inzwischen Verheirateten und ihren Familien gemeinsamen Hof hielt. (Nr. 10 der genealogischen Tafel.) Eine Schwester dieser Brüder war Elisabeth, Gemahlin des Burggrafen Friedrich V. von Nürnberg, die Stammutter der preußischen Könige!

Kann man auch von eigentlichen Residenzen der Fürsten im 14. Jahrhundert kaum reden, weil sie bald hier bald da verweilten, so ist aus der von H. B. Meyer in seiner Hof- und Zentralverwaltung der Wettiner gegebenen Übersicht doch ersichtlich, daß der verstorbene Friedrich III. von 1350—1371 hier 57 Mal gewesen ist, entweder allein oder mit seinen Brüdern.

An anderen Orten weilte nach der Hofhaltungsrechnung, die für die Zeit vom 3. April bis 23. Juni 1370 Joh. Proczte aus Weißenfels führte, der Markgraf Wilhelm I.

Kapitel 12.

Unter Herzog Wilhelm II. (1381—1425).

(Nr. 10 der genealogischen Tafel.)

Katharinas Witwensitz wäre eigentlich die bessere Überschrift. Als Markgraf Friedrich der Strenge nach 33jähriger Regierung 49 Jahre alt in Altenburg verschieden war, beherrschte seine Witwe von 1381—1397 die Lage der Dinge. Sie betrauerte den zu früh Heimgegangenen, der noch Sangerhausen erworben hatte, mit drei Söhnen, denen der sterbende Vater ans Herz gelegt, ihr Lebtag bei ihrer Mutter zu bleiben und ihr ohne allen Widerspruch „in ganzen steten Treuen untertänig und gehorsam zu sein". Noch bei Lebzeiten des Gemahls hatte Katharina 1369 „die Mühle zu Pulschitz bei Weißenfels a.-S." gelegen, vom Beuditzkloster gekauft und mit Zustimmung des Gemahls und seiner Brüder „der reinen Jungfrau Marien und aller Heiligen Ehre" zu einem Altar im Kloster Pforta geschenkt.

Im Jahre 1390 hat sie alle ihre „Beten" und Gerichte in Uichteritz für 100 Schock breite Groschen an Friedrich von Haldegke verpfändet, um „den grozzin Hof czu Wizzinvels bie dem Kirchhofe" zu erwerben.

Von jeher hatte sie auf Sicherstellung ihres „Eingebrachten" gehalten und hielt auch in der Folge darauf, daß ohne Einwilligung des Vormundes ihrer Kinder „unsers liebin Swagers, Ern Friederichs Burcgreven zu Neuenberg" nichts preisgegeben wurde. Übrigens war das Verhältnis zu dem „lieben Swager" oder zu beiden Schwägern keineswegs ungetrübt.

Sie hält auch darauf, daß arme Zinsleute von ihrem Hause in Weißenfels die darauf fälligen drei Pfund Pfeffer pünktlich zahlen.

An wem die Schuld in ihrem Streite mit dem Bischof Christian zu Naumburg lag, sei dahingestellt. Es gelang jedenfalls dem Landgrafen

Balthasar noch, ihre Söhne — Friedrich, Wilhelm, Georg — mit dem geistlichen Herrn zu vergleichen. Es ist ein langes Sühneprotokoll noch vorhanden:

„Gegebin zcu Wizzinfels nach Gotes Geburt dryczenhundert Jar dornach in dem sibin und achcigisten Jare an sente Dorotheentage: Wir, Balthasar von Gotis gnaden Lantgrafe in Doringen und Marcgrafe zu Misen bekennen und tun kunt uffintlich mit disin brive, daz wir den Erwirdigin in Got Vater und Ern Christian Bissof zu Numburg uf eyne syten und die hochgeborn frouwe Katherin Markgrefin zcu Mißen unser libin Swester, Friderich Wilhelm und Jergin ire Sone, unser libe Vettern uf die ander sitin umb ihre Bruche und Zweitracht, die sie zein eynander gehabit habin, biz uf disin Tag alhute in fruntschaft gescheidin und gutlich gesunet habin . . ."

Zum fünften Streit- und Sühnepunkt heißt es:

„Ouch scheiden wir umb die Benne zcu Wizzinvels, zcu Grizlow und zu Selow, die sol unser Herre von Numburg zcu diesin mal abethun. Wer (wäre) auch, daz der Erbare Er Burghard, Tumprobist zcu Numburg erkante, daz not were zcu wihene (weihen) doselbins zcu Wizzinvels, Grizlow und zcu Selow, daz solte unser Herre von Numburg zcu dysinmal umbsunst weihen . . . ."

Wie charakteristisch sind die Worte schon für das Jahr 1387! Um gewisser Außenstände willen tut der Bischof von Naumburg einzelne Kirchen und Gemeinden in den Bann! Ein eigenartig Mittel, um Schulden einzuziehen! Aber der kirchliche Bann ist ein Wechsel, der nur Wert hat, wenn er akzeptiert wird — wie der Historiker Flathe sagt. Das war in jener Zeit noch der Fall. Die vom Banne betroffenen Kirchen und gottesdienstlichen Stätten waren jedenfalls neu zu weihen und die neue Weihe brachte — neue Kosten! Darum wird der Bischof in dem Sühneprotokoll ersucht „zcu dysinmal umbsunst (zu) weihen".

Während Katharina hier residierte, nahm die Amtsgeschäfte wahr: Albrecht von Brandenstein „unser dyner und manne".

Und nun die genealogische Tafel zur Hand!

Zwei Jahre vor des Strengen Tode, am 5. Juli 1379, war in einer brüderlichen Örterung diesem durch das Los das Osterland zugewiesen. Balthasar hatte Thüringen, Wilhelm hatte Meißen erhalten.

Nach dem Tode Friedrichs des Strengen wurde zwischen seinen Brüdern und seiner Familie die Teilung 1382 zu Chemnitz noch förmlicher vollzogen. Die Söhne des Verstorbenen erhielten das Osterland mit Altenburg und Weißenfels. Hier war Katharinas Witwensitz.

Wichtige Staatssachen blieben gemeinsame Angelegenheit. Auch Steuern, Geleite u. a. Das tritt auch hier und da hervor: Markgraf Wilhelm I. von Meißen schuldet seinem Bruder Balthasar 900 Groschen von der großen Bete zu Weißenfels. Auch die Geleitsgefälle hatte er an sich genommen. Da heißt es einmal: „ouch schuldigen wir yn . . . daz er das geleyte zu Wizzenvels alleine und mehr ufgehoben hat denn wir . . ."

Verwunderlich ists bei dieser Lage der Dinge nun auch nicht mehr, wenn wir finden, daß sogar noch 1403 „Bürgermeister, Ratsleute und ganze Gemeinde“ der Stadt Weißenfels die Erbhuldigung auch für Balthasar, Friedrich, seinen Sohn und Wilhelm den Älteren ablegen.

Erst der Naumburger Teilungsvertrag vom 31. Juli 1410 regelte hier gründlich.

Gleich im folgenden Jahre hat Wilhelm II. nun seine Stände nach Altenburg zum Landtage beschieden und da eine „Bete“ von ihnen begehrt, zu der sie sich auch bequemen. Es gaben u. a. Altenburg 250 Mark Silber puri (reines), Freyburg 26 Mark puri, Neber 40 Mark puri, Jena 250 Mark, Weißenfels 90 Mark Silber.

Und wieder im folgenden Jahre 1413 erhält Katharinen Rintefussens eheliche Wirtin einen Hof in der Stadt auf dem Kahlberge und neun Jahre später befreit er etliche Dörfer der Umgegend gegen eine Haferlieferung von allen Frohnen und Abgaben.

Er wird abwechselnd Landgraf und Herzog genannt. Wir sehen Wilhelm II. auch als friedlichen Vermittler im Streite zwischen dem Beuditzkloster und dem Senate von Weißenfels. Es handelte sich da um den „Molberg, der da lyd und gelegin ist obir der moelln zcu Podelicz, als man rid und gehed ghein Martwerben ... und um einen steynbroch, den sie woldin gehad habin vorne .. keyn (gegenüber) der brugken“. Die Mühle gehörte dem Beuditzkloster, die Gerichte darauf standen dem Amte zu.

Diese knifflliche Abgrenzung der Rechtssphären gibt mir Anlaß zu einem Überblick über

Stadtverfassung, Stadtrechte („Gerade“), Stadtbürger.

Das mündliche Gewohnheitsrecht der Bewohner des alten Thüringer Königreiches hatte Karl der Große sammeln und aufzeichnen lassen.

Das Sächsische Landrecht zeigt sich im Sachsenspiegel, dem 1230 in obersächsischer Mundart geschriebenen Rechtsbuche.

Andere nach Thüringen verpflanzte Volksangehörige suchten und erhielten die Erlaubnis, gegen Abgabe des Zinses nach ihrem Rechte leben zu können.

Die Anfänge der Gerichtsbarkeit überhaupt liegen auf dem Lande — nicht in den Städten. Ich denke an die örtlichen Burdinge, ich verweise auf die Dorfgerichte an der Malstatt mit dem Heimen (Hehmer), auf die sorbischen Supane, auf die ihnen folgenden Lehnrichter, auf die landesherrlichen Gerichtstage in Dehlitz und Schkölen und an anderen Orten.

Ein alter kaiserlicher Gerichtsbezirk war hier im Weißenfelser und Zeitzer Gebiet der „Rote Graben“, dessen Gerichtsbarkeit 1285 in bischöflichen Besitz kam. Nach dem Aufblühen der Städte genügen die alten Landgerichte nicht mehr für die neuen komplizierten Verhältnisse. Es treten Stadtgerichte neben die Landgerichte. Diese mit dem Landrichter (judex provincialis), jene mit dem Stadtrichter (judex civitatis) an ihre Spitze, damit die Bürger von ihrem mit den Verhältnissen vertrauten Richter gerichtet werden können. Denn massenhaft waren die Siedler zugezogen, weit hatten sich die Tore aufgetan. Auch Klöster-Herrensitze werden Träger des Rechts, vollziehen die Strafe in mehr oder minder größerem Maße durch landesherrliche Macht.

Für Weißenfels war maßgebend das älteste Stadtrecht von Altenburg in seiner Entwickelung während des 13., 14. und 15. Jahrhunderts. Die älteste Form des Altenburger Stadtrechts ist lateinisch. Hundert Jahre später erließen die Markgrafen Friedrich III. und sein Bruder Balthasar dasselbe in deutscher Sprache. Eine zweite Bestätigung erfolgte 1470 durch die Brüder Ernst und Albrecht — jetzt mit neuen Zusätzen und Ausscheidungen (distinctiones), die man 1460 vorgenommen hatte.

Nach seiner eigenen Angabe sollte dieses Recht gelten für „Oster- und Plisenland". Dazu gehörte Weißenfels. Der erste Schritt zur Erhebung der Stadt war getan, als dem Orte Tauchlitz das Recht verliehen war, Handel zu treiben im Hause und auf der Straße. Für dieses Recht war ein Zins (census) zu entrichten. Das war eine Bevorzugung, die ebenso im Interesse der Burgbewohner, der Burgleute als der zu Bürgern erhobenen Insassen von Tauchlitz-Weißenfels lag. Die Frage liegt nahe, warum man nicht den Siedlern unmittelbar unter der Burg (des Klemm- oder Schloßberges) das Recht verlieh? Das hätte doch näher gelegen! War auch Tauchlitz in sumpfiger Umgebung gelegen wie das genannte Gebiet, so hatte es den Vorzug, daß es an der Heerstraße lag, die über den Georgenberg sich hinzog.

Übrigens war man eifrig am Werke gewesen, ostwärts von Tauchlitz eine neue Stadt an- und auszubauen. Schon 100 Jahre, nachdem Tauchlitz zur Stadt Weißenfels erhoben ist, reden die Urkunden von der „neuen Stadt Weißenfels", die sich um den Markt, um die 1158 schon vorhandene Marienkirche zu gruppieren beginnt.

Etwa um 1075 muß der Flecken Tauchlitz zur Stadt Weißenfels mit Handelsrecht erhoben sein. Merseburg war schon im Jahre 1004, Naumburg schon 1029 mit Handelsrecht begabt. Das verliehene Handelsrecht hat zur Voraussetzung die Umwallung. Ein propugnaculum ante civitatem eine Schutzwehr hat den Handel begabten Flecken alsbald gesichert.

Herr des Gemeinwesens ist der Burggraf und sein Stellvertreter der Burgvogt. Seit etwa 1050 gab es „Burg"grafen als kaiserliche Beamte. Hier an der allezeit gefährdeten Sorbengrenze saß wohl ein solcher.

Ein Ausschuß der Bürgerschaft regelt die Gemeindeangelegenheiten. Bis zum Jahre 1300 bleibt aber die Gemeinde für alle wesentlichen Beschlüsse maßgebend. Schon vor 1121 war der vom Landesherrn hier und da eingesetzte Schultheiß (scultetus) als Vorsteher der Bürgergemeinde, als Nutznießer der Bußen und Sporteln bestellt. Dieser landesherrliche Schultheiß brauchte später gar nicht am Orte, in der Stadt zu wohnen — ebensowenig wie der Inhaber einer reichen geistlichen Pfründe am Pfarrorte zu sein brauchte, wenn er den Dienst nur verrichten ließ. Der Schultheiß sprach Recht allein oder mit den zwölf Beisitzern (assessores).

Bald treten die städtischen Vertrauensmänner in den neu organisierten Gemeinwesen als consules auf. Die einen übersetzens mit „Stadträte", die andern mit „Bürgermeister". Beides ist richtig. Die Konsuln waren die von der Stadtgemeinde mit Aufsicht über Besitz, Recht, Maß, Gewicht Betrauten. Im Vorsitz wechseln die Konsuln der ersten Zeit.

Diese Einrichtung wird für Weißenfels bezeugt durch ein hier datiertes Dokument des Klosters Langendorf vom 17. April 1288. Da sind als Zeugen genannt: Hermanus, scultetus (Schultheiß) und Conradus, dictus consul = Conrad, welcher Konsul heißt.

In der Folge tritt an die Stelle des Schultheißen der Stadtrichter (judex civitatis). Er ist der Bewahrer des Stadtfriedens, wie der ältere Landrichter der des Landfriedens ist. Ihm steht — wie dem Schultheißen — ein ständiges Richterkollegium zur Seite. In Abwesenheit des Stadtrichters führt im landesherrlichen Stadtgerichte wohl auch der Bürgermeister den Vorsitz. Kleinere Dinge erledigt der Vogt des Amtes, der Stadt. Er leitet mit Schöffen das Vogtding, dem Gerichtsschreiber und Gerichtsknechte dienen. Als Vogt zu Weißenfels ist 1357 genannt Reynhart Rost. Vor ihm war 1319 schon Heinrich ein Vogt.

Im 14. Jahrhundert sind die Städte Herren der Situation: die landesherrlichen Schultheißen und Stadtrichter haben in städtischen Angelegenheiten nichts mehr zu tun. Sie sind hinausgedrängt. Die Vorsteher des städtischen Gemeinwesens nennen sich hier offiziell: „consules ac magistri civium" — Räte und Bürgermeister. Anderswo hießen die consules auch Senatoren.

Im Jahre 1336 ist Gerbot(e) als Bürgermeister und fünf Jahre später Petrus gen. Riber als proconsul bezeichnet. Aber in der zweiten Hälfte des Jahrhunderts ist der Titel „Bürgermeister" allgemein. Da ist Hencze von der Phortin als Bürgermeister in Weißenfels genannt und mit ihm „Ratsleute und Geschworene der Stadt". Der Rat besteht in dieser Zeit aus acht Ratsherren, dem engern, und den Geschworenen, als dem weiteren Rate. Der weitere Rat trat seltener, nur in gewissen Angelegenheiten, in Tätigkeit.

So sehr haben sich die Städte gehoben, daß sie jetzt auch den Stadtrichter wählen und dem Landesherren präsentieren. Der Stadtrichter spricht schon lange nicht mehr in patriarchalischer Weise unter der Linde das Recht. Das geschieht im consistorium, im Gerichtshause. Trägerin der Gerichtsgewalt selbst braucht damit die Stadt nicht zu sein. Im Laufe der Zeit hat sie aber auch diese teilweise erworben, das beweist der Galgen, den Amt und Stadt später gemeinsam benützen.

Im 15. Jahrhundert. Das landesherrliche Stadtgericht — oft verpfändet — verleiht 1428 noch Landgraf Wilhelm an die Rotenburger in Weißenfels. Die hatten es von den Sonken in Erfurt mit allen Rechten und Zugehörungen erworben. In diesem Jahrhundert aber setzen sich die Städte auch in den Besitz der landesherrlichen Gerichte selbst. — In welcher Weise die Stadt Weißenfels das Stadtgericht erwarb, kann ich nicht sagen.

Um so mehr scheint die Regierung auf die Konzentration des Landgerichts bedacht gewesen zu sein. Im Jahre 1437 sollen in Coburg und Weißenfels Landvögte gesetzt und in Weißenfels ein Hofgericht mit sechs Beisitzern eingesetzt werden. Einst wurden Hofgerichte da gehalten, wo der Fürst weilte. Wenige wichtige Sachen erledigte in frühester Zeit schon ein Hofrichter. Da war also doch wieder eine fürstliche Instanz für das verlorene oder verkaufte Stadtgericht geschaffen! Diesem Hofgericht präsidiert der judex curiae, ein Hofrichter. Er macht dem ursprünglich landesherrlichen „Stadtgericht" in der Folge Konkurrenz. — Der Adel sucht gern das Hofgericht in schwierigen Fällen. Für leichtere Differenzen hat er sein besonderes „Gradgericht". Um 1500 ist Jakob von Biesenrodt „zu Lobitz" Richter des Gradgerichts zu Weißenfels. Und Jakob von Biesenrodt will 1443 auch nach dem Verkaufe seines Grund und Bodens auf dem Georgenberge in Streitsachen nur vom Rittergerichte gerichtet sein.

Eine neue Beamtenklasse tritt gegen Ende des 15. Jahrhunderts auf in dem „Amtmann". Hans von Werterde ist Amtmann zu Weißenfels und Freyburg. Neben ihm wird genannt als „houbtmann czu Wissenfels" Heinrich von Brandenstein. — Für kleine „Fälle" ist ein „Schiedsgericht" gebildet, wohl eine Art Rügegericht, in dem sich gelegentlich auch der kurfürstliche, der landesherrliche Geleitsmann als Schiedsrichter betätigt. —

Daneben besteht nach wie vor das Gericht des Amtsvogts. Im Jahre 1440 ist Nickel von Milkow Vogt in Weißenfels.

Der Rat der Stadt im 15. Jahrhundert bewegt sich weiter in der aufsteigenden Linie, vergrößert den Besitz der Kommune, erwirbt z. B. auch die Klingengasse. Die Selbständigkeit des Rats wird abgeschlossen in der Verleihung des Stadtweichbildes anno 1454. In zäher Konsequenz hat der Rat Recht um Recht, Freiheit auf Freiheit,

Gericht um Gericht — „Stadtgerichte oberste und niederste" erworben. Im 15. Jahrhundert bestand das Ratskolleg aus zwölf Mitgliedern, „Herren", duodecim jurati = zwölf Geschworenen, die jedesmal ein halbes Jahr „am Regiment gesessen".

Nach der Weichbildsverleihung kommt vollends das bürgerliche Recht zu breiterer Ausdehnung und spezielleren Geltung. Am Ende des Jahrhunderts aber steht **1490** die landesherrliche Bestätigung der „Stadtgerichte, oberste und niederste, statuta und Gesetze, Gewohnheiten".

Im 16. Jahrhundert bringt das Jahr 1509 die Verringerung des Ratskollegiums auf acht Mitglieder. Diese werden jetzt aber auf ein ganzes Jahr gewählt.

Die Kapitel 3, 3 schon genannten „Gaßyner" des Jahres 1121, die Viertels- oder Gassenmeister, vertraten in gewissen Sachen die Kommune. Sie kannten Statuten und hergebrachte Ordnungen genau. Ihr Urteil kam in Frage, wo es sich um das Vermögen aller oder einzelner Bürger handelte, sie hatten mitzureden in den Fällen, wo die Ausgaben von dem Vermögen der Bürgerschaft bestritten werden mußten. Sie waren die Aufseher in ihren Vierteln über die Sturmfässer, hatten die Mietsleute zu kontrollieren, daß in keinem Hause „schändliche Wirtschaft getrieben oder verdächtige Zusammenkünfte gehalten" wurden. In wichtigen Angelegenheiten können sie die ganze Bürgerschaft aufs Rathaus berufen.

Mit der Erwerbung auch der Gerichtsvogtei, des landesherrlichen Gerichts für kleinere Straftaten, war das ganze Gerichtswesen städtisch geworden. Seitdem ist die Rede von einem zweiten Stadtgerichte. Im Jahre 1516 hat jetzt das Amt nach den Aufzeichnungen eines alten Ratsbuches mit der Stadt „gar nichts" zu tun. Die Gerichte, oberst und unterst, gehören der Stadt.

Indessen waren damals schon reichliche Ausnahmen vorhanden: Auf Häusern und Höfen in und vor der Stadt stand dem Landesherrn die Gerichtsbarkeit zu. So auf dem Georgenberge, auf dem „Grab" an der Burgstraße und den daran gelegenen Häusern, vor dem Zeitzer-, vor dem Saaltore und in der Fischergasse, unter welcher die heutige Dammstraße zu verstehen ist. Die Altstadt vor dem Niklaustore stand dem Clarenkloster „zu Lehen und Gerichten" mit Ausnahme der hindurchführenden Landstraße. Sie stellte landesherrliches Gebiet dar. Innerhalb der Klostermauern war das Kloster natürlich allein zuständig, auch auf dem Raume der „Hundegasse gegen der Klosterkirche, darauf vor Zeiten der Schafhof gestanden" (1542).

Und nun wollen wir versuchen, den Inhalt der Gerichtsbarkeit „oberst und niederst" uns vorzustellen.

1) Das Ober- und Halsgericht ist zuständig für Brüche, Wunden, Ubeltat und Mißhandlung. Es hat Ketzerei zu bestrafen, die durch

geistliche Prälaten und Richter als solche erkannt wird: Zauberei, Kirchenbrecher, Ehebruch, vitium contra naturam aut sodomiticum, Mord, Brand, Raub, Wegelagerung, Diebstahl von größerem Belang, Verräterei, Meineid, falsch Zeugnis, Münzverbrechen, unrecht Maß und Gewicht, falsche Titelführung, Aufruhr, Grenzversehrung, Preissteigerung, Pasquille, Schutz eines Geächteten, Verderb des Ackers eines andern, der Stadtmauer. Weiter hatte dasselbe Gericht zu entscheiden über Scheltworte, Zetergeschrei, Schlägerei braun und blau, Zucken, Rucken, Werfen, Treffen — sobald es an gefriedeten Orten geschehen war.

2) Vor das Erbgericht gehörten alle anderen bürgerlichen Sachen: Geld, Schulden, Güter, Diebstahl unter drei Schilling Wert, alle kleinen Brüche und Mißhandlungen, das Tragen von Waffen und Messern, die Ausübung verbotenen Spieles, Beleidigung, Bedrohung, Ungehorsam, geringere Körperverletzungen. Freilich „in peinlichen Sachen gehet es (auch hier) ihm an die Haut", dem Missetäter. Ausführlich ist die „Lähme" gruppiert: „Wes und wie mancherlei die Lähme sei."

Ausdrücklich urkunden die Schöppen in Leipzig einmal, daß der Rat zu Weißenfels auf dem Ratskeller das Recht hat: die Ober- und Erbgerichte zu halten, auch die Freiheit, „daß ihr um gemeiner Verbrechung und Verwirkung willen befugt seid, die Verbrecher peinlich und mit Abhauen der rechten Hand strafen zu lassen."

Die mittelalterliche justitia hat reichlich zu tun im Kriege und im Frieden.

Vulpius erzählt in dem Kapitel: „Von Beobachtung der Justiz und abgestraften Mißhändlern" eine lange Reihe Fälle auf, die sich im 16., 17. und 18. Jahrhundert hier zugetragen.

Da steht zu Anfang des 16. Jahrhunderts ein der Kirchenbuße Verfallener mit „einem weißen Stäbgen" in loco peccatorum, „am Orte, da die Sünder sitzen". Da hat 1549 die Abtissin einen Eselstreiber enthaupten und im Winkel des Klostergartens vor dem Tore einscharren lassen. Auf Ehebruch stand Enthauptung, auf unzüchtigem Leben „der Staupbesen auf den Buckel" und im Wiederholungsfalle der „Schilling auf den Hindern nebst ewiger Landesverweisung". Auf Diebstahl folgte unter Umständen der Galgen. Es wird 1621 ein Dieb „zu dem am Gerichte schwebenden Dieben hinaus gehenket". Schwer wurde Feueranlegen bestraft: Der Brandstifter wurde mit dem gerichtet, womit er gefehlt: er wird verbrannt. Ein schamloser Leichenschänder wird enthauptet und verbrannt. Mit dieser Gerichtsbarkeit des Rates auf seinen zuständigen örtlichen Gebieten blieben die sonstigen Verpflichtungen gegen das Amt natürlich bestehen. Das beweist die „specificatio der Jahr-Renten und Gerichtsbußen von 1548, welche der Rat zu Weißenfels dem Amte zu entrichten hat".

Den Statuten vom Jahre 1579 ist eine **Gerichtskosten-Ordnung** zu Weißenfels mitgegeben. Sie handelt vom Vorgeboth, von der Klage. Darin findet sich der Satz:

„Bei dem Halsgerichte giebt der Schwertmagen (männliche Verwandte) dem Anleger von Leibzeichen abzulösen dem Fronen 5 Gr., von einem jeglichen peinlichen Gerichte dem Richter 1 fl., dem Schöppen 1 fl. Wird jemand aus dem Gefengknus gelassen, der giebt dem Knecht 2 Gr. Sitzt einer länger denn eine Nacht, (so) geburt eine jede Woche 1 Gr. Sitzgeld. Demjenigen aber, der den Gefangenen speiset, jeglichen tagk 1 Gr. Kostgeldt."

Das 17. Jahrhundert bringt den Niedergang des hiesigen Rates. Infolge eines von den Viertelsmeistern angeregten erbitterten Streites, den der Kurfürst entscheidet, wird der Rat neu organisiert. Drei Räte wechseln im Regiment als Bürgermeister. Das Rats-Kollegium besteht wieder aus zwölf „jungen Herren" — drei fungieren als Kämmerer. Für Streitfälle zwischen Magistrat und Bürgerschaft sind der Amtshauptmann und der Amtsvogt als nächste Instanz eingesetzt.

Nur ein Stadtrichter wird für nötig erachtet. Das bedeutet einen Niedergang der Ratsautorität, einen Verlust erworbener Selbständigkeit. Daran ändern nichts die 1616 säuberlich geschriebenen, gründlich verfaßten consuetudines = Gewohnheiten der Stadt Weißenfels. Diese nennen bereits statuta — es sind die von 1483 oder in späterer Fassung — welche bei gewissen Gelegenheiten verlesen wurden.

Zu dem gründlich veränderten Ratskollegium kamen die neuen Statuten von 1619. (Kap. 22, 7.)

Die nun folgende Herzogszeit von 1656—1746 taucht auch die städtischen Behörden wieder in neuen Glanz. Jetzt erscheinen die Stadträte wieder als consules, die Bürgermeister als praetores. Der Posten des syndicus, des Stadtschreibers, war wohl der wichtigste, denn der Syndikus war ein Studierter. Eine wesentliche Veränderung erfährt die Einrichtung der Gassenmeister. Für sie, die alljährlich Wechselnden, werden nun 16 Personen „als gewisse perpetuirliche Deputierte" eingesetzt. Sie sollen Assistenz leisten „fürnemlich in des Rats und der gemeinen Stadt-Guts-Einnahmen und Abnehmung, ingleichen in Polizei-Sachen, d. h. bei der Taxe und Abschätzung des Brotes, Bieres, Fleisches und bei der Anlage der Defensionskosten." Sie haben auch den Gerichten beizuwohnen. Bei Abgang durch Tod präsentiert die Bürgerschaft den von ihr gewählten Ersatzmann.

Das Jahr 1662 bringt unter dem Administrator neue Statuten.

In der dann folgenden kurfürstlichen Periode bis 1815 wird dem Amtsvogt die anteilige Gerichtspflege ganz entzogen. Wie weit die Einteilung des umliegenden Landes in Stühle, Amtsgerichtsstühle, zurückgeht, weiß ich nicht. Auf osterländischem Gebiet lagen die von Mölsen und Stößen, zu Thüringen gehörte der Gerichtsstuhl Burgwerben.

Über andere Stadtrechte („Gerade") später!

2. Abschnitt:

Unter Kurfürsten und Herzögen.

Kapitel 13.

Unter Markgraf Friedrich IV., dem Streitbaren (1425–1428).

(Kurfürst Friedrich 1423—1428.)

(Nr. 11 der genealogischen Tafel.)

Bei Lebzeiten Katharinas, der Mutter, waren die Söhne — dem Testamente des Vaters und der Eigenart der Mutter gemäß — nicht sehr in den Vordergrund getreten. Nach ihrem Tode 1347 waren nun wirklich fünf Fürsten vorhanden, die sich in Wettiner Gebiet teilten. (Vergleiche die Tafel). Diese Periode der Stadtgeschichte ist den Betrachtern eine der dunkelsten geblieben.

Einige behaupten gar: Weißenfels sei in den Besitz des Bischofs Ulrich von Naumburg gekommen. Er habe dann nach Katharinas Tode und nach dem mit ihr gewonnenen Streite Friedrich den Streitbaren mit Weißenfels belehnt. Paullini nennt sogar 1407 als das Jahr der Belehnung. Waren auch die Bischöfe mächtig genug — wie noch der Schluß des vorigen Kapitels bewies — die zahlreichen Wettiner hätten keinesfalls zugesehen, wenn sich der Bischof in den Besitz von Weißenfels gesetzt hätte.

Noch urkunden — wie schon bemerkt — verschiedene Herren: Der Streitbare und seine Brüder schenkten dem Predigerkloster in Leipzig einen Weingarten in Markwerben. Das hatte guten Grund: Von da hatten hier stationierte Mönche im Schiff des Clarenklosters ihren Sitz und in der Terminei ihre Wohnung.

Die Brüder hatten die Stiftung gemacht: „Gote und syner liebin Muter und Meyt Marien zcu Lobe und zu ere, unser und unsir erben und nachkommen selen zcu selikeyt und zcu troste.“ Und 1402 läßt Friedrich IV. dem Juden Azirian den Sedelhof, „daruff seyn Vater dy Judenschule und andere Gebuede gebauet hat“, befreit das Grundstück vom städtischen und stellt es unter sein eigenes Gericht derart, „daz

Siegel.

1. Clarenkloster (XIV. Jahrh.). 2. Stadtgericht (XV. Jahrh.).
3. Gymnasium illustre (1664). 4. Herzogl. Siegel (1716).

le

kein Voigt noch nymand ... kein Burgermeister ein Gebot noch Gewalt daruber nicht haben soll, cleyn und groz ane geverde". Zahlten doch die Weißenfelser Juden dem Landesherrn 875 rheynische Gulden Schutzgeld.

Der Stadt Weißenfels verleiht er auch den Sedelhof beim Rathause am Kirchhofe „durch sunderliche getrüwer Dineste willen, die dy Ersamen Bürger unser Stadt Wyssenfels unserm Vater, unserm Bruder seligen, uns und unser Herrschaft bißher lange czyt willig getan habin".

Das Verhältnis des Landesherrn zur Stadt Weißenfels war ein Vorzügliches. Nachrichtlich habe er am Schlosse viel gebaut, das die Hussiten verbrannten. Ganz habe es dann Friedrich der Sanftmütige wieder hergestellt und Wilhelm III. habe es mit Mauern und Rondeln versehen. So Vulpius. Er erklärt auch: „Seine, des Streitbaren, Regierung wird in den Ratsurkunden sehr gepriesen und bedauert, daß sie nicht länger als zwei Jahre und neun Monate gedauert".

Von Weißenfels aus verlieh Friedrich IV. auch Bussen, dem Sohne Rudolf Schenkens, das Schloß Tautenburg.

Und nun vom Besonderen wieder zum Allgemeinen.

Friedrich der Streitbare überragt seine Brüder und seine Zeit, in welcher die Kirche drei Päpste, das deutsche Volk drei Könige zu gleicher Zeit sah.

Größer ist die Verwilderung, ärger die Willkür kaum gewesen. Ein allgemeines Ärgernis ging durch die Zeit. — Händel, Fehden, Streit und Krieg erfüllen das Land.

Des Streitbaren streitbares Handeln ist in dem allgemeinen Wirrwarr zielbewußt nur auf die Stärkung seiner Stellung bedacht. Das geschah in dem Weißenfelser Fürstenbündnisse mit dem verwandten Grafen Friedrich von Henneberg: „an der Mitwochen sanct Cecilientage der heyligen jungfrawen nach Christi Geburt vierzehnhundert jar und darnach in dem andern jar," da haben sich die beiden vereint, verstrickt und verbunden.

Zwei Ereignisse überragen alle anderen im Leben Friedrichs des Streitbaren: Das Konzil zu Costnitz (Konstanz) und die Hussitenkriege. Beide stehen mit einander im ursächlichen und wirkungsvollen Zusammenhange.

Friedrich war zur Eröffnung des Konzils 1413 gegenwärtig und wurde 1417 vom König Siegismund und anderen Reichsvertretern mit großer Pracht eingeholt. Der Adel des Landes geleitete den Streitbaren, die Herren von Heldrungen, von Beichlingen, von Querfurt, von Schönburg u. a. Dazu kamen zwölf Oratoren, Redner, welche zum Teil die junge Universität Leipzig stellte. Der Wettiner wollte sich da vom deutschen Oberhaupte mit seinen Ländern feierlich belehnen lassen. Aber so leicht der Burggraf Friedrich von Nürnberg die Mark Brandenburg damals zu Lehen erhielt, so leicht sollte es dem Wettiner nicht glücken. Endlich brachte die drohende Hussitengefahr das Gewünschte und noch mehr als das: mit dem Herzogtum Sachsen die Kurwürde, so daß Sachsens Name auf die Wettinischen Länder selbst überging.

Freilich wälzte der Kaiser nun die ganze Last des Krieges auf des Streitbaren Schultern allein. Gerade diese ruhmlosen Kämpfe haben ihm den ehrenden Beinamen eingetragen.

Nach Ziskas Tode war Prokop an die Spitze der Hussiten getreten. Er schlug alle Heere, eroberte alle von den Meißnern besetzten Orte. Zu der blutigen Schlacht bei Aussig am 16. Juni **1426** hatte des Streitbaren streitbare Gattin Katharina vergeblich 20000 Mann persönlich gesammelt und begeistert nach Böhmen entsandt. Es war ein sächsisches Cannae. „Ein ungeheuerer Schrecken ging durch die sächsischen Länder, fast keine Stadt, keine Gemeinde, keine Familie war, die nicht Verluste zu beklagen hatte." Die radikale, streng gläubige, einer Versöhnung mit Kaiser und Papst abgeneigte Partei der Taboriten gewann bei den Hussiten jetzt die Oberhand und begann von Neuem die Angriffskriege gegen die benachbarten sächsischen Länder, die furchtbar verwüstet wurden.

Ein Jahr nach der Niederlage bei Aussig wiederholt der Streitbare am 29. Januar 1427 hier in Weißenfels den Befehl, dem Vogte zu Meißen 40 Schützen und 10 Handbüchsen zuzuführen. Der streitbare Kurfürst starb auf seinem Schlosse Altenburg am 4. Januar 1428, nachdem er seine Söhne noch zur Eintracht und zum Frieden ermahnt hatte.

Die vor fünf Jahren zersprungene und unter Assistenz des Merseburger Rates neu geweihte große Glocke läutet zur Trauerfeier und die gerade ein Vierteljahrhundert alte Orgel der Marienkirche läßt Trauerweisen erklingen.

Nach Vulpius soll über seinen Tod Auskunft geben „der Weißenfelser Nonnen St. Clara Ritualbuch". Wer hilft das finden? Vulpius nennt in einem Atem auch „der Weißenfelser Nonnen Toten-Buch". Das ist dann ein zweites. Die gäben Auskunft über den Tod des Kurfürsten. Demnach ist der Kurfürst hier auf dem Schlosse verschieden: „Darauf besage alter Aufzeichnung, der churfürstliche Leichnam fürstlich angekleidet, herunter in das Rathaus und ferner in die Pfarrkirche gesetzet und über etliche Tage abgeführt worden." Nach den einen wurde die Leiche nach Altenburg geführt, nach andern brachte man sie nach Meißen. Aber wozu, warum die Heimlichkeiten? „Denn weil er ein heftiger Feind der Hussiten war, so besorgte man, wenn sie in Meißen einbrechen sollten, wie auch hernach geschehen und sie würden sein Begräbnis finden, so möchten sie ihn ausgraben und übel mit seinem Körper umgehen. Deßwegen ließ man die Leute immer dabey, ob er zu Altenburg begraben liege."

Kapitel 14.

Unter Kurfürst Friedrich II., dem Sanftmütigen (1428—1464).

(Nr. 12 der genealogischen Tafel.)

Als der erste Kurfürst sein streitbares Leben beschlossen hatte, lebte seine Witwe Katharina von Braunschweig, die Weißenfels als Leibgedinge erhalten hatte, noch vierzehn, sein Bruder Wilhelm noch zwei Jahre. Der älteste, sechzehnjährige Sohn Friedrich übernahm unter der Mutter Leitung und unter des Vormundes Ludwigs von Hessen Rat die Kur und regierte — meist zu Altenburg — für seinen dreijährigen Bruder mit.

In Weißenfels geschah die Huldigung nach Vulpius im Jahre 1431. Im Ratsarchive zu Weißenfels habe sich die Erklärung befunden, daß „die Weißenfelser bei allen Rechten, Freiheiten, Ehren, Würden, guten Gewohnheiten und altem Herkommen geruhig bleiben sollen".

Nun kein streitbarer Friedrich mehr das Grenzland sicherte und den Feind im eigenen Lande, wenn auch mit unglücklichem Erfolge, aufsuchte, brachen schon 1429 Prokops Horden ins Sachsenland ein, verwüsteten die Felder, verbrannten die Städte und plünderten das Land. In immer neuen Massen dringen sie ein, ziehen sie raubend und sengend durch unsere Fluren bis Franken und Bayern. Mehr als 160 verbrannte Schlösser und Städte, mehr als 1000 verwüstete Dörfer bezeichnen ihren Weg. Kein Reichsheer besteht vor ihrem Andrange, keine Mauer schützt vor ihrem Angriffe. Wie ein verheerender Bergstrom ergießen sich die wogenden Heere über die zitternden Länder. So groß ist das Elend, so furchtbar die Not, „daß man fand an der Mutter Brust tot das Kind und sie lebete kaum vor großem Hunger".

Da hatte auch Weißenfels seinen Anteil zu tragen. Die Hussiten zündeten Weihnachten 1429 die Stadt an. Die Flammen der brennenden Marienkirche, der Bürgerhäuser, auf der Höhe das lodernde Schloß sind furchtbare Wahrzeichen hussitischer Not.

6*

Aber dem Lande soll das neue Jahr neue und noch größere Schrecken bringen. Da stürmen 50000 Mann Fußtruppen, 20000 Reiter, 3000 mit Sicheln bewehrte Streitwagen einher. Furchtbare Geschwade des Todes liegen da, wo sie mähen. Wo ihre mit Eisen beschlagenen Flegel niedersausen, wo ihre langen, spitzen Eisenhaken die ansprengenden Reiter vom Pferde reißen, beschleicht Entsetzen den mutigsten Kämpfer.

In Meißen und Osterland hat man den zehnten Mann zur Abwehr aufgeboten. Aber wie der Wind eine Hand voll Federn zerstreut, so ergeht es den Aufgebotenen, die den böhmischen Kohorten sich zu widersetzen wagen.

Während Altenburg das traurige Schicksal von Zeitz teilt, schaut von der Weißenfelser Burg Borgoldin mit Schloßwehr und getreuer Bürgerschaft sorgenvoll aus. Diesmal geht der Würgengel an der Stadt Weißenfels vorüber. — Von den Juden aber erzählt Vulpius: Sie seien „wegen verdächtiger und überzeugter Verräterei, Wuchers und Korrespondenz mit den Hussiten ausgeschafft und fortgejagt worden".

Da, im Jahre 1432, erscheint Prokop wieder vor Leipzig. Hier habe er sich mit einem Teile vom Hauptheer abgesondert, habe im Vorüberziehen in die Stadt Weißenfels Feuerbrände über die Mauern gesandt und sei der Stadt Naumburg zugeeilt, um ihren Bischof zu strafen für seinen Widerspruch gegen Huß, den er damals auf dem Konzil zu Costnitz hatte laut werden lassen. Der war zwar tot, das war aber gleichgültig. Man feierte in Naumburg gerade das Brunnenfest am heiligen Borne des Buchholzes. Entsetzen beflügelt die der Stadt zueilenden Bürger. Sie senden die Kinder als Flehende zu dem grimmigen Rächer. Rudolf Brun und Rudolf Schenk von Tautenburg hätten dann in der Nacht Prokop überfallen und geschlagen, die Kinder befreit.

Die Gelehrten haben sich über das Ganze und Einzelne den Kopf zerbrochen. Kotzebue schrieb ein Schauspiel dazu.

Endlich, am 23. August 1432, schloß der Kurfürst mit den Böhmen den heißersehnten Frieden. Nach dem glänzenden Siege des Herbstes 1434 zwischen Brüx und Bilin winkte auch noch ein glänzender Siegespreis im Jahre 1438, eine ansehnliche Erweiterung des Gebietes.

Man sollte meinen, des Elends sei genug gewesen, aber ohne Krieg und Kämpfe scheint das Leben nichts wert gewesen zu sein:

Von den zahlreichen Fehden nennen wir nur ein paar, die mit dem Namen der Stadt Weißenfels verbunden sind.

Im Jahre 1435 schrieb der Kurfürst an den Rat zu Dresden, daß er die städtische Mannschaft zum Kriege gegen Magdeburg rüsten möge: „uns zu folgen uff die von Magdeburg . . . daz ir uns ußrichtet funffczig redeliche menner . . . . mit armbrusten und hantbuchsen und schicket uns dy ane sumen (Säumen) für Halle in das felt ... daran tut ir uns zu dancke ... gegeben zu Wissenuels in der Osterwochin."

Vier Jahre später, 1439, in einer neuen Fehde mit den Magdeburgern machen die Brüder wieder mobil, schrieben nach Volke, „dy dann in dem ersten Futter zu Wissenfels uf den montag sente Jacoffstag zu ebent legen solden ..."

Jetzt lassen die Magdeburger mit sich reden — „also ging dy herrfart abe". —

Um so rühmenswerter ist die Fürsorge des Kurfürsten für die 1409 neu errichtete Universität Leipzig. Im Jahre 1438 verleihen Kurfürst Friedrich und Herzog Wilhelm dieser Universität Einkünfte aus Städten und Dörfern ihres Gebietes.

Auch Weißenfels hatte dieser Universität, der gehorsamen Tochter der Kirche, auf Anweisung des Landesherrn eine Jahrrente auszuzahlen. (Vergleiche dazu auch den Schied der fürstlichen Brüder vom Jahre 1447.) In Kriegsläuften und Zeiten übler Finanzen stockten die Abgaben. Als dann nach dem siebenjährigen Kriege die Stadt Weißenfels die Zahlungen ganz einstellte und 8532 Taler Schulden aufgelaufen waren, da verglich sich die Universität mit der Stadt 1782 dahin, daß gegen Zahlung von 2000 Taler beide Teile auf alle Ansprüche verzichteten.

Im Jahre 1530 wußte man hier gar nicht mehr, woher diese über 90 Jahre gezahlte Rente stamme. Da verwies der „Prepositus" der Universität auf einen fürstlichen Brief an die Stadt Weißenfels vom Jahre 1438 und schrieb: „... weil euerer Ersamen Weisheiten sulche Anweisung fürstlicher Jahr-Renten ersten Brief sunder Zweifel uf eueren Rathauße haben, werden sie sich aller Meinung wol erkunden."

Als im Jahre 1435 Heinrich, der Bruder des Kurfürsten, gestorben war, nahmen auf Rat der Mutter die drei Söhne die Teilung vor. Zur Teilungsmasse gehörte natürlich nicht das Kurland, nicht das Herzogtum Sachsen.

Vom Familienbesitz erhielt der Kurfürst den Meißener Teil mit Dresden, an den 20jährigen Sigismund kam der Weißenfelser, an den 11jährigen Wilhelm der Altenburger Teil. Im Archiv zu Dresden ist die Urkunde von 1436, nach welcher „Wissinfels" an Herzog Sigismund fiel. Sie enthält auch Bestimmungen über eine der hohen Schule zu Leipzig verschriebene Jahrrente aus der Stadt Weißenfels. Und 1436 verkauft die Äbtissin Anna „Des Klosters des heiligen Kreuzes zu Weißenfels St. Clarenordens" mit Bewilligung des Herzogs Sigismund zu Sachsen dem Domkapitel in Naumburg für 300 rheinische Fl. alle ihre Geld- und Getreidezinsen in dem Städtchen Stosin (Stößen). Da Sigismund aber geistlich wurde, geschah schon im nächsten Jahre, am 25. Februar 1437, in Jena ein neues Abkommen. Sigismund weist darin die Beamten und die Stadt Weißenfels an seine Brüder.

Das Finanz- und Gerichtswesen der Länder Sigismunds und Wilhelms wurde von zwei Vögten verwaltet. Die Besetzung der höheren Ämter, die Kriegsgewalt blieben kurfürstliche Rechte. In Koburg und Weißenfels wurden Landvögte eingesetzt, hier noch ein Hofgericht mit sechs Beisitzern errichtet.

Die Teilung befriedigte nicht. Schon nach zwei Jahren, 1439, erschien eine neue Ordnung und Satzung zwischen den beiden Brüdern: „Wie es mit der Regierung und Landesverwaltung in Abwesenheit des Kurfürsten zu halten." Im Jahre 1440 war Friedrich der Friedfertige heimgegangen. Der zweite Kurfürst und sein Bruder, der dritte Wilhelm, erbten das Thüringer Gebiet. Nun folgte am 11. Juli 1444 in Weißenfels ein Vertrag über eine dreijährige Landes- und Regierungsgemeinschaft und endlich 1447 ein gütlicher Schied.

Damals war Heinrich Rosendorn Geleitsmann hier.

Schwierig war die Aufbringung der Mittel für die fürstlichen Familien nach den grauenvollen Hussitenkriegen.

Die Zeiten waren zu Ende, wo die Fürsten den Staatsaufwand meist aus eigenem Vermögen bestritten. Möglich war das dadurch gewesen, daß sie statt Besoldungen Güter gaben, und daß die Nutznießer Kriegs- und Frohndienste zu leisten hatten. Jetzt sehen sich die Fürsten genötigt, in außerordentlichen Fällen sich an die Notabeln des Volkes um eine „Hülfe" zu wenden. Zur Deckung der Ausgaben für das Reich, für das eigene Land, für die persönliche Hofhaltung machen sich in der Folge eine ganze Reihe Steuern nötig.

Nicht immer waren landesherrliche Einrichtungen und Verwaltungsstätten so ohne weiteres unterzubringen, nicht immer leicht die Vornahme wesentlicher Veränderungen. Denn dazu gehörten schon damals drei Dinge: Geld und Geld und wieder Geld. So vollzieht sich manches im Wege des Tausches. So geben im Jahre 1444 die fürstlichen Brüder Friedrich und Wilhelm dem Bürgermeister, Rathmannen und Gemeinde der Stadt Weißenfels statt des Geleitshofes am Markt die Klingengasse und etliche andere Güter.

Die herkömmlichen Abgaben, alte und neue „Beten", reichten lange nicht mehr zu. Außerordentliche Leistungen waren erforderlich. Die Landesvertreter hatten schon 1438 darüber beraten und landständige Steuern eingeführt. Im Jahre 1445 hatte der Kurfürst ein Verzeichnis der Jahrrenten auch von Weißenfels aufstellen lassen. Die Landesvertreter verlangten zu wissen: „in welcher Maße der Churfürst in solchen Unrat gekommen sei". Aus dieser Zeit — vom Jahre 1447 — ist das Verzeichnis der Schulden, welche auf die Städte des Osterlandes verschrieben, auch ein Verzeichnis der Verschreibungen auf Leibrenten.

Von einzelnen Steuern jener Zeit seien erwähnt die 1438 unter Widerspruch bewilligte außerordentliche Steuer: Die Zise (ac-cise). Sie bestand im dreißigsten Pfennige vom Verkaufspreise aller Waren, fremden und heimischen Kaufgutes.

„In deme selbin jare 1439 wart in hertzogen Frederichs vonn Sachsenn hoffe uffbracht eine nuwe schatzung der lute, daz man nante dy zciszé; — — die zyse was also getan: wilch uszlendische man in dem lande was kouffte oder vorkouffte, der mußte von y 30 gulden eyn geben dem herrn czu zcyse. Szo musten dy in-heymischen adir inwoner den 15. gulden zu zeysze gebin von allerley kouffen oder vorkouffen, brot, bier, vleisch, gewant, wachs, leddir adir welcherley das were."

Den Städten paßte das nicht. Die Zeit war auch nicht recht dazu angetan. Die Pest ängstigte die Gemüter. Nach sieben Jahren Teuerung war erst wieder ein fruchtbares Jahr erschienen.

Später, 1454, erhob man eine Kopfsteuer für den Kriegsfall: Zwei Groschen waren pro Kopf zu erlegen. Diese Gleichheit war natürlich die größte Ungleichheit. Die Abgabe für Bier hieß Umgeld, Ohmgeld. Diese Tranksteuer bestand im Bierzehnt. Das Brauhandwerk war ein wesentlicher Bestandteil des städtischen Wohlstandes. Innerhalb einer Meile um die brauende Stadt durfte kein fremdes Bier verkauft werden. Als die Leipziger 1447 aus Naumburg Bier bezogen, hatten sie in Weißenfels Zoll zu entrichten. Als sie sich weigerten, erhub sich ein großer Streit. Die Ordnung von 1470 verlangt den zwölften Pfennig. Vom ganzen Ertrage der Biersteuer soll der Landesherr Dreiviertel, die Gemeinde Einviertel haben.

Bei dem zunehmenden Wohlstande der Städte wuchs auch ihr Einfluß, den sie als Stände, als Landstände unter Umständen geltend zu machen verstanden. Ängstlich hüten die Städte ihre Privilegien, die eine Lebensfrage für sie sind, begierig sind sie, neue zu erwerben.

Die Briefe über das Weichbild der Stadt und die Verleihung des Jahrmarktes werden erneuert.

Das war ein wesentliches Privilegium, das einer Stadt vom Landesherrn zuteil wurde. Geleitsfreiheit war dazu natürlich Erfordernis. Hier machte sich 1444 die Anlage eines neuen Geleitshofes notwendig. Die fürstlichen Brüder kaufen dazu ein privilegiertes Bürgerhaus.

In diese Zeit fällt auch die Erwerbung des Dorfes Markwerben (1437). In Dresden befindet sich der Originalbrief vom „Herzog" Friedrich zu Sachsen über den Kauf des Dorfes Markwerben aus Eger vom Jahre 1437. Zwanzig Jahre später findet ein „Theiding" statt zwischen dem Rate zu Weißenfels und den Einwohnern zu Markwerben wegen des Weichbildes in der Kubamark über der Saale bei Markwerben.

In jener Zeit ist angesehen die Familie Ferber. Einen Ablaßbrief hatte 1440 Johann Ferber erhalten. Im Jahre 1443 erwirbt derselbe „den hoff uff dem Kalenberge zcu Wissenvels mit allen seinen zcugehorungen" von Friedrich und Wilhelmine „Herczogin zcu Sachsin ... zcu Lehn gehabt".

An Elisabeth, H. Ferbers eheliche Witwe, verlieh 1444 Herzog Friedrich den Hof auf dem Kalberge in der Stadt und das Gehöft Pulschitz hinter der Johanniskirche zu Walwitz u. a. zu einem Leibgedinge.

Endlich sei 1457 erwähnt, Johannes Ferber als Inhaber der Mühle zu Pulschitz (molendinum in Pulschitz). Er hatte dem Abte zu Pforta ständig zu entrichten: 18 Scheffel Getreide, 62 Schock 15 Gr. Geld. Im Jahre 1457 ging die Mühle permutationis titulo — auf dem Wege des Tausches — über an Wilhelm den Tapfern und ward nun eine „Herrenmühle".

An seinen Sohn Wolfhard Ferber kam 1485 auch Hof und Judenschule in der Stadt bei dem Klingentore. Manchen Nutznießer hatte der Hof schon gehabt: Seit er Scaloms Juden Frei-Lehen gewesen, war er an Azirian und von ihm 1454 an den Türknecht Konrad Voit mit „allin sinen erbin, Sonin (Söhnen) und töchtern", gekommen. Der hatte sich u. a. verpflichtet, zwei gute Kapaunen aufs Schloß zu zinsen.

Der Torwart, der Türknecht Voit muß gut beim Kurfürsten angeschrieben gewesen sein. Von Wittenberg aus hatte er schon das Grundstück, „welches der Smedeberg hieß", zu Lehen erhalten. Die fürstlichen Brüder leihen ihm 1440 noch dazu drei Hufen Landes, „so gegen Burgwerben" liegen, drei Jahre später erhält er zwei Acker Artland, vor dem Schlosse „Wissenuels", und einen Acker Weinwachs unter dem Galgenberge.

Von Voit kam Hof und Judenschule an Jakob Rabisch und von ihm an Wolfhard Ferber „mit allen synen Freyheiten, gewohnheiten und Zugehörungen zu den jährlichen erbzinße (auch) zwene Kaphauen davon zu geben ..."

Wolfhard Ferber verwandelt den Hof in einen Gasthof, die Judenschule in eine Trinkschule „Zum schwarzen Bären".

Zum Schlusse noch ein paar Worte über Haus und Familie des Kurfürsten. Friedrich der Sanftmütige war seit 1431 vermählt mit Margarete von Österreich, der Tochter des Erzherzogs Ernst des Eisernen. Sie schenkte ihrem Gemahl acht Kinder und überlebte ihn 22 Jahre. Im Besitze landesfürstlicher Rechte übte sie zu Altenburg die Gerichtsbarkeit durch ein von ihr abhängiges Landgericht aus, welches sich offiziell nannte: „Richter, Schöppen, Schreiber und Frohnen, Geschworene des Landgerichts zu Altenburg, unserer gnädigen Frau zu Sachsen Witwe."

Das läßt einen Schluß zu auf ihre Energie. Wirklich bietet sie selbst auch in Zeiten der Kriegsnot die Mannschaft Wittenbergs auf.

Von ihren Kindern treten in der Folgezeit hervor: Ernst und Albrecht — die Begründer der Ernestinischen und Albertinischen Linie des Hauses Wettin.

Kapitel 15.

Unter Herzog Wilhelm III., dem Strengen (1445—1482).

(Nr. 13 der genealogischen Tafel.)

Kaum waren die Wunden einigermaßen vernarbt, welche der mörderische Hussitenkrieg geschlagen, da entbrannte der häßliche Bruderkrieg 1445—1451.

Und was entzweite denn die Söhne Friedrichs des Streitbaren, den Kurfürsten Friedrich II. und seinen Bruder Wilhelm? Es handelte sich um das Erbe Thüringen, das Friedrich der Friedfertige, Balthasars Sohn, mit Anna von Schwarzburg vermählt, im Jahre 1440 in Weißensee kinderlos gestorben, hinterlassen hatte.

Nach dem Tode der Mutter brach die Flamme des Zornes, die gewissenlose Räte ordentlich geschürt hatten, zwischen den Brüdern offen hervor.

Am 10. September 1445 war — entgegen dem Sachsen-Kürrecht — so geteilt worden, daß der Jüngere die Teilung vorschlug und der Ältere zuerst wählte. Der gemächliche Kurfürst nahm zum Schrecken der agitierenden Brüder von Vitzthum das Thüringerland.

Nun reizen die Räte Wilhelm III. noch mehr, daß e r Widerspruch wider die von ihm selbst vorgeschlagene Teilung erhebt. Jetzt erhält im Halleschen Machtspruch der Kurfürst Meißen und Wilhelm kommt in den Besitz Thüringens. Als es auch nach dieser Teilung noch nicht Ruhe wurde, forderte der Kurfürst von seinem Bruder die Entfernung der wiegelnden Räte. „Würde er sie nicht entlassen, so würde er sie selber strafen." Und damit säumte der Kurfürst nun nicht mehr.

Er überfiel Apel von Vitzthums Gut Roßla um die Zeit, als sein unzufriedener Bruder mit Anna, König Albrechts Tochter, in Jena Hochzeit hielt. Der Bräutigam überließ die Braut sich selbst und die Tafel den Armen, um eiligst die Grenzveste Weißenfels zu besetzen.

Wilhelm war nicht zu bewegen, die Vitzthume zu entlassen. Diese Hartnäckigkeit entfremdete ihm außer anderen auch die Bischöfe. Die 9000 böhmischen Söldner, die Wilhelm hatte anwerben und um Weida und Weißenfels hatte unterbringen lassen, mißhandelten seit Ende April 1497 Freund und Feind. Sie haben hier im Schlosse, in der

Stadt, in der Nachbarschaft wüst gehaust: „Und die Bemen (Böhmen), dy zu Wisszinfels login, brantin al dy wiele (alldieweil) vil Dorffer" — sagt die Chronik Hartung Cammermeisters von Erfurt.

Als die zum Teil handgreiflichen Friedensverhandlungen der folgenden Zeit nicht hielten, was sie versprachen, erschien im weiteren Verlaufe der Kurfürst Friedrich II. wieder in Thüringen. „Hy erhub sich der alde Herre von Lipcz und hatte vele volks gesamment und hatte vele bemen uffgenommen zu solde .. und logerte sich vor Wissenfels. Do lag her vier tage ... und vorbrante das lant dar ummeher gancz abe." Neben Weißenfels hatte Freyburg, hatten Mücheln und Laucha sehr zu leiden. Auch Merseburg war durch einen Angriff auf den dortigen Bischof gefährdet. 60 Ortschaften sollen dem Erdboden gleich gemacht worden sein. Aber Weißenfels entging diesmal größerem Elend. Der Bischofsstadt Naumburg hätte ein gräßliches Schicksal bevorgestanden, wenn Podiebrad mit seinen Böhmen vom Kurfürsten nicht aufgehalten worden wäre. Diesmal mußten sie sich mit der Weinlese begnügen. Gera aber wurde am 17. Oktober in einen Aschenhaufen verwandelt; der Kurfürst war nicht zeitig genug zum Entsatze erschienen!

Durch kaiserliche und bischöfliche Räte wurde eine Waffenruhe vermittelt. Sie tat not! Denn zur Kriegsfurie hatte sich die Pest gesellt. Die Städte Weißenfels und Freyburg waren ihrer Opfer voll.

Weil die Nachwelt die Gründe der Aussöhnung der Brüder nicht erkannte, entwickelte sie die Sage vom Büchsenschuß! (Dr. Berthold Schmidt in der Zeitschrift des Vereins für Thüringische Geschichte IX, 332.) Beide Brüder hatten am Ende das Bedürfnis nach Frieden. Auch der Kaiser scheint das Seine zur Herbeiführung getan zu haben.

Am 23. Oktober wurde der Waffenstillstand bis zum 25. Mai festgesetzt, inzwischen aber sollte zur völligen Aussöhnung ein gütlicher Tag in Bamberg stattfinden.

Herzog Wilhelm III. war ein streitbarer Herr. Der Klang seiner Sporen habe die Nachbarn erschreckt. Aber die Straßen hat der Gefürchtete gesäubert. „Er hat einst im freien Felde einem Kaufmann anstatt eines Geleitsbriefes ein Stück von seinem Rocke gegeben zum Zeugnis, daß er ihn schützen wolle."

Die mittelbare Folge des Bruderkrieges war der Raub der Prinzen Ernst und Albrecht von Sachsen durch Kunz von Kaufungen. Dieser Raub der Söhne des Kurfürsten Friedrichs des Sanftmütigen aus dem Altenburger Schlosse im Juli 1455, die Tat persönlicher Rache, ist nach den Forschungen des Professors Koch in Meiningen im Laufe der Jahre mystisch ausgeschmückt:

Der Köhler Schmidt, nachmals Triller genannt, ist nicht nachzuweisen. Verschiedene Familien nehmen den Ruhm in Anspruch.

Retter des Prinzen Albrecht gewesen zu sein. Wir erwähnen das hier besonders darum, weil die 1704 hier erschienene Schrift „Plagium Kauffungense“ und die 1699 schon herausgegebene „Altenburgi altitudo“, beide von Johann Vulpius, sich mit dem Stoffe beschäftigen. Es ist derselbe Vulpius, von dessen geschriebener Chronik der Stadt Weißenfels Otto und Sturm reden, derselbe, welcher 1674 die „nützlichen Gedächtnisse“ hier bei Wogau erscheinen ließ.

Dem Triller sei u. a. für sich und seine Erben ein Gnadenkorn bewilligt worden. Vulpius zählt die Empfänger des Gnadenkornes „bis zum Amtskopisten Johann Albrecht Triller in Goseck auf“. — Dies und alles andere besteht die Sonde ernster geschichtlicher Forschung nicht.

Doch zurück zu Wilhelm dem Tapferen!

Die Hochzeitsfeier in Jena 1445 mit Anna von Österreich war keine Weissagung auf ein friedliches Glück gewesen. Die Tage Albrechts des Entarteten und der Eisenberger Kunigunde wiederholen, nein, überbieten sich: Katharina von Brandenstein verdrängt die hochherzige Gemahlin. Als ihr der Gram im November 1467 das Herz gebrochen, verschreibt er der „Roßlaer Käthe“ die Städte Weimar, Weißensee, Freyburg, Weißenfels. Sie hats ihm schlecht gelohnt. Das Land seufzte unter dem unglaublichen Luxus des Hofes. — Beinahe kurios wollen da erscheinen: Wilhelms III. sittenpolizeiliche Verordnungen vom Jahre 1453. Hier ist daran zu erinnern, daß die Seele dieser Anordnungen der päpstliche Legat und Kardinal Giovanno von Capistrano war.

Aber bedeutungsvoll ist die Landesordnung, die Herzog Wilhelm 1446 in Gemeinschaft mit den Ständen zu Weißensee erläßt. Sie ist die erste und älteste dieser Art überhaupt: Verboten wird, weltliche Sache vor geistliches Gericht zu bringen, verboten die Freizügigkeit, dem Luxus wird gesteuert, der Landwirtschaft werden Weisungen erteilt.

Daß nicht alle Punkte dieser Landesordung der Kirche, will sagen, dem Bischof Petrus von Naumburg (1434—1463) genehm waren, läßt sich denken. Das Jahr nach dem Erlaß der Landesordnung schickt er dem Herzog den Fehdebrief. Der fiel alsbald von seinen Festen Goseck, Freyburg, Weißenfels in das Gebiet des Bischofs ein. Der Streit dauerte bis 1451. Als der oben erwähnte Kampf der feindlichen Brüder ein Ende nahm, sollte auch der zwischen Herzog und Bischof beigelegt werden.

Die Klageschrift des Bischofs befindet sich im Zeitzer Stifts-Archiv. Sie ist von Dr. Bech in einem Osterprogramm der Zeitzer Stiftsschule behandelt. Der Bischof Peter von Schleinitz klagt da u. a. also:

.... Weiter geben wir unserm Herrn, Herzog Wilhelm, zum andernmale Schuld und beschuldigen ihn, daß er gar unbillig wider Gott und Recht hat seinen Vögten zu Weißenfels befohlen, daß sie uns haben vorladen lassen und fordern vor ihr weltlich Gericht. Es hat nemlich Kirst von Hayn zu unsern Eigengütern vor dem Gericht zu Weißenfels klagen lassen und Gericht abgehalten — der Vogt zu Freyburg hat fordern lassen: das Domkapitel zu Naumburg und Herrn Eyler unsern Domherrn und hat allda über sie und über ihre Güter Gericht gesessen (Gerichte lassen gehen) nach heidnischer Weise ....

Zum fünften male, daß besonders die Vögte zu Weißenfels und Freyburg unsre Kirchen, arme Leute zu Prittitz und Brodiz ... gebrandschatzt ... daß er von ihnen erhoben hat Hafer, Herfahrtgeld, Schutzgeld mit neuen Ansätzen — alles wider Gott und Recht, uns zu großem Schaden ...

Zum siebenden male, daß er zu Unrecht verboten unsern und andern unsrer Pfaffheit Zinsleuten, daß sie uns ... Zins nicht geben noch reichen sollen.

Erlassen war das Verbot durch die Amtleute zu Weißenfels, Freyburg, Eckartsberga und Eisenberg.

In einer anderen Schrift von 1451 beruft sich der Bischof auf Kaiser Karls IV. Privilegien. Genannt ist darin auch „unser slosz Schoneberg" = unser Schloß Schönburg, das in jener Zeit also dem Bischof von Naumburg gehörte. — Der Bischof führt aus:

„Wir haben .. von wegen Unsrer Dom-Kirche zu Naumburg etliche Schlösser, Höfe und Güter zu Lehen als ein rechter Lehnsherr — ihre Namen sind Eckersberg, Botelstede, Raspenberg, Aspe, Buch und Bichlingen mit allem Zubehör .. Diese hat dann Albrecht, Landgraf von Thüringen von unserm Vorfahren, dem Bischof Bruno zu Lehen empfangen und genommen ..."

Daß Herzog Wilhelm den Pfarrern in den Märkten und Dörfern verboten hatte, der geistlichen Richter Gebot und Brief zu verkündigen, war ganz unerhört für den Bischof:

„In unsern Gerichte hat Herzog Wilhelm sich Eingriffe erlaubt dadurch und damit daß sein Vogt zu Weißenfels Volrat Griffogil zu Unrecht an der Saale Gericht gesessen hat."

Wir sehen: dem allgemeinen Rechte, das allerdings erst ein werdendes ist, wollen die geistlichen Herren in ihren Gebieten sich nicht beugen. Sie beklagen sich bitter, daß in ihrem Sprengel herzogliche Amtleute das Urteil sprechen:

„Auch ist erkannt, daß einer in dem Dorfe zu Obelicz erschlagen wurde zu der Zeit als Musbach Vogt zu Weißenfels, Conrad und Ulrich von Milstorff Vögte zu Schönburg waren. Hier haben unsre Vögte Gericht gesessen über dem Erschlagenen. — Da hat der Vogt zu Weißenfels dem Toten eine Hand ablösen lassen, aber der Körper ward nach Schönburg in unser Gericht überantwortet ..."

Die äußere Macht der Bischöfe hatte den Höhepunkt jetzt erreicht, ja schon überschritten.

Doch, es wird Zeit, daß wir in die Stadt Weißenfels zurückkehren.

Es ist ein Wochentag Abend. Die Glocken läuten. Wer weiß noch, daß das Geläut der Glocken am Mittag und am Abend aus dem Jahre 1456 stammt? Da sollte es mahnen zum Gebete um Schutz wider die Türkengefahr.

Zu einem gemeinsamen Waffenzuge war das Abendland nicht mehr zu begeistern. Nur die Christenheit glaubte in ihrer frommen Pflicht nicht nachlassen zu sollen: Papst Pius II. schickt 1463 seine Legaten, um zur Abwehr der Türkengefahr weiter zu ermahnen und zu sammeln. Er kam auch nach Weißenfels. Äbtissin und Herzog Wilhelm interessierten ihn für die verfallene Marienkirche. Was hatte diese Kirche seit 100 Jahren gesehen und erlitten!

Das schon ruinierte Gotteshaus brannten die Hussiten 1431 vollends nieder. Dann hat es noch 30 Jahre gestanden und zugeschaut dem Bruderkriege zwischen Wilhelm dem Sanftmütigen und Herzog Wilhelm, hat sich gewundert des Bannes, den Bischof Christian von Naumburg über Weißenfels aussprach, hat sich geschämt so manchen Unfuges und Unrechts, das in der Nähe geschah. Der Energie der Äbtissin des Clarenklosters gelang es, den päpstlichen Legaten zu bestimmen, vom Papste nicht nur die Hälfte der hier gelösten Türkengelder für die Kirche zu erbitten und auch zu erhalten — es waren 389 Gulden — sondern auch die Erlaubnis, Terminierer mit Ablaßbriefen für die zur Wiederherstelluug der Marienkirche gereichten Gaben auszusenden. Fast alle Bischöfe spendeten Ablaßbriefe. Je nach der Gabe konnte Ablaß erworben werden für 40 Tage, für eine Fastenzeit, für ein ganzes Jahr.

Ein dem Baue unserer Marienkirche dienender Ablaßbrief vom Jahre 1465 lautet deutsch so:

„Johannes von Gottes Gnaden, Bischof zu Freysingen, allen an welche dieser Brief gelanget, Heil in Christo!

Euch allen tuen wir kund und lassen wir wissen, daß wir auf dringendes Ansuchen der verehrungswürdigen Äbtissin des Klosters und Konvents der heiligen Klara zu Weißenfels Ablaß gegeben haben dergestalt, daß diejenigen, welche der in allen Dingen seligen und ehrenreichen Gottesmutter Maria und an den Festen des heiligen Kreuzes niedrig und demütig zu ihrer Kirche unserer Erlöserin Maria gnadenbedürftig heranzutreten — und zur Wiederherstellung und zum Neubau der genannten Kirche ihr Almosen reichlich spenden und senden, daß wir im Vertrauen auf das Erbarmen Jesu Christi 40 Tage Ablaß gnädig verliehen." Dat. Freysingen im Jahre des Herrn 1465 3. Cal. Junii.

Die Einnahmen müssen in Summa recht reichlich gewesen sein, wenn man bedenkt, wie groß und umfangreich und schön zugleich die Erneuerung war.

Reichte die Kirche bisher nur an die Stufen des Hochaltars, so wurde sie jetzt um diesen selbst verlängert. Ein zierlicher Ostchor mit reicher Gliederung wurde angebaut.

In den äußeren flachen Nischen zwischen den Fenstern standen die schmalen Statuen der Heiligen, denen im Gotteshause Altäre errichtet waren. Das Dach, welches einen haubegedeckten Dachreiter trägt, ist unten an allen vier Seiten mit einer Lucarne besetzt, deren Krönung aus einem Spitzhelm besteht. Die vier schlanken Spitzen überragen den First des Hauptdaches. Der Turm hat ein hohes Dach, auch eine Verbreiterung nach der Südseite zu scheint vorgenommen worden zu sein. Die ungleiche Zahl der Säulen auf der Nord- und Südseite spricht dafür.

Von diesem großen, durch Ablaßgeld ermöglichten Umbau geben die Inschriften des Pfeilers an der Südseite Nachrichten.

Erwähnt sei hier gleich, daß 1514 dann das Ferbersche Geschlecht den Altar stiftete. Trotz alledem kann nicht verschwiegen werden, daß es im allgemeinen in der Kirche jener Zeit nicht gut aussah. Die Bischöfe geizen nach Macht, die anderen nach Genuß. Eins ist nur tröstlich, daß es an Bußpredigern keiner Zeit gefehlt hat. Als in dem zwischen 1220—1230 gegründeten, der heiligen Anna geweihten, vorübergehend nach Greislau übergesiedelten Cisterzienser-Nonnenkloster zu Langendorf Schamlosigkeiten kund wurden, hielt der schon genannte Giovanni von Capistrano ein ernstes Gericht und der Landesherr brachte es „bei dem päpstlichen Legaten dahin, daß die Schuldigen 1454 aus dem Kloster gepeitscht und Nonnen aus dem Benedektiner Orden mit Eva Schenkin aus dem Hause Wiedebach als Abtissin und Anna von Bünau als Priorin samt 16 Nonnen darein verordnet wurden." Herzog Wilhelm aber bedenkt 1457 die neuen Insassen mit Gütern in Weißenfels und Bischof Peter von Naumburg bestätigt die Schenkung im folgenden Jahre. Zwanzig Jahre später bedenkt er auch Kloster und Pfarrkirche in Weißenfels.

Unter Herzog Wilhelm tritt die Stadt Weißenfels in die zweite Periode ihrer Entwickelung ein. Die Zirkelweite wird größer, der Rahmen dem neuen Bilde entsprechend weiter. Vulpius gibt darüber folgende Nachricht:

Herzog Wilhelm 1481 machte Anstalt, daß nunmehr und folgends die Stadtmauer vom Kloster und Nikolasthore mittelst einer hohen Mauer und tiefen Graben den Georgenberg der Stadt einverleibet und das Zeizische 1481 erbaute Thor dem Schlosse gleich befindlich, von da bis ans Schloß die Stadtmauer sich erstrecket. Auf der Ostseite gehet die Stadtmauer und das 1484 erbaute Klingenthor am Ausfluß der Klinge herunter, daß man vom Klingenthor bis an das Saalthor einen breiten und tiefen Wassergraben zur Befestigung der Stadt ausgeführet und voll Wasser gelassen hat. Sieben Jahre später 1488 ist die Stadtmauer vom Klingenthore bis hinter der Baderei gebauet. Von Erbauung der am Niklasthore, Georgenberge und Zeizischen Thore stehenden Türme ist keine Nachricht — sie sind wohl mit dem Bau der Stadtmauer 1481 entstanden.

Von der Baderei bis zum Saalthore ist die Stadtmauer stückweise gebaut...

Neben der Kirche, dem Rathause, der Burg, zu welcher die Burgstraße hinaufführt, sind massive Häuser um die Mitte des 15. Jahrhunderts kaum in der Stadt zu treffen. Die öffentlichen Gebäude, die bewehrten Mauern sind der Stolz des Bürgers. Das Rathaus ist auch Kaufhaus und Lagerhaus.

Die Zugänge zu dem großen, in rechteckiger Form angelegten Marktplatze, ich meine die auf ihn mündenden Straßen, sind nicht sonderlich breit. Die Bürgerhäuser sind aus Holz. Hinter der dreifenstrigen Front dehnt sich die bürgerliche Siedlung aus. Für breite Vorderseiten der Häuser hat die mauerumgürtete Stadt keinen Raum.

Aber das Gesamtbild ist malerisch und wirkungsvoll. Die Wirkung wurde erhöht, als Herzog Wilhelm die Tore bauen ließ. Die Straßen der Stadt sind und bleiben dunkel des Nachts, wenn nicht der Mondschein sie erhellt. Wen Pflicht und Not des Nachts zum Ausgang zwingen, der vergißt die Leuchte nicht. Das tut um so mehr not, als Pflaster noch Luxus ist. Durch die Vorstädte rauschen die Bächlein, den Markt schmückt ein Teich. Stimmungsvoll schaut das alte Schloß darein.

Drüben auf dem Freihofe des Georgenberges ist 1453 Albrecht von Ermsreut ansässig d. h. belehnt worden. Den Gebrüdern von Ermsreut bestätigen 1483 Kurfürst Ernst und Herzog Albrecht den Besitz zu Lobitz und den Hof auf dem Georgenberge. Das Jahr zuvor, 1482, gibt die fürstliche Katharina, Herzog Georgs zweite Gemahlin, das ihr 1464 verschriebene Amt und Stadt Weißenfels frei, um von ihrem Neffen, dem Kurfürsten Ernst, Stadt und Schloß Saalfeld mit einer jährlichen Rente zu empfangen.

Als der Schloß-Torwart Heinze 1446 gestorben ist, schreibt Herzog Wilhelm an Jakob Koydeln, der sich schon vor vier Jahren um diesen Posten bewarb. Zu seiner Anstellung ist eine Urkunde vollzogen, als gelte es eine Haupt- und Staatsaktion. Als Mitberufer oder Zeugen der Berufung sind da aufgeführt: Graf Bodo von Stollberg, Graf Ernst von Gleichen, Graf Günther zu Beichlingen, die Grafen von Schwarzburg, Friedrich von Hopfgarten, Buß und Apel von Vitztum, Fr. von Witzleben, Kirstan von Witzleben, Herr von Husee u. a.

Und Koydeln muß sich bewährt haben. Denn 1450 leiht der Herzog dem ehrsamen Jakob Koydeln — jetzt heißt er „Schößer zu Weißenfels" — einen Wiesenfleck und Wyden, so sich durch Hans Härlings, Bürgers zu Weißenfels Tod erledigt hat, zu einem rechten Lehen.

Laß dich nun zu einem kurzen Gange um die Stadtmauer einladen:

Gehen wir zum Klingentore hinaus, so gelangen wir über den wassergefüllten Wallgraben auf schwankender Zugbrücke zum Klingenplatze. Vom Berge herab zur rechten Hand mündet ein tiefer, mannshoher Graben in den Stadtwallgraben. Er bringt aber auch die von der Höhe zu Zeiten mächtig niederströmenden Wasser. Der dem Sumpfe abgerungene Boden der Klingenvorstadt ist mit Hütten bedeckt, die dem Clarenkloster zins- und dienstpflichtig, übrigens dem Amte Weißenfels untertan sind. 100 Jahre vor Einführung der Reformation stand da wohl schon der vom Amte errichtete Pranger, die eichene Säule mit einem daran befestigten Halseisen an einer Kette.

Für kleinere Vergehen ist am wasserreichen Stadtgraben, den in späterer Zeit noch eine Röhrfahrt speist, ein Hebel mit einem freischwebenden Korbe befestigt, der beliebig ins Wasser gesenkt werden kann. Er ist je und je mit Feld- und Gartendieben beiderlei Geschlechts besetzt zum Empfange kühlender Bäder.

„Oberwärts auf dem Damme" dehnt sich ein Rohrteich aus von mehr als drei Acker Größe, in dem die Hütten der Töpfer sich spiegeln. Weiter reicht der Blick zur wendischen Ortschaft Walbitz, die Herzog Wilhelm im Begriff steht, dem Rate der Stadt zum Weichbilde zuzueignen und in Geschoß und Pflicht zu geben (1454). Die Gebäude der Mühle am Ende der Walbitzmark verdecken zum Teil den Blick auf die hinter ihr liegende alte Pulschitzmark. Wir wenden um und gehen auf der Einfassung des Klingenteiches nach dem Stadtwallgraben zur mächtigen Böschung am Ufer der Saale — der späteren Dammstraße. — Vorn an der hölzernen Brücke über die Saale ist reges Leben. Was mag da sein? Es ist eine starke Wallfahrt zur Kapelle der heiligen Ursula oder zu den 11 000 Jungfrauen. Der kleine Raum faßt die Menge der frommen Pilger nicht. Jetzt folgen wir der Mauer, welche den Klosterbesitz abschließt am Greislaubache. — Seit das Kloster hier Schutz gefunden hat, ist das Gebiet seines früheren Standortes verödet. Zuweilen nur noch versieht der Kapellenpriester da das Amt — er hat ja alle Kapellen zu bedienen. Weiter nach Westen erhebt sich ernst und schweigend die Stätte des Hochgerichts (11, 6). Auch sie ist verödet. Das Urteil wird lange nicht mehr im Freien gesprochen. Daß es aber vor nicht langer Zeit vollzogen ist, beweist der Galgen weiter oben am Leißlinger Wege: am Amtsgalgen bewegen die Lüfte den Leib eines Gerichteten. Wir eilen erschrocken zurück an der St. Jakobskapelle vorbei. Von hier kann man über die Mauer des Klostervorwerks schauen, das zum Clarenkloster gehört.

Von der Kapelle des Heiligen Georg klingt melodisch das Glöcklein herab. Wir folgen dem Schalle und gehen vor dem Nikolaitore den Wallgraben hinauf. Er dient den Schützen in Zeiten des Friedens als Übungsstätte für ernste Zeiten. Die Mauer erhebt sich hier stark und trotzig: 10 Ellen hoch, 2 Ellen dick, massiv und zinnengekrönt schauen die Türme herab. Da sind wir auch schon am Schloßberge, dem natürlichen Abschlusse der Befestigung.

Bei solcher Ausdehnung nach außen und gesicherter Rechtssphäre nach innen (seit dem Erwerbe der Stadtgerichte) wird die Verleihung eines Weichbildes im Jahre 1454 die Erfüllung eines Wunsches der Bürgerschaft den Abschluß einer steten Entwickelung und den Fortschritt weiteren Gedeihens bedeuten.

Wir schicken der Urkunde selbst die Erklärung des darin vorkommenden Wortes „bern" voraus. Das seltene Wort bedeutet eine Art Steuer und ist wohl ursprünglich böhmischer Herkunft nach Dr. Bechs-Zeitz Vermutung.

Weichbilds-Verleihung an die Stadt Weißenfels vom Jahre 1454.

Wir Wilhelm von Gots gnaden, Hertzog zcu Sachsen, Lantgraue in Doringen und Marcgraue zcu Miessen bekennen uffintlich an diesem brive fur uns, unßer erben und nachkomen, und thun kunt allermeniglich: wann wir von furstlicher angebornner gute mildickeit geneyget sind zcu redelichem uffrichtigem wesen und gedyen unßer getruwen undertanen, dorumb so haben wir den ersamen unßern lieben getruwen burgermeistern, rethen und burgern gemeynlich unßerer stad Wissenvels und allen iren nachkomen und erben angesehen yre demutige flißige bete, an uns gethan, eyn wichbilde unnßer stadt und yn zcu gute uff ewickeid unwiderruffenlich zcu haben und zcu gebruchen, von besundern unßern gnaden gegeben, bestetiget und verschriben an allen und iglichen gutern neben und umb die stad gelegen, und sunderlich jhensiid der Saale in Kuberfelde in der burgermarcke, und hie diißsiid der Sale in den wusten marcken gnand Walwitz und Pulschitz und in der Epthle; also das alle guter dorinnen begriffen an wingarthen, wiesen, wieden, holtzern, ackern, hopffgarthen, oder wie die gnand sind, und in die flure, reyne, steynen und marcke der umbligenden dorffer nicht gehoren, keins uß geslossen, den vorgenanten burgermeistern, rethen und burgern zcu Wissenvels, yren erben und nachkomen furdtmere zcustehen und ewiglich zu irem geschosse und pflicht bliben sullen, wer die habe ader besitze; sundern ußgelassen eyn wuste marck, gnand Paschitzgrund, und uns unschedelich an unßern gerichten, obersten und nydersten, gutern, landgeschoßen, zcinßen, lehin, und andern unßern herlichkeiten; auch unßern clostern, geistlichkeiten und erbarn mannen unschedelich an ihren gerichten, gutern, lehin, zcinßen, friheiten und gerechtickeiten, und auch den umbligenden dorffern an yrer vihetrifft, dorumb damit es bliben sal, als das vor alder gewest und bißher komen ist, unverandert und an geverde.

Was wir auch bißherer uff den gutern, die wir yn itzund in das wichbilde verschriben, lantbern haben gehabt, den haben wir gentzlich abgethan, den furder nicht mere davon zcu fordern lassen; doch also, das die genanten von Wissenvels yren bern, den sie uns, so sich das geburit, geben sullen, so vil erhoen, als uns an dem lantbern abgeht. Was sie aber gutere ußwendig des wichbildes haben, die sullen sie mit lantbern, heersture und anderin verpflegen an den enden da sie gelegin sin, als das vorgewest und herkomen ist. Und wir heißen alle und igliche unser amptlute zcu Wissenvels, die ytzund sind und zcukunfftiglich sin werden, den genanten von Wissenfels zcu den geschoßen und pflichten, so yn die ußwertigen von sollichen gutern in dem wichbilde gelegen zcu reichen verhilden, zcu helffen, wann des nod geschicht, an geverde. Wir geben, bestetigen und verschriben auch den genanten burgermeistern, reten und burgern gemeynlich unnßerer stad Wissenvels, iren erben und nachkomen sollich wichbilde, inmassen hierinnen begriffen und ußgedruckt ist, gnediglich und geinwertiglich in krafft dießs brives, daran wir zcu urkunde unnßer insigel fur uns und unßer erben wissentlich habenn thun hencken.

Gegeben zcu Wymar, am Mittwochen nach Reminiscere in der fasten, nach Christi unßers herren geburd Viertzehenn hundert und darnach in dem vier und fünfftzigstenn jarenn.

3. Abschnitt:
Unter Albertinischen Herzögen.

Kapitel 16.
Unter Albrecht dem Beherzten, Potestaten in Friesland (1482—1500).

(Nr. 14 der genealogischen Tafel.)

Als Kurfürst Friedrich der Sanftmütige im Jahre 1464 heimgegangen, war ihm in der Kurwürde sein am 17. Juli 1443 geborener Sohn Ernst gefolgt. Er und sein jüngerer Bruder Albrecht sind die jugendlichen Helden des Prinzenraubes, den Johannes Binhard in der „Newen vollkommenen Thuringischen Chronika" anschaulich erzählt.

Nach dem Testament des Vaters sollte zunächst Herzog Wilhelm III., der Oheim, den noch jungen Kurfürsten Ernst bevormunden. Die Geschäfte für den jüngeren Albrecht sollte später der kurfürstliche Bruder mit führen. Diesem väterlichen Willen sind die Söhne 21 Jahre nachgekommen. Sie bewohnten beide das Dresdener Schloß.

Albrecht hatte seine Jugend am Hofe Kaiser Friedrichs III. verlebt, dem er später in den ungarisch-böhmischen Kämpfen danklose Hülfe bringt. Aber Albrecht ließ das weder dem Kaiser noch seinem Sohne, dem Kaiser Maximilian, entgelten: Nach sieben Jahren überreichte ihm Albrecht, „der sächsische Roland," die Niederlande als ein „gehorsam" Land.

Freilich hatten ihn die dem Kaiser gewidmeten Dienste der Heimat entzogen. Ja, seinen eigenen Sohn hatte er den Ketten der Friesen preisgegeben. — Aber nach dem Tode seines Oheims Wilhelm (1482) teilten die Brüder die Erbschaft, die sie selbst teilen und trennen sollte! Zwar wird noch das Jahr darauf (1483) vom Kurfürst Ernst und Herzog Albrecht gemeinsam der Stadt Weißenfels eine Bestätigung erteilt über ihre Privilegien und Verschreibungen über die Stadtgerichte, oberste und niederste, aber 1486 hatte man die erste Teilung aufgehoben und sich dahin geeinigt, daß Ernst teilen und Albrecht gegen

Erlegung von 25000 Gulden die Wahl haben sollte. Um zukünftige Kriege untereinander zu erschweren, hatte man so geteilt, daß einzelne Bezirke des Einen im Gebiete des Andern lagen. Albrecht entschied sich für das Meißener Gebiet. Von den Vasallen kamen zu Meißen die Grafen von Stollberg, von Hohenstein, von Mansfeld mit Heldrungen, von Arnstein, von Beichlingen, von Querfurt, von Schönburg, von Schwarzburg u. a.

Von den Städten kamen u. a. an Albrecht: Kamburg, Dornburg, Jena, Eckartsberga, Freyburg, Sangerhausen, Weißensee, Weißenfels, Leipzig, Dresden u. a. Von den hier nächsten geistlichen Gebieten kam Merseburg an Albrecht, Naumburg fiel Ernst, dem Kurfürsten, zu. Wenn der nur nicht gleich durch Albrechts Wahl verstimmt gewesen wäre und Revisionen beantragt hätte! Nach dem Naumburger Schied des Jahres 1486 starb der Kurfürst, unzufrieden mit sich und der Teilung, in demselben Jahre.

Das kurfürstliche Erbe trat Heinrich der Weise an (1486—1525). Die Teilung hatte die Kraft und Macht des Landes jetzt dauernd in zwei Teile gebrochen. Und bei allem guten Willen blieb zwischen den beiden Linien doch eine Spannung, welche am Ende die Katastrophe von Mühlberg herbeigeführt hat. Albrecht der Beherzte war hochgeehrt. Der Kaiser verlieh ihm den Orden des goldenen Vließes. Aber die Kriege im Auslande hatten viel Geld gekostet. Allein in den Jahren 1488—1489 waren 42000 Gulden aus Sachsen gegangen. Später bekennt Kaiser Maximilian dem Herzoge 272757 Gulden für geleistete Dienste zu schulden. Der Ruhm der Sachsen war zu teuer erkauft! Und Friesland hatte nicht nur die Mittel des Sachsenlandes, sondern auch das Interesse des Herzogs für sein Stammland verschlungen. Ob er wohl für seine Person anspruchsloser und einfacher war als mancher seiner Vorgänger und Nachfolger — bei längerer Regierung hätte er doch dem Erblande verhängnisvoll werden können.

Um die Kriegskosten bestreiten zu können, hatte er 1488 noch eine sehr drückende Vermögenssteuer eingeführt: Von 100 Gulden mußten zwei, vom Dienstbotenlohn mußte 1/20, vom Handarbeitsverdienst überhaupt vier Groschen, von arbeitslosen Müßiggängern ein Gulden erhoben werden!

Jedenfalls stellte sich Herzog Albrecht dem Fortschritte des bürgerlichen Lebens auch in der Heimat nicht entgegen. Das aber wurde in dieser Zeit beherrscht vom Handwerk. Mit der zunehmenden Bedeutung der Städte war der Einfluß der Zünfte gewachsen.

Seit das Handwerk mit zum Wehrdienst zugezogen war, seit sich der Meister in die Rüstung hatte werfen lernen, seit er zur Armbrust,

7*

zur Büchse, zum Koller, zur Pasose gegriffen, um Tore und Türme, um die Stadt mit zu bewachen und zu verteidigen, ist er dem Bürgertum verwandt, dann gleich geworden.

Das Handwerk hat sich durch eigene Organisationen gehoben und in gewalttätiger Zeit gehalten. Und diese alten Organisationen haben etwas Exclusives an sich: Slaven und Sklaven sind ausgeschlossen, eheliche Geburt ist erstes Erfordernis zur Aufnahme als Lehrling.

Die Städte mußten schon ein Stück Entwickelung hinter sich haben, ehe es zur Organisation des Handwerks in ihren Mauern kommen konnte. Der Zuzug vom Lande mußte schon ziemlich allgemein geworden sein, ehe das Handwerk goldenen Boden hatte. Dann aber wurde die Zunft, die Innung, die privilegierte Unternehmerin. Wer nicht in ihrem Schatten lebte, unter ihren Flügeln geborgen war, konnte und durfte nicht aufkommen. Und sie hielt auf sich! Schlechte Arbeit war eine Schande fürs ganze Handwerk. Sorgfältig wurden die Gesellenstücke geprüft, peinlich das Meisterstück überwacht. Die Waren wurden aufgespeichert in den einzelnen Kammern, und auf den Bänken lagerten Fleisch, Bier und Wein. Wortreich sind die Satzungen, die alles und jedes regeln bis zum Verbote des Fluchens, der Unmäßigkeit, des gewohnheitsmäßigen Spieles. Feingeschnitten sind ihre Siegel, sauber ihre Wappen, in dem für die Schuhmacher Crispinus, für die Maler Lukas, für die Zimmerleute Joseph als Schutzpatron glänzt. Vor Jesu Marterbild in der Gesellenstube müssen die Müller und Bäcker im Winter das erste Licht anzünden. Meisterstücke der Arbeit sind die Innungsladen, die Zunftbüchse. Feierlich die Verhandlungen vor geöffneter Lade. — In seiner Blütezeit sah das Handwerk große Erfolge: Bis zum Anteil an der Stadtverwaltung hatte sich der Handwerker erhoben! Allmählich aber verengert sich der Sinn. Die Aufsicht wird pedantisch. Kleinliches Wesen, engherzige Abgeschlossenheit, niedrige Eifersucht graben dem Handwerk den Boden ab. Auf dem Landtage zu Naumburg 1499 kommt die Unhaltbarkeit der geltenden Ordnungen zur Sprache. Und 1526 ist die Innung nicht mächtig und stark genug, Differenzen selbst auszugleichen. Das bezeugt ein feierlich beschworener Urfried.

In Weißenfels haben zwei Fleischer, Christoph Brachmann und Christian Weideler, 1526 folgenden Urfried geschworen:

„Demnach ich N. N. wegen meines Verbrechens, daß ich allein vor längsten vor öffentlicher Lade, sondern auch im Schlachthause mit Fluchen und andern ungebührlichen Worten gegen den Ober- und andere Meister mich verbrochen, in gefängliche Haft geraten und mit Gehorsam belegt worden, nunmehr aber derselben wieder entledigt werden sollte: also schwöre ich zu Gott dem Allmächtigen von Grund meines Herzens, daß ich solche erlittene Strafe weder an E. E. Roth, desselben Gericht, noch an dem Ober- oder andern Meister weder durch mich noch durch andere nicht ahnden, sondern alles mit Geduld ertragen und mich sonst hierfür aller Gebühr nach verhalten, so wahr mir Gott helfe und sein heiliges Wort. Amen!"

Bis zum Jahre 1500 waren an Innungen in Weißenfels vorhanden:

Die Schneider mit einer alten Ordnung vom Jahre 1398.

Die Fleischer mit einer Ordnung von 1486/1575.

Die Schuhknechte mit einer solchen von 1489. Das Original ist im Ratsarchiv gut erhalten. Sie haben 1488 einen wertvollen gotischen Kelch der hiesigen Marienkirche geschenkt mit der Inschrift: „Diesen Kelch haben lassen machen die schue Knechte in der Ecc. (Kirche) unsrer lieben frawen."

Die Fischer mögen noch älter sein als die Schneider. Aber ihre Urkunde vom Jahre 1076 ist, wie schon gesagt, nicht echt. Erwähnt sei ein in diese Zeit fallender Brief Herzog Georgs von Sachsen (des Bärtigen) an den Bischof von Merseburg in Sachen der Fischerei-Gerechtigkeit der hiesigen Fischer vom Jahre 1499.

Die Bäcker erhielten den ersten Brief 1519, Montags nach St. Antonii. Organisiert waren sie sicher schon vorher. —

Diesen und den andern Meistern des ehrbaren Handwerks wird an der Verlegung des bestehenden Jahrmarktes im Jahre 1500 nichts gelegen haben. Lieber wäre ihnen gewiß die Aufhebung selbst gewesen.

Die erste Form des öffentlichen Handels war hier der Wochenmarkt. In der allerersten Zeit ergab er sich als eine Notwendigkeit für den Verkehr der Angehörigen desselben Burgwards.

Der Aufschwung der Städte brachte dann die jährlichen Märkte (Messen) mit sich, die vom Landesherrn gewährt wurden. Hier bedeutet die Verordnung, daß alles Getreide der Umgebung in der Stadt Weißenfels feil zu halten ist (1579), eine Seite des hiesigen Marktwesens.

Die Jahrmärkte stellen die zeitweise Konkurrenz mit dem privilegierten heimischen Handwerk dar, sind die Oasen der Gewerbefreiheit. In dem Jahrmarktsprivileg Herzog Georgs vom Jahre 1500 heißt es, daß ihm „die Ersamen, unser lieben Getreuen, Bürgermeister und Rathmann unser Stadt Weyssenfels ... zu erkennen geben, wie sie vor etlichen langen Gezeiten einen Jahrmarkt gehabt, der drei Tage vor Michaelis angegangen ..." Die diesen Markt bezeugende Urkunde sei „vor Zeiten in Feuersnöten verdorben".

Diesen alten Jahrmarkt bestätigt Herzog Georg neu: a) in Anerkennung der „getrewen und nuzbaren Dinst, die sie unsern vorfaren löblicher Gedechtnis, auch nachmals ... unserm Herrn Vater uns und andern vleyssiglich gethan und auch hierfüro thun sollen ..." b) „desgleichen zu künftigem nuz und gedeyhen so Uns und gemeinen Unser Stadt dardurch erwachsen mag".

Der Markt wurde in diesem Privileg vom Jahre 1500 auf einen andern Tag (Elisabeth) verlegt. Händler sollen mit allem Kaufmannsschatz,

Zolles und Geleites frei sein, sollen nach beendetem Markte „one alle Verhinderunge . . . wieder daraus ziehen und fahren bynnen der Zeit als derselbe Jahrmarkt . . . gewehrt hat . . .“

Otto aber berichtet S. 96, daß die Stadt im Jahre 1795 zwei Vieh- und drei Jahrmärkte zu halten befugt ist. Den ersten Dienstags nach Invocavit, nebst einem Roß- oder Viehmarkte vorher, womit sie Anno 1661 Herr Herzog Augustus begnadiget und welchen, Jakob Rösslern zum Andenken — weil er die Conzession von Halle abgeholet — die Leute sonst nur den schönen Jakobsmarkt hießen. Dazu kamen in jeder Woche drei Markttage: Montags, Donnerstags und Sonnabends. Otto sagt:

„Von Alters her hat Weißenfels nur zwei Jahrmärkte gehabt, einen drei Tage vor Michael, den Herzog Georg auf Elisabeth verlegte, und den andern auf St. Annae, der gleichfalls von demselben auf den Sonntag nach Margarethen zurückgeschoben worden. Und sind ehedessen die Jahrmärkte allemals Sonntags gewesen, welches aber von dem Landesherren abgeschaffet worden.“

Diese Bemerkung ist kulturgeschichtlich insofern interessant, als sie bestätigt, daß die Händler um die Kirchen ihre Waren auflegten, und daß nach der Messe am Gotteshause der Markt, nachmals auch Messe genannt, begann. Daß das Handwerk den dem Sonntage oft folgenden „blauen Montag“ erfand, beweist folgende Zuschrift Herzog Albrechts an den Rat zu Weißenfels von 1510:

„Liebe Getreue! Uns gelanget an, daß die Handwerke — Arbeit samt Leute bey euch alle Woche einen Tag guten Montag halten und alle Arbeit stehen und liegen lassen, deßgleichen so in einer Wochen ein heiliger Tag einfället, das man ihnen denselben auch vor voll verlohnen müßte . . . Ihr wollet öffentlich ausruffen und verbieten auch das eine Schrift unter eurem Stadtinsiegel an eurem Rathause schlagen lassen, daß kein Handwerks oder arbeitsam Mann sich hinfüro guten Montag zu halten unterstehe und ob in der Woche ein heilig Tag fiele, daß sie denselbigen nicht verlohnet nemen, jenen auch niemand solchen heiligen Tag verlohne . . .“

Im Städtchen aber beachten das und führen seit 1485 das Regiment nach einem in Schweinsleder gebundenen Bande des Ratsarchivs Rep. I. C. I. No. 1 nach dem Wortlaute der erfolgten Konfirmation:

„Als Confirmiren und bestätigen wir auch die ernach geschriebenen Mit nahmen: Hermann schade, Nickell Freytag zu Bürgermeistern. Nikolas Dreschir, Kunzen Bischoff zu Kämmerern, Hansen Popisch, Heinzen Skölen, Nickel Gickhau, Volkmar tanrode, Mathes Müller, Andreas Vater, Heinrich Winter, Wenzel Rauß — zu Ratsfreunden. Dies zukünftige Jahr mit Unserm Briefe: von euch, dem alten Raht und ganzer Gemeine Begerende und ernstlich gebietend, denselben neuen Raht dieß Jahr aus aller pillich und gebührlichen sachen in unsers Land und Stadt besten nuz und frommen, willig, volgig und gehorsam sei . . . . und euer Keiner das anders halte, bei vermeidung Unser ungnade. Das ist uns ernste Meinung Und kombt uns von euch allen zu danke. Zur urkunde mit Unserm Herzog Ernsts . . . aufgedrucktem Secret, das von Herzog Albrecht hiran Mitgebrauches versiegelt Und geben zu Leipzigk Dinstags vigilio Bartholomaei anno MCCCc quinto (1485). Unserm lieben getreuen, dem Raht zu Weißenfels.“

Aus dem Jahre 1490 stammen die im Besitze des hiesigen Ratsarchivs befindlichen ältesten Statuten der Stadt.

Statuta der Stadt Weißenfels von Straff und Gericht 1483.

Rathmanne, Geschworene und gantze gemeine der Stadt Weyssenfels seint eins wordenn und wollen das Vorrecht und eyne Gewohnheit gehaldenn haben. Was der Rat ufm Rathause sein wirdt und gebeut jemand aus ihrem Rath oder den andern zweyen Rathen vor sie zu kommen, welcher dann nicht kommt, so man die Gluck leuttet, bußet 16 Pf., er habe denn Verlaubnis von dem Burgermeister oder seinen Ratsfreunden, ein Rathverwandter bußet doppelt: 32 Pf. (1579).

Zum Ersten: Wan der Rath eynen Buerger besendet, umb sachen was das auch sey, unnd bey der Buße gebithen leßt, kommt er dann nicht, so büße er das dem Rathe nach würden.

2. Es soll ein jeglich Rath von wegen der Stadt einen jeglichen bürger vor Erst gebiethen bey fünf schillinge pfennige, zum andern bey ein(em) halbe(n) fl., zum dritten bey einem guld, thut er dan seinem Widersacher nicht außrichtung noch helt den gehorsam, so sol er sein Bürgerrecht verloren haben und zu bürgern nicht aufgenommen werden, Er habe denn solchs verwandelt nach Erkenntnis dreyer Rethe und dem Rathe zuvor alle schuld entricht(et).

So ein Fremder oder auslendischer einen bürger um gelt schulde anzuclagen hat, der sol yn vor dem Burgemeister anclagen — komt er nicht, sol ym (geschehen), wie oben gebothen und die buße von ym genommen werdenn; so dann der beclagte die schuld vor dem Burgemeister bekenneth, so sol ihm bey gehorsam in drey viertzentagen ausrichtung zu thun gepotenn werdenn.

Als ein ungewonliche Übung in gerichte (wird es) gehalten, So ein part ein(en) satz einbrecht, hat er den selbigen drey volle Dinge eines gegensatzes von dem andern krigischen Part nehmen müssen, damit die Leute verzogen (= verzögert?) ... ihre ... nahrung und handell verseumen müssen, schwerlich in ein gantzen Jahrs ein Urteill erlangen. — Dem alßo vohr zu kommen, haben die Herren des Rats bey inen betracht und vohr guth angesehen, In massen das auch jetzt in ampt und Landgerichte zu(ge) haldenn: welche part einen satz einbringen wird, das der andre desselbigen abschrift nemme soll, sein nottorft darwiddere in der dinge zeit auch machen lassen: dieselbe also in viertzehen tagen oder uffs nechst gerichte volgend darwider auch einbringen, Und alßo do igliche part zwen setz einbrecht, das alßo dann domit nun beschlossen und zum rechten verfertiget werden soll.

Welcher Buerger oder Einwohner unrecht kornmaß oder gewicht giebt, das zu gros oder zu klein ist, so man inen (ihn) des überkommt, der bußet der stadt XXX schillingpfennige.

Welch Buerger oder Inwohner bir und weinschenkt, wan er bier Gemas gibet, des man inen (ihn) überkommt, der buße der Stadt V schillingpfennige.

Es sol niemandts anders wegen noch privilegium nemen, denn auff der stadt wage, welcher des überkommen wirdt, der schultet der Stadt V schillingpfennige Und was man uff der wage gewogen gipt oder nimpt, gipt man von einem stein 2 Pf., einheymischer ausgeschlossen, Seint es aber Fremde, so giebt keuffer und verkeuffer, jeglicher von einem stein 2 Pf., allein vom pech gebe man von beiden 2 schillingpfennige.

Wehr (wer) jemandt, der in die Räthe gehört: Herren, Richter oder Scheppen mit worten, dy yre ehre und glimpf belangendt übergeben wirdt, den sol der Rath uff gehorsem heißen gehen bey X schocken und nicht hervor gelassen werden, er habe den(n) das den Rethen und den die sache belanget, nach erkentnis der Rethe vorwandelt.

Wenn ein Bürger anderswo umb sachen und tadt (Tätlichkeiten), dy im stadtgerichte geschehen, dann (als) vor dem Rathe oder Stadtgerichte vorclaget, den sol der Rath in gehorsam nemme bey X ßo. und nicht darauß lassen, er hab dan (denn) das verwandelt den Rathen nach gnaden.

Wer sein Haus und Erbe zinßbar machet ane des Rats wissen und willen, der verkaufst sein Erbe und ihnen sein geldt.

Wer sein Erbe und guth, das im weichbilde gelegen ist, Einem einwohner verkaufft, der sol das verkauffen mit solchem underschiedt, das er es so hoch soll verschossen, als er das gekauft hat. Und der Rath soll mit geschos den guthern nachfolgen und die uf suchen. Und ob die ein außlendischer kauft, giebt vollen und zwiefachen geschoß.

Es ist ein Wilkühr geschehen von dreyen Rethen und ganzer gemein, das nimant gerade fordern sol bynnen hundert jahren, würde auch jemant von eynem außlendischen darumb angelanget (werden), den sol der Rat helffen und Beistand thun, biß zu rechtlichenn außtrage.

Item, das Goth beware, wan es brenneth in der Stadt, ßo man die Glocke leuten höret, welcher burger dann nicht arbeitet an dem feuern, so er dabey besehenn wirdt, der bußet der Stadt ein Neuschock. Wen man das bedurffen wirde [do goth vohr sei:], welcher knecht dann den ersten schlitten mit eyner beisen voller wasser zu dem feuer bringet, so wil man dem ersten gebenn V schillingpfennige, dem andern vier schillingpfennige und dem dritten drey schillingpfennige. Es soll ein jeglich Buerger, der besessen ist, haben eine lange Leiter, ein Feuerhacken, ein schepf oder giß faß und ein redlich gefesse mit zweien öhren, mit wasser vor seinem Haus unnd uff dem Boden über jhar Und einen ledern eymer umb feuers noth willen. Und welcher Bürger der do Braudt, vom Rathe geboten würde eine Deise mit Wasser vor dem Hause ufn Schlitten zu haben, der soll es also haben bei buß 1 n. ßo.

Es soll ein jeglicher Gastgeber Und ein jeglicher, der do Brau-Gerüste und Melzhäuser hat, haben einen feuerhaken, en lange letter (Leiter), ein giß eymer, ein Deisse mit Wasser uff einen schlitten vor seinem thor und ein redlich gefeß voll wassers uf seinen boden bey Poen 1 ßo. zu halten schuldig sein.

Wan feuer, in welchem Hauß das (auch) außkommen (ist), so sol derselbige burger das beschreyen und offenbaren, dormit ferder schaden verwaret mochte werden bei buß 1 ßo.

Es soll auch kein burger nach anderer bei Poen X ßo kein Freuel (Frevel) an den, in des Hause, do das feuer auskommen ist, legen.

Es sol auch eynem jeden, wan feuer außkommen und vorm feuer, nach ausweisung des Rades angeschlagen wurde, ziemliche Wider(er)-statunge nach erkenntnis der Rathe beschehenen schadens geschehen.

Es sol niemand keinem Fremden Eimer Heimzen leihen noch in seinem Hause vergönnen getreide damit wegk zu messen auf verkauff, bey Poen ein Schock . . .

Wan Unschlitt zu margk oder vohr di wage komt, das sol kein fürkäuffer noch hock kauffen noch den kauffer machen, deßgleichen auch mit anderer wahr, es sei denn domit margk gehaldenn biß zu mittage, bey verbissung 5 schillingpfennige.

Wan pech zu marcke oder vor die wage kometh und domit march gehaldinn ist, als so (also) ein etzlicher (jeglicher) buerger gekaufft hat als (so) vil er zu seiner nottorst bedarff, so sol das kein hock oder Vorkeuffer (Aufkäufer) was da bleiben wirt keuffen oder verkeuffen, Sunder der Rath wil das selber behalden und käuffen bey pena 5 schilling.

It. Was man auch von puttern, Eyern, Nüßenn (Nussenn), Eppeln, Gesemen und anderem zum margk brengith (bringet), das sol kein hock kaufen, noch den vorkauff domit machen, es sei den dormit margkt gehaldenn bis zu mittage bei straff V schillingpfennige.

It. Welcher Fleischhauer einem ein wonenden Bürger Fleischs verkeuffe, das do schnode fleischs heist, der wettet der Stadt 5 schillingpfennige nach ausweisung des briefes und sal dem burger sein gelt widergeben und sein fleisch verliren.

It. Allen thorwertern sol man auß der Kuchen zu den hochzeiten nichts gebenn sunder dem thorwerter alleine, der in das virtel gehoret, darinne di hochzeit ist, und dem Haußmanne sampt dem Kirchner sal man geben zwei gerichte fleischs, kraudt, Ein halb stübchen Bier, zwei Hochzeit brodt und nicht mehr — bei Poen V schillingpfennige.

Die Sonntags feyer unnd andere Feste, die zu feiern gepoten sein und ausgesetzt, sol man haldinn und feyern bey Verlisung (Verlust) einer marcke silbers.

Keyne frue orthenn (Frühschoppen) sol man an hochen festenn und heiligenn tagen haldenn bey der buß 1 fl. vom Wirt und auch vom Gaste zu nemen auch die under der predigt der Feste uffm marche (Markte) stehends befunden, sollen dem Richter in straff zu nehmen befohlen werden, deßgleichen di, so umb die Kirche die (in dieser) Zeit gehen.

(Was) dy getreide keuffer (anlangt), so sol keiner die woche mehr denn ein fuder getreidichs wegk füren oder laden bey Buß 1 ßo. Es sollen auch dy getreyde keuffer nicht mehr den eins auß dem Hauße uff den marsch gehen bei Buß 1 ßo.

Dy getreide keuffer sollenn auch (weder) uff dem marcht noch in den gassenn kein getreide kauffen, ehe man die glocke leutet und auch vohr der glocken nicht abtragen lassen bey buß 1 ßo.

Szo auch Ein getreide käuffer, welcherlei getreide das hey (er) gekaufft hat und ime (ihm) ein anderer in den kauff felth (fällt) und ime alßo den vorkauffer abhendigk macht, der sol dem Rathe 1 fl. zur Buße gebenn.

PRIVAT PERSONEN.

Alle dyjenigen, di in der Unehr (Unehre) sitzen, sollen von keinem burger gehauset noch geherberget werden bey Buße 1 fl.

Den Handtwergesgesellen, Bademegden und den Biertregern sol man nicht bradtwürste geben, wie vor alders geschehen ist.

Die Hegken (Höken) und andere, so obs (Obst) und anderes zuvorkeuffen habenn, sollen am sonntage und andern hohenn festen vohr der vesper nicht feile habenn bey der buße funf schillinge.

Szo jemandes sein Vyhe abgehenn (krepieren) würde, der sol das dem abdecker ansagen, uff das er das zu holen weis und nicht uff die gasse werfenn buß 1 ßo.

Es sol auch kein Burger Sau, pferd, odder kuhe nicht uf die gaßenn werfen und uber 14 tage ligenn lassen bei Poen 1 ßo.

Das gekerich unnd andern Unfladt sol man nicht uf die themme (Dämme) noch in die gräbenn oder gaßenn, sondern vohr das Salthor bey die claine brücke tragen.

Szo der Richter einen buerger umb Hülf unnd beistand, so es die not erfordert, anruffen wurde, der sol ime (ihm) gehorsam leisten und beistand thun. Würde er sich aber widersetzig machen, so sol er dem Rathe 1 fl. zur Buße geben.

Brauenn.

Und so einer, der nicht ein brauer ist (nicht zur brauberechtigten Bürgerschaft gehört), Bier verkauffe, der sol das in der Stadt anders nicht, denn in dem Hause, darauf es gebrauen wirt, schencken bei Buß 1 ßo.

Es sol auch keiner über Sommer mehr nicht denn ein gantz Bier in die Burgstraßen legen.

Ein jeglicher Brauer wan er under (?) macht, do der Stender noch stehen würde, sol ein Zeddel holenn, darnach man sich zu erkundin habe den zehenden zu nehmen bey der Stadt gehorsam.

Es soll auch kein bihr anderswo geschenkt werdenn, den in dem Hause, darauff es gebräwen wurde, bei Butz 1 fl. Und vor Martini nicht mehr den ein viertel brauen.

Es sol auch kein buerger kein bihr in seine behausung nemen, den zum lager Bier im Sommer — —

Es sol auch keiner vor dem anderen brauen bey Poen 1 fl.

Spill.

Es ist durch den Rath und gassenmeister und gantze gemein beschlossen und angenommen, das kein spill uff wirffeln, karthen oder Brettspill, wy man das dencken mege oder kann, hinfüro in Bihr oder weinheusernn unnd offenen schencken uff die nacht bei licht geschehen, soll bey der Butz 1 fl. vom wirt und auch vom gast zu nemen, sondern am tag magk man zimlich spill halten.

Hausmann (Türmer).

Item, so es Brennet, do Gott vor sey, so sol der Haußmann so balde er das gewahr wird und die lohe sieht an der großen glocken stürmen oder schreyen, so es bei tage, gegen derselbigen gaßen do das feuer ist, die feuerfahnen aussteckеn, so es aber bey nacht, die Laterne mit einem brennend licht gegen derselben gassen außhengen, donach man sich zu achten, wo das feuer ist, so es sehr luedert (lodert), sehr raucht, feuer reucht oder dampfft, sol Haußmann dasselbige vom thorme melden, domit geferlikeit verhütet und do es vonnote unnd über handt nehmen — da Got vor sei — flugs anschlagen. Es sol ein Haußmann alle stunden mit dem Hornichen melden bey tag und bey nacht auch viertelstunde und alle morgen nach Gelegenheit der Zeit den tagk anblasen.

Um seigers sibenn oder achte morgenn, umb XI hora zu mittagk, auch umb seigers III abendroth und zunachts umb sex, acht oder neuhne, so man die thore schlißen will, auch plassen (blasen).

Auch so Reutter IIII (vier) oder funf einziehen, mit abplasen anzeigenn. Darum giebt man ihme die wochen XII Gr. und I Roß. vom Seiger zu zu stellen — von einer hochzeide XII Gr. und ob Ihn gleich einer ihn (in) der Rinkmauer nicht brauchet desgleichen Ein Suppen midt fleisch und ein Krugk biertz.

Hirtenn Lohn.

Dy nicht broth gebenn, sollen von einer Kuhe IIII Gr., von einer Ziegen II Gr., von einem schaff I Gr., von einem schwein VIII Pf. ein Jhar gebenn.

Wehr do broth gibt, soll von 1 Kuhe 1 Gr., von andern Viehe halb Lohn gebenn. Wehr (wer) des Hirtens der gemeine — nach des Weichbildes gar nicht gebraucht, sol vom Vihe halbe(n) Lohn geben.

Welche eygenen Hirten haben und (den) der gemeine eine tagk oder zwene verprauchen (gebrauchen), sollen dem Hirten vollen Lohn geben, von 1 jherig Kalben II Gr., von 1 heurigen I Gr.

FINIS.

Nur an Bürger ist statthaft Verkauf „von Guetern im Weichpilt".

Drey Rathe unnd ganze Gemein sind eins wordenn unnd haben eintrechtiglich beschlossen, vor ihre gewohnheit, Wilkür unnd recht zu halden, das nun hinfort ein jeder buerger, der seine guter zum teil oder alle zu verkaufen willens ist, so im Weichpilde gelegen, es sei an eckern, wisenn, weinbergen, weidich, gerten oder woran es wolle, keinem außlendischen, der nicht bürger ist worden, vorkauffen soll, do mit die güther der stadt und inwonenden Bürgern unentwandt und nicht under fremden uffm lande gelassen, sondern bey den bürgern in der Stadt Weißenfels und iren nachkommen ewiglichen als stadtguth bleiben sollen bey verlust des guts des, der da es verkaufft.

Bey nacht nicht Kammerlaugen außgießen.

Nach dem allerlei Unrichtigkeiten sich mit dem Nachtwasser oder Kammerlaugen auf gassen zu(ge)tragen, als haben der Rath mit einwilligung und antragung der Gassenmeister ufn Freitagk nach Exaudi a° 1483 beschlossen, das Niemand sal uf den abent vor X Schlegen nichts auf die goßen, auch gegen morgen, wenn es drey geschlagen, auch nichts außgießen sol; wird aber jemants zu erlaubter Zeit herauß gießen, der soll es also mit dieser massen thun, das er zuvor wol heraus sehe, das Niemant begussen wirt bey Straffe des Rades.*)

Die Bestandteile der zu liefernden Waffenrüstung nach der Quantität der Brauberechtigung.

Ein jeder Burger, der uf seinem Hause oder Erbe $^6/_4$ oder ein ganz Gebrewde zu brauen hat, soll haben:

Eine ganze Rüstung, Sturmhauben, Panzer und Handeschken, einen langen Spieß, ein under- oder seittwehr.

Welche Burger Ein ganz gebrewde zu brauen haben, sollen halten:

Eine Moßkete, Pantelier sampt aller Zugehorung, eine Sturmhaube, Under- oder seit Wehre.

Der $^1/_2$ oder nur $^1/_4$ haben und brauen sollen halten:

Eine Moßketen, eine Sturmhauben, ein under- oder seitenwehr.

Burger so um $^1/_4$ oder wol nichts zu brauen haben, sollen halten:

Einen federspieß, Under- oder Seitenwehr.

*) 1574/84 ist die Strafe auf 1 Rho. ermäßigt.

Unbesessene Burger und Einwohner, so keine Eigenheuser aber Handtwerge haben, sollen ein jeder vor sich neben der Underwehr auch einen guhten Federspieß halten und damit weniger nicht als andere besessen zu schneller Volge und uffgelaufen gefaßt sein, der Obrigkeit, Raht und Gerichten, Ihrer Pflicht nach schuldige folge leisten.

Es sollen auch obgemeldte ..... undt Rüstungen bey jedem Hause unndt Erbe bleiben unnd mit denselben verkaufft werden, Es wehre (wäre) denn zue Hochgerichte verfallen, dan sollen Keuffer oder Besiezer andern zu verschaffen schuldigk sein.

Wenn auch, da Gott vor sey, Ein Uffgelauff jn der stadt sich zuetragen mechte und die Burgerschaft durch sturmschlagk oder die Ratsglocken uffgemahnet wurden, sollen die gassen Meister jeder die Thore, darein sie gehörigk, in acht nehmen ..... und beschliesen.

Die andern Burger unde Einwohner alle sollen uffs beste gerüst ungeseumbt vorm Rahthause erscheinen, uffwarten unnd ferners bescheidts gewertigk sein. Welche aber Muhtwilligk undt vorsezlich aussenbleiben wurden, sollen alß Ungehorsame, die Ihrer Pflicht vergessent, unnachlessigk gestrafft werden.

So sollen auch Burger undt Einwohner jn gesampt undt zu jeder Zeit mit Ihren uffgelegten Gewehren unde Rüstung gefaßt, fertigk, dieselben rein undt sauber halten unde jn guter bereitschaft sich finden lassen — bei welchem Mangel vermergkt undt befunden, soll dem Raht 1 fl. straff verfallen sein."

So heißt es in der mit H. signierten Revisio statutorum, in dem revidierten Statut ohne Jahreszahl und Datum.

Besonders ist da noch gedacht des Branntweinbrennens, daß es mit Erlaubnis des Rats geschehe, daß der Brenner „den Ort, Blasen und Brennofen besichtigen lassen und 1 Ngo. vom Eimer Blasenzins entrichte."

Erwähnt werden weiter: „Wassergraben in der Stadt, sonderlich in der Juden- und Kalden Gassen."

Die Erwähnung des Bürgerfriedens war mir neu: „Ein jeglicher Bürger und Einwohner soll in seinem Hause rechten beständigen Frieden haben. Würde hier aber einer oder der andere in dem seinigen verwundet, geschlagen, ihm die Thür aufgestoßen, Fenster aufgerissen und solcher Frevel überkommen (überführt) — (d)er hat die Hand ausgewirkt und muß die lassen nach Erkenntnuß."

Die Erwähnung des „Weichbildes" läßt erkennen, daß es sich um die Zeit nach 1454 handelt und daß die Revision sich auf die mitgeteilten Statuten vom Jahre 1483 bezog.

Kapitel 17.

Unter Herzog Georg dem Bärtigen (1500—1539).

(Nr. 15 der genealogischen Tafel.)

Von der hohen Warte einer universalgeschichtlichen Betrachtung aus beginnt hier die neue Zeit mit ihrer Begründung durch die Reformation.

In der Kurwürde war dem 1486 verstorbenen Kurfürsten Ernst sein Sohn Friedrich der Weise gefolgt. Nach dem Testamente Herzog Albrechts des Beherzten vom 18. Februar 1499, das unter dem Beirate geistlicher und weltlicher Herren — auch des Bürgermeisters Heinrich Winter von Weißenfels — aufgezeichnet war, sollte in Zukunft immer der älteste Sohn im Besitze der Erblande bleiben. So huldigt Weißenfels dem Herzog Georg (und seinem Bruder Heinrich, dem Erben von Friesland) am Ende des Jahres 1500. Bei dieser Gelegenheit haben die fürstlichen Brüder dem Rate der Stadt Eckartsberga ihre statuta konfirmiert.

Hatte der beherzte Vater Waffenkämpfe zu bestehen, so wurde Georg hineingestellt in den Kampf der Geister. Aber ein paar Mobilmachungsorders vom Jahre 1519 und 1529 sind doch von ihm vorhanden, die „Unserm lieben Getreuen, dem Rate zu Weißenfels" zugingen: „ihr wollet mit euren Leuten in allem, es sei von Harnisch, Geschütz und anderem, das zum Kriege und Feldzuge not ist, gerüstet und in Bereitschaft sein ..."

Freilich, dem raschen, kriegslustigen Vater war Georg geeigneter für den geistlichen Stand erschienen. Und seine Regierung verleugnet die Spuren des ersten Berufes nicht.

Im Jahre 1496 hatte er sich mit Barbara, König Casimirs von Polen Tochter, vermählt. Seit 1501 zahlen die Ämter an sie ein „Leibgedinge" von 2500 Gr.

Und nun zur Reformation.

Das Elend der Klöster hatte Luther schon auf einer Visitation der Meißnischen und Thüringischen Klöster kennen gelernt. Die Kirchenzucht war durch Bettelmönche und Ablaßprediger so gut wie aufgelöst.

Auf dem Reichstage hatten sich Stimmen dagegen erhoben, in Sachsen wurden die Proteste immer lauter.

Schon 1490 war ein Kommissarius der Römischen Gnaden von Mücheln nach Freyburg und von da nach Weißenfels gekommen. Im Jahre 1502 war wieder einer da.

„Es muß damals seltsam zugegangen sein" — erzählt Nebe in seiner Geschichte des Klosters Roßleben — „denn Herzog Georg schreibt aus Schellenberg ... daß er die Kasten und Laden, darin das Geld für die römische Gnade und das Beichtgeld gelegt worden sei, wohlversiegelt und uneröffnet an den Rentmeister oder Rat zu Leipzig schicke. Es will scheinen, als ob der römische Kommissarius nur seine Gnadenbriefe angeboten, der Pfarrer sie eine Zeit lang in der Gemeinde vertrieben und daß der Herzog sich einen Anteil an dem Gewinne für seine Erlaubnis vorbehalten habe."

Herzog Georg kannte die Schäden wohl. Aber die Reformation durch den einstigen Bauernsohn war ihm verhaßt. Er hat selbst Klöster visitieren lassen.

Hatten doch Kurfürst Ernst und Herzog Albrecht schon in den Jahren 1483/84 über den zerrütteten Zustand der Klöster geklagt und dem Naumburger Bischof eine Visitation seiner Nonnenklöster „bewilligt".

Nach Dr. Geß: „Die Klostervisitationen vor der Reformation" berichtet 1532 der Weißenfelser Amtmann an den Herzog, daß die Klöster Langendorf und Beuditz keine Pröpste, sondern weltliche Vorsteher haben, sie würden von einem fürstlichen Amtmann und vom Dechanten zu Zeitz und mit Wissen der Domina gesetzt und entsetzt. Wie war doch die Freiheit der Klöster seit ihrer Begründung schon zurückgegangen, ehe sie evangelisch wurden! Im Herbst 1521 waren Hunderte ihren Zellen entlaufen. Rechnungen waren teilweise gar nicht mehr geführt, so in Langendorf, in Goseck. Da stellt Herzog Georg eigenmächtig Visitationen an, ob es vielen nicht paßt, ob manche ihm das Recht dazu bestreiten.

Im Jahre 1535 — vier Jahre vor seinem Tode — begann er selbst am Sonntage Okuli eine Visitation der Klöster und Comthureien Thüringens durch Georg von Breitenbach und Melchior von Ossa. Das Visitationsprotokoll ist noch vorhanden. Es gibt an, daß in Langendorf 24 eingesessene Ordenspersonen und 13 Laien, in Beuditz 23 eingesessene Ordenspersonen, in Weißensee eine, in Bibra vier, in Droyßig (Tempelhof) eine, in Reinsdorf drei, in „Kuhkölln" — so steht im Protokoll — zwei vorhanden sind. Hinter Weißenfels stehen zwei Vakatstriche. Hier geschah die Visitation wohl erst im Jahre 1538 durch die herzoglichen Kommissarien Hilarius, Abt und Archidiakon zu Chemnitz, Georg von Breitenbach, Amtmann und Ordinarius zu Leipzig, und Melchior von Ossa, „beide der recht doctores". Sie legten dem Clarenkloster auf:

„jehrlich auff montagk Quasimodogeniti schier künftig anzufahren Hundert Gulden In das gemein verordente gewelb zu Leypßig — irem Kloster zu Guthe einlegen." — Dem Kloster nützte die Eingabe dagegen nichts. Vergeblich hatte die Domina Euphemia von Plaussigk vorgerechnet, was das Kloster alles zu leisten habe an Abgaben und Ausgaben. Auch ein Drittel des 1538 geschehenen Besuches der Kommissarien Herzog Georgs habe sie resp. das Kloster zu tragen gehabt.

Am peinlichsten aber hat sie's berührt, daß man ihr und dem Kloster gedroht: „wo wyr die hundert Gulden Jerlich nicht hinterlegen und (uns) das Holtz zu verkaufen enthalten, so sollen alle unser zinß ins Ampt zu erlegen gebothen werden — —." Sie ist „tröstlicher Zuversicht E. F. G. werden solches an uns armen Kindern nicht bescheen lassen. E. F. G. wollen sich gnediglich kegen uns armen Kindern bezeygen, den wyr niemant negst goth, den(n) E. F. G. solchs zu klagen wissen und umb gnedige schriftliche Antwort E. F. G. Bittende." Noch einmal:

Wir sehen daraus, daß dem Herzog eine Neuordnung der Dinge wohl am Herzen lag. — Aber Luthers Reformation war ihm gleichbedeutend mit Revolution. Am Ende wurde ja Luther für alles verantwortlich gemacht: für die Pest, die in jenen Zeiten hauste, für die Schwärmerei der Wiedertäufer, für den Fanatismus der Bilderstürmer, für den Aufruhr der Bauern. Aber der „Bund des armen Konrad" und noch früher der „Bundschuh" waren ja vor Luther da! Herzog Georg hielt strenges Gericht! Er fordert auch den Amtsvogt und Rat zu Weißenfels auf, allen Aufrührern — darunter verstand er jede Hinneigung zum Evangelium — nachzuspüren und sie zur Verantwortung zu ziehen.

Schon 1522 hatte er die Bischöfe von Naumburg, Merseburg, Meißen veranlaßt, die Schuldigen rücksichtslos zu strafen. Er hat wahrscheinlich auch am Nikolaitore in Weißenfels in demselben Jahre ostentativ die Säule mit dem Kruzifixus und mit Heiligen errichten lassen, damit die Vorübergehenden hier beteten in schwerer Zeit.

Raffiniert sind die kleinen Mittel, deren sich Georg bedient, um die Reformation in seinem Gebiete unmöglich zu machen. Seine Verordnung wegen des Fleischessens in der Fastenzeit, die an den hiesigen Rat ergeht, verrät den ehemaligen Priester:

„Wollet euch ernstlich verbieten, daß von nächstkünftigem Sonntag Invocavit bis Ostern Niemand auf den Kauf schlachte, noch Fleisch in den Bänken oder sonst verkaufe und feil habe. Da aber hierwider gehandelt würde mit gebührlicher Strafe darüber zu halten. Und beschiehet an dem all unser ernstlicher Will und Meinung."

Hierher gehört auch sein Vertrieb von Andachtsbüchern, das Verbot, reformatorische Schriften zu kaufen und die Empfehlung Hieronymus Emsers gegenreformatorischer Schriften.

Weißenfels um 1680. Nach Pet. Schenck.

Seit 1533 hatte Herzog Georg Beichtmarken eingeführt, die der Kommunikant zum Nachweis seiner Rechtgläubigkeit empfing. In dieser Sache war einige Jahre zuvor schon (1529) an den Amtsvogt von Kreischau in Weißenfels und an den hiesigen Stadtrat die strenge Weisung ergangen, die Krankenbesuche scharf zu kontrollieren „ob vielleicht welche darunter wären, die den Kranken ketzerische Lehren beibrächten oder ihnen das Abendmahl in beiderlei Gestalt reichten; wären es Geistliche, so sollte man sie dem Bischof von Merseburg ausliefern, wären es Laien, so sollten sie der Stadt und des Landes verwiesen werden. Jeder Tote aber, der sich lebend geweigert, das heilige Abendmahl nach altem Ritus zu empfangen, solle nicht in geweihter Erde, sondern an einem unehrlichen Orte begraben werden." Und Herzog Georg ließ die angedrohten Strafen dem Buchstaben gemäß vollziehen! Mehr als einer wurde hingerichtet, zu ewigem qualvollen Gefängnis verdammt, mit Schimpf und Schande, mit Schlägen und Spott des Landes verwiesen.

Solche und ähnliche Verbote mehrten sich, als nach Übergabe der Augsburgischen Konfession 1530 die meisten protestantischen Fürsten und Städte das Bündnis zu Schmalkalden schlossen und als der Kaiser durch den drohenden Türkenkrieg sich genötigt sah, einstweilen freie Religionsübung zu bewilligen.

Jetzt erließ Georg ein strenges Verbot gegen den Zulauf zu evangelischer Predigt. Jetzt war die Inquisition ganz im Gange!

Den Nürnberger Religionsfrieden (1532) ignorierte Georg gänzlich. Voll Ingrimm mußte er aber dann doch von Weißenfels aus Zugeständnisse machen: Er ließ sich 1536 herbei zu Vergleichsverhandlungen mit dem Kurfürsten. Der Landgraf Philipp von Hessen hatte sie ermöglicht. Zu diesem Zwecke hielt er, wie aus dem Briefwechsel des Justus Jonas ersichtlich ist, sein Hoflager in Weißenfels.

Georgs System der Verfolgungen hatte gerade die umgekehrte Wirkung gehabt.

So arbeitet er noch einmal mit besonderem Hochdruck, als er, durch Kurfürst Johanns des Beständigen Tod, der älteste seines Hauses wird. Aber jetzt gerade dringt der Abfall in die eigene Familie: am Michaelistage 1536 erklärte sich sein Bruder Heinrich für die Reformation, trat im folgenden Jahre dem Schmalkaldischen Bunde bei und ließ sein kleines Land evangelisch visitieren.

Jetzt gebraucht Georg Gewalt: er sucht dem abtrünnigen Bruder die Einkünfte zu sperren. Dazu gehörten Abgaben auch aus Weißenfels, das jener Zeit an Heinrich versetzt war. Die Weißenfelser mußten sich jetzt einen scharfen Verweis gefallen lassen, daß sie die gewohnten Abgaben dennoch geleistet hatten.

Das Schicksal Georgs ist tragisch: jetzt sind ihm auch die letzten Söhne Johann und Friedrich gestorben. Er hat acht Kinder und ihre Mutter begraben. Nach ihrem Tode ließ er sich den Bart wachsen und hieß fortan der Bärtige. Über den Versuchen, sein eifrig gehütetes Erbland um keinen Preis in die Hände seines übergetretenen Bruders gelangen zu lassen und dessen Sohn, den Herzog Moritz, für sich zu gewinnen, starb er am 17. April 1539.

Jetzt verband der neue Herr Heinrich mit seinem kleinen Lande das ganze albertinische Herzogtum.

Im folgenden wollen wir den Spuren der Regierung Herzog Georgs in der Geschichte unserer Stadt weiter nachgehen. Noch sei erwähnt, daß er vor Antritt seiner Regierung den Umbau der Kirche in Freyburg 1499 förderte und 1501 hochwillkommener Gast der Neuenburg war, um die Huldigung Freyburgs anzunehmen.

Den Ablaß Tetzels hatte Georg wohl empfohlen. Daß Tetzel auch hier war, beweist der Ablaßbrief für Tobias Menner in Kriechau vom 19. Mai 1515. (Vergl. meine „Clarissinnen" S. 35.) Bei so blühender Ablaßindustrie wurde durch die oftgenannte Familie Ferber auch der Marienkirche im Jahre 1518 ein neuer Ablaß vom Papste Leo X. selbst erwirkt. Vier Jahre zuvor hatte die Weihe des Hochaltars St. Jacobi et Elisabethae stattgefunden. Luthers Aufenthalt in Weißenfels ist zweimal verbürgt: In den Jahren 1518 und 1521, beidemale auf der Reise nach Augsburg.

Endlich sei gedacht des Patronatswechsels über die Marienkirche im Jahre 1535. Nachdem schon im Jahre zuvor Verhandlungen zwischen dem Rate und Kloster wegen Versorgung der „Pfarrkirche" gepflogen waren, traten Äbtissin und Konvent des Clarenklosters das Patronatsrecht über Schulen und Kirchen an den Rat der Stadt Weißenfels ab. Die Urkunde lautet:

„Wir Georg von Gots gnaden hertzog zu Sachsen .... thuen kundt und Bekennen: Nachdem und als die Erwirdigen, unsere liebe andechtige Eufemia von Plausigk, Abtissin, Anna Heuchlin, vicarien, Elisabeth und Sophia von Liebenhayn, Felicia Weysin, Eldystin und ganze Samplung des Jungkfrawenklosters alhie zu Weißenfels uns angezeigt was Beschwerunge ihnen und yrem Kloster auß Versorgung der Pfarrerkirchen zu Weißenfels und eines Pfarrherrs underhaltung enstunde, So haben wir durch unsere Rathe und lieben Getrewen: Innocentium von Starsiedel, Hansen von Kitzscheren, bayde Hofmeister, Christophen von Ebeleben allhie zu Weißenfels und Philippin von Riebisch zu Sangerhausen amptleute, zwischen Ihnen an eynen und unseren lieben getreuen dem Rate zu Weißenfels anderntayls — daruff handlung vornehmen lassen und sie endlich gegen einander vertragen, das bemelte ebtyschin vicarien Eldystin und Samlunge solcher Pfarrer Versorgung und die Gerechtigkeit einen Priester darzu zu praesentiren gedachten Rath zu Weißenfels auf nachst künfftige Michaelis genzlichen abtretten, zustellen und sich darumb weyther nit annehmen, noch dem Rath darinnen hindern sollen, der sich auch desselbigen juris praesentandi ewiglichen soll haben zu gebrauchen. Aber zur underhaltung eines Pfarrhers soll abbemelte Abtissin, vicarien, die Eldystin und ganze Convent verzhehen Scheffel

Korn Weyßenfelsch maß, so sie auff unserer muhlen alhier haben, an den Pfarher weysen Und Jhme darzu jherlich vier scheffel Korn desselbigen maß und vierzig alde schokn auff zwoe tage zwischen nechst kunftigk Walpurgis emzuphahen, entrichten. Und funf und dreyßigk ackerholz, so hiebevor ein pfarherre gebraucht, sollen ewiglich bey der pfarre bliben. — Wann es aber der Ebtissin oder Jhren nachkommen wirde gelegen sein, Sich und ihr Closter von demselbigen vier Scheffeln Korn und vierzigk alten schokken jherlicher zynße zu (be)freyen, So sollen sie es, wie solchs gewenlich zu Lande, abzulösen haben — welche hauptsumma soll der Pfarren zu guthe angelegt werden. So soll auch durch die Abtissin der Pfarrherre allezeit mitt dem subsidio gegen den Bishoo verleget (verschont?) und hinder sich gezogen und aus dem closter jherlich ein fuder holz uff die schule gegeben werden, wie solchs vor alters herkommen. Und der Pfarrherre zur Fruenmessen die altaristen verordnen und nit mehr denn einen Capellan zu halten, Auch die drey messen auff unserem Schloß wechentlichen zu bestellen verpflichtet sein. Und hierüber soll der Rath die Abtissin und das Closter von wegen solcher Pfarre und derselbigen weiter umb nichts haben anzulangen.

Uff das auch dieser vertragk in alle wege bestendigk und unangefochten bleiben möge, So soll die Ebtissin denselbigen durch den Bischof und zween Mynister bekreftigen und bestetigen lassen.

Treulichen und ane geuerde zu Urkunde mitt unserem anhangendem Insigill wissentlich besigelt und geben zu Wyssenfels Freytags nach Margarethe virginis Anno domini Tausent funffhundert und Im fünff und dreyßigsten."

Das war vier Jahre vor der Einführung der Reformation in unsere Stadt.

Trübselig waren die Zeiten. Ein giftiger Pesthauch ging durch die Lande. Am schrecklichsten hat sie hier gehaust die Pest: „Es starben 1522 hier, besonders in den Vorstädten, so viele Menschen, daß die damalige Äbtissin des Clarenklosters, Euphemia von Plaußigk, erschreckt von der Menge der Leichen, den Einwohnern der Vorstädte ferner nicht gestattete, ihre an der Pest Gestorbenen auf dem Klosterkirchhofe zu begraben. Der Kreuzgang des Clarenklosters war eine vielbegehrte Begräbnisstätte. Jetzt fing man an, den Schießgraben vor dem Nikolaitore als Grabstätte zu benützen, den späteren Nikolai-Gottesacker. Im Jahre 1522 ward er mit Mauern umschlossen, durch Anlage eines unterirdischen Kanals vor den Zerstörungen der wilden Wasser gesichert und dann förmlich zum Gottesacker mit einer schiefergedeckten Kapelle geweiht. Seitdem gingen die anderen Begräbnisstätten allmählich ein. — Ursprünglich stand jede Kirche mitten im Gottesacker. Auch bei den Kapellen waren Begräbnisplätze: so auf dem Georgenberge, bei der alten Nikolaikapelle in der Naumburgerstraße.

Die Vermögenslage des Herzogs war nicht glänzend. Er mußte 1507 Schloß und Stadt Gebesee an den Abt Balthasar von Pforta für 900 Rheinische Gulden verkaufen. Denn die Klöster ließen sich bereits nicht mehr auf Darlehen für längere Zeit ein.

Die Städte konntens freilich nicht gut abschlagen!

Auch der Stadt Weißenfels gab der Herzog Georg einen Schuldbrief, in dem er bekennt, daß „auf unnser gütlich ansuchen In unsern

8*

anliegenden Notsachen 500 Gulden an guter müntz geilhen ... und globen gnanten Rate und der gantzen gemeine ... uff nechst kommenden Neuen Jarstag 1509 solch 500 fl. mit guter müntz mit zinsen one alle veigerung zu bezahlen."

Die Steuernot dauerte übrigens fort.

Für eine Türkensteuer reist 1518 ein päpstlicher Legat. Als die Stände sich dagegen erklären, schlägt der Kaiser vor, daß jeder so viel, als er in acht Tagen verzehre oder erwerbe, als Reichshülfe gebe. Aber auch dagegen hatte man sich erklärt. Endlich bringen die Fürsten bei den Landständen den Antrag ein, die Hülfe so zu leisten, daß jeder, der zum Sakrament gehe, den zehnten Teil eines Rheinischen Guldens als Türkensteuer opfere!

In sächsischen Landen wiederholen sich die Versuche der Einführung einer guten Steuer. Das „Umgeld", eine Tranksteuer, die auf vier Jahre bewilligt wurde, hatte auch nicht den gewünschten Erfolg.

In Kursachsen hatte sich 1530 die finanzielle Not so gesteigert, daß die Räte das Heil nur in einer Finanzreform sahen. Da diese im Augenblicke nicht möglich war, schritt man zu einer Defensionssteuer.

In Herzog Georgs Gebiet, also bei uns, waren die Untertanen immer noch williger als in Kursachsen. Herzog Georg kann von 1537 ab immer noch eine Festungssteuer erheben. Dazu mußten vom Schock Groschen vier, später sechs Pfennige gezahlt werden. Von liegenden Gründen wurde sie nach dem Taxwerte erhoben.

Auch für Kriegszwecke machen sich immer neue, besondere Steuern nötig. Seit der Anwendung des Pulvers waren die Mannen für den „reitenden Krieg" sehr gelichtet. Das Fußvolk wird jetzt der Kern des Heeres. Die „Artolerei" war seit Albrecht dem Beherzten aufgekommen. Jetzt weisen „Mannbücher" die Dienstpflichtigen aus allen Ständen nach. Der Besoldung des angeworbenen Kriegsvolkes dient seit 1539 „der kleine Vierzehent" — 5 Groschen vom Fasse.

Trotz der sich mehrenden Steuern kann es aber den Leuten nicht schlecht gegangen sein — sonst hätte Herzog Georg den „Schuhknechten" nicht den blauen Montag zu verbieten brauchen (Kap. 16, 8), sonst hätte man nicht die Aufrichtung eines neuen Galgens (1539) auf einer „vor dem Nikolaithore am Leislinger Wege befindlichen hohen, steinernen Rundung" zu einem Festtage gemacht mit Aufzug der Baugewerke, der Vorstädter und Bürger. Der Galgen bestand vor Zeiten in drei hölzernen Säulen mit aufgelegten Balken. Der nach dem „Krugholze" zu weisende Teil stand später dem Rate zur Ausübung seiner Gerichtsbarkeit zu. Auf dem Platze beim Galgen wurden auch andere Todesstrafen vollzogen, wurden Verbrecher auch gerädert oder verbrannt.

Verpflichtet zur Aufrichtung und Wiederherstellung des Galgens waren die Baugewerke. Um aber diesem Geschäfte das Entehrende zu nehmen, beteiligten sich die Bürger am Aufzuge.

In dieser Zeit hat der Rat auch den Freihof auf dem Georgenberge von Richard von Ermsreut auf Lobitzsch erworben, um das Grundstück zu einem „Schütthofe" zu verwenden. Die Ausfuhr des Getreides war verboten oder wenigstens besonders besteuert: der achtzehnte (Heller, Pfennig, Groschen, Gulden) war zu entrichten je „nach Angabe der sum, so für das erkaufft Getreid bezalt wird".

Wie schon bemerkt, trieben auch die Klöster Landwirtschaft. Euphemia von Plaussigk verhandelt 1516 mit den Einwohnern der Klingenvorstadt wegen Ablösung der Handfröne: des Mistbreitens, der Schafschur und anderer Leistungen. Aber auch dem Handel wird das Wort geredet: wo die Geschäfte sich nicht gegen bare Zahlung erledigen, wird der Zinsfuß festgesetzt. Um das Jahr 1500 soll sich der Gläubiger mit 5 Prozent genügen lassen, „als mit 100 fl. fünffe erkaufft."

Der politische Einfluß hat sich vom Westen längst nach Osten verschoben. Erfurt hat aufgehört, der Handelsplatz Mitteldeutschlands zu sein und Merseburg ist von Leipzig überflügelt. Sein Stern beginnt zu leuchten. Seine Jahrmärkte sind zu Reichsmessen erhoben. Innerhalb 15 Meilen im Umkreise soll kein Markt, keine Niederlage sein. Was an Gütern diese Zone passiert, muß in Leipzig drei Tage zum Verkaufe ausgelegt werden. Diese Stadt ist auch vom Zolle für Naumburgisches Bier im Weißenfelser Geleitsamte befreit.

Das war aber gar nicht so einfach. Darum ergeht 1488 an den hiesigen Amtshauptmann von Biesenrodt die Weisung, der Unsicherheit der Wege und Straßen zu begegnen. Dem fahrenden Volke überhaupt wird der Aufenthalt in Land und Stadt verboten.

Dazu kam der schlechte Zustand der Wege, der den Transport verteuerte. Ein Lastwagen legte damals täglich vier, ein fürstlicher Reisewagen nur acht Stunden zurück. Und da waren tags vorher geschwinde die Wege „gebessert". Dazu kam, daß die Städte mit Marktprivileg die Preise noch mehr in die Höhe trieben. Wenigstens beschwert man sich auf dem Landtage in Jena 1518 über die Städte, „daß sie die armen und reichen Leute, die bei ihnen kaufen, mit ihren Preißen beschweren . . . auch bei den Wochenmärkten die Aufsteckung des Wisches verzögern, unter dem die Landbewohner kaufen dürfen."

Ich schließe den Excurs mit einer appetitlichen Verordnung zum Schutze des inländischen Weines. Schon um 1500 war angeordnet:

„Daß von dem heyligen drey Königstag bis auff widerruffen keine fremden weine, anndurs dann malvazier, reynfal und wellisch umb gelt geschenckt werden. Were aber außlendisch wein mit vassen durch unser Lande in ander Lande furen oder der selbst in seinem Hauße nicht umb gelt verschencken, auch sunst nicht umb eynczeln zu verkauffen, gebrauchen will, soll eynen yedem zugelassen sein, doch soll nymands sich unterstehen, mit einicherley kunst die wein, so in unsern Landen erwachsen, zu bessern oder zu vermengen, sundern daß sie, wie sie von got und irer eigenschaft geschaffen sein, halten und wolgehalten werden, bey swerer ernster straff."

Zum Weine geselle sich der Fisch: Ich denke an die Messe, die den Weißenfelser Fischern seit 1519 in der Klosterkirche zu Goseck am Franziskustage gehalten wird, dafür, daß sie dem Abte Hilarius einen Kahn zum Fischen zugestanden haben.

Geschah die Bestätigung alter Stadtprivilegien 1481 bis 1483 und einzelner persönlicher Verleihungen — ich denke an Wolfhart Ferbern, der Besitzungen zu Walwitz, Weißenfels und Tagewerben zu einem Mannlehen empfängt — geschahen diese Verleihungen durch den Kurfürsten Ernst und seinen Bruder Albrecht mit beider Namen, so tragen eine ganze Reihe andere den Namen Herzog Georgs des Bärtigen, Albrechts Sohnes, allein: so die Verleihung eines Weinberges, der Wißberg genannt, an Georg Bosen, die Verleihung eines „Weydichs" vor der Stadt an der Saale an den Rat und die Gemeinde, wofür die Empfänger fünf Groschen Zins zu geben haben, der Vertrag zwischen dem Kloster Beuditz und den Bürgern zu Weißenfels über den Mühlberg und den Steinbruch bei der Podelitzer Mühle vom Jahre 1496. Endlich bestätigt er 1490: „Stadtgerichte oberste und niederste, statuta, Gesetze, Gewohnheiten.

Amtmann zu Weißenfels und Freyburg ist Hans von Werterde. Er hat zu tun in dem „Schied" zwischen Ciriax, dem Abte von Pforta, und den Amtleuten zu Weißenfels. Er ist auch genannt in der 1539 allgemein eingeführten Hals-Gerichts-Ordnung Herzog Georgs, welche die Messerhelden außer Landes weist. Es heißt da:

„Welcher Bürger den andern in der Stadt Weichbild oder Gerichte kampfverwundet, daß derselbige Täter die Stadt Jahr und Tag meiden müsse ... Und wie wol solche Ordnung guter Meinung für genommen, so ist sie doch von leichtfertigen Leuten, die nichts verlieren, wenn sie die Stadt ein Jahr meiden müssen, geringe geachtet, sind solche Frevel und Kämpfertaten ungescheut verübt worden. Nun ergeht vom Herzog Georg „in betrachtung, daß solche vorbestimmte Satzung und Buß ... gemeiner Stadt wenig oder gar keinen Nutzen getragen" durch Amthauptmann und Ritter Hans von Werterde neue Weisung in und Warnung: „wer oder welcher sich mit Kempfer Tat gegen einen Bürger vergreifen würde, der soll dem Rat und gemeiner Stadt ein halb wergeld Abfindung oder vier neue Schock zur Sühne geben."

Noch fehlt ein allgemeines Strafrecht.

Herzog Georg sah sich im Jahre 1539 genötigt, das Amt Weißenfels auf 15 Jahre an Christoph von Ebeleben zu verschreiben. Amtmann in Weißenfels ist in jener Zeit Hans von Werther, Erbkammerhüter auf der Herrschaft Wiehe. Sie machten die 1532 allgemein eingeführte Halsgerichts-Ordnung hier bekannt.

An dieser Stelle wollen wir uns auch noch die Rats- und Stadtrechte zu vergegenwärtigen suchen.

Es ist sehr fraglich, ob die alten Freiheiten, die einer jungen Stadt gewährt wurden, auch gleich verbrieft und versiegelt erschienen.

Sehen wir das maßgebende Altenburger Stadtrecht ältester Fassung an, so tritt wohl als älteste Pflicht, der Geschichte und der Sache nach, die Sicherung des Stadtfriedens und dem entsprechend die Bestrafung der Friedensstörer auf. Die Strafen bestehen anfangs in Abgaben vom Eigentume, vom Besitze der Hühner und Schweine. Seit der Mitte des 15. Jahrhunderts treten auch Geldstrafen auf oder man verhängt körperliche Züchtigung. Totschlag kostet den Kopf, den Hals. Eines flüchtigen Totschlägers Güter werden eingezogen. Schwere Verwundung kostet die Hand. Abhauen der Hand kehrt oft als Strafe wieder. Im Jahre 1433 galt folgender Preis:

Beigebrachte Lähmnis kostet	10 Neue Schock Groschen,
Kämpferwunden kosten	5 " " "
fließende Wunden kosten	3 " " "
Schläge mit Stöcken kosten	3 " " "
Zucken des Beiles, Schwertes, Messers kostet	1 Neues " "

Bestrafte Übeltäter müssen Urfehde schwören.

Das eigentliche bürgerliche Recht kommt dagegen kurz weg. Mit dem grundlegenden Rechte des Handels waren eng verbunden die Ratsrechte des Zolles, des Geleites, der Münze, wie auch die Pflichten, welche Gewährung der Sicherheit für passierende und zeitweis weilende Fremde erheischen. Als älteste landesherrliche Steuer erscheint die Bede, eine persönliche Abgabe von Freien und Unfreien, von Besitzern und Mietern. Dazu kamen eine Reihe ökonomischer Pflichten gegen den Landesherrn: Arbeiten an Äckern und Wiesen, das Stellen von Wagen und Pferden, die Ausbesserung alter und die Teilnahme an der Aufrichtung neuer Gebäude. Hierher gehören auch die Verpflichtung der Benutzung landesherrlicher Mühlen und die Sorge für Straßen.

Eigenste Stadtsache war die Wahrung ihres Eigentums, die Aufsicht über Maß und Gewicht und Lebensmittel, Wahrung der städtischen Finanzen und Hebung derselben durch den Schoß, eine Steuer auf den Grundbesitz, auf Bier und Wein, durch Tor- und Wegegeld. Alte nutzbare Bürgerrechte waren Weidegerechtigkeit, Braurecht, Jagd, Weinschank mit ausgestecktem Reiß der in der Ringmauer angesessenen Bürger, von denen im geschichtlichen Zusammenhange je und je die Rede sein wird.

Hier seien nur besonders gedacht der „Gerade“ (Heimfallrecht).

„Es ist bey der Stadt Weissenfels durch langen hergebrachten Gebrauch introduciret, daß kein Gerade . . . denn ex pacto mutuo alleine an die Städte . . . . . Leipzig, Merseburg und Zerbst (allermaßen nachmahls mit Halle) abgefolget wird.

Verstirbt ein Weib, so bleibet dem Manne — falls er Bürger ist — die volle Gerade . . . .

Zur Gerade gehören alle Betten, alle der Verstorbenen nachgelassenen Kleider, aller weibliche Schmuck an Ketten, Gülden und silbernen Ringen, Gürtel, Armbänder, Halsbänder u. a. so der Frauen gewesen . . . alles Leinen — geschnitten und ungeschnitten (statuta 1662).“

Kapitel 18.

Unter Herzog Heinrich dem Frommen (1539—1541).

(Nr. 16 der genealogischen Tafel.)

An Herzog Heinrich ist die Wahrheit des Satzes ersichtlich, daß der Mensch mit seinen größeren Zwecken wächst. Wie froh war Heinrich damals, als ihm sein Bruder Friesland gegen eine bare Entschädigung abnahm. Nun konnte der verwöhnte Junggeselle heiterem Lebensgenusse und kostspieligen Liebhabereien leben. Nach der Mutter Tode im Jahre 1510 wurden ihm 13000 fl. jährliche Rente und zwölf Fuder Wein ausgesetzt. Im Falle der Zahlungs- und Lieferungsverzögerung waren ihm die Gelder auf die Ämter Weißenfels, Eckartsberga, Sachsenburg u. a. angewiesen.

Als sich der Neununddreißigjährige im Jahre 1512 mit Katharina, Prinzessin von Mecklenburg, vermählte, gab es glänzende Hochzeit, und heiter ging das Leben weiter.

Wie seine Vorgänger, verbietet er die Ausfuhr des Getreides „zu nachteil, abbruch und beschwerung der armut aufzukaufen und außer landes zu führen". Wer das anzeigt, dem soll der vierte Teil „zu gepür seines erzeigten gehorsams gereicht werden". Hier wacht darüber, oder läßt darüber wachen sein getreuer Schloßhauptmann von Ebeleben, der 400 fl. Besoldung erhält.

Ließ Herzog Heinrich auch seine Gemahlin, die ihm sechs Kinder schenkte, in Religionssachen gewähren, so hatte ihn doch die Rücksicht auf den Bruder, den Kurfürsten, abgehalten, sich der Reformation anzuschließen. Indessen drängten die Verhältnisse doch zum entscheidenden Schritte. Im Jahre 1536 trat Heinrich dem Schmalkaldischen Bunde bei und teilte das dem Bruder mit: „. . . Seine Liebden möge das freundlich aufnehmen, dem Kaiser aber schreiben, was er wolle." In einem andern Briefe stellt er vor, wenn er länger mit Abschaffung der Mißbräuche zaudere, sei zu befürchten, daß das Volk selbst gegen ihn aufstehe. . . . Endlich wünsche er nichts mehr, als daß er seine alten Tage in brüderlicher Einigkeit zubringen könne, daß aber auch „Seine liebden, da nun ihre beiderseitige ansicht wol bekannt sei, darüber nichts mehr schreiben, sondern ihn ungestört handeln lassen möchte, so wie er ihm in seinem lande auch nichts vorschreibe ...." Damit hatte sich die phlegmatische Natur doch durchgerungen!

Als Herzog Georg die Augen für immer geschlossen hatte, nahm Herzog Heinrich im Mai 1539 die Erbhuldigung an. Dabei hatte die „Erbarmanschafft des ambtes Weyssenvels, desgleichen Dornburgk und Camburgk" einige Wünsche in drei Artikel gefaßt in Schriften eingereicht:

„Zum ersten, das uns seyn fürstliche gnade alle unsere lehen .... an (ohn') wegerunge zusagen wolle ... zum andern ... alle unsere verschreybunge, privilegien, altherkommen und gebreuche ... schuczen und hanthaben zum dritten ... mit keyner stewr beswere wolle, es geschee denn durch bitte und mit verwilligung gemeiner lantschafft. Dorneben wir gantz demutigklichen und undertenigkt bitten: seine fürstliche gnade wollen unsers cristlichen glaubens und der muncze halben gnediges bedenken und einsehunge haben, damit eyniger rechter glaube und religion, auch gleichmessige münze in beyder churfürstlichen und seiner fürstlichen gnaden landen ... ausgericht wurdenn ..."

Auf diese und andere Vorstellungen der Stände erging das Dekret der freien Religionsübung von Weißenfels aus am 11. Mai 1539:

„Liebe getreue, wir wollen euch nicht bergen, nachdem weiland der Hochgeborene fürst, Herr Georg, Herzog zu Sachsen, Unser freundlicher lieber bruder seliger gedächtnis etlichen Einwohnern daselbst mit euch auferlegt und befohlen, ihre häuslichen wohnungen zu räumen, der ursache halben, daß sie das Sakrament in zweyer gestalt empfangen: So seynd wir unterthänig angelanget (angegangen) sie wiederum mit häuslicher wohnung gnädiglich einkommen zu lassen und wie wir denn ihrer Ansuchung statt zu geben vor billig geachtet, haben wir ihnen solches nit weigern mögen. Und ist darauf unser begehr, ihr wollet dieselbigen so aus abgemeldeten Ursachen die Stadt (haben) räumen müssen und sich mit ihrer häuslichen nahrung wieder einzuthun willens und das (nach)suchen werden, zu den ihrigen wieder einzustatten, auch diejenigen, so jetzt und allda vorhanden, bis auf Unsere zukunft ohne verhinderung bleiben zu lassen. In dem geschieht Unsere gefällige meinung."

Datum Weissenfels Montags voc. Jucundit. 1539.

Am 23. Mai hatte Luther in Leipzig gepredigt. Am 3. Juni führte man in Weißenfels evangelischen Gottesdienst ein. Der Vikar Thomas Hofmann hielt die erste evangelische Predigt und reichte zum erstenmal das heilige Abendmahl unter beiderlei Gestalt. Im August fand in Eile die erste Visitation des albertinischen Gebietes statt — soweit es für die Visitatoren in betracht kommen konnte. Im Unterschiede von Kursachsen hatte das Herzog Georg zugehörige Gebiet naturgemäß einen wesentlich katholischen Charakter. Aber böse fanden die Visitatoren die Verhältnisse: Kaum in den Städten fand man einen Geistlichen, der den Anforderungen auch nur einigermaßen entsprach.

Bei der ersten Visitation 1539 kam es wohl zunächst darauf an, einen Überblick zu gewinnen — nicht zum wenigsten auch über die Mittel zur Anstellung neuer Geistlicher. Das hatte verschiedene Schwierigkeiten. Schon im Juli scheint Melanchthon in Herzogs Auftrage das

Gebiet bereist zu haben. Die Visitatoren — Justus Menius aus Eisenach, Johann Weber aus Neustadt a. O., Hartmann Goldacker, Vollradt von Watzdorf, Friedrich von Hopfgarten — als landesherrliche, aus Geistlichen und Laien gemischte Kommission verhandelte mit der Klosterdomina Euphemia von Plaussigk, mit dem Rate der Nonnen, dem Patron der Kirche und Stadt über die Zahl der Geistlichen, über „Gehaltsfragen", über Kirchendienst und Kirchenvermögen, über vorhandene Stiftungen u. a. m. — Die Verhandlungen mit dem Kloster fanden in dem Protokoll vom 10. November, die mit dem Rate in dem ersten Visitationsbescheide vom 11. November 1539 ihren Abschluß. Natürlich waren alle Nebenaltäre, Kapellen, Winkelmessen in Wegfall gekommen, die aus Leipzig stammenden Pauliner-Mönche wurden entlassen, ihre Terminei, zu der ein Weinberg gehörte, wurde zu Schulzwecken verwendet. Fortan soll „in der Stadt zu Weißenfels nicht mehr denn ein einiger Pfarrherr und eine Pfarre gehalten werden".

Zunächst blieb Hofmann, der die erste evangelische Predigt gehalten.

Wie vorsichtig man bei Prüfung der Verhältnisse verfuhr, dafür ein Beispiel. Der Bischof von Freysingen glaubte Ansprüche an das Clarenkloster zu haben, ebenso an die Klöster Langendorf und Beuditz. Der Herzog schickte der Kommission „Copeien" der die Ansprüche enthaltenden bischöflichen Schrift zu „mit gnedigem Begeren, das wir unß darumb allenthalben mit sonderlichem vleiß erkunden unnd e(uer) f(ürstlichen) g(naden) davon eygentlichen und bestendigen Bericht fürwenden sollen. Demnach wir dan bey dem Closter zu Weißenfels erkundung gehabt, als seint wir von der Domina daselbst berichtet, das das selbige Closter auß Bepstlicher Freiheit von allerley exaktion exempt und dem Bischof kein subsidium schuldig sey". So berichteten die Visitatoren an Heinrich im Juni. Vielleicht war auch in dieser Sache Melanchthon hier in Weißenfels. Die Visitations-Kommission berichtete dann noch einmal darüber: „Das aber hochgemelter bischof anzeugt, wie solch subsidium von s. f. g. Vorfahren gereicht worden, so berichtet gedachte Domina, daß solches nicht alleweg, sondern allein zu etlichen malen, deshalb weil der Bischof mit seiner geistlichen jurisdiction des Closters zinß- und schultleut zur Bezahlung getrieben und gar keiner andern ursachen beschehen sey."

Und die Domina verließ das Kloster als Feindin der Reform!

In fünf Städten: in Sulza, Weißensee, Eckartsberga, Sangerhausen und Weißenfels waren Superintendenturen eingerichtet worden. Hier war inzwischen der weimarische Hofprediger Wolfgang Stein als Superintendent eingetroffen. Noch im Jahre 1539 trat er sein Amt an und verwaltete es bis 1545. Er stand in naher Beziehung zu Luther. Heydenreich schreibt: Scherzhaft ist die Überschrift eines Luther-Briefes an Stein vom 17. Mai 1523: venerabili viro, Dom. Wolfg. Stein,

Petro Graece, Kepha Hebraice, Rupi Latine, Stein Germanice, Evangelistae ducali vimariae, d. h.: Dem ehrsamen Manne Herrn Wolfgang Stein, auf griechisch Petrus, auf hebräisch Kephas, auf lateinisch Rupes, auf deutsch Stein, dem herzoglich weimarischen Verkünder des Evangeliums. Stein besaß sieben Briefe von Luthers Hand. Einen werden wir noch kennen lernen.

Zur Fortführung und Ergänzung der ersten Visitation durfte die zweite nicht lange auf sich warten lassen. Diese Visitations-Kommission hatte ein etwas anderes Gesicht. Nur ein paar mit den Verhältnissen des Vorjahres Vertraute waren dabei: Goldacker und von Hopfgarten; die andern Mitglieder waren neu: Wolfgang Stein, Wolfgang Fuß, Friedrich von Hain. Sie begannen ihre Visitationsarbeit gerade ein Jahr nach der ersten im August 1540.

Für unseren Zweck ist interessant die Erwähnung der 1540 bestehenden Kapellen: Der St. Georgen-, der St. Ursula-, der St. Niclas-Kapelle — ferner der Verfügung über die Hospitale, von denen das zu St. Lorenz (Hospital St. Laurentii) für die Männer, das St. Niclas für die Weiber und Jungfrauen, das St. Jakobs für rechtschaffene arme Pilger und Kranke zur Zeit des Sterbens.*)

Der Hauptgesichtspunkt dieser zweiten Visitation war die Reformation der Klöster. In einzelnen Klöstern waren die Insassen von Kindesbeinen an gewesen. Von der Amme weg hatten manche da

---

*) Die Georgenkapelle erinnert an ihren Stifter Ekkart (Kapitel 2) am Ende des 10. Jahrhunderts.

St. Ursula, die Heilige mit ihrer Schar, die durch ein feindlich Heer ihren Untergang fand, muß der kriegerfüllten Zeit besonders imponiert haben. Ihre Kapelle stand nach Ottos Angabe S. 293 „in der Fischergasse vor dem Saalthore“. Heute würden wir sagen: am Eingange zur Dammstraße von der Großen Saalbrücke aus.

An die St. Niclaskapelle in der Naumburgerstraße hatte sich die erste Klosteranlage angeschlossen. Nach der Verlegung des Klosters in die Stadt ist sie in den Kriegsläuften wohl eingegangen. Das vorhandene Gebäude wurde zur Anlage eines Hospitals für Frauen verwertet.

Die St. Lorenzkapelle ist das Hospital St. Laurentii auf der Saalehöhe.

Die St. Jakobskapelle mit Hospital galt armen Männern „für wallfahrtende Jakobsbrüder gestiftet“. Die Kapelle verschwindet um 1665. Das Hospital wird in die Naumburgerstraße verlegt und dem Totengräber als Hausmann anvertraut. Ein Altar St. Jakobi (und der heiligen Elisabeth) war 1514 auch in der Marienkirche geweiht worden. Später erhebt sich der Gasthof zum „Rautenkranz“ auf dem Platze des Hospitals.

Wir erinnern uns bei dieser Gelegenheit der andern hie und da genannten Kapellen:

Der Johanniskapelle in der Pulschitzmark, die zu Anfang des 16. Jahrhunderts als noch „gangbar“ bezeichnet wird.

Im alten Burgschloß oben ist aber um dieselbe Zeit die Margarethenkapelle im Gebrauch. Auch zur Terminei der Franziskaner-Bettelmönche wird eine Kapelle gehört haben.

Gerüchtweise bekannt ist nur die der unschuldigen Kindlein in der Klingenvorstadt.

ein Unterkommen gefunden. „In Langendorf war die Klosterbevölkerung so sehr mit dem Institut verwachsen, daß die 21 Klosterpersonen zusammen 994 Jahre alt waren und davon 731 Jahre im Kloster verbracht hatten." Im Kloster der Clarissinnen zu Weißenfels betrug die Zahl der im Kloster verbrachten Jahre 532. — Hier fügten sich von 18 Schwestern in die neuen Verhältnisse sechs nicht. Die Domina, Äbtissin Euphemia von Plaussigk, verließ mit fünf Gleichgesinnten das Kloster. An ihre Stelle trat als Leiterin des nun evangelischen Stiftes — ohne Ordenskleid — Margarethe von Watzdorf. Die Klöster hörten auf, als solche zu bestehen, sie blieben zunächst eine Versorgungs-Anstalt der bisherigen Insassen.

Die dem Kloster eigenen Patronatsrechte über einzelne auswärtige Kirchen gingen an den Landesherrn über. Hier blieb das Patronat über Kirchen und Schulen dem Magistrate. Nun diente auch die Klosterkirche dem evangelischen Gottesdienste. Die Altäre ließ man stehen, bis keine ehemalige Klosterjungfrau mehr vorhanden war. Sie kamen 1593/94 nach Rössuln, Dehlitz und in die Schloßkirche nach Goseck.

An den ersten evangelischen Pfarrer in Weißenfels schrieb Luther als Berater und Freund:

„An Wolfgang, Pfarrherrn zu Weissenfels. Gnad und Fried. Mein lieber Magister Wolfgang! Nachdem ihr mir als ein Seelsorger zu Weissenfels angezeiget, daß die wirdige Domina im Kloster daselbst nicht will oder kann glauben, daß es recht sei, des heil. Sakraments beider Gestalt zu gebrauchen, es sei denn, daß ich D. Martinus Luther selbst solches sage oder bekenne, weil ich zuvor soll geschrieben haben, daß ein Concilium sollt und müßt ordnen, solches zu glauben: darauf wollet ihr der Domina ansagen: wenn sie nichts ander(e)s anfuhl, so will ich sie hiermit brüderlich und schwesterlich gebeten haben, sie wolle von ihrem vorigen Verstande abstehen und nunmals mir glauben: weil sie es dahinstellen will, als einen treuen Freund, daß es gewißlich recht sei, beider Gestalt zu gebrauchen und nunmals, da die Wahrheit klärlich an Tag kommen, nicht möge ohne Sünde einerlei Gestalt gebraucht werden. Denn was ich zu der Zeit gesagt, ist der schwachen Gewissen halber nachgelassen, wie St. Paulus desgleichen viel gethan hat. Hiermit Gott befohlen.

Naumburg anno 1542. Meine Hand Martinus Luther, D."

Und nun noch eine Anordnung, die Schule betreffend, der Luther mehr als einmal das Wort redet.

Von Bedeutung für die Einrichtung einer Knaben- und Mägdleinschule war die Fürsorge des Herzogs Heinrich.

Der Befehl an Amt und Rat zu Weißenfels vom Jahre 1540 lautet:

„Wir Heinrich v. G. G. Herzog zu Sachsen . . . Liebe Getreue. Als wir jüngst durch Unsern Rath mit euch haben unterreden lassen von wegen der gemeinen und offenen Schule, welche durch andere Beischulen, so durch einzelne Personen bei den Bürgern und in den Vorstädten bei euch hin und wieder gehalten werden, sehr verringert wird, also daß letzlich durch Schmälerung derselben der Schulmeister mit seinem Gesellen Noth leiden muß und daß päpstliche Seelen gift immer da und dort heimlich zu besorgen ist, hiernach auch nicht wohl gelehrte und geschickte Leute sich finden werden, welche die armen Kinder Unserer Unterthanen sowohl als die reichen unterweisen und zu guten Künsten, Sitten und rechter Gottesfurcht nach der reinen Lehre und heiligem Worte Gottes anführen mögen, so haben Wir hier inliegendes Verzeichniß bekommen, an welchen Orten solche Winkelschulen gehalten und befehlen darauf ernstlich, ihr wollet dieselben förderlichst abschaffen, dergleichen auch, so ihrer mehr sein würden und in diesem Verzeichnisse nicht ständen, so wollet ihr derselben keine nachgeben und gestatten. Doch ob ein besonderer Bürger einen geschickten Gesellen zur Unterweisung seiner Kinder bei sich in seinem Hause halten wollte, das soll ihm unverboten bleiben, doch daß derselbe anderer Leute Kinder zu sich nicht ziehe. So sind auch eine öffentliche Mägdleinschule Wir mehr zu verordnen als zu verbieten gemeint; darein sollen aber keine Knaben als die ganz klein sind und nur anfangen zu lernen, gethan werden, die ihr auch der Nothdurft nach billig sollet bestellen und Acht darauf haben. Es können aber die Bürger, so Kinder haben, fürnemlich einen oder etliche Scholaren um die Kost zu sich ins Haus nehmen und diese nach der Schule ihre Kinder in dem Catechismus Lutheri Buchstabiren, Lesen, Schreiben und anderem unterrichten, sonst aber mit sich in die Schule nehmen, dem ihr euch also nach gebührlich werdet wissen zu verhalten. Und geschieht daran unsere gst. Meinung. Datum Donnerstags nach Burkhard anno 1540."

Das war gerade ein Jahr nach Einführung der Reformation in unserer Stadt. An Lehrpersonal ist vorhanden: „ein Schulmeister, Baccalaureus, Kantor, Organist und ein Kirchner." Das Jahr vorher war nur ein Schulmeister mit einem Gesellen eingesetzt. Die neue Schule ist eine Lateinschule — eine kirchliche Lateinschule im bürgerlichen Gewande. Ich weise nur hin auf die Angabe der Stunden, welche vom Schulleiter gehalten wurden und gebe den Montagsunterricht der Prima wieder:

Hora 6 (um 6 Uhr morgens): Nach geschehenem Morgengebete hört er (der Rektor) die oberen Schüler (superiores primanos) das griechische Sonntags-Evangelium aufsagen, die unteren das lateinische. Den Rest der Stunde verwendet der Rektor auf die Auslegung der theologischen loci D. Leonh. Hutheri.

Hora 7. Um 7 Uhr verrichten die Stipendiaten im Kloster ihr Amt im Singen und Beten. Nach der Rückkehr in die Schule wird Logik vom Rektor getrieben.

Hora 8. Etliche Distichen werden gelesen und erklärt (recitantur et explicantur), an die sich lateinische Grammatik anschließt und ausgewählte Briefe Ciceros.

Hora 12. Singstunde.

Hora 1. Auslegung und Erklärung äsopischer Fabeln.

Hora 2. Auslegung von Ovids Elegien für die Primaner vom Rektor.

Diese bürgerliche Lateinschule wird in der Fundationsurkunde des zur Herzogszeit entstandenen Gymnasium illustre (um 1664) als ein seminarium Gymnasii bezeichnet, „deren arbeit allein dahin gehet, damit die Jugend die fundamenta pietatis et latinae linguae ac musices, d. h. die Fundamente der Gottesfurcht, der lateinischen Sprache und der Musik wol legen, und „in graecis", im Griechischen, einen Anfang machen möge, auf daß sie nachgeheuds wann sie das 16. oder 17. Jahr ihres Alters erreichet, mit desto besserem Nutz in unserem Gymnasium aufgenommen werden können." — Der achte Rektor dieser Stadt-Schule M. Albinus war zugleich Professor der hebräischen Sprache am herzoglichen Gymnasium hier. Von den Baccalaureis oder Konrektoren, wie sie seit 1592 heißen, wird der siebente, Mathias Müller, Pfarrer in Prittitz.

Vielleicht ist dem Leser der Gedanke aufgestiegen: Wo bleiben nun die Kinder, denen die Prima dieses seminarium Gymnasii zu hoch hing?

Ich lasse dahingestellt, ob sie nicht vielleicht Stipendiaten dieser mit zahlreichen Legaten ausgestatteten bürgerlichen Lateinschule waren.

Desto jammervoller war es um den Unterricht der Mädchen bestellt. Freilich hatte Luther ja selbst mehr Nachdruck auf den Unterricht der Knaben gelegt. In der Mädchenschule gab eine Lehrerin ursprünglich den Unterricht.

An Protesten gegen die Reformation hat es natürlich auch hier nicht gefehlt. Am lautesten waren naturgemäß die der Bischöfe und des Adels. Die Landstände zu Chemnitz sprachen besonders ihr Bedauern aus und verlangten die Klöster und Stifte zur Versorgung ihrer Angehörigen offen gelassen.

4. Abschnitt:

Unter albertinischen Kurfürsten.

Kapitel 19.

Unter Herzog und Kurfürst Moritz (1541—1553).

(Nr. 17 der genealogischen Tafel.)

Die Gefahr der Zeit sind noch die Türken. Seit sie 1453 Konstantinopel erobert, haben sie den Weg nach Ungarn gefunden. Solimans Name ist der Schrecken der Völker, seine Abwehr eine schier internationale Pflicht.

So ergeht auch aus Dresden „Montags nach Margarethe nach Christi Geburt im 1543. Jare Unsem Liebenn Getrewen dem Rath zu Weyssenfels" Nachricht, wie der türkische Tyrann mit größerer Macht als je zuvor die deutsche Nation gewaltig anzugreifen sich anschickt und die Mahnung „das Volk mit treuem Fleiß zu Buße und zu Gebet zu ermahnen und dornach achten, ob die not vorfiele, daß ihr auf Unser Erfordern zu dem Zuzuge geschickt, daß ihr auch die Türkensteuer des dritten Termins ... schirst einbringet ... und unsere verordneten Einnehmern zustellet."

Durch die Teilnahme am Zuge gegen die Türken 1542 hatte Moritz sich des Kaisers Gunst erstmals erworben.

Nach Beendigung seiner auswärtigen Kriege rechnete Kaiser Karl V. mit den Protestanten ab, die am Trienter Konzil nicht hatten teilnehmen wollen: mit dem Kurfürsten Johann Friedrich dem Großmütigen und mit dem ihm verwandten Landgrafen Philipp von Hessen. Der ehrgeizige Herzog Moritz hielt sich wieder auf des Kaisers Seite und wurde dadurch vorübergehend zum Verräter an der evangelischen Sache. Die Landstände schauten fragend drein, als er der noch jungen „Artoleren" Geschütze gießen und die Städte befestigen ließ.

In den Jahren 1546 und 1547 hatte er sich mehrfach an seine Untertanen gewendet und zur Kriegsbereitschaft ermahnt, „tags oder nachts zuzuziehen", „wollet auch unsere Stadt in guter Achtung haben, damit eurethalben kein unfleiß vermerkt werde".

Auch Moritz hatte die Ausfuhr des Getreides verboten, damit an Proviant kein Mangel vorfalle. Ohne seinen Befehl soll niemand die Heimat verlassen. Die Straßen sollten täglich beritten, die Wälder durchsucht werden, „ob etwa verdechtige Reuter oder Fußgänger darinnen".

Es ist verboten, in offenen Flecken, Schenken, Kretschmarn und Dörfern zu Fuß oder zu Roß einzukehren, zu füttern, zu übernachten. Das soll nur in öffentlichen Herbergen der Städte geschehen.

Auf dem Dorfe sollen die Schläge der Glocke das Zeichen der Sammlung und Verfolgung sein. Säumige sollen bestraft, im Wiederholungsfalle ihrer Güter verlustig gehen.

Herzog Moritz war auf des Kaisers Geheiß ins kurfürstliche Gebiet eingefallen. Auch Christoph von Ebeleben, der Schloßhauptmann von Weißenfels, war mit zwei Fähnlein zur Befestigung von Leipzig eingetroffen.

Der Kurfürst eilte herbei, um Herzog Moritz für seinen Verrat zu strafen. Er verlegte die Pässe an der Saale. Von der an- und abziehenden Soldateska des Kurfürsten hatten die Ämter Eckartsberga und Weißenfels schwer zu leiden.

Die Kriegsdrangsale hörten nach der unglücklichen Schlacht bei Mühlberg (24. April 1547), die den Kurfürsten der Freiheit und der Krone beraubte, nicht auf. Die spanische Armee des Kaisers nahm im Juni den Rückgang durch das Saaletal.

Am 18. Juni 1547 war der Kaiser in Halle, von da zog er über Weißenfels nach Naumburg. Als ihn da der Regen überrascht, hält der Mann, in dessen Machtsphäre die Sonne nicht unterging, den Hut unter den Mantel und läßt den Kopf naß regnen, damit der Chapeau nicht Schaden nimmt. Armer Kaiser!

Wie die Soldaten hausen und wie die Herren dazu lachen, erzählt uns Schiller in der Episode: Herzog Alba bei einem Frühstück auf dem Schlosse zu Rudolstadt im Jahre 1547.

Als Preis des Verrates war dem Herzog Moritz am 4. Juli 1547 das Land seines Vetters mit der Kurwürde zugefallen. „Bräche seine Geschichte hier ab, Moritzens Ruhm und Ehre würden für alle Zeiten verloren gewesen sein — aber mit der erlangten Kurwürde beginnt eine neue Periode, wie für Sachsen, so auch in des Fürsten Leben."

Aber für die Rückkehr zu den Protestanten waren doch zu viel Momente ausschlaggebend gewesen. Nun beginnt Moritz ein Schachspiel mit dem Kaiser, in dem er schließlich den König matt setzt mit Preisgabe lothringischer Türme und französischer Springer. Im Passauer Vertrage wird Moritz 1552 Herr der Situation: Die gefangenen Fürsten werden frei, die Protestanten erhalten freie Religionsübung.

Im Innern sieht er, was not tut, um Land und Volk zu heben. Er bringt Ordnung in das Justizwesen und baut dem Lande und dem Volke Schulen. Er stiftet die Fürstenschulen in Meißen, Merseburg und Pforta, wo auch Weißenfels zwei Freistellen für befähigte Knaben erhielt. Das erste Anrecht auf die Freistellen hatte sich jener Zeit die Familie Ferber erworben, die oft genannte, die sich um die Marienkirche mit einem Pfarrlehen über den Altar St. Elisabeth zur besseren Besoldung der Kirchen- und Schuldiener wohlverdient gemacht hatte.

Auch der Kunst hat Moritz die Tore aufgetan. Unter des Schloßhauptmanns von Ebeleben Verwaltung war 1546, nach der Meldung einer alten Zinn-Medaille, deren Dasein nach Sturms Angabe (S. 195) nur ein schwedischer Offizier bezeugt und deren Inschrift mir gar zu lang erscheint, das Schloß wieder hergestellt. Die lateinische Inschrift besagter Zinn-Medaille heißt auf deutsch etwa:

„Unter dem Beistande des allerhöchsten Gottes und auf Befehl des gnädigsten Fürsten hat Christoph von Ebeleben die Mauern und Befestigungen dieser Burg, welche ehemals von dem Römer Drusus gegründet und wegen ihres Alters verfallen waren und nicht hinreichende Festigkeit besaßen, feindlichen Angriffen zu widerstehen, mit tüchtigen Toren versehen und, nachdem viel Schutt herausgeschafft worden war, lobenswert aufgerichtet und von neuem aufgebaut. Moritz, Herzog zu Sachsen, Landgrafen zu Thüringen, Markgrafen zu Meißen und, unter Herzog August, Fürsten von Sachsen, Administrator."

Der Geleitsmann Ludwig hat 1548 zu berichten über den richtigen Eingang der Gerichtsbuße ins Amt und über die 71 Neuschock Jahrrente, mit deren Zahlung der Rat an die Universität Leipzig verwiesen ist, deren Zahlung halb Walpurgis, halb Michaelis fällig ist.

Im Jahre 1544 hatte Herzog Moritz den Landständen mitgeteilt:

„Das Kloster Beuditz ist Cristofen von Ebeleben, Amtsmann zu Weißenfels, vor 11 000 fl. erblich verkauft. Von solcher Kaufsumme sollen Zulagen zu Unterhalts ihrer Kirchen- und Schuldiener erhalten in Form von Zinsen

Pegau von 3000 fl. Zinsen,
Weißenfels von 4000 fl. Zinsen — die übrigen 4000 fl. hat er baar erleget —,
Altenburg von 3500 fl. Zinsen,
Glashütte von 500 fl. Zinsen."

Der Klosterkirche weitere Schicksale mögen hier angedeutet werden.

Schon vor dem Schmalkaldischen Kriege hatte man die Kirche des aufgehobenen Clarenklosters abgebrochen, um das Material zum Baue der Pleißenburg in Leipzig zu verwenden. Die Vorstellungen der Äbtissin waren vergeblich. Der Hauptmann Hans von Dieskau ließ die Kirche niederreißen „vom fordern Chor an bis zum Grunde, den Jungfrauenchor ausgeschlossen".

Als dann Kurfürst Johann 1546 im Schmalkaldischen Kriege das Land Moritzens heimsuchte und auch Weißenfels bedrohte, „verwahrte man die Stadttore mit Steinen von der Klosterkirche".

In der folgenden Zeit wurde je länger je mehr von dem, was noch da war, verschleppt „und ist hernach der Ort, der zuvor der

Bruderchor gewesen, wüst und offen gestanden (das Kirchenschiff), daß jedermann hineingelaufen und der Stätte Unehre und Verdruß bewiesen. Man hat auch Wagen dahingeschoben, daß sie unter der übrigen Dachung trocken verwahrt gestanden."

In den eigentlichen Klosterräumen war unter Margaretha von Watzdorffs Leitung „eine immerwährende Jungfrauenschule für junge Mägdelein" vom Adel und bürgerlichen Standes eingerichtet worden. Auch die weitere Versorgung ihrer Zöglinge ließ sich die treffliche Abtissin angelegen sein. So meldet sie einmal: „Maria, des Prädicanten Tochter, habe einen Heiratsantrag erhalten von einem ehrlichen Gesellen, einem Schreiber, Balthasar Neustadt, dessen Vater ein vornehmer Bürgermeister in Weißenfels gewesen, auch einen ziemlichen Anteil zu seinem väterlichen Erbe bekommen. Mit Kleidung, so die Braut zu Ehren bedürftig", solle sie von ihr, der Abtissin, selbst ausgestattet werden.

Als Kurfürst Moritz gestorben war, setzte Euphemia alle Hebel in Bewegung zur Wiederherstellung der Klosterkirche. Sie wurde beim Kurfürsten August vorstellig, wies darauf hin, daß die Kirche die Grabstätte fürstlicher Ahnen sei und erwirkte 1560 den Wiederaufbau der Kirche. Der sparsame Kurfürst gab selbst 1000 fl. und wies zu Fronfuhren und Handdiensten die Ämter Weißenfels und Freyburg an.

Nach der Grundsteinlegung am 15. März 1560 war der Bau am 17. Oktober 1561 wieder vollendet. Am 14. Dezember 1561 wurde der Gottesdienst in der wiederhergestellten Kirche gehalten. Der damals stehen gebliebene Jungfrauenchor, „die Nonnenempore", der westliche Teil mit interessanter Ummölbung, bestand aus sechs Kreuzgewölben, die zwischen Spitzbögen von breiter Leibung gespannt waren, die auf vier ins Quadrat gestellten Pfeilern ruhten.

Nach 30 Jahren ist die Kirche noch zu klein. Der Rat muß 1592 um Erweiterung ansuchen. Sechs Jahre vergehen, bis Kurfürst Christian II. gnädigst die Vergrößerung dergestalt bewilligt, „daß solches dem Amte und Kloster ohne Schaden sei".

Bei den Vorarbeiten zum Wiederaufbau hatte die Abtissin auf der Kurfürstin, der „Mutter Anna" Geheiß, nach den fürstlich Weißenfelsischen Gräbern suchen lassen. Beigesetzt waren hier: Helena von Brandenburg, ihr Sohn Friedrich Tatta, dessen Gemahlin Katharina und seine beiden Schwestern Sofia, die Abtissin des Clarenklosters und Gertrud.

In dem Berichte Margarethens von Watzdorff heißt es:

„Ew. Churf. Gnaden thue ich unterthänigst zu wissen, daß auf — — gnädigsten Befehl ich die Begräbnisse der durchlauchtigsten Fürsten, der Markgrafen zu Meissen, in der Klosterkirche allhier suchen lassen und mitten in dem Chor ist ein Grab, darin gebeine von einem Körper, welcher in einem Sarg von eichenem Holz und derselbige gar verweset, daß man nur noch erkennen können, daß es Eichenholz gewesen, im Waßer gefunden und ob ich wohl nach den andern Fürstinnen (dan man an diesem Gebeine erkennen können, daß es eine Mannesperson gewesen) auch suchen wollen, so hat man vor Waßer nicht gekonnt, denn kaum zwei Ellen tief in die Erde gegraben, ist Wasser gefunden worden. Und nachdem des Hochgedachten Fürsten, seligen, Gebeine im Waßer gelegen, habe ich sie in einen neuen eichenen Sarg legen und einen schlichten Leichenstein darauf decken laßen, bis auf Ew. Churf. Gnaden weiteren Befehl. Dieweil dann nun Gott lob die Klosterkirche gefertigt, daß man täglich darin predigen kann, so thue Ew. Churf. Gnaden ich abermals der Wappen halber, welche an das Gewölbe im Kloster angeheftet werden sollen, unterthänigst erinnern, daß Ew. Churf. Gnaden befehlen wollen laßen, damit dieselben auf das Förderlichste verfertigt und anher möchte verschafft werden, nicht weniger bitte Ew. Churf. Gnaden ich unterthänigst, Ew. Churf. Gnaden wollen gnädigst mich mit einem Fäßchen Schweinewildpret versehen, denn auf nächsten Sonntag nach Luciae (14. Dezember) die erste Predigt mit göttlicher Hilfe in der Klosterkirche gehalten werden soll, auf dieselbe Zeit ich ehrliche Leute und Freunde dabei haben wollte."

Im folgenden Jahrhundert erhält 1639 das Gotteshaus die Orgel und 1674 die Kanzel aus der Marienkirche. Nachdem 1676 der Nonnenchor abgetragen ist, wird die Kirche gewölbt und ein Chor für Orgel und Musik errichtet.

Doch zurück zu Margarethe von Watzdorff. Ihr Name ist in der Stadt- und Kirchengeschichte unvergessen. Ihr Bild bringen Lepsius und Vulpius im Dresdener Manuskripte. Ihr Grabstein trug (bis 1874) die Inschrift:

„Die ehrwirdige edle olliehrntugensame Margaretha von Watzdorff dis Junckfrawenklosters Ebtissin ist in Christo seliglich entschlafen den 31. Maii des 1570. Jars. Gott verleihe Ihr und Mir eine froliche Aufferstehung Amen. Herr deine Toden werden leben und mit dem Leibe aufferstehen."

„Wären alle Klosterjungfrauen an Milde, Freundlichkeit, Aufopferung dieser Margarethe von Watzdorff gleich gewesen, wir würden die Aufhebung der Klöster zu beklagen haben, in denen solche edle Seelen ein reiches Feld für gesegnete Wirksamkeit fanden."

Seit 1553 ist Schloß Weißenfels der Witwensitz der Gemahlin Moritzens, der Kurfürstin Agnes. Sie folgte nachmals dem Herzog Johann Friedrich von Sachsen-Gotha in die Ehe.

Ein Jahr nach Kurfürst Moritzens Tode starb auch der Ex-Kurfürst Johann Friedrich der Großmütige. Sein Heimzug aus des Kaisers Gefangenschaft war ein Triumphzug, obgleich ihm in der Wittenberger Kapitulation nur der achte Teil einstigen Besitzes und früherer Herrschaft gelassen war.

Bis zu seiner Rückkehr hatte der älteste Sohn Johann der Mittlere zugleich für seine Brüder Johann und **Johann Friedrich II.**, dessen Statue der Marktplatz zu Jena trägt, die Geschäfte wahrgenommen.

Sterbend hatte der letzte Ernestinische Kurfürst seine Söhne ermahnt, nur in äußerster Not zum Schwerte zu greifen.

Freilich, der Stachel, der dem Hause verlorenen Kurwürde, saß doch zu tief, um nicht je und je fühlbar zu schmerzen.

9*

Gedacht sei endlich des in diesen Zeitraum fallenden Todes Luthers. Unter den Dichtern, die lateinisch, griechisch, deutsch das Leben und Sterben Luthers besangen, ist auch der Weißenfelser Magister Johann Pollicarius zu nennen.

Er gab als Vorrede zum tomus secundus (zweiten Teil) aller Werke Luthers die letzte Rede Melanchthons über Geschichte, Leben und Taten Luthers heraus und schrieb in Sachen des Interims, des zwischen Evangelischen und Katholischen vermittelnden Glaubensbekenntnisses.

Zu den spottenden Flugschriften kam von Pollicarius die „ander Antwort von der Kirche" und „wider das unchristlich Buch des Wolfbischofs zu Naumburg". — Das „unchristliche Buch" war das Leipziger Interim der — Versuch des Kurfürsten Moritz, das Augsburger Interim den evangelischen Ständen annehmbar zu machen.

Kapitel 20.

Unter Kurfürst August, dem Sparsamen (1550/53—86).

(Nr. 18 der genealogischen Tafel.)

Herr von Weißenfels war Herzog August seit 1550. In der Sonderung des Jahres 1541 mit seinem Bruder hatte August die Anwartschaft auch auf dieses Amt erhalten. Und das Jahr zuvor war ihm vom Kaiser versprochen, daß, „wenn der Kurfürst ohne männliche Erben sterben, er an der Chur sukzedieren solle."

Der Fall war früher, als man glauben konnte, eingetreten, als Kurfürst Moritz im Kampfe gegen den Markgrafen Albrecht von Brandenburg auf dem Schlachtfelde von Sievershausen den Sieg mit dem Leben bezahlte.

Während Herzog August bei seinen Schwiegereltern in Dänemark zu Besuch war, ereilte ihn die Nachricht vom Schicksal des Bruders.

Als er im Monat September 1541 mit seinem älteren Bruder Moritz die Erbhuldigung annahm, ahnte er wohl nicht, daß er zwölf Jahre später Erbe des Kurfürstentums sein werde.

In Weißenfels hatte seine Schwester Sidonie verw. von Braunschweig das Kloster bezogen: Grund genug für ihn, hier oft und gern Aufenthalt zu nehmen. Hier hielt er 1548 Einzug mit seiner zur Gemahlin erkorenen dänischen Prinzessin, der vom Volke geliebten „Mutter Anna".

Zur Rosenzeit, im Monat Mai hat er den Adel nach Weißenfels zum Armbrustschießen auf den 7. Juni geladen, „umb Kurtzweil willen ein frei gemein Gesellenschießen mit der Armbrust vor der Wandt 135 Ellen zu einem Cirkelblatt". Der beste Gewinn ist ein Kleinod von Silbergeschirr „viertzig Gulden oder mehr würdig".

Nach dem Armbrustschießen findet ein solches mit „Pirsbüchsen" statt „zu einer schwebenden Scheiben", — dazu „einen feisten Ochsen zwentzig Gülden würdig" zum besten Gewinn.

Andere Preise wurden aus den Einlagen bestritten. Jeder Schütze muß seine Büchse vor dem Schusse „die Sibener besehen lassen".

Das waren harmlos fröhliche Tage bei Schneeberger Bier.

Am 22. September 1553 haben „Bürgermeister, Rahtmannen, Gassenmeister und gantze Gemeinde der Stadt Weißenfels über die abgelegte Erbhuldigungspflicht uf Begehren einen besonderen Brief ausgehändigt".

Sachsen wird in wirtschaftlicher Beziehung ein Musterstaat für ganz Deutschland. Der Kurfürst revidierte wohl die Rechnungen der Ämter selbst.

Für die Stadt hatte die Periode einer neuen Bauweise begonnen, besonders nach der 1551 erlassenen Bau-Ordnung. Jetzt werden Steinbauten verlangt und allmählich durchgeführt. Die Front der Häuser beginnt die Straßen zu zieren. Erleichtert war das einigermaßen durch den Umstand, daß Kurfürst Moritz noch vor seinem plötzlichen Ende 50000 fl. für Neubauten in Weißenfels bewilligt hatte. An den gepflasterten Straßen erheben sich nun je länger je mehr die Fronten steinerner Häuser. Sie tragen als Inschriften das, was das Herz des Erbauers bewegt, besonders auf religiösem Gebiete. Sonst verraten Schilder und Bilder des Hauses Zweck und Art, Beruf und Stand des Erbauers.

Aus dieser und der folgenden Zeit bis zum dreißigjährigen Kriege stammen eine Reihe von Portalen, Erkern, Fassaden in den Straßen unserer Stadt.

Förderte Kurfürst August so das Bauwesen, so fehlte ihm der Ruhm des Kriegsmannes. Doch suchte er durch Schläue zu ersetzen, was Moritz mit dem Schwerte in der Faust erzwang.

Wenn wir von den unausbleiblichen Kämpfen mit den gedemütigten ernestinischen Vettern absehen — durch das Martyrium des Vaters waren sie populär geworden — so sehen wir den Kurfürsten August einmal als Vollstrecker der Reichsacht in den Grumbachschen Händeln, der letzten Empörung der Ritterschaft gegen die Fürsten.

Eine Kriegslieferungs-Ordre erging in dieser Sache aus Torgau unterm 7. Januar 1567 auch an den hiesigen Rat:

„Lieben Getreuen! Wir bedürfen einer trefflichen Anzahl Kornsäcke ganz nöthig, welche wir in solcher Eil nicht machen noch bestellen lassen können. Darum begehren wir allergnädigst, ihr wollet eure Bürgerschaft von unsertwegen auflegen, daß ein jeder, der Bier brauet, vier gute ganze Säcke, die andern aber nach ihrem Vermögen einen oder zwei darleihen, und die, bei denen es heuer gestorben haben mag, ihre Säcke zuvor waschen lassen, mit der Vertröstung, wenn man die Säcke nicht bedarf, daß ihnen dieselben wieder zugestellt oder im Fall sie gebraucht, nach leidlichen Werthe bezahlt werden sollen. Und wenn ihr die Säcke alle gehandelt und aufgezeichnet, was ein jeder dargeliehen, alsdann wollet dieselbigen unsäumlich unserm Amtmann zu Weißenfels überantworten lassen. Daran geschiehet unsere zuverlässige Meinung. Datum Torgau den 7. Jan. Anno 1567. Unsern lieben Getreuen, dem Rath zu Weißenfels."

Diese Säcke, mit Erde gefüllt, sollten als Faschinen bei der Belagerung des Schlosses Grimmenstein bei Gotha, das von Wilhelm von

Grumbach besetzt war, dienen. Die Grumbachschen Händel, hervorgerufen durch einen Streit mit dem Bischofe von Würzburg, endeten mit der Niederlage Wilhelm von Grumbachs und seines Beschützers, des Herzogs Johann Friedrich von Sachsen-Gotha. „Nach der Eroberung von Grimmenstein wurde der vom Kaiser 1156 geächtete Herzog zu Gotha Johann Friedrich II. mit einem Stroh-Hütlein durch Weissenfels geführet." Grumbach wurde gevierteilt, der Herzog gefangen gesetzt. — Wieder ging eine Weisung an den Rat: „. . . als begehren wir gnädiglich, ihr wollet euren Predigern solches alsbald vermelden, daß sie . . . zu herzlicher Danksagung . . . gegen Gott . . . vermahnen . . . und ihren Zuhörern oftmals zu Gemüte führen . . ."

Wenden wir uns nun den Friedenswerken des Kurfürsten zu — zunächst denen von allgemeiner Bedeutung, soweit sie hier in Betracht zu ziehen sind. Er zwingt die Händler und Kaufleute die gewiesenen Wege zu ziehen und die alten Handelsstraßen zu benützen. Im August 1560 erläßt er das „Edikt wider das Umgehen der Geleit- und Zollstraßen". . . .

„Fügen allen und jeglichen . . . hiermit zu wissen, daß uns gläubig fürkommen, wie die Hohe- und Oberstraße in unseren Landen von Leipzig auf Frankfurt a. M. und Rhein, auch Dannen hernieder gegen Leipzig von ewer etzlichen gemieden und ungewöhnliche Beiwege gesuchet werden."

Er erinnert an das frühere Edikt von 1541 und erklärt:

„Wir auch solchen Umfahren, damit unser Geleite und Zölle geschwächt . . . zu gedulden und ferner zuzusehen nicht gemeinet . . . Begehren und Gebieten ernstlich, daß alle diejenigen, so hierfort von Leipzig auf Frankfurt oder an den Rheinstrom fahren . . . von Leipzig aus auf Weißenfels, Eckartsberga, Buttelstedt, Erfurt, Eisenach oder Creuzburg — welches die rechte und über vorwerte Zeit hergebrachte Landstraße gewesen und noch ist . . . fahren, daselbst wie vor Alters die Zölle und Geleite geben und daneben keine andern Beiwege suchen . . . andernfalls sollen die Pferde und Wagen und was sie eignes bei sich haben . . . verwirket haben und solches dem fürstlichen Theil verfallen sein."

Der geschichtliche Name der alten Handelsstraße hat sich bei uns in der Hohenstraße der Stadt Weißenfels noch erhalten. In demselben Jahre gestattete der Kurfürst den einheimischen Fuhrleuten, welche weit ꝛc. nach dem Rhein führten und Wein, Kastanien, Nüsse von da zurückbrachten, neben der Hohenstraße auch den vom Eichsfelde im Unstruttale ostwärts führenden Weg über Mühlhausen, Langensalza, Weißensee, Sachsenburg zu benützen.

Des Rates Geleitsprivilegium aber wurde manchmal nicht beachtet. Dann gab es Händel. So „als E. E. Rat 1553 Schneeberger Bier holen lassen, um es hier im Ratskeller zu verzapfen. Da hat man in Zwickau die beiden Fuhrleute des Geleites wegen nicht wollen frei passieren und ohne Entrichtung des Geleites abzufahren nicht gestatten wollen".

Auch die Flußschiffahrt förderte der Kurfürst: für die Saalflöße waren größere Flußschwemmen bei Corbetha eingerichtet. Der Kurfürst hatte dazu mehrfach Vergleiche abgeschlossen. Im ganzen gewann der Handel jetzt durch die größere Sicherheit der Straßen.

Im Jahre 1563 hatte der Kurfürst angeordnet, daß alle Geldeinnahmen der Ämter, soweit sie nicht für Amtsbedürfnisse nötig erschienen, abgeliefert würden. Und sechs Jahre später verwandelte er alle bisherigen Naturallieferungen und Zehnte (decem) in Geldzinse.

Ganz besondere Sorgfalt wurde dem Steuerwesen durch Steuerordnungen zugewandt, die auf den Landtagen, besonders in Torgau beschlossen waren, wo auch Weißenfels als Amtsschriftsässische Stadt vertreten war.

Nicht zu vergessen sind endlich die Versuche des Kurfürsten, sich Salinen zu verschaffen.

Die Salzfuhrleute, welche auf eigene Faust Salz ins Land führten, sind uns schon begegnet. (10, 6.)

Im 15. Jahrhundert waren die Salzprivilegien der Städte aufgekommen. Auch der Rat zu Weißenfels nimmt Pech- und Salzkauf in Anspruch. Im Rathause ist der vom Rate verwaltete Salzkasten errichtet. (Vergl. Jahres-Rechnung S. 173.) Herzog Georg hatte diese Ratsmonopole begünstigt. Die Salzzölle steigerten auch seine Einnahmen.

Seit dem 15. Jahrhundert tritt das Bestreben der Wettiner deutlich hervor, selbst Salzquellen zu erschließen, um den ganzen Bedarf zu decken.

Seit Anfang des 15. Jahrhunderts kannte man Salzquellen in Poserna. Ob sich auch Herzog Georg († 1539) um diese Quellen bemüht hatte — der Erfolg entsprach den Erwartungen nicht — man blieb von Halle abhängig. Im Jahre 1445 läßt der Vogt von Weißenfels das benötigte Salz nicht von Poserna, sondern von Halle holen. Nachdem Nürnberger Salzkünstler in Poserna ihr Heil versucht hatten, nahm Kurfürst August 1577 die Sache energisch in die Hand: Nicht weniger als 150 Mann wurden aus den umliegenden Ämtern zur Arbeit requiriert. Das Amt Weißenfels hatte außerdem 200 Mann nach der Ernte auf eine Woche zur Arbeit zuzuführen. In der Zeit vom 4.—8. Oktober 1577 überzeugte sich der Kurfürst selbst vom Gange der Arbeit und wieder vom 3.—6. April 1578. Der Bau eines neuen Floßgrabens beschäftigte im Sommer 150 Arbeiter. Die Kosten trug das Amt Weißenfels.

Es sollte Poserna oder Weißenfels an der großen Heeresstraße „zentrale Siedestätte für mehrere Soolquellen werden". Am großen Floßgraben wurde geschanzt bis 1582. Es waren 1200 Fronarbeiter am Werke.

Als das Amt Weißenfels sich wiederholt über Leistungen und Kosten beschwerte, gab der Kurfürst 1585 den Plan auf. Das Salzprojekt Poserna hatte wohl 160000 fl. verschlungen. — Auch die erworbenen Salinen zu Artern vermochten zunächst den Bedarf für Kursachsen nicht zu decken.

Das Salzmonopol der Städte blieb auch in den folgenden Jahrhunderten. Es kommt in des Herzogs Zeit (1666) wohl auch deshalb zu Konflikten des Rates mit dem Amtsvogt und Geleitsmann in Weißenfels, wenn der Stadtrat auch Schutzgeld ins Amt erlegen soll. Dann befiehlt der Herzog den Rat zu schützen in seinen Rechten und den ungebührenden Salzverkauf in den Toren, in Vorstädten und Dörfern abzuschaffen. Unter Herzog Christian 1725 denkt man daran, Salzkassen einzurichten, die 12000 fl. einbringen würden, wenn Weißenfels, Freyburg, Eckartsberga, Sangerhausen sich mit Halleschem Lagersalze, Weißensee sich mit Frankenhäuser Salz versorgten.

Im 18. Jahrhundert hat 1762 der Stadtrat den „Salzschank" verpachtet. Im 19. Jahrhundert aber hilft das Salzmonopol die Schulden der Freiheitskriege mit decken.

Auf kirchlichem Gebiete ist bemerkenswert der Erwerb der eingezogenen Bistümer Meißen, Merseburg und Naumburg im Jahre 1586.

Schier 30 Jahre vorher, 1555, hatte hier die dritte Kirchenvisitation stattgefunden, aus deren Bescheid ein paar Sätze, die für das Stadtbild interessant sind, folgen mögen:

„Die Häuser vor der Kirche, Brotbänke, Garküche . . . sollen hinweggetan und der Kirchhof (an der Kirche) gepflastert werden und dies soll auf das Erste geschehen, verhoffend, es werden sich viele fromme Christen willig dazu erzeigen. Auch ist es ehrlich und christlich, daß der Gottesacker (am Niklastore) mit christlichen Monumenten und Bildern oder Figuren der heiligen Schrift . . . gezieret würde. Es soll (deswegen) ein Erbarer Rath auf demselbigen einen Schwibbogen, Predigtstuhl und Bänke, damit man das Wort Gottes desto bequemer hören kann, erbauen."

Am ersten August 1580 erließ der Kurfürst eine berühmt gewordene Kirchenordnung.

Den von seinem Bruder Moritz schon gegebenen Ordnungen sittenpolizeilicher Art wußte der Kurfürst auch energische Geltung zu verschaffen.

In der Marienkirche hatte man 1583 den Chor gebaut und die den Heiligen geweihten Pfeileraltäre entfernt.

Die Klosterkirche war 1560 durch Hinzunahme des Bruderchores nach Osten verlängert. Der mittlere Teil des Schiffes war früher den Laien freigegeben.

Der 1553 neu erbauten Knabenschule aber schenkte Kurfürst August ein Stück Land:

„Liebe getreue, Uf Unsere Visitation in Düringen Bericht, auch Ihr und des Raths zu Weißenfels unterthenigstes Ansuchen und Bitten haben Wir billiget, daß hinfür der Jehrlichen (alljährlich) aus dem Beutitzer Schlagheltzen (Schlaghölzern) vor die neu erbaute Schule zu Weißenfels ein Acker Holz, der Größe wie es des Ortes sonsten auf den Kauf gemessen wird, angeweiset und ohne Bezahlung gefolget werden sollen, damit sich die armen Schüler und Jugend winterzeit desto baß darinnen erhalten mögen, darauf achtung geben, daß es zu rechter Zeit gehauen abgeführet, auch die gezeichneten Faßreifse stehend gelassen und daß solches nirgend anders hin, denn vor die Schul gewand, daß sollet ihr in Rechnung entnommen werden und geschiehet hiernach Unsere Meinung.“ Dat. Dresden 15. July 1556.

Gerichtet war das Schreiben an den Amtmann Rosten zu Weißenfels und Hansen von Wilprecht, Oberhofmeister in Thüringen.

Die neuerbaute Schule ist das dem Kirchturm gegenüberliegende einstige Schulhaus mit seinen noch jetzt sichtbaren lateinischen biblischen Inschriften. Auf dem Kirchhofe an der Kirchgassenecke erhob sich die 1555 erbaute Mädchen- und Kleinkinderschule, zu welcher vor fünfzehn Jahren Herzog Heinrich die Anregung von Dresden aus gegeben hatte.

Ehe wir uns weiter in der Stadt umsehen, einen Blick in die Vorstädte!

In dem „Vertragk ezlicher streitigen Punkte, so sich zwischen dem Amtsvogt Luya und dem Rat der Stadt in der Mitte des 16. Jahrhunderts vollzog“, ist die Rede von einem Platze vor dem Saaltor und von einer „großen Brücke bey der Capell“.

Die Brücke, heißt es da, soll dem Amte verbleiben, aber der Rat soll die Polizeibefugnis haben: „und wenn jemand über die Brücke rennet oder trabet, denselben zum Wandel anzuhalten.“ Wir haben vor uns das 1547 „von außen neu erbaute“ Saaltor. Der Grund und Boden da ist morastig. Im Juni 1585 treten die Fluten des Wassers wieder über den Damm und reißen mehr als 60 Ellen Stadtmauer zwischen dem Saaltore und der Kuttelpforte nieder. „Dieses Stück Stadtmauer hat 69 Neuschock 11 Gr. 3 Pf. wieder zu bauen gekostet.“ Und wieder nach drei Jahren hat man auf das Saaltor einen Turm mit Turmknopf gesetzt. Jetzt wird auch „die Judengasse, so vordessen von den Jüden erbauet und lange vor der Stadterweiterung bewohnt worden“ — ins Stadtbild einbezogen. —

Vom Saaltor bis an die Klostergärten ist ein breiter Wassergraben oder Teich, „darein der Greisler Bach hat können geleitet werden“. Auch im Kloster waren Teiche und Fischgräben durch gute Mauern versichert. „Dazu der Greißelbach unten verdämmet und vor dem Niklastore nur einen hölzernen Steg hatte, dannenhero wie eine See aufgeschwellet werden konnte, so war diese Stadt zur selben Zeit allerdings für einen festen Paß zu halten“ — meint Vulpius.

Ging man aus dem Saaltore, das in der heutigen Saalstraße stand, an der Kapelle der heiligen Ursula an der Ecke bei der Brücke rechts den

Damm die alte Fischergasse hinauf, so kam man an die Stelle, wo Kurfürst Augustus vor dem Schifftore einen Schlacht- oder Kuttelhof hatte bauen lassen, in dem die Fleischer zu hantieren verpflichtet waren. Unreines Vieh wurde zerhauen und zum Verdrusse des Abdeckers gegen die sonstigen Rechte der Cavillerei, zerschnitten in die Saale geworfen. Die in die Stadtmauer gebrochene Kuttelpforte vermittelte den nächsten Zugang zu dem Schlachthause, das jenseits des Dammes — eine Dammstraße gab es natürlich noch nicht — lag. Den Fischern machte 1551 ein Magdeburger Fischhändler Konkurrenz. Von ihm hat eine Händlerin, eine Hökin, wie es heißt, eine Tonne Heringe gekauft, die nach dem Urteil verständiger Handelsleute nicht als Kaufmannsgut befunden wurden. Die Tonne wurde in Beschlag genommen, an den Pranger gestellt. Nachdem man die Heringe von der Brücke geworfen, wurde die Tonne durch den Scharfrichter verbrannt. Die Händlerin aber erhielt aus dem Geleitsamte den halben Wert ersetzt.

Die Weißenfelser Fischer rieben sich vergnügt die Hände. Auch für die Fuhrleute, die am Markte im „Schwarzen Adler" ausgespannt und eben die Pferde in die Marktschwemme getrieben haben, war das ein Hauptspaß. Und im güldenen „Petsching-Ring", wo Herzog Augustus Kupferpfennige mit E. E. Rats Wappen münzen ließ, ehe er Kurfürst wurde, hat man sich über diesen Rechtsfall schon damals wohl sachverständig unterhalten.

Des Rates Baderei wurde 24 Jahre später eröffnet, sonst wäre es auch für diesen Ort das Ereignis des Tages gewesen.

Indes wir gehen weiter zum stattlichsten der alten Tore. Das Niklastor war mit starken Fall- oder Schutzgattern, Toren und Schlägen und Ketten wohl verwahrt. (Das „Zeitzische" Tor konnte vom Schlosse und von den Türmen am Georgenberge bestrichen, der Umfang außen mit Pallisaden versetzt werden. Der Turm des Zeitzer Tores wurde 1585 mit Schiefer gedeckt und mit fünf zinnernen Knöpfen geziert. Das Klingentor konnte direkt vom Schlosse aus „defendiret werden".)

Das Niklastor trennt alte und neue Stadt. Auf einer 1810 gezeichneten Karte heißt die Langendorferstraße noch die Altstadt.

Diese Bezeichnung ist seit Jahrhunderten offiziell! Das beweist der Vergleich wegen der Viehtrift vom Jahre 1570. Da haben die drei Räte der Stadt Weißenfels sich mit der alten Stadt dahin geeinigt, daß die Altstädter, wenn sie die bürgerliche Hutgerechtigkeit mit nützen wollen, gehalten sein sollen, dem Rate für jede Kuh vier, für ein Kalb zwei, für Ziegen und Schafe je einen Groschen zu erlegen.

Im Kloster wohnt jetzt die Schwester des Kurfürsten, Sidonie. Sie war vermählt mit Erich, Herzog zu Braunschweig. Er hat sie aber schlecht gehalten und verstoßen. So nahm sie ihr Bruder nach

Weißenfels, wo sie ihr Leben in den Klosterräumen beschloß. — Sie hat den Keller zur linken Hand bauen lassen mit der Inschrift: „1574. S. G. H. Z. S.", d. h.: „Im Jahre 1574 hat Sidonie geborene Herzogin zu Sachsen diesen Keller bauen lassen." Ihre Gesellschafterin war die verwitwete Elisabeth von Reibitzsch. Ihr hatte die Herzogin ein Haus ganz in der Nähe des Klosters angewiesen und das Recht gegeben, vom Garten ihres Hauses durch eine Mauerpforte zum Zwinger im Stadtgraben nach Belieben sich zu wenden, falls ihr der Eingang zu dem Zwinger und Wassergraben „über den Ratsraum", d. h. von der Stadtseite aus vom Rate versagt würde.

Wir gehen dieses Mal vorüber an dem 1522 eingerichteten Gottesacker am Nikolaitore, überschreiten den Greislaubach, der links oben drei Mühlen treibt, die Klostermühle, die vom Rate 1564 erkaufte Pfeffermühle, endlich die Obermühle.

Das kurfürstliche Jägerhaus und die Wildmeisterei stehen noch nicht auf Klosterboden, wohl aber dem Platze gegenüber die St. Jakobskapelle. Wir gehen die Straße weiter nach Leißling-Naumburg zu und stoßen auf das Nikolai-Hospital. Hier war vor mehr als 250 Jahren das Klarenkloster gebaut. Jetzt finden alte Weiblein da Obdach und — letzte Ruhe, aber in Ehren und mit christlichem Segen zum Unterschiede von denen, deren Leichen vom Hochgerichte hierher gebracht und still der Erde übergeben wurden. Seit dem letzten Jahrzehnt des 19. Jahrhunderts hat eifrige Bautätigkeit dieses Gebiet der ersten ältesten Klosteranlage mit modernen Häusern bedeckt. Man fand da auch einen alten kreuzgezierten großen Stein, der vermutlich des ersten Klosters Grundstein war und im Besitze des Bauunternehmers Herrn Herrmann ist.

Die Einwohner der Nikolaivorstadt der Muttergemeinde von Weißenfels waren dem Amte und Kloster zu Diensten verpflichtet. Mit der „Stadt Weißenfels" standen sie später nur in loser Beziehung, die in ein paar Abkommen zum Ausdruck kam! Die Geschicke dieser Gemeinde wurden durch verordnete Älteste und einen Gassenmeister geleitet. Wegen der Amtssachen war ein Schöppe „maßgebend".

Ganz unter des Klosters Herrschaft stand, wie schon bemerkt, die Klingenvorstadt, die aus einer Siedlung Klengowe entstanden sein soll. Zur Zeit des Kurfürsten wohnte hier nur eine Untergemeinde. Ihre Bewohner hießen des Klosters Untertanen vor dem Klingentore. Von ihren Verpflichtungen war schon die Rede.

Euphemia von Plaussig schreibt 1516 der Gemeinde: „Nachdem wir dieselbigen Fröhne als: Mist zu breiten und Schaafe zu scheeren nun hinfüro nicht mehr bedürfen . . . sollen von einem Hof und Garten, der „vor eine Hofstadt geachtet wird", acht neue Pfennige, deren zwölf einen Zinsgroschen gelten . . . entrichtet . . . werden, dargegen sollen sie der Handfrohnen, die sie bisher getan, los und ledig sein."

Des Klosters letzte Ehren-Abtissin urkundet 1568: „Daß die Gemeinde von jedem aus der Gemeinde abziehenden sechs, von jedem Anziehenden ebenfalls sechs Groschen" erheben darf „zur erhaltung ihres Heergeräths".

Das Heergeräth, drei Mannharnische, war beschafft worden, als die Gemeinde etliche Jahre zuvor „ein Stücklein gemein Guth, die Wasserlauft genannt", mit Wissen der Domina und gegen Verpflichtung einer Wachslieferung der Käufer in die Klosterkirche verkauft hatte.

Über die Verwendung des An- und Abzugsgeldes und anderer Einnahmen hatten die zwei Gassenmeister „neben den acht Eltisten" Rechnung zu legen: „wie sie mit solcher Einnahme gefahren". Wer sich über diese Vorstadtvertretung „mit Worten oder ungebührlichen Reden verhielte" riskierte eine Geldstrafe. Charakteristisch ist die besonders zugefügte Ermahnung, „daß auch davon Rechnung gethan werde und nicht an vergebliche Unkosten oder Saufferey gewendet werde".

An die letzte Domina richten die Klingenvorstädter das Ersuchen: Den alten Brauch der Begleitung einer Leiche aus jedem Hause bei Verlust von acht Pfennigen zum Nachbarrecht beizubehalten. Nach dem Tode Sidoniens 1577 kamen die Klostergerichte ans Amt. Der Klingengemeinde aber wurden acht Artikel bestätigt, von denen später die Rede ist.

Streitigkeiten der Gassenmeister und Ältesten mit der Gemeinde entschied natürlich das Amt. Der Amtsvogt entscheidet 1598 auch, daß die Gemeinde zehn Wasserzuber zum Feuergeräte halten, daß der Töpferdamm bei Feuersgefahr zur Lagerstatt für Hab und Gut dienen soll. Der Amtsvogt bestimmt, daß die Gassenmeister für zweijährige Dienstzeit „einen Güldenn", der Schreiber aber zehn Groschen sechs Pf. erhalten soll. Derselbe befindet, wie viel und wem aus der Gemeinde-Lade zu leihen ist: jedenfalls aber „über 50 fl. nicht!" Umständlich war das Mieten und Vermieten einer Wohnung: „Wer einen Hausgenossen haben will, soll solches dem Obergassenmeister anzeigen, alsdann mit den Gassenmeistern und Hausgenossen ins Amt kommen". Übrigens war auf jeden Fall der Hauswirt für den Mieter haftbar.

Jenseits der Saale liegt in der Cubamark die auf Kurfürst Augusts Kosten, sogar „unsägliche Kosten" neu erbaute Amts-Mühle. Die Kosten des schwierigen Mühlenbaues, die der Erhaltung wurden durch die verliehene Mahlzwangsgerechtigkeit wett gemacht. Sie hatte vor den andern kurfürstlichen Zwangsmühlen den Vorzug, „daß sie kein Treiberviehh halten darf (zu halten braucht), weil alles Getreide von den Mahlgästen selbst in die Mühle gebracht wird". Im Jahre 1708 scheint die Mahlmühle um die Schneidemühle vergrößert worden zu sein. Auch hier waren die Baukosten beträchtlich. Soll doch der Herzog im vorüberfahren die Worte gebraucht haben: „Das ist der Schafstall, der so viel Geld gekostet hat." Dem Schneidemüller Ratzmann gab der

Herzog Grund und Boden zu dem vom Schneidemühlenbesitzer Müller noch jetzt bewohnten Hause gegenüber. Von der Mühle erhielt der gegenüber liegende Berg jetzt den Namen Mühlberg. Ostwärts davon lagen das Gehöft der Scharfrichterei, das dem Amte gehörte, und das Hospital St. Laurentii mit dem Blick auf die Saale.

Wir sehen von der sanften Höhe herab.

Die Sonne verschwindet am Horizonte. Der Hirt treibt die Herde über die Brücke in die Stadt. In den Weinbergen zur Seite und drüben vom Schloßberge klingt fröhliches Jauchzen.

In der Stadt begegnen uns drei deputierte Vorstädter. Sie haben dem Rate das Hütegeld überbracht. Man legt im Rathause Wert darauf, daß das persönlich und nicht ohne eine Wort des Dankes für die Freundlichkeit des Rates geschieht.

Da kommen auch Ratsmitglieder im eifrigen Gespräche, die Bürgermeister Melchior Ziener und Markus Faber mit dem Amtsvogt Luja. Sie haben in heißer Sitzung die Grenzen des Amtes und des Rates der Stadt festgelegt. Das war keine leichte Sache, das gab eine heiße Sitzung: Schwierig lagen z. B. die Dinge am Klingentore! Da war strittig der alte Gerichtsstein vor dem Tore, das Brücklein, unter dem die Klinge in das spätere Kunsthäuschen fließt, und anderes mehr. Man hat sich dahin geeinigt und es ist dahin gemittelt worden, „daß der Rat zur linken Seite, wenn man zur Stadt hinausgeht, da an der Wasserkunst noch ein klein Häuslein erbauet, die Gerichte auf derselben Seite an beiden Häuslein hin soweit die Traufe fällt, hinaus bis an den Pfahl, der ins Pflaster gesetzt, darauf man in die Trenke reitet und von diesem Pfahl hinüber nach dem Damme und dem Fußsteige, auf demselben zwischen dem Stadtgraben, soweit das Wasser wendet, haben und behalten soll." — Freilich, die Gerichte „auf solcher Mauer und berührten Damme" — oberste, niederste — waren für die Stadt nicht herauszuschlagen. Der Amtsvogt hielt sie fest. Nur innerhalb der Mauern, inwendig der Mauern, im Graben sollen sie dem Rate hinvörder ohne Mittel unverändert zuständig sein."

Garnicht so einfach lagen auch die Dinge an der Saalebrücke. Da begegneten sich Rechte des Besitzers der Kapelle mit solchen des Amtes, der Vorstadt: aber die Gerichte auf dem Platze bis an die Mauer des Stadttores und Grabens, ebenso wie die der Brücke, „deren sich der Rat anzumaßen wollen", sind als Amtsrechte von neuem festgestellt worden.

Wir hören im Vorübergehen etwas von „Gerichten vor dem Zeitzer Thore und von wilden Wassern". Der Amtsvogt erklärt den Bürgermeistern, daß die beschlossene Regelung die einzig richtige sei, nach welcher „die Bahn für wilde Wasserfluten oben bey den Melzener und Zeitzischen Wegen und hinunter durch die Weinberge und Gärten bis an das Jägerhaus von dem Rate verfertigt und erhalten werden".

Die Pulschitzer und Walwitzer Mark gehören zwar in des Rates Weichbild, die Gerichte aber darin sind des Amts. Auch darüber hat sich der Amtsvogt beschwert, daß seine Amtsuntertanen, wenn sie in die Mühlen oder ins Amt zu Dienste führen, daß sie der Rat in diesen Fällen mit Wegegeld belege — den Wagen mit zwei alten Pfennigen, die Karre mit einem Pfennige.

Das alles ist nun geordnet und beigelegt. Inzwischen ists Nacht geworden. Der Mond ist in hellem Glanze aufgegangen. Sein Schein läßt den Wasserspiegel auf dem Markte in silbernem Lichte erstrahlen. Die blühenden Weiden schauen träumerisch drein. Die Schatten der Kirche heben sich haarscharf ab. —

Das unfehlbarste Mittel, um sich beim Kurfürsten in Gunst zu setzen, war das Eingehen auf seine Pläne: billiges Überlassen, wenn er der Käufer, anständiges Angebot, wenn er der Verkäufer war.

Die Gunstbezeugungen an den Kanzler Kiesewetter stiegen, als er 1552 in der Burgstraße sein stattliches, neu erbautes steinernes Haus zu Zwecken der Geleitsämter hergab. Ob die Erker das Haus — das jetzige Amtsgericht — „mit phantastisch erdachten, reichlich und unschön in Sandstein ausgeführten Reliefselbern" — damals schon schmückten, kann ich nicht sagen. Es ist aber wahrscheinlich.

Zur Verschönerung der Stadt, zur Besserung der Wege, zur Beschaffung billigen Steinmaterials weiß er ein jedenfalls originelles Mittel, das den Vorzug großer Billigkeit hat: Ein jeder Fuhrmann, welcher ledig in die Stadt gefahren, hat eine Fuhre Pflastersteine mitbringen müssen. Weiber, die mit leeren Körben zum Markte gingen, mußten jedwede eine halbe Mandel solcher Steine mitbringen und bei dem Tore abwerfen. So konnte gleich nach dem Regierungsantritte des Herzogs der Markt, der Kirchhof, die Burgstraße gepflastert werden.

Kein Ehepaar durfte eher kopulieret werden, als bis es ein paar junge Bäume entweder in Garten oder auf die Feldraine gepflanzet hatte.

Ausdrücklich war der Schutz alter und neuer Ratsprivilegien gewährleistet: Der Verkauf des Getreides vom Lande nur in der Stadt.

In dieser Zeit hat Weißenfels den größten Grundbesitz: Im Jahre 1556 (9. Mai) hat es das ehemalige Beuditzkloster vom Kurfürsten für 16714 fl. und 5 gr. (14625 M. und 5 gr.) gekauft.

In dem Rats-Reverse über den Kauf heißt's, daß . . .

„Augustus Herzogk zu Sachßen . . . Uns das Closter Beutitz sambt dem Forwergke Pulzschiz vor Weissenfels gelegen Umb ufnehmung gemeiner Bürgerschaft eines beständigen Ewgen Erbkauffs uf Unser unterthänigstes Ansuchen gnädigst verkauft und verErbet hat." Die Kaufsumme blieb die Stadt schuldig. Einstweilen hatte der Rat 835 fl. 15 Gr. jährlich Zinsen an das Amt zu zahlen. Der Rat sollte das Gut „als gemeines Ratsgut innehaben genießen auch nach Gefallen an die Bürger der Stadt Weissenfels anderweit vererben oder sonst zu der Stadt Besten brauchen können".

Im Jahre 1564 kauft der Rat die dem Kloster zuständig gewesene Pfeffermühle und baut sie neu auf. Ebenso gehörte dem Rate die Obermühle mit nicht unbeträchtlichem Grund und Boden. Die dem Amte bisher zustehende Gerichtsbarkeit des Beuditz-Klosters „über Hals und Hand" — soweit es sich um Kloster verpflichtete handelt, pachtete der Rat. Damit und seit der Zeit steht ihm wohl erst ein Arm am Amtsgalgen zu. So war der ehemalige Klosterbesitz nunmehr in dritter Hand: Cristoph von Ebeleben, der Kurfürst (1551), der Rat waren die aufeinanderfolgenden Besitzer. Es war doch ein bedeutender Komplex, der dazu gehörte: 27 Hufen 7 Ruthen Arbfeld in Beuditz und 6 Hufen 2 Acker in Pulschitz — dazu 196 Acker Wiesen und Weiden, Triften und Gärten, mehr als 20 Acker Weinberg, 27½ Acker war der Eich- und Erlenberg berechnet.

Und wieder nach sechs Jahren verkauft der Kurfürst das bisher vom Amtmann Simon Rost verwaltete Klostergut Langendorf mit Ackern, Wiesen, Schäfereien, Triften, Fronen an die Stadt Weißenfels, „uf des Rats untertänigstes ansuchen und bitten . . . um 8000 fl. — Später, 1621, hat der Rat dieses Gut „als er die Schäferei abgetragen und das Vieh nebst der Schaftrift verkaufet", an Dr. Simon Reinhardt für 19000 fl. abgegeben.

Endlich erwarb der Rat 1575 vom Kurfürsten den Beuditzteich:

„Nachdem Uns Unser lieber Getreuer der Rat zu Weißenfels berichtet, daß sich etliche Jahr daher gefährliche Vergift-Seuchen bei ihm ereignet und dieselben dem Wasser und Nebeln Unsers Neuen Beutitzer Teiches etlicher maßen zuzuschreiben", so wird besagter Teich, unter des Klosters Kemmerholze gelegen, mit Weiden, Büschen, Sträuchern, Erbgerechten, Fischen, Graserei, Rohr für 3140 fl. 18 Gr. — je 21 Zinsgroschen für 1 fl. gerechnet — dem Rate überlassen . . . „weil aber berührter Rat Ihres Unvermögens halbe solch Kaufgeld itz Jahr zu bezahlen nicht vermocht, so haben wir Ihnen zu Gnaden bewilliget, das sie solche Kaufsumme jährlich mit 55 Guten Groschen — je sechszig Zinsgroschen vor ein gut Schock gerechnet — verzinsen".

Der Kurfürst war ein Geschäftsmann comme il faut. Er hat dem Rate ohne Zweifel den Ankauf des Teiches nahe gelegt. Er macht auch Tauschgeschäfte, wenn etwas dabei zu verdienen ist: Seinem Kanzler Dr. Kiesewetter nimmt er tauschweise 1554 die Gutsgebäude in Lobitzsch ab. — Das Feld hatte der Besitzer an Einwohner in Uichteritz schon verkauft — um es dann der Ehrendomina des eingegangenen Klosters Margarethe von Watzdorff zu überlassen.

Vom Clarenkloster hatte auch der Kurfürst Grund und Boden erworben: 50 Acker „Wiesenwachs" z. T. am Dorfe Leisling gelegen, 22½ Acker „Weidewachs" — alles für 3800 fl. Der Acker „Wesewachs" kostete damals in Leisling 40 fl., „Weidewachs" 60 Gulden, ein Acker „Wiesewachs so auch beteichet 45 fl.".

Augustus; erster Herzog von Weißenfels (1656—1680) zugleich letzter Administrator des Erzstifts Magdeburg.

Das fiskalische Rohrteichlein vorm Klingentore, „außer dem Stadtgraben gelegen, welches inwendig drei Acker 40½ achtellige Ruthen hält, allenthalben voller Röhrigt und schilff gewachsen", hatte sich „wegen der Wildwasserflut, so des Orts ihren Durchzug haben, z. T. dermaßen erhöhet, daß es mit großem Schaden und uncosten hätte ausgeschlemmet werden müssen", zumal auch der Bürgerschaft „an ihren Kellern hierauß schaden erfolget". So hatte der Rat das Terrain „umb 320 Thaler 5 Gr. 3 Pf. Meissnischer Wehrung sambt den Erbgerichten" erworben und zahlte fortan jährlich 16 Groschen Erbzins.

Privilegierte Häuser gab es zu Kurfürst Augusts Zeit, bis 1569, schon achtzehn in der Stadt. Ihre Zahl vermehrte sich in der Herzogszeit.

Sie standen in des kurfürstlichen Amtes Gericht, Obrigkeit und Botmäßigkeit, waren also der Stadt, dem Stadtgericht, dem Rate nicht verpflichtet und „verwandt", ihm gegenüber in Ausnahmestellung.

Auch die Mieter in solchen Häusern teilten den Vorzug. Sie hatten als Steuer den Hausgenossenzins **ins Amt** zu zahlen.

Die Privilegien scheinen mehr oder wenig ausgedehnt gewesen zu sein, je nach der persönlichen Stellung zum Landesherrn, je nach dem zu belohnenden Verdienst.

Allen privilegierten Häusern bezw. ihren Bewohnern und Besitzern war gemeinsam die persönliche Freiheit von des Rates Gericht. Nur das Amt kann den Besitzer eines Freihauses gefänglich einziehen — etwa in Straf- oder Schuldsachen. Der Privilegierte leistet für sein Haus alle erblichen Gefälle, Zinsen, Lehengeld, Gerichte, Hausgenossenzins, Wachen dem Amte.

Im Jahre 1569 hatte der Kurfürst die ihm zustehenden Gerichte in der Stadt Weißenfels und auf dem Georgenberge „uff den freien Heusern . . . pachtweise uff widerrufen eingethan", dergestalt, daß die Stadt die „Ober- und Erbgerichte über Hals und Hand in und vor den freien Häusern, wie solche in Unser Amt gehörig gewesen inne haben, verwalten, die Verbrechungen, so sich darinnen zugetragen richten, den Hausgenossenzins, von denen, so in solchen Häusern ein Mieter einbringen . . . sollen". Nur soll der Rat weder die Einwohner noch die Mitleute (mitleuth) „mit keiner neuerung belegen . . . und unbewußt Unser keine peinliche sachen burglich machen". Die sollen nach wie vor in des Kurfürsten Namen gehegt und gepflegt werden. Alle Urteile — auch in bürgerlichen Angelegenheiten sollen in des Kurfürsten Namen publiciret werden.

„Weil auch die Burger uff solchen freien Häusern in Schuldsachen bisher mit gefänglichem Einziehen (= Eingezogen werden) verschont gewesen, sollen sie um Schuld oder geringer Ursachen willen, damit auch nicht beschwert werden. Und was vor Zelle burglich gemacht, die urfriden dermassen versichert nehmen, damit solcher Stadt und Unserm Amt daraus kein Fahr oder nachtheil entstehen möge".

Auch die Wachen, welche die freien Häuser zu stellen schuldig waren, „im Fall der Not zu Tag und Nacht nach der Reihe auf unserm Schloß", sollte „unverhindert solcher verpachte(te)n Gericht" der Kurfürst zu gebrauchen berechtigt sein. Die Stadtwache geschah zuerst vom Turme des Georgenberges.

Der Rat zahlte bis auf kurfürstlichen Widerruf jährlich vier gute Schock „Gerichtspachtgeld" ins Amt. Ein jedes dieser Art erteilte Haus-Privilegium bedeutete für den Rat der Stadt einen mehr oder weniger großen Verlust. Solch freies Haus zahlte dem Rate nur ein „Geschoß" — war ihm im übrigen „nichts verpflicht noch verwandt".

Im Jahre 1553 privilegierte Herzog August des Fischmeisters Tassotha Haus. Da ist er gegen den Rat sehr kulant:

„Und damit sich der Rat Schmälerung ihrer Gericht und Gerechtigkeit nicht zu beklagen, wollen wir ihnen in dieser Stadt ein ander Haus, so in Unser Amt gehört, mit Gerechten wiederum anweisen lassen. Da auch unser Fischmeister die geschoß, so auf dem Hause stehen, dem Rate nicht mehr geben wollte, soll er dem Rate die mit Gelde abkaufen und vergnügen."

So entgegenkommend war man nicht immer der Stadt gegenüber. Das Jahr zuvor (1552) hatte der Kurfurst die Rostschen Häuser privilegiert.

Einen besonderen Stein im Brette des Kurfürsten muß der Kammer-Sekretär Simon Rost gehabt haben, denn der Fürst verleiht ihm, dem nachmaligen Amtmann Rost, in Anerkennung treuer Dienste und als Ersatz für Verlust, den Rost im Kriege zwischen Johann Friedrich dem Kurfürsten und Herzog Moritzen erlitten, gleich über mehrere Häuser Privilegien.

„von wegen daß er Unserer Gescheffte und Dienste halb wenigk darbey sein oder desselben abwarten können . . . das er in den verlaufenen kriegen Unserthalben all das seine verlassen und Uns . . . ohne einige beßhalben sonderliche Besoldungen nachgezogen und sich ehrlich gebrauchen lassen . . . deshalb sei der Herzog ihm „mit sonderen Gnaden geneigt, zudem auch zum liebsten wollten, das bemelte unsere Stadt, alsdo wir bißhero mehrentheil Unser Hofflager gehalten Und die ezliche große Landstraßen gehen mit Gebeuden und sonsten gezieret und gebessert würde".

Rosts Haupthaus befand sich nach Sturms Angaben in der Nikolaistraße neben dem Gasthof zum Hirschen. Sein zweites Haus befand sich gerade gegenüber, es ist das früher Lohsesche, jetzt Lorickes Haus. Das dritte lag in der Burgstraße.

Diese Rostschen Häuser durften „das Röhrwasser, so in Unser Jägerhaus vor dem Zeitzischen Thore uf Unsere Unkosten geführet" mit benützen. Diese Freihäuser durften mit „keiner Steuer, Folge oder einigen Uflagen beschweret oder beleget, sondern in allewege gefreihet und verschonet sein".

Auch Braugerechtigkeit auf den Grundstücken war Rosten und seinen Erben im reichsten Maße zugesichert.

„So viel er von seiner selbst erwachsenen Gersten erbrauen läßt, das soll er und alle folgenden Besitzer — aller Steuer, Zehnten, Auflagen und Beschwerungen frei — für seinen Haushalt verbrauchen. Und was er „in Fässern, Tonnen, Vierteln, Kannen frei zu verkaufen, zu verzapfen Fug und Macht habe", ja, falls ihm Gerste und Trauben selbst nicht wachsen, soll er doch zu brauen und zu keltern Macht haben: „würde aber er oder ein künftiger Besitzer keinen Wein noch Gersten Gewächße haben, So soll er oder sie sich gleichwohl solcher Freyheitt fugk und macht haben: uf drey Fuder Weins Und dann uf drey ganze Gebreude Bier. „Hierüber und da er oder seine Erben zu anwendung solches Getrenckes gleich keine Geste setzen noch sonsten wie gewöhnlich öffentlich schenken lassen würden oder auch anderer hievor Und nach beschriebenen privilegia und begnadung nicht in Übung haben, so soll das ihnen doch zu jederzeit freistehen."

Das waren für den Rat der Stadt oder für den Stadtsäckel natürlich nicht sehr erfreuliche Privilegien. Auch von dem ersten der privilegierten Rostschen Häuser ist ausdrücklich betont:

„und haben es von erwehntem Rathe Gerichten, Bottenmeßigkeit, Lehen, Geschoß und allen andern bürgerlichen und andern Beschwehrungen gänzlichen oder gar biß zu Ewigen Zeiten gefreyhet und ihme und seinen Erben solch Hauß und Hoff sambt den raum vor den Klingenthor, da Unser Jägerhaus gestanden, vor Erbgut-frei . . . geeignet und geliehen. Und wollen, das nun hinfürder Ihm von dem Rathe, auch auß Unserem Ambte Weissenfels kein Gebot oder Verbot geschehen . . . Sondern Er und seine Erben Und alle nachkommende besitzere sollen von nun ohn allein Unserer schrifft Und auß Unserer Canzley schreiben gewerttigk und denen zu gehorsamen schuldigk sein. Auch sollten sie „vor keinem andern gerichten verklagt werden, denn vor Unser, Unserer Erben und Nachkommen Fürstlichen personen. Und ob sich jemand einige Clage oder Anklage Unterstehen würde, Soll unser Cammer-Sekretarius Und seine Lehens Erben zu Antwortten nicht schuldigk sein". —

Die Not der Zeit war die Pest. Eine Zeit lang fanden die Oberhofgerichtssitzungen deshalb erst in Borna, dann in Weißenfels statt. Aber auch hier hauste sie in den Jahren 1557—1585 furchtbar. Als die Mutter Anna, die gnädige Kurfürstin, ihr zum Opfer fiel, war die Teilnahme allgemein. Ein halbes Jahr später folgte ihr der Kurfürst, der Geldmann jener Zeit:

„Am 15. März fuhr der Leichenwagen durch den Dom zu Freiburg, wo die Berggeschworenen den Sarg der Gruft übergaben."

Unter seinem Regimente hatte 1570 Hohenmölsen einen Bürgermeister erhalten.

Kapitel 21.

Unter Kurfürst Christian I. (1586—1591) und Herzog Friedrich Wilhelm, dem Administrator (1591—1601).

(Nr. 19 der genealogischen Tafel.)

Von fünfzehn Kindern, die „Mutter Anna" dem Kurfürsten August geschenkt hatte, war nur der am 29. Oktober 1560 geborene Christian mit drei Schwestern den Eltern geblieben. Die praktische Natur des Vaters hatte dafür gesorgt, daß er bald in die Landesregierung eingeführt wurde. Infolge der sächsisch-hessischen Erbverbrüderung huldigte Weißenfels im Jahre 1588 dem Landgrafen von Hessen.

Die Extreme liegen bekanntlich auf allen Gebieten zum Berühren bei einander. Dem weisen fürstlichen Sparer folgte in seinem Sohne ein glanzvoller Zehrer. Dem wirtschaftlichen Aufschwunge folgt eine Zeit des Stillstandes, des Rückschrittes.

Dem Kurfürsten Christian I., dem Jagdliebhaber, erlaubten zwar seine Mittel noch, sich von 50 jungen Edelleuten zu Pferde in glänzender Rüstung und von auserlesenen Trabanten begleiten zu lassen, aber schon sein Sohn Christian II. mußte Anleihen aufnehmen. Als dessen Bruder und Nachfolger Johann Georg 1621 dann mit 855 Personen und 878 Pferden zur Huldigung nach Breslau zog, als die Kipper und Wipper einträgliche Geschäfte machten, da war der Tiefstand erreicht.

Von Kurfürst Christians I. Lehrern gewann der Hofrat D. Nic. Crell, der weder calvinisch noch lutherisch genannt sein wollte und Melanchthons Geist liebte, großen Einfluß. Aber das verdroß den Adel, und mit dem Volke verdarb es der Kanzler Crell durch kirchliche Maßregeln. Es war eine unduldsame Zeit. Die Geistlichkeit klagte, daß der Greuel des Calvinismus im Lande wieder aufgerichtet werde, das Volk grollte über das Verbot der Teufelsbeschwörung bei der Taufe. Dieses Verbot hatte Crell erwirkt, er hatte den Kurfürsten zu veranlassen vermocht, den Geistlichen die Ausübung des sogenannten Exorzismus bei der Taufe zu untersagen. Aber was ist denn Exorzismus? Man versteht darunter die Beschwörung des Teufels oder böser Geister im Täuflinge durch bestimmte Formeln.

Die katholische Kirche hat diese Form der Taufe noch heute, die evangelische Kirche hat sich dagegen erklärt. Damals also forderten der Kurfürst, der Kanzler, das Konsistorium die Weglassung dieser Teufelsbeschwörungsformel, aber die strengen Lutheraner bestanden auf ihrer Beibehaltung. Viele lutherische Geistliche kamen dem Befehle des Kurfürsten und Kanzlers nicht nach, konnten sich zu der milden Auffassung nicht verstehen. Auch die Weißenfelser Geistlichen nicht. Und sie hatten die Folgen zu tragen. Im Jahre 1591 wurde der hiesige Superintendent, frühere Hofprediger Lysthenius nebst den zwei anderen Predigern vor das Konsistorium gefordert und gefragt, ob sie dem Befehle wegen der Abschaffung des Exorzismus Beifall geben wollten oder nicht. Sie blieben aber beständig und unterschrieben nicht. In der Folge floh Lysthenius, weil man ihn im Weigerungsfalle mit Gefängnis bedroht hatte. Die beiden anderen blieben bei ihrer Weigerung und wurden abgesetzt. —

In dieser Zeit starb Christian I. Für den minderjährigen Sohn Christian II. hatte Herzog Friedrich Wilhelm, der Begründer der Altenburger Linie, die Administration übernommen. Noch am Tage vor dem Leichenbegängnisse Christians I. ließ der neue Herr den Kanzler Crell „verarrestieren" und die Geistlichen der milden Richtung zum Widerrufe zwingen oder verjagen. Crell wurde auf den Königstein gesetzt und die Landstände waren darüber sehr erfreut. Bald wurde eine Kirchenvisitation veranstaltet und neue „Visitationsartikel" aufgesetzt, welche alle Beamten zu unterschreiben hatten. Auch in Weißenfels mußte das juramentum religionis — der Religions-Eid — geleistet werden. An den Amtsvogt Repscher und an den Superintendenten Albinus war am 10. Oktober 1604 der kurfürstliche Befehl, sich „vom Rate insgesammt und von einem jeden Rathmitgliede insbesondere den Glaubens- oder Religions-Eid leisten zu lassen". Der geistvolle Kanzler Crell hatte seine Neigung zum Calvinismus nach zehnjähriger Haft auf dem Schafott gebüßt, obwohl die Städte und Universitäten für ihn gewesen waren. „Durch die Weigerung des Kurfürsten Christian II., der Union der Protestanten beizutreten, war Sachsen vollends zum Schildknappen der habsburgischen Politik herabgesunken."

Die auf dem Landtage zu Torgau beschlossene Visitation umfaßte die Ämter Weißenfels, Freyburg, Eckartsberga und fand hier am 14. und 15. März statt. Die Geistlichen der Ephorie waren dazu im hiesigen Kloster erschienen. Über die Visitation selbst ist reichliches Material vorhanden. Infolge derselben erschien:

> „Ordnung und Satzung des Raths zu Weißenfels von übermessiger Kleidung und Unkosten auff Wirthschaften, Kindtaufen, Begrebnissen und anderen Zusammenkünfften." Leipzig, Gedruckt durch Abraham Lamberg Anno M.D.XCVIII.

Noch immer ruft die große Glocke zur Betstunde wegen der Türkengefahr. Vielleicht legte diese Notwendigkeit damals den Gedanken nahe, sie sonst möglichst zu schonen. Das konnte erreicht werden durch Erhebung einer Abgabe für das Geläute bei Beerdigungen. Das ließen sich indes die Bürger nicht gefallen, es beschwerten sich Gassenmeister und Bürger beim Konsistorium: die Glocke wurde für Begräbnisse wieder freigegeben, zumal die Gemeinden sich bereit erklärt hatten, sie aus eigenen Mitteln umgießen zu lassen, falls sie Schaden erlitte.

Die Vorstädter waren angewiesen, sich einen neuen Gottesacker zu bauen, weil „der itzige zu klein und zu enge würde" oder — sie sollten zur Erweiterung des alten ihr Teil beitragen. Sie hatten sich zu dem letzteren entschlossen: „sie wollten bei ihren Weibern, Kindern und Vätern, Freunden und Nachbarn ihr Ruhebettlein haben und gerne zur Kollekte, was sich gebühren würde, zusetzen." Da hatten sie für 30C fl. „ein Häuslein und ein Hölzlein" erkauft, um damit den alten Begräbnisplatz zu strecken. — Freilich lagen auf den erworbenen Grundstücken lästige Verpflichtungen. Sie hatten zu entrichten einen Lambsbauch und ein Schock Eier, das Gärtlein war belastet mit 5 Gr. 10 Pf., das Hölzlein mit 5 Gr., die ins kurfürstliche Amt zu zahlen waren. Auf dem Häuschen lagen Pflichtwachen und 4½ Pf. Hegegeld, außerdem waren 4 Gr. 6 Pf. Landsteuer zu entrichten.

Die Vorstädter waren bereit, noch mehr Opfer zu bringen: sie wollten auf den erweiterten Gottesacker „ein Capellein" bauen. „Und wir haben eigentümlich ein alt Kirchlein im Hospital Sankt Nicolai stehend, welche ohnedessen eingehet und über Menschengedenken zu nichts anderen genützet worden als daß die Spitalleutlein ihr Feuerwerk darinnen hatten — dieses wollen wir abbrechen und zu einem andern und also wieder zu Gottesdienst und Ehren gebrauchen." Das war aller Ehren wert!

Das mit dem frommen Zwecke motivierte Gesuch um Erlaß der auf den Grundstücken ruhenden Lasten hatten die Amtsbehörden abgelehnt: „daß es wol ein geringes und ein kleines wäre, aber es wollte ihnen von Amtswegen nicht gebühren, hierinnen etwas dem Amte zu vergeben." Die Antragsteller wurden an den Kurfürsten selbst gewiesen. Und er bewilligte den Erlaß.

In einer Streitsache zu Anfang des 17. Jahrhunderts kann der Rat berichten: „Wir haben auch auf dem Gottesacker ein Rundöll, mit Schiefer gedecket, erbauen lassen, daß die Leichpredigt darunter getan und die Schüler sitzen können, kostet über 200 Thlr. Dergleichen haben wir auf des gemeinen Gutes Unkosten uffen Gottesacker 52 Schwibbogen verfertigen — jeder 12 Thaler ... wir wollen hier geschweigen, was wir zur Erweiterung des Gottesackers und zur wieder Umbgießung der großen zersprengten Glocken ein merkliches zugebüßet."

Dieser opferwillige, ideale Sinn bekundet sich auch in der Errichtung einer musikalischen Gesellschaft. Schon 1555 hatte Kurfürst August eine Kantorei-Ordnung erlassen. Die musikalische Gesellschaft war ihre Fortsetzung. Etliche Ratsherren und wohlhabende Bürger, Liebhaber der Musik, gründeten das collegium musicum, das am 5. September 1592 bestätigt wurde.

Ich gebe ein Bild dieser Gesellschaft nach ihren Gesetzen vom Jahre 1627.

Diese musikalische Gesellschaft hatte bares Vermögen, geordnete Buchführung, Pretiosen, die in einer in der Sakristei geborgenen „gemeinen Lade" aufbewahrt wurden.

Verantwortlich für den Vorrat waren die jährlich erwählten drei Präfekten, besonders der Schuldiener. Am ersten Sonntag nach Trinitatis war Rechnungslegung und Konvivium. Wer drei Tage zuvor, „ehe das Cantorey-Bier getrunken wird", seine Beiträge nicht beglichen hatte, wurde nicht zugelassen. Der geschäftliche Teil umfaßte Revision des Inventars, Verlesung der Statuten, Bekanntmachung der Spender, Ablegung der Rechnung, Revision der Kasse, Beschluß über die Höhe der Ausgabe zum Kantorei-Trinken, Übergabe der Kasse an den Nachfolger.

Der Aufzunehmende hatte die Gesetze zu unterschreiben. War er nicht musikalisches Mitglied, so zahlte er einmalig drei Gulden Eintrittsgeld. Sänger zahlten die Hälfte dieses Betrages. Vierteljährlich waren zwei Groschen bezw. ein Groschen zu entrichten. Meist am dritten Sonntage des Monats wurde in der Kirche eine Messe gesungen.

Das Verhalten der Sänger dabei war streng vorgeschrieben: verboten war Geschwätz in der Kirche, Verlassen des Gottesdienstes, „sintemalen solches nicht allein unerbar, sondern auch ärgerlich und Gott mißgefällig ist."

Von anderen Einnahmen werden genannt: vom Rate gespendete drei neue Schock (Groschen), sie dienen dem Kantoreitrunke; die Sammlungen in der Kirche, „im Schellensäcklein", flossen in die Lade.

Außerordentliche Einnahmen bildeten gestiftete Legate und geschenkte Kapitalien.

Etwaige Überschüsse waren „gegen genügende Sicherheit verliehen". Bei günstiger Kasse wurden auch größere Aufwendungen gemacht.

Beim Konvivium war gebührliches Verhalten Pflicht. Sticheleien waren streng verpönt. Der Wirt, das Mitglied, in dessen Hause das Konvivium gehalten wurde, empfing von jedem das Symbolum oder den Kostgroschen. Abends 10 Uhr war Schluß. Da hatten die Präfekten das Bier zu verstecken „und folgend vormittags 11 Uhr bei dem Morgenbrot auszuantworten" — wobei wiederum das Symbolum erlegt wurde.

Freigäste bei der Mahlzeit waren die drei Präfekten, der Stadtpfeifer mit seinen Gesellen „so den chorum musicum das Jahr über actuiren", ein paar Schulknaben, die aufwarten und singen halfen. — Andere Gäste waren einzuführen und vorzustellen. Der Einführende war für seinen Gast verantwortlich. Derselbe hatte übrigens „ein gewis Geld for die Zeche zu erlegen". Frau Wirtin erhielt einen Reichstaler aus der Lade verehrt.

Beim Tode eines Mitgliedes fordert der Präfekt alle zum Begräbnis auf. Die Leiche des Verstorbenen wurde von den Mitgliedern zu Grabe getragen. Dazu benutzte die Gesellschaft ihr eigenes Bahrtuch. „Zu erzeigung guten letzten Willens" sang die Gesellschaft „eine Motet".

Außer diesen Bestimmungen sind im Konzept noch solche vorhanden von 1576, 1587, 1592. Mit Zusatzordnung für die Pestzeiten — 1599 wütete die rote Ruhr in Sachsen — wurden diese Gesetze 1610 versehen und durch Nachtragsartikel 1613 erweitert. Die Cantoreyleges von 1627 haben die vorhergehenden verarbeitet.

Im großen Kriege schwiegen die Musen. Gegen Ende des 30jährigen Krieges entstanden dann „Collegii Musici leges 1645". Sie sind pompös ausgestattet und enthalten 21 Artikel. Von den Mitgliedern nenne ich den Amtsvogt Fälkner, den Geleitsmann Behrisch, die Geistlichen, die Ratsherren.

Nach langer Pause wurde am 29. August 1669 wieder ein solennes Kantorey-Konvivium gehalten.

Das alte Collegium musicum war als Kantorei-Sozietät neu erstanden. Sie muß sich in guten Verhältnissen befunden haben, denn sie war im Besitze nicht nur silberner Pokale, sondern auch baren Geldes — so viel baren Geldes, daß sie 1675 den Chor der Kirche auf eigene Kosten malen läßt.

Als unter dem Administrator August eine allzu sparsame Inspektion die der Kantorei bisher gereichten 8 Taler 9 Groschen gestrichen hatte, wandte sich der Kirchenvorstand in einem Schreiben an den Herzog, erinnerte mit kurzen Worten an die Geschichte der Kantorei-Sozietät und daran, daß

„Ew. Hochfürstlichen Durchl. höchstrühmliche Vorfahren darüber ein gnädigst gefallen spüren laßen, indem Sie der Societät jährlich ein halb Steuerfrey bier aus

Gnaden zugeeignet, damit sie zu dem des Jahres einmal angestellten Prandis (Essen) einige Zubuße haben möchten, wofür die Interessenten annoch unterthänigsten Dank sagen.... Und gereichet demnach an dieselben in Nahmen der ganzen Societät unser unterthänigstes Bitten, Sie wollen, daß der Rath mit reichung der einmal gegönnten Zubuße continuiren möge, gnädigst geschehen lassen...."

Natürlich erging an die Herzogliche Inspektion in Weißenfels alsbald die Weisung:

„Ob wir uns nun zwar wol erinnern, daß wir eine und die andere unnötige Ausgab abzustellen gnädigst angeordnet, so seind doch diese 8 Thlr. 9 Gr. niemals mit benennet worden... begehren hiermit, daß ihr wollet mehr besagte erwähnter Societät noch wie vor — auch was bisher davon zurückblieb — noch mit abführen."

Wie schon früher erwähnt, scheint mir die Kantorei-Sozietät die Fortsetzung des einstigen Kalands zu sein.

Und nun zum Amte Weißenfels.

Die Zeit des Kurfürsten Christian II. stellt den vollkommenen Gegensatz dar zur Zeit des Kurfürsten August des Sparsamen. Und die Schatten bringen in alle Verhältnisse.

Dem Amte stand vor der Amtshauptmann Hermann von Biesenroth auf Schkortleben und nach ihm der Geh. Rat von Wolfersdorf. Als Amtsvögte werden genannt Leya bis 1587, Triller bis 1595, Meißner bis 1604, Repscher bis 1609.

Die im Jahre 1595 vom Administrator an den hiesigen Rat ergangene Erklärung wegen der Landgebrechen läßt einen Blick tun in die Willkür, mit der die Untertanen von den Amtsvögten wohl behandelt wurden. Da wird geklagt über Ungleichheit der Maße. Darum wird im Amte von jetzt ab „ein rechter gerechter hölzerner scheffel oben und unten mit eisen beschlagen eingesetzet."

Wahrscheinlich waren Klagen über Mehrabgaben eingelaufen, denn die Untertanen werden angewiesen, sich Zettel (Quittungen) über die entrichteten Gefälle geben zu lassen.

Die Zahl der Land- und Amtsfuhren, welche gefordert wurden, scheint außerordentlich groß gewesen zu sein, sonst brauchte den Untertanen nicht eröffnet zu werden, daß sie in Zukunft nicht anzuspannen brauchten, „es seindt denn die Kundschafften oder Patent von unseren Räthen, Rentereg oder — soviel das Hofgesinde, Hofkoch und Keller belanget — von dem Hofmarschalch, Hausmarschalgk, Hausvoigt unterschrieben und besiegelt".

Es war zum öfteren geklagt worden, daß die armen Untertanen in größerer Zahl „bei unmäßiger Zeit mit Wagen, Pferden, Tücher und Zeugk, auch Wildpretfuhren, Hundte ziehen oder leiten.. ezliche hundert personen durch die Förster aufgebothen — daß auch die Jäger Hegereuter, Förster und andere, so befehlig haben, mit den armen Leuthen ohn alles mitleiden un barmherzig umbgehen, sie und ihr Gesinde vorgewaltigen oft umb wenige Fuchs oder Hasen willen ezliche hundert Personen erfordert, ezliche Tage in Regen und schnee auch sonsten mit ihrer Beschwehrung und vorseumbniß ihre Nahrunge gelassen .... Sonderlich aber sollen die armen Leute nicht geschlagen, viel weniger ihnen ihre Äcker zu vermachen (zu zertreten) erlaubt sein."

Bauern mußten Hühner, Kapaunen, Gänse liefern, bekamen sie aber nur halb bezahlt.

Das Zinsgetreide wurde in billigen Zeiten nicht erhoben, aber in teuren von den Untertanen verlangt.

Unter dem Amtsvogt Triller muß die Tyrannei arg gewesen sein, er muß die Untertanen sehr „gedrillt" haben. Da müssen sie in der Erntezeit anspannen, um die Amtsdiener und ihre Weiber zu Gastereien zu fahren, um die Landsknechte und ihre Weiber, „so Keßß und Butter zu Markte führten — welches eine Newerung. Wann sie sich dessen verweigert, weren (= wären, würden) sie in einen engen Thorm, so keine Lufft hatte, mit gefahr leibes und lebens haufenweis gesteckt und zu solchen Fuhren gezwungen ...." So die Klagen der Untertanen. — Der Administrator fragt an, ob das sich so verhalte.

Da bringen sie noch mehr vor: „Des Amtsvoigts Weib würfe ihnen Eier an Halse, hielte sie übel, daß sie gar nicht so viel Federvieh ufziehen könnten als sie ins Amt geben mußten." Die Amtsuntertanen hatten den Amtsvögten die Viktualien zu liefern — nur daß die Lieferanten nicht den Preis bestimmten, sondern die Abnehmer. Im Jahre 1614 mußte geliefert werden: „jede Henne umb 2 Gr., das Schogk Eyer umb 4 Gr., jede gannß um 5 Gr., ein Kapaun umb 4 Gr., wann sie dessen bedürftig."

Aber noch mehr: Die Amtsuntertanen müßten dem Amtsvogt und Amtsdienern und „derselben Weibern was ihnen gefällig tun als: die Bete umgraben, Krauthacken, Leinwand bleichen, Flachs raufen, riffeln, rösten, waschen, brechen, sieben, wilde Rosen und Lindenblüthen brechen, Hopfen pflocken, Raupen lesen, Futter schneiden, Holz hauen, tragen, den Vieh ausmisten, waschen, scheuern . . . auch Kirschen, ob sie ihnen gleich nicht selber verwachsen, und Holunderbehre verschaffen."

„Hätten dieses zuvor keinem Amtsvoigt als diesem thun müssen . . . und da sie sich dessen verweigerten, ob sie gleich gesessene Leute, würden sie ins Gefängnis gelegt und mußten viel „sieze geldt" geben, wie denn das Dorf Leisling 26 Thaler „Thormgeld" erleget."

Wenn Nachbarn untereinander in Uneinigkeit und zu „scheldworten kehmen, so müßte jede Parth — ob sie sich gleich mit einander vergleichen — den neuen Gerichtsschöppen jedem 12 Groschen geben, werden dazu noch mit Gefängnis und einer straff beleget, das es manchem bis in zwölf Thaler und mehr gestanden."

Es würde „durch die Schöppen umb ihres eigenen Nuzes willen alles vor Kampf erkannt: wenn einer eine banck oder tisch zerbrochen, ein Glas im Fenster ausgestoßen . . . und wenn einer sich mit dem andern rauffete . . . und würde ein Riß in einem Kleide befunden, so mußte solches alles „Kampf“ sein. Und vor jedem Riß zween Gülden geben und wenn einer nur gekratzet würde, könnte er unter zwölf Gülden nicht davon kommen.“ . . . .

Genug. Der Quäler wurde denn auch 1596 seines Amtes entsetzt. Im Jahre 1588 hatten unter ihm die Amtsuntertanen 9786 Tage Handdienste geleistet ohne die Pferdedienste! „welches den armen Leuten nicht zu geringem verderb ihrer Nahrung gereicht“.

Gerechter gings da doch zu beim Gedinge oder Gerichte, welches um Walpurgis alljährlich jetzt der Rat der Stadt Weißenfels in Beuditz abhielt und wo der Stadtrichter Hans Simon mit seinen Schöppen Recht sprach.

Nachdem . . . . der Rat angesucht, „das ihm das unter Kurfürst Christian eingezogene Waidwerk, dessen sie vor alters her auf ihren Stadtfluren berechtigt gewesen, wieder eingeräumt oder deswegen Vergleichung gemacht werde“ — so kam der Bescheid, es sei des Rats Waidwerk „ohne Abbruch des daran stoßenden Amtsgeheges zur Zeit nicht nachzulassen . . .“ es soll dem Rate aber „jerlichen ein dreijhärigen Bachen oder ein stuck Wildes, wie es jedes Jahr die Jagd und Gelegenheit . . . giebet, beneben einem Rehe und acht Hasen ohne Uncost oder Jägerrecht uf ihr ansuchen reichen und folgen . . .“ Läge dem Kurfürstlichen Hause an solchem „Weydewerk“ nichts mehr, so soll dieser Brief „tot, ab und unkräftig sein“.

Die Jagdpassion des Kurfürsten Christian gleicht der des nachmaligen Herzogs Christian von Weißenfels.

Für solche „Gefälligkeit“ des Rates wird dann wohl auch, als die Pest in Leipzig wütet, das Oberhofgericht zeitweise nach Weißenfels aufs Schloß verlegt (1598).

Darum ist der Administrator wohl auch den Büchsenschützen gnädig und gewährt ihnen ein Jahrgeld von zwei neuen Schocken zu ihren Schießübungen 1596:

Von Gottes gnaden Friedrich Wilhelm, Hertzogk zu Sachßen
Vormundt und der Chur Sachßen Administrator.

Lieber getreuer, Ann Unnß haben die Büchßen Schützen zu Weißenfels zu solcher Übung, umb ein Vorttelgeld hierbey vorwerth, Supplicirt, denen wir jehrlichen uf hinder Ziehen zwey gute schock gnedigst bewilliget,

Bevelen derowegen vor Uns und den hochgeborenen Fürsten, Herrn Johannes Georgenn, Marggraffen und Churfürsten zu Brandenburgk . . . Unsern freundlichen lieben Oheimb, Schwagern, Herrn Vatern, Brudern und Gevattern in gesambter Vormundtschaft weylandt Herrn Christiani Hertzogen und Churfürsten zu Sachßen . . . Christmilder gedechtnus, hinderlassener Jungen Herrschafft, du wollest gemelten Schützen jehrlichen solche zwey schock in diesem jahre Michaelis schirsten zu beschließene, die Ersten Wegen ihrem bekenntnus endtrichten, der solßu in Ausgabe deiner Rechnung entnohmmen werden, doch in acht habenn, da es zu nichts anderes denn solcher Übunge des Schießens angewandt. Hieran geschichtt Unnsere meinunge.

Datum den 10. Augustl Anno 1506. F. W. H. z. Sachßenn.

Unserm lieben getrewen Melchior Pensoldten, Gleitzmann zu Weissenfelß.

Die Waffenspiele der Ritter sind abgelöst von den Freischießen der Städte — „auch sie sind Waffenfeste, aber gefahrlos, weniger aufregend, um so behaglicher. So sehr hatte sich das Antlitz der Zeit geändert, daß die Fürsten und Herren fast lieber mit dem Bürger um Zweckschüsse kämpften, als unter einander in den Turnierschranken."

Der Bürger war, besonders wenn er im Rate saß, ein gemachter Mann. Das beweisen die Reste der bürgerlichen Bauten mit ihren Portalen. Das bekundet auch die schon erwähnte Bürgerordnung von 1598, die der Administrator der Chur Sachsen für seine jungen Vettern erließ. Sie handelt:

1. Von der Kleidung, Tracht und Geschmück von Rathspersonen und vermügenden Burgern, ihren Weibern und Kindern.
   Von Handwergs-Leuthen, ihren Weib und Kindern.
   Von Haußgenossen, Dienstbothen und Tagelöhnern.
2. Von übermessigen Kosten auf Verlöbnissen, auf Hochzeiten, von Kindteuffen, von Begrebnissen.
   Von der Handwerger Quassen und Täntzen.
   Von Burger Zechen: wer uber neun Uhr abends getroffen und
   Von übermessigen Spielen.
   Von Zechen in den Dorffschencken.

„In dem Stadtkeller wird durchs Jahr fremd Bier verzapft, darinnen sich die Bürger wol erholen können und um ihr Geld gleich Maaß bekommen... es wird aber erfahren, daß etliche Burger sonderlich des Sommers in den umbliegenden Dörfern zu zehren und zu zechen pflegen ....

Den ersten Abschnitt wollen wir wenigstens hören und die Kleidung der einzelnen Stände jener Zeit betrachten:

Rats-Frauen und Kindern soll nachgelassen sein, seidene Kleider zu tragen, „auch ziemlicher Massen an denselbigen Sammet".

Die Schauben aber sollen anders nicht denn zum höchsten mit Mardern auf den Aufschlegen verbremet und inwendig mit feheswammen gefuttert sein. Zu ihren Hauptschmuck mugen sie sammete Pareth und Mutzen tragen, jedoch ohne Stepwerg oder guldene Gebrem, guldene silberne Hauben und berine Borten; die es auch in sonderlichen Vermögen haben, eine guldene Ketten, viertzig oder höchstens fünfzig Goldgulden würdig, Armbender aber uber zehen oder zwölf Goldgulden nicht schwer, ein Pahr guldene Ringe, silberne Gurtel und Messerscheiden.

Dagegen aber sollen die langen schlappen großen weiten Springer, kurze spanische Scheublein, wie die von adell tragen, auch ander adelischer Hauptschmuck und Trachten, desgleichen alle Gehenk und Kleinoter von Perlen und Edelgesteinen, guldene Stiffte, geschmelzte und geschlagene Rosen, Spangen und alles verguldete Silber, Kupferwerk und Messing verboten sein.

Von Handwergs-Leuthen, ihren Weib und Kindern.

Den Handtwergs-Leuthen, gemeinen Burgern, ihren Weib und Kindern sollen alle seidene Gewandt und Kleidung, sammetne Mutzen oder Pareth, item gute Marder, Wölffen und Fuchsen und ander kostlich Rauchwergk zu futter und aufschlegen, desgleichen berlne Borten, alles Gold an Kelten, Armbendern, Ringen, gekrummete Goldgulden an Schnuren, flinderne Hauben, auch alles Silber, verguldt oder unverguldt ... ganz und gar verboten sein. Es mugen aber die Mannes-Personen auf Mentteln, darzu das Tuch die Ellen uber acht und zwanzig Groschen nicht wirdig sein sol, schwarze Zschmaschen, Kartecken oder Zindeldortt zu Aufschlegen ohne Questen und seidene Bortten belegt und verbremet brauchen und dieselbigen unden herumb mit einer Schnuren eines kleinen fingers breitt und daruber nicht ein machen, unde die Weiber und Töchter ihnen an Zschamlet, Büsen, Sammet oder Kartecken, Leiblein, Jacken oder Müdern begnügen lassen, wie sie dann auch zu Schweiffen, Büsen, Sammet, doch nicht zu viel und zu anderen ihren Kleidungen Grobgrun, Vorstad, Harlas und dergleichen Kram-Zeuge beneben dieser Lande gemachten zimlichen Tuche brauchen und tragen mugen. So soll auch beides, Mann und Weibes Personen, Paret oder Mutzen von Tuch, Tammaschken, Attlas und andere dergleichen seidene Zeuge, doch ohne Sammet, Stepwerk oder Steinnleinn verbremet zu tragen nachgelassen und erlaubet sein.

Von Haußgenossen, Dienstbothen und Tagelöhnern.

Denen beydes, Mann- und Weibes-Personen soll (das alles) zu tragen genzlich verbotten sein, sondern sollen sich an gemeinen Landtuche, Pargent und Leanwandt begnugen lassen. Zu Schweiffen aber und Leiblein oder Mudern mugen sie Harrlas oder Setinn ohne einigen Sammet und sonsten zu keiner andern Kleidung gebrauchen. Jedoch das auch die Schweiffe alle zusammen über ein Virtel der Ellen nicht breitt sein, ihre Aufsetze, Borten sollen auch nur von Sammet und keinem Golde noch farben sein, Mutzen oder Paret von zimlichen Tuche, Kartecken oder Grobgrun. — Allen Stenden sollen verbothen sein: alle lange, dichte und unflettige Krausen und Krausedratte, alles vergulden der Blumen .... So sollen auch den Burgers-Söhnen und Handtwergs-Gesellen gestrickte seidene Strumpffe und die großen langen Strausfedern zu tragen verbothen, kurze aber von farben, wie einem jeglichen geliebet, auch Kranichsfedern — keine uber sechs oder fünf Groschen — erlaubet sein.

Die anderen Sätze der „Ordnung und Satzung des Raths zu Weißenfels von den Unkosten auff Wirtschaften, Kindtaufen, Begrebnissen und andern zusammenkünften" wiederzugeben, verbietet der Raum.

Am besten stand sich dabei das Handwerk.

Daß besonders die Wolle bei solchem Kleideraufwand teuer wurde, kann nicht Wunder nehmen. Die Tuchmacher beschweren sich, daß „alle mögliche Menschen sich understünden, von Hause zu Hause zu gehen und die Wolle von den Bauern — auch bißweilen, wenn dieselbe noch auff den Schafen stünde — ab- und außzukaufen, die beste auszuschießen auszuführen uud die geringe im Lande zu lassen, Item, auf den öffentlichen Wochenmärkten den Meistern aus den Händen zu kauffen."

Die Leineweber, Schwarzfärber, Wollspinner machen den Tuchmachern das Leben schwer, pfuschen ihnen ins Handwerk mit „Wollekämmen, Spinnen, Grempeln und Kartetschen".

Und das nicht allein: Auch schlesische und ausländische Tuche finden mehr Anklang, als den hiesigen Tuchmachern lieb ist.

Kapitel 22.

Unter Kurfürst Christian II. (1601—1611).

(Nr. 20 der genealogischen Tafel.)

An seinem Geburtstage, am 23. September 1601, hatte Kurfürst Christian II. die Regierung angetreten.

Unheimliche Fouriere des Elends und der Not gehen dem dreißigjährigen Kriege voraus und begleiten ihn auf seinem blutigen Gange. Es ist als ob die Elemente sich verschworen hätten, die Geschlechter abzuhärten für das, was Menschen den Menschen in kommender Zeit einander zufügen würden.

Da erscheint zuerst der große Stadtbrand wie eine Weissagung auf die Feuerzeichen des Krieges.

Treten wir am 10. Dezember 1604 über die Saalebrücke in die Stadt ein, so stehen wir vor einer gewaltigen Feuerstätte. Noch rauchen die Massen, noch züngeln die Flammen um schwelendes Gebälk. Gestern, zwischen zehn und elf Uhr nachts, ist die Feuersbrunst ausgebrochen und hat „die Vorstadt für dem Saal-Thore bis an die Kapelle zum 11000 Jungfrauen" jämmerlich eingeäschert. „Die gantze Fischergasse nebst der Schwartz-Farbe, daß nur die Capelle an der Ecke mit großer Mühe gerettet wurde." Seit der Reformation waren sie ausgezogen, die „11000 Jungfrauen". (Vgl. Ursula in einem Konv.-Lexikon.) In ihr Haus scheint sich Hebe, die Mundschenkin im Olymp, gesetzt zu haben, denn der Chronist erzählt: „Vor dessen ward in dem Hause zu den eilftausend Jungfrauen Bier geschenket." — Nicht nur Bücher und Menschen, auch Häuser haben ihre Geschicke!

Und was die züngelnden Flammen vor neun Jahren verschonten, daran leckten jetzt die Fluten des Wassers. Von der sogenannten „Thüringer Sündflut" 1613 blieb auch Weißenfels nicht unberührt. Und wieder nach neun Jahren zerstört ein entsetzliches Unwetter die Saalbrücke: zwei der starken Holzjoche hat die Gewalt der Fluten zerdrückt. Die Brücke kommt am 2. September 1622 in den Besitz des Kurfürsten. Die Stadt hat keine Mittel mehr, sie wieder aufzubauen.

Nicht das Schwert nur, auch der Fliege Stich kann töten: Der zürnenden Saale tut es der Greislaubach nach im Jahre 1625. Seine stillen Wasser haben sich im tosenden Unwetter zur reißenden Flut gehäuft und ruinieren das Jakobshospital mit der Kapelle daran. Fehlte das Geld zum Ausbau der Brücke 1622, so konnte an die Wiederherstellung des bescheidenen Hospitals auch nicht gedacht werden. Zu Herzog Augustus Zeit erhebt sich hier der Gasthof zum Rautenkranz mit besonderem herzoglichen Privilegium.

Zur Feuers- und Wassersnot gesellt sich der Zug des Todes. Jahrzehntelang ist die Seuche der gefürchtete Gast. Ganz besonders unheimlich war das Jahr 1626. Der Rat gibt da Weisung, daß achtzehn infizierte Häuser geschlossen, daß die dazu gehörigen Tiere nicht mit zur Weide getrieben werden. Waren in dem genannten Jahre 98 Kinder geboren, so starben und verdarben im selben Jammerjahre 743 Personen!

Erwiesene Liebe im Unglück ist wie erfrischender Tau. Es berührt überaus wohltuend, in den Berichten solchen Elends auch auf Zeichen spontaner Teilnahme zu stoßen. Ich denke an das Schreiben des Merseburger Stadtrats im Jahre 1611 an den hiesigen Rat.

„Den Ehrenvesten und wohlweisen Bürgermeister und Rathmannen der Stadt Weißenfels, unsern günstigen Herren und freundlich lieben Nachbarn! Aus Eurem überschickten Schreiben haben wir vernommen, das Gott der Allmächtige die biß anhero bei Euch grassierende Seuche aus Gnaden abgewendet hat, mit fernerem Suchen und bitten, weil Ihr berichtet worden, das wir in unsern Kirchen vor Euch bitten lassen, nuhn wiederumb eine Danckſagung anzuordnen .... Haben auch bei unsern Pfarrern diese Verordnung gethan, das heutigen Tages nach verrichteter früe Predigt eine Danckſagung in solemni forma geschehen ist, welches wir Euch aus freundlicher Nachbarlicher Wohlmeinung berichten wollen, denn wir auch bestes Vermögens auch sonsten zu dienen willig sindt." Geschehen am Sonntagk oculi Anno 1611. Der Rath der Stadt Merseburgk.

Das wird den Bürgern der Stadt Weißenfels und dem Rate wohlgetan haben. Er ist mit pädagogischem Öle gesalbt. Der Stadtrat dieser Zeit: Magister Peter Horn, der Rektor der gelehrten Stadtschule, ist Bürgermeister und Kantor Peter Fromhold ist Ratsherr geworden. Er führt das erste Register „unmündiger Kinder- und anderer Gelder, so bey dem Rathe allhiero hinterlegt".

Der Erwerb des Rittergutes Uichteritz für die Stadt ist das letzte Aufleuchten vor dem Zusammenbruch. In dieser Zeit hat der Rat das Rittergut Uichteritz an sich gebracht, „so dem Amt mit zwei Pferden Ritterdienst verhaftet": „Demnach wir im verflossenen 1603. Jahr ... dem Edlen und Ehrenuesten Albrecht von Braschitz sein Rittergütlein zu Uichteritz mit allen desselben Ein- und Zugehörungen benamentlich aber den Siz mit deßen Gebeuden, einen Weinberg bey der Pforten (Pforta) gegen Altenburg (Almrich) über, dann noch einen Weinberg hinter Roßbach, mehr. die Wiesen, Krautländer und Gärten hinter der Mühlen, ein Fleck weydich und Gräserey unter Lowizsch ... deßgleichen 165 Acker, deren jeder 160 achtellige Ruthen halten thut ... erblich und unwiderruflich abgekauft ...."

Das Gut war dem Amte mit zwei Pferden zu Ritterdienst verpflichtet und hatte dasselbe „so oft es von Nöten mit tüchtigen Personen, Pferden und Zugehörungen zu versorgen".

Der Rat hat diesen Besitz dann parzelliert und im einzelnen verkauft. Auch Christoph Schütz, der Vater des Tondichters, der Begründer des heute noch bestehenden Hotels zum Schützen, kaufte einen Teil des Uichteritzer Rittergutes und übernahm mit den Rechten die Pflichten.

Ganz unerwünscht kam dem Rate die Aufforderung: Auf ein Kapital von 1392 fl. 18 Gr., das er 1555 zum Pfarrbau geliehen und das der Gotteskasten seitdem mit 24 Neuschock und 22 Groschen 6 Pfennig verzinst hatte, zu verzichten und sich mit dem bisher bezogenen Zinsgenusse bis auf einen Rest zu begnügen.

So anheimelnd das wohl motivierte Gesuch vom 27. Februar 1607 an den Kurfürsten auch ausklang: „Wir sind untertänigster Hoffnung: Ihro Gnaden werden nach eingenommenen Unserm Bericht es gn. also zu tirrigieren wißen, daß die . . . auf das Pfarrgebäude ausgewandte entlehnte Hauptsumme von dem Gotteshaus wie bisher geschehen (weiter) verpensionieret werden möge. Verhoffen tröstlichen: Euer Churf. Herl. und Gn(aden) werden sich hierinnen gutwillig bezeigen." — So anheimelnd das klingt, es war ohne Erfolg! Kurfürst Christian II. schreibt dem Konsistorium in Leipzig — „daß der Gotteskasten in Weißenfels die Zinsen so lang bis dieselben der Hauptsumme gleich werden jährlich richtig machen, nachmals von dem Capital 392 fl. auf sich behalten oder ablegen. Wegen der hinterstelligen 1000 fl. aber der Rat mit gemeiner Bürgerschaft sich vergleichen und hinfüro bey Verrichtung dergleichen geistlichen Gebäuden Unser Kirchenordnung und Visitations-Abschied de anno 1555 gemes (sich) bezeigen sollen".

Das war ein für die Kirche günstiger Bescheid, der auch das ehrsame, kirchlich gesinnte Handwerk erfreute. Es hatte sich zu jener Zeit zu einer „Kompagnie" verbunden. Die Mitglieder der einzelnen Innungen hatten sich in 21 Artikeln verbunden, „wie es in Todesfällen, Begräbnissen, Tragen, Leichen-Tuche, Trauerbinden, Lade-Einlagen, Einkauffung des Bieres auf ihre Zusammenkunfft, Cooptanten, Straffen derer, die sich den legibus nicht gemäß bezeigen, fluchen, spielen oder sonst unbescheidentlich sich verhalten, zugehen soll. Solche leges (Gefolge) haben 1615 den 25. Februar einhellig revidiret und confirmiren lassen. Solcher Compagnie articul sind Anno 1648 — Anno 1650 — Anno 1661 je mehr und mehr gebessert. Darin sich hernach viel vornehme Leute wegen der Begräbnisse begeben und als Cooptanten einnehmen lassen.

Man sieht: Das Begräbniswesen spielt immer die Hauptsache, erst beim Kaland, dann bei der Kantorei, hier beim Handwerk, das die beiden erstgenannten darin ablöst.

Kapitel 23 A.

Unter Kurfürst Johann Georg I. (1611—1656).

(Nr. 21 der genealogischen Tafel.)

Es ist das Jahr 1614. Der Jülich-Clevische Erbfolgestreit ist im Vertrage von Xanten beigelegt. Zur Erneuerung der Erbverbrüderung und Erbeinigung ist in Naumburg glänzender Fürstenkonvent. Da sind mit ihren Suiten unterwegs die Kurfürsten, Herzöge, Fürsten, Landgrafen von Sachsen, Brandenburg, Hessen mit Gemahlinnen, Prinzen und Prinzessinnen. Ein ungeheurer Apparat ist in Bewegung gesetzt. Kurfürst Johann Georg allein erscheint am 26. März in Weißenfels mit 546 Pferden, 196 Kutschen, 23 Tragesesln. Im Gefolge befindet sich u. a. Wolff Ernst von Wolfframsdorff. Aus dem Amte Weißenfels sind erschienen: Gottfried von Wolffersdorff, Hauptmann zu Weißenfels, Heinrich von Berlepsch zu Teuchern, Schencke zu Wiedebach, Rudolf von Bünau auf Schkölen, Julius von Bodefeld zu Burgwerma. Außer diesem Gefolge waren mitgebracht: „18 Kammerdiener, 21 „Trompeter und Heerpaucker", Silberjungen, Apotheker, Balbierer, Schneider, Küchenschreiber, Mundköche, Mundschenken, Silberdiener, Beyschenken, Ritterköche, Kellerdiener, Metziger, Fischer, Brettdiener, Silbergeräth-Wäscherinnen, Büchsenwärter, Lackeyen, Silberbothen." „Des Churfürsten zu Sachsen Lieberey ist gewesen schwartzsammetne Röcke mit goldenen Borten und gelben Federn." Kein Wunder, wenn das Geld wieder knapp wurde, wenn die Mandate zur Eintreibung „säumiger Intraden" sich häuften, wenn auch der Rat zu Weißenfels angewiesen wird, die schuldigen Bürger „mit mehrerem ernst als bißher geschehen ins Geleitsamt zu weisen und, da die Güte nicht gelten will, sie durch den bürgerlichen Gehorsamb, Pfändung usw. anzuhalten."

Im Jahre 1611 war zwischen Christian II. und seinem Bruder Herzog Johann Georg, seinem Nachfolger, ein Vergleich zu Stande gekommen, nach dem diesem die Nutzungen des Amtes verbleiben sollen.

Mit aller Energie fordert Johann Georg die früher übliche, dem Landesherrn beim Regierungsantritt von den Ständen gereichte „Landlehnwaar".

Auch der Rat zu Weißenfels war Besitzer zu solcher Abgabe durch Herkommen verpflichteter Güter. Der Kurfürst gewährte hier Ratenzahlung: „Wir sind aber wegen der zwei Jahr langk erlittenen Sterbensseuche und noch vorhandenen Geschwinden teuren Zeiten just zufrieden, daß zu erlegung solcher Landlehnwahr dem Rate und andern Unterthanen drei Termine Fristen ... gesetzet und gegönnet werden, jedoch mit diesem Reservat und Vorbehalt, daß alle Lehenleute binnen drei Monat sich ins Amt verfügen, ihre Güter angeben und darauf die Lehen suchen und dingen sollen."

Wie groß am Hofe der Geldmangel geworden, beweisen die zahlreichen Verkäufe jener Zeit, beweist die Tatsache, daß der Kurfürst auch dem Rate zu Weißenfels einen Schuldschein über 1000 fl. ausstellt.

In jener Zeit wurde zu Geld gemacht was möglich war: Die fünfzehn Fischer zu Weißenfels, die bisher „von jedem Kahne järlich vier alte Schock zum Zins ins Amt verleget", werden auf fünf alte Schock erhöht.

Auf des Durchl. Johann Georg Befehl wird 1616 „dem Dorffe Reichardtswerben der Lehenklepper, welchen sie ins Amt Weißenfels halten müssen, erlassen und zu einem Gelde als jährlich fünfzehn Gülden geschlagen". Größer waren die folgenden Umsätze: Da empfängt der schon genannte Kurf. Sächs. Appellations-Rat und Amtshauptmann von Wolffersdorf auf Dehlitz a. S. vom Kurfürsten das 103 Acker haltende Frauenholz mit der Bestimmung, für jeden Acker zwanzig Gulden Meißenscher Währung ins Amt zu zahlen und von jedem Acker zwei Meißensche Silbergroschen Erbzins. Beigefügt war die Einschränkung: „Do künftigk ein Herzog von Sachsen zu Weißenfels residiren und seine Hofstadt alda ahnstellen Und man dieses stück zur Hofstadt bedürffen würde, das der von Wolffersdorff oder dessen nachkommen (es) wieder abzutreten schuldig sein sollen."

Der Geleitsmann Perisch erwirbt die Gebäude des Jungfrauenklosters mit beiden Gärten, „darinnen befindlichen Teichlein, Undt allermaßen es das Ambt bißhero innen gehabt ... umb undt vor 4000 gülden Meißnischer Wehrung ...."

Bisher waren die Güter des Clarenklosters (seit 1606) verpachtet an Landrentmeister Meißner und an den Amtsvogt von Wolfersdorf.

Die Beuditzmühle kommt unter demselben Vorbehalt an „Christoff von Neidtschitz", „welche er auff seine unkosten vollendt aufzubauen schuldigk sein soll, in dem Stande wie sie izo zu befinden ... umb und vor viertausend Gülden M. W."

Der Herr von Neidschütz zieht die der Beuditzmühle zu Fronen Verpflichten ordentlich heran. Als sie sich einmal weigern, wird auf die Vorstellung und Beschwerde des von Neidschütz der Amtsvogt angewiesen: „Du wollest sie darzu nochmals durch Außpfendung, Gefengniß, straff und andere gebührende Zwangsmittel mit ernst anhalten."

Die Ober- und Erbgerichte auf dem Georgenberge wurden auf „gnedigsten Beuhelig (Befehl) undt Anordnung“ am 7. Dezember 1617 dem Rate zu Weißenfels verkauft. Bisher hat sie der Stadtrat in Pacht. Auch die Gerichte über etliche andere Häuser und zwei Häuslein in der Klostergasse, beim Kloster gelegen, kamen an den Rat „umb und vor 500 Gulden Hauptsumme M. W.“

Wie der Amtshauptmann, so machten der Amtsvogt und Geleitsmann auch Erwerbungen. Jener, Hans Balthasar Fälckner, erwarb von der Stadt den Schießgarten um 400 fl., dieser, Hans Gehrisch den Holtergarten um 150 fl.

Vom Kurfürsten Georg werden die Ober- und Erbgerichte zu Stößen, Briestädt, Rathewitz, Scheiplitz, Nöbeditz, Gröbitz für 500 fl. verkauft, natürlich unter dem Vorbehalte der landesherrlichen Rechte.

Der Amtsvogt Fälckner, Rittergutsbesitzer von Untergreislau, hat 1616 vom Rate „vor sich und seine Leibes Erben um 60 fl. baares Geld den Raum und Hinterhaus ufn Georgenberg an der holen Weyde“ — ein Gartengrundstück, an sich gebracht. Auf dem von Fälckner gekauften Platze stand ein Turm, darin der Stadthirte bisher gewohnt.

Ebenda ist ihm auch des Rats steinernes großes Schutthaus (zum Getreide-Aufkauf) überlassen worden „zu erhaltung gueter Freundschaft“. Gedachten Turm soll aber nur Fälckner haben und seine Leibeserben. Zur Sicherung dieses Punktes war ein Gulden Erbzins an den Rat zu zahlen.

Auch von den auf den Grundstücken haftenden Lehen sollte Fälckner frei sein. Ginge das Grundstück aber in andere Hände über, so soll von dem neuen Eigentümer „das billige Lehngeld dem gemeinen Gut zum Besten entrichtet werden“.

Ein weiteres Mittel, um die Landeskassen zu füllen, war die Verpachtung der staatlichen Münzstätten um stattliche Preise. — Aller Orten waren solche Münzstätten errichtet worden und verpachtet. Elende Münzen wurden ausgegeben. Die Folge war eine Preissteigerung aller Lebensmittel zu schwindelnder Höhe: Der Heimzen Korn kostete 15 fl., das Pfund Butter 1 fl., ein Pfund Käse 18 Groschen.

In dieser Linie lag auch der Streit des Weißenfelser Rats mit seinem Gläubiger Christoph Jahn von Taubenheimb auf Bedra in puncto die steigende Münze betreffend.

Aber auch in der Stadt Weißenfels tritt in dieser Zeit ein Tiefstand der Finanzen ein. Davon wird nachher die Rede sein. Hier sei nur erwähnt, daß auch der Stadtrat zu Weißenfels 1622 — zur Kipper- und Wipperzeit — „kleine Scheidemünzen mit E. E. Rathswappen“ hat schlagen lassen.

11*

In Merians Topographie des Kurfürstentums Sachsen befindet sich ein Bild der Stadt Weißenfels vor dem dreißigjährigen Kriege: Da liegt am linken Saale-Ufer die Brückenmühle mit ihren drei nach der Straße gerichteten Giebeln. Die Saalebrücke ist eine einfache Pfahlbrücke mit sechs in den Fluß gerammten Jochen. Nahe bei ihr steht das alte Hospital, hinter dem sich nach Norden zu der Holzhof ausbreitet. Da, wo jetzt die Eisenbahn läuft und die Stationsgebäude stehen, zeigt das Bild Weinberge mit einzelnen Häuschen. Unten auf der Bürgerwiese steht eine große Vogelstange, die auf einen Schießstand schließen läßt. Der Grund und Boden des heutigen „Bades" ist Viehtrift. Wo das Wehr der Herrenmühle das linke Ufer berührt, stand eine Schneidemühle.

Auf dem rechten Ufer sieht man im Westen die Gebäude des Beuditz-Klosters. An der Straße nach Naumburg ist der Galgen sichtbar. Das Gebiet der heutigen Langendorferstraße ist als „die alte Stadt" bezeichnet. Das Nikolaitor hat einen schönen Turm. Ebenso ist der auf dem Georgenberge sichtbar. Damals sind seine Zinnen noch von einer Haube überragt. Das reich gegliederte Schloß umgibt eine stattliche Mauer. Der Schloßturm und seine einzelnen Türmchen beherrschen gebieterisch die Stadt. Der frühere Heringsche Garten ist als Weinberg und Schießgarten bezeichnet. Da, wo das Magazin steht, zeigt das Bild eine Ziegelscheune. Die Hohe- und die untere Straße reichen bis an einen Steinbruch, der sie von der Herrenmühle trennt.

Seit das Schießpulver Verwendung gefunden, hatten die Stadtbefestigungen wesentlich verändert werden müssen. Der tiefe Graben, die dicke Mauer mit Zinnen genügten nicht mehr. So richtete man die alten Bestände auf die neuen, unerhörten Wirkungen ein — oder ließ sie verfallen. Man hat sie hier noch zu erhalten gesucht. Die consuetudines „Gewohnheiten" von 1616 setzen sie noch voraus.

Wenn wir auf ihre wörtliche Wiedergabe verzichten müssen, so wollen wir wenigstens einen Blick hinein tun:

Consuetudines oder Gewohnheiten der Stadt Weißenfels um 1616.

Seit dem Jahre 1509 war mit der bisherigen Art und Weise der Ratswahl gebrochen worden. Bis dahin waren zwölf Personen ein halbes Jahr am Regiment. Herzog Georg erschien das „unbequem und ungereimet". Er ließ seit dem genannten Jahre acht Ratsherren auf die Amtsdauer eines Jahres wählen.

Nach Ablauf des Amtsjahres wurden die Rechnungen gelegt und die Neuwahlen vorgenommen. Der Bürgermeister „tut demnach einen kurzen Sermon und Rede an seine Herren Collegen und Rats-Verwandten, daß sie — alle Zuneigung und Gunst zurückgesetzet — bei der Wahl nur der Stadt Bestes im Auge haben möchten".

Mit der Wahl der untersten Ratsherren wurde begonnen. Vor Ablauf des Amtsjahres zu Michaelis geschah besondere Einladung an die Räte „beneben den Gassen- oder Viermeistern, der Rechnungslegung beizuwohnen". War die geschehen, so erhoben sich die scheidenden Ratsherren, fragten die Räte und Viermeister, ob und was sie auszusetzen hätten, andernfalls bäten sie, die Rechnungen, wie bräuchlich, als richtig zu quittieren. —

Stadtrechnungen, Protokoll über das Ergebnis der Wahl wurden dann dem Landesherrn zugestellt. Der neue Bürgermeister richtete alsbald dem ganzen Rate „ein convivium", Mahlzeit an, zu dessen ständigen Gästen die Geistlichen, der Amtsvogt und Geleitsmann und andere gehörten. Der Wein, „das getrenck wird ausm Ratskeller von einem Erbarn Rat gegeben".

Ein neu gewählter Ratsherr tat desgleichen, gab auch ein Essen. Früher — so heißt es 1616 — sei das einfach gewesen, aber „jetziger Zeit dienet Sparsamkeit nirgends hin und muß jetzo auffs Herrlichste und Prächtigste zugerichtet sein". Ein Schock Groschen gab der neugewählte Ratsherr in den Gotteskasten. Starb einer, so trugen „die jungen Herren seinen Leichnam zum Ruhebettlein". —

Die erste Ratssitzung des neuen Bürgermeisters wurde gebührend durch die Torwärter des Viertels angesagt. Die einzelnen Ämter wurden in der ersten Sitzung verteilt: „diesem die Verwaltung des Klosters Langendorf, einem anderen die Ziegelscheune, dem dritten der Steinbruch, anderen die Baumeistereiaufsicht über die Weinberge und Schätzung des Fleisches." Dem letzten Geschäfte lagen zwei Ratsmitglieder ob, „beneben zwei aus der Gemeine".

Nach Verteilung der Ämter in dieser ersten Sitzung des neuen Rats wurden die Statuten verlesen, die Gassenmeister gefragt, ob sie etwas vorzubringen hätten. Bejahenden Falles, „daß sie solches thun sollen mit bescheidenheit, schuldiger gehorsam und Ererbietung".

Weiter erfolgt Umfrage, ob der Stadt- und Gerichtsschreiber, der Weinschenk und andere „wiederumb angenommen oder Ihnen abgedancket werden möchte".

Endlich wurde über Pacht und Pächter des Ratskellers, des „gemeinen Ofens", Rats-Backhauses, der Garküche und „Salzkarn" Umfrage gehalten.

Das waren große Ereignisse in jener Zeit, denen die Bürger mit Spannung entgegensahen. Die bestanden aus den alten heimischen Geschlechtern. Zur Erlangung des Bürgerrechts gab der Bürgerssohn zwei Schilling — einen für den Stadtschreiber, den anderen für des Bürgermeisters Knecht. War einer hier geboren, ehe sein Vater das Bürgerrecht erlangt, so waren schon sechs Gulden fällig. — Der Fremd hatte zur Erlangung des Bürgerrechts „seinen Geburtsbrief beneben einer Kuntschaft seines Lebens" vorzulegen und hatte auch sechs Gulden, später aber (1708) 14 fl. 8 Gr. zu entrichten.

Neben dem baren Gelde war der neue Bürger aber noch zur Auflage eines Bürgerfasses verpflichtet. War das innerhalb dreier Jahre nicht aufgelegt, so blieb er Nichtbürger.

Bürger wohnten natürlich nur innerhalb der Ringmauer. Von ihren Vorrechten berichten die consuetudines: Diebstahl an Bürgergut wurde „auf Rats Unkosten" mit dem Strange bestraft, etwa noch vorhandenes Gut ward dem Bestohlenen ohne Entgelt zugestellt.

Heiratete eines Bürgers Tochter, so wurde dem Paare aus E. E. Ratskeller „von Bier und Wein ein Geschenk gethan — je nach Stand, Ehr und Würden".

Bei Zuzug oder Wegzug eines bräutlichen Teiles „leihet ein Erbar Rat die Pferde (so sie vorhanden) und den Brautwagen". — Statt der Fuhre wurde auch ein Reichstaler gegeben. Um 1718 ist auch dieser Brauch gefallen.

Den Bürgern in den Ringmauern stand der Verkauf von selbstgekeltertem Wein und selbstgebrautem Bier zu.

Waren alle Voraussetzungen zur Erlangung des Bürgerrechts erfüllt, so wurde der neue Bürger „nach geleistetem jurament (Eide) der Ratsmatrikel einverleibet" und hatte binnen Jahr und Tag sich zu verheiraten.

Mieter hatten jährlich 10 Groschen „zu erhaltung Bürger Rechts" zu erlegen.

Zu den Gemeindelasten trugen naturgemäß auch die Nutznießer sogenannter Lehnwaar bei, so besonders die Beuditzer und die Langendorfer Güter-Lehen. Ferner werden als Lehnsgüter des Rates 1616 bezeichnet ein Strich Acker vor Langendorf, welche man die „Gebint" nennt, „ezliche Wiesen, der Teuch (Teich) vor dem Klingentore, die Pfeffer- und Vorstatsmühle". Als Grundtaxe für liegende Güter war eine Hufe Landes über der Saale 48 Schock, für eine solche diesseits der Saale 40 Schock „geschätzet in der Schoßung". Davon waren auf je fünf Schock ein Groschen zu erlegen.

Das städtische Gericht bildete sich so, daß der „unterste", der zweite Bürgermeister, der Richter genannt, sich die Schöppen für die Gerichtssachen kooptierte und daß der erste Bürgermeister diese Wahl bestätigte.

Von den Ratsrechten jener Zeit seien einige genannt.

Erbte ein Fremder Haus, Grund und Boden in der Stadt, so hatte er „von funfzig Ein Gulden zu geben". Erwarb oder erbte eine Frau ein Haus, so hatte sie — außer den Steuern und Abgaben — zu spenden „ein Stück Tuch und Handquele, welche hernach zu eines Erbarn Rats Nuz gebraucht werden".

In der Mitte des 16. Jahrhunderts verwendete man das angesammelte Spörtelgeld „auf eine Collation oder Gasterei der Ratsmitglieder mit Frauen!“ „Als aber die Weiber wegen Ihres gezencks, auch Ehrensucht des Obenansetzens (!) Ungelegenheiten gemacht, ist solches gänzlich abgeschaffet worden.“

„Jetziger Zeit“, um 1616, wurde für das, was „in Gerichten gesammlet worden“, Tuch gekauft und unter die Ratsmitglieder verteilt.

Der zweite Bürgermeister oder „Stadtrichter“ hatte mancherlei Natural-Einnahmen: vom Gemüsemarkt, die er mit dem Amtsvogt teilte, und vom Rechtsspruch bei Streitigkeiten innerhalb der Innungen. Meist wird er zu „ihrer herrlich angerichteten Collation invitiret“. Von den Grobschmieden erhielt er jährlich einen Karst, von den Schuhmachern ein Paar Stiefel „vor seine ihnen bewiesene Dienstmühe und Arbeit“. —

Ein Muster logischer Gliederung und Anordnung des Stoffes sind die Gewohnheiten von 1616 nicht. Wir müssen uns ihrer Reihenfolge aber doch fügen und die Rats-Einnahmen weiter nennen.

Da begegnet uns wieder die „Gerade“. Die Auslieferung der „Gerade“ hat Leipzig aufgehoben. Auch Weißenfels verabfolgt die „Gerade“ nicht mehr dorthin. Nur mit Merseburg und Zerbst besteht noch Vertrag der Auslieferung. (Vergl. S. 117.)

Fällig ist die „Gerade“ immer noch, „so ein Weib mit Tote abgehet und keine Verwandte von der Spindel, weiblichen Erbfolge, in der Ringmauer lässet“.

Wunderlich erscheint uns das Recht des Rats im Todesfalle eines Pferdebesitzers: „Wann ein Bürger verstürbet und verlesset ein oder mehr Pferde und keinen Sohn, so bekemt ein E. E. Rat einige oder aus vielen das beste, stattlichste Pferd.“

Und falls jemand ein zugefallenes Erbe „von hinnen zu führen gesonnen“, hat er dem Rate $^1/_{20}$ Abziehgeld zu entrichten.

Bei liegender Güter-Erbschaft war die Lehnsfolge wichtig. Erbte ein Auswärtiger liegende Gründe mit, so hatte er den Wert seines Erbes als Lehngeld zu entrichten!

Den städtischen Säckel füllte weiter der Floßzoll: jedes Stück, das die Brücke passiert, zahlt 3 Pfennig Geleit. Importierte Früchte, Kastanien, Hassel- (Hasel-), welsche Nüsse zahlen Städtegeld, in das sich Bürgermeister, Richter, Kämmerer und der Stadtschreiber teilen. Von Krebsen sind ein Schock in natura zu entrichten.

„Wird ein Bürger uff gehorsam getrieben, so kann ihn der Bürgermeister kraft seines Amtes auf 14 Tage daraus losgeben, um zu sehen, wie er sich gegen seinen Widerpart verhalten wolle … doch müssen Bürgers (Bürgen) vorgestellet werden.“

Von drei Brauereien ist das Brauhaus am Markte, auf dem Platze des ehemaligen Geleitshofes, das bevorzugte, d. h. berechtigt, das erste Bier zu brauen, „derentwegen man verstattet aber keinem, nach Ostern Bier zu brauen, der Anfang aber wird gemacht, wenn die Bier' in den Kellern der Bürger fast ausgeschenket sein, welche erkundigung durch das Umbfragen genommen werden muß".

Auch über das Pfortische beneficium, die städtischen Freistellen in Schulpforta, findet man hier Auskunft.

Der Rat ließ seinen Stipendiaten auf seine Kosten in die Pforta fahren. Hielt der Knabe in Pforta nicht aus, so wurde er in Weißenfels mit Gefängnis gestraft. Hat er die sechs Jahre „in der Pforten ausgestanden, so muß er vor einem Erbarn Rate eine Oration lateinisch halten . . ."

Daß eine durchfahrende Braut dem regierenden Bürgermeister in Weißenfels einen guten Kuchen oder einen Ortstaler und dem Torwärter eine Lösung zu geben verpflichtet ist, bestätigen die consuetudines.

Weiter werden die Pächter von Parzellen des vom Rate erworbenen Beuditzklosters an ihre Verpflichtungen gemahnt.

Zum Vogelschießen „auf der Viehweide am Pfingstdienstag giebt der Rat 1 fl. zum Vorteil dem, der den Vogel abgeschossen". Ähnlich werden die „Büchsenschüzen, so ihren Schiesgraben in der Lemgruben haben", bedacht.

Zu den Benefizienempfängern des Rats gehört auch die Kantorei. Bisher empfing sie 5 fl. „zu einem Vas weissenfeldisch Bieres . . . jezt werden ihnen 3 Neuschock gegeben . . . zur bezahlung der Kufen Torgischen Bieres, welches sie ihren Beiständen beneben einer ziemlichen Kost, darzu ein jeder sein Quotum gebet, ausrichten."

Zum Schulexamen wurden schon vor dem 30jährigen Kriege Geschenke ausgeteilt. Die Rede ist nur von Knaben, welche diese Geschenke erhalten, als „Papier, Zucker, Mandelkern, Rosinen zum Zeugnis ihres angewendeten Vleißes". — Hernach richten die Schuldiener ein convivium an, „darzu ein Erbar Rat und der Vorsteher des Gotteskastens je einen Thaler geben".

Aus dem Ragout nun die drei letzten Bissen!

Frühe Hochzeiten finden um 10 Uhr in der Kirche statt — „so es aber eine Abendwirtschaft ist, so muß der Bräutigam mit seinen Gästen im Sommer um 4 Uhr, im Winter um 3 Uhr in der Kirche erscheinen".

Bürgern außerhalb der Ringmauern ist nicht erlaubt, auf dem Rathaus zu tanzen.

Ein Hauch patriarchalischer Gemütlichkeit — auch Schlendrians geht noch durch die Gewohnheiten von 1616.

Noch reagiert der Rat auf ein Neujahrs-Carmen, das glückwünschend ein armer Gelehrter oder froher Studio überreicht. Er nimmt von einem Albinus Müller die Dedikation seines astronomischen Kalenders an und honoriert ihn mit 1 fl. Gern läßt er sich zur Hochzeit laden und spendet aus dem Stadtsäckel das Hochzeitspräsent. Nur die höchste Not, die schwerste Zeit verhindert ihn selbst am Erscheinen. In diesem Falle aber wird ein blühender Brief, ein angemessenes Geschenk gesandt: „... Und wünschen hiermit dem Herrn seinem Gespons von Gott dem allmächtigen eine friedliche, schiedliche, langwierige, gesegnete und gesunde Ehe — wie zu Bestätigung unseres treuherzigen voti Sie beiderseits mit inliegendem geringen Hochzeitsgeschenk vorlieb nehmen ..."

In jener Zeit hatte also der Rat in der Tat eine zu offene Hand: Jeder Bräutigam, als Sohn der Stadt, empfing Rheinischen Wein und Torgisches Bier. Der Brauch war damals nach dem Berichte des Rates wohl über 100 Jahre alt. Die „Beschwerungs Punkte" rügen: Man gebe ungleich, so „daß einem guts, dem andern Böses" geschieht. Man solle die Dedikation in Geld umwandeln und jedem Stadt-Bräutigam den gleichen Betrag anweisen.

Und nun ein anderes Bild!

Im Jahre 1616 reichen Viertelsmeister und Ausschuß der Bürgerschaft ein „Verzeichnis der Gravamina und Beschwerungs Punkte" ein. Sie wollen wissen, „wozu denn so viel tausend fl., so (von ihnen) aufs gemeine Gut erborgt und vom gemeinen Gut zu verzinsen sind", wozu es angewendet wurde. Der Rat antwortet, daß daran nicht zum wenigsten der Umstand beitrage, daß die Bürger ihre Steuern säumig, allzu säumig entrichten. Weiter wollen sie wissen, ob der Verkauf „der Schäfferei zu Langendorff sambt denen dorzue gehörigen Trifften, Posernische Wiesenn, Weinberge zu Lobeda (bei Jena), Rohrteich und Weinberge zu Beuticz aus notturfft geschehen, auch — worzu das Geld wieder angewendet?" Weiter heißt es: „Braschwitzens und Biesenrodts Rittersize zu Uichteritz sind auch stückweise wieder verkäufft ..." Der Rat antwortet, daß man die Grundstücke ohne große Unkosten nicht habe ausnutzen können. Auch wegen des Rats übermäßiger Zehrung klagt ein Satz: „Denn nicht allein viel uff außlendische reißen berechnet, besonders auch ufm Rathuse und in Ratskeller viel gezehret, ingleichen ein stattliches uf allerlei Unnötige Geschenke gewendet wird."

Der Rat gibt zu erwägen, daß man auf Reisen in den Herbergen nichts schenke und daß die Spenden „in pfingsten übern Vogelschießen" nun anders angeordnet seien.

Ein ganzer Posten Geld wurde auch verbaut: „Zwei vornehme, stadtliche steinerne Birne (Brunnen) in der stat ufm marckte, deren keiner kein Wasser hält und mit ezlichen 100 Gulden nicht erbauet" (worden sind), an deren Stelle hätten hölzerne Kasten gesetzt werden müssen. Der Rat erklärt zuerst prinzipiell: Man finde in jedem Haushalt was zu tadeln, dann aber: „die steinernen Brunnen sind wandelbar worden, kann niemand darwider ...."

Am Ende der 17 klagenden Thesen heißt es: „ob nicht ratsam, daß acht auß der Bürgerschafft, auß jedem Viertell zwey gekohren werden möchten, die stets Viertelsmeister blieben, damit die rechnungen von Jahre zu Jahre besser in acht genommen werden könnten ..."

Die Klagen waren zu Anklagen geworden, deren Beilegung ein paar Jahre sich hinzog: am 1. August 1618 wird der Rat benachrichtigt, daß „der 11. des Monats zum Termin praefigiret und ahngesetzt. Suchen derhalben in Krafft höchstermeltes gnedigsten befehlichs wir hiermit bei Euch gütlich ... Ihr wollet solches Termins zu fruer tagzeit vor Unß in Herrn Christoff Schüzen Gasthof erscheinen ..."

Ohne Frage waren „Privataffekte" in dieser Klage zu spüren, ohne Frage hatte der Rat jener Zeit auch nicht immer einen leichten Stand gehabt. Der sparsame Kurfürst August hatte mancherlei dem Rate verkauft und aufgehalst — aus anderen Gründen hatten die beiden nachfolgenden Kurfürsten den Rat in Anspruch genommen. Wie die Landesherren mit den Ständen um die Steuern gleichsam handeln mußten, so die Ratsherren mit den Bürgern.

Der Kurfürst nahm den Rat in Schutz. Er rügt im Jahre 1619, daß die Viertelsmeister seinen Beamten und dem Rate das Werk bisher schwer gemacht und läßt ihnen sein Mißfallen „mit mehreren zu verstehen geben und andeuten Und daneben bei höchster Unserer Ungnade, auch leibes und anderer unnachläßiger Strafe uferlegen, sich alle solches Unfugs zu enthalten, die Bürgerschaft nicht ufzuwiegeln, dem Rathe schuldiger Gebühr nach zu respektieren, ihn an Bereuserung der Güter nicht zu hindern ... oder es dahin zu richten, daß durch ihn und gemeiner Bürgerschaft Contribution ... die Schulden abgetragen und die gemeinen Güter von den darauf haftenden Consensen ... befreyet .. werden mögen ... die Gläubiger sollen auf einen bestimmten Tag beschieden und mit ihnen durch kurfürstliche Beamte verhandelt werden."

„Die Resignatio, den Abschied, der beiden alten Bürgermeister .. lassen wir uns gn. gefallen." — Das neue Ratspersonal soll verbleiben „bey dreyen Räten, so das Regiment wechselweise führen, hingegen aber nur ein einiger Stadtrichter, drei Cämmern und zwölff jungen Herren in allen verordenet werden mögen, dergestalt, daß Martin Großmann, Christoph Schütz und Abraham Geyersbergk wechselsweise das Bürgermeister- — Benedix Richter aber das Richteramt ohne Verenderung behalten, Caspar Vollandt, Hans Neustadt und Elias Greißlau als drei Cämmerer und Samuel Altwein, Johann Hartmann, Jakob Neustadt, Michael Kluge, Hieronymus Günther, Peter Ehrenholdt, Heinrich

Luya, Michael Arnoldt, Hans Arnoldt, Jakob Junge, Joachim Altwein und Caspar Albrecht alß junge Herrn (Stadtverordnete) in drei Räthe eingeteilet und jedesmal vier in einen Rath (Abteilung, Dezernat) sollen gewehlet werden.“ —

Aber — etliche Ratspersonen sollen, „umb ihrer allerseits hohen Alters auch respective unterthänigste Bitte willen, doch allerdings salva existimatione und dergestalt aus ihren Ratsämtern Entlassung haben, daß ihnen ihre Ehrenstellen in den Kirchen, auch andere praerogativen, so denen in rat sitzenden personen vor andern gemeinen Bürgern vergönnet, gelassen und sie derselben soweit genießen mögen, daß sie den Gassenmeister, Embtern, wie auch Umbtragung des Klingelsacks (Klingelbeutels) Und den Defensions-Wercke vor ihre person verschont bleiben sollen.“ Der Stadtschreiber soll zugleich auch den Dienst eines Gerichtsschreibers beim Amte versehen.

Zum Stadtvogt soll eine tüchtige Person genommen werden. Die Rats-Rechnungen sind fortan jährlich einzuschicken.

Der Kurfürst setzt für künftige Fälle „do dergleichen sachen, in welchem der Rath und Jemand von der Bürgerschaft soweit in Irrtum und mißverstand Geriete“ — den Amtshauptmann und Amtsvogt als zuständigen Kommissarius.

Aber der Verkauf des Klostergutes Langendorf war doch nicht aufzuhalten trotz des Protestes, trotz der kostspieligen Klage der Gassenmeister in den Jahren 1617 und 1618. Am 3. Oktober 1621 wurde Simon Reinhard der neue Herr. So war der Stadt „bestes Kleinod“, wie die Klagenden es nennen, dahin. Aber „es wäre kein ander mittel gewesen — sich in etwas zu entbrechen“.

Die Prozeßkosten beliefen sich auf 937 fl. 9 Groschen 9 Pfennig — ungerechnet die zum Termine nach Dresden. Die Aufstellung der Kosten ist nach mehr als einer Seite interessant. Uns interessiert der Posten von 266 fl. für die Zeit „von 1. Marty bis auf 8. ejusd. bey dem Herrn Capellmeister Heinrich Schützen vor 54 Malzeitten — die Herren sambt ihren Dienern vor Essen, Trinken, Wein, Bier, Vor- und Nachzeche. Sowohl vor 28 Mahlzeiten vor das Gesinde, einschließlich derselben Morgenbrot“.

Als letzter Posten der Aufstellung ist bemerkt: „2 fl. 10 Groschen 6 Pfennig unterwegs im Hin- und Herwege armen Leuten ausgeteilet.“

Nun erhielt die Stadt Weißenfels neue Statuten, ein Stadtrecht. Die bisher geltenden consuetudines, eine Aufzeichnung alter Bräuche, waren gegenstandslos geworden.

Die neuen Statuten sind auch zu unterscheiden von der Bürger-Ordnung des Jahres 1598.

„Die statuta der Stadt Weissenfels, wie solche Rath, Räthe, Viertelsmeister und die ganze Gemeinde vor sich und ihre Nachkommen Bürger zu Weissenfels als ihr willkürlich Recht angenommen und bewilliget. Confirmirt Dresden den 26. May Anno 1619." Sie sind abgedruckt bei Sturm S. 242. Die Sprache ist originaler im Abdrucke des Weißenfelser Kreisblattes 1872 Nr. 14.

Eine Woche später wurde die erste eigentliche Rats-Ordnung in Dresden bestätigt:

1. Mit wieviel Personen der Raths-Stuhl zu besetzen: . . . hinfüro nicht mehr als 19 Personen . . . aus ihnen sollen drei Räthe jährlich mit dem Regiment abwechseln als drei Bürgermeister — nur der Richter soll perpetuus, ständig sein.

2. Zu welcher Zeit der neue Rath aufgehen und welcher Maaßen in der Wahl zu verfahren.

3. Das Verzeichnis der erwehlten Personen, solche zu approbiren und confirmiren, ist nach Dresden zu überschicken.

4. Stadt- und Gerichtsschreiberei mit einer Person zu versorgen.

5. Stadtvogt und desselben anbefohlene Verrichtung.

6. Wann und welcher Gestalt der Rath, Richter und zugeordnete Assessores an ihren gewöhnlichen Orten ad deliberandum (zur Beratung) und anderen Verhörungen sich einzustellen.

7. Wie und welcher Gestalt in deliberationibus ac propositionibus procediret werden soll.

8. Wie die Rathspersonen in Beförderung der justitien sich erzeigen sollen.

9. Wie eine Rathsperson, so einer andern unbilligerweise injuriret, zu bestrafen.

10. Welcher Gestalt die Irrungen, so sich zwischen dem Rath und der Bürgerschaft erregen möchten, zu entscheiden.

11. Dem gemeinen Gute getreulich vorstehen, die Geschenke abzuschaffen.

12. Welcher Gestalt die Raths-Rechnungen zu verfertigen und zu justificiren.

13. Des Cämmerers Einnahme.

16. Besoldung der Rathspersonen: Ein regierender Bürgermeister soll zur Besoldung haben 60 Gulden, der Stadtrichter 28 fl. 12 Groschen, der Cämmerer 19 fl. 1 Groschen, der Stadt- und Gerichtsschreiber 75 fl., der Stadtvogt 47 fl. 13 Groschen . . . .

17. Wie es mit denjenigen zu halten, die ihren Raths-Stand resigniret — sie sollen Ehrenstellen in den Kirchen und bei andern öffentlichen Zusammenkünften behalten.

Die neue Stadt-Jahr-Rechnung von Reminiscere 1620 bis Reminiscere 1621 ist ein Muster von Genauigkeit in den Bezeichnungen der Einnahmen und Ausgaben. Sie enthält Titel, die uns heute ganz fremd sind.

Die Weißenfelser Stadt-Jahr-Rechnung
von Reminescere 1620 bis Reminiscere 1621.

Titel der Rechnung.

1. Rest jüngster Rechnung.

2. Schoß (-Gelder für urspüngliche Leistungen oder Steuern für Vermögen oder Verdienst) von den Bürgern in der Ringmauer.

3. Schoß ungesessener und außer der Ringmauer.

4. Hausgenossengeldt.

5. Zinse (Pacht) aus der churf. Sächs. Rentkammer.

6. Erbzinsen von Heusern und Gütern in der Stadt.

7. Erbpachtzinsen von ehemaligem Stadteigentum von des alten Bastian Möhrnen Häusern und Gütern.

8. Erbpachtzinsen von Bürgergütern in und außer der Stadt.

9. Erbpachtzinsen von Ermell Reuters Gütern.

10. Erbpachtzinsen von Garten und Häusern uffm Thamm.

11. Erbpachtzinsen uffn Lande von etlichen Güttern.

12. Salzpachtzinsen.

13. Zinsen (Pacht) vom Guth „die Gebindt" genandt.

14. Erbpachtzinsen vom großen und kleinen Teiche.

15. Aufgenommene Hauptstämme (Capitalien).

16. Geld von verkauften Häusern und Gütern.

17. Brückenzoll.

18. Naugleldt oder Wegegeldt (später Pflasterzoll bis 1838).

19. Margkrecht — wird die Wochenmarkttage von dem Frohnen und Stadtvoigt bei den Verkäufern eingefordert.

20. Scheffelpfennige. Was und welcherley artt Getreyde ufn Wochen Marckt einkaufft und abgemessen wird, geben Verkäufer den verordneten Messern von jedem Heimbzen 1 Pf. in die Büchse, werden durch die geschworenen Messer in Büchsen eingesammelt und wöchentlich dem Rathe uberantwortet.

21. Messegeld: gleichergestalt von den (Getreide-) Meßern einbracht wie im vorigen Capitel.

22. Holzgleldt: was von Pflogkholz uff der achß über die Brücke geführet wird, giebt der Wagen 4 Pf. — ein Karren 2 Pf.

23. Wächtergeld. Von jedem Hause 3 Gr. In dem Zeizischen Viertel von 56 Wohnhäusern 8 fl. Im Niclasviertel von 90 Wohnhäusern 14 fl. 3 Gr. Im Sahlviertel von 73 Wohnhäusern 10 fl. 9 Gr. Im Clingenviertel von 73 Wohnhäusern 10 fl. 9 Gr.

24. Wagegeld — Ist dem Raths Schencken in den Kellerpacht mit geschlagen.

25. Floßzoll (bis 1832) von jedem Stamm 3 Pf. — Jahresbetrag 44 fl. 6 Gr. 9 Pf. (War Lehen des Rittergutes Poserna.)

26. Rats-Bußen und 27. Richter-Bußen (städtischer Gerichtsbarkeit — flossen den Ratsmitgliedern und Beamten zu).

28. Bürgerrecht — 65 fl. erlegt von zugezogenen.

29. Lehengeldt von Acker und Feldt. Z. B. 14 fl. Heinrich Schütz und Barthol Rothe vom Weinberge am Schirmedel. (Lehengelder wurden wie Erbzinsen von früherem Stadteigentum erhoben. Gerichtslehen heißen die vom Kloster Beudiz, dessen Gerichtsbarkeit mit an den Stadtrat gekommen war).

30. Steuern von befreyeten Häusern.

31. Handwerger Zins: die Fleischer vom Schlachthause, die Tuchmacher von Ständen ufm Rathause, die Tuchmacher vom Ferberhause, die Bäcker von Brotbänken — außer ihnen die andern „das sie in der Stadt bey ihrem Handwergk geschützet werden“.

32. Badstuben-Zins. Die Badstube ist Esaias Otteln keuflichen zugeschlagen.

33. Jahrküchen Zins.

34. Backofenzins: Dann der Gemeine-Backofen Barthol Molauen erblich verkauft um 200 fl. ...

35. Haus- und Budenzins: Herr Jakob Junge der Apotheker von den Gewölben unterm Rathause 18 fl. — Dazu gaben Ertrag die Buden im Stadthofe, das neue Häuslein über dem Schießhause vorm Clingenthore.

36. Von den Jahrmärckten an Städtegelde: Margarethae und Crucis für Getreide.

37. Gewinn am verkauften Peche. — Ist dem Raths Schencken in den Keller Pacht geschlagen.

38. Geldt aus dem Pfarrholtze — 55 fl. 15 Gr. 3 Pf.

39. Wiesen Nutzung — von der Creuzwiese und von „der Tiefen, sumpfichten Wiese“.

40. Zins vom vorliehenen Zien (Zinn) an Schüsseln, Tellern und andern der Bürgerschafft uff Wirtschafften, Kindtauffen und andern ehrlichen convivis alß 2 Pf. von einer Schützel, 8 Pf. von 1 Tutzent Teller, 1 Pf. von 1 Teppichen, 1 Pf. von 1 Leuchter (wurde geliehen zu Tauffessen und bei anderen Gelegenheiten), 5 fl. 1 Gr. 3 Pf.

41. Zinsen von Brandtewein Blasen.

42. Nutzung von der Ziegelscheune und Kalckofen 130 fl. — Sie wurden „auß allerhand erheblichen uhrsachen umb einen gewissen Pacht als von jedem Ofen Ziegel so oft einer gebrandt 10 fl. wolgedachtem Rathe gegeben ... doch der Rath jederzeit wenn ein anderer mehr geben ... die enderung genzlich vorbehalten.“

43. Steinbruchsnutzung Sa. 39 fl. 16 Gr.

44. Pfriem- oder Röhrwasserzins.

45. Teich-Nutzung betrug durch Verpachtung an 2 Fischer = 30 fl.

46. Weinbergs-Nutzung: 194 fl. 13 Gr. 10 Pf. vor 48 Eimer 50 Kannen Landwein Anno 1618/19 im Saalberge erwachsen. Jeder Eimer pro 4 fl. 168 fl. 2 Gr. $8^{1}/_{2}$ Pf. desgl. Herrn Christoph Schützen Bürgermeister verkauft 1620. 1 fl. 4 Gr. vor 5 ßo. Weinreben. 40 fl. an 10 Eimer Landwein im Saalberge erwachsen = 403 fl. 20 Gr. $6^{1}/_{2}$ Pf.

47. Aus dem Rathskeller. Der Rathskeller insambt der Wage und Pechhandel ist uf einhelligen Rhatschluß dreyer Herrn Räthe Michaelis 1617 uf drey Jahrlang jährlichen 850 fl. ... verpachtet.

48. Trifftgeld von ackerlosen Viehbesitzern von den Clingen Thörern und in der Untergemeinde von ihrem Viehe uf der Bürger Trifften und Gütern den Sommer 1619 = 4 fl. 9 Gr. Clingen Thörer der Obergemeine für Kühe, Schweine, Schafe 1619 = 1 fl. 1 Gr. Vorm Niclas Thore 1 fl. 11 Gr.

48b. Spundgeld fehlt (wahrscheinlich war in diesem Jahre kein fremdes Bier eingeführt worden).

49. Bau Materialien.

50. Floßscheidt — 301 fl.

51. Vor die 1618 erlittene Wasserschäden: 68 fl. vor 17 acker weid und wesewachs uf der Martwerbischen Auen so E. E. Rath 1618 noch beysammen gehabt, uff jeden acker 4 fl.

52. Von gemeinem Viehe: vor den Reit-Ochsen Simon Erfurdten verkauft 16 fl.

53. Vor Korn — verkauft und weggeladen 10 fl. (Das geschah durch die „Messer". Vor „gezogenen Wisch, vor erfolgtem Geläut der Kornglocke durfte der Handel nicht beginnen".)

54. Opfer-Pfennige 5 fl. 15 Gr. 9 Pf.

Sa. Summarum aller Einnahmen Reminiscere 1620/21 = 6155 fl. 1 Gr. 11 Pf.

Folgen die Ausgaben.

1. Jahr Renthen an den Landherrn und vom Dinstgeschirr in die churf. Sächs. Renth Cammer. Jahr-Renten 213 fl. 6. Gr. 9 Pf. — Dienstgeschirr 210 fl. (vom Rate gestellte Ausrüstung ins Feld, die der Landesherr erstattete).

2. Der löblichen Universität Leipzig — an Jahr Renthen ... von weilandt Churfürst Friedrichen und Seiner churf. Gn. Bruder Herzogk Wilhelm zu Sachsen solcher hohen Schulen und Akademien ao. 1438 cedirет, abgetreten und vorwiesen besage der Cessionsschrift Walpurgis 1620: betrug 101 fl. 12 Gr. 2 Pf. Dazu 5 fl. 1 Gr. 6 Pf. an Ufgeld uf jeden Gulden 1 Gr.

3. Zinsen ins Amt allhier und andere Orter. Ich nenne einige: 14 fl. 6 Gr. vom großen und kleinen Teich Erbzins, unter Beudiß gelegen. 16 Gr. vom Rohrteich vorm Clingenthore. 2 Gr. von den Weiden am Eselswege. 5 Gr. von Bernhart von Ermsreut zu Löbiß Gut uf S. Georgenberge ist Burgk-Lehn. 14 Gr. von zwei Capphene von einer Hoffstadt vorm Zeitzisch Thore. 5 Gr. 4 Pf. von der Gebindt (Stück Acker vor Langendorf). 5 Gr. vom eisern Pfahl dem von Posern. 2 Gr. von der Ziegelscheune (Schenck zu Wiedebach). 5 Gr. vom Hause ufm S. Georgenberge E. E. Rath.

4. Land- und Tranckſteuern — von frembem Bier und Wein.

5. Legate und Begengnüße: der Zinß der 200 nßo. — 571 fl. 9 Gr. oder 500 Thalern von Frauen Sidonie, Herzogin zu Sachsen 1575 ... dem Gotteskasten von wegen des Closters alhier S. Claren Ordens entrichtet ...

6. Legate Frauen Margarethen von Watzdorffin, Anno 1570 verstorben: 15 fl. vor 1½ Stück Tuch armen leuten auszuteilen. Desgleichen — den 12 Schülern so im Closter singen — kauft die Universität zu Leipzig. 50 fl. der Universität Leipzig Jahreszins von 1000 fl. Capital zu Unterhaltung der Watzdorfischen Stipendiaten. 5 fl. in beyde Hospitalia St. Laurentij und S. Nicolai. 50 fl. den armen Jungfrauen derer von Watzdorff und Breitenbauch. 25 fl. den 12 Knaben, so in der Closterkirche singen, wöchentlich 10 Gr. 12 fl. 10 Gr. 6 Pf. armen Leuten, so vermöge des Testaments die Mittwochs Predigten besuchen, wöchentlich 5 Gr. 5 fl. dem Gotteskasten zu Sehla. 37 fl. 10 Gr. 6 Pf. den dreyen Stipendiaten halb Ostern und halb Michaelis je 12½ Johann Greißlauen, Johann Geißlern, Wolfgang Heilanden = 202 fl. 10 Gr. 6 Pf.

7. Abgelegte Hauptsumme — 2350 fl.

8. Zinsen uf die erborgten Haubtsummen — 894 fl. 14 Gr.

9. Kirchen- und Schuldienern bewilligte Zulagen.

10. Uf die General-Visitation der Kirchen, Schulen, Hospitalen, des Gottesackers und des Lazareths.

11. Vor das Pfarrholtz.

12. Besoldung der Herren.

13. Gemeiner Diener Besoldung: 19 fl. 13 Gr. des Herrn Burgermeisters Knechte. 16 fl. des Richters Knechte. 19 fl. 1 Gr. dem Mark(t)meister. 41 fl. 4 Gr. 4 Pf. den vier Wächtern. 7 fl. 18 Gr. der Mägdlein Schulmeisterin an Gelde. 5 fl. dem Teutzschen Schreiber. 20 fl. dem Seigersteller. 138 fl. 12 Gr. 6 Pf. Hansen Heidenreichen Stadtpfeifern und Wächtern ufm Thurm. 7 fl. 5 Gr. den vier Torwärtern.

14. Uf das Defensionswergk.

15. Vor die Rüstkammer.

16. Vor die Baw Cammer: 1 fl. 9 Gr. vor 3 eiserne Schue an die Brucken Pfähle zu gebrauchen in Vorrath kaufft.

17. Geschencke und Verehrung — ich nenne einzelne: 27 fl. 9 Gr. vor einen ganz überguldeten Pocal von 16 Lothen jedes zu 36 Gr. . . dem H. Canzler zu Gosegk . . verehret den 27. Augusti 1620. 1 fl. Albino Müllern astronomo pro dedicatione seiner Calender 6. Oktober 1620. 1 fl. 3 Gr. fuhrlohn Barthel ölstens Sohne, so in die Schul Pforten verschicket worden, Mittwochs Exaudi 1620. 1 fl. 10 Gr. 6 Pf. Contribution nach Wittenbergk zu erbauung des neuen Gottesackers.

18. Almosen an Arme aus aller Herren Ländern — sind verzeichnet auf 32 geschrieben Seiten.

19. Zehrung und Fuhrlohn — ich nenne daraus: 87 fl. 1 Gr. Zehrung und Außlösung als der Herr B. Christoph Schütze, Cämmerer Vollandt und Altwein ins Raths und gemeiner stadt wichtiger Verrichtungen nach Dreßden abgefertiget, uff solcher Reise von dem 9. biß 19. November verblieben und zubringen müssen laut ihrer sonderbaren übergebenen specification.

Botenlohn.

20. Vor dem Steinbruch — war verpachtet.

20. Zu erhaltung der großen und kleinen Saal Brücken — 102 fl. 9 Gr. 1 Pf.

21. Uf das neue Steinerne Brücklein im Beutitzfelde zwischen dem gr. und kl. Teiche.

22. Zu erhaltung und besserung der Steinwege und Pflaster. Wasserbottiche unterm Schloßberge in der Burgkstraßen zu umbpflastern und mit Steinen aufzusetzen.

23. Vor die Brunnen undt Röhrwasser: 7 Gr. Röhrmeister hat mit seinen Consorten an dem Wasser in der Fischgasse laufend gearbeitet, auch zwei neue Röhren eingeleget. 14 Gr. — demselben von dem Neuen Muttlauer Wasser, daran er mit den gesellen 2 tage Röhren geschlemmet und eingeleget. — 3 Gr. 6 Pf. hat am Beutizer Wasser 1/2 Tagk geschlemmet. — 7 Gr. hat in der Clostergassen am Wasser gearbeitet und eine Röhren eingeleget. — 3 Gr. 6 Pf. am Brunnen in der Jüdengassen bey H. Altweins Thüre. — 3 Gr. 6 Pf. am Brunnen in der Burgkstraße unterm Schlosberge. — 7 Gr. dieselben geschlemmet und geräumet in der Marien- und Niclasgasse. — 5 Gr. 4 Pf. vor 4 Rohrbüzen an den Beutitzer Waßer in der Grühnen Gassen. — 7 Gr. uf dem Marckte am Clingenwasser. — 20 fl. sind ausgegeben an Jacob Bauern den Schultheißen und Büttnern zu Eisenbergk vor einen Eichenen 12 Schohigten Bottich mit Sieben eisernen Reiffen, so unten in die Jüdengasse an der Ecke bei Herrn Joachim Altweins Hauß gesetzet worden den 16. Januar 1621.

24. Vor der Wasserkunst undt Clinge sambt dem Schirm und Schießhause.

25. Vor das Wohnhäußlein überm Schießhause.

26. Zu erhaltung des Haußmans und Seigerstellers Wohnung.

27. Vor den Rathskeller 2 Gr. 6 Pf. vor ezliche Wein faßen außm Georgenberger Keller zu heben. 6 Gr. demselben ufzuschlagen, außzuwaschen und wieder ufn Bergk zu tragen und ins truckene zu legen. 8 Gr. . . . . haben 9 Weinfasse außm tiefen Bergkeller gehoben. 11 Gr. vor soviel Werckstücke zu den Stufen in Rathskeller. Der Ratskellerumbau kostete 131 fl. 4 Gr. 5 Pf.

28. Vor das Rathaus.

29. Vor die Jahrküchen.

30. Vor den gemeinen Ofen.

31. Vor das Schlachthaus, Kuttelhof undt Brüghe — u. a.: 23 fl. 10 Gr. vor 29 Stämme Bauholz zur Kuttelbrücke.

32. Vor den Stadt Hof und der Knechte Wohnungen.

Johann Adolf II. (1736—1746).
(Der letzte Herzog von Sachsen-Weißenfels.)

33. Vor das Schütthaus ufm St. Georgenberge — 9 Gr. 3 Pf. .. das förderthor und Pforten, so vom Winde eingerissen wiederumb angerichtet. 1 Gr. Schloß am Pulverthurm vest zu machen, einen neuen Schlüßel dem Feldwebel zuzustellen.

34. Vor das Holtzhaus vorm Saalthor.

35. Vor das Brückenhaus vor dem Sahl Thore.

36. Vor die Hirtenhäuser.

37. Vor die vier Thirhäuser und Kuttelpförtlein.

38. Vor Hansen Barths Haus in der Mariengassen.

39. Vor das Lazareth.

40. Uf Wolffen Vogels Haus in der alten Stadt und das Fischerhaus ufm Thamm.

41. Uf gemeine gebeude.

42. Vor die Weinberge über der Sahlen 32 fl. — George Beckern zu Burgwerben, Winzern, ist der Weinbergk mit aller schuldigen Arbeit uf dieses Jahr verdinget und davon zum Jahrlohn besage des Dungebriefes 32 fl. entrichtet worden. 6 fl. 7 Gr. vor 38 ßo. Weinpfähle pro 3½ Gr. u. a.

43. Vor die Hopffenberge. 7 fl. 3 Gr. Hansen Genesen zu Beutitz Honorar vom Hopfenberge dieses Jahr über zu arbeiten besage des Dingbriefes. 3 fl. 15 Gr. 9 Pf. vor 15¾ ßo. Hopfenstangen. 1 fl. 10 Gr. 3 Pf. Lorenz Wackers des Brückenmannes Weibe und Consorten von 12½ scheffel Hopfen zu pflücken vom Scheffel 2½ Gr. — liegt auff Georgenberge im Vorrath.

44. Vor die Weinbeerlese und Kelterung — ich nenne daraus: 1 fl. 7 Gr. 28 Lesern. 9 Gr. 9 Pf. dreyen Buttenträgern. 2 fl. 6 Gr. Vor Kost und Tranck den Herren die Zeit uber beyzuwohnen. 6 Gr. Zweyen Weibern, so die Faß gebrühet hin und wieder getragen und das Gefeß wieder außgewaschen. 2 fl. 10 Gr. 6 Pf. Dem Hüter uf 5 Wochen. 12 Gr. Dem Schwarzen Jakob und Consorten, so die Weinbeer getreten und gekeltert incl. das Essen. 8 Gr. Andreas Franken von Most uffn Georgenbergk zu führen. 8 Gr. Der Schröterin, denselben auf- und umzuschroten.

45. Vor Geschirr, Schmiede und Wagner-Arbeit.

46. Vor die Feuer-Ordnung. 1 fl. 3 Gr. Paull Mann dem Marktmeister seindt die Sturmfasse und Wasserschleifen vor den Brunnen und Röhrkasten in der Stadt gassen in guter obacht, beßerung und wartung Sommers Zeiten zu halten auch vor Weters ins truckene zu schaffen, anbefohlen.

47. Vor die Schreibereyen. 8 Gr. vor eine Pergamenthaut und Capsell zu einer Obligation ... 6 Gr. vor eine geringe Pergamenthaut zu Durchstichlein an die Briefe.

48. Vor die Ziegelscheune und Kalckofen. 10 fl. 6 Gr. 8 Pf. vor 25000 Mauer Ziegel das 100 pro 8 Gr. 7 Pf. zum Wassersumpfe. Ein Sumpf — der hintereste Erdensumpf — wird von Grund aus mit Ziegeln neu ufgeführet und mit Thon außgemauert, auch an dem vordern Wassersumpf 2 Seiten abgetragen und wieder von grunde aufgeführet ....

49. Vom Sandt, Schutt und anderm Unflat vom Marckte und aus den Gassen zu führen. 5 fl. dem Herrn Bürgermeister Abraham Beyerbergken Schlamm vom Marckt und was nötig hinauszuführen.

50. Abgang undt Verlust an Münz Sorten, Gefällen und andern.

51. In streitig gemachten Sachen.

52. Uf einlogirte Soldaten — u. a.: 2 fl. 6 Gr. Fuhrlohn von 18 Clafftern Floßscheidt vor dem Wachhaus ufm Markte und in die Thore zu führen, von jeder Clafter 3 Gr. 10 Gr. für 4 Clafftern desgl. in das Gewölbe ufm Kirchhofe zu führen. 10 Gr. vor Stroh den gefangenen und eingelegten Soldaten.

53. Vor den Stadtgraben, Kutteiteich und andere Wassergräben. 8 Gr. Zweyen Zimmerleuten, haben das Fluthbette an diesem Teiche uf beyden Seiten ufs neue

aufgeführet, Pfäle eingestoßen und das Gerinne mit Schalen ufs neue bedeckt und überlegt den 10. Juny 1620. 4 Gr. Martin Herthen und Consorten von den wilden Wassergraben hinterm Gottesacker zu erweitern ... die Woche Cantate. 12 Gr. demselben von dem Ober- und Unterwassergraben unter Luzians Hölzlein und vor den Scheunen vorm Zeizischen Thor ... 2 fl. 6 Gr. ... haben den obern Wassergraben hinterm Jägerhause und Gottesacker, so von großen gewessern aufgerissen und in den untergraben gebrochen, denselben versetzet und voorschlemmet ... mit Rasen und Steinen außgesetzet, außgefüllet, einen neuen graben und wasserlauft etzliche Ruthen lang außgeführet und die wilden Fluten abgeleitet ...

54. Ambts und Schreibgebühren so zu Beförderung des Raths und Stadtsachen aufgewendet. 8 Gr. dem Amtsfrohnen, die Clingenthörer wegen des hinterstelligen Trifftgeldes ufs Rhathaus zu bescheiden ...

55. Baw Materialien.

56. Vor das gemeine Rindt und Hauer-Schwein.

Sa. Summarum aller Außgaben In Weißenfelser Stadt Rechnung 6738 fl. 4 Gr. 7 Pf. 1 Heller.

Beutitzer Rechnung 1620/21.

Einnahme: 1145 fl. 8 Gr. 6 Pf. Zinß von 19090 fl. 12 Gr. 11 Pf. außenstehenden Kaufgelder, 4 fl. 3 Gr. Erbzinsen vom Baumgarten, Erbzinsen von andern Beutitzer Güttern, Lehngeld.

Langendorffer Rechnung.

Das Closter Langendorf ist nachmals aus bedencklichen und erheblichen uhrsachen Peter Piessingen uff dieses kommende, geliebt's Gott, 1621. Jahr Pachtweise zu genießen, innegelassen worden. Hat angelobet, zugesaget und verbürget 800 fl. zu erlegen ... Und hat Pfingsten 1621 dieser Pacht seine endschaft.

Uchteritzer Rechnung.

A. Von Hiob von Biesenroths Guthe. Einnahmen: Von restirenden Kauffgeldern 30 fl. halben Jahreszinß von 1000 fl. hinterstendigen Kauff Capital, Herrn Christoph Schütze Bürgermeister Michaelis 1620. Ausgabe: 30 fl. Herrn Christoph Schützen von dem Ritterdienst uff ein halb Jahr ... besage des Contracts.

B. Von Albrecht von Braschwitz Gute. Unter den Ausgaben finden sich 20 fl. Herrn Christoph Schützen von dem Ritterpferde dieses Guths in Fütterung und Versorge zur musterung und zue Zuge zu halten ... besage des aufger. Contracts.

Einnahme

an Straffen in den Stadtgerichten zu Weißenfels.

5 fl. 15 Gr. die Frau Barthol Heubelin auf die zuerkannten 4 nßo. strafe, das sie in ihrem Witbenstande ein uneheliches Kind erzeuget. Die andere Helfte soll und will sie auch ehistes zahlen. 5 fl. 15 Gr. Michael Brauer ufm Georgenberge, das Er ausgesprenget als were H. Adam gewesene Magdt zu Leipzig zur staupen gestrichen worden, welches Er nicht auf sie bringen kann. 2 fl. 18 Gr. das Handwergk der Fleischer, das sie zu unterschiedenen mahlen nach Eilf uhren an dem gewöhnlichen Marktage kein Fleisch gehabt. Straffen von den Bürgern, so ihr Vieh zuwieder den Statuten uff die Teiche und Baumgarten getrieben ... 6 fl. 14 Gr. Straffen von denen so uber die Zeit beim Biere gesessen .. 7 fl. 11 Gr. 2 fl. Hans Liebe und Hans Reinhart der Weißgerber haben im Ratskeller bey lichte gespielet. 1 fl. Bastian Ursinus und Georg Renert, so bey Hans Schadtern über die Zeit gesessen und sich gezanket rc.

Ausgaben u. a.

1 fl. 15 Gr. an Wein und Bier in die Gerichtsstube geholet, als der Herr Fenrich-Leutnant und Furirer der Vergleichung ... einer Schlägerei in Richterstuben

beygewohnet. 1 fl. dem schwarzen Jakob zu botenlohn, sich zu erkundigen, wo Michael Knippers Kindt möchte hingeleget worden sein. 15 Gr. den Knechten zur Mahlzeitt die Tische und Bencke hinauszutragen am Jahrgedinge. 1 fl. 3 Gr. den Knechten und Wächtern, das sie die Fastnacht über auf das Nachtgeschrei und Mummerei vleissig achtung geben ...

Soli deo gloria.

So war denn alles bestens geordnet. Der neue Stadtrat stand unter dem besonderen Schutze der kurfürstlichen Beamten.

Wir beschließen das Kapitel mit Nachrichten über Schule und Kirche vor dem dreißigjährigen Kriege.

Für die Knaben waren 1622 vier Lehrer vorhanden: Der Rektor Mag. Ungebauer, Konrektor Joachim Coldiß, der Kantor Martinus Heidenreich und der Baccalaureus Johann Horn, poëta laureatus. Das waren die Lehrer der lateinischen Schule, die in der fünften Klasse mit den Elementen begann. In der ersten lasen die Schüler Cicero, Virgil, Plutarch! Neben diesen war noch ein deutscher Schulmeister da: Hans Arnold. Gehalt empfing er nicht, er hatte von dem geringen Schulgelde, was er bekam oder auch nicht bekam, zu leben. Ihm machten die Winkelschulen das Leben sauer. Er klagt über einen jungen Hans Patschke am Georgenberge, der gesund und stark und sich wohl anders nähren könne, der ihm die Kinder abspenstig mache, und über den alten Soldaten Quente, der die Kinder am Saaltore so verzaubert habe, daß sie seit fünf Jahren alle zu ihm liefen. Endlich hielte auch der Torschreiber im Zeitzer Tore Schule.

Die Schulgesetze der lateinischen Schule enthielten eine Einleitung, in der u. a. stand, daß die Gesetze darum zusammengestellt seien, „damit die Jugend unserer Stadt dieselben immer bei sich tragend", sich immer ihrer Pflichten erinnere. Die leges zerfallen in 7 Abschnitte: 1. Von der Frömmigkeit. 2. Von den guten Sitten in der Kirche. 3. Von den guten Sitten in der Schule. 4. Von den guten Sitten außer der Schule. 5. Über Kleidung und Pflege des Körpers. 6. Von dem Amt der Pädagogen, Kustoden und Inspektoren. 7. Von den Freistunden. — (Stock, Geisel, Entfernung waren die Strafen.)

Ein Einkommensverzeichnis der „Jungfrauen Schulmeisterin" von 1602 lautet so:

1. Anno 1602 bin ich Susanna, Herrn M. Augustini, gewesenen Superintendenten allhier hinterlassene Tochter, eine Wittbe von Herrn Sup. M. Matheo Albino u. E. Ehrb. Rat allhier zur Megdlein Schulmeisterin angenommen worden.

2. Die Wohnung hat die Schulmeisterin ufm Schulhause und kann sich nach Nothurft damit behelfen.

3. Das Inventarium und Verzeichnis was in die Megdlein Schule gehöret und zu befinden, ist auf der Superintendenz.

4. Einkommen: a) An Gelde: 10 Thlr. aus gemeinen Kirchenkasten, 5 Thlr. von E. E. Rath. Wird nach Quartalen ausgezahlet. Ein jedes Schulmegdelein gibt wochentlich 3 Pf. b) An Holz und Stroh: Ein Klaffter Holz und ein Schock lang Stroh gibt jährlich der gemeine Kirchenkasten. c) An einem Gärtlein: Zur Megdlein Schule gehöret auch das Gärtlein auf dem Georgenberge — ist der alte Gottesacker gewesen. Und hat selben an Früchten und Graß die Schulmeisterin zu gebrauchen.

Die Kirchenglocken läuten 1617 die Hundertjahrfeier der Einführung der Reformation ein.

Welche Wandlung hat sich vollzogen von 1517—1617! „Drei Generationen haben für den Glauben gekämpft, viele einzelne sind für ihre Überzeugung in den Tod gegangen — aber diesem Geschlechte leidenschaftlicher Männer folgte eine andere Generation von Epigonen" — sagt Gustav Freytag in der Einleitung zum Jahrhundert des großen Krieges.

Und er hat Recht!

Der Kurfürst hatte zur Feier aufgefordert. Auch in Weißenfels wurde sie würdig begangen.

Aber Finsternis deckt noch immer das Land und Dunkel die Geister: Der krasse Aberglaube herrscht, der natürlichen Dingen übernatürliche Eigenschaften, der menschlichem Tun übermenschliche Kraft zuschreibt. Daran ist freilich nicht die Religion, daran ist nicht das Christentum Schuld — das liegt in der Natur des Menschen selbst.

Hier hat damals der Glaube an Zauberei manches Herz betört.

Die Frau des Peter Ochs vor dem Klingentore wird der Zauberei angeklagt. Sie gibt an: ein Stück vom Haupte des gevierteilten Grumbach zu haben. Es habe, auf „die verruckten und geschwollen Glieder gelegt", unfehlbar gewirkt. Leider sei sie um das Stück gekommen.

Hans Arnold, der Schulmeister, hat seine liebe Not. Er klagt, wie schon gesagt, den alten Quente als Kinderfänger an.

Und der Superintendent Thörmer meldet dem Amtsvogte hier: Hans Stöcker sagt aus: Mutter Walga habe ihm zugeraunt, es wolle ihm ein guter Freund den Drachen weisen.

Sie hat's auch dem Kämmerer Greislau angetan.

Und in Wählitz wird von einer, namens Eva, gleiches berichtet. Der Superintendent schließt seinen Bericht: „Weil nun der ledige Zauberteufel auch dieses Orts mit Gewalt einreißen will, so übergebe ich dieses dem Herrn Amtsvogt zuversichtlich."

Ganz etwas appartes ist 1678 erschienen:

„Weissenfelsisches Wundergesicht" nebst einer Erzehlung vielfältiger Blut-Zeichen zu andern Zeiten ... beschrieben von M. Johannes Prätorius; und in demselben Jahre: „Ein Brod verwandelt sich in

Blut — am Himmel steht ein Schwert und Ruth", Leipzig im Ellrimgerischen Buchladen zu finden Und gedruckt zu Altenburg im Jahre 1678."

In besagter Schrift werden 22 Dinge angeführt, aus denen schon in früheren Jahrzehnten Blut geflossen. Schon am 26. und 27. Juli 1623 war da ein Essen geräuchertes Fleisch, dito ein Wasserbrei blutfarbig geworden, welche Gerichte H. Eliae Greißlaus, Rats-Kämmerers, Hausmutter gekochet und ist das Fleisch auf den Saal verschüttet worden, davon sich ein blutiger Strom so breit als ein Tisch, aber länger aufschießend erhoben und augenscheinlich gesehen worden. Von dem Brei hat man die blutige Farbe mit leinenen Tüchlein abgewischet, ist aber alsbald wiederkommen und auf dem Gemüse gestanden, wie solches von viel hundert geistlichen und weltlichen Personen nicht ohne groß Schrecken ist angesehen, wahrgenommen, abgetruckenet und zum Wahrzeichen in die Fremde überschicket worden. Hernachmals hat die Frau Greislauin abermals einen Brey gekochet in Herr Kämmerers Barthol Schlegels Behausung, welches auch rothe Blutstriemen überkommen! —

Diese paar Bilder mögen genügen. Wir kommen zur Schilderung blutiger Ereignisse ernsterer Art.

Kapitel 23 B.

Weißenfels im dreißigjährigen Kriege.

1. Bis zum Prager Frieden mit Kursachsen (1631—1635).

Im Januar 1619 langte auf Weißenfels Herr Wilh. Slawata, welcher vorigen Jahres nebst dem Grafen Martiniz und dem Kaiserl. Secretario zu Prag von den evangelischen Ständen auf dem Schlosse zum Fenster hinausgeworfen worden. Dieser zog im goldenen Kreuze ein und gab für, daß er etliche Tonnen Goldes zurücklassen müssen, erzählt Vulpius. Aber für die Stadt Weißenfels dauerte die Kriegszeit von 1631—45. Wir können nur diese erste Periode bis zum Prager Frieden 1635 zu näherer Darstellung bringen.

Auch Söhne von Stadt und Land Weißenfels waren zum Feldzuge nach Böhmen geworben.

Der Kurfürst hatte 1618 das Verbot des Eintritts seiner Untertanen in ein fremdes Heer erneuern und an stete Waffenbereitschaft erinnern lassen. Er befahl den Städten in der Stille zu rüsten, die Waffen zu prüfen, die Munition zu beschaffen. In Naumburg hob er selbst 3000 Mann aus und ließ die Steuern zum Kriegswesen erhöhen. Auch des Rats zu Weißenfels Ritterpferde (vom Besitze des Uichteritzer Rittergutes herrührend) sind auf Abfordern Seiner Kurfürstlichen Gnaden zum Zuzuge ins Feldlager „ufm Eißfelde" in der Woche Jubilate 1622 abgezogen. Die Küraſſe waren neu aufpoliert. Der reisige Knecht Herbst war für 85 fl. neu montiert worden.

Die zum fernen Kriegsschauplatze ziehenden Truppen machen den Bürgern das Leben sauer. Schon damals, während der Durchzüge der Truppen, bittet der Rat in einer Supplikation um Abwendung der hochbeschwerlichen Einquartierung.

Auf dem Markt ist eine „Justizie" erbaut und aufgericht Montags zur Nacht den 18. August 1622, um Ordnung zu verbürgen. Bei nächtlichen Durchzügen leuchten Pechkränze in Pechtellern und Feuerpfannen. Wie anders sollten die Feuerzeichen leuchten der Schlacht bei Lützen!

Frankreich hatte die Brücke gebaut, auf der Gustav Adolf nach Deutschland kam. Endlich hatten sich die protestantischen Fürsten um ihn gesammelt. Den immer noch unschlüssigen Kurfürsten zwangen Tillys Scharen im kursächsischen Lande zur Bundesgenossenschaft mit Gustav Adolf. Am 10. August 1631 war eine kurfürstliche Ordre an den hiesigen Rat ergangen, die am 16. August durch den Amtsvogt zur Mitteilung kam: Man solle die Stadt in achtnehmen und wohl verschlossen halten. — „Da solche Jemandem ohne Befehl übergeben werden solle, Ihro Kurf. Durchl. ein solch exempel zu statuiren bedacht, daß sich andere daran zu spiegeln Ursach' haben sollten."

Wirkungsvoll war die kurfürstliche Ordre an den Rat nicht, denn 13 Tage später war auch Weißenfels in der Gewalt der Tillyschen Soldaten.

Nach dem Falle der Stadt Merseburg war der Adel, das Landvolk mit Weib und Kind „auch bestem Vorrat, so viel sie in eyl fortbringen können anhero in die Stadt salviret. Etzliche Tage hernach, den 27. August, jüngst verwichen, früh um 8 Uhr ist eine starke Truppe Reisige angerückt". Der Rat habe das Joch an der Saalbrücke herabwerfen und den Schlag diesseits (des Wassers) verschließen lassen. „Als sie nun herbey gerücket, den Schlagk mit pulver ufgesprenget und gesehen, daß sie weiter nicht kommen konnten" — da haben sie die nahe Amtsbrückenmühle und Feldmeisterei ausgeplündert, auch das Mühlwerk zerschlagen. Bald darauf ist Oberstleutnant von Kratzsch vor dem Klingentore neben einem Diener zu Roß angekommen und hat gebeten, weil er mit dem H. Hauptmann allhier und andern anwesenden vom Adel etzlicher notwendiger Sachen wegen zu communiciren, ihn zu intromittiren. Anfänglich habe sich der Hauptmann geweigert, „jedoch denselben auf instendiges anhalten endlich herein zu lassen befohlen! und durch etliche vom Adel zu sich bescheiden lassen .... Was nun bemelter von Kratzsch angebracht", können wir, weil niemand Unsers mittels dazu erfordert, nicht berichten — schreibt der Magistratsbeamte in dem Konzepte eines Berichts über den Verlauf der Dinge in jenen Tagen. „Dieses aber hat verlauten wollen, es sollte bemelter von Kratzsch sich gegen die anwesenden vom Adel erboten haben, daferne zweie vom Adel mit ihm zu reiten gemeinet, ihnen eine Kaiserl. salvam guardiam (Schutzbrief) beim General Tilly auszuwirken. „Dazu sich aber keiner vermögen lassen wollen ..."

Daß aber das Ereignis der folgenden Nacht damit im Zusammenhange steht, ist wohl klar. Es ist die Nacht vom 27./28. August, vom Sonnabend zum Sonntag. „Folgende Nacht haben etzliche vom Adel neben dem H. Hauptmann sich in geheim uf die Reise fertig gemacht, auch zu mitternacht umb zwölf Uhr, als zuvor ein Büchsenschuß auf dem Schloße geschehen, alsobald zugleich mit vielen Kutschen und beladenen Wagen für das Niklasthor gerücket." Es habe aber die hiesige Bürgerschaft, „so damals in voller Wache gestanden, bey nächtlicher Weile die Thore zu öffnen und die ganze Stadt hinüber in Gefahr zu setzen, sich geweigert", habe auch „die andern von Adel ermahnet, weil sie ihre Zuflucht in die Stadt genommen, bei dem Hauptmann und der Bürgerschaft auszuhalten und bei einem feindlichen Anfall mit beipflichtender Hilfe und Assistenz zu defendiren oder — falls sie bei ihrem Vorsatz blieben — „sich frühe gegen morgen Zeit, da die Thore sicher geöffnet werden konnten, hinaus zu begeben, alß seindt die von Adel frühe gegen drei Uhr in ihre Quartiere wieder eingekehrt . . . Sie mußten es den Bürgern gutten Danck, daß dieselben bey der Nacht Sie nicht hinaußgelassen, weil an unterschiedlichen Orten kaiserliche Reiter truppenweise ihnen aufgewartet hätten".

„Folgenden Montages, so war der 29. Augusti, haben die Kayserl. fruhe umb fünf Uhr die Stadt am Klingenthor alhier wider angefallen (und) ungeachtet dasselbe wohl verwahrt gewesen, jedoch die pforte daran mit gewalt aufgehauen und erbrochen, endlich aber von der Wache wieder zurückgetrieben worden. Worauf dann die ganze Bürgerschaft mit Gewehr sich versamblet, und gegen ferner besorgenden gewaltsamen Einfall sich defendiren." Allenthalben wurden die Tore stark besetzt und mit Wagen u. a. verwahrt. Alles war in Bereitschaft gesetzt, um einem neuen Überfalle zu begegnen. Und der sollte nur zu bald erfolgen: „Umb 9 Uhr vormittage sind vier starke Abteilungen Kaiserl. Reiter von Burgwerben her marschirt, unter der Herrenmühle durch die Saale gesetzet." Sie teilen sich in zwei Teile: Der eine reitet auf das Zeitzer-, der andere auf das Klingentor zu. Inzwischen sei „durch gemeine rede erschollen als wenn die Stadt Naumburg selbiges tages frühe sich ergeben müssen und allbereit etzlich Kays. Volk uf selbigem Wege anhero in starkem Anzuge sey. Dahero hiesiger H. Amtmann von Wolfersdorf neben denen auf dem schloße alhier . . . von Adel für gut angesehen, weil man sich immer größerer macht und stärkeren Zugks gentzlich zu besorgen, denselben aber keinesweges gewachsen sei, noch sich eylendes succurs getrösten könnte, um gänzliche Devastation abzuwenden", keinen gewaltsamen Widerstand zu tun, sondern gegen Lieferung eines gewissen Geldes zu akkordieren. Dazu seien etliche „Unsers Mittels", ehe der Feind vollends an die Stadt rückte und sich ihrer gewaltsam bemächtigte, entgegengezogen. — — —

„Aber die Boten wurden alsobald „gefänglichen angenommen, mit Stricken gebunden, ihrer Barschaft beraubt und übel geschlagen". Jetzt wurden die Tore zertrümmert, die Kirchen, das Schloß, das Amts-Rathaus, die Bürgerhäuser erbrochen, geplündert, Kisten und Kasten zerschlagen, wertvolles gesucht, wertloses zertreten, der Ertrag des Raubzuges auf großen Wagen „nicht ohne sonderbares Weheklagen" mit denen über 400 allhier vorhandenen Pferden abgeführt. Alles wanderte mit fort: Gold, Geschmeide, Ringe, eingebrachte Steuern und deponierte Gelder. Es muß eine reiche Ernte gewesen sein, welche die Tillyschen gehalten.

Im Magdeburger Staatsarchiv heißt es in einem Schriftstücke, daß „vor der Leipziger Schlacht der Kaiserl. und ligistische Feind das ganze Amt Weißenfels mit allen adligen Häusern darin, sowohl die Stadt und Schloß Weißenfels, darauf sich sehr viel vornehme aus den Stifft Merseburgk, Naumburgk und Zeitz, wie auch die eingesessenen von Adell benebenst denen Beamten als Herrn Gottfried von Wolfersdorff, Amtshauptmann, der Ambtsvogt J. E. Fälckner, Geleitsmann Joh. Pehrisch und Ambtsschreiber Christoph Farber mit allen ihren pretiosis und Mobilien, Weib und Kindern salviret gehabt, außgeplündert und über alle maßen sehr übel, ja unmenschlich und barbarisch grassiret".

Die Stadt erhält jetzt kaiserliche Besatzung: Ein kaiserlicher Kommissar, ein Proviantmeister und 150 Musketiere waren her gelegt. Sie ließen schleunigst das auf dem Schlosse vorhandene Getreide mahlen und den auf dem Rathause liegenden Hafer wegschaffen. Die „disarmirten", entwaffneten Bürger hatten jetzt mit kaiserlichen Soldaten die Wachen zu halten. — Am Donnerstag, den 1. September, wurden nach demselben Berichts-Konzepte „etliche von Adel, so sich in die Länge allhier zu salvieren nicht getrauet, mit etzlichen Reisigen unter eines Rittmeisters Kommando nach Gera begleitet".

Natürlich hatten auch die umliegenden Ortschaften entsetzlich gelitten. Besonders genannt werden: Markwerben und Uichteritz, wo noch die Kirchen geplündert und geschändet werden.

Am 2. September passieren Holckes Truppen die Stadt. Tilly war hier in jener Zeit nicht. Er nahm am 9. September ohne Mühe Leipzig. Aber die Schlacht bei Breitenfeld am 7. September rettete den Protestantismus und Deutschlands Freiheit. Am 10. September stellte der von Gustav Adolf besiegte Tilly der geplünderten Stadt Weißenfels einen Schutzbrief, eine salva guardia aus.

Tillys Salva Guardia für die Stadt Weißenfels.

Wir Johann Graf von Theoclaes von Tilly, Freiherr von Marbeyß, Herr zu Balastre Montigni undt Bracteneck . . . Der Röm. Keyß. auch zu Hungarn undt Böhmin Königlichen Magestat undt der Churfürstlichen Durchlauchtigkeit zue Beyern General Leutenant, Rath und Cämmerer, thun hiermit undt in crafft dieses kundt undt zu wissen, daß wir auf gewissen und erheblichen Ursachen die Stadt Weissenfelß mit allen derselben Einwohnern und allen andern adpertinentien, beweg: undt unbeweglicher, wie daß nahmen hatt, inn unsere sonderbare protection, schutz undt schirm auf- undt angenommen undt zu solchem ende hierauff:

Unsere special Salvam Guardiam

ertheilet haben. Befehlen darauff allen undt jeden beyden unß Untergebenen undt anvertrauten Keyserlichen und catholischen Bunds-Armaden, hohen undt nidern

Befehlshabern wie auch insgemein allen Soldaten zu Roß undt zu Fuß mit ernst bey unaußerbleiblicher straffe, diese Unsere salvam guardiam inn allwege zu respectiren, ermelte Stadt Weissenfelß mit allen derselben adpertinentien an Abnehmung der Pferde undt des Viehes, niederreißung der Häuser undt andern Kriegsbeschwerden bey Hencken undt hoher Leibesstrafe nicht zu vorgreifen, auch sonsten für Ranzionen, devastationen, rauben und Brandschatzung, sodann für sambtlichen feindtlichen einfällen undt angreiffen, plünderungen undt beschwernussen, unmolestiret zu lassen, darnach sich ein jeder zu richten und für schaden zu hüten wißen wirdt.

Geben im Haubtquartier Halla den zehenden Monatstagk Septembris Im Jahr (1631) Sechßzehenhundert Ein Undtdreißigsten.

Tilly. (L. S.)

Das Frühjahr 1632 bringt ihm im Süden, am Lech, den Tod. Wallenstein tritt wieder auf den Plan!

Nach dem Siege von Breitenfeld war Gustav Adolf am 17. September von Halle aus über Querfurt—Erfurt nach Franken und Schwaben gezogen. Indes war der Kurfürst und sein Heer in Böhmen und muß dem wieder auf den Plan getretenen Wallenstein weichen, der sich im September mit den in Sachsen angesammelten Scharen Holckes, Pappenheims und Gallas vereinigt.

Eine Spur findet sich in der Stadtjahrrechnung von Wallenstein in Weißenfels: „Da sind eingesetzt 13 fl. 2 Gr. 9 Pf. zu des Obersten Wallensteiners bei sich habenden Officiers und Gesinde insgesamt 13 Personen und etzlichen Pferden Auslösung — welcher churf. S. Patent gehabt und von E. E. Rath haben aufgewendet werden müssen den 2. Februar 1622." — Das war ein halbes Jahr nach der Schlacht bei Breitenfeld und zwei Monate vor der Wiederübernahme des Kommandos und zehn Monate vor der Schlacht bei Lützen.

Von Eger aus hatte der Kurfürst von Sachsen die Aushebung des fünften Mannes befohlen: „bey höchster leibes Straff sich mit ihren Gewehren, Kraut und Loth gefaßt und auf den Weg zu machen."

Und nun Holckes Scharen!

„Am 17. Oktober hatte sich der Feldmarschall Heinrich Holcke erboten, dem Stadtrat zu Weißenfels eine Schutzwache (sauvegarde) auszuwirken, um die Stadt vor Mißhandlungen und Plünderungen zu schützen. Die vom Rate in dieser Sache nach Borna Gesandten stießen eine Stunde vor Pegau auf 36 Kaiserliche Reuter, die mit einem Mordgeschrei über sie herfielen, ihnen die Pistolen vor die Köpfe setzten und sie beraubten, so daß sie unverrichteter Sache wieder nach Weißenfels zurückkehren mußten. Noch an dem nemlichen Tage traf ein kaiserlicher Rittmeister mit einer Compagnie Reuter in Begleitung eines Stiftsrats und Bürgermeisters von Merseburg hier ein, welche Tages darauf zu Holcken reiseten, um von ihnen eine sauvegarde für Merseburg zu erhalten. Mit diesen machten sich die hiesigen Deputierten wieder auf den Weg und waren so glücklich, von Holcke eine schriftliche sauvegarde für die Stadt zu bekommen, die Wallenstein unterm

30. Oktober hatte ausfertigen lassen. Holcke gab der Stadt vier Reuter zur sauvegarde und seinen Regimentsquartiermeister mit, welcher bekannt machte, daß die Untertanen im Amte — wenn sie die Plünderung vermeiden und eine sauvegarde haben wollten, 8000 Thaler zu erlegen hatten."

In der Rats-Rechnung der Stadt Weißenfels vom Jahre 1631/32 finden sich Holckes Spuren auch. Da heißt es unter dem Titel Einnahmen: „500 Thaler So man aus hochdringender Noth zu Wiederzahlung der 400 Thaler nach gehaltener Plünderung wegen hoher Bedräuung zur Verhütung ferners einfals Und genzlicher Abbrennung und Verhörung dieser Stadt wehrend der Zeit öber weill das Keyserl. Kriegsvolck alhier in Cuarnison gelegen bei Herrn Cämmerer Jakob Habermalzen uffgenommen, den Obristen Hulken und seinen Offizieren zue Ranzion geben und entrichten müssen."

Wirklich waren diese 500 Taler von sechs Leuten aufgebracht und dem Rate geliehen, der sie in der Rechnung als vereinnahmt bezeichnet. Über die Stimmung gibt Aufschluß ein Posten Strafe von 10 Taler: „Hans Schreyer wegen seines Bruder Andres, welcher auf Hauptmann Riezwizen und Heinrich Wilzschen injurien ausgestoßen, auch auf Soldaten gestochen und gehauen."

Unter den Ausgaben stehen wieder andere 300 Taler, die dem „Obristen Holcken im Geleitshofe alhier ausgezahlet".

Der Name Holcke bedeutet eine Wolke von Drangsalen: „Dieses Lumpengesindel, welches feig, verräterisch und grausam nur da Mut zeigte, wenn es darauf ankam, dem friedlichen Bürger und fleißigen Landmann Drangsal zu bereiten, mißhandelte alle, welche in seine Hände fielen, aufs Unmenschlichste. Unter dem Ausrufe: „Buer gieb Geld!" wurde der Unglückliche, der sich nicht durch die Flucht hatte retten können, durch allerhand teuflische Martern genötigt, auch das letzte, was er noch besaß, den Händen dieser Verruchten zu übergeben. Wehe aber dem Unglücklichen, der nichts mehr zu geben hatte!" Wie heißts doch in Wallensteins Lager?

„Wo wir durchgekommen sind
Erzählen Kinder und Kindeskind
Nach hundert und aberhundert Jahren
Von dem Holck noch und seinen Scharen."

Und der erste Jäger hat Recht!

Und noch ein unheimlicher Gast klopfte an die Türen: die Pest. Sie rafft auch Holcken dahin und den von ihm drangsalierten Bürger und Bauer.

Die Mißhandlungen Kursachsens riefen Gustav Adolf aus dem Süden Deutschlands herbei. Von Erfurt war er über Buttstedt nach Punschrau gezogen. Am 31. Oktober überschritt er die Saale — die Kavallerie ging durch die Furth bei Almrich, die Infanterie über die Kösener Brücke.

In mehrtägiger Arbeit vom 31. Oktober an umschließen seine Truppen die Stadt Naumburg mit einem Zirkel von Verschanzungen und Befestigungen, werden Notbrücken über die nahe Saale gelegt und die feste Unstrutbrücke bei Freyburg abgebrochen.

Nach Beendigung dieser Arbeiten empfing er den Besuch seiner geliebten Frau, der Königin Maria Eleonore. — Die Schillersche Darstellung, wonach sie den König nach dem Abschiede in Erfurt erst in Weißenfels als Leiche wiedergesehen hätte, trifft also nicht zu!

Sehnsüchtig hatte Gustav Adolf die Sachsen erwartet. Vergebens! Jetzt aber half kein Säumen mehr! Die Kaiserlichen waren von Weißenfels aufgebrochen. Wallenstein hatte hier im „Schützen", Pappenheim im Geleitshause gewohnt, Colloredo und andere Generäle waren in Bürgerhäusern untergebracht. „Ende Oktober kam Wallenstein auf Weißenfels, um dem Könige von Schweden zu widerstehen. Weil aber der König mit der ganzen Armee anrückte, auch den 5. November selbst einen Ritt herein wagte, so wollte der Wallensteiner den König nicht sehen, sondern ließ eiligst plündern und Feuer anlegen."

Wegen des schwierigen Geländes hatte Wallenstein seine Pläne aufgeben müssen. Kaum hatte er sich mit seiner Generalität am 3. November aus Weißenfels zurückgezogen, als schwedische Reiter am Saaltor erscheinen. Da man ihnen den Eingang wehrte, sprengten sie das Tor und machten die kaiserliche Wache nieder. Der Schloßkommandant Hauptmann de Labonde vertrieb sie. „Er ließ im Schloßzwinger ein Feuer anzünden, um durch Sprengung der Burg den Feind zu erschrecken."

Im Magdeburger Staatsarchiv heißt es in einem Schriftstück: „Inmittels hat auf Befehl des Kayserl. Feldmarschalchen Gottfried Heinrichen Grafens zu Pappenheimb die Kaiserl. Besatzung auffn Schloß und derselben Commandant Johann de Labonde am 4. Novembris, zum Zeichen, daß die Königl. und Churfürstl. Armee an der Hand, das stattliche vor 30 Jahren zuvor gantz neu erbaute und hernach sehr wohl und bequem zugerichtete Ambthauß mit allen seinen stattlichen Eingebäuden, allen über 150 Jahre alten und neuen, in zweien wohlverwahrten Cammern und in der Amtsstuben vorhandenen Amtsakten, Schriften, Büchern ... des Amtsvogts gantzen häuslichen Vorrat viel hundert Taler wert ins Feuer gesetzet und totaliter zu Aschen gemachet ..."

Die Kaiserlichen haben übel gehaust, nicht als Beschützer, sondern als Brandschatzer.

Was einzelne Bürger in den Schloßkeller gerettet hatten, überließ der Schloßkommandant, als wäre er in Feindes Land, den Soldaten zur Beute.

Traurig ists den Ortschaften gegangen rechts von der Saale: Langendorf, Greißlau, Wiedebach, Selau, Borau, Cleben, Leißling, Plotha, Plennschütz.

Am 5. November war Weißenfels in den Händen der Schweden. Als de Labonde aus dem kaiserlichen Quartier die Weisung erhielt, auf die Armee zu stoßen, nahm er den Bürgermeister Vogkel und seinen Amtsgenossen als Geiseln mit für eine Forderung von 5000 fl. Vorher aber hatte er das Torwärterhaus anstecken und in seinen Zimmern Lunten mit Pech und Schwefel zurückgelassen. So erzählen Heidenreich: „Opfer der weltbürgerlichen Gesinnung", Jahn, Cajet. Aug.: „Beschreibung eines königlichen Denkmals in dem Amthause zu Weißenfels". Und Otto bestätigt die Nachrichten, gibt an, „daß weiter nichts als ein altes steinernes Gebäude, das „weiße Haus", und die festen Türme stehen geblieben, darein man gleichwohl immer noch, (je) nachdem der oder jener Part obsiegte zu Behauptung des Salenpasses Besatzung einlegte".

Und nun gleich hinaus aufs Lützener Feld! Am Tage vor der Entscheidung wohnte im Posthause zu Rippach der Kroatengeneral Isolani.

Der Sieg wird um den denkbar teuersten Preis erkauft: um des Schwedenkönigs, um Gustav Adolfs Leben! Der königliche Leichnam hat die Schlacht gewonnen.

Daß des Königs Gemahlin vom Weißenfelser Schlosse aus nach dem Schlachtfeld von Lützen ausgeschaut — sagt man. Nach Vulpius kam sie 1632 in der Leipziger Neujahrsmesse auf dem Wege nach Erfurt mit der Prinzessin Christine und der Herzogin von Braunschweig Anna Sophia, ihrer Schwester und großem Comitat von 264 Personen, 28 Wagen, 136 Pferden durch Weißenfels.

Auf dem Schlosse zu Weißenfels läßt Bernhard von Weimar, der nach des Königs Fall die racheschnaubenden Schweden zum Siege geführt, eine Besatzung zurück.

Um der bisherigen großen Opfer willen hatte der schwedische Reichsrat die Fortsetzung des Krieges beschlossen und die Leitung dem Kanzler Axel Oxenstierna übertragen. Waren seine politischen Maßnahmen auch im Geiste des Königs gehalten, so vermochte e r die deutschen Protestanten doch nicht zu fesseln. Er vereinte nur die süddeutschen Evangelischen von Franken, Schwaben und vom Rhein. Den Oberbefehl übertrug er den Generalen Bernhard von Weimar und Gustav Graf von Horn. Damit schwindet auch äußerlich die Einheit der protestantischen Kriegsführung. Zum Glück für die Protestanten trat der Zwiespalt zwischen dem alten Ligahaupte Maximilian von Bayern und Wallenstein nun offen hervor!

Im Winter 1633 war Wallenstein diplomatisch tätig gewesen. Merkwürdig sind die Verhandlungen im „Weißen Rosse" zu Eckartsberga im September 1633.

Da erscheint der Gesandte des schwedischen Generalissimus, der Freiherr Joh. Mauretius, am 16. September und erzählt: Wallenstein sei fest entschlossen, den Kaiser zu verlassen, weil dieser ihm Versprochenes bezüglich des alleinigen Oberbefehls nicht gehalten.

Wallenstein sei darum bereit, den Lutheranern „Assistenz zu leisten" — um so mehr, als ihn die „Kurfürsten von Brandenburg und Sachsen zum König von Böhmen wollten". — Wallenstein sei bereit, den lutherischen Ständen sich durch Eid zu verpflichten zum Schutze der Böhmen, zum Schutze der lutherischen Religion. Er wolle den Kurfürsten von Sachsen und Brandenburg seine Völker ganz und gar übergeben zum Einfall in Österreich. — Die Schweden sollen in der Zeit Bayern einnehmen. Der Kurfürst von Sachsen und der General Banner seien vor zwei Tagen nach Görlitz gereist, um die Sache eidlich zu versichern. Das Volk und Soldaten soll in Kürze Deutschland verlassen — es würde also zwischen dem deutschen, schwedischen und Wallensteinischen Heere bald Friede gemacht werden. —

Fünf Tage später, am 21. September 1633, schrieb man dem Rate zu Weißenfels aus Erfurt: „und wird des Herzogk von Friedlands mit den Evangelischen zusammen vereinen, vor ganz gewis gehalten und soll gedachten von Friedland den Generall Gallas . . . auch auf seine Seite zu dieser Conjunction disponiret haben."

Und am 23. September schreibt ein Verwandter von Kapellmeister Schütz: „Herrn Heinrich Schützen und Joh. Balthasar Fälcknern, Churf. Sächs. Cappellmeister und Amtsvogt anjetzo zu Wyssenfels: daß die Conjunction der bewußten Armeen allbereit beschehen und der Herzog von Friedland König in Böhmen mit einwilligung derselben Stände designiret sein soll . . ."

Ganz plausibel erscheint ihm das alles noch nicht, denn er bemerkt: „daß ein fucus dahinter stecke, besorge man freilich".

Am 25. Februar 1634 wird Wallenstein zu Eger ermordet. „Mit ihm schwand der letzte dahin, von dem ein Ende des Kampfes abzusehen war."

Bedrückten auch die kaiserlichen Reiter Colloredos noch das Land, die kursächsische Besatzung hier die Stadt — der Kriegsschauplatz selbst lag doch einmal ferne. Ende 1634 bis Juni 1635 hatte der Kurfürst sein Hauptquartier nach Naumburg verlegt. Am Abend vor Weihnachten 1634 befand er sich in Freyburg. Er war entschlossen, mit dem Kaiser Frieden zu machen: Kursachsen zur Schmach — den Frieden von Prag. (30. Mai 1635.)

Aus dieser Zeit gab ein Bild im Kleinen aus Notizen des Kirchenbuches der Pastor von Uichteritz, spätere Superintendent und Generalsuperintendent Nebe: „Zur Geschichte eines Dörfleins in der Zeit des 30jährigen Krieges". —

2. Schwedische Rache.

Den Abfall des sächsischen Kurfürsten von der protestantischen Sache, seine Verbindung mit der kaiserlichen Armee Hatzfelds quittieren die Schweden nun furchtbar.

Am Ende aber war es für die bedrückten Bewohner von Stadt und Land ganz gleich, ob Kaiserliche oder Schweden, ob Kursachsen oder (seit dem Abkommen vom 1. November 1634) den Protestanten verbündete Franzosen erscheinen.

Wir geben die Ereignisse vom ersten Viertel des Jahres 1636 nach Aufzeichnungen im Rats-Archiv und nach Vulpius' Manuskript wieder:

Am 22. Januar kommen 23 Kompagnien Dragoner unter den Obersten Ramsdorff, Gallas, Wintzsch, um die Schweden zu beobachten. Gallas' Reiter waren besonders gefürchtet und der gräßlichsten Schandtaten fähig! Was Gallas Kroaten alles hier taten — das schämt sich die Feder zu schreiben! Doch weiter im Ratstexte: „An diesem Tage beschließt der Rat, daß die Bürger die Tore mit 6 Mann Wache besetzen, daß sie die vom Lande herein Geflüchteten anmelden, daß sie die etwa als Geiseln fortgeschleppten Ratspersonen und Gassenmeister auslösen wollen... Falls die Schweden kämen, wollten sie die Tore halten, sonsten aber nichts feindseliges vornehmen."

Am 25. Januar abends 5 Uhr erschienen 2 schwedische Rittmeister mit 200 Pferden von Merseburg vor dem Klingentore, bemächtigen sich des Pförtchens und schieben es auf. Zur Verhütung der Plünderung und Brandschatzung werden sie eingelassen. Sie waren von Holckens Regiment und brachten einen Brief Hans von Haderschlafs aus Merseburg, der gegen Erlegung von 2000 Talern der Stadt Weißenfels Sicherheit zusagt. Am andern Morgen früh um 9 Uhr werde er selbst da sein... Der Rat stellt einen Schuldschein auf 500 Taler aus „baten sich dabey aus eine schriftliche und erforderlichen falles eine lebendige salvam guardiam". Die beiden Rittmeister fragten nicht nach der Obligation.. Es ist aber bei dieser Kontribution ausgegeben worden: Ranzion dem Obristen Holcken 500 Taler — denen beiden Rittmeistern 200 Taler — denselben „vor ihre Officirs" 100 Taler — was auf ihre Reuter an Speise, Trank und Futter verwendet worden 600 Taler — 43 geplünderte Pferde 645 Taler = in Sa. 3045 Taler. Es wollte aber der... Haderschlaf, welcher sich richtig eingestellet hatte, mit dieser Ranzion noch nicht zufrieden sein, obschon ihm noch... auf die 650 Taler in Beutel fiel... So mußten doch noch Bürger mit hinüber nach Merseburg und um eine salva guardia Ansuchung tun. Als die Schweden zum Saaltore hinaus und über die Brücke waren, so warfen sie ein Brückenjoch ab, belegten das andere mit Stroh und Pech, zündeten dies an und verhinderten das Löschen durch die Bürgerschaft. Drei Joch waren abgebrannt bis aufs Wasser, drei nach der Meisterei zu hatte der Brückenmüller mit seinen Leuten doch noch erhalten. Der Rat zu Zeitz hatte von den Vorgängen in Weißenfels den Kurfürsten benachrichtigt. Der schrieb: sie sollten das verlangte Geld nicht geben, er werde kommen... „allein der Rappen war schon aus dem Stalle..."

Am 28. Januar früh gegen neun Uhr kamen zwanzig schwedische Reiter, drohten die Brückenmühle in Brand zu setzen, „wie denn schon im Vorhause Feuer vorhanden war". Diese hungrigen Raben zu sättigen, wurden dem Brückenmüller Peter Fiedlern auf einem Kahne 10 Taler zugeschickt... Der Kurfürst war aus Großengugel bis Halle gekommen...

Am 31. Januar kehrten die von den Schweden mitgenommenen Weißenfelser Bürger nach ausgestandener Gefahr nach Weißenfels zurück, nachdem sie zuvor haben geloben müssen: 600 Taler auf Ostern zu bezahlen. „Haben auch eine Schrift salve guardia... im Namen des Generals Banner mitgebracht."

1. Februar nachmittage um zwei Uhr sind zwei schwedische Rittmeister mit 60 Pferden (Reitern) gekommen, haben das Niklaustor aufgehauen und sind zum

Zeitzischen Tore hinaus. Dahin hat der Rat Verpflegung schaffen müssen. Als der Trupp von der Rekognitionstour am Abend zurückkam, war Speise und Trank, Futter und Mahlzeit vor das Niklastor zu liefern.

Den 2. Februar zu Mittage um 12 Uhr, nachdem die beyden Rittmeister zwei paar Stiefeln und 50 Thaler zur Verehrung bekommen, sind sie wieder aufgebrochen ... Folgenden Tages sind sie abermals allhier angelanget und die Offiziers sogleich zum Tore hineingelassen worden. Der Obristlieutenant verlangte, daß seine Reiter auch herein sollten verleget werden, dafür zwar der Rath höchlich gebeten und einen guten recompens versprochen hat. Es hat aber nichts wollen helfen, die Bürger haben diese Raubvögel müssen einnehmen, vielen Plack von ihnen erdulden und viel Geld hergeben ... Von dieser üblen Aufführung erstattete der Rath Bericht an den General-Adjut. Haberschlaf und bat, daß man hinführo den Rat mit Einquartierung verschonen wolle, sie wollten gerne Fütterung und Mahlzeit vor das Tor liefern.

Den 4. Februar früh um neun Uhr ist wieder ein Rittmeister mit ungefähr 60 Pferden angekommen und vor das Niklastor logiret worden, da man ihnen Futter und Essen hinausgeschaffet hat ... Ein Korporal, so Schildwache gestanden, war zu etlichen Vorstädtern, die auf dem Klingenberge gewesen, gekommen, hat sich gestellet als ob er ein Sachse wäre. Hanß Fischer und Adam Rein plaudern mit Unverstand heraus: Wenn die Sachsen gestern gekommen wären, so hätten sie die Schweden alle totschlagen können, die Bürger würden getrost dazu geholfen haben .. Haben ihm auch verschiedene hohle Wege gezeigt, wie man zu denen Schweden, die vorm Niklastore logirten, kommen könnte ... Solche Reden hat der Korporal dem Rathe angezeiget und vermeldet, er werde es dem Herrn General Bannier berichten und würde die Stadt nebst der Vorstadt in Rauch aufgehen und übel mit ihnen gehauset werden. Darauf sich der Rath entschuldiget, daß die Vorstädter nicht in ihre Jurisdiktion gehörten, mit Bitte: Man wolle es der Stadt nicht entgelten lassen. Denen Offiziers sind 20 Taler zur Verehrung gegeben worden, worauf sie in der Nacht um 12 Uhr wieder aufgebrochen sind und Niemand kein Leid getan haben.

Den 5. Februar kommen die Sachsen. Der Sächsische Rittmeister Stockhausen ist darauf auffs Rathaus kommen und angedeutet, daß man die Stadtthore wohl bewahren und keinen Schweden einlassen solle. Zugleich hat der kurfürstliche General-Major über die Kavallerie, Moritz Adolph von Dehne, ein Schreiben überschickt und gemeldet, daß er morgen mit zwölf Regimentern zu Pferde und zwei Regimentern Dragonern zu Weißenfels ankommen werde, da ihm dann 30000 Pfund Brot und soviel Bier als nur möglich sollte geliefert werden; hat auch zu wissen verlanget, ob der schwedische Feldmarschall Bannier mit seinen Regimentern noch bey Naumburg stehe oder wo er sonst sey? Worauf ihm der Rath geantwortet hat: Diesen Tag sind noch zu zweien mahlen Schweden vorm Niklasthor angekommen, haben sich aber sogleich wieder fortgemacht.

6. Februar: Ein früh acht Uhr mit 80 Pferden erschienener schwedischer Rittmeister ritt durch die Stadt und nachdem er über eine Stunde dagewesen, in dem er Sächs. Parteien angetroffen, ist er wieder nach Naumburg geritten. — Den schwedischen Rittmeister löst ein sächsischer ab „nahmens Stein, hielt mit 120 Pferden draußen auf dem Kugelberge, welchem Futter und Essen hinausgeschicket wurde“. Abends sechs Uhr kamen (wieder) 150 schwedische Reiter, zogen bis nach Rippach ... und haben niemand kein Leid getan.

7. Februar. Früh um acht Uhr war schon wieder ein schwedischer Obrist-Lieutenant mit 200 Pferden in der Stadt, der rekognoszieren ritte, der aber bald wieder nach Naumburg gezogen. Des Nachts um 10 Uhr kam ein Sächsischer Oberst-Lieutenant Wilhelm von Einhausen mit 300 Pferden auf den Markt gerücket und begehrte einen Führer nach Naumburg. Als er „erfahren, daß Bannier mit seinem

Volk von Naumburg aufgebrochen und sich nach Merseburg gewendet", so kam er wieder zurück, „hatte seine Pferde auf dem Markte halten lassen und sich mit denen Offizieren in die Gasthöfe einquartieret": Da hat abermals die Bürgerschaft Futter und Essen besorgen und viel Holz zu Wachtfeuern schaffen müssen. Des Morgens sind sie alle wieder nach Lützen gangen. Bald sind wieder Schwedische Parthenen gekommen, auf welche 124 Heimbzen Hafer und 180 Kannen Wein verwendet worden. Der General-Major von Dehne schickte ein Schreiben d. d. 8. Februar an den Rat, verlangte 3000 Pfund Brot und zwei Faß Bier dem Obristen Rochau folgen zu lassen und Befehl den Herrn Superintendenten und alle Geistlichen von ihm zu grüßen. Es wurden alsofort 700 Pfund Brot und 1 Faß Bier geliefert. Den folgenden Tag wurden wieder 400 Pfund geliefert. Über der Saale hauseten des Banniers seine Leute sehr übel in allen Dörfern, plünderten und verschoneten auch die Kirchen nicht. Die Sachsen machten es nicht viel besser. In Zörbitz plünderten sie den Edelhof, in Döllz gingen sie mit dem Weibesvolck sehr übel um.

Am 9. Februar kam der sächß. Rittmeister von Stockhausen mit 100 Pferden hier an und nachmittags kam der Generalmajor von Dehne mit seinen Regimentern (vergl. zum 5. Februar). In die Stadt kamen zu liegen alt und jung, Burgsdorffs Regimenter, deßgleichen Oberstlieutnant Einhausen mit Brandenburger Völckern, beyde Regiments-Stäbe und zwei Leib-Compagnien zu Roß. Das Elend war groß, es fehlte an Lebensmitteln, Bier, Holtz und Saltz war fast nichts mehr zu bekommen und vom Lande wurde auch nichts herein geschaffet ... Die Schweden ließen sich über der Saale wieder sehen, auf der Brücke hatten sie eine Schildwache hingestellet und die Meisterei war ihr Wachhauß.

Am 14. Februar kam eine Compagnie Kaiserliche Dragoner mit ihren Capitain Heinrich von Damin, welcher beim Bürgermeister Nüchtern sein Quartier nahm, dessen Leute aber, weil die Stadt so schon mit denen Sachsen beläftiget war, wurde vor die Thore verleget.

23. Februar. Dehne geht mit seinen Regimentern nach Lützen. Dagegen kamen noch 4 Compagnien Kaiserliche Dragoner, welche alle in die Stadt hier einquartieret wurden, darüber war vorgedachter Heinrich von Damin zum Commendanten bestellet, welcher der Bürgerschaft vielen Überlast nnd große Confusion verursachet hat.

Den 27. Februar ging der Zug von Lützen wieder nach Naumburg, da die Kaiserlichen auch mit fort marschierten. Doch wurden beide Regiments-Stäbe und eine Compagnie in hiesige Stadt wieder einquartieret und der junge Obriste Burgsdorff schnitte eine gute Pfeife bei denen Bürgern: Er ließ am 2. Mart. etliche Reiter über die Saale setzen und bey Burgwerben eine Schwedische Schildwache aufheben; dagegen haben die Schweden die Meisterei abgebrannt, da bis 3000 Taler Schade geschehen, deßgleichen legten sie Feuer in die Brücken-Mühle an, so aber wieder gelöschet und die Mühle gerettet wurde ...

Die in Weißenfels liegenden Völker mußten nun auch zu der Sächsischen Armee stoßen: Der Comendant Damin nebst einigen Offizieren am 5. Mart. nach. — So wurde nun unsere liebe Stadt Weißenfels von denen beschwerlichen Einquartierungen, damit sie von Freunden und Feinden gantzer 6 Wochen war beläftiget gewesen, vor dißmal befreyet.

„Wie nun vorgedachter massen die Soldaten alle von Weißenfels sind hinweg gewesen, so ist es dennoch! geschehen, daß zur Nacht vom 11/12. Mart. 1 Trupp auf dem Georgenberge 1 Loch bei 3 Ellen weit die Stadtmauer gebrochen und etliche Kühe aus der Stadt entführet hat. Nachdem solches die Bürgerwache wahrgenommen, hat sie Lärm gemacht und ist darauf in mehrerer Vorsichtigkeit die Wache verstärket worden."

Nach dem glänzenden Siege Baners bei Wittstock im September 1636 über die Österreicher und Sachsen, brechen die Sieger wieder in Sachsen ein: Am 30. Dezember sah Weißenfels den ganzen Generalstab und die Artillerie, die über Lützen weiterzogen.

Die kurfürstliche Besatzung hat das Schloß aufgegeben: Die Schweden sind wieder Herren der Stadt. Am vierten Tage des neuen Jahres 1637 schickt Baner seinen Obersten Melchior von K., verlangt von Amt und Stadt Weißenfels 6000—8000 Taler, die sie in 2—3 Tagen aufbringen sollen. Der am 24. und 25. Januar Land und Stadt verwüstenden Überschwemmung folgt jetzt eine der kaiserlich Hatzfeldischen Armeen mit elf Generälen und reichem Troß. Die öffnen in der Zeit vom 6. bis 14. Februar die Scheunen und nehmen, was sie brauchen. Ob der kaiserliche Feldmarschall Joh. Krafft von Gotz am 27. April die Plackereien auch untersagt, jedenfalls hindert es den Obersten Graf Vitztum von Eckstedt nicht, schon acht Tage später 50000 Pfund Mehl und 50 Faß Bier zu verlangen.

Endlich erscheinen im Juni kaiserliche Kommissare zum Schutze der Stadt und des Landes. Hatten doch die Bauern ihre Gehöfte bereits verlassen. Das Jahr 1638 glich seinen Vorgängern. Im Winter 38/39 wurde Franz Heinrich Herzog zu Sachsen, welcher in schwedischen Diensten stand, von den Schweden als Kommandant hier aufs Schloß gesetzt.

Da wurde eine Anlage auf die Hufen gemacht und mußten von jeder acht Pfund gezahlet werden. Desgleichen mußten alle diejenigen, die Kutschen hatten, ein Ergiebiges beitragen. Es kostete also der hohe Gast der Stadt 1379 Taler 22 Groschen.

Das Jahr 1639 sah wechselnd Schweden und Kaiserliche. Baner hatte für die Stadt, die Gustav Adolfs Leiche barg, wenigstens noch einen Schutzbrief über. Aber auf dem Lande lernen sie den Schwedentrank kennen. Als die schwedische Besatzung 1639 hier das Schloß räumen muß, setzt das lebendige Feuer, das die Schweden vom Schloßhofe geben, die nächsten Häuser in Brand: Klingengasse, Schwarzer Bär werden ein Raub der Flammen. Der Amtsvogt Balthasar Fälckner kehrt wieder zurück und die kurfürstliche Garnison wird angewiesen, ihn zu respektieren.

Wie die Schneeflocken im Wirbelsturm, so treibts die Streifkorps hierher. Die Dinge hatten sich inzwischen ungünstig für den Protestantismus gestaltet. Er wird durch Frankreich gerettet! Aber um welchen Preis! Zu Schweden, zu Kaiserlichen kommen nun noch Franzosen. Baners Kanonen wehren am 29. April 1641 vom Hospitalberge den Kaiserlichen den Übergang über die Saale. Das Hospital ist von den Kugeln, die vom Klemmberge kommen, arg mitgenommen. Am Ende erzwangen die Kaiserlichen den Übergang aber doch! Im Mai war nach den Notizen der Ratsrechnung, Piccolomini, im April Wrangel, im Januar der schwedische Oberst Horn in Weißenfels. Im Besitz des Stadtrats Röthe ist eine Karte: „Eigentlicher Abriß der Stadt Weißenfels und wie die Kaiserliche Armada unter Commando des Generalfeldmarschalls Piccolomini den 9. Mai 1649 über die Saale zog.“ Nach Baners Tode ist Torstenson schwedischer Generalissimus. Hier lagerte 1642 auch kaiserliches Kriegsvolk. Die Schweden witterten Einverständnis mit den Feinden. Königsmark fordert harte Garantien, der Kurfürst laufende Gefälle „binnen dato und acht Tagen“. Und der zur Vertreibung erschienene Oberst-Leutnant Goldacker war mit den Sachsen hier eingeklemmt, bis Kanonendonner die zweite Schlacht bei Breitenfeld und den Sieg der schwedischen Waffen verkündet. Er kostete der Stadt 2000 Taler und brachte dem Schloß wieder schwedische Besatzung und — eine neue Schutzurkunde, diesmal von Torstenson 1642.

Ein neuer Ring in der Kette der Leiden ist das Jahr 1644. Es bringt die Schweden, die Kaiserlichen und wieder die Schweden als Herren der Stadt. Kinskys schwedische Truppen marodieren, selbst der schwedische Gouverneur Axel Lilie schreibt: „Der Rat möge sorgen, daß das „Gesindel“ versorgt werde.“ Sie werden abgelöst von kurfürstlich sächsischen Reitern, die unter von Gersdorf das Niklastor zerschlagen, das Schloß blockieren, einen Schuldschein vom Rate erpressen. Die jetzt folgenden Schweden glauben Ursache zu besonders strengen Maßnahmen zu haben: Alles vorhandene Getreide muß auf das Schloß gebracht werden — alles zu der Stadt Besten! Andere Fatalitäten — Beraubung eines schwedischen Kassenboten — bringen Bürger und Ratsleute in Arrest.

Aus der nächsten Zeit hebe ich nur noch hervor die Demolierung des Schlosses.

Die Stunde des alten Weißenfelser (wie des Zeitzer) Schlosses hatte geschlagen. Die Ordre des schwedischen Generalmajors Mortaigne lautet:

„Demnach der Kommandant zu Weissenfels, Herr Kapitän Erdmann, beordert das Haus daselbst, woraus man eines Schadens oder Defension zu gewarten, aufs Außerste zu demolieren, auf Maß und Weise und aufs Schleunigst Er immer thun kann, als wird sowol der Magistrat daselbst angedeutet, daß sie gedachten Kommandant mit Arbeitsleuten und sonsten allen Vorschub und Assistenz leisten, sowie auch die Artillerie anermahnet, daß sie keineswegs in Herbergung solcher Arbeitsleute hindern, sondern den Kommandanten in allen damit gewähren lassen, die Leute zur Arbeit zu ziehen, Und da er ein und den andern von der Artillerie bedürftig sein wird, seines Raths ein und anderer Art, da dieselbe nicht mit Menschenhand oder andern Mitteln zu ruinieren möglich ist, mit Pulver zu sprengen, daß er dem Kommandant freiwillig an die Hand gehet, wornach sich dann ein und anderer zu achten. Datum Zeitz am 17. Dezember 1644. L. S. P. S. Mortaigne.“

Dazu ist vorhanden die Relation wegen Demolierung des Schlosses:

„Den 18. Dezember 1644 hat der auf dem Schlosse liegende Capitain und Commandante Hr. Daniel Erdmann auf gedachte empfangene

13*

Orde hierzu den Anfang gemacht, die Mauern, so nach dem Felde zu gehen, auf beiden Seiten, nebst den Rundelen und in und außerhalb des Schlosses rings umher gesetzten Pallisaden gänzlich niedergerissen und geschleiffet, auch solche Demolirung bis zu seinem Aufbruch, so den 25. Dezember gleich an den lieben heiligen Christ-Tage geschehen, continuiret. Ferner ist von denen hier in der Stadt einquartierten Artillory-Bedienten und Minirern der mitten im Schloß feste und 7 Ellen dicke stehende Thurm miniret, anfänglich auf 4 Ecken 6½ Centner Pulver untergesetzet und solche Minen den 29. Dezember angezündet worden, weil er aber von diesen Minen nicht gefallen, sondern nur einen starken Riß bekommen und ein großer Balken inwendig heraus über den ganzen Markt bis in die Jüdengasse an Herrn Bürgermeister George Wolffens Haußes Ecke geworfen, ist zum andernmahle miniret und 4½ Centner Pulver wieder untergesetzet und den 6. Januar 1645 angezündet worden, worauff die ganze Haube des Thurms heruntergefallen und der Thurm selbst halb entzwei gesprungen und nur ein Stück Mauer, so hoch die Haube gewesen, stehen geblieben. Die Gebäude sind von den Soldaten ruiniret und die Stuben in dem großen Gebäude, darinnen hiebevor der H. Hauptmann Rudolph von Dießkau gewohnet, sind von dem Thurme gräulich eingeschlagen worden, also daß es ein erbärmliches Ansehen und Spectacel ist. Bei dieser Demolirung hat sich ein Soldate zerfallen, daß er etliche wenige Tage darauf verstorben. Des Raths Wächter Fabian Steiniger aber, so mit arbeiten müssen, ist von einem Stück Mauer alsobald totgeschlagen worden, welches also zu künftiger Nachricht anhero zu registriren anbefohlen worden. Der liebe Gott wende alle solche und dergleichen Demolirung Schlößer und Städte, wie jetzo leider geschehen, von diesem ganzen Churfürstenthume und Landen in Gnaden abe und beschere Dermahleinst den so lange und von vielen Millionen geängsteter betrübter Seelen gewünschten, edlen, werthen und beständigen Frieden Amen! Actum Weißenfelß den 10. Januarỹ ao. 1645.

Bernhardus Husanus p. t. Stadtschreiber m. p."

So war das Schloß, wie es Merians älteres Bild zeigt, nun zerstört. Nur das sogenannte blaue Haus war geblieben. Es läßt sich nicht leugnen, daß die Stadt nun keine Angriffsfläche weiterbot und am Ende weniger zu leiden hatte.

Den Schweden lag jetzt alles daran, den Kurfürsten zum Waffenstillstande zu zwingen. Je lauter der Notschrei der Untertanen, desto mehr Beweggründe für den Kurfürsten — so rechnete Torstenson: Das Kirchenbuch von Keutschen berichtet nach Ottos Angabe, daß 1644 „zu Anfange des Dezember etliche schwedische Soldaten den Hirten von Keutschen als einen Spion mit Briefen ertappt, hätten seinen Mund mit Pulver und eine auch mit Pulver gefüllte Tabakspfeife ihm eingesteckt, den Kopf unterm Halse mit einem Luntenstricke zusammen gebunden ihn gezwungen diese Pfeife sich selber anzuzünden . . ."

„Johann Georg von Sachsen, durch die schwedischen Einquartierungen in seinem Lande aufs Äußerste gebracht, hülflos gelassen vom Kaiser, der sich selbst nicht beschützen kann, ergreift endlich das letzte und einzige Rettungsmittel: einen Stillstand mit den Schweden zu schließen, der von Jahr zu Jahr bis zum allgemeinen Frieden verlängert wird."

3. Waffenstillstand des Kurfürsten mit den Schweden.

Im Dezember 1645 hatte der kranke Torstenson den Oberbefehl dem General Feldzeugmeister Karl Gustav Grafen von Wrangel übergeben.

Auf den Durchzügen hausten die Schweden — trotz des Waffenstillstandes — nach wie vor. Ein paar Jahre blieb es verhältnismäßig ruhig.

Im September 1647 mußte sich Wrangel aus Böhmen eilig zurückziehen: Der Kurfürst glaubte von dem geschlossenen Waffenstillstande nicht genug geerntet zu haben und hatte seine Truppen dem Kaiser aufs Neue durch Thüringen zugeführt. So mußte Wrangel weichen. Sein Weg führt ihn im September durch Thüringen nach Westfalen und Lüneburg, um die französische Armee an sich zu ziehen. In Merseburg gabs ein Unglück! Die Saalbrücke brach unter der Last. Die Kanonen, Geschütze, Pferde, Mannschaften versanken in der Saale und wurden nur zum Teil gerettet.

Am 7. Oktober 1647 kam Wrangel durch Weißenfels. Man rühmte die strenge Manneszucht, die er gehalten. Aber, „ob auch der Generalgewaltige in hiesigen Stiftsdörfern herumb geritten und den einen und den andern in terrorem aufhenken lassen, so ist dennoch dem armen Landmann großer schadte geschehen . . . auch der gewachsene Wein durch die auslaufenden Völker . . . meistenteils consumirt und abgefressen und auch die stecke (Stöcke) verderbet worden."

In den Ratsprotokollen finden sich Jammerberichte. Am 9. Oktober war auch eine Denkschrift der Stände, der Ritterschaft und des Weißenfelser Rats um Aufschub der Leistungen, und am 11. Oktober eine solche über Wrangels Banden abgegangen.

Nun erst folgen den Schweden 38000 Mann und 16000 Pferde der Kaiserlichen und Bayern. Da war kein Generalissimus, der die Marodeure „aufhenken" ließ. Das Landvolk hat in bleicher Furcht die Flucht ergriffen. Sie haben nichts weiter zu retten als das nackte Leben.

Unbeschreiblich, grenzenlos ist das Elend, unmöglich, es im einzelnen zu schildern.

Zeitz hatte noch 1445 Einwohner. In Weißenfels waren in einem Jahre 743 Personen verdorben, gestorben und 98 Kinder geboren. Das war noch im Jahre 1626. — In Hohenmölsen waren von 75 Hauswirten noch 17 Paar Eheleute da. Am 25. Oktober 1648 läuten endlich die Glocken der Kirchen den Frieden ein. Tobias Wellers 1639 neu aufgerichtetes Orgelwerk läßt aus allen Registern erbrausen: „Herr Gott Dich loben wir, Herr Gott dir danken wir". — Herzlich, aber nicht voll klingts durch die gelichteten Reihen! Menschen sind 25—30 Jahre alt geworden, die den Frieden noch gar nicht erfuhren.

Erst elf Jahre nach dem Friedensschlusse konnte der Kurfürst wagen, eine Kollekte zu bewilligen — so groß war die allgemeine Not, so allgemein das himmelschreiende Elend! Stand und Land, Kommunen und Einzelne sind verschuldet.

Der Scharfrichter Meister Gottfried Israel Poltz in Weißenfels schuldet 1642 an Steuern und Fällen 584 fl. 19 Gr. 11 Pf. Darin waren begriffen: alte und neue Landsteuern, von sieben Jahren rückständige Gefälle, die Beiträge zur Schleinitzischen schwedischen Armee, die Ranzionen für Haderschlaf, für den Obersten Birkenfeld und für den Grafen von Horn, den schwedischen Feldherrn. —

Ein paar Worte über Gustav Adolfs Tod und Leiche mögen den Beschluß machen!

Da die durch fünf Schüsse, drei Hiebe und einen Stich in die Brust entstellte, auf einem Munitionskarren nach Meuchen in die Kirche gebrachte Leiche nicht ohne weiteres transportabel war, fand man es für gut, sie sogleich zu öffnen. Ein Teil der Eingeweide wurde in der Meuchener Kirche begraben. Dann wurde die Leiche im Hause des Einwohners Burghard gewaschen und in den schlichten Sarg gelegt, den in nächtlicher Eile der Schulmeister, der zugleich Schreiner war, angefertigt hatte. Am 7. November fuhr man die Leiche nach Weißenfels. Da wurde sie im Geleitshause abgesetzt und durch des Königs Leib-Apotheker Kaspar König einbalsamiert.

Der Transport der Leiche geschah so, daß sie von Weißenfels nach Wittenberg gefahren und da in der Schloßkirche aufgebahrt wurde. Der Zug ging dann weiter über Brandenburg nach Wolgast in Pommern. Von hier wurde sie übergeführt nach Nyköping in Schweden, wo sie blieb bis zur Beisetzung in der Riddarholmskirche zu Stockholm am 21. Juni 1634.

Über die königliche Leiche sind verschiedene Nachrichten da: Die Schieferdeckers von 1703, Ottos von 1795, Jahns von 1801, Sturms von 1846. Die drei ersten melden, daß Gustav Adolfs Herz unter der Kanzel der Marienkirche zu Weißenfels beigesetzt sei.

Otto sagt 1795 S. 56: „Auch ist merkwürdig, daß das Herz des ao. 1632 in der Schlacht bei Lützen gebliebenen Königs von Schweden,

Herrn Gustav Adolfs, welches nach der Exenteration im hiesigen Amthause ein Pfund und 20 Loth gewogen, am 8. November ejd. a. unter Abfeuerung der Stücken, auch Trompeten- und Paukenschall unter der Kanzel dieser Kirche, das Eingeweide aber in der Klosterkirche versenket und begraben worden."

Cajetan Aug. Jahn aber erzählt in der „Beschreibung eines Königlichen Denkmahles in dem Amthause zu Weißenfels (1801)": „Der Herzog von Weimar ließ den Leichnam wider des Königs ausdrückliches Verbot noch an dem nämlichen Tage eröfnen und in seiner und vieler andern schwedischen Generale Gegenwart einbalsamieren. Bey der Eröfnung fand man alle seine Teile und Eingeweide gesund und gut. Der Apotheker Casparus, welcher den Leichnam einbalsamierte, bemerkte an demselben neun Wunden, fünf Schüsse, zwei Hiebe und einen Stich. Man nahm die Eröfnung in dem hiesigen Amthause und zwar in der Erkerstube der zweiten Etage vor, wo das nur erwähnte Denkmal des Königs noch aufbewahrt wird."

Die sogenannte Urkunde, welche in der Schwedenstube des hiesigen Gerichtsgebäudes aufbewahrt wird, lautet:

Urkunde betreffend den Tod des Königs Gustav Adolf von Schweden,

welche in der sogenannten Schwedenstube des Gerichtsgebäudes zu Weißenfels aufbewahrt wird.

Gustavus Adolfus

der Schweden, Gothen und Wenden König erblickte anno 1594 den 9ten Decembris zu Stockholm das Licht der Welt, trat anno 1612 die Regierung an, als welche Er durch mit Moscau, Pohlen, Dennemarck und in Teutschland geführte Kriege große Siege und erstaunende Heldenthaten zu einem neuen Wunder der Welt gemacht,

blieb

anno 1632 den 6ten Novembris in der Schlacht von Lützen und setzte durch diesen glorwürdigen Todt, indem Er für die Erhaltung der wahren evangelischen lutherischen Religion stritte, Seinen Namen die Krone der Unsterblichkeit auff und Seinem hinterbliebenen Körper ein solches Grabmal, als es ein so großer Held verdienet,

Denn

Nachdem Dessen Körper noch denselbigen Tag von der Wahlstatt hierher nach Weißenfels gebracht und den 7ten ejusd. in dieser Stube exenterirt worden, als wovon noch hierunten an der Wand sub A. etwas von den tapferen Heldenblute zurückgeblieben und deutlich zu sehen ist

wurde

den 8ten ejusd. das Herz, so ein Pfund und zwanzig Loth gewogen, unter die Kanzel hiesiger Stadtkirchen und zwar daß gleich der Pfeiler ermeldter Kanzel drauff stehet, das Eingeweide in die Klosterkirche unter Lösung der Stücken wie auch Trompeten- und Pauken-Schall begraben, der Körper aber nach Schweden ins königliche Begräbnis gebracht,

daß also

dieser große König ein recht prächtiges und einen sehr weiten Umfang in sich haltendes Grab erhalten,

wie denn
ein Poet zur selbigen Zeit sehr artig geschrieben:

Daß Schweden und Teutschland, der Himmel und die Welt,
Der Krieger und Scribent die haben unseren Held
Gleich unter sich getheilt, denn einen solchen Riesen
Kann nicht ein einig Grab in seinen Circk beschließen.
Der Schwede hat den Leib, weil er ihn erst gebar,
Der Teutsch behält das Hertz, weil Er Ihm günstig war,
Der Himmel hat die Seel', die Welt den Ruhm berathen,
Der Krieger Reu und Leid, der Schreiber seine Thaten.
So hat an diesen Held ein Jeder Sein's gewendt
Schwed, Teutscher, Himmel, Welt, der Krieger und Scribent.

Salvator Patriae moritur Gustavus Adolfus.

Diese sogenannte Urkunde trägt noch eine Gedächnismünze auf den König mit Brustbild, Namen und Titel, auf dem Reverse, der Wappenseite ein unter einer Krone stehendes Schwert mit einem Lorbeer- und einem Palmenzweige und der Umschrift: „stans acie pugnans vincens moriensque triumphat." —

Aber nun zur Hauptfrage: Wo ist das Herz des schwedischen Königs?

Für die Aufbewahrung unter der Kanzel der Marienkirche zu Weißenfels spricht der treuherzige Schieferdecker, der sonst glaubhafte Otto, die Nachricht im Amtsgerichte zu Weißenfels.

Wer aber Erfahrung darin hat, wie Gerüchte und Vermutungen sich verdichten, wie Wünsche zu denkbaren Möglichkeiten, diese zu vermeintlichen Wirklichkeiten und weiter zu subjektiven Tatsachen werden, wird sich leichter damit abfinden, daß trotz all der Zeugnisse das Herz Gustav Adolfs sich in seinem Sarge zu Stockholm befindet.

Des Königs Gemahlin konnte sich von dem in einer goldenen Büchse verwahrten Herzen ihres Gemahls nicht trennen. Sie hatte es an ihrem Bett hängen und „besahe dasselbe täglich unter viel Wehklagen, bis endlich der Senat und die Geistlichkeit von ihr die Erlaubnis erhielt, daß diese Büchse um ihrer eigenen Beruhigung willen zu dem Könige in den Sarg gelegt wurde". Als man im Jahre 1744 im Beisein schwedischer Großen die Särge Gustav Adolfs und seiner Gemahlin, der schönen Maria Eleonore von Brandenburg, öffnen ließ, fand man das goldene Behältnis des königlichen Herzens noch auf seinem Sterbekleide.

Nur der Rest der Eingeweide, die man in Meuchen der königlichen Leiche gelassen, ist am 8. November in der hiesigen Klosterkirche beigesetzt worden.

5. Abschnitt:

Unter Weißenfelser Herzögen bis 1746.

Kapitel 24.

Unter Administrator Augustus (1650—1680).

(Nr. 22 der genealogischen Tafel.)

Am 8. Oktober 1650 war Kurfürst Johann Georg I. gestorben. Sein Testament hatte das Land unter seine vier Söhne geteilt. Man fand es in einem mit zwölf Siegeln verwahrten Kästchen. Jedem seiner vier Söhne hatte der Kurfürst unter anderem einen goldenen Becher hinterlassen mit der Bedingung, daß der betreffende Becher beim Aussterben der Linie des Inhabers an das Kurhaus zurückkommen solle. Der des Herzogs Christian von Merseburg kam 1738, der des Herzogs Moritz von Zeitz 1718, der des Administrators sollte 1746 nach Dresden zurückkehren. Da sind die Becher noch heute im grünen Gewölbe zu sehen. — Erbte Johann Georg II. die Kurwürde mit entsprechenden Landesteilen, so fiel dem Herzog Christian das Stift Merseburg mit etlichen „Ämtern" zu. An Herzog Moritz kam das Stift Naumburg-Zeitz mit einigen „Herrschaften", der Administrator Augustus empfing die Ämter Querfurt, Dahme, Jüterbog, Burg, dazu in Thüringen Ämter, Städte und Schlösser. Er hatte auch Anwartschaft auf die Grafschaft Barby, die er nach dem Tode August Ludwigs, des letzten Grafen von Barby, übernahm.

Am 17. Juli 1657 eilte der Administrator nach Weißenfels, um am folgenden Tage hier die Erbhuldigung anzunehmen.

Durch den Vertrag des Jahres 1663 (10. Februar) kam der Administrator in den Besitz eines freien, selbständigen Fürstentums Sachsen-Querfurt. Oberhauptmann des Thüringer Kreises, Amtshauptmann in Weißenfels, war Nikolaus von Jastrow. Er wurde 1672 hier in der Klosterkirche begraben. Unter ihm standen die verschiedenen Amtsvögte, hier Augustus Augsburger.

Trotz aller Streitigkeiten um Mein und Dein war das Verhältnis der Brüder nach außen hin erträglich. Augustus war seit dem 23. November 1647 vermählt mit Anna-Marien, des Herzogs Adolfs Friedrich von Mecklenburg-Schwerin Tochter.

Fassen wir nun das Verhältnis des Administrators zur Stadt ins Auge. — Wir gruppieren die Daten und Taten vor und nach dem großen Brande, der 1668 wieder einmal die Stadt heimsuchte. Zuvor aber ein Wort über Umfang und Inhalt des Städtleins. Im Jahre 1662 war der Kammer-Rat Ehrenfried Klemm beauftragt worden, den Rat vor sich zu fordern und mit ihm zu verhandeln, „was geschehen müsse, wenn ins Künftige die fürstliche Residenz daselbst wirklich gestellet werden sollte". Es lagen am Markt 3, am Georgenberge 16, in der Niklausgassen 5, am Kloster 9, in der Mariengasse 5, in der Jüdengasse 11, in der Kahlengasse 31, in der Fischgasse 6 Scheunen.

Fünfzehn Jahre nach dem Ende des 30jährigen Krieges hat die Stadt 177 eingesessene Bürger, 42 Unangesessene, 23 Hausgenossen, 39 Wittiben, 517 unmündige Kinder beiderlei Geschlechts. Dabei sind die Söhne vom dreizehnten Jahre an als mündig gerechnet und sind 117 Abwesende inbegriffen. Der Stadtrat zählt 18 Personen. Das Vermögen der einzelnen Bürger besteht zumeist im Haus, Garten, Land, Wiesen, Weiden, Triften. Da hat z. B. Bürgermeister Moritz Horn 2 Häuser, 2 Weinberge, 1 Garten, 9 Acker Wiesen. Der Rats-Kämmerer Gottfried Albrecht nennt auch 2 Häuser und 2 Weinberge, 52 Acker Feld, 12 Acker Wiesen, 2 Gärten sein eigen. An Personal beschäftigt er einen Knecht, einen Gesellen, zwei Mägde, einen Lehrjungen. Joh. Schwan, Besitzer des Gasthofes „Zum goldenen Schwanen", hat zwei Hufen Land, drei Acker Eichberg, 1½ Acker Wiesen. Sein Kollege Andreas Hoffmann, Inhaber des „Halben Mondes", nennt einen Garten sein eigen. Christof Ferber hat auch zwei Häuser, „eines so seinem Weibe, eines so seinen Kindern". Natürlich hat er auch einen Garten, Land nur wenig, Gesinde keines. Von seinen zwei Söhnen ist der 36jährige in spanischen Diensten. Das eine der beiden Ferberschen Häuser ist am Markte, „zwischen dem Rathause und Aßmus Pfundens gelegen", es ist Gerichts-Lehen, braut ¾ Bier, hält eine ganze Rüstung, gibt Geschoß 1 fl. 6 Gr. und in der Steuer dem alten Anschlage nach 110 (Schock Gr.). Im Jahre 1668 verkauft Marie, Christoph Ferbers ... Eheliche Haus-Frau, das Haus dem „Ehrenvesten, vorachtbaren und wolgelarten Johann Janicke, Fürstl. Sächs. Magdeb. wolbestallten Kammerdiener zu Halle, erb- und eigenthümlichen und vor 600 fl. vollständiger Kaufsumme — — der Käufer verspricht Verkäuferin, ihr bei ihrem Leben die zwei Läden in Gebrauch zu lassen und — soferne sie ihr Mann verstoßen oder mit Tode abgehen würde, ihre Herberge in dem kleinen Stüblein haben, oder so ihr dieses nicht anstünde, gedachter Herr Käufer ihr ein ander Logement verschaffen soll".

Urkundlich war dieser Kaufbrief zu Papier gebracht von Thomas Weidling not. — Frau Marie, Christoph Ferbers Hausfrau, war des

Schreibens unkundig. Christoph Ferber gehörte zu den Ratspersonen. Im Jahre 1663 verklagen ihn die Weißgerber — Tuchscherer — daß er den Innungsartikeln zuwider gemachte lederne Hosen verkaufe: Er hat sich unterstehen wollen „ganze Kleider von gelben und schwarzen Fellen zu verfertigen und dieselben öffentlich zu verkaufen". Der wohlhabende Ferber läßts auf den Prozeß ankommen. Er hats ja dazu! Und Glück hat er auch bei der Sache. Denn die Fachmänner erklären, daß ihr Handwerk, die Tuchscherer, vor 5, 10, 20, 30, 40 und mehr Jahren lederne, geschnitzte und ungeschnitzte Hosen und Kleider von allerhand Farben öffentlich vor ihren Läden allhier zu Weißenfels ausgehänget und verkauft. So müssen sichs die Weißgerber weiter gefallen lassen, daß Ferber in seiner Frau Hause in einem der zwei Läden unten neben dem Rathause gedachte lederne Hosen weiter verkauft!

Die erwähnten 42 Unangesessenen sind meist verheiratete Handwerker, die bei Bürgern und Meistern in dieser Stadt arbeiten. Im Jahre 1663 gab es in Weißenfels alphabetisch geordnet folgende Vertreter ihres Handwerks: 2 Barbiere, 7 Bäcker, 3 Beutler, 2 Bortenwirker, 7 Böttcher, 1 Büchsenschäfter, 1 Drechsler, 1 Färber, 1 Fischhändler, 14 Fleischer, 7 Gerber, 1 Gürtler, 2 Goldschmiede, 3 Hufschmiede, 1 Hutmacher, 3 Kürschner, 2 Riemer, 3 Sattler, 5 Schmiede, 11 Schneider, 18 Schuhmacher, 4 Seiler, 1 Siebmacher, 4 Tischler, 4 Tuchscherer, 3 Wagner, 2 Zimmerleute. Das Bild wird ein anderes, sobald der Hof hierher kommt, aber auch da fehlt es an Handwerkern. Die Folgen des großen Krieges vor 30 Jahren sind noch zu spüren. Im Jahre 1663 wohnen hier der Kapellmeister Schütz, der Bildhauer Andreas Teumer, sie sind beide Hausbesitzer.

Bis zum Jahre 1668 stand auf dem Markte noch die „Justiz" und andere zur Bestrafung nach Kriegsgebrauch dienende Stücke. Der Rat ist um die Entfernung eingekommen. Bei gegenwärtigen friedlichen Zeiten seien sie dem Aufbau der Buden hinderlich. Im Jahre 1654 hätte nämlich der Rat — nach Vulpius — ein gedrucktes Patent erlassen, daß die Märkte nicht mehr Sonntags, sondern Dienstags, Mittwochs, Donnerstags sollten gehalten werden. Auf dem Markte stehen im Norden und Süden zwei Brunnen, der eine hat das Rolandbild in den Kriegstrubeln eingebüßt. Landesherrliche Defensioner lungern umher, der Rat hat sie zu verpflegen. Er mag sie nicht und will für den Dienst selbst eintreten. Auf dem Rathause ists besonders lebendig. Die Stadt hat ihre Köpfe zum Landesheere zu stellen. Dazu ist die Bürgerschaft aufs Rathaus bestellt. Die fälligen Mannschaften sollen durchs Los gezogen werden, um dann zum „Fändlein zu schwören". Zum Bilde der Stadt halfen auch die statuta von 1662 einige Linien ziehen.

Vor dem Jahre 1662 gehen durch die Kaland- und Jüdenstraße reinigungsbedürftige Gräben. Da sich tummelnde Gänse, Enten, Hühner und Schweine werden erst durch die „Willkür" des Jahres 1662 ernstlich bedroht. Sie sollen gefangen und in die Hospitale gegeben werden. Auf die Straßen muß man verendetes Vieh geworfen, die „Kammerlaugen" immer noch rücksichtslos aus den Häusern gegossen haben, sonst würden die Strafen dafür nicht ausdrücklich genannt. Die Gerber ließen die „Geißen"-Lauch und andere „liquorem" auf die Gasse laufen. Jetzt werden sie angewiesen, vor dem Saaltor auf dem Kuttelbamm an der Saale ihr Handwerk zu treiben. Neue Bauten werden gefördert durch Erlasse und Erleichterungen. So mehrt sich allmählich die Zahl der steinernen mit Ziegeln gedeckten Häuser.

Die Statuten vom Jahre 1662 sind naturgemäß den Gewohnheiten des Jahres 1618 verwandt. Sie sind für den Geist der Zeit wieder sehr bezeichnend. Religion und Kirche ist Polizeisache. Furcht vor Strafe treibt die Leute in die Kirche. Gotteslästerer erwartet das Halseisen. Niederträchtig nach unseren Begriffen — aber gang und gäbe — ist die Prämie für Denunzianten, abscheulich die Strafe für unterlassene Anzeige. Das System der Ratseinkünfte ist weiter ausgebaut im Geschoß, der Lehnwahr, der Erbschaftssteuer, den Abgaben bei Kauf und Verkauf. Mit dem Erwerbe des Bürgerrechts ist neben den anderen Verpflichtungen jetzt die Stiftung eines ledernen Eimers verbunden, „dessen man in Feuersnot gebrauchen kann".

Erste Bürgerpflicht ist immer noch Gehorsam, wiederholte Bekundung von Ungehorsam kann Verlust des Bürgerrechts nach sich ziehen.

Heimliche Versammlungen in „Sachen des Raths und Gemeinen Stadt" ohne Vorwissen und Erlaubnis des Rates sind verboten. Nur wenn die Gassenmeister „wegen gemeiner Bürgerschaft in Sachen gemeinen Nutz betreffend, sich zu unterreden haben, soll auf ihr Ansuchen der regierende Bürgermeister schuldig sein, solche durch des Raths Diener zusammen zu fordern und sich zu unterreden, ihnen das Rathhaus vergönnen . . ." Müßiggänger, die „des Raths angeschlagener Ordnung nach umb einen ziemlichen Lohn nicht arbeiten", sollen angezeigt, unehrliche Leute in der Gemeinde nicht gelitten werden. Wehren (Waffen) zu tragen war keinem verstattet, „die nicht sonderlich gewißet und sich was versuchet haben oder graduiret sein". Das von den Bürgern gebraute Bier durfte nur in dem brauberechtigten Hause selbst ausgeschenkt werden. „Sommerszeiten aber mag man wol das Bier an der Burgstraßen wie aufn Georgenberge in denen gemieteten Kellern schenken". Die Einfuhr nicht im Weichbilde erzeugten Bieres und Weines war und blieb verboten — „es wäre denn zu Ehrensachen oder zu eines oder des anderen Gesundheit, da man wegen einlegung fremden Bieres und Weines sich zuvor beym regierenden Bürgermeister angeben und von demselben hierzu Erlaubnis erlangen soll".

Ehe die Kornglocke geläutet und der Wisch gesteckt ist, soll niemand vor den Toren noch in den Gassen oder auf dem Markte Getreide kaufen ... Die Ratsgeschworenen Messer messen die Körner über das Stadtmaß. Auf- und Verkauf auf dem Lande außer Marktzeit war wiederholt verboten.

Um den Handel zu heben und den Wohlstand zu fördern, hatte Augustus der Stadt 1661 noch einen Roß-, Vieh- und Jahrmarkt gewährt. Der Viehmarkt sollte Freitags vor, der Jahrmarkt aber Dienstags nach Invocavit gehalten werden. Man nannte ihn in der Folgezeit den schönen Jakobsmarkt, zum Andenken an den Bürger Jakob Rößler, der die Konzession von Halle geholt hatte. Solche Begebungen zeigte man den anderen Städten an. So meldete 1524 die Stadt Grimma (Grym) der Stadt Weißenfels die Einrichtung eines Marktes mit der Bitte um freie Straße für die Besucher: „Deswegen bitten wir Euch, gunstige Herren und gute Freunde ... denselben durch ym personen und guther zu besuchen gestatten und vergonnen."

Die Gastwirte erhielten eine Ordnung, wie sie „ihre Gäste traktieren und was einer vor die Mahlzeit samt den Getränken — so lange das Tischtuch lieget — bezahlen soll". — Opulentere Mahlzeiten „mit mehreren Gerichten und sonderlich mit Konfekt, Naumburgischem Bier, Wein u. a." waren Sache persönlicher Vereinbarung.

Fleischern und Bäckern gelten allein zwei Kapitel. Besonders im 16. Jahrhundert waren die Fleischer durch verschiedene Verträge gebunden worden (1531—1545—1592). Da waren sie angewiesen, zu gleichen Preisen wie die Kollegen in Naumburg zu verkaufen. Seit der Zeit war manches anders und für die Fleischer in Weißenfels günstiger geworden — sie waren im Besitz eines Schlachthauses, das denen in Naumburg fehlte. Seitdem hatten sie wohl auch nicht mehr die Konkurrenz der Landfleischer zu fürchten. In den Innungsartikeln von 1486 war nämlich „den lesteren oder frembden Fleischern" auf dem Markte freigelassen, ihr Fleisch zu den Märkten in der Stadt feilzuhalten.

Den Bäckern bestimmte der Rat für jeden Monat „wie hoch sie Brot und Semmeln nach dem Gewicht backen sollen".

Zusammenkünfte und Sprüche der Innungen während des Gedienstes kosteten vier Gr. Strafe.

Infolge einer kurfürstlichen, unter Zustimmung der Landschaft erfolgten Polizeiordnung sah sich auch der Rat der Stadt Weißenfels zur Revision seiner Lokalordnung veranlaßt, die er am 20. Oktober 1661 veröffentlichte. Sie ist der Hauptsache nach eine Kleiderordnung, ähnlich der 1598. Der Rat hofft: es werden unser Bürger und Einwohner dieser heilsamen Ordnung aus mehr als einem Grunde Folge leisten, nicht zum letzten „aus vernünftiger Erwegung ihrer eigenen Wohlfarth, und da sie das Geldt, so sie auf Kleider-Hoffart wenden, zumahl bey jezigen trangseligen Zeiten, da bei vielen die Nahrung fast ganz verschwinden will, zur Abführung der Gefälle und notwendigen expensen" besser verwenden. Die Buße für Übertretung der Kleiderordnung soll 20—30, für Dienstboten fünf Taler eventuell 8—14 Tage Gefängnis betragen. Dem Denunzianten wird reiche Prämie verheißen. Bestraft werden auch die Schneider, welche die Kleider der Ordnung zuwider anfertigten. Eine Abschrift der Ordnung für die „Lade" war ihnen zugestellt. Daß diese Kleiderordnung übertreten wurde, braucht nicht erst versichert zu werden. Die vom Rat bestraften Missetäterinnen wendeten sich wohl an den Herzog. Der Bescheid dieser Instanz war verschieden. Einmal heißt es: „alß lassen Wir es bei euerer, des Raths ergangenen, guten Anordnung bewenden." Ein andermal ists anders: Die Tochter der verwitweten Barbara, Hans Georg König nachgelassene Witwe, ist vom Rat mit zwei Taler zwölf Groschen bestraft „wegen des getragenen silbernen Kranzes und mit einem silbernen Kettlein umbwundenen (Haar) Zopfes. Auf Verwendung ihres Bräutigams Johann Brühls, Buchdruckers, wird Barbara freigesprochen. — Ratsverwandten, Krämern und vermögenden Bürgern, Handwerksleuten und gemeinen Bürgern, Hausgenossen und Tagelöhnern war Kleiderstoff und Schmuck wie früher (S. 157) vorgeschrieben.

Den Stadtfrieden aber sichern die Statuten von 1662. Sie haben die Bestimmungen zum Schutze des Lebens und der persönlichen Freiheit erweitert, die Strafen und Preise nur erhöht. Die Verrohung nach dem dreißigjährigen Kriege charakterisieren diese Statuten von 1662 mit ihrem Preisverzeichnis für Schmähworte, ausgestoßene Zähne, Maulschellen, zugefügte Beulen, offene Wunden.

Im Jahre 1682 konnten so Beschädigte im neuen Lazaretthaus Aufnahme finden, das nach Beudit zu lag. Zu den Baukosten hatten die einzelnen Stadtviertel und der Hof beigetragen. — Eigentlich war es ja das Pestlazaretthaus und stand da, „wo man über die Greißel und Krautländer nach Leisling gehet, mit bequemen Gemächern und Kammern, vom Wege etwas buschwärts abgelegen".

Und nun zum Schloßbau.

Ohne den Administrator, ohne seinen Schloßbau, ohne sein gymnasium illustre würden die interessantesten Kapitel der Stadtgeschichte fehlen. Er hatte Weißenfels als Residenzstadt für seine Linie erkoren. Es lag günstig an der Saale, in der Mitte zwischen Merseburg und Zeitz, wo die anderen Brüder residierten. Mittwoch den 25. Juli 1660 war der Grundstein zur neuen Augustusburg an derselben Stelle, wo das alte Schloß stand, in einen 26 Ellen tiefen Grund gelegt worden. Die Fundamentierungsarbeiten geschahen langsam aber (sehr) gründlich. Drei Jahre später, am 10. Juli 1663, fand die Grundsteinlegung zum Bau der Schloßkirche statt. Die Rede hielt

Oberhofprediger Dr. Joh. Olearius über Matth. 16.18 „... auf diesen Felsen will ich bauen meine Gemeine".

Der Administrator war mit drei Prinzen anwesend. Zur Grundsteinlegung der Schloßkirche war eine Medaille geprägt worden. Nach des Administrators Wahlspruche: sancta Trinitatis mea hereditas, die heilige Dreieinigkeit ist mein Erbteil, hat er auch die Schloßkirche St. Trinitatis genannt. (Ich verweise dazu auf mein Buch.) Bemerken will ich noch, daß nach 20 Jahren, bei des Herzogs Tode, der Bau trotz der Bemühungen des Landbaumeisters Ludwig Richter noch nicht ganz vollendet war.

Direktor des Schloßbaues war A. von Leutzsch auf Heldrungen. Er war auf Anlage eines fürstlichen Gartens bedacht, dazu wurden drei Jahre lang der Berg geebnet, wurden die Wasserrisse ausgefüllt, das Ganze mit guter Erde überschüttet. Ein tiefer Steinbrunnen wurde gebaut, der aber für die Hofhaltung doch nicht Wasser genug gab, so daß Johann Adolf I. das Wasser von Selau auf das Schloß leiten ließ.

Ein stattliches Uhrwerk, das 36 Stunden ging und am 22. November 1678 den ersten Glockenschlag tat, wurde von Professor Riemer im Gedicht gefeiert und in Gegenwart des ganzen Hofes geweiht. Das Jahr darauf ward der Hauptturm mit einem großen „verguldeten" Globus geschmückt. So ging der Schloßbau im ganzen und einzelnen vorwärts.

Ein bedeutsamer Tag für Weißenfels war der 1. November 1664. Es galt die Weihe der Fürstenschule zu Weißenfels, des gymnasium illustre Augusteum. Ich verweise auch hier auf die Programmarbeit des Direktors Rosalsky für Ostern 1873.

Die Schule war untergebracht in den Räumen des einstigen Clarenklosters. Mit 160 Personen, 124 Pferden hatte sich Augustus von Halle nach Weißenfels „im Namen Gottes erhoben", begleitet von den Prinzen und zahlreichen Standespersonen. Ich lasse die Beschreibung davon aus jener Zeit folgen, sie trägt den Titel: „Introductis illustris gymnasii Augustei leucopetrae ..."

Der akademische Charakter der neuen Schule machte sich bald bemerkbar.

Schon 1667 war der Stadtleutnant Hans Wetzen vom Administrator beauftragt, für den Fall vorkommender Tumulte sich bereit zu halten. Nach „neun Uhr Abends sollen die Schenkhäuser durch eine Ratsperson mit Zuziehung des Pedelß Unseres Gymnasii alle Abende visitirt, das Nachtsitzen inhibirt und den bisherigen unmenschlichen Geschrey und nacht-Tumult gesteyert werden".

Der Chronist der goldenen Aue, Joh. Conrad Kranoldt von Dietersdorf, kam 1712 von der Schule zu Sangerhausen auf das gymnasium academicum in Weißenfels. Er erzählt: „nach diesen trat ich meine Reise nach Weißenfels an, fand auch daselbst unterschiedene Gönner und Freunde, hielt mich einige Wochen bei solchen auf. Als ich aber die Galanterie, Müßiggang und Unterstand der Gymnasiasten sahe, so resolvirte ich mich, auf die Universität zu gehen." Im helleren Lichte lassen sie sich sehen, als am 11. März 1668 der Prinz Cosmus von Florenz in Weißenfels einkehrt. „Er kam," so sagt Vulpius, „mit einer ansehnlichen Suite mit vielen und reich beladenen Maultieren von Dresden. Weil denn das Osterfest eben eingetreten war, und dem Groß-Prinzen im Schützen Gasthofe stille zu liegen, Feyertage zu halten und sich wohl umzusehen beliebte, als wartete demselben das Weißenfelsische Gymnasium mit einer Nachtmusik bey 100 Fackeln auf, welches gnädigst aufgenommen und mit 100 Thalern dagegen beschenkt wurde." Auch die lateinische Ode, die ihn grüßte, ist noch da.

Das war alles ganz schön, aber eins war dem Herzog verdrießlich: „daß die Stadtkinder Unserm gymnasio entzogen und anderwerts verschicket werden. Dahero wir dieser wegen an euch wolmeynende erinnerung thun wollen ... Ihr werdet dahin sehen, daß außer denen vier Stipendiaten „in convictorio" auch andere Stadtkinder so zum Studium erzogen, zu dem gymnasio gehalten werden mögen ..."

Die Lehrer des gymnasium illustre sind in der Folge die Lobredner des herzoglichen Hauses. Unter ihnen tritt Riemer besonders hervor.

Den dem Schlosse gegenüber liegenden großen Garten kaufte der Administrator 1671 an und ließ ihn mit guter Mauer versehen. Er wurde in der nächsten Zeit mit manchen Zierbauten versehen.

Das Militär des Fürstentums Querfurt lag hier in Privatquartieren.

Ein großes Ereignis auch für diesen Kreis war der mitten in die Regierungszeit des Administrators fallende große Stadtbrand 1668. Es ist ein stürmischer Oktobertag. Fünf Tage sind es nur noch zum 1. November, da steht mittags 12 Uhr die Stadt in hellen Flammen. Es brennt an allen Enden. Der Wind hat die brennenden Stoffe auf die Schindelhäuser, auf die Scheunen geworfen. Die haben die Flamme weiter gegeben von Haus zu Haus, von Straße zu Straße. Im Brauhause des Bürgermeisters Müller war am 26. Oktober unter Mittag das gewaltige Feuer ausgebrochen. Von der Klosterstraße war es ausgegangen, „es nahm dermaßen überhand, daß fast ganz Weißenfels in vollen Flammen stand. Es lenkte sich die fressende Feuergluth nach dem Markte zu, und nebst vielen anderen Häusern ward auch das Rathhaus, von welchem nichts als die Abbildung ist überblieben, die noch in unser Rathsstube über der einen Thür zu sehen, ist mit der Beyschrift: ‚Abriß des Ao. 1668 den 26. Oktober bei dem damaligen großen Brande mit verunglückten Rathhauses'. Das Feuer griff dermaßen um sich, daß es sogar in die Vorstadt drang und vor dem

Friedrich der Große an der brennenden Saalebrücke. 31. Oktober 1757.
(Bronze-Relief vom Denkmal Kaiser Wilhelm I. auf dem Marktplatze zu Weißenfels.)

Klingenthore und auf der Hohenstraße erbärmliche Verwüstungen anrichtete. Auch das Gotteshaus am Markt ward ergriffen und der kleine Thurm auf demselben, der schon in vollen Flammen stand, ward noch mit genauer Noth gelöschet." So schildert hundert Jahre später Magister Leo in einer Reformationsfestpredigt am 31. Oktober 1768 das traurige Ereignis: „Ein Denkmal für die Stadt Weißenfels wegen der am 26. Oktober 1668 ausgebrochenen Feuersbrunst von M. Joh. Christian Leo, Archidiak. bey öffentlichen Früh-Gottesdienst den 31. Oktober 1768 aufgerichtet." In der neunten Strophe des 13strophigen Festpoems heißts: „Das Feuer Gottes fuhr zwar aus, zu fressen, zu verschlingen, doch baut Gott wieder Stadt und Haus, laßt uns sein Tun besingen." Doch warum in die Ferne schweifen?

Am Sonntag nach dem großen Brande hat der Superintendent Lehmann das grauenvolle Ereignis in der noch vorhandenen Predigt behandelt mit dem Titel:

„Das Brandt beschädigte Weißenfels, welches den 26. Oktober Montags gegen 12 Uhr zu Mittage dieses 1668. Jahres durch eine bey sehr starkem Winde nach Gottes Verhängnüß entstandenen grausamen Feuers-Brunst ...... in die euserste Noth gerieth und den Sonntag darauff unter dem Bilde sowol des Jairi verstorbenen Töchterleins als des blutflüssigen Weibleins auß dem Evangelium am 24. Sonntage Trinit. fürgestellet wurde von Dr. Georg Lehmann, Superint. und des Fürstl. Gymnasii Augusti daselbst Inspektor und Professor.

Weißenfels gedruckt bei Christian Hildebranden."

Die Folge waren neue Maßnahmen des Landeshauptmanns Herrn von Biesenrodt auf Schkortleben wegen Abtragung der Scheunen in der Stadt auf Kosten der Eigentümer. Jetzt wenden sich die davon betroffenen Bürger an die Herzogin „Frauen Annen Marien mit einer gnedigsten Intercession und Vorbitte bey dero herzgeliebtesten Gemahl uns in Gnade zu Hilfe zu kommen, ob uns wol dieses Jahr das vor Augen stehende liebe Getraydе in unsre Scheunen zu führen nachgelassen werden möchte". Der Termin der Abschaffung der Scheunen wurde auf Lichtmeß verschoben.

Zum Aufbau der öffentlichen Gebäude wendete sich der Stadtrat um Hülfe an den Kurfürsten, an den Landesherrn, an andere Fürsten, Grafen und Städte.

In dem abgebrannten Rathause muß sich auch eine Abteilung für die Landesregierung befunden haben, denn am 5. März 1669 antwortet Augustus auf die Anfrage, „ob Hochf. Durchl. gnädigst entschlossen seyn möchte dero Erblandes Regierung ins Künftige wiederumb dahin zu transferiren", daß er Bedenken trage, „die Regierung daselbst anlegen zu lassen".

Das Jahr zuvor hatte er sich zu Gunsten der verunglückten Stadt mit folgenden Schriften an den Kurfürsten gewendet:

„Liebe Getreue: Wir haben auf der abgebrannten Bürgerschafft zu Weißenfels angebrachtes wehemütiges suppliciren und Bitten nicht unterlassen, des Herrn Churfürstens zu Sachsen, unsers freundlichen vielgeliebten Herrn Bruders und

Gevatters Lb. den erbärmlichen Zustand freundbrüderlich zu hinterbringen und darneben zu suchen, daß selbigen auff zehn Jahre lang, alle Land — pfennig — und Tranksteuern neben denen quatembergeldern erlassen und sie dadurch zum weiteren Aufbau animiret werden möchten."

Und der Herzog sorgte dafür, daß „wo jemand wider das Privilegium an besagten Stadtrat sich gelüsten lassen würde", daß solches Verhalten „denen beschaffenen Umständen nach . . . geahndet werden soll".

Nach Ablauf dieser Gnadenfrist freilich sollen „die creditores alsdann gegen den Rat, als ob niemals eine Freiheit erlanget worden wäre . . . sich Capitals und Interesse zu erholen macht haben. In maßen bis dahin der Stadt Commune Güther pro hypotheca haften sollen. Datum Hall den 20. November 1668."

Und an den Schösser in Sangerhausen ging 1670 die Weisung: „wir haben dem Rathe zu Weißenfels dasjenige Uhrwerk zusambt der Klocke, so fürdessen (vordessen) auf unsern Hüttenwerke zu Obersdorf gestanden, in gnaden geeignet. Befehlen derowegen Du wollest . . . . dieses Uhrwerk nach Weißenfels abfolgen lassen."

Als im Jahre 1895 das Rathaus einer gründlichen Erneuerung unterzogen wurde, fand man im damaligen Bürgermeister-Zimmer den Stein mit einem lateinischen Distichon, welches das Jahr des Brandes und der Wiederherstellung in einem Chronogramm enthält:

LeVCopetra arDentes has VIDerat IgnIbVs ædes ·
ConserVet DoMInVs perVIgIL Iste noVas. Ps CXXVII.

Das Jahr des Brandes, das in dem Hexameter der ersten Zeile steckt, ergibt sich bei der Addition der lateinischen Buchstaben-Zahlen indes nicht. Die ergeben 1168. Prof. Schröter hat aber gefunden, daß, wenn der Steinhauer das D des letzten Wortes ÆDES ebenso groß gearbeitet hätte als in den Worten vorher, daß dann die Jahreszahl des Brandes 1668 sich richtig ergibt.

Der Pentameter der zweiten Reihe enthält, wenn man die Zahlen nach ihrem Wert gruppiert und zusammenzählt, das Jahr 1674. Die Inschrift heißt auf deutsch:

„Flammend in lohender Glut sah Weißenfels brennende Häuser, Gnädig bewahre der Herr wachend die neuen jetzt selbst."

Büttners Handschrift nennt das Jahr 1670 als Jahr des beendeten Rathausaufbaues.

Wie der Stadt im ganzen, so wurde auch dem einzelnen Beschädigten geholfen. Der Musikus Peter Gleitsmann hat sein Haus in der Fischgasse verloren. Er erbittet und erhält Erlaß der Zinsen der Beuditz-Kapital-Schuld und der Schoßgelder auf etliche Jahre.

In diese Zeit des Aufschubs mußte sich auch die Universität Jena finden. Ihr hatte ein freigebiger Gönner 2000 Gulden vermacht, die von dem Rate zu Weißenfels zu erheben waren. Die Universität klagt

1671 „daß der Rat zu Weißenfels mit dieser Capital-Post sich von einer Zeit zur anderen aufgehalten und solange cunctiret, biß das moratorium quinquinale, die fünfjährige Aufschubfrist eingetreten sei. Sie bittet, „daß äußersten Falles mehrgedachtem Rath zu Weißenfels gnedigst anbefohlen werden möge, daß selbiger nach Ablauf des quinquenii der Universität die ihr unterpfändlich verschriebenen Einkünfte des Ratskellers und andere Gefälle . . . so lange erheben lasse, bis die Forderung von Capital-Schulden beglichen sei, nemlich 4531 fl. 9 gr." So viel waren es im Lauf der Jahre geworden.

Naturgemäß war ja das Finanzwesen nach dem westfälischen Frieden, der dem dreißigjährigen Kriege ein Ende machte, schlecht bestellt. Aber die allgemeine Not scheint doch hier privatem Nutzen gedient zu haben.

Da schreibt Augustus dem Rat: „daß das gemeine Gut von Tag zu Tag in abnehmen gerathen, die gemeinen Gebäude übern Hauffen gehen, Kirchen und Schulen Not leiden . . . daß keiner von den Creditoren bezahlet und in Summa die Administration des gemeinen Wesens also geführet wird, daß dessen Untergang, wo nicht bei Zeiten vorgebeugt wird, in kurzer Zeit bevorstehe . . . ob wir nun wohl in Hoffnung gestünden, es würde der Rath einsten in sich gehen und diese seine zeithero übel geführte Haushaltung enden, so will doch noch keine Besserung zu spüren sein. Tragen aber ob diesem unverantwortlichen Beginnen ein ganz ungnädiges Misfallen und stellen solches zu des Raths schwerer Verantwortung."

Und woher kam die Not? Der Herzog schreibt: „Und weil die große Confusion (herkommt) von Connivenz (Vetternwirtschaft) eigennützig- und nachlässigkeit derer Einwohner, in dem durch dieselben die nahen Anverwandten und Vermögenden zu erhaltung Freundschaft und Vermeidung Ungunst herangezogen . . . als sind wir gnädigst entschlossen, die sämmtlichen Einnahmen von dem Rathe zu nehmen und einer gewissen Person gnädigst aufzutragen." Dazu waren der Reihe nach berufen: Johann Adolf Keferstein „des gemeinen Stadtwesens kundig in Rechnungssachen geübet", der herzogliche Rat und Landrentmeister Ehrenfried Klemm auf Wiedebach, Johann Gottfried Lamperswald, Abraham Lindner, Stadtrichter in Weißenfels 1677. In seiner Instruktion heißt es u. a. „er soll auf die gemeinen Gebäude sowohl Kirchen, Schulen und Hospitale ein fleißiges Aufsehen haben . . . die Rathstage aufm Rathause fleißig besuchen, seine seccion (Sitz) als ein membrum senatus (Ratsmitglied) sowohl daselbst als in der Kirche und anderen Zusammenkünften nechst dem regierenden Bürgermeister nehmen, auf alles, was da berathschlaget acht haben ... ev. dazu darumb bescheidentlich reden" im Notfalle mit allen „Umbständen an Uns berichten". Er soll das Inventarium, Einnahmen, Register, Kredite, Bücher, Rats-Gefälle und alles kontrollieren. Bei wiederholter Steuerverweigerung kann und

14*

soll er solch widrige Leuthe, ohne Ansehung der Person auf den, hinterm Rathause befindlichen, Stadthof bringen lassen . . . „Wenn an denen Stadtgebäuden etwas zu reparieren vorfället, soll der Vertrauensmann sich vorher mit dem Bürgermeister und Rat in Verbindung setzen, verständige Werkleute darüber zu rate ziehen, die Bau-Materialien zur rechten Zeit durch den Stadtvogt anschaffen . . . Auf Lehensfälle, auf veralienirung (Verkauf) der Güther soll er besonders achten."

So soll er auch den „Raths- und Weinkeller in seiner Versorgung und treuen Aufsicht haben, damit derselbe zu vorigen großen Nuzen wieder erhoben werde... gutt getränke darein verschaffet und die Bürgerschaft nebenst dem reysenden Manne jederzeit daraus nothdürftig versorget werden können. Hingegen sollen dem Rathe der dabey gesuchte accidentia u. a. sämtlich abgeschnitten und kraft dieses verbothen: Der Raths Schenke aber schuldig und gehalten sein, ihm, dem Direktori, den versprochenen Kellerzins . . . zu bezahlen. Auch deswegen womöglich Caution zu machen. Abraham Lindner ist weiter angewiesen, darauf zu achten, damit die wüsten Baustädten wieder erhoben und in Anbau gebracht werden". Er soll dafür sorgen, daß in Zukunft „unnötige Ausgaben an Zehrungen auf denen Reysen und auf den Rathaus, insonderheit die Verehrung an Wein und Gelde auf Hochzeiten wie auch bey Ankunft frembder Herrschaft" verschwinde.

Für seine Mühe soll Lindner erhalten 100 fl. zur Besoldung und hierneben die gewöhnlichen Hebegebühren.

Was Wunder, wenn sich die Federn rühren, um die Herrlichkeiten der von der fürstlichen Gnadensonne beschienenen Stadt zu preisen. Das tut M. Simon Chr. Erfurt in

„Singularia weissenfelsensia oder Besonderheiten, womit Gott der Herr Ihrer Hoch-Fürstl. Durchl. Herzogs Augusti rc. Residenz-Stadt Weißenfels Für andere nicht ohne Muthmaßung verhoffender fernere Aufnehmens begnadet, So Seinem geliebten Vaterlande zu Ehren carminice Lateinisch und Teutsch aufgesetzet v. Simon Erfurth, Archi-Diakon und Senior im 42. Jahr seines Ministerii und 70. Jahr seines Alters, Weißenfels in Verlegung Tobiae Kretzschmars, Gedruckt bey Johann Brühlen 1673."

Lateinische Hexameter enthalten die Widmung an den Administrator. Die deutschen Reimereien geben immerhin ein Stadtbild. Zwanzigmal drei öffentliche Dinge gibts jener Zeit in Weißenfels. Ich nenne etliche von den zwanzigmal drei: Drei Kirchen, drei Gerichte, drei Schulen, drei Lazarette, drei Gottesäcker, drei Apotheken, drei Gefängnisse, drei Schützenstädte (Stände), drei Quellbrunnen, drei Brücken — „drei Märkte hält man da zu gewisser Zeit im Jahre, die Wochen Märgkte auch an Bürger- und Bauerswahre" — „drey Mühlen sind vorhanden, die klappern Tag und Nacht, drei Häuser, da man braut gutt Bier mit aller Macht" — „drey Fehmstädt finden sich, da man mortificirt . . drei Wachen in der Stadt sind nützlich, wol bestellet, So etwa Feuers-Noth oder Tumult vorfällt". Mit den anderen wollen wir uns verschonen. Zu der Behauptung der zwanzigmal drei Dinge, zu dieser Thesis, gibt er eine Ekthesis oder nähere Erklärung, z. B. was er unter den drei Gerichten verstanden wissen will: Die fürstliche Regierung oder Kanzlei, das Justitien-Amt oder Landgericht, der Stadtrat. Die drei Lazarette wären ohne die Ekthesis wohl heute nicht gut zu erraten, der Verfasser versteht darunter: Die drei Hospitäler zu St. Lorenz, zu St. Niklas, zu St. Jacob. Auch die drei Gottesäcker würde mancher Leser von heute nicht gleich finden: Den vor dem Niklasthore, den bei St. Laurentius auf der Höhe an der Saale, den im Spital St. Niklas, wohin auch die Enthaupteten und Ertränkten kamen. Daß man in erster Zeit um die Marienkirche, um die Georgenkapelle, dann um das Clarenkloster begrub — liegt für Magister Erfurth jenseits der Gegenwart.

Drei Apotheken — sind die fürstlich privilegierte im Schloß, die zum Adler, die zum Mohren. Drei Mühlen nennt Erfurth: die Herrenmühle, die Brückenmühle, die Beuditzmühle, jede hatte sechs Gänge, alle drei sind herzoglich. Zwei andere — „vor dem Niklasthore, weil die eine nur zwei, die andere nur einen Gang hat und von einem Bache getrieben werden, daher auch Klatschmühlen heißen, sind nicht gezählet". Die drei Brauhäuser sind das fürstliche vor dem Klingentore, seit 1670, das am Markte und eins in der Fischgasse. Als Jahrküchen werden genannt: Die fürstliche für die fürstlichen Stipendiaten und anderen außen Gymnasio, die Rathsjahrküche auf der Burgstraße, die vorm Klingenthore, so neulichst aufgekommen. Unter den drei Schenken sind gemeint, der Raths- oder Weinkeller, der „Rautenstock" vor dem Niklastore (so Herrn Bürgermeister Müller zuständig), „Zum 11000 Jungfrauen" vorm Saaltore.

Das waren herzoglich privilegierte Schenken, denen die Schloßkellerei Wein liefert. Dadurch soll die Einfuhr fremden Bieres und Weines eingeschränkt und möglichst aufgehoben werden. Die Schloßverwaltung liefert den Eimer „tüchtigen, guten Weins um vier Thaler" und bedingt sich Bezahlung anfangs der Zahlwoche der Leipziger Messe, wie sie sich dafür verpflichten muß, keinen maßweisen Ausschank zu leisten. Der damit unzufriedene und dadurch wohl geschädigte Weinmeister setzt es durch, daß das Verhältnis wieder aufgehoben wird. Der „Rautenkranz" erhält um diese Zeit (1669) ein herzogliches Privilegium, fürstlichen Schloßwein und Weißenfelser Bier „das ganze Jahr einzulegen, beide sowohl im Hause für ankommende Gäste als auch auf die Gasse zu verzapfen". Das war viel! Von diesen herzoglich privilegierten Schenken ist zu unterscheiden der Betrieb in den Gasthöfen jener Zeit: „Zum Schützen," „Zum güldenen Creutz," „Zu dreyen Schwanen," „Zum Nelkenbusch," „Zum güldenen Ringe," „Zum Rautenkranz," „Zum schwarzen Beern" in der Klingengasse, und zu unterscheiden die zeitweise Schenkgerechtigkeit der brauenden und mostenden Bürger. Auch die Angaben der Gefängnisstellen vermittelt ein Stück Stadtbild alter Zeit. Sie befanden sich: „unterm Rathhause, uffn Zeitschen Thore, uffn Niklasthore“. Naiv ist die Bemerkung: „das uffn Saalthore ist nur ein Stüblein für erbare Delinquenten, wo zur Winternzeit geheizt werden kann.“ Als Schützenstände sind angegeben der vor dem Zeitzertore, die auf der Viehweide (dem heutigen „Bad“), „do man vorzieten nach dem aufgerichteten Vogel schoß“, und der Schießstand vor dem Klingentore, „do man in die leinerne, schwarze Wand nache weiße Mittelplatze mit Armbrusten schoß“.

Ein Jahr später gab Joh. Vulpius heraus:

„Einige der Berühmeten Alt-Teutsch-Wänd-Meißnischen Fürstl. S. Residenz Stadt Weissenfelß Sonderbar nützliche Gedächtnisse sammt Unterschiedlichen Stadt- und Landes vortrefflichen Altertums Glaubhafften Denckwürdigkeiten und merckhaften Wundergeschichten kürzlich jedoch wohlmeinend entworfen Ihr. Hochfürstl. Durchl. Seinem Gnädigsten Herrn wie auch dero Stadt und Lande zu besonderen Ehren ausgefertigt durch Johannem Vulpium, Weißenfels, In Verlegung Johann Melchior Wogau, Buchhändler im Jahre 1674.“

Vulpius beginnt mit der Behauptung, daß die Einwohner der Stadt von Japhet abstammen, daß im Jahre der Welt 3941 Drusus Germanikus hier ein Kastell erbaut, und daß Karl der Große ohngefähr 805 zu Weißenfels eine Grafschaft angerichtet. — Ausführlicher ist sein großes Manuskript in Dresden.

Wir beschließen den Abschnitt mit dem Ende des herzoglichen Paares:

Am 25. Januar 1670 war dem Oberhauptmann von Thüringen und Amtshauptmann zu Weißenfels Niclas von Jastrow zum Hohenthurm die Nachricht zugegangen: „Wir seyndt entschloßen Unserer in Gott ruhenden herzliebsten Fraw Gemahlin Lb. verblichenen Cörper sambt Unserer in Gott ruhenden drey fürstlichen Kindern, instehenden 3. Februarii von hier ab gen Weißenfels in das auf unserm Schloß ... erbaute fürstliche Begräbnis beisetzen zu lassen.“ Zum Empfange des gegen 3 Uhr hier eintreffenden Leichen-Konduktes war befohlen, „daß für der Brücken zu Weißenfels die Geistliche sambt der Schulen auch Rath und Bürgerschaft gehorsambst aufwarten und also die fürstlichen Leichen mit christlichem geläut, gesang und Proceßion aufs Schloß begleiten“. Es waren auch einige amtseingesessene Edelleute zur Aufwartung „in Trauer Habit“ verschrieben. Auch in allen Städten und Dörfern der Ephorie waren Trauerfeiern angeordnet.

Zehn Jahre später läuten die Sterbeglocken dem Administrator selbst.

Kapitel 25.

Unter Herzog Johann Adolf I. (1686—1697).

(Nr. 23 der genealogischen Tafel.)

Johann Adolf hatte das Schloß Neu-Augustusburg bezogen. Zwar war der Bau noch nicht vollendet, aber in Halle war für den Administrator kein Bleiben mehr: Mit dem Erzbistum Magdeburg war auch die bisherige Residenzstadt Halle an Brandenburg gekommen. Zwei Jahre nach dem Einzuge, am 31. Oktober 1682, wurde die Schloßkirche auf dem weißen Felsen feierlich geweiht. Glänzend war das Schloß ausgebaut worden mit herrlichen Zimmern, prächtigen Salons, mit einem Opernsaal, mit einer Rüstkammer im Flügel der Kirche gegenüber. Dazu kam eine Galerie guter Bilder, eine stattliche Bibliothek, Sitzungssäle für die Landeskollegien und vieles andere. Selbst an einer Apotheke und Konditorei fehlte es nicht.

Auf dem 1694 fertig gepflasterten Schloßhofe fanden große Lustbarkeiten und Kampfspiele statt. Ein Schmuckstück war die Kirche in ihrer Art mit aparter Orgel und großen Fürstengruft. Die auf dem Schloßhofe gegossenen Glocken hingen in besonderem Glockenstuhle, nicht in dem 1693 errichteten Turme der Kirche.

Über die reich gegliederten Hofämter gibt ein im Dresdener Archiv befindliches Aktenstück noch heute Auskunft.

Aber der neue Herr hatte es nicht leicht: Sein Erbteil war zwar ein prächtiges Schloß am Ufer der Saale — aber das stand im Schatten bedeutender Schulden. Und die Einnahmen aus dem Erzbistum Magdeburg hatten für den zweiten Herzog aufgehört. Dazu kam, daß die Ansprüche des Kurfürsten Johann Georgs III. neue, größere Verzichtleistungen verlangten. Wie die Dinge lagen, war für den Weißenfelser Hof möglichstes Entgegenkommen gegen die Ansprüche des Kurfürsten geboten. Zum Glück war der Herzog eine freundliche, entgegenkommende Natur. So ließ er dem Kurfürsten wenigstens die im herzoglichen Gebiet befindlichen Schriftsassen.

Gegen die Abtretung des Amtes Burg erhielt der Herzog Johann Adolf die Befreiung des Fürstentums Querfurt von Brandenburgischer

Oberhoheit. Darüber war der Herzog nun alleiniger, uneingeschränkter Herr. Nachdem er von dem gelösten baren Gelde eine väterliche Schuld an den Herzog von Merseburg beglichen und das dafür verpfändete Weißenfels wieder frei bekommen hatte, konnte er sich am 12. April 1688 mit dem Reichsfürstentum Sachsen-Querfurt in Wien belehnen lassen — freilich ohne einen Sitz im Fürstenkollegium selbst zu erhalten.

In Querfurt richtete der Herzog von Weißenfels alsbald seine besondere Regierung, sein eigenes Konsistorium für die Kreise Jüterbogk, Dahme, Querfurt, Heldrungen ein.

Über die damalige politische Lage der Dinge im Reiche unterrichtet uns eine im Jahre 1691 in der Marienkirche veranstaltete große Trauerfeier. Die Leiche des Kurfürsten hatte die Tore der Stadt Weißenfels passiert. Er war 1688 zum Kriege gegen Ludwig XIV. von Frankreich gezogen und war — von der Seuche ergriffen — am 12. September 1691 in Tübingen gestorben.

So war dem hohen Toten zu Ehren ein castrum doloris, eine Trauerbühne, errichtet, mit den Wappen des Toten, Sinnbildern des Todes und silbernen Gehängen geziert. Auf dem Katafalk stand ein leerer Sarkophag. Darauf lagen die Zeichen kurfürstlicher und feldherrlicher Würde. Hohe Armleuchter standen um das castrum, das ein Thronhimmel bedeckte. An den Pfeilern standen die Trauermarschälle. Der, welcher dem Toten dienstlich am nächsten gestanden, hat Stellung genommen links am Kopfe des Sarges, den er mit der rechten Hand berührt zum Zeichen der Anhänglichkeit über Grab und Tod hinaus.

Für die Stadt Weißenfels hatte die Erhebung zur Residenzstadt große Veränderungen zur Folge.

Beginnen wir mit dem äußerlichen:

Das Erste, was die Regierung jetzt ernstlich betrieb, war „die gänzliche Abschaffung aller Scheunen und deren Transferirung vor die Tore". Eine ausgestandene Feuersgefahr bot zu der alten Ordnung in neuer Auflage passende Gelegenheit. Die Milderung der Gefahr sei man denen schuldig, „so sichs durch Führung beständiger, guter Gebäude ein Großes kosten lasse". Das Belegen der Scheunen in der Stadt mit Getreide „oder ander Geströhe" soll 50 fl. Strafe kosten. Darob entstand jetzt große Not. So waren die Vorstellungen vor dem Erlasse also doch vergeblich geschehen! Vergeblich auch der beredte Erguß von Anna Augsburger, „weyl. Ambtsvoigt alhier nachgelassener Wittbe" — vergebens die Vorstellung des Bürgermeisters und Rats am 6. Mai 1682:

„Wissen wir doch, daß über 2 oder 3 Besitzer kaum zu befinden seyn, welche die alten abzutragen und anderswo neu aufführen zu lassen, ohne ihren Schaden vermögen ... zumahlen bei iezigen kümmerlichen und Drangseeligen Zeiten, da die

Contributiones aufs Höchste gestiegen und den armen Mann dermaßen enerviren, daß er sich und die Seunigen ganz elendiglich hinbringen muß, gestalt denn umb solcher Drangsaal und Unvermögens halber ihrer viel sich bei uns angegeben: ihre Häußer zu feilem Kauffe ausruffen zu laßen; auch gesetzt, wenngleich ein undt der ander des Vermögens were undt paare Mittel zum anbaw hätte, so ist doch außer der Stadt vor sämbtlichen Thoren kein platz ... zu ersinnen, zu geschweigen, daß öffters die bloßstehenden Scheunen ... durch böse Buben angestecket und eingeäschert, auch hierdurch die Städte an sich selbsten in Gefahr gesezet undt durch das flogfeuer wohl gar angezündet werden ...' Inmittelst haben wir hiesiger Stadt feuerordnung vor der Rathsstube zu männiglicher Nachrichtung und Beobachtung affigiren lassen ..."

So war der Rat tapfer, aber vergebens für seine Bürger eingetreten. Wie viel Geduld am Ende aber auch die Herzöge hatten, beweist die Tatsache, daß im folgenden Jahrhundert Schindeldächer und Scheunen noch längere Zeit auf der Liste der obrigkeitlichen Wünsche erscheinen.

Die an der Ratsstube affigierte Feuerordnung wird dem Hofe nicht genügt haben. Im Jahre 1691 erscheint eine neue, umfangreiche Ordnung in 23 Artikeln, von denen der erste verbietet, daß jemand „auf der Gasse, in Höffen und Ställen Toback rauchen, mit offenen Kohlentöpfen über die Gasse gehen soll ..." Alle Handwerke werden darin einzeln vermahnt — auch des Gymnasii Buchdrucker empfängt darin Instruktion, daß er seine Druckerschwärze an einem außerhalb der Stadt gelegenen Orte zu bereiten habe.

Kein Strohdach soll mehr auf die Gebäude gelegt werden bei Strafe der Abwerfung des Daches. Die noch vorhandenen strohgedeckten Häuser sollen mit Ziegeldachung versehen werden.

Zur größeren Sicherheit soll jeder Bürger und jeder Hausgenosse und jeder Nichtangesessene einen ledernen Eimer, jeder Hausbesitzer aber soll ein großes Faß oder Schussen, eine Laterne und einen ledernen Eimer halten. Zur Haltung der Rettungs- und Löschgeräte waren die Handwerker verpflichtet. Da gab es „messingene und gedoppelte Handspritzen", zugerichtete Schutzbretter, Feuerhaken, Leitern in großer Zahl. Mit der Lieferung der ledernen Eimer waren besonders bedacht die Schuhmacher. Am meisten waren in Anspruch genommen die Bäcker. Sie hatten von Innungs wegen Geräte zu stellen und außerdem persönliches Gerät zu halten verpflichtet.

Die jüngsten Innungsmeister waren verpflichtet, die nötigen Utensilien bei Feuersgefahr vom Obermeister abzuholen und damit zur Brandstätte zu eilen. Der Türmer „so auff den Thurm bestellet hat, da es irgends sehr dämpffet oder nach Feuer reucht, dasselbe ungeseumt vom Thurme herab zu melden". Wird der Wächter die Feuersgefahr gewahr, dann soll er „an der großen Glocke stürmen und am Tage die Feuerfahne, bei Nacht aber eine Laterne mit einem brennenden Licht (!) gegen der Gassen, da es brennet, aushängen".

Die Art der Rettungsarbeit war in 20 Punkten näher bezeichnet.

Als aufsichtführende Beamte sind genannt: der Ratsbaumeister, dessen Befehlen die Nachtwächter nachzukommen haben. Der Stadtvogt mit den Rats- und Gerichtsfronen hat sofort bei dem regierenden Bürgermeister zu erscheinen, um sich an die Brandstätte zu begeben. „Die andern Rathspersonen aus beyden Mitteln nebenst dem actuario sollen neben dem gemeinen Guths Einwohner und Gerichtsschöppen auf dem Rathhause sein ... Ebenso der Amtsvoigt und Geleitsmann auf den Amtsstuben. Der Schützenhauptmann nebst den ‚Hakenschützen' haben in ihrem besten Gewehr auf dem Markte zu erscheinen."

Zu Hakenschützen wurden 17 Bürger und ein Schützenhauptmann angenommen und durch Handschlag verpflichtet. Sie hatten bei Strafe eines Neuschocks Groschen zu erscheinen.

Auch Braumeister und Braugesinde haben sich zur Rettungsarbeit einzufinden.

Der Wachtmeister-Leutnant hat mit seinen Leuten sofort zu den Toren zu eilen. Die Gassenmeister sind verantwortlich für Fässer, Bottiche und Brunnen in ihren Vierteln. Ebenso die Obermeister eines jeden Handwerks. Maurer und Zimmerleute haben mit Gesellen und Lehrlingen „sambt Axten und Mäuerhammern zu erscheinen ... damit die Feuersglut nicht umb sich fresse". Die Pferdebesitzer sind verpflichtet, mit ihren Pferden zu den nächsten Spritzen, zu den Schleiffen mit den Sturmfässern und Röhrkasten zu eilen. Der, welcher die erste Schleiffe mit einem Faß voll Wasser und die große Wasserspritze zum Feuer führt, erhält vom Rate zwölf Groschen, der nächste acht, der dritte sechs Groschen — der erste Handanleger sechs Groschen, die erste Leiter acht Groschen. Die Bäcker und ihre Gesellen haben, sobald Feuer geschrieen wird, die Brunnen zu ziehen. Damit an Wasser kein Mangel sei, hat der Stadtvogt das Wassertor zu öffnen. Bricht das Feuer nachts aus, „daß man sich nach Notdurft in allen Gassen nicht wol umbsehen kann, so soll ein jedweder Hauswirt aus dem Hause leuchten lassen ... An den Ecken brennen Feuerpfannen und der Wirth, da sie hängen, Pechkränze dahinein zu schaffen und anzünden zu lassen und brennend zu halten, schuldig sein soll". Dem Löschungswerke hat künftig auch der Greislaubach zu dienen. Bei der „grünen Gasse vorm Niklas-Thor" wird 1702 auch eine Brücke gebaut.

Das Jahr 1690 hatte ein die Fluren verwüstendes Unwetter gebracht. Der Rat meldet dem Kurfürsten, daß am 10. Mai mittags ein Hagelwetter mit Schloßen die Stadt heimgesucht habe, so „daß auch nicht eine ganze Kornähre mehr anzutreffen ... die Wein- und Hopfenberge seien ganz ruiniert, vieler Kirchen und Bürgerhäuser Fenster seien von den Schloßen eingeschlagen ... andern Schadens gar nicht zu gedenken, anjetzo zu verschweigen".

Daß, seit der Herzog das neue Schloß bewohnt, der Reinigung der Gassen und Straßen jetzt große Aufwendung zugewendet werden mußte, wird männiglich einleuchten. Wie nötig das war, bezeugt die Schilderung in des Herzogs Anordnung vom Jahre 1680:

„Es giebt den Augenschein, wie unflätig und kothig es in dieser Unserer Residenz Stadt Weißenfels auf denen gassen und sonsten gehalten werde. Nun hätten Wir vermeinet, Ihr, der Rath sowol als die Bürgerschaft wäret nach Unserm gehaltenen Einzuge euch selbst beschieden, den Übelstand abgeschaffet ... alldieweil es aber bis dato nicht geschehen, gleichwol nicht nur die Dezenz und der Wolstand, sondern auch — da überall fast ansteckende Seuche grassiret — die hohe Nathwendigkeit es erfordert, daß man sich der Reinlichkeit ... befleiße — So begehren wir hierdurch gnädigst, doch ernstlich befehlend: ihr wollet denen Bürgern und Einwohnern sambt und sonders ... aufferlegen, daß jeder, soweit sein Haus Refier bis an die Gasse sich erstrecket, binnen acht Tagen den Koth und Unrath von der Straße säubern und vor die Stadt hinausschaffe, auch in Zukunft unabläßig also continuiren solle ... Auf gemeinen Stadtplätzen aber, sonderlich auf dem Markte wie auch in denen Thoren werdet ihr, der Rath selbst, es also zu verfügen wissen ... wofern keine Eigenthumbs Herren dazu fürhanden! es auch also zu halten und hierüber ferner noch vor eintretendem Froste die Gassen durch den Steinsetzer durch alle Straßen also einrichten zu lassen, damit der Regen und andere Wasser wol abfließen möge und zur Stadt hinaus geleitet werde ..."

Daß man auf die zur herzoglichen Residenz führenden Wege jetzt ein besonders achtsames Auge hatte, versteht sich von selbst. Der Geleitsmann Erich Piper berichtet 1693, „wasgestalt die Straßen und Wege in denen drey Ampts Stühlen Stöhsen, Mölsen, Burgwerben zeithero sehr wandelbar worden und dannenhero einer umbgänzlichen reparatur bedürfen". Man hatte bisher nach Möglichkeit die Löcher ausgefüllt mit Erde und Steinen „wo sie zu erlangen und sichs schicken wollen". Jetzt sollen die Wege durch Holzlagen gebessert werden.

Im Stadtgraben vor dem Klingentore hat sich 1696 der Hof eine ihm bequem gelegene Fischerei mit Fischerwohnung errichtet.

Nahe beim Schloß ist ein neuer Stadtteil im Entstehen begriffen: Die Zeitzer Vorstadt für das Hofpersonal. Auf den neuen Gebäuden daselbst ruhen nicht alte Lasten, auch sind die Straßen z. T. gepflastert worden.

Wieviel hat sich überhaupt im Städtchen geändert! Die erste Periode ihrer Entwickelung hat die Stadt schon länger hinter sich. Vulpius redet von Türmen, die „vordessen" hie und da gestanden, von Amtshöfen, die vorher in der Vorstadt gestanden und später in die Ringmauern eingezogen werden. Dies geschah wohl unter Herzog Wilhelm. Die alten Giebelhäuser sind verschwunden, neue Häuser mit Fronten sind gebaut, der horizontale Stil aus dem Süden hat sich verloren, Renaissance ist die Parole. An die deutsche Spätrenaissance erinnern die Rundbogen-Portale einzelner Häuser noch heute.

Nach dem dreißigjährigen Kriege war die Baulust des Bürgers dahin, waren die Städte verarmt und entleert.

Das verarmte Bürgertum wird in der Bautätigkeit abgelöst vom Fürstenstande, der eine neue Bauepoche heraufführt: Barock und Rokoko. Der Barockstil verwendet gerade Linien, liebt gekröpfte Pfeiler, geschweifte Giebel. Ein Prachtstück dieser Art ist die neue Schloßkapelle. Nach Gurlitt waren die Farben der Wände rosa und apfelgrün, war die reichlich auf denselben angebrachte Stuckatur weiß. „Den die Renaissanceempfindung anstrebenden süßlichen Tönen entspricht der Gedankeninhalt des Ornaments. Die Kirche erschien wie ein festlich geschmückter Tanzsaal: In allen Füllungen hängen naturalistische Blumengewinde, über allen architektonischen Formen geschopptes Rankenwerk, in den Rahmungen der tonnenartig gewölbten Decke schweben Engelsgestalten in meist trefflich dargestellten Bewegungen."

Das Orgelwerk war schon am Anfange der siebziger Jahre vom Dronßiger Orgelbaumeister Forner aufgestellt worden. Erst zehn Jahre später sollte es den Gesang der Gemeinde begleiten: Am 31. Oktober 1682 fand die Einweihung der Schloßkirche statt. Der Adel, die Geistlichkeit, der Rat der Stadt sind zur Feier befohlen. Schon morgens um fünf Uhr werden die üblichen Stücke gelöst, feierlich klingen die Glocken der Schloßkirche vom weißen Felsen zu Tale. Auf dem Schloßhofe lassen Schalmeienpfeifer geistliche Lieder erklingen, bis der erste Gottesdienst beginnt. Die herzogliche Familie befindet sich im Kirchgemach auf der Empore. Vor ihnen liegt der „Psalter Davids Gesangsweis auff die in lutherischen Kirchen gewöhnliche Melodeyen zugerichtet durch Cornelius Becker D. In Verlegung Jakob Apels, Buchhändlers anno 1618".

Der greise Olearius hält die Predigt im glänzenden Gottesdienste über Jerem. 31, 23b: „Der Herr segne dich, du Wohnung der Gerechtigkeit, du heiliger Berg." Bei der Kommunion „servieren" auf beiden Seiten zwei Herren vom Adel. Zur Kirchenmusik waren als Verstärkung zugezogen: von Merseburg drei Mann, ein Organist, ein Fagottist, ein Pauker — von Zeitz ein Diskantist und Bassist — von Eisenberg zwei Tenoristen — von Zittau ein Cymbalist und zwei Trompeter.

Eine Beschreibung des Schloßneubaues muß ich mir versagen.

Zu Füßen des Schloßbaues erhebt sich manch Kavalierhaus, reich an Fenstern und Türen, Portalen und Dielen am Ende des 17. und in der ersten Hälfte des 18. Jahrhunderts. Der Schloßgarten wird ausgebaut, der alte Stadtgraben am Klingentore wandelt sich um zur Hoffischerei. Er wird gespeist von der Klinge, die dem Schloßberge entspringt und zu einer Wasserkunst mit Verwendung findet.

Auf dem Wege dahin gehen wir ein Stück durch die auf kurfürstliche Anordnung „erst neuerlich schön gepflasterte Naumburgische Gasse". Dann wenden wir uns rechts „den sogenannten Teichen nach Beuditz zu", um das Lazarett anzusehen, welches der Stadtrat 1680 bei grassierender Kontagion auf einem eigens dazu vom Amte gekauften Platze aus Vorsorge errichtet. Zu Ottos Zeit 1795 wird es als Lazarett gebraucht und wohnet zugleich der Flurschütze darinne.

Der stattlichen Marien-Kirche sind die großen Glocken, die schon manchen Sturm erlebt und zwei Auferstehungen gefeiert haben (1423 und 1601), ihrem Berufe wieder übergeben.

Der Herzog hat der Kirche Altar und Taufstein gestiftet. Sie sind auch im Stile der Zeit gehalten. „Seltsam erscheint die Wahl des Königs David auf der sogenannten Kelchseite des Altars, und die des Lästerers Simei (2. Sam. 16 und 19) mit dem Steine in der erhobenen Hand auf der Brotseite."

Den neuen Altar jener Zeit bedeckt seit 1868 ein Christusbild.

Der neue Taufstein war eingefaßt von einem Säulengeländer, der Herzog hatte — in drei Raten — 225 Taler gespendet. Die feierliche Weihe geschah am 12. April 1681.

Herrlich aber ist das Taufbecken, das einige Monate später die Herzogin Johanna Magdalena stiftete. Des Herzogs zweite Gemahlin, Wilhelmine von Bünau, beschenkt dann die ehemalige Klosterkirche auch mit Taufgerät.

An dieser Kirche war 1670 die Südseite häßlich verbreitert worden. Neun Jahre später wurde die im westlichen Teile befindliche Nonnenempore abgerissen, um einer Orgel Platz zu machen. —

Daß schon 1560 die Kirche durch Hinzunahme des Brüderchores verlängert war, daran sei noch einmal erinnert.

Einfach, aber nicht ohne Wirkung, steht das neue Rathaus zu Füßen des Schlosses. Es bezeichnet die Stellung der Stadt zum Herzog und Herrn.

Das alte Rathaus war 1668 abgebrannt. Von dem 1670 erbauten neuen Rathause war der Turm schon nach 20 Jahren wieder baufällig und mußte am 16. Januar 1690 abgetragen werden. Der Hofbaumeister Christian Richter bekam den Auftrag, einen neuen Rathausturm zu bauen. Schon am 27. August wurde der neue Turm gerichtet. Nachdem der Globus, die Uhr, das Stadtwappen in den nächsten Tagen angebracht war, wurde das Haus auch innerlich erneuert und mit glänzenden Inschriften gezieret. Über die Ratsstube setzte man die Inschrift:

Augustus Caesar ad Scaurum, Dociae praefectum: Ideo te mitti scito, ut orphanorum curator, viduarum patronus, sauciorum cataplasma, baculus caecorum, omniumque pater sis, d. h. Kaiser Augustus an Skaurus den Präfekten Daziens: So wisse denn, daß Du geschickt wirst, um ein Pfleger der Waisen, ein Beschützer der Witwen, ein Umschlag der Verwundeten, ein Stab für die Blinden und ein Vater aller bist.

Am 28. Oktober 1680 wurde der Altan mit eisernem, zierlichem Geländer versehen und am 2. November 1690, am Geburtstage Herzog Johann Adolph I. wurde von dieser Stelle zum ersten Male musiziert.

Als das Altangeländer übergeben wurde, verlas Richter ein Gedicht, von dem wenigstens ein paar Sätze der Nachwelt überliefert seien:

„Es wächst, mein Weissenfels, Dein Ruhm von Zeit zu Zeiten
Durch deines Hauses Pracht, die Du läßt zubereiten
Und durch die opera, die Du läßt jährlich sehn.
Dein Thurm, des Rathhaus' Zier, so allererst erbaut,
Giebt, wenn man ihn fein recht und mit Vernunft beschaut,
Nicht mindern Preis und Ehr dem ganzen Markt und Stadt . ."

Freilich, andere urteilten anders, aber:

„Kehr Dich, mein Weissenfels also mit nichten dran,
Was ganz vergebens sagt der ungelehrte Mann
Und der so weiter nicht als nur bis Rippach kommen . . .
Drum schweig, Du Tadler, schweig und laß Dich informiren,
Daß tadeln leichter sei, als etwas zu vollführen . . . ."

Bei der Übersiedlung des herzoglichen Hofes von Halle nach Weißenfels hatten sich doch unvermeidliche Unbequemlichkeiten herausgestellt: Der Hofmarschall mußte im bisherigen Amtshause untergebracht werden. Aber wohin mit dem Amte und dem Amtsarchive?

Der Herzog weiß Rat:

„So sind wir gnädigst zu finden, daß Du mit dem Amtsarchiv als so viel Dir zu den Amtsverrichtungen davon unentbehrlich und nöthig ist, Dich in weyland Deines Schwiegervaters Behausung wenden und daselbst die expedienda in Gerichtssachen und andern Amtssachen ausüben mögest, befehlen aber dabey gnädigst, Du wollest das mit Dir nehmende Theil des Archivs an einen feuersichern Ort bringen . . ."

So zog der Amtsvogt also „in seiner Frau Schwiegermutter Wohnung vor das Niklasthor". Das paßt dem Rate aber nicht, er bittet: „Die Amtsstube und das Archiv nicht aus der Stadt transferiren zu lassen, weil doch ohnedem es dergestalt sicherer und bequemer ist." Der Hauptgrund aber liegt in den Worten: „indem sonsten der Vorteil, welcher ihnen durch die Amtsbauern und andere frembde Personen, so bey dem Amte zu thun haben, zu wächset, — den Wirthen vor den Thoren zukommen möchte!"

Wie allerliebst kleinbürgerlich das Bild sich macht! Es gehört aber, meine ich, auch solches Material zur Würdigung des Ganzen.

Übrigens blieb das Amt, trotz der Eingabe, im „Augsburgerschen Haus vor dem Nicolausthore". Aber neue Schwierigkeiten erheben sich: „So ereignet sich nun mehr dieser Skrupel, wo die hochnotpeinlichen Halsgerichte und andere dergleichen Obergerichts-actus exerciret und geheget werden sollen? . . . Es müsse auf jeden Fall doch ein Ort sein, wo das Volk in Menge zusammen kommen könne. Gerade jetzt seien beim Amte verschiedene in Haft, denen die Todesstrafe albereits zuerkannt."

Der herzogliche Bescheid erklärt, „daß sich solches auf dem Platze vor dem „Rautenkranze" am besten schicken werde". Während einer Hinrichtung solle man das Niklastor bis aufs Durchgangspförtchen sperren, Wagen und Pferde aber abhalten.

Auch eine Baustelle für ein Gefängnis nebst Bauanschlag verlangt Herzog Johann Adolf I., „damit unser Ampt deßfalls seine eigene Gelegenheit habe".

An Konflikten hin und her hat es natürlich nicht gefehlt: Wiederholt waren kurfürstliche Befehle zu militärischen Leistungen, zur Stellung von zwei Ritterpferden, zur Lieferung von Fourage, zur Darreichung von Donativ(Präsent)geldern an das Gradgericht zu Weißenfels ergangen. —

Was war das Gradgericht? Ich erinnere an Kap. 12, 6. Es war die erste Instanz des Rittergerichts für graduirte Amtssassen. Es bestand aus dem Amtsvogt, zwei Amtssassen vom Adel, aus dem Bürgermeister zu Weißenfels als Beisitzer und Gradgerichtsschöppen.

Vor diesem Gradgericht wurden „geringe Sachen, so nicht zur Verhandlung in die Rathscollegia geschickt waren, ingleichen, die sich bei denen Land- und amtssässigen Dorfgerichten zutrugen", angebracht und abgeurteilt. Im Amtshaus war das Amtslokal dieses Gradgerichts. Nach der Demolierung des Weißenfelser Schlosses bekam 1644 der Amtsvogt Fölckner die Erlaubnis, die Amts- und Gradgerichte in seinem am Markte gelegenen Hause abzuhalten. — Die Ämter führten eigene Gradgerichts-Bücher. Die „Grad-Schöppen" waren vom Augenblicke ihrer Wahl an „der Ritterdienste im Amte frei" für ihren derzeitigen Besitz. Freilich schrieb der Kurfürst 1618: „Wenn es zum Zuzuge kommen sollte, könnten wir sie auf denselben Fall des Ritterdienstes nicht erlassen." In den Bereich ihres Urteils fielen kleinere Differenzen des Adels (causae nobilium), Lehendienstsachen (scriitia feudalia), Taxen amtssässiger Rittergüter, Kontrakte, Testamente u. a.

Im dreißigjährigen Kriege „in mehrenden 30 jährigen Kriegstroublen war das Gradgericht abgekommen — nicht in exercitio gewesen!" Gegen die Wiedereinführung des alten Gradgerichts wehren sich die Schrift- und Amtssassen, als sie am 24. Januar 1700 aufgefordert werden, mit zwei Ritterpferden u. a. anzutreten.

Der Herzog stand auf der Seite der Ritterschaft.

Ein andermal schaffte die freie Reichsstadt Nürnberg Verdruß. Man hatte sich in Weißenfels unterstanden, eine Geleitskutsche der Nürnberger anzuhalten ...

Dann ist's die zur herzoglichen Residenz erhobene Stadt Weißenfels selbst, welche die Regierungsgeschäfte erschwert: Da protestiert die Gemeinde vor dem Niklastore 1682 gegen verschiedene Steuern. Auch Bürger der Stadt, die dort Besitz haben, sind dabei. Und der Rat steht auf Seiten der Bürger und wagt zu schreiben: „Können nicht umbhin nicht alleine wieder den ... Eingriff und turbation unsrer Gerichtsbarkeit ‚in optima jurisforma' (in aller Form des Rechts) zu protestiren, der Hoffnung lebende, es werde sich der Herr Ambts Geleitsmann dergleichen hinfüro enthalten und unß dies wegen solcher turbation behörigen Revers ausstellen".

Seinerseits aber klagt der Amtsvogt, daß der Rat in seine jurisdictionale eingegriffen: er habe Steuern gefordert von Häusern und Personen, die ihm nicht unterstünden. Und der in dieser Sache angerufene Herzog schreibt dem Rate: „Also empfinden wir dieses euer Vornehmen ganz mißfällig und hätten wol Ursache, dasselbe der Gebühr nach sogleich empfindlich anzusehen. Wir wollen aber für diesmal das Beste bei uns berichten lassen und befehlen hierdurch gnädig, doch ernstlich, ihr wollet euch dergleichen Eingriffe in Zukunft bey Straffe 50 Goldg. enthalten." — Der Rat antwortet wieder am 15. April 1682:

„Desgleichen sich auch hier in der Stadt öfters zuträget, daß, wann Bürger Bauerngüter besitzen und mit abgaben derer Kurfürstl. auf Landtägen bewilligten Gefälle sich seumig erweisen, unbegrüßet unserer ihnen die executores über den Hals kommen. Weil nun, was wir gethan, nichts neues ist, der Herr Ambtsvogt und Ambtsdorfffchaften auf gleiche Weise unsere Bürger traktieren, des Gerichts Herrn Vorbewußt oder Einwilligung auch die Kurfürstliche execution nicht hindern mag, alß ersuchen wir Ew. hochfürstl. Durchl. gehorsambst: Sie wollen gnädigst geruhen die diesfalls wider uns geschöpfte Ungnade fallen zu lassen ... und einen neuen modum vorzuschreiben. Bishero haben wir uns nach der Obſervanz gerichtet."

Der freundliche Herzog hat die Ungnade wohl auch fallen lassen. Denn in der Beschwerdesache der Gemeinden Dobergast, Leißling, Markwerben, Tagewerben, Burgwerben, Kriechau wider den Rat in Sachen des Weinverkaufs steht der Herzog auf Seite des Rates.

Da war die Sache die: Kein Bürger durfte nach dem Stadt-Statut andern als im Weichbilde der Stadt erwachsenen Wein einführen. Der Rat wachte darüber, daß besonders die Vorstädter keinen Dorfwein einlegten, „allermaßen jährlich etliche 1000 Eymer, wann der Wein etwas geräth in denen im Weichbilde gelegenen Bergen erbauet werden".

Hundert Jahre zuvor (1578) wurden aus dem Amte Weißenfels in die Kellerei nach Leipzig abgeführt aus den Ämtern: Weißenfels 290 Eimer Wein, Freyburg 500, Zeitz 242, Pforta 998 Eimer Wein. Im Jahre 1811 wurden in die Schloßkellerei Weißenfels noch 111 ¼ Eimer gebracht.

Die Wein bauenden Bürger und Vorstädter sollten eben den Ertrag ihrer Berge los werden. Geschah das, so lag es auch in des Herzogs und des Rats Interesse: „So versiret darunter auch Ew. Hochf. Durchl. Interesse wegen der Schloßkellerei und unsers, des Rats, wegen der Stadt-Kelleres, dessen Einkünffte eben zu Befriedigung dero Renth-Cammer und Abstattung dero ins Geleits-Amt schuldigen Posten jährlich angewendet werden. Zudem seyndt die Bürgerhäuser des Bier- und Weinschanks halber mit so hohen Kosten, Steuern beleget und diese Nahrung kommt den Vorstädtern nicht zu."

So wurde dem „Einschleiff" von Weinen, die außerhalb des Weichbildes gewachsen, Einhalt getan.

Auf einen gütlichen Vergleich, den der Herzog vorgeschlagen, war man nicht eingegangen.

Zu Augustus, des Administrators Zeit, war die Stadt darauf bedacht, den Verkauf des im Weichbilde erwachsenen Weines zur Geltung zu bringen.

Auch die anderen Vorstädter sind auf dem Platze und lassen von sich hören. Die Untergemeinde läßt 1683 ihre alten Artikel neu bestätigen:

1. Erstlich: Wenn ein Anwohner sich in die benannte Gemeinde vorm Klingenthor alhier einwendet und käuffet, soll er der Gemeinde sechs Groschen . . . erlegen.

2. Zum andern: Wenn ein Nachbar den andern ins Amt erfordern läßt, soll derselbe dem Ambtsknechte gleichwie vor Alters geschehen nicht mehr als vier Pfennige — der Geforderte aber demselben doppelt so viel geben, welches ihm, wenn er zu Ungebühr erfordert worden, der, so ihn fordern lassen, zu restituiren. Wenn aber das Amt ex officio einen Nachbar umb Begünstigungen willen fordern läßt, soll er dem Knechte Einen Groschen Fordergeld geben — davon hergegen ein jeder, wenn ihm in Ambtssachen einige Andeutung geschehen soll, befreyet bleibt.

3. Zum Dritten: Wenn in der Gemeinde eine Leiche zur Erde zu bestatten, soll ein jeder Hauswirth oder Wirthin eine Persohn schicken der Leiche zu folgen oder acht Pfennige der Gemeinde zum Nachbar Recht erlegen.

4. Zum Vierten: Wenn ein Nachbar vor seine Thür etwas von Kehricht, Schutt, Mist oder Aschen auf die Straße schüttet und ihm von den Gassenmeistern gebothen wird, solches in acht Tagen weg zu schaffen, er aber dem nicht nachkömmt, soll er der Gemeinde zweene Groschen geben — und wenn er's ferner in folgenden acht Tagen noch nicht hinwegschaffet, sondern halsstarrig einen Weg als den andern liegen läßt, mag die Gemeinde ihm mit Hilfe des Ambtsknechts die Thür ausheben und soll der halsstarrige Nachbar dem Knecht 32 Pf. dafür und der Gemeinde über vorige zweene Groschen noch vier Groschen erlegen, jedoch daß ihm drei Tage vorher das Thürausheben verkündiget werde.

5. Zum Fünften: Die Gassenmeister sollen altem Gebrauche nach alle vier Wochen in der Gemeinde von Haus zu Haus einen Umbgang halten, bey welchem Nachbar nun sie dergestalt finden werden, daß er's in der Küche nicht reine hält oder daß er Flachs, Stroh, Stoppeln und dergleichen zündende materien neben dem Ofen und Feuer-Esse liegen hat oder kein Wasser vor der Thür gesetzet, der soll der Gemeine zween Groschen und nach Befinden und Ermessung der Gefahr dem Ambte mit einem Orthshalben oder ganzen Gülden in Straffe gefallen seyn — auch, da er die Gefahr oder Nachlässigkeit dennoch nicht abstellte aller zehen tage dem Ambte und der Gemeinde solches doppelte abstatten oder gewarthen, daß mit Aushebung der Thüren oder anderen Zwangsmitteln er darzu angehalten werde, dem Ambtsknechte aber soll er jedesmahl, wenn die Execution geschieht, 16 Pf. geben.

6. Zum Sechsten: Es sollen auch die Gassenmeister samt denen acht Ältesten alle Jahr auf den Tag Stephani, wie das von Alters hergebracht, ihrer Einnahme und Ausgabe Rechnung thun, welches denn einem jeden in der Gemeinde 14 Tage zuvor zu vermelden und soll ein jeder Nachbar des bei unausbleibendem Erscheinen oder acht Pfennige Nachbarrecht erlegen — wie denn auch ein jeder, welcher der Gemeinde etwas schuldig, solches sodann abzustatten oder auch 8 Pf. zu erlegen. Thät er's aber nicht, so soll ihm mit Hülfe des Amtsknechts die Thür ausgehoben werden und er dafür der Gemeinde 16 Pf. und dem Knechte auch 16 Pf. zu geben schuldig sein.

7. Zum Siebenden: Wenn Jemand, welcher der Gemeinde etwas schuldig, in deren Versamblung die Gassenmeister und Ältesten, do sie ihn darumb ansprächen, darüber mit groben anzüglichen Reden antasten oder gar schmähen würde, der soll der Gemeinde nach Gelegenheit der Umbstände in doppeltes drei- oder auch 4 und 5faches Nachbar Recht verfallen seyn, dem Ambte seine Straffe desfalls jedesmal vorbehalten.

8. Zum Achten: Alldieweil sowol bei denen landverderblichen vormaligen Kriegszeiten als auch nachher gegen die Gemeinde-Rechte und Landesordnungen die besten Haus- und Baustätten an Außergesessene verkaufft auch wol gar Gärten und Scheunen daraus gemachet, dem Landesherrn aber die Folge und der Gemeinde der Beitrag zu gemeiner Bürde dadurch entzogen worden. — So sollen hinfüro die außengesessenen Besitzer solcher Haus- und Baustätten, da sie auch gleich in Gärten und Scheunen verwandelt worden, die nachbarlichen onera und praestanda an Schoß, Steuern, Zinsen oder wie es Namen haben mag, dennoch davon abstatten, dannenhero auch von denen Gassenmeistern desselben zeitlich erinnert und da sie innerhalb 14 Tagen keine Gestalt machen würden, ihnen die Thüre ausgehoben oder andere zu errichtende Zwangsmittel gegen sie gebrauchet werden. —

Auch ein Ansuchen der Obergemeinde vor dem Klingentore um Aufrichtung einer Gemeindeschenke vom 13. Juli 1685 möge noch folgen. Gassenmeister, Älteste und Sämtliche der Obergemeinde schreiben dem Herzog:

Sie hätten von „uhralten Zeiten her" das Recht gehabt, der Reihe nach Stadtbier einzulegen und „zu verpfennigen". Das sei eingeschlafen. Man hole das Bier jetzt in der Stadt oder bei der Schenke in der Untergemeinde. Aber auch das habe seine Schwierigkeiten, da von wegen Schließung der Tore ein Trunk Bier aus der Stadt nicht allezeit zu erlangen ist. Wir bitten darum, „nachdem unsere Gemeinde nicht alleine in 57 Häusern bestehet", daß eine Gemeindeschenke, gleichwie in der Untergemeinde errichtet und verpachtet werde. Der hieraus wachsende „Gewinnst" soll der Feuerwehr zugute kommen. —

Auch die durstige Obergemeinde vor dem Klingentore erhielt 1685 ihre Schenke.

Sie hatte sich starken Verkehrs zu erfreuen. Die Hofdiener fanden sich ein und trieben reichlichen Unfug. Herzog Christian sah sich genötigt, die „Gerechtigkeiten" sehr zu kürzen.

Im Jahre 1712 klagen sie:

„Wir sind so eingeschränkt worden, daß wir kein frembdt Bier oder Dorfbier einlegen, keine Music halten und über 9 Uhr des abendts wie auch des Sonntags keine Gäste setzen durfen, müssen hingegen alles genau veraccisieren und das Bier theuer genug einkauffen. Wir lassen uns dieses auch gar wohl gefallen, es maßen sich aber ihrer allzu viel des Bierschancks ... an, hohlen Bier wo es ihnen gefällt und stehet dahin ob es auch allzeit versteuert und veraccisirt ist. Sie setzen Gäste des Sonntags .. halten Musice .. weil nun unsere Pachtschenken dieses alles nicht thun dürfen, so kriegen sie auch keine Gäste, werden kein Bier looß, mithin können Sie uns auch keinen Pacht geben. Wann dann aber ... viele Unordnung, Unfug und Unterschleiff umb so vielmehr darbey vorgeht, weil es lauter Hoofleuthe sind, alß der Silberdiener, der Türcke, der Leibschneider und der Grenadier Krause, welche keiner Obrigkeit unterthan seyn noch Selbiger pariren wollen, also ergehet unser...

Ersuchen, Sie geruhen gnädigst die unmaßgebl. landesväterl. Verfügung zu machen, damit wir bey unserer Schenck-Gerechtigkeit cum jure prohibendi wieder die neuen Schenckstetten geschützet, diesen aber das Schenken ... gäntzlich untersaget werden möchte, denn wir tragen Sorge, daß, wenn die Ober-Steuer einmal dahinterkähme, daß wier Verantwortung davon kriegen möchten. Wir getrösten uns gnädigster Erhörung .... Mit Ew. Hochfl. Durchl. unterthänigst gehorsamst

Die Ober-Gemeinde fürnn Klingenthore allhier."

Eigenartig lagen die Verhältnisse der Georgenberg-Bewohner: der Georgenberg lag noch innerhalb der Stadtringmauern, was bei den anderen Vorstädtern nicht der Fall war, aber die Georgenberggemeinde hatte „ihren eigenen Gassenmeister, welcher die öffentlichen Angelegenheiten besorget, auch ihren eigenen Wasserbottich mit eisernen Reifen, darein das Wasser aus der Röhrfahrt von Selau geleitet wird und muß die Gemeinde solchen anschaffen und erhalten". — Diese Gemeinde unterstand eine zeitlang dem Kurfürstlichen Amte. Als der Rat 1617 die Ober- und Erbgerichte erworben hatte, blieben die Einwohner dem Amte in den hergebrachten Leistungen noch unterworfen. Das Amt konnte der Stadt gegenüber betonen, daß die Bewohner des Georgenberges „dem Rathe weder mit Pflichten verwandt, noch demselben Schoß geben oder sonsten unter ein Stadtviertel gehören, sondern außer denen Gerichten von denen Bürgern ganz separatae conditionis seien". Dieses macht der Amtsvogt dem Rate klar, als der drei Einwohner und Leinweber (1678) auf dem Georgenberge veranlassen will, das Bürgerrecht zu erwerben. Schließlich bekam aber der Rat doch Recht und wurde ermächtigt, die Bürger des Georgenbergs durch Lokalstatut zu verpflichten, das Bürgerrecht zu erwerben.

Als der Herzog am 24. März mittags ½12 Uhr gestorben und vier Wochen das Trauergeläut erklungen war, erschien am 26. Mai der Adel „im Trauerhabit ... in langen Mänteln ... alsdann wurde der Sarg mit Sand bedekket und ein zinneren Sarg verfertigt". Am 20. Juni war große Leichenfeier in der Schloßkirche.

Kapitel 26.

Unter Herzog Johann Georg (1697—1712).

(Nr. 24 der genealogischen Tafel.)

Prinz Johann Georg war bei dem Tode seines Vaters 20 Jahre alt. So übernahm August der Starke, Kurfürst von Sachsen und König von Polen, die Vormundschaft. Aber schon im folgenden Jahre ließ er am 10. Mai 1698 den Prinzen für mündig erklären und übergab ihm in Leipzig feierlich die Regierung seines Herzogtums. In Weißenfels geschah die Huldigung des Volkes und die Verpflichtung des neuen Herzogs auf die kurfürstlichen Reservate am 10. August 1699. In Querfurt, Langensalza, Weißenfels wurden Huldigungsmedaillen geprägt. Vom Könige von Dänemark ging der Elefanten-Orden ein. Das Verhältnis zum prachtliebenden Kurfürsten war so gut, daß dieser den Herzog mit der ev. Vormundschaft über den Kurprinzen und mit der Verwaltung des Kurfürstentums betraut hatte. Bei seinem Übertritte zur katholischen Kirche hatte August der Starke dem Weißenfelser Herzoge das Direktorium in den Religions- und Kirchensachen übertragen.

Am 7. Januar 1698 hatte sich Johann Georg in Jena mit Prinzessin Friederike Elisabeth, Johann Georgs von Eisenach Tochter, vermählt. Am 12. Februar zog die Herzogin ein. „Die Soldateska zu Roß und Fuß wie auch die Bürgerschaft und Defensioner stunden im Gewehr und aus den Kanonen wurde tapfer gefeuert. Den 13. Februar wurde offene Tafel sehr prächtig gehalten. Den 14. dito eine opera aufgeführet. Den 15. eine Comödie und Redoute. Den 16. Redoute. Den 17. abermals eine opera und Redoute. Den 18. der Carneval und öffentliche Tafel. Der Aufgang zum Carneval geschah aus dem Kloster durch die Jüdenstraße über den Markt zum Zeitzischen Thore hinaus und auf die Reitbahn so: 1. Ein Mohren König (so der Herzog Johann Georg selbst war) mit einer Schaar Mohren und Mohren-Musik unter einem Baldachin. 2. Der Moscowitische Czaar (war Prinz Christian) mit einer Schaar ... und Musik. 3. Eine Schaar Römer. 4. Alte Deutsche in alter Kleidung. 5. Bergleute. 6. Husaren. 7. Tartaren. Darauf der Herzog von Sachsen-Jena führet: 1. Die Türken. 2. Halloren(?), Mannes und Weibsgestalten mit ihren Rumpel Topffen. 3. Jäger mit ihren Wald- und Jägerhörnern. 4. Eine Partie Zigeuner. 5. Bauer-Knechte und Magde tanzend mit viel Geigen, Leiern und Dorfspielleuten, dabei allein 16 Baßgeigen waren. 6. Unterschiedliche Harlekins. 7. Wieder etliche Mohren, so den Aufzug beschlossen. — Den 19. Februar ist ein Thierschießen im Lustgarten und Comödie gewesen. Den 20. offene Tafel samt einer Masquerade mit allerlei Instrumenten. Den 21. ein Pritschrennen und Comoedia. Den 22. eine Wirtschaft, Fuchsprellen und Einweihung des Fasanhauses zu Beutitz. Den 23—24. Comödien und Redouten. Den 25. ein Schießen zu Langendorf. Den 26. sind die fürstlichen Herrschaften z. T. wieder abgereiset und ist ein Possen-Spiel agiret worden. Sonntags den 27. öffentliche fürstliche Tafel im Fasanhause und Redoute. Den 28. Februar eine opera und Redoute. Den 1/2. März dasselbe, den 3. März eine Bauernhochzeit." Nach mehr als drei Wochen endeten die Lustbarkeiten. — Zur Huldigung hatte der Rat zu Weißenfels eine Medaille prägen lassen, „da auf einer Seite das Hochfürstliche Bildnis, darüber die Worte: „gaudium Reipublicae" und oben die heilige Dreifaltigkeit. Unter des Herzogs Bildnisse aber die Stadt Weißenfels mit dem Saalstrome." Auf der andern Seite diese Inschrift: „Id quod sereniss. Principi ac Domino D N. Johanni Georgio, Duci Saxoniae J. Cl. M. A. et W. Domino suo clementissimo cum voto omnigenae prosperitatis Die Homagii praestiti X Augusti M. D. C. IX Humillime offerebat Senatus Weissenfelsensis."

Der Weißenfelser Hof kam in ganz Deutschland zu nicht geringem Ansehen. Der geniale und gemütvolle Fürst suchte es dem Kurfürsten gleich zu tun, unter dem die Residenzstadt Dresden glanzvoll ausgestattet wurde und das Land verarmte. Auch Herzog Johann Georg ist die Verkörperung des von ihm gestifteten Ordens „de la noble Passion" und sein seit 1705 bestallter Schloßhauptmann Hans Adam Wilke leistete ihm dabei getreue Dienste.

Die Statuten und Artikel des genannten Ordens sind gegeben „auf unserm Residenz-Schlosse Neu-Augustusburg zu Weißenfels den 24. Junii 1704". Sie waren in Folio gedruckt, „in gelben Sammet ingebunden, die große silberne Siegel Capsul dran gehänget. Forne an jedem dieser Exemplarien stehet das Bildniß des Stifters auf einem sehr köstlichen Kupferstiche. Das Titulblatt stellet eine Fama vor: in der rechten Hand das Herzoglich-Sächsische und das Fürstlich-Querfurtische Wappen, in der linken aber eine Trompete haltend, wobei man oben drüber auf einem Zettul die Worte: J'aime l'honneur qui vient par la vertu, unten aber die Worte: de l'ordre de la noble Passion zu lesen befindlich."

Die Universitäts-Bibliothek Jena hat ein Exemplar der Statuten mit den Bildern des Ordens.

Ist auch das nach des Herzogs Tode erschienene „Gespräch im Reiche der Toten“ eine Lobrede, so dient es doch zur Charakteristik. Es heißt da vom Herzoge: „Er führte jederzeit eine solche magnifique Hofstaat als ein teutscher Fürst es nimmermehr ihm gleich thun konnte! Denn sie übertraf an Pracht und galantem Wesen alle anderen fürstlichen Höfe. Die Poeten und Virtuosen in der Musik konnten an seinem Hofe ungezweifelt engagement finden und da er selbst in der Poesie und in der Musik excellierte, überhäufte er alle mit Wolthaten, die in diesen Wissenschaften sich vor andern hervortaten.“

Es ist das Zeitalter Ludwigs XIV. von Frankreich.

Ich lasse einige Proben folgen.

Harmlos ist die „Ordnung, wie es bei dem uf der Bürgerwiese über der Saale den 27. Junii Anno 1698 angestellten Vogel-Schießen aus Büchsen nach der Wundt gehalten werden soll“.

Als aber 1703 der König von Polen hier weilte, suchte man u. a. am 11. Dezember Zerstreuung in einem mehrtägigen, scherzhaften, hochfürstlichen Schützenfeste, auf dessen Art ich hier nicht eingehen kann.

Im Jahre 1705 war der einst noch zum Clarenkloster gehörige Viehhof, ein Vorwerk mit Teichen und Gärten — Terrain des späteren, nun bald aus der Mitte der Stadt verschwindenden königlichen Seminars — nach einer Reihe verschiedener Besitzer an den Herzog gekommen, „von welchem es zu einem ordentlichen Jagd- und Forsthofe angerichtet wurde“. Das jetzige Amtmann Königsche Haus war Oberförsterei. Eine große Sache war die Einweihung des neuen Jägerhauses am 26. Februar 1705. Die Nimrode aller herzoglichen Forstämter waren befohlen aus Selau, Freyburg, Eckartsberga, Wendelstein, Heldrungen, Sachsenburg, Sangerhausen, Querfurt, Ziegelroda, Langensalza, Sittichenbach, Weißensee, Dahme usw. Den ersten berittenen Zug führen der Forstmeister Bose und der Jagdjunker von Minckwitz, denen die Diener mit Pirschbüchsen zu Fuße folgen. Hiernach kommen zwei Wildmeister, vier Oberförster, reitende Förster, ein ganzer Zug Hegereuter, Grenzschützen, Forstknechte — begleitet von Waldhornbläsern.

Die zweite Suite St. Huberti hatte sich so gruppiert: Voran zu Pferde der Pürschmeister, ihm folgen Wegweiser, Nickknechte, Wendemesser, Jagdburschen, Fasanwärter. Wir sehen Jäger mit Fangeisen, 12 Anzieher mit Stickeln (?), Furckeln (?), Schlageln — „die Bärenbeißer jeder von Pursche geführt“ — acht englische Hunde — leichte Jagd- und Meisterei Hunde, der Büchsenwagen mit vier Pferden bespannt . . .

Der Zug bewegt sich durch die Saal- und Jüdenstraße über den Markt, am neuen Ballhause vorüber, durchs Klingentor, „dann zum hinteren Schloßthore herein über den Schloßplatz auf die kleine Reutbahn. Von da geht der Zug durch die Burg- und Nicolaistraße nach dem Jägerhause. Da steigt man vom Pferde, ordnet und gruppiert sich. Die Wache commandiert der Oberhofförster von Selau und der Hegereuter von Mölsen. Waldhörner und Hautbois empfangen den erscheinenden Hof mit schmetternden Fanfaren. Wie es den Anschein hat, ist ein Jagdfest an Ort und Stelle veranstaltet und zwei Hetzen waren vorgesehen. „Wann Se. Hochfürstliche Durchlaucht sollte einen Bären fangen, ziehet der Pürschmeister voran."

Die Tafel hatte entsprechend waldmännischen Zuschnitt. „Das Essen trägt und gehen vor die beiden Waldmeister und etliche so blasen ... Den ganz gebraten Hirsch tragen achte ... ebenso das ganz gebratene Schwein ..."

Den Glanzpunkt aber bilden 1708 die Festlichkeiten zur Hochzeitsfeier der Schwester des Herzogs: Magdalene Sibylle mit Herzog Johann Wilhelm von Sachsen-Eisenach. Am 28. Juni und 3. August fanden Aufführungen statt: „Donna violanta oder der Spiegel keuscher Damen in einer opera auf dem Hochfürstlichen Schau-Platze vorgestellet" und Selimoene und Cloridan in einer Operette und grand Ballet zum Schluß.

Den Mittelpunkt der rauschenden Festlichkeiten bildete am 31. Juli die Eröffnung des neuerbauten Reithauses, des 400 Fuß langen und 60 Fuß breiten heutigen „Magazins". Seit April 1706 war daran gebaut. Meister und Gesellen hatten wiederholt um Auszahlung des Lohnes und Verdienstes vorstellig werden müssen: „Wir armen Leute bei itzigen schwedischen schweren Zeiten wissen nicht gewiß, wenn wir unsern verdienten Lohn, welcher nach der Bibel nicht einen Abend vorgehalten werden soll, bekommen werden." Der Fischer Johann Paul Mund wartet auf das Geld für Holzlieferungen und drei Jahre nach der glanzvollen Einweihung wartet Hans Jahn noch auf Bezahlung von Steinhauerbeit, in Sonderheit für „Säulen dorischer Ordnung".

Die Gäste bewundern den gewaltigen Bau und studieren die lateinische Inschrift:

In Ducalis Aulae ornamentum, Heroice virtutis et juventutis incitamentum usum et commodum, Serenissimus Princeps Johannes Georgius Dux Sax. Querfurth. Palaestram hanc Equestrem exstrui curavit Eamque absolvit feliciter: An. post. Chr. R. M. D. CCVIII.

„Zur Zierde des Herzoglichen Hofes, zum Antrieb, Nutz und Frommen heroischer Tugend hat der Durchlauchtigste Fürst Johann Georg, Herzog von Sachsen-Querfurth, diese Reitschule errichten lassen und glücklich vollendet im Jahre 1708 nach Christi des Heilands Geburt."

Ein viele Bogen langes Festprogramm erschien zur Eröffnungsfeier.

Der Titel des Festprogramms lautet gekürzt:

Neu erbautes Reithaus.

Des Durchlauchtigsten Fürsten und Herre, Herrn Johann Georgens ... Noble Pferd- und Waffen Exercitia, worinnen und zwar am Beylager des auch Durchlauchtigsten Fürsten und Herrn, Herrn Johann Wilhelms ... mit ... der Princessin Magdalene Sibyllen, Hertzogin zu Sachsen ... die VII Planeten als Maintenitoren und Nimrod, erster Monarche der chaldäischen, aßyrischen und Babylonischen Reiche nebst seinen 36 Nachfolgern als Avanturiers zu dem neu erbauten Reut-Hause an der Neu-Augustus-Burg zu Weissenfels Bey angestelltem Maintenir-Ring und Quintan-Rennen, auch prächtigem Aufzuge den 31. Juli Ao. 1708 sich präsentieren.

Weissenfels, Drucks Joh. Christoph Brühl, Hoff-Buchdr.

Nach einer „Nota" folgt Sr. Hochfürstlichen Durchlaucht Notification an die Herren Mit-Renner, an die freundlich-vielgeliebten Herren Vettern und Brüder, wie auch Hoch- und wohlgeborene Veste, besondere lieben Getreue.

Dieser herzoglichen Ankündigung, die u. a. „die fürstlichen dames" ersucht, „nicht allein als Zuschauer, sondern auch nach geendigtem Rennen ... den Zierdanck auszuteilen ..." folgt eine bogenlange Ankündigung Nimrods, des „Ersten Monarchen der chaldäisch, assyrischen und Babylonischen Reiche" gegen die VII Planeten: .... „Eins ist es was uns antzo ... Unsere niehmals ermüdete Tapferkeit abzuschneiden scheinet, uns in unserer Gruft beunruhiget und aus denen Elisäischen Feldern wieder herfürzukommen nöthiget. Es sind die Götter und Göttinnen: Sol, Luna, Mars, Mercurius, Jupiter, Venus und Saturnus. Diese begeben sich von ihrem Sitz in die Welt und zwar an den Saal-Strohm allwo ... der itzige Regent ... ein neues Reut-Hauß aufgeführet hat" ... Dieser angedeuteten Ankündigung Nimrods folgt eine fast gleichgroße, bogenlange von „Sol mit den andern Planeten": „woferne jemahls dem menschlichen Geschlechte was Gutes begegnet ist, so ist es von uns ... allmassen denn dieses aus Unserer Gegenwart genugsam erhellet, da wir den Himmel verlassen, uns bey ... an der Saale einfinden und denen ... Ritterspielen in dem Neuerbauten Reuthauße beywohnen wollen ... wollen Uns dem menschlichen Urteil oder Richtern gutwillig unterwerfen ..."

Dann ist im Festprogramm der Aufzug im einzelnen erklärt, der dem Rennen vorausging: Nimrod (Prinz Christian) wird nach dem neuen Reithause geleitet. Er fuhr in einem sechsspännigen, von Dienern und zwei Riesen begleiteten Wagen. Hinter ihm schritten seine (Nimrods) 36 Reichsnachfolger. Diese Gruppe bildete die erste Esquadrille. Die folgende zweite stellt die Gegenpartei Nimrods dar: Merkur zu Pferde wird dargestellt vom Herzog Johann Georg selbst mit großem Gefolge, ich nenne nur die sieben freien Künste, zwölf Bergleute zu Pferde, die „Maschine eines Berges", d. h. ein im vollen Betriebe befindliches Bergwerk. Mehr als 80 Personen waren hier allein im Gange, nur Phaëton, des Helios Sohn, sei erwähnt.

Die nächste große Rolle nach Serenissimus spielt Sol — Se. Durchl. Prinz Friedrich Erdmann zu Sachsen-Merseburg. Seinen von vier Pferden gezogenen Wagen lenkt Aurora selbst, begleitet von den vier Teilen der Welt und den zwölf Monaten des Jahres. Dem Sol folgt zu Pferde Aktäon, den Chiron zum Jäger gebildet, der einst Diana im Bad überrascht und von den erzürnten Göttern in einen Hirsch verwandelt ward. Lakaien mit Lanzen, Jäger mit Waldhörnern zu Pferde, hundeführende Jägerburschen, Hautboisten — an 40 Personen umgeben Aktäon, den Geleitsmann des Sol.

Die andern Götter werden dargestellt aus dem Adel des Hofes: Diana von Herrn Oberstleutnant von Minckwitz, auf einer Maschine von zwei Hirschen gezogen, von Nymphen und Waldmenschen und 16 Jägerburschen, so „blasen", begleitet. Ihr Ritter ist Herkules zu Pferde, von lanzenbewehrten Lakaien, Trompetern mit Trophäen zu Pferde umgeben. — Mars, der Oberst von Bünau, wird zu Wagen von drei Rappen gezogen, die Kriegsgöttin der Römer Bellona leitet selbst die Pferde, starke Gesellen mit langen eisenbeschlagenen, eisengezackten Keulen, sogenannten Morgensternen, eine Kompagnie mit Rücken- und Bruststücken umgeben den Kriegsgott. Sein Ehrengeleite ist der Liebling des Zeus, Ganymed, der vom Adler zum Himmel entführte.

Auf einer Maschine, „so selber gehet", thront Jupiter, den Ober-Stallmeister von Tyroff darstellt, begleitet von den vier Elementen. Den Ehrendienst bei ihm verrichtet Adonis, der schöne Jüngling der griechischen Sage, von flöteblasenden Nymphen geleitet.

Der Reisestallmeister von Marschall hat sich verwandelt in Venus. Sie ruht in einer von zwei Schwänen gezogenen Muschel „worauf zwei Amouretten sitzen", zu Füßen Cupido, ihr treuer, verschmitzter Gehilfe. Grazien, römische Kavaliere, Männer mit Brandhörnern, Frauen Hand in Hand umrahmen die Gruppe. — Saturnus aber tront auf seiner Maschine — begleitet von den vier Hauptwinden und von den vier Altern des Menschen. — Nur Adlige mit 16 Ahnen, im Kriege erprobte Militärs durften teilnehmen. Alle erschienen maskiert. — Nach erfolgtem Aufzuge erteilt Merkur unter den Klängen der Musik „das Cartell", d. i. die besondere Ankündigung an die Fürsten, „machet darauf ein kurtz carocoll und retiriret sich zum andern Thore wieder hinaus." „Wann solches vorbey wird die ouverture mit Trompeten, Pauken, auch etlicher 50 Instrumental-Stimmen angefangen, unterdessen stellet sich die Maschine der Zeit in die Mitten und ihr zur rechten die Maschine Solis, Junae, Martis, zur linken aber die Maschinen Jovis, Veneris und Saturni." Ingleichen Nimrod mit 36 Nachfolgern in einem halben Mond hinter der Maschine der Zeit, der Chor der Helden und Amazonen aber teilet sich um den Berg herum, darauf der Prologes erfolget." Dieser musikalische Prologus und Glückwunsch zur Einweyhung des Neuen Reut-Hauses umfaßt acht Druckseiten.

Nach beendetem Prolog wurden die Maschinen hinausgebracht, die Schranken und Ringsäulen durch verkleidete Sklaven herbeigetragen. Die beiden Esquadrillen ziehen ein und dreimal um. Aus der Indicierloge wird das Zeichen zum Anfang gegeben, noch drei Appelle eines Trompeters und das Rennen beginnt. In 31 Artikeln waren die Vorschriften dazu aufgestellt. Nur „schutzmäßige" Pferde, nur von den Richtern ausgewählte Lanzen durften verwendet werden. Außer Geldpreisen war auch ein Kranz, „der Zierdank", ausgesetzt. Den überreichte am nächsten Tage bei Tafel eine Dame dem, der sich am zierlichsten gehalten.

Durch den Herzog hat alles in der Stadt einen großen Zuschnitt bekommen.

Stattlich nehmen sich die neuen Gebäude und Anlagen aus. Zum neuen Ball(spiel)haus für die Prinzen ist 1700 der Grundstein gelegt. Der Herzog hat das an Wandlungen schon reiche Haus vom Kanzler Bünau erworben. Wahrscheinlich führte eine Treppe zu dem zu Füßen des Schlosses liegenden Grundstücke herab, der heutigen Superintendentur.

Ein neues Gartenlusthaus war entstanden:

„über der Tür sind gemalt zwei sitzende Statuen, deren eine das Fürstl. S. Wappen mit dem Rautenkranze, die andere aber einen Schild mit Herzogs Namenbuchstaben und einen Gürtel mit der Jahreszahl (1700) MDCC hat. Der Fußboden ist von Estrich. Die Wände sind gemalt: Im Osten erblickt man den Frühling, im Süden den Sommer, im Westen den Herbst, im Norden den Winter, darunter die Alter des menschlichen Lebens. In den vier Ecken stehen auf Postamenten vier Pyramiden chinesischen Porzellans, „so aus Engelland bracht worden". In den Fenstern gegen Osten und Westen stehen schöne Vogelbauer mit fremden Tieren. Die Decke schmückt ein Apollo auf seinem Wagen, Amoretten spannen ihm die Pferde aus."

Sinnend schaut dem zu die Gestalt der Geschichte.

Das Fürstenhaus (Stadtrat Pätzolds) wird gebaut. Den Schützen, die er schon 1698 mit einem steuerfreien Biere begnadet, als der Kammerschreiber Bege den Mann gewinnt, läßt er für das vor zehn Jahren vom Sturme zerstörte 1702 ein neues Schützenhaus bauen. Neue Akzise- und Torwachhäuser verschönen den Eintritt in die Stadt.

Den Ausbau des gewaltigen Reithauses hatte Johann Georg ja auch vollendet.

Die Kuttelpforte läßt er zu einem Schifftore ausbrechen, das den Stadtwassergraben durch einen Kanal mit der Saale verbindet und zum Hafen für eine zierliche Flottille macht.

Die Eremitage im Langendorfer Grunde, „welches in Gebüsche sonderliche nach Art der Einsiedler aufgeführte Lusthäuser waren, dazu

Ihro Durchl. Herzog Georg 1702 ein Haus hinbauen lassen, darinnen ein Bedienter wohnen und auf erwehnte Lusthäuser Achtung zu haben verpflichtet war, wobey ihm Bier zu verzapfen gnedigst nachgelassen." Anno 1705 wurde . . . noch ein Lustgebäude daneben erbauet, eine hohe Stange aufgerichtet und den 5. August ein großes Vogelschießen angestellet nebenst einem freien Markte. Am 23. Juli erschien folgender Ukas:

„Auf Hochf. gnedigsten Befehl ist den nachkommenden 5. Augusti alhier ein großes Schießen nach dem Vogel auf der Stange aus gezogenen Büchsen angeordnet, wobey nicht allein die von den Städten dazu deputirte sondern auch Frembde admittiret und zugleich in dem Langendorfer Grunde ein freier Markt gehalten . . . welches mittelst Ertellung dieser Freizettel zu jedermanns Nachricht hiermit wissend gemacht wird. Weißenfels den 25. Juli 1705."

Es ward eine Kletter-Stange nahe Ihro Hochfl. Durchl. Lustgemach oder Grotten-Haus aufgerichtet und sonst mancherlei Ergötzlichkeit begonnen. Es waren auch unterschiedene angelegte Springbrunnen wie auch von Orangerie-Bäumen gesetzte Gänge da zu sehen.

Und in dem über der hohen Landstraße, dem ganzen jetzt von der Burgstraße durchschnittenen Gebiet bis zum großen Reithause, der herzoglichen Palästra, im damals herzoglichen Weinberge „überm Schlosse an der großen Reitbahn", stand das Lustgebäude Ryßel. Es war nach Erstürmung der niederländischen Festung Ryßel (Lille) „bey hochf. Geburtstagsfeier die Bestürm- und Eroberung solcher Festung fürzustellen gebauet". —

Gravitätisch schreiten die Stadtdefensioner daher. Der Rat hat erreicht, was er gewünscht, er stellt sie jetzt selbst.

Ihre Montur war aus 5 Ellen grauen Tuchs gefertigt, das aus Freyburg a. U. bezogen wurde. Sie hatte besondere Aufschläge und Kragen. Zwei Dutzend messingne Knöpfe hoben den mit Kamelhaar gepolsterten und leinwandgefütterten Rock. Im Jahre 1730 bekamen sie Patronentaschen an Bandeliers, auf der linken Schulter getragenen Riemen und Degenkoppel. Schon 1718 hatten 16 Stadtdefensioner mit „messingenen Gefäßen Degen empfangen". Ihrer acht hatten täglich die Wache in den vier Stadttoren, die von Ostern bis Michaelis morgens um 3 Uhr geöffnet und abends nach 10 Uhr geschlossen werden — sonst je eine Stunde später. Sie bekamen an Löhnung monatlich 2 Taler 12 Silbergroschen, wovon aber 8 Silbergroschen „vor die Mondour" und 6 Groschen für den Gerichtsdiener „vor Einbringung derer Wachegelder" abzugeben waren. Sie wohnten — der Billigkeit wegen — meist vor den Toren.

Im Jahre 1737 erinnern sie den Rat in einer Eingabe, daß ihre Vorfahren alle zwei Jahre einen Mantel erhielten, daß der „Hutchens Margk" wöchentlich einen Taler und der „Visirstab" deren zehn einbrachte. Heute (1737) gelte nur noch das Gerstemessen zum Brauen, sei aber auch sehr schlecht bezahlt.

Trotzdem waren die Bewerbungen um solchen Stadt-Defensioner-Posten zahlreich genug. Freilich, nicht immer die Robustesten meldeten sich zum Dienste.

Die Chroniken melden hohen Besuch in Weißenfels unter Herzog Johann Georg, „indem nicht nur der russische Kaiser Peter I. oder Große 1701 und der Erzherzog Karl von Österreich, nachher römisch-deutscher Kaiser 1703, sondern auch Ihro Königl. Maj. in Pohlen und Churfürstl. Durchl. zu Sachsen Augustus II. als naher Vetter Besuch allhier abgestattet haben . . ." Festreich war das Jahr 1703, vom untertänigen Glückwunsche des Rates am ersten Tage des Jahres bis zum Ende. Drei Ereignisse treten besonders in den Vordergrund und bewegen die Gemüter der Bürgerschaft: Der neue Hafen, der Besuch des russischen Kaisers, das vierhundertjährige Kirchenjubiläum. Darüber berichtet Vulpius:

Bald nach Ostern ließen Ihro Hochfürstl. Durchl. ein groß fürstl. Lustschiff mit Masten und Tauen und was zu einem Seeschiff nötig ist bauen, schön malen, mit kleinen Stücken (Kanonen) besetzen und hielt am Sonntag Cantate die fürstl. Lustschiffahrt bei Trompeten und Paukenklang auch Stücke-Knall von Freyburg auf der Unstrut bis in die Saale auf Weißenfels.

Den 15. July celebrirte der Hof „in Begleitung etlicher Kahne voll Grenadirer und Soldaten in dero Lustschiff auf dem Saalstrome eine fürstl. Lustschiffahrt von Weißenfels bis Reuschberg, da sich Trompeter und Pauker, Schallmeyer und Hautbois samt den Stücken und Flinten lustig hören ließen." Anno 1710 kamen für Ihro Hochfürstl. Durchl. noch mehr Schiffe an.

Es hatte dem Herzog daran gelegen, auch diesen Glanz bei der Anwesenheit des Österreichers entfalten zu können.

Um Michaelis traf der Erzherzog von Österreich, der nachmalige römische Kaiser Carl hier ein und wurde „unter dreimaliger Löfung 24. Kanonen unter sich complimentirt, vor dem äußersten Schloßtore stand die Grenadier-Garde, auf dem Schloßplatz die Schweizer-Trabanten-Garde und auf der gr. Galerie vor dem Tafelgemach der Oberst und Commandant zu Heldrungen, Herr von Bünau, mit der Garde du corps. Der Herzog mit ganzem Hofstaate empfing den König von Spanien an der großen Treppe und wollte ihm die Hand küssen, welches aber dieser nicht annahm, sondern den Herzog embrassirte. Darauf ist die Herzogin . . . zu dem Könige kommen, welchen allen derselbe eine gnädige Reverenz machte . . . Bey der Mahlzeit praesentirten der Hertzog dem Könige das Wasser, welches er aber nicht annehmen wollen. Nachdem Se. Majestät von zwei Gerichten genommen, sind Sie nach gemachtem obliganten Compliment gegen den Herrn Herzog aufgestanden . . . die Tafel war mit vergüldetem servis besetzet . . . Abends um 9 Uhr hat der König alle Cavalliers und Dames zum Handkuß gelassen . . ." Es war so: „Niemals ist Weißenfels volkreicher, niemals mehr Nahrung darinnen gewesen als unter seiner Regierung. Die prächtigen Aufzüge, Schlittenfahrten,

Redouten, Opern und Comoedien, die kostbaren Feuerwerke zogen so viel Fremde her, daß man meinte, man habe nichts Schönes gesehen, wo man nicht Weißenfels gesehen."

Das Bürgertum hat sich in einem halben Jahrhundert erholt von den Folgen des großen Krieges. Die Sitten sind milder geworden, das Fühlen menschlicher, das Wohlwollen sichtbarer. Der Besitzer der Hirschapotheke Peter Treckel kann 1710 für Studierende jährlich 20 Taler stiften. Bedeutungsvoller war die Tatsache, daß der ästhetische Herzog die Aufhebung des Staupenschlages anordnete.

Der Bürger hat wieder Freude am Leben. Sonntags spaziert er nach dem Heinzischen Garten hinter der Herrenmühle als zu einer Milchinsel, vielleicht geht er auch noch ein Stück weiter, hinauf zum Gollenhölzchen beim Tschirnhügel, um sich in der „ledernen Trompete" dann bei Bier oder Wein gütlich zu tun. Man spricht vom Kaffeebaum, von seinen immergrünen Blättern, duftenden Blüten und Beeren, die geröstet, gemahlen, mit heißem Wasser übergossen ein anregendes Getränk geben sollen. Wirklich habe man, so berichten Reisende, in Leipzig und in Nürnberg Kaffeehäuser errichtet. — Auf dem Heimwege betrachtet man von unten den Neubau des Amtsgeleitsmannes Rausch, der von der Höhe herunter grüßt, Neupulschitz soll er heißen. Man steht und kritisiert, indes die Kinder sich am Wolfsbrunnen zu schaffen machen.

Von den Reichen kommt naturgemäß das Gespräch auf die Armen. In Halle habe sich ja ein Pastor und Professor, namens Francke, der verwilderten Kinder angenommen und für Verwaiste ein Waisenhaus begründet, das in großer Aufnahme sei.

Das Allerneueste auf diesem Gebiete und das Allernächste war des Weißenfelser Fuhrmanns Buchen Plan: Das im Kleinen zu tun, was in Halle so groß geschah.

Am 5. Mai 1710, am Geburtstage der Herzogin, war der Grundstein zu dem Langendorfer Waisenhause gelegt worden. Mit vier Waisenkindern zog Buchen 1712 ein. Er hatte sich an Herzog Johann Georg um Überlassung des Platzes gewandt. Und der förderte das fromme Werk:

„Allermaßen Wir nun zur Beförderung dieser heilsamen intention ermelter Christoph Buchen den questionirten Platz nach der in der registratur Fol. 5. determinirten Länge und Breite dergestalt zugeeignet und überlassen haben wollen, daß er solchen zu keinem andern ende als zu auffbauung eines Waißenhauses gebrauchen, hingegen aber sich der einsezzung nachtheiliger Handwercksleuthe und anmaßung anderer, der Stadt und gemeinem Wesen präjudicierlicher Dinge seinem Erbieter gemäß gänzlich enthalten, auch grund und Boden Uns nach wie vor verbleiben solle . . ."

Der Herzog gab noch bares Geld dazu, die Herzogin tat „allen möglichen Beystand", christliche Freunde taten ihre milde Hand auf.

Im Jahre 1728 kann Buchen auch dem Herzog Christian für das neue Schulhaus danken, „welches Gott zu Ehren gebaut wird und wozu

Ew. Hochfürstliche Durchlaucht als unser lieber Landesvater 50 Thaler gnädigst gewidmet und geschenket haben".

Heller strahlt da aber noch in der Reihe der Förderer des Waisenhauswerkes in Langendorf der Name des Anstaltsgärtners Dunkel, der sein ganzes erspartes Vermögen — 1000 fl. — der Anstalt vermacht. Als Buchen starb, betrauerten 45 Waisenkinder den Tod ihres Vaters.

Herrlich ist die lateinische Inschrift seines Grabsteines aus seines Pfarrers Chryselius Geist und Herz. Die Antithesen darin sind überraschend wie die Augustins:

Ecce viator tumulum singularem!

Tumulum defuncti beati Christophori Buchii, qui omnia reliquit, ut Christum sequeretur, qui Christum secutus est, ut omnia relinqueret. Sine studiis Theologus et sine eruditione Doctor. Doctus pietate et experientia, prudentia et sapientia clarus. Semper Eleemosynes dives, ut ditaret orphanos pauper, dives ut pauperibus daret. Exosus a multis acceptus. Praeter multos labores habuit nihil et nihil habendo dives fuit. Orphanorum nutritor et auctor Orphanotrophii. Orbus quid meruit

Tumulum singularem!"

„Einen ganz besonderen Grabhügel schaust du, o Wanderer: Den des selig entschlafenen Christoforus Buchen. Alles verließ er, um Christus nachzufolgen, Christus folgte er, um alles zu verlassen. Er war ein Theologe ohne Studien, ein Doktor ohne gelehrte Bildung. Gelehrt war er in sanftem Sinne und reicher Erfahrung, erleuchtet durch Klugheit und Weisheit. Immer an Erbarmen reich — arm, um Waisen reich zu machen, reich, um Armen zu geben. Verstoßen, ist er von vielen aufgenommen. Er hatte nichts außer viel Mühen und der nichts besaß, war doch reich: Der Waisen Ernährer, ein Begründer der Waisenpflege! Was hat der Tote verdient? Einen ganz besonderen Grabhügel."

Eine systematische Fürsorge für die Armen war versucht: Seit dem Administrator Augustus war man bemüht, die Armenpflege zu ordnen. Dahin zielte des Herzogs Erlaß vom Jahre 1675, der die Bildung einer Armenkasse zur Folge hatte, die aus den freiwilligen Beiträgen Einzelner gespeist wurde.

Ergänzt und erweitert wurde der Versuch in Herzog Johann Georgs „Almosen- und Bettelordnung für die Residenzstadt Weißenfels und für die Vorstädte" vom Jahre 1700. Er hatte der Armenkasse noch neue Quellen erschlossen, ihre Verwaltung geregelt. Es hatten schon 1699 die Vertreter der Stadt und der Kirche dem Herzog berichtet: „Was gestalt das Betteln vor denen Thüren in hiesiger Residenzstadt, wodurch eine Land- und Creuzstraße gehet, dermaßen über Hand genommen, daß die Inwohner ohne Ungeduldt es nicht länger vertragen können, auch sich wegen der Menge und des ungestümen Umlaufes halber an manchem Dürfftigen mit Worten versündigen." Die umliegenden Orte Leipzig, Pegau, Merseburg, Zeitz, Naumburg hätten Almosenkassen aufgerichtet, ließen keine fremden Bettler ein, sondern versähen sie an den Toren ... So solle eine neue Almosenkasse „stabiliret", das Quantum der Beiträge „ex officio angesetzet und die Bettler vor den Thoren mit einer Beisteuer begabet werden".

Am 29. Dezember 1700 war in Kraft getreten die „Allmosen-Ordnung und Armen-Verpflegung der Residenzstadt Weißenfels". Die Bettelvögte hatten alle Hände voll zu tun. Über dem politischen Horizonte haben sich inzwischen die Wolken des nordischen Krieges zusammengezogen, der Schweden von seiner im dreißigjährigen Kriege erworbenen Großmachtstellung für immer stürzte.

Im Jahre 1706 war das schwedische Heer zur Ruhe in die Winterquartiere über das ganze Kurfürstentum Sachsen verteilt. In Merseburg lagen die Leibdragoner, in Weißenfels und Hohenmölsen das Schonische Kavallerie-Regiment.

Hören wir Vulpius:

„Der Herzog Johann George ließen die auf hiesigem Schlosse befindlichen Canonen von hier nach Heldrungen führen, alle Mobilien einpacken, decumenta und acta wohl verwahren. Die andern Personen flüchteten mit ihren Mobilien nach Halle, Weimar, Erfurt. Die Kuttelpforte wurde auf Gutbefinden des Obristen von Bünau zugemauert. Dreimal in der Woche ist Betstunde. Bald darauf fuhren der Assessor von Geißmar, der Amtsvogt Just und der Syndikus Auerbach der Schwedischen Generalität entgegen, daß sie des Landes und der Stadt bestes suchen sollten...

In Leipzig kam der fürstliche Geheimbte Rath von Christell zu ihnen aus dem Schwedischen Lager mit der Versicherung, daß vor (für) Weißenfels alles sollte gut werden, sie möchten nur immer wieder zurücke reisen. Auf ihrem Rückwege begegneten ihnen vier vornehme Schweden bey Lindenau, welche nach Leipzig ritten und worunter der König selber war, der eben von Weißenfels kam.

Am 23. September wurde hiesiger Bürgerschaft angedeutet, daß 400 Mann und 800 Pferde von denen Schwedischen in der Stadt sollten einquartieret werden, weil aber der Bürgermeister Ponicke der Stadt ihre Armut und Unvermögen vorstellete, wie unmöglich 800 Pferde unterzubringen wären, so werden sie damit verschonet und der General-Quartier-Meister bekam zum gratias 100 Sieges-Dukaten — dazu 1 Hauswirt 1 Thaler, ein Hausgenosse aber 16 Gr., auch 12 Gr. biß 8 Gr. und 6 Gr. contribuiren müßen.

Unser Herzog Johann George haben sich sehr väterlich erwiesen, indem sie viele kostbare Präsente an die Schwedische Generalität versendet und erhielten dadurch die Versicherung, daß Weißenfels weder Fourage noch Contribution liefern, sondern nur dem Amte einen Zuschuß tun solle."

Allein auf Angaben des alten Herrn von Hoymb auf Dronßig mußten sie dann doch alle rückständige Monate nachzahlen. Schon am 25. September mußte die Stadt für die Schweden u. a. 1000 Pfund Fleisch, 1660 Pfund Brot, 220 Pfund Speck, 10 Faß Bier liefern. Jeder

Soldat erhielt, hatte zu fordern täglich zwei Pfund Fleisch, ein Gericht Gemüse, zwei Pfund Brot, ein halbes Pfund Butter oder Speck, drei Kannen Bier. Der bis zur Tollkühnheit tapfere Schwedenkönig hatte zwar die Manneszucht wahrende Bestimmungen erlassen, ließ täglich zweimal Betstunde halten, die Mannschaften exercieren und ihren Wirtsleuten behülflich sein. Als aber infolge der hohen Contributionen die Vorräte auf die Neige gingen, als die Schweden die öffentlichen Kassen leerten und die sächsischen Hauswirte ausgesogen waren, da begannen nach kurzer, allzukurzer Zeit die Exekutionen: das Vieh wurde aus den Ställen getrieben, die Pferde bekamen ungedroschenes Getreide als Streu. In Bibra legten die Schweden sogar Feuer an, das 39 Häuser zerstörte. Wohlgekleidet, wohlgenährt verließen die verhungert Eingezogenen das Sachsenland."

Als sich der Herzog hier wieder eingefunden, feierte man am 6. Oktober 1707 ein Dankfest, von dem das Dresdener Archiv die Beschreibung besitzt.

Fünf Jahre später verkünden die Glocken den Tod des in der Nacht vom 16/17. März plötzlich gestorbener 35jährigen Herzogs.

Geb. 2. Mai 1772 zu Oberwiederstedt (Grafschaft Mansfeld),
gest. 25. März 1801 in Weißenfels.

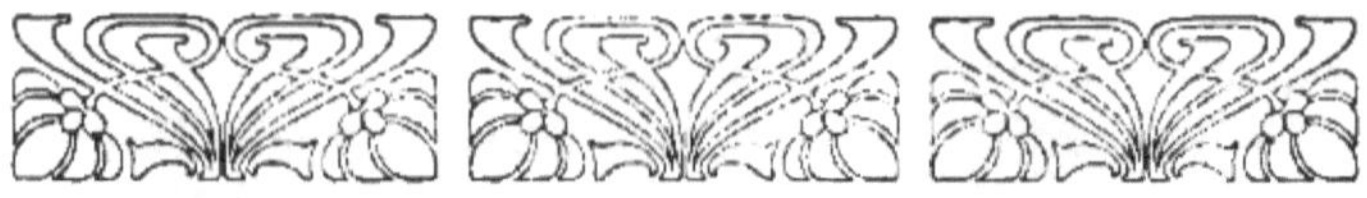

Kapitel 27.

Unter Herzog Christian (1712—1736).

(Nr. 25 der genealogischen Tafel.)

Am 16. November 1712 hatten Rat und Bürgerschaft der Stadt Weißenfels dem neuen Herzoge den Eid der Treue geleistet. Herzog Christian war seinem Bruder Johann Georg nachgefolgt. Am 29. November desselben Jahres hielt er — nicht lange vermählt mit der Witwe des Grafen Johann Georg von Mansfeld, Luise Christiane geborene von Stolberg — in Weißenfels glänzenden Einzug. Wie sonst ist der Adel befohlen. Das Ballhaus, das Fürstenhaus, die besten Bürgerquartiere, von Gasthöfen: „Der Schütze", der „Goldene Ring", das „Goldene Kreuz", die „Drei Schwanen", der „Halbe Mond" — alles ist belegt mit Fremden, die zum Einzuge erschienen. Es ist alle Pracht entfaltet. In zwei Kompagnien hat die Bürgerschaft auf dem Markte Stellung genommen. Am Saaltore stehen die Schützen. Eine Kompagnie Handwerker, Gesellen und Meistersöhne, bilden vom Saaltore bis zum Zeitzertore Spalier. Dann folgte eine Kompagnie Vorstädter, Bergleute, Landmiliz bis zum äußersten Schloßtore, wo die Grenadiere im Paradeanzuge sich anschließen. Man denke sich dazu das Gymnasium illustre, den Rat der Stadt und die Geistlichkeit mit Lehrern und Schülern der städtischen Lateinschule — und man hat ein Bild von der Bewegung, die die ganze Stadt ergriffen hat. So liebt es der neue Herzog. Und die Bürgerschaft geht fast ganz im Hofe auf. Eifersüchtig wacht sie, daß nicht etwa die Vorstädter in einer Beziehung ihr den Rang ablaufen. In jenen Tagen ist ewiger Festtag im Städtchen: da eine Weihe, dort eine Feier, hier ein Fest. Und wie wird gefeiert! Niemals zu kurz! Ob der Herzog den 50jährigen Bestand des Gymnasiums illustre im Jahre 1714, den der Schloßkirche 1732, ob er das zweihundertjährige Reformationsjubiläum vom 20. Oktober bis 4. November wahrnimmt und Medaillen dazu schlagen läßt, ob er das Jubiläum der Übergabe der Augsburgischen Konfession vom 18. Juni bis 4. Juli 1730 begeht —

bis Trauerglocken Einhalt gebieten, ob er die Schloßkirche in Sangerhausen, den Gesundbrunnen in Bibra, die Saalbrücke in Weißenfels oder sein eigenes Denkmal in Freyburg weiht — alles ist glanz- und stilvoll, pompös! Eine Herzogs-Geburtstagsfeier konnte sich sehen lassen!

Die Geschichte der Stadt wird unwillkürlich zur Geschichte des Hofes in jener Zeit. Es gibt schlechterdings kein Ereignis, das ohne den Hof zu betrachten und zu schildern möglich wäre. Die Hofstadt und der Hofstaat bis zum Kammerzwerge — Baron Gustav Ulrich von Böse — gehören zusammen.

Eine Spezifikation der bei der Hofstadt befindlichen Personen (Kavaliere und Räte sind keine „Personen") zählt deren 117 auf. Daß ich einige nenne! Für die zehn Kammerpagen sind angestellt vier Instrukteure: ein Pagenhofmeister, ein Informator, Tanzmeister (Mignon mit 100 fl. Gehalt bei freier Station) und ein Ballmeister für Ballspiele. Bei der Kammer Serenissimi haben Dienst ein Geheim-Kämmerer, ein Geheimer Kammerdiener, ein Kammertrompeter, zehn Kammerlakaien und Kammerjungen, ein Stummer, ein Läufer, ein Kleiner, ein Altenburger Bauernjunge, noch ein Kleiner und zwei Heiducken. Der 32 andern Lakaien und Diener nicht zu gedenken! Für die Jagd sind zum persönlichen Dienst beim Herzog befohlen elf Personen, von denen ich den Oberförster Hasse, zwei Büchsenspannerjungen und drei Hundejungen erwähne. — Zur Küche gehörten 20 Personen. Sie scheint später verpachtet gewesen zu sein. Denn es ist ein Reglement vorhanden, „wie künftig die Pachter sowohl die fürstlichen als Marschall-Tafeln ingleichen die Kammerpagen, die Pagen, Kammer- und andere Mädchens incl. der Officianten Tisch speisen sollen".

Mit dem Hausvogt und dem Einkäufer war dieserhalb auch Vertrag geschlossen.

Angestellt waren für die Kämmerei neun, für die Silberkammer sechs, für die Konditorei drei Personen. Mundkoch, Küchenschreiber und Hausverwalter waren Vertrauensposten. Der letztere führt die Schlüssel zu den Gemächern, hat Fenster, Türen und Öfen zu kontrollieren, ist verantwortlich für die Aufstellung der Möbel, Spiegel, Betten. Was der Hausverwalter im Innern des Schlosses, das ist der Hofprofoß nach Außen. Er holt täglich vom Hofmarschallamt die Befehle, bringt unter Umständen Missetäter in Haft. Von jedem Delinquenten, der lange gesucht wird, erhält er vier Groschen für den Fall, daß ihm die „Sturmhaube" an- und abzulegen ist, sollte der „Spanische Mantel" für nötig befunden werden, so bekommt besagter Hofprofoß für das Anhangen wiederum 3 Groschen. Einlegung in Ketten, Schließung an den Pfahl tragen ihm je 5 Groschen ein. Das waren oder das sind außerordentliche Tätigkeiten. Für gewöhnlich hat er sich vom Schlosse nicht zu entfernen.

Zum Hoffischer war 1703 bestellt Paul Beyer. Er hat die „Fischwahren" zu verkaufen und ist für ihren Bestand verantwortlich. Die Fische auf Sr. Hochfürstlichen Durchlaucht Tafel soll er mit Fleiß und guter Behutsamkeit sieden. Er erhält 20 Gulden zum freien Quartier, welches er in dem neuen Fischhause an der Klinge findet, hat auch täglich zwei Maß Bier und zwei Brote. Bei Gängen nach auswärts empfängt er 5 Groschen Auslösung. Von jedem Zentner Fische sind 6 Pfund, von 100 Schock Krebsen sind 4 Schock sein eigen.

Die Bestallung zu Schloßgärtnern hatten die Gebrüder Landvogt 1713 erhalten. Ihrer Aufsicht waren unterstellt die Lustgärten sowohl als auch der Hof- und Küchengarten. Die Blumen und Gewächse zur Winterszeit, sonderlich die welschen Früchte, Zitronen u. a., so die Kälte nicht vertragen, haben sie zu der Zeit in die dazu verordneten Behältnisse zu bringen.

Fasanenwärter ist seit 1727 Christian Geutner. Er untersteht dem Ober-Jägermeister. Die zu Hofe gelieferten Tiere sind durch Zettel zu bescheinigen. Wohnung hat Geutner im Fasanenhause. (Lohrenz' Brauerei.)

Hofpagenmeister oder Pagenhofmeister ist 1717 Christian Eulenberg. Er hat die Inspektion über die Edelknaben am Hofe. Er hat sie morgens und abends zu Gebet, auch sonstens zu aller Ehrfurcht und guten Sitte anzuhalten. Die Mahlzeit nimmt er mit den Pagen gemeinsam.

Über der Menge der Hof- und Landesbauten, über den Mitgliedern des Geheimen Rats-Kollegii, der Regierung, der Rentkammer, des Konsistorii, des Justiz-, Geleits- und anderer Ämter strahlte die Sonne des Obermarschalls. Als solchen hatte Herzog Christian „Unsern nützlichen Geheimten Rath und Oberhauptmann Unseres Fürstenthums Sachsen-Querfurth, auch der Thüringischen Landesportion, Hannß Moritzen von Brühl ... bestellet und angenommen ... und Ihm die Direktion unseres ganzen Hoffes und was dazu gehörig allenthalben und in allen Stücken übertragen. Weshalb er jedesmahl ohne Anmelden einen freyen Zutritt hat ..." Der so Begnadete hatte sich dem Herzoge „auf seine Pflicht mit einem Handschlage verbindlich gemacht ..." Er bezog 2000 fl. Gehalt, ein ihm garantiertes Deputat von 5 Eimern Rheinwein, einem Hirsch, 2 Stück Wild, 2 Stück Schwarzwild, 2 Rehe, 12 Hasen, 20 Klafter Holz, im Winter wöchentlich 4 Pfund, im Sommer 2 Pfund „Liecht". Was er am Weißenfelser Hofe, das wurde in höherem Maße am Dresdener Hofe sein hier geborener Sohn, der nachmalige Reichsgraf von Brühl. Noch gibt es zahlreiche Drucksachen in Weißenfels, gedruckt mit Brühlschen Schriften.

Wie in Dresden, so ist auch hier bei dem Namen Brühl an viel Aufwand zu denken. In der Universitätsbibliothek Jena ist eine

16*

„Spezifikation der Frohnpferde, die beim Prunstablage 1731 nach Freyburg Frohndienste verrichtet". Die Frondienste sind da aufgezeichnet vom 18. September bis 8. Oktober. Unterwegs waren in der Zeit 280 Pferde, 71 Leiterwagen, 5 Karren. — Ich gebe nur den fälligen Transport auf 18. und 19. September an: Da haben 7 Pferde nach Freyburg zu bringen: 2 Leiterwagen mit „Stücken" (Kanonen) und Pulverkarren, am folgenden Tage sind 2 Pferde zum Transporte der Waschjungfern, 4 zur Fahrt der Herren „Cavaliers" nötig. Auch 2 Silberwagen gehen an dem Tage ab. Über diese vom 20. September bis 8. Oktober 1731 geleisteten Dienste geben die Untertanen der Stühle Mölsen, Stößen, Burgwerben eine Beschwerde ein, „wegen unerträglicher Pferdefrohnen und Ungleichheit durch Bezahlung der Frohner, sowie der andern Dienste."

Auf diese Herrlichkeit weist wie ein Torso hin die Reiterstatue Herzog Christians auf dem Marktplatze zu Freyburg. Er hatte sie sich selbst errichtet inmitten einer Meute prächtiger Hirsche. In einem alten Inventarverzeichnis 1731 der Neuenburg heißt es: sie sei „stark übergoldet, im Kreuzzuge, und eine Büchse vor sich liegt. Unter dem Pferde der Dämon des Neides".

Ursprünglich soll sich das Standbild im Schloßhofe der Neuenburg befunden haben. Von da sei es nach dem Jagdschlößchen Klein-Friedenthal gebracht worden. Als dieses Jagd-Eldorado verfiel, ganz abgebrochen, der Boden planiert und bepflanzt wurde, habe man die Statue mit anderen Stücken versteigert. Der Accisen-Einnehmer Barthel erstand neben einer Reihe Statuen von Hirschen, Hunden, mit denen er 1786 seinen Weinberg an der Mühle schmückte, das Denkmal des Herzogs für 2 Taler 20 Gr. und — schenkte es der Stadt Freyburg, die es nach einer Renovation auf ihrem Markte aufstellen ließ! Geht man von Freyburg das Unstrutufer hinab, so findet man kurz vor der Mündung des Flusses in die Saale unter anderen ein Relief Herzog Christians von Weißenfels zu Pferde — eine Kopie des Freyburger Denkmals. Hier lag damals der Weinberg des „Hochfürstlich Sächsisch-Weißenfelsischen Hofjubilier, auch Kauf- und Handelsmannes" Johann Chr. Steinauer zu Naumburg. Er ließ die noch vorhandenen großen Reliefs mit biblischen Motiven in der 200 Meter langen steinernen Wand anbringen: Wunder des alten Testaments eröffnen die Reihe, das dritte Bild zeigt den Herzog Christian von Weißenfels, wie er in Freyburg auf dem Marktplatze noch heute steht. —

Einmal hat dem Herzog Christian eine Vergrößerung seiner Macht gewinkt. Das war zu der Zeit, als sein Vetter Moritz Wilhelm von Sachsen-Zeitz das Reichsgebiet 1716 an Kursachsen verkauft hatte. Da wollte das Neuenburger Domkapitel den katholischen Herrn nicht, sondern wählte Herzog Christian zum Administrator. Der Kurfürst erzwang sich aber die Anerkennung des Domkapitels 1728 mit Waffengewalt.

Als Herzog Christian zum gymnasium illustre hier noch ein seminarium illustre, eine Art Universität anlegte, wo öffentliche Vorlesungen und akademische Promotionen stattfinden sollten, schritt der Kurfürst sehr energisch ein: Er ließ den ersten rector academicus Dr. Chr. Weidling, der zugleich Direktor des Gymnasiums war, verhaften und unter militärischer Eskorte nach Leipzig bringen. Alle auf das seminarium illustre bezüglichen Schriften wurden eingezogen, die geschehenen Promotionen für ungültig erklärt. — Herzog Christian wollte nicht sehen, daß sein Haus am Rande des Abgrundes stand, obwohl er Güter, Gerechtsame, Privilegien zu Gelde machen mußte.

War unter seinen Vorgängern „zur Erbauung und Meublierung einer neuen Residenz" bei dem „von Gott verliehenen, vielen Hochfürstlichen Ehe-Segen und dadurch zu Standesmäßiger Erziehung und Ausstattung deren Durchlauchtigsten Printzen und Prinzeßinnen benöthigten großen Aufwandes" der Zuwachs der Schuldenlast um eine halbe Tonne Goldes allenfalls noch verständlich, so ist der wahnsinnige Luxus ihrer Nachfolger bei solchem Stande der Dinge nicht zu begreifen. Sie hätten einen Teil der Schulden abstoßen können: „als welches zu ihren Zeiten gantz wohl möglich gewesen wäre, da nicht allein die pretia rerum (der Wert) schon trefflich gestiegen, sondern sie auch außer Einer von dem älteren Herrn Bruder gezeugten Prinzessin Tochter (der Herzogin von Kurland!) mit keinem von Gott geschenkten Ehe-Segen begabet gewesen". Seit dem Jahre 1720 waren die Schulden nicht mehr zu verheimlichen, „da immer ein Creditor nach dem andern an die Reichs judicia sich wendete". „Ob nun schon bey diesen betrübten Umständen sowol Seine hochselige Königliche Majestät in Polen, qua caput familiae (als Haupt der Familie), als auch die Durchlauchtigste Agnaten Ihnen alle mögliche Mühe geben, dem Hochfürstlichen Hause Weißenfels beyzuspringen (zu dem Ende auch anno 1722 die bekannte Leipziger Convention verabredet), So kamen doch solche zu keiner vollständigen Würklichkeit, sondern es gelangte endlich dahin, daß durch das am 18. August 1727 publicierte hochpreißliche Reichs-Hof-Rats-Conclusum des damahlen regierenden Herrn Hertzog Christians hochfürstliche Durchlaucht ein jährliches Competenz-Quantum von 60000 Gülden Meißen ausgesetzt, die Administration derer sämtlichen Revenüen aber der subdelegirten Commission überlassen wurde."

Bis zu dieser Entscheidung hatte es eingehender Stiftungen und Beratungen bedurft.

Besonders die vom Herzoge gemachten Veräußerungen waren als ungültig, nicht rechtsverbindlich angesehen worden. Dazu hatte die juristische Fakultät in Wittenberg ein Gutachten abzugeben. Da heißt es: „So erscheint, daß nach denen im gantzen Römischen Reiche, insonderheit aber im Lande des Sächsischen Rechts, auch intra Principes (zwischen

Fürsten) üblichen Land- und Lehenrechten, sowol nach denen in dem Chur- und Fürstlichen Hause Sachsen vorhandenen besonderen Pactis domûs (Hausverträgen), Testamenten und Verordnungen ... die geschene alienationes (Veräußerungen) vor genehm zu halten, oder in die von demselben contrahirte Schulden, außer denen so in utilitatem Publicam (zum öffentlichen Nutzen) verwendet, oder worein Sie selbst Consentiret, zu bezahlen in keine Wege verbunden." — Mit der Wittenberger Universität war auch der Kurfürst der Meinung, daß die — ohne Konsens der Agnaten und besonders des Familienhauptes — geschehenen Veräußerungen „nicht bestehen, sondern revociret werden können". Es soll aber in aller Schonung gegen die verfahren werden, welche solch fürstliches Erbgut erwarben: „Daß durch gütliches Zureden und dienliche Vorstellungen ein oder andere Besitze derer alienierten Güther und jurium dahin disponieret werde, daß er gegen Wiedererlegung des bezahlten Kauffgeldes und billigmäßige Vergüthung derer ermäßlichen Meliorationen sein an sich gebrachtes Grundstück Recht und Gerechtigkeit der fürstlichen Renth-Cammer zur Augmentierung des zu Bezahlung der Schulden gewidmeten Fonds hinwieder abtrete."

Auch der Nachfolger des Herzogs Christian hatte sich protestierend vernehmen lassen.

Erst nach neunjähriger Zwangsverwaltung hatte sich „der gantze status passivus des zeitherigen weißenfelsischen Schuldenwesens geändert".

So hat es bald nach dem Regierungsantritte Herzog Christians nicht an Konflikten gefehlt, die meist auf die Maßregeln zurückzuführen sind, die dazu dienen sollten, der Geldnot zu begegnen. Und da gab es der Reibungsflächen gar viele: Mochte sichs um Schloßwachgeld, Defensionswerk, Steuern und Kurrent-Steuern, um Pulvergeld, Sturmfaßgeld, um Geschoß-Erbzinsen, um Landsteuern, um Pfennigzinsen, um Lehngelder, um Floßzoll, um Schutzgeld, um Schocksteuer, um Geleits-Amts-Erbzins, um Hufengeld, um „Fahrheber" (Hafer), um Zinskorn, um Landeslehen, um Verpflegungsgelder — und wer weiß, um was noch sonst handeln.

Viel Anlaß zu Streit und Unterschleif gab die Akzise. Ihre Einnahmen waren für die Zeit von 1731—1736 für 6600 Taler verpachtet. Die mußten erst hereingeholt werden, ehe der Pächter selbst an's verdienen kam.

Viel Unterschleif kam da vor. Und Leute des Herzogs selbst waren es, die sich schuldig machten.

Um ein Beispiel anzuführen. Den brauenden Ortschaften außerhalb der Bannmeile war allermeist die Einfuhr von Bier verboten. Nun war bei Einweihung des Fasanwärterhauses dem Wärter die Einlegung von Dorfbier vom Herzog gestattet worden. Er zahlte ein jährliches Akzis-Pauschquantum von acht Talern. Die Wirtschaft war ihm erlaubt worden „in Ansehung seines geringen Gehaltes und zur Ermöglichung bessern Auskommens".

Das Geschäft des Fasanwärters scheint gut gegangen zu sein, denn im Jahre 1726 berichtet die Akzis-Inspektion, daß der Ausschank in einem Quartale „bloß alleine aus dem Dorfe Groß Corbetha = desjenigen Bieres, so auf der Saale und ander verbothenen Arten eingeschleppet wird (ganz) zu geschweigen = auf einundzwanzig Faß und eine Tonne belaufe. Rechne man das Faß zu 2 Thaler 12 Silbergroschen, so ergebe das für das Quartal 53 Thaler 3 Silbergroschen 6 Pfennig, jährlich also über 200 Thaler, wie der Extrakt aus des Tranksteuer Aufsehers Verzeichnis des Dorfes Corbetha zur Frist Luciae für den Phasan Wärter beweise".

Die Akzise-Inspektion zwingt den Wärter „von einem Faße 1 Thaler 10 Silbergroschen Accise erlegen zu müssen".

Der Fasanwärter wendet sich an den Herzog und stellt ihm vor, daß er „wegen genauer Obsicht der hochfürstlichen Phasanen noch darzu besondere Leute mit halten muß und wenn er zu solcher starcken Accisabgabe fernerhin also angestrenget werden sollte, schlechten Unterhalt vor sich haben und endlich gar mit den armen Seinigen den größten Gebruch dabey leyden würde . . ." Er bittet den Herzog, es nicht nur bei dem ehemaligen accord der jährlichen acht Taler gnädigst bewenden, „sondern daß mir auch der Überschuß von obiger seit einigen Jahren alzuviel bezahlten accise wieder restituirt werden möge."

Nicht anders war es mit der Einführung von Wein, der außerhalb des Stadtweichbildes gebaut war. Nach dem letzten Statut von 1619 war auch das verboten.

Die Vorstädter beschweren sich 1736 beim Herzog über den Rat. Ihr Sprecher in dieser Sache ist der Fischer Johann Michael Mund.

Seine Eingabe an den Herzog Christian entbehrt nicht der Originalität: Joh. Gottfried Buchhein Advocatus hat das Schreiben an den Herzog formuliert und die Klage des Rats nach seiner Meinung sachlich widerlegt. Dann zieht er stärkere Register: Er könne mit dem Stadtrat einen Prozeß nicht anfangen „des Weinschanks halber, da solcher Stadt Rath

8. die sumptus processus (Prozeßkosten) aus derselben Raths Cämerey nehmen, da ich hingegen solche

9. ex propriis stipendiis (aus eignen Mitteln) mit selbigen streiten und den Prozeß führen muß, in Folglichen

10. ich aus dieser prägnanten Ursache in der Sache nolens volens succumbiren muß,

11. . . . alß flehe Ew. Hochf. Durchl. höchste geheiligte hohe Persohn ich armer Unterthan als einen Gott auf Erden hierdurch fußfälligst an — in Ansehung dieselben als ein Vicarius Dei (Stellvertreter Gottes!) auf der Welt anzusehen ist, Sie werden . . . . . .

Sich dero treuen Unterthanen hierinnen in höchsten Gnaden annehmen ... und die Sache zwischen mir und dem offt gedachten Stadt-Rathe in Güthe abthun, ich offerire mich eventualiter in dero Hochf. Renth-Cammer wegen des Weinschanks jährlichen einen ergiebigen Canonem zu liefern, wodurch aller Disputat und geldfressende Prozeß ein Ende gewinnt".

Die Eingabe war nicht ohne Erfolg. Der Amtsvogt Dathe rät dem Herzog, „diese Weinschankssache den Parteien zu überlassen, da ihm scheine, daß die Vorstädter aus ihrer gegenwärtigen geruhigen Possess sofort nicht können gesetzet werden."

Nicht alle waren so gestellt und dachten so wie Mund. In vielen andern Fällen hatte allerdings das Gericht der Schöppen, das aus je drei Personen aus der Mitte des Rats und der Bürgerschaft unter dem Stadtrichter Dr. Hiller bestand und „an den gewöhnlichen Sitz-Tagen" in der Rats- und Gerichtsstube tagte, mehr zu tun.

Doch es wird Zeit, daß wir den Herzog in anderes Licht setzen. Lächle nicht, lieber Leser, wenn ich darum gleich hier seiner Anordnung wegen „Einführung der Laternen bei hiesiger fürstlicher Residenz-Stadt" gedenke.

Die Opposition der Dunkelmänner störte indes das Vorhaben der Lichtfreunde. Denn im Jahre 1729 — also vierzehn Jahre später — schreibt der Rat wieder an Herzog Christian „daß die hiesige Bürgerschaft, ungeachtet wir derselben alle ersinnliche Vorstellung gethan haben, etwas zur Anschaffung und Erhaltung der Nachtlaternen zu contribuiren unter Vorschützung ihres Unvermögens depreciret".

Nach weiteren Verhandlungen verspricht der Rat, daß die Laternen nur bei Solennitäten und wenn der Hof in Weißenfels gegenwärtig sei, anzuzünden. Aber auch das lehnten die Lichtfeinde ab wegen „ihres miserablen Zustandes, indem bei ihnen die Nahrung sehr schlecht und sie jetziger Zeit nicht so viel erwerben könnten, sich mit den ihrigen zu erhalten und wegen Steuern und Gaben und anderen onerum (Lasten) schon Execution leiden müßten". Und die Laternen taten dringend not: Die Reinigung der Gossen und Straßen lag im Argen. Vor dem „Saal-, Nikolaus- und Klingenthore" waren Sumpfplätze, die man später durch Pflasterung der Straßen beseitigt hat. Vor dem Zeitzer Tor war ein Wassergraben. Der Rat ist direkt der Ansicht, „daß wann in Dresden und Leipzig die Straßen vor der Stadt nicht gepflastert wären, sotane Städte so unreine als die hiesigen seyn wurden: denn der Koth, so sich vor denen Thoren an die Rade und Schuhe hänget, wird in die Stadt getragen und fället bey dem Schutteln auf dem Pflaster ab."

Auch nach dem großen Brande 1718 blieben die Trümmer brav liegen, so — „daß die Straßen von denen Reisenden und Fuhrleuten nicht wohl zu passieren, noch weniger ein Geschirr dem andern füglich ausweichen kann."

Auf diese dienstliche Vorstellung antwortet der Rat: Er habe das seine getan, „weiteren Aufwand ex Cassa zu bestreiten sind wir unvermögend". Der Herzog möge geruhen, die Vorstädter und die Amtsuntertanen heranzuziehen, „so ohne dem von und durch die Stadt ihre Nahrung suchen und alle Viktualien (da) versilbern".

Das stand einigermaßen im Gegensatz zum glänzenden Hofe, zu den fürstlichen Bauten und Anlagen auch außerhalb der Stadt. Ich denke an den neuen, schon erwähnten hochfürstlichen Lustgarten vor dem Zeitzer Tore „mit gar artigen Lust- und Gewächshäusern, mit einer gar schönen und nonbreusen Orangerie". Sie war größtenteils „mit Franzobst und anderen Bäumen besetzt und zu einem Kühlgarten angelegt, wobey zugleich in einem lustigen Hölzchen ein klein Palais erbaut und das sogenannte Lusthäuschen steht, darin recht artige Aufzüge von Hasen angemahlet stehen, in dessen Mitte drei Hasen mit fünf Ohren gemahlet sind mit dem Beywort: Wir Hasen wohlgeboren Haben zusammen fünf Ohren".

Zwischen der Schützenstraße und dem Sausenhölzchen hatte Herzog Christian ein großes Lust- und Sauerhaus erbauen lassen, „darinnen er auch kleine Hasenjagden u. a. Lustbarkeiten mehr gehabt." Hier hatte der Gärtner auch das Recht des Bierschanks. Die Hofbedienten aber hatten ihre Exkneipe im „Becher" am Beuditzmühlenwege, der auf dem Gebiete des heute Albert Kleinickeschen Holzplatzes stand. Da gings auch hoch her bei Spiel und Tanz. Man hört die Musik auf den waldigen Höhen ringsum, von denen die Wasser zu Tale fließen und in Teichen sich sammeln bei Beuditz, am Klingentore, im Wirtschaftshofe des Clarenklosters, vor dem Saaltore am Greislaubache.

Und was der Herzog selbst nicht mehr baute, das bauten wohl seine Beamten. —

Je mehr die Finanzen Herzog Christians sanken, desto mehr ist anzuerkennen, daß er allezeit hilfsbereit war und besonders in dem für die Stadt wieder einmal schweren Jahre 1718.

Das war wieder ein Unglücksjahr für Weißenfels!

Bei dem großen Brande am 5. Mai, dem in kurzer Zeit die Stadtschule, das Rektorat, die Diakonatshäuser, das Rathaus, die „Drei Schwäne" und mehr als 50 andere Häuser zum Opfer fielen, war auch der Kirchturm ein Raub der Flammen geworden. Daß die Kirche selbst noch gerettet wurde, ist der Umsicht des Aktuars Reichardt zu danken. Otto (S. 53) nennt Wahren von Burgwerben als Helfer in der Not. Sturm (S. 333) bringt den Bericht von Chr. G. Behrisch, der den ehemaligen Aktuar am hiesigen Gymnasium, J. Chr. Reichardt, und den Kaufmann J. D. Behrisch besonders als Retter preist.

Die Glocken im Turme waren von der Hitze zerschmolzen. Die Inschriften ihres Neugusses gaben der Nachwelt Zeugnis von dem schrecklichen Ereignis jener Tage. Sie lauten auf Deutsch: „Nachdem durch Gottes Schickung am 5. Mai 1718 durch der Flammen Wut, die das Rathaus und viele Häuser zerstörten, nachts die vier Glocken zerschmolzen waren, ist diese, als die größte, in demselben Jahre von Neuem — Gottlob — gegossen worden unter der Regierung des Durchlauchtigsten Herrn Christian, Herzogs zu Sachsen, dessen Leben und Ruhm blühen möge." — Die andere Seite der Glocke gab Nachricht von den Rats- und Kirchenpersonen der Zeit: Durch Fürsorge des Herrn Bürgermeisters Dr. Sam. Loeber, Stadtrat Mangold, Syndikus Auerbach und der übrigen Ratsherren. Geistliche waren zu dieser Zeit J. Chr. Büttner, Superintendent und Pastor, M. Joh. Chr. Leo, Archidiakonus, M. Joh. Lorenz Holderieder, Diakonus, Joh. Gottfr. Krause, Subdiakonus, Joh. Hause, Kirchenrendant. — Nach erlittenen Schäden der Jahre 1873 und 1903 ist die Glocke im Jahre 1905 vom Rate der Stadt erneuert worden.

Auch die zweite Glocke gab wie die erste in lateinischer Sprache von dem Unglück Kunde: „Durch das gleiche Flammenunglück ist am 5. Mai 1718 die zweite Glocke geschmolzen, aber durch Gottes Gnade zu Zeitz wieder gebrauchsfähig gemacht im selben Jahre unter der Regierung des Durchlauchtigsten Herrn Christian Herzog zu Sachsen, Jülich, Cleve, Mark, Engern und Westfalen. Zur Freude der Stadt, mags ewig währen!"

Die dritte, 1303 vom Bischof Bruno geschenkte Glocke, war auch dahin. Der Herzog trug die Kosten des Umgusses. Die Inschrift kündets noch heute. Sie heißt auf Deutsch: „Durch die freigebige Frömmigkeit Sr. Durchlaucht Christian Herzog zu Sachsen, I. C. M. A. und W., des wahrhaft christlichen Landesvaters, an der Stelle der sonstigen Glocke, welche der edle Herr Bruno, Herr von Querfurt und Bischof von Naumburg, zuerst vor Zeiten besorgt hat und welche dann im Jahre des Herrn 1439 wiederhergestellt, jetzt aber in diesem Jahre durch eine schreckliche Feuersbrunst gänzlich zerstört worden ist, schalle ich: fromme Herde, bete aus des Herzens Tiefe". Die andere Seite trägt des Herzogs Wappen und seinen Wahlspruch: „cum deo salus" = „Mein Heil bei Gott", dazu einen passenden Vers.

Die kleinste, vierte Glocke wurde am Abend vor dem Reformationsfeste, am 30. Oktober 1718, aufgezogen und alsobald eine Stunde lang geläutet. Von ihren Inschriften sei wiedergegeben das lateinische Distichon: „Wende in Gnaden von uns, o Vater, der Flammen Verwüstung — Und mit schirmender Hand decke dein heiliges Haus".

Das Holz zum Wiederaufbau der öffentlichen und privaten Bauten war „zu Camburg, Kösen und über der Naumburg als auch zu

Weissenfels auf der Saale gekauft worden". Die Floßgelder wurden auf Ansuchen erlassen und vom Vizefloßmeister in Kösen zurückgezahlt. Es waren immerhin 275 Taler. In den Knopf des Kirchturms wurde u. a. eine von Herzog Christian verfaßte Gedenkschrift mit zwei Medaillen gelegt. — Der Kirchturm „mit des Thürmers Wohnung, dem eisernen Geländer um den Gang und der hohen Spitz" war neu erstanden.

Die Pläne zum Neubau des Rathauses hatte der herzogliche Landbaumeister Schütz entworfen.

Am 25. Februar wurde es „bey dem noch währenden herzoglichen Geburtstagsfestin" geweiht. Als der Herzog „sammt dero hohen Comitat" das Haus betraten, dankte „ein getreuer Rath und Bürgerschaft in einer Aufführung, in einem Gespräch, in dem ‚Fama', ‚ein getreues Ratscollegium' und die treue Bürgerschaft" des Herzogs Gnade priesen:

„Leget eurem Fürst zu Ehren — die Herzen hier vor dieses Haus — So soll kein Unglück euch verstören" ruft Fama.

Und das Ratskollegium antwortet darauf, daß es dazu bereit sei. Natürlich will auch die Bürgerschaft nicht zurückstehen: „Wie könnten wir als treue Bürger schweigen..." Zuletzt vereinen sich beide im Dankeswunsche:

„Schneyt ihr Lüfte, schneit Jasminen,
Träuffet tausend Segen ab
Laß Sein Epheu ewig grünen,
Schütze seinen Fürstenstab."

Es sind aber darin „sowohl in mittlern als obern Geschosse, geraume helle Zimmer und Säle, als die Raths-, Gerichts-, Versez-, Steuer- und Kämmerei-, auch die Churfürstl. General-Accis-Einnahme-Stuben, desgleichen weite Stuben zu Bällen und Maskeraden, Komödien und dergleichen, nebst dem Bürgergehorsamsstübchen, oben darüber aber drei stattliche Böden zum Verkauf der Tuch-, Kürschner- und anderer Handlungsleute Waaren, unten hingegen ein großes Gewölbe, die Brodbänke, Waage und Wachstube, nebst noch einem andern Gewölbe, worinnen ehedem des Raths Apotheke gewesen ... Obgedachter Thurmknopf präsentiret einen globum coelestem (eine Himmelskugel) und haben solchen vor ungefähr fünfzehn Jahren (1780) die beiden Herrn Obern des Raths auf ihre eigenen Kosten renoviren und wieder aufsezen, auch wie gewöhnlich Gedächtnismünzen und Schriften einlegen lassen".

Diese Schilderung Ottos bezieht sich offenbar auf das nach dem Brande des Jahres 1718 neu erbaute Rathaus — wenn er diesen und den folgenden Neubau auch mit keiner Silbe erwähnt.

Waren schon zu Anfang des 18. Jahrhunderts Baustellen dem, der sie haben wollte, ohne Entgelt überlassen, so wurden nach dem großen Brande Bebauer wüster Plätze noch ganz besonders begnadigt, sie erhalten noch eine Baubegnadigung in barem Gelde. Balthasar Blaumann hat auf einer noch dazu brauberechtigten Brandstelle ein steinernes Vorderhaus und hölzerne Hintergebäude errichtet, dazu erhält er 641 Taler 6 Groschen in vier Terminen als Baubegnadigung. Auch blieb das Grundstück eine zeitlang von Einquartierung, Wachen und Geschoß frei. Es ist nicht nötig, zu sagen, daß solche Beiträge, die Bauergötzlichkeit genannt waren, die Baulust erhöhen sollten. Bedingung zum Empfange war nur Abbruch des alten Giebelgemäuers bis auf den Grund.

Von der Einweihung der neuen Saalbrücke erzählen die „curiosa saxonica“ des Jahres 1733: „Nachdem Se. Hochfürstliche Durchlaucht Hertzog Christian bey dero Residenz-Stadt Weißenfelß, die in dem harten Winter und dreymahligen großen Wassern 1731 gantz weggerissene Saalbrücke mit großen Kosten wiederum von Grund aus neu erbauen lassen und zwar dergestalt, daß füglich zwei Wagen neben einander hinfahren und die Fußgänger auch unbeschadet gehen können. So haben Se. Durchlaucht am 24. Februar 1733 früh morgens solche eingeweihet und dero Hofstatt zuerst darüber und nach Freyburg gefahren, darbey aber viele Allmosen denen sich alldort versammelten Armen ausgetheilet. Dahero um selbige Passage über Freyburg und Querfurth vollkommen vor alle Fuhrleute und Kutschen, welche bishero wegen der Fuhre einen weiten Umweg nehmen müssen, restituiret worden. Es ist darbey eine schöne Rede von Nutzbarkeit derer Brücken, auch von denen berühmtesten in der gantzen Welt bei großer Frequentz gehalten worden. Auch hat bey Hebung dieser Brücken Michael Fröhling, der Polierer, nachstehende Anrede in teutschen Versen (!) den 19. Februar 1733 vorhero gehalten, welche, weil sie gar curieus ist, man beizufügen für nützlich befunden.“

Endlich ist zu gedenken der Erweiterung des Nikolai-Gottesackers. Um den Georgenberg zog sich nach zwei Seiten der Wallgraben. Der nach der Nikolaistraße führende Teil war lange Gottesacker gewesen. Um 1701 war er „dergestalt mit todten Cörpern angefüllet, daß fast kein Platz mehr ist, einige Tote zu beerdigen“. Da nun „die Stadt gleichwol mit noch vielen mehr Inwohnern bisher vermehret worden und immer vermehret wird, so will nöthig sein, daß selbiger noch ein Ecke weiter hinausgeführet werden, wozu ohngefähr nöthig: 40 Ruthen Bruchsteine incl. Fuhrlohn zu 16 Thaler = 640 Thaler, 100 Thaler vor Lehm und Kalk, 220 Thaler vor Männerarbeit, 100 Thaler vor die Handlanger, 200 Thaler vor die Tagelöhner und Arbeiter, die die zwei großen Berge abzutragen, 60 Thaler vor allerhand Werkzeug, ohngefähr 1320 Thaler“. Da der weiter hinauszuführende Gottesacker durch die daran liegenden zwei großen Berge hinausgezogen und das darunter hingehende wilde Wasser-Gewölbe auch so viel länger fortgeführt werden muß, so bitten Rat und Kirche des Hofes Personal auch um einen Beitrag zur Erweiterung der allen gemeinsamen Ruhestätte.

Eine größere Menschenmenge als zur Weihe des vergrößerten Teiles sah der Gottesacker 1719: Da ließ der Rat als Inhaber der Klostergerichtsbarkeit, die ihm vom Landesherrn überlassen, das peinliche Halsgericht an eines Hauptmanns Knecht vollziehen, weil er den „Schulmeister in Prittitz tödlich gehauen". Die Prozession mit dem armen Sünder ging die Jüdengasse hinauf, über den Markt, die Niklasgasse hinunter und zum Niklastore hinaus bis auf den Gerichtsplatz. „Beim steinernen Kreuz am Gottesacker stunden die Stadt-Gerichts-Schöppen, des Raths Gerichte zu beobachten, dawider aber die Herren Beamte solennissime protestiret." Der arme Sünder ward auf einer schwarzen Bank sitzend enthauptet. Zum Beschluß hielt der Diakonus M. Holderieder „vor dem Volk eine schöne Vermahnung-Rede".

Leuchtender war der Glanz der Barmherzigkeit an den durchziehenden Salzburger Emigranten.

Am 2. Februar 1732 hatte der König Friedrich Wilhelm von Preußen das Patent zum Schutze der Salzburger erlassen. Wie in anderen Städten wurden die um ihres Glaubens willen Vertriebenen auch hier freundlich aufgenommen. Stadt- und Hofgemeinde wetteiferten in ihrem Dienste an den Exulanten.

Ich verweise auf die Schilderung in meinem Buche über die Schloßkirche und gebe hier den Bericht Göckings in seiner vollkommenen Emigrationsgeschichte wieder vom Jahre 1734:

„Allhier wiederfuhr den Emigranten sehr viel Gutes. Man hielt ihnen in der Pfarrkirche eine sehr erwekliche und trostreiche Predigt. Und nach geendetem Gottesdienst legten die Bürger und andere mitleidige Herzen eine freiwillige Beisteuer zusammen, welche 274 Thaler 18 Groschen ausmachte. Insonderheit bezeugte sich der regierende Herzog sehr gnädig gegen diese armen Flüchtlinge. Er ließ sie alle mit einander aufs Schloß kommen ... und es kostete Mühe, daß man endlich durch allerhand gegründete Vorstellungen noch die Freiheit erhielt abzureisen. Zuletzt beschenkte er sie noch und machte Anstalt, daß man ihnen Fuhren und alles, was zu ihrem bequemen Fortkommen gereichen konnte, unentgeltlich anschaffen mußte ... Er stellete auch Ordre, daß am Johannisfeste in allen seinen Landen eine Collekte mußte gesammelt werden. Es machte dieselbe 1309 Thaler 12 Groschen aus. Und mit diesem Gelde schickte er seinen Consistorial-Secretarium, Herrn Behrisch, nach Halle, welcher es dem Herrn Kriegsrat Herold übergeben mußte."

Die Emigranten passierten Weißenfels in verschiedenen Zügen: am 19. April 500, am 20. April 300 Personen — im August 800/900, endlich fand am 31. Mai 1733 noch ein Durchzug statt.

Neben der hochherzigen Tat an fremden Glaubensgenossen soll nicht vergessen sein des Herzogs Fürsorge für die Kinder der Ober- und Untergemeinde der Klingenvorstadt. Sie hat seit 1735 „vermöge gnädigsten Befehls einen ordentlich ordinirten Schulmeister für Knaben und Mädchen".

Trotz alledem! Die Gerechtigkeit verlangt, zu erklären, daß es toll zugegangen ist in Weißenfels zu Christians Zeiten.

Und viele mißbrauchten ihre Stellung. Diese Tatsache geißelte die Satire Neumeisters: „Lobgedicht des sogenannten Bauerhundes oder Fürstlichen Leibhundes zu Weißenfels".

Übrigens auch ein Beitrag zu dem Thema: „das Rokoko und die Tiere".

Schützenkönig war Herzog Christian 1712 geworden. Einen ausführlichen Bestätigungsbrief gab er den Schützen im Jahre 1715.

Das plötzliche Ende des Herzogs Christian in Sangerhausen setzte eine Anzahl Ärzte in Bewegung in Sangerhausen, Halle, Merseburg und Weißenfels.

Der Hofjägermeister von Brehmer berichtet, daß sein „höchstseliger Herr selig und wolpräpiret (durch den Geistlichen) nach Anwendung alles Fleißes von guten medicis verschieden sei".

In Weißenfels hat sein Arzt Dr. Elias Mathias seine liebe Not mit dem hohen Patienten schon länger gehabt: „Mit einem fluxu haemorrhoidum sind Ihre Hochfürstliche Durchlaucht viele Jahre her incommodiret gewesen . . . nebst diesem hatten Ihro Hochfürstliche Durchlaucht stets difficilem respirationem (schwere Atmung) und verspürten einen stechenden Schmerz."

Aber der Herzog war für den Rat seines Weißenfelser Arztes nicht zugängig gewesen, hatte die Diät nicht immer gehalten — hatte sich auch (schon früher) der Kur von Annen Sibyllen Schmiedin, Johann Schmieds, des Gerichtsschöppen und Materialisten zu Weißenfels Eheweibe anvertraut. Ihr hatte er auch ein Privileg erteilt, vermöge dessen sie aller Orten in Herzogs Landen alle und jeden Patienten „mit Medikamenten zu versehen, zu kuriren befugt sein sollte. Kein Arzt, chirurgus oder Bader, kein Beamter, Rath, Gerichts- oder Privatperson soll ihr solch Privilegium streitig machen dürfen bey Vermeidung Ihrer Hochfürstlichen Durchl. Höchsten Ungnade und bey Strafe etlicher Rheynischer Goldgülden . . ."

Als der Rat zu Weißenfels nach Herzog Christians Tode das Kurieren verbietet, sucht sie's weiter! Sie beschwert sich beim neuen Herrn über die Maßregelung, erinnert ihn an ihre Verdienste um den Verstorbenen und bittet um Schutz für sein ihr gegebenes Privileg.

Ihre Bitte unterstützt eine Attestation des Bürgermeisters und des Rates von Lauchstedt, der fünf Personen zu Protokoll verhört. Und alle preisen und priesen die Kunst von Annen Sibyllen aus Weißenfels.

Kapitel 28.

Unter Herzog Johann Adolph II. (1736—1746).

(Nr. 26 der genealogischen Tafel.)

Zur Taufe des am 4. September 1685 geborenen Prinzen Johann Adolph waren durch Schreiben von Schloß Freyburg vom 9. September 1685 Ritterschaft und Städte des Thüringischen Landespatron zu Gevatter gebeten:

„Wir lassen Euch aus erfreuetem Gemüthe gnädiger Wohlmeinung nach nicht verhalten sein, maßgestalt der grundtgütige Gott die Durchl. Fürstin unsere freundliche herzreich geliebte Gemahlin Fraw Johannen Magdalene .... am abgewichenen 4. dies Ihrer bis dahin getragenen fürst Fräwlichin Bürden in Gnaden entbunden und uns mit einem jungen Prinzen väterlich begabet. Wie wir nun G. Göttlichen Majestät vor solches gnadengeschenk den schuldigen Dank erstatten, also haben wir auch Unsers fürst väterlichen obliegens zu seyn erachtet Unsern neu gebohrnen Prinzen ungesäumbt zur heyligen Taufe zu befördern gestaltsam wir dann die Anstalt gemachet, daß derselbe am 6. ejusdem mit christlichen Ceremonien darzu gebracht undt Ihm darinnen der Nahme Johann Adolphs gegeben worden. Wannen wir denn bey solcher Handlung aus gnädigem Zuvertrauen nechst einigen Unserer hohen chur-fürstlichen und fürstlichen Anverwandten auch zu Taufzeugen erkießet undt Eure stelle darbei allenthalben vertreten lassen undt nun ferner des Vorhabens sindt mit göttlicher Verleihung auff instehenden 1. Novembris gesagten jungen Prinzen christlicher Gewohnheit nach einsegnen zu lassen, So versehen wir uns gnädigst, ihr wollet zur Bezeigung unterthänigster Liebe undt Hulde nicht alleine die angetragene Gevatterschaft gerne auff- und annehmen, Sondern auch einigen Eures mittels, welche in Eurem Nahmen dem ... Beisegnungs-Actui beywohnen gegen selbige Zeit abordnen, auch dieselbigen dahin instruiren, daß sie Tags vorher als den 31. Oktober einlangen, bey unserm Haußmarschall sich melden laßen undt wegen Ihrer Logirung alß auch sonst sich Nachricht von ihm erholen möchten ..."

Hofrat von Posern hatte dem Stadtrichter diese Einladung zur Abschrift und Weitergabe an die „Mitstände" überreicht. Da von den Städten des Thüringischen Kreises Langensalza zur Zeit den Vorsitz hatte, so wurde die Abschrift der Einladung dem Torschreiber im Niklastore zur Postbeförderung mit der Leipziger Ordinarpost nach Langensalza für 3 Groschen Porto übergeben.

Langensalza antwortete am 4. Oktober: „... also sind wir schuldigermaßen bedacht unser unterthänigstes Devoir hierbey zu beobachten und gleich im Begriff die gesambten Städte aufn 16. Oktober nach Weissensee zusammen zu betagen, umb des unterthänigsten Gevatterschafts praesents halben."

Besagtes Präsent wurde durch Abgeordnete der Stadt Langensalza und Weißenfels bei der Einsegnungsfeier am 1. November übergeben. Die Städte waren vertreten durch den Bürgermeister Johann Georg Hoyer zu Langensalza, Bürgermeister Fr. Schinkopf und Syndikus Chr. Fr. Stromer zu Weißenfels. Sie hatten sich am 31. Oktober beim Hausmarschall von Schönberg gemeldet und ihre credita übergeben. Der Bürgermeister von Langensalza war im Kloster untergebracht, „wo sonst die fürstliche Canzley gewesen und auf gnädigste Anordnung wohl allda tractirt". Nachdem sie am 1. November „die Gratulation und unterthänigste submission der Städte im Audienz-Gemach abgeleget, wurden sie in die Schloßkirche berufen, allda neben anderm Chur- und Fürstlichen auch der löblichen Ritterschaft anwesenden Gevatterschafts Personen locirei (gesetzt) und nach der Predigt vor den Altar geführt." Vom Adel trugen zwölf: brennende Wachsfackeln dem Taufgefolge vorauf. Als der fürstliche Einsegnungsakt beendet war, wurde der Täufling unter „sonderbaren Ceremonien und mit schönster Musik" über den Schloßhof begleitet. Die Gratulationscour im Schloß, die Überreichung des Präsentes von 400 Talern seitens der Landstände fand statt. „Die Abgesandten wurden hernach zur fürstlichen Tafel vociret und täglich, so lange die Festivität gewehret, dazu erfordert, mit allen Gnaden angesehen und jeder mit einem weissigen Pocal begnadiget auch solches auf Geheiß E. E. Raths nachrichtlich ad acta registriret."

So schreibt die städtische Registratura unterm 20. November 1685. Zur Taufe war eine besondere viereckige Medaille geprägt worden, welche die Geburt des Prinzen preist und an das damals übliche Büchsenschießen erinnert. Die Ecken der Rückseite sind verziert mit den Wappen der Herzogtümer Sachsen (grüner Rautenkranz), Jülich (ein schwarzer Löwe), Cleve (8 Lilienstäbe und kleiner silberner Schild) und Berg (ein roter Löwe).

Der letzte Herzog von Weißenfels war jener Zeit wohl überhaupt der einzige Held in Sachsen. Er ist die Stütze des sächsischen Kurfürsten und polnischen Königs.

Im Vordergrunde der Zeit stehen die beiden ersten schlesischen Kriege: Friedrich der Große war entschlossen, sich in der auswärtigen Politik eine sichere Stellung zu schaffen. Hatte Friedrich Wilhelm I. die Zusicherung von Wien erhalten, daß er, falls Jülich-Berg nicht an Preußen käme, aus österreichischen Besitzungen entschädigt werden sollte — jetzt war es Zeit, preußische Ansprüche geltend zu machen.

Mit genialer Kühnheit ging Friedrich II. zu Werke: Er besetzte Schlesien, um dann erst in Unterhandlung zu treten.

Da Friedrich der Große mit Spanien und Frankreich ein Defensiv-Bündnis geschlossen hatte, da England und Rußland verhindert waren, für Österreich Partei zu nehmen, so kam nach dem Siege bei Czaslau und Chotusitz der Friede von Breslau zustande, in dem Friedrich Ober- und Niederschlesien mit der Grafschaft Glatz erhielt.

In diesem Kriege führte Johann Adolph von Weißenfels die sächsische Armee für Preußen nach Böhmen. Im Friedensschlusse war ausdrücklich bedingt, daß Johann Adolph nichts Feindliches gegen Österreich unternehme und sich an die sächsische Grenze zurückziehe.

Aber die Erfolge Maria Theresias im österreichischen Erbfolgekriege (1741—1748) ließen Friedrich den Großen für den Besitz Schlesiens fürchten. Er schloß darum einen Vertrag mit Frankreich und Bayern und rückte mit 80000 Mann in Böhmen ein. Diesmal hatte Friedrich vergeblich versucht, Sachsen auf seine Seite zu ziehen. Mehr noch! Herzog Johann Adolph von Sachsen-Weißenfels ging an der Spitze von 22000 Sachsen nach Böhmen, um sich mit dem vom Rhein herbeigeeilten Herzoge von Lothringen gegen Friedrich zu vereinigen. Dadurch sah sich der König genötigt, Prag aufzugeben und sich nach Schlesien zurückzuziehen. Jetzt sollte Sachsen den Zorn der Preußen erfahren. — Wohl hatte der Herzog von Weißenfels, der erfahrene Feldherr, den Plan zu einem sächsischen Winterfeldzuge entworfen, aber der große Friedrich kam den Plänen des Weißenfelsers zuvor und verlegte den Kriegsschauplatz nach Sachsen. Brühl und sein Kurfürst flüchteten nach Böhmen und übergaben das Sachsenland einer Kommission, die unter dem Weißenfelser Herzoge stand.

Der Tag von Hohenfriedberg, der 4. Juli des Jahres 1745, erschien, wo „das Glück die Preußen gantz sonderbar secundirte". Dem Weißenfelser Herzoge wurde das Pferd unter dem Leibe weggeschossen, eine andere Kugel ging, ohne zu verletzen, durch den Rock. Tags darauf ließ der Preußen König dem Weißenfelser ein Kompliment machen und sich nach seinem Befinden erkundigen. Johann Adolph ließ danken und melden, daß es ihm gut gehe, „müßte nicht über die geringste Fatalität zu klagen, als daß ich während der Bataille meine Degenscheide verloren und nun mit meinem Degen blos gehen muß".

Nach der Übergabe Leipzigs am 30. November 1745, nach der Schlacht bei Kesselsdorf am 15. Dezember und nach der Kapitulation Dresdens wurden in Elb-Athen alle Bedingungen des siegreichen Friedrich wohl oder übel angenommen.

Während des Krieges hatte der Herzog Weisung nach Weißenfels ergehen lassen für „den Fall einiger preußischer mouvements gegen hiesige Lande".

Kaum war Johann Adolph II. im Glücke der zweiten Ehe 1734 in Dahme eingezogen, als ihn die Unruhen nach Polen riefen und zwei

Jahre dort aufhielten. Heimgekehrt, mußte sich der Herzog zur Kur nach Karlsbad begeben, wo ihn die Nachricht vom Tode seines Bruders, des Herzogs Christian, in die Heimat rief, um das Erbe des Herzogtums zu übernehmen. Die Huldigung hier geschah glanzvoll. (Vergleiche dazu „Schloß und Schloßkirche" S. 95.) Nun gab der neue Herr den Kriegsdienst auf. In einer neuen Hofordnung wurde vieles aufgeräumt. Die unter seinem Bruder eingesetzte Schuldentilgungs-Kommission konnte Weißenfels bald verlassen — dank der Sparsamkeit Johann Adolphs II. Aus der Zeit bald nach dem Regierungsantritte ist noch da eine „Tabelle über den jährlichen Ertrag derer sämtlichen fürstlich Weißenfelsischen Ämter und Revenüen, wie solche Michael 1737 stehen". In dieser Tabelle ist das Amt Weißenfels mit 33896 Talern Einkünften verzeichnet.

Von neuen Bauten ist untet der sparsamen Regierung des letzten Herzogs nur der „Reit- und Marstall in der beim Residenzschlosse zu Weißenfels gelegenen sogenannten Wolfsburg zu nennen". Am 5. August 1744 fand die feierliche Grundsteinlegung statt. Eingelegt wurden Huldigungsmünzen der Städte Langensalza, Querfurt, Weißenfels und eine zur Konfirmation des Herzogs 1685 geprägte Münze. Im Jahre 1740 hatte der Herzog, nach Vulpius, die sogenannte Wolfsburg (heutigen Reitstall) gekauft. Das außerhalb derselben befindliche Tal, worin sonst Weiden standen, wurde mit Erde ausgefüllt und eine Kastanien-Allee angelegt, „welches auch auf der gegenüberliegenden Seite nach den Weinbergen zu geschehen".

Johann Adolph II., der alte Militär, übt ein scharfes Regiment: läßt Schankstätten visitieren wegen „der in denselben sich aufhaltenden zum Teil verdächtigen Personen" und die Privathäuser kontrollieren.

Besonders aber werden die Straßen der Stadt weiter gepflastert. Als die Wirtin vom „Goldenen Hirsch", des verstorbenen Reiseküchenmeisters George Schultzes nachgelassene Witwe, mit 3 Taler 18 Gr. zu den Pflasterkosten herangezogen wird, klagt sie resolut beim Herzog: „Weil das Pflaster der Gasse vom Gasthofe an bis zum Wassereinfall am Niklasthore das gehörige Gefälle nicht hat, also immer höher steiget und sich an unserm Gasthofe „stembt", mithin in Haus und Hof tritt, so daß sie Tag und Nacht beständig Leute zum Ausschöpfen halten müssen — daß die Pferde auf dem Eise nicht fußen können und doch bei Erhöhung des Weges manchmal große Lasten zum Gasthof hinauf ziehen müssen, sich im Leibe zersprengen möchten. Dadurch freilich die einfahrenden Frembden und sonderlich die zu uns gewohnten Landkutscher, wenn es so continuiren sollte, bei uns ferner nicht bleiben, vielmehr, da es hier an Geschäften nicht fehlet, sich anderswohin gewöhnen und unsere Wirtschaft ganz und gar eingehen dürfte."

Also die Hauptstraße vom Zeitzischen Tore bis ans Niklastor, in dessen Nähe Kapelldirektor Crüger und der Kommissionsrat Carpzow wohnten, ebenso das Ghetto der ältesten Stadtanlage, die Jüdenstraße bis ans Saaltor, sind jetzt gepflastert. Der Magistrat läßt den Fahrweg herrichten. Das Übrige, „von der Gusse an gerechnet bis an die Häuser", hatten die Hausbesitzer zu zahlen. Als eine Neuerung bezeichnet es ein herzogliches Schreiben, daß „die Fahrstraße nicht mehr wie vorher nur auf einer Seite der Gasse, sondern auch auf denen gepflasterten Thämmen recht in der Mitte gehet".

Weiter machte sich die Bautätigkeit geltend in „der Reparirung der ruinösen Begräbnisse auf dem Nikolaikirchhoffe und die Abtragung des nahe am Niklas Thore stehenden baufälligen Thurmes" im Jahre 1743. In dem dazu geführten Schriftwechsel wird der Turm genannt „ein Begräbnisthurm". Er war sehr baufällig geworden. So wurde ein neues Tor mit Wächterstube mehr nach Osten erbaut. Das macht dem „General Accis Inspektor Grünenthal Unruhe. Er berichtet, wie wegen der bey dem Nicolaithore neu erbauten Wächterstube und der damit zusammenhängenden Abänderung des Thorschlusses das Accis-Interesse leide." Der Rat entgegnet, daß er erwartet habe, es werde dem Akzisschreiber ein Häuslein vor dem Tore bei dem Neusängerischen Hause errichtet werden, „welches auch um so viel nutzbarer zu seyn scheinet, indem viel accisbare Waaren des Nachts in selbige Vorstadt und dasigen Gasthof zum Rautenkranz eingeschleppt werden".

Auch unter dem letzten sparsamen Herzoge fehlte es nicht an hohem Besuche. Ich erwähne den im Jahre 1743, wo der Königliche Kurprinz und Prinz Xaver hier am Hofe weilten. Hatte doch der Herzog zu viel Verdienste um das Kurland, als daß sie sogleich in Vergessenheit hätten geraten können!

Den Helden in Weißenfels bewunderte auch das Ausland: Am 18. Februar kam eine Deputation von England, an deren Spitze der Gesandte von Villiers dem Herzoge den ausgezeichnetsten englischen Orden — den Hosenbandorden — überreichte.

Aber bald sollte die Stadt Weißenfels in größte Unruhe versetzt werden. Auf die Tage des Glanzes und der Freude sollten Zeiten der Sorge und der Trauer folgen.

Beim Begräbnisse des Superintendenten Schumann war 1741 der Rat der Stadt zum letztenmale in Trauermänteln erschienen.

Jetzt galt es: Das Herzogtum Weißenfels zu Grabe zu tragen.

Bekanntlich erkrankte der Herzog am 10. Mai 1746 in Leipzig, wohin er zur Ostermesse gereist war. Am 15. Mai empfing er das heilige Abendmahl; am nächsten Tage starb er, wie die Ärzte vermuteten und wie die Sektion ergab, an einem Herzpolypen in einem Alter von 60 Jahren 8 Monaten und 12 Tagen. Die am 16. Mai morgens um acht Uhr vorgenommene Obduktion bestätigte das Urteil der Ärzte.

17*

Wie er es gewünscht, wurde seine Leiche in stiller Nacht vom 19./20. Mai nach Weißenfels überführt, wo die feierliche Beisetzung am 14. Juni erfolgte.

Das war das letzte Schauspiel herzoglichen Glanzes. Ich lasse es an dem Auge des Lesers vorübergehen nach dem von der trauernden Herzogin aufgezeichneten und pompös gedruckten „Ehren und Liebes-denkmal". Darin heißt es: „Als Se. Hochfürstliche Durchl. Herzog Johann Adolph am 16. Mai 1748 frühe acht Uhr in Leipzig höchst-seelig verschieden, so ward Tages darauf der Hochfürstliche Leichnam exentriret und sodann in Drap d'argent eingekleidet. Den 18. May aber in den mit weißen Atlas in- und auswendig beschlagenen Sarg geleget und den 19. May abends mittelst zwölf Ober-Offiziers von dem Prinz Albrechtischen Regiment in das Gewölbe gebracht, wobey sechs Offiziers die Wacht bis zur Abführung gehabt."

Den 20. May abends geschahe die Abführung folgender Maßen: 1. Ein Commando Cavallerie. 2. Vier Reitknechte mit Wachs Fackel. 3. Der Fourier zu Pferde. 4. Zwei Pages zu Pferde. 5. Der Obrist-Lieutenant von Vitzdohm und Major von Riedesel zu Pferde. 6. Der Bauverwalter und Wagenmeister zu Pferde. 7. Die hochfürstliche Leiche auf dem großen Leichenwagen von sechs mit schwarzen Decken behangenen Pferden gezogen. Nebenher zwölf Ober-Offiziers wie auch 16 Mann Cavallerie zu beyden Seiten, 24 Bürger aus der Stadt leuchteten mit Wachs-Fackeln. 8. Der Trauer-Wagen, worinnen sich befanden: Der Herr Hofmarschall von Miltitz und der Herr Reise-Stallmeister von Porzig. 9. Der Cammer Wagen. 10. Ein Commando Cavallerie.

Den 21. May des Morgens kam dieser Train in Weissenfels auf dem Schlosse an und ward die hochfürstliche Leiche von sämmtlichen Cavaliers zu der Gruft in aller Stille gebracht.

Den 13. Junii Erschienen die aus dem Fürstenthum Querfurt und der Thüringer Landes-Portion zu diesem Leichen-Begängnis verschriebene Vasallen und wurde der Altar und das Chor der Klosterkirche nebst denen zu beyden Seiten sich befindenden Stühlen bis an die zwey Stufen bey der Kanzel mit schwarzen Tuch bekleidet.

Den 14. Junii 1746 als an welchem Tage des Nachmittags das Fürstliche Leichenbegängnis geschahe, wurde in aller Frühe der Hoch-fürstliche von schwarzen Sammet überzogene und mit goldenen Tressen besetzte Sarg auf das in der Klosterkirche darzu verfertigte und mit schwarzem Sammet belegte Postament, die Insignia aber um halb neun Uhr dahin gebracht, zu beyden Seiten sechs silberne und zwei versilberte, folglich in allem acht Queridons (Leuchter-Postamente) mit weißen Wachs-Lichtern gesetzet; der schwarz sammete Baldachin, worauf sechs Bouquets und an denen vier Ecken schwarz taffeine Schwenk-Quehlen sich befanden, übern Sarg gestellet, der Fürstenhut zum Haupt, die Feld-Binde, der Degen nebst dem Commando-Stab zu denen Füßen des Sarges und zwar auf schwarz sammete mit goldenen Tressen bebrähmte Küssen und dergleichen abhangende Quasten geleget. Der große Königlich-Pohlnische weiße Adler-Orden zur Rechten am Haupte, der Königlich-Englische Orden des blauen Hosen-Bandes nebst der Jaretière (dem Strumpfband) zur Linken, der St. Henrici Militair-Orden zur Rechten an Füßen, der Casquet (Helm) daselbst zur Linken des Sarges, Handschuhe und Sporen aber zun Füssen des Sarges auf schwarz bezogenen Postamenten oder Tabourets (Schemel) und schwarz-sammetenen mit goldenen Tressen bebrähmten Küssen nebst dergleichen anhängenden Quasten gestellet. Die Wacht darbey traten früh halb neun Uhr an:

Sechs Cavaliers als: Cammerjunker von Seckendorf — von Burgsdorf — von Posern — von Trebra — von Schönbrandt — von Schenk. Ein Cammer-, zwei Silber-Pages, zwei Cammerdiener, Ein Cammer-Laquai, zwei Laquais, 8 Unter-Officiers mit Kurz-Gewehr.

Und wurde dieser sammetne, mit goldenen Tressen verbrähmte Sarg jedermann zu sehen erlaubet.

Als nun vorher durch die Fouriers beschehene Ansage sämtliche Herren Generals, Stabs- und übrige Officiers, ingleichen die Räthe und Cavaliers vom Hofe, sowohl auch die vom Lande verschriebene Vasallen, nachdem um 1 Uhr des Mittags zum ersten mahle mit allen Glocken, bey Hofe sowol als in der Stadt, Kloster und Hospital-Kirchen, vorhergegangenen Lauten, in der Kloster-Kirche sich eingefunden, auch die übrigen zur Procession gehörige an denen daselbst angewiesenen Orten sich versammlet und alles in behöriger Ordnung, wurde um halb 2 Uhr zum zweyten mahle gelautet und der Marsch derer 2. Esquadrons Carabiners und des Königlichen Prinz Clemens Regiments durchs Nicolaus Thor, der Kloster-Kirche vorbey, dergestalt angetreten, daß beim 3. mahligen Lauten um 2 Uhr der Proceß aus der Kirche unter Absingung dreyer Sterbelieder seinen Anfang nahm und aus der grossen Kirch-Thür um die Kirche und Kloster herum, über die Saal- und Jüdengassen, dem Markt, die Burg-Strasse hinauf, durch das Zeizische Thor, den Schloßweg und das ehemalige Grenadier-Thor ums Schloß herum, durchs Schweizer-Thor in innere Schloß-Platz der Kirche zu, nachgesetzter massen erfolgete.

Proceßion:

1. Drei Adeliche Marschälle mit schwarz überzogenen Stäben und Visiren als: Cammer-Junker von Seckendorf und von Burgsdorf — von Posern.
2. Der Baßist in einem langen schwarzen Rocke mit dem silbernen Kreuze.
3. Der Hof-Cantor mit seinen Knaben.
4. Die Stadt-Schule und deren Collegen.
5. Das Gymnasium.
6. Die Priesterschaft vom Lande.

7. Die Priesterschaft der Stadt.

8. Die Priesterschaft vom Hofe.

9. Die Laquais, Husaren, Heyducken, Läufers, Cosacke, Türken, Jägers und übrige dergleichen Livree-Bediente, Paar und Paar in Mänteln, ausser die Husaren, Heyducken, Läufers, Cosack und Türke in ihrer völligen Trauer-Livree.

10. Die Cammer-Dieners und übrige Cammer-Bediente, alle unbedeckt und in Mänteln.

11. Der Pagen-Hofmeister, Bereuther (Bereiter), Exercitien-Meister und sämtliche Pages, alle in Mänteln.

12. Ein adelicher Marschall mit überzogenen Stabe und Visir. Der Cammer-Junker von Kretzig, führete

13. die vom Lande verschriebene vom Adel und übrige Cavaliers vom Hofe, so keine Aufwartung hatten.

14. Ein Paucker, nebst denen silbernen Paucken, so schwarz bedeckt und von 2 Heyducken getragen wurden.

15. Die Trompeters, so die silbernen Trompeten mit eingebundenen schwarzen Bandrollen über die schwarzen Mäntel hangend hatten.

16. Der Capitain von Witzleben auf einem schwarz-sammet und mit goldenen Tressen verbrähmten Küssen und dergleichen herabhängenden Quasten, die Handschuhe und Sporen tragend. Zu beiden Seiten gingen zwei Unterofficiers mit Kurz-Gewehr.

17. Der Capitain von Felden, das Casquet auf dergleichen Küssen tragend, nebenher 2 Unter-Officiers mit Kurz-Gewehr.

18. Der Major von Schlichting, die Feld-Binde, den Degen nebst dem Commando-Stab auf dergleichen Küssen tragend, Nebenher 2 Unter-Officiers.

19. Der Major von Winkler, den St. Henrici Militair-Orden auf dergleichen Küssen tragend — nebenher 2 Unter-Offiziers mit Kurz-Gewehr.

20. Der Geheimde Rath Freiherr von Zech mit Visir, den Königlichen Engl. Orden des blauen Hosen-Bandes nebst der Kette, den Sturm und Jaretière auf dergleichen Küssen tragend — nebenher 2 Unter-Officiers.

21. Der Geheimbde Rath von Röder mit Visir — den Königlich Pohlnischen grossen Weissen-Adler-Orden mit dem Stern auf dergleichen Küssen tragend, nebenher 2 Unter-Officiers mit Kurz-Gewehr.

22. Der Cammer-Herr und Hof-Marschall von Maltitz mit Visir, den Fürsten-Huth auf eben dergleichen Küssen tragend — nebenher 2 Unter-Officiers mit Kurz-Gewehr.

23. Drei Haupt-Marschälle als: Schloß-Hauptmann von Streitwitz, Reise-Marschall von Metzradt, Haus-Marschall von Karas mit überzogenen Stäben und Visiren.

24. Der Obrist-Lieutenant von Bitzdohm und Major von Riedesel zu Pferde.

25. Der Bauverwalter und Wagenmeister in Mänteln.

26. Der Hochfürstliche Sarg auf dem Proceß-Wagen, welcher von 6 Pferden, so 6 Lieutenants führten, und auf deren schwarzen Decken Fürstliche gestickte Wappen hiengen, bis an die Kirch-Thüre gezogen, der Sarg aber von denen Lieutenants, so die Pferde geführet, durch Aßistenz derer dazu bestellten Werk-Leuten von dem Proceß-Wagen abgehoben und auf das unter dem Castro befindliche Postament gesetzet wurde. Über dem fürstlichen Sarge wurde der schwartz-sammtene Baldachin von 8 Capitains, die unten bemerket und denen 8 Bürgern in schwarzen Mänteln aßistirten, bis an die Kirch-Thüre getragen.

27. Die Pferde führten 6 Lieutenants: Mellendorf, Lüttich, Oppel, Trenzsch, Kluge, Bardeleben — neben diesen 6 Stallbediente in schwarzen Mänteln mit Spies-Ruthen.

28. Den Baldachin trugen 8 Capitains, als: Starke — Mossakowsky — Seckendorf — Planitz — Watzdorf — Burgsdorf — Rudel — Maltitz. Nechst diesem 8 Bürger in schwarzen Mänteln, so im Nothfall mit angriffen.

29. Die schwarzen Taffet-Quasten des Baldachins zum Wiederhalt hielten 4 Cavaliers in Visiren als: Cammer-Rath von Burkersrod — von Bünau — von Hellmold — von Cannewurf.

30. Die Zipfel des Leichentuchs trugen 4 Cavaliers in Visir als: Kreis-Director von Münchhausen, Hof-Jägermeister von Bohl, Obrist-Lieutenant von Zeng, Kreis-Director von Raschkau.

31. Neben dem Fürstlichen Sarge gingen 6 Cavaliers in Visiren, als: Consistorial-Rath von Griesheim, Hofrat von Landroust, Cammer-Junker von Trebra, von Hellmold und von Schlotheim, Hauptmann von Helldorf.

32. Außerhalb des Leichen-Wagens giengen mit Wachs-Columnen, daran das Fürstliche Wappen mit Flohr gebunden, 12 Lieutenants als der von Unruh, Wallis, Belau, Heimreich, Rackel, Eschert, Manteufel, Haubitz, Kracht, Zehmen, Schröder, Roschenbar.

33. Zu beyden Seiten des Leichen-Wagens giengen: 16 Unter-Offiziers mit Kurz-Gewehr.

34. Ihro Durchl. die verw. Frau Herzogin, welche unterm Schweizer-Thor eintraten, geführet von Ihro Durchl. Prinz Christian Wilhelm und Prinz Johann Adolph in Visiren, die Schleppe der Frau Herzogin trug der Hof-Rath und Cammer-Junker von Ponekau in Visir und — deren 2 Prinzen von Sachsen-Gotha Schleppen, trugen 2 Edelleute vom Lande als der von Griesheim, der von Jagemann, in Visiren. Nebenher zu beyden Seiten gingen 4 Unter-Officiers mit Kurz-Gewehren.

35. Die adeliche Dames von Hofe und aus der Stadt traten ebenfals unter dem Schweizer-Thor ein.

36. Ein adelicher Marschal, Cammer-Junker von Porzig, in Visir und überzogenem Stabe führete

37. die Herren Generals, Obersten und Stabs-Officiers, ingleichen Geheimde-Cammer- und Hof-Räthe und die zur Cammer-Trauer gehörige, denen die übrigen Herren Officiere folgeten.

38. 2 bürgerl. Marschälle mit entblößtem Haupte und schwarzen Stäben als Registrator Bamberg und Liesel führeten

39. Die Würklichen und Tit. Räthe, Doctores, Secretarien, Advokaten und Subalternen . . . alle in langen Mänteln und unbedecktem Haupte.

40. 2 bürgerliche Marschälle mit schwarzen Stäben und entblößtem Haupte Registrator Walther und Wittig führeten

41. den Stadt-Rath und sämmtliche Bürgerschaft.

Den Schluß des Proceß macheten ein Bataillon Stollberg, ein Escadron Königl. Prinz, welche erstere sich am neuen Stall und letztere beym Reit-Hause setzten, an welchen beyden Orten sich auch die 2 Escadrons Carabiniers und die 2 Bataillons von des Prinz Clemensischen Regimente gesetzet hatten."

Nach beendetem Gottesdienste wurde die Leiche in die Fürstengruft vor dem Altare gesenkt. Die Kanonen auf der Klemerke, das Infanteriefeuer auf dem Schloßhofe, das Geläut aller Glocken der Stadt halfen den Glanz des Herzogshauses begraben.

Zur späteren solennen Leichenfeier des letzten Herzogs hielt der Oberhofmeister von Burgsdorf die Lob- und Trauerrede. Sie ist ein Muster der Beredsamkeit und des Geschmacks jener Zeit:

„.... ich will lieber in Gehorsam schlecht reden als im Ungehorsam schweigen ...“ Und als er ins Feuer der Rede kommt: „Doch, wo komme ich hin? Ich dachte, ich würde vor Wehmuth nicht reden können und nun scheint es, als ob die Wehmuth selbst mich beredter machte. Es geht mir wie dem stummgeborenen Sohne des Krösus, welchem die äußerste Bestürzung die Zunge löste.

Dem Demetrius wurden zu Athen 360 Ehrensäulen aufgerichtet, wenn man aber jede Heldenthat des Herzogs mit einer Ehrensäule verewigen wollte, so sei die Zahl nicht hinreichend ...

Die größte Kunst, an welcher die Sterblichen, auch die unüberwindlichsten Kriegsleute, bis an ihr Ende zu lernen haben, ist die Überwindung seiner *selbst*. Und es bleibt dabei: wer sich selbst überwindet, hat Alles überwunden. Niemand aber wird dies schwerer als den Großen in der Welt. Unser Herzog hatte solche Kunst in der Schule der ewigen Weisheit gelernt.“

Das Ende des Weißenfelser Herzogs-Hauses hat die Schriftstellerin Auguste v. d. Decken (Anna v. d. Elbe) in dem Roman „Souveraen“ verarbeitet. Bemerkt sei auch hier, daß ein Roman keine Geschichte ist.

6. Abschnitt:

Wieder kursächsisch (—1815).

Kapitel 29.

Unter Kurfürst August III. (1746—1762).

(Nr. 27 der genealogischen Tafel.)

Seit auf dem Schlosse kein Herzog mehr wohnt, hat sich das Bild mit einem Schlage verändert. Das Leben ist dahin, die Straßen sind leer und eintönig. Das Inventar des Schlosses wird dezimiert, das der Kirche verschenkt. Selbst die Glocken läßt man der Schloßkirche nicht. Des Herzogs Bibliothek erhält die Universität Leipzig. Die Herrlichkeit ist aus!

Am 16. Juni 1746 war die Huldigung an Kursachsen nach beendetem Gottesdienste in der Marktkirche geschehen: die Beamten wurden auf dem Schlosse, der Magistrat auf dem Rathause, die Bürgerschaft auf dem Markte vereidigt durch die kursächsischen Räte Brühl und Brawe.

Die Natur dieses Wechsels bedingt es, daß wesentliches innerhalb der Stadtmauern zunächst nicht zu melden ist. Man müßte denn die Begründung der alethophilischen oder wahrheitsliebenden Gesellschaft im Jahre 1750 als ein Ereignis ansehen!

Den Liebhaber werden zwei Karten aus dieser Zeit interessieren — vom Jahre 1760: „Accurate geographische Delineation des hochf. sächs. Amtes Weißenfels. Nebst allen darzu gehörigen Städten, Flecken, Dorfschaften wie auch etlichen angraenzenden Orten gestochen von Peter Schenk in Amsterdam mit Königl. und Churfürstl. Sächs. Privilegio." (Stadtrat Röthe.) Von demselben besitzt auch der hiesige Altertumsverein ein Bild der Stadt: „Weissenfeld een Hartoglyke Stad aen de rivier de Sal drie uren van Leipzich."

Von den auf der ersten Karte verzeichneten Hölzern nenne ich das Bäumchen, das Mühlhölzchen der Herrenmühle, das Golenhölzchen rechts vom Wege nach Lösau, das Pfaffenholz an der Saale nach Leißling, das Krugholz. Als Höhen sind bezeichnet: der Spitalberg mit Kirche, der Mühlberg gegenüber. Zwischen beiden geht ein Fahrweg hindurch.

Neupollschütz über Singers Stadtgut ist als Ort, „wo ein Vorwerk", bezeichnet.

Geht man den Greislaubach von der Mündung an aufwärts, so zeigt die Karte auf dem linken Ufer die Pfeffermühle, den Krug. Auf dem rechten Ufer: den Kugelberg, güldene Berge, Förstersmühle. Weiter oben die Ölmühle am Mühlhölzchen, an das sich das Waisenhaus anschließt.

Und nun zurück in die Stadt!

Durch das Kurfürstliche Mandat vom Jahre 1746, „die Einschränkung der Juden und ihres Handels" betreffend, erfahren wir, daß damals hier drei jüdische Familien wohnten, David Aron Levi, der alte Levi und Isaak Zacharias. Der letzte durfte bleiben und weiter handeln, die anderen mußten trotz 15jährigen Schutzes ziehen.

Aus späterer Zeit sei erwähnt, daß die Anlage eines Zucht- und Arbeitshauses in den Räumen des Klaren-Klosters für diesmal scheiterte, obwohl die Vorlage an die Stände durch den Nachweis begründet war, daß im Jahre 1754 im Kurfürstentum 614 Diebe und Gesindel in Haft gebracht und daß noch mehr als 400 das Land unsicher machten. Man wollte drei solcher Zuchthäuser errichten. Das Projekt zerschlug sich an den Kosten. Hatte man doch erst vor einigen Jahren mit Mühe und Not eine Million Taler für „die preußische Invasion aufgebracht".

Friedlich wars bei der Übernahme der Regierung durch den Kurfürsten im Städtchen zugegangen! Da war der Rat angewiesen worden: die Miliz künftig auf dem Rathausboden zwischen 11 und 2 Uhr mittags exerzieren zu lassen. Als sich der Akzis-Inspektor Grünenthal „wegen des continuirlichen Lermens" darüber beschwerte und 1754 Christoph Graf von Unruh aus Dresden mit dem Stadtrate wegen eines Exerzierplatzes „300 Schritte en fronte und ebensoviel in die Tiefe" verhandelte, wurde darauf hingewiesen, daß dazu „die von hiesiger Stadt eine gute Viertelstunde gelegene sogenannte Viehwiese, welche die Bürger zu ihrer Trift und Viehweide gebrauchen, bishero zu den jährlichen Exerzieren des in fünf Jahre um hiesige Gegend zusammen gezogene Bataillon von denen hier in Quartier stehenden Königlichen Officiers genommen worden". Auf keinen Fall aber seien „solche Plätze, welche zu einem dermaßen geraumen Platze, auf welchen von einem gantzen Regimente (!) das Exerzieren verrichtet werden könnte", anzutreffen. — Im August zwei Jahre später ist diese Frage nicht mehr diskutabel. Da ist das ganze sächsische Heer vom großen Preußenkönig bei Pirna eingeschlossen und gefangen. Das war die Ouverture zu Prag-Kollin-Roßbach.

Während der Einquartierung des Prinz Xaverschen Regiments waren Werbungs-Exzesse vorgekommen. Wie anderwärts ging es auch hier nicht ohne Gewaltsamkeiten ab. Wer ohne „Paß oder Kundschaft" ergriffen wurde, kam ins Heer. Eine Unsicherheit des Verkehrs war damals eingetreten, daß wenig Leute zu Markte und sonst in die Stadt kamen. Man nahm den Eltern die Söhne, den Handwerkern die Gesellen. Die Werber drangen in die Häuser wie die Polizei auf der Suche nach einem Verbrecher. Ein Beispiel statt mehrerer: Am Sonntag den 13. Februar 1752 dringen während des Gottesdienstes Leute des Hauptmanns von Dreßler (vom Xaverschen Regiment) in die Roysche Schmiede ein, schleppen einen von hier gebürtigen Schmiedeknecht auf die corps de garde. Mit Nachschlüsseln waren die Werber ins verschlossene Haus eingedrungen und hatten den Schmiedegesellen fortgeschleppt. Jetzt goß man ihm so lange in den Hals, bis er „ja" sagte. Das Ratsprotokoll gibt an, es „hätten die andern Soldaten ihm die Hand gehalten, wie er geschworen und der Mensch wollte doch kein Soldat werden!" Dem General von Rochau schreibt der Rat zu Weißenfels in dieser Sache: „Ew. Excellenz haben uns bedrohet, bey dem hohen Staats-Ministerio zu verklagen, wir werden aber bei so gestellten Sachen selbigem zuvorkommen, welches nicht übel zu nehmen wir bitten..." In der Rückantwort von Rochaus heißts dann wieder: „— — So kann ich auch der Miliz die suchende und anbefohlene Completirung ihrer Compagnien nicht so schlechterdings absprechen. Denn wären die Obrigkeiten von selbst geneigt, solche behörig zu begünstigen... so käme nicht viel Verdruß vor... Es werden demnach fernerhin den Compagnien nicht so viele Schwierigkeiten zu machen sein, damit ich mich nicht genöthigt sehen möge, dero bisheriges Bezeigen an des Herrn Premier-Ministre Graf Brühls Excellenz sowol als an des Herrn Generalfeldmarschalls Excellenz (von Gersdorff) zur ohnfehlbaren Ahndung einzuberichten." —

Wir werden diese Soldaten in heißen Kämpfen sehen!

Um Schlesien wieder zu gewinnen, hatte Maria Theresia mit Frankreich, Rußland, Sachsen ein geheimes Bündnis verabredet. Da beschloß Friedrich, den Feinden zuvorzukommen und fiel 1756 unvermutet in Sachsen ein. Er nahm dieses Land „in Depot" — „eine Erfindung der neuen Staatskunst, um der Besitznahme eines benachbarten Landes das Ansehen eines feindlichen Einfalls zu benehmen" — sagt Archenholz.

Die Preußen bezogen in Schlesien und im sächsischen Gebiete Winterquartiere. — Der preußische General Ferdinand Herzog von Braunschweig hatte am 29. August 1756 eine Order wegen der Verpflegung der Truppen erlassen und die Vertreter der Städte zu einer Beratung nach Leipzig entboten. Der Rat entsandte Christian Gottlob Heinzen. Aber schon am Tage des Verpflegungs-Erlasses, am 29. August, standen die Preußen in der jetzigen Neustadt-Weißenfels. Drei Husaren entboten den Bürgermeister Lic. Brascha zu Ziethen. Das Stadtoberhaupt war begleitet vom Steuereinnehmer Jäger, dem Baumeister Engel, dem Registrator Seydicke. Ihnen befahl Zieten, sofort Anstalten zu treffen zur Aufnahme des Infanterie-Regiments von Zastrow und des Grenadier-Bataillons von Gemmingen. „. . . und weilen gleich darauf, nach 7 Uhr, alle Trouppen und die Equipage, so an Mannschafft nach denen Listen zusammen 3709 Mann ausmachten und alle in der Stadt, inmaßen man in denen Vorstädten von Seiten derer Preußischen Officiers durchaus keine Einquartierung verstatten wollen, untergebracht werden müssen, so hat man die Einquartierung in den Häusern so gut als seyn können verrichten und geschehen lassen müssen." Mancher Hauswirt hatte 8, 10, 20, 30 Mann in Quartier. „Was vor Lamentation und Wehklagen von so vielen unvermöglichen Einwohnern darin enstanden, ist leichter zu erachten und nicht wol möglich zu beschreiben." Am 30. August vormittags 10 Uhr entbot Zieten den Bürgermeister wieder zu sich auf den Markt: „wie viel Pfund Brodt vor eine jede Compagnie auf morgen beym Abmarsch in Bereitschaft läge" — fragte er. „Und da ich" — berichtet der Bürgermeister — „hierauf geziemende Vorstellung that, wie dem Rathe hiervon gar keine Eröffnung geschehen und dahero unmöglich seyn würde, in so kurzer Zeit das Brot anzuschaffen, gab ermelter Herr General nur die Antworth, daß das Brot auf morgen angeschaffet werden solte und wenn es zu der Zeit, da es abgeholet werden sollte, nicht angeschaffet wäre, wolte er den Burgemeister bei den Ohren nehmen laßen, auf welche bedrohliche Rede dann die hiesigen Becker, der Obermeister Johann August Bäß und andere aufs Rathaus gefordert und ihnen angedeutet worden, so viel Brot als möglich zu backen und aufs Rath-Hauß zu liefern, welches dieselben zu thun versprochen haben." Aber damit wars noch nicht genug! Kurz vor dem Einzuge Zietens mit dem Zastrowischen Regimente war abends 7 Uhr ein preußisches Kavallerie-Regiment von Halle her gekommen, durch die Stadt gezogen und in den Nachbardörfern einquartiert. Während Zieten dem Bürgermeister von Weißenfels für seine Ohren fürchten läßt, ergeht Befehl an die Kreis-Insassen, „Fourage herein in die Stadt zu schaffen, auff eine Ration in $1\frac{1}{2}$ Meze Hafer oder $1\frac{1}{4}$ Meze Gerste oder 1 Meze Korn, 6 Mezen Hecksel, 8 Pfund Heu und 1 Bund Stroh gerechnet. Nechstdem, da es an Bier, Brod, Brantwein gebrach, wurde dergleichen Lieferung von benachbarten und endlich von entlegenen Dorfschafften bis Carßdorf (im Unstruttale bei Wiehe) verschrieben. Die Müller in der Vorstadt, sonderlich der Herrn-Müller, ist durch militärl. execution angestrengt worden, Mehl denen Beckern zu liefern." Am 31. August morgens 3 Uhr ließ der Regiments-Quartiermeister John 507 Brote „zu sechs und mehrern Pfunden ab auf drei Wagen holen ingleichen auch Hafer, Heu, Hezel".

Beim Abzuge der Truppen wurden gegenseitige Atteste ausgetauscht. Der Rat bezeugt:

„Daß des Königlich Preußischen Herrn General-Lieutenants von Ziethen Excelenz nebst dem Herrn General-Major von Zastrow Hochwohlgeboren in hiesiger Stadt mit dem Zastrow'schen Regiment und Gemming'schen Grenadier-Bataillon den 29. huj. eingerückt und den 30. Einen Ruhetag gehabt und außer freiem Obdach und Hausmanns-Kost annoch 396 Rationes und 1521 Portiones respective genossen und empfangen haben; anbei aber in dem Quartier-Stande alle zugehörige Ordnung und Manneszucht gehalten haben: solches hat hierdurch unter Vordrückung E. E. Magistrats Insiegel bezeugt und attestiert werden sollen.

Weißenfels, den 31. August 1756. L. S. Der Rath daselbst."

Gegen dieses Attest bescheinigte Zieten seinerseits:

„Daß das Regiment von Zastrow nebst dem Grenadier-Bataillon von Gemmingen einen Ruhetag in der Stadt Weißenfels den 30. dieses gehabt, und außer freiem Obdach und Hauß Manns Kost annoch 396 Rationes und 1521 Portiones empfangen haben: solches hat hierdurch bekannd und bescheinigt werden sollen.

Weißenfels, den 31. August 1756. H. J. v. Ziethen."

Aber schon am nächsten Tage schrieb Zieten dem Magistrate zu Weißenfels wieder: „Dem Edlen Magistrat zu Weißenfels wird hierdurch notificiret, daß in der Zeit von einigen Stunden ein Corps Grenadiers von 1200 Köpfen daselbst einrücken wird, dahero derselbe zu deren nöthigen Quartier und Verpflegung das Beste fördersahmst besorgen wird. Teicha, den 1. September 1756. H. J. v. Ziethen. An E. E. Magistrat zu Weißenfels. P. expresse um 9 Uhr." — Die Praxis war wie sonst: Kaum war die Ordre eingegangen, so rückte Major Lingelfeld schon ein. „Er, der Major speisete auffn Schloße und lies selbigen Nachmittag das Arsenal und Pulver Magazin ausräumen, die vorhandenen Canonen und unter andern 1/4 Cartaune wurden — jene mit dem leichten Geschütz auff Wagen — und diese auf der Lavette den folgenden 2. September früh um 4 Uhr mit weg genommen und nach Leipzig geführt. Was die armen Einwohner, gegen alle mögliche Verpflegung, erdulden mußten, ist mit dieser Feder nicht zu beschreiben. Den folgenden Tag fragten die Becker an, weil sie nun Tag und Nacht gebacken, aus Beysorge, es würden noch mehrere Truppen folgen, wo sie den Vorrath hinthun sollten? Ihnen wurde Rathswegen die Antwort gegeben, sie solten eine Zeit lang das Hausbacken aussetzen, bis dieser Vorrath consumiret wäre. Das auffs Rathhauß schon gelieferte und übrig gebliebene Brot ist um billige Taxe an die Mangelhafften Einwohner verlassen." Genug!

Am 23. Dezember 1756 langte Friedrich der Große in Leipzig an. „Um 8 Uhr begaben sich Ihro Majestät auf dero Reisewagen, gingen von hier nach Lützen, die Gegend von dem Wahlplatz Gustav Adolfs zu besehen."

Natürlich hatten die Feinde Friedrichs inzwischen nicht müßig zugeschaut. Das Jahr **1757** sieht alle Großmächte mit dem Deutschen Reiche einig in dem Gedanken der Vernichtung Friedrichs.

Einer halben Million feindlicher Truppen konnte Friedrich im Bunde mit England, Hessen und Braunschweig nur 200000 Mann entgegenstellen. Nach der Niederlage bei Kollin hatte Friedrich Böhmen räumen müssen. Im Westen drangen die Franzosen, im Osten die Russen vor. Ein zweites französisches Heer mit der Reichsarmee schickte sich an, in Sachsen Winterquartier zu beziehen: Der sittenlose Prinz Soubise, der Freund der Pompadour, hatte ein selbständiges Kommando erlangt und stand bereits an der Saale.

Ende August sieht Weißenfels Franzosen unter Turpin, ihnen folgen Österreicher unter dem Herzog von Lothringen als Oberbefehlshaber. Am schlimmsten triebens hier die Kroaten seines Generals Laudon (Loudon).

Sie machten sich davon, als am 7. September sich die Preußen der Stadt Weißenfels näherten und bei Dobergast mit österreichischen Husaren ein Scharmützel hatten. Am 8. September kam ein Kommando preußischer Husaren hier an und meldete, daß der König mit seiner Armee bei Kössuln campiert und „Sie auffn Ritterguth Unter-Nessa sich einlogiert hätten“. Wenige Tage danach ging der große König bei Kösen über die Saale und kam am 13. September in Erfurt an. Wie einst Gustav Adolf wurde Friedrich im Weimarischen und Gothaischen, in Erfurt als Retter begrüßt. Seine gedrückte Stimmung wurde auch nicht durch ein siegreiches Scharmützel der Preußen bei Gotha gehoben. Unter den Gefangenen, welche die Preußen hier machten, befand sich auch ein Jäger des sächsischen Generals von Rochau, namens Otto aus Weißenfels, „welcher aber in den Weinbergen von Erfurt echapiret und hernach ein Jäger-Corps aufgerichtet, mit welchem er sich bis zu Ende des Krieges mainteniret“.

Immer drohender zogen sich die Wolken, die Feinde ringsum zusammen. Ein voller Monat aber sollte noch unter peinlichem Warten vergehen. Dem Einzuge der Österreicher in Berlin mußte Friedrich aus der Ferne zusehen. Als Friedrich sich von Gotha über Erfurt, Buttelstedt, Buttstedt, Eckartsberga, Naumburg, Weißenfels und weiter ostwärts zurückzog, waren ihm die Feinde in angemessener Entfernung gefolgt: Am 24. Oktober schlug der Prinz von Soubise hier sein Hauptquartier auf.

Wir lassen die Ereignisse nach den Aufzeichnungen der städtischen Registratur vor unserm Auge vorüberziehen:

Registrirt Weißenfels, den 5. Oktober 1757.

Nachmittag um 3 Uhr lassen Se. des Fürsten Moriz von Deßau Hochfürstl. Durchlaucht dem regierenden Burgemeister Herrn Lic. Brascha und etlichen des Raths nebst dem Herrn Actuarius außer Amte in Anwesenheit des Herrn Amtmann vor die Stadt beys Reuth-Haus rufen und kündigen Ihnen an, daß Ihre bei sich führende Kgl. Preuß. Armee an Cavallerie und Infanterie, deren Stärke man nicht erfahren könne, in die Stadt und Vorstadt bequartiret werden sollten.

In der Stadt sind wenigstens 5—6000 Cavallerie und Infanterie, in manchen Häusern 18—20 einquartieret. Die übrigen haben vorn Thoren gelegen und beys Reuth-Haus campirt. Höchstgedachter Fürst haben in dem Brawelschen Hause und der Herr General von Bülow in dem Amt Hause logirt . . .

Den 6. October Sind die Kgl. Preuß. Truppen nach Naumburg zu abmarschirt.

Den 8. October Mittags um 12 Uhr sind Ihro Durchl. Prinz Moriz mit dem Preuß. Corps wiederum zurück und anhero in die Stadt kommen, welches wie vorher einlogirt worden.

Den 9. ej. Sind 100 Mann aus der Stadt mit Karren und Schauffeln verlangt, die beim Hospital St. Laurentii schanzen sollen und Leuthe vom Lande sind auch adhibirt worden. Sämtliche Backhäuser sind mit Proviant Beckern belegt und darinne Brod vor die Miliz gebacken worden.

Den 10. ej. Hat das Zimmerhandwerk sich zur Verpallisatirung vor der Saalbrücke brauchen lassen müssen. Nach Otto S. 111 läßt Izzenplitz auf den Mauern des Freihofes auf dem Georgenberge Barabets = ... und einen Weg nach dem Niklastore durch die mit Mauern und Zäunen vermachten Gärten. Natürlich wurde durch die Anfuhr des dazu erforderlichen Materials der Garten verwüstet.

Den 11. ej. Sind dieselben wieder aus nach Leipzig zu marschirt, gleichwohl ein Regiment Infanterie und auch eine Escadre Cavallerie zurückgelassen worden. Der Herr General-Major von Izzenplitz seynd Commandeur davon.

Den 12. ej. Gegen abend kam ein Corps Preuß. Husaren hier an, welche vors Thor einlogirt wurden.

Den 14. October vormittags kamen Ihro Majestät der König von Preußen mit Ihrer Armee von Naumburg hier an, die Cavallerie ging durch auf die benachbarten Dörfer und Vorstädte, die Infanterie aber mußte hier einquartiert, und weder Priester- noch Schulhäuser konnten verschont werden. Ihro Maj. der König nahmen das Logier auffm Schloße.

Den 15. ej. geschahe der Abmarsch solcher Truppen nach Leipzig zu.

Den 16. und 17. October Sind hier in der Stadt über 100 österreichische Husaren gewesen.

Den 19. October vormittags kamen von Naumburg anhero der Kgl. Preuß. Major Herr von Kremso wie auch der Hauptmann Schack mit ein Bataillon Infanterie und einem oder mehr Compagnien Cavallerie, deren letztere im Kgl. Schlosse, jene aber in der Stadt Quartier erhielten.

Den 20. ej. Weil das Nicolai- und Klingenthor geschlossen ist, kann im Herrn-Brauhause nicht gebrauet werden und will das Amt Bier von Untergreißlau kommen lassen.

Den 21. ej. Nahmen Ihro des Kgl. Preuß. Generalfeldmarschall von Keith Exc. mit Ihren Corps Truppen von Naumburg anher. Die Infanterie und welche von der Cavallerie wurde in die Stadt, die meisten aber in die Vorstadt quartieret.

Den 22. ej. Gingen Ihro hochgedachte Herrn Feldmarschalls Excl. mit einem Theil derer Truppen von hier ab nach Leipzig. Dennoch blieb eine starke Besatzung hier und die sämtlichen Priester- auch Schulhäuser hatten Einquartierung. — Der Herr Gen. Major von Retzow blieben als Commandeur hier.

Den 23. ej. abends um 10 Uhr sind Wohlgemelder Herr General-Major mit sämtlichen noch dagewesenen Kgl. Preuß. Truppen (nachdem Sie erfahren, daß diesseits der Saale die Österreicher und Reichs Executiontruppen, jenseits der Saale die Franzosen mit Macht anmarschirt kommen), aufgebrochen und bey der Saale nach Deliz und Klein Corbetha, dahin nach Merseburg zu marchirt.

Dazu sei bemerkt, daß Friedrich das Armeekorps Keith seit dem 13. Oktober in und um Naumburg zurückgelassen hatte. Beim Anrücken der Feinde mußte Keith an den Rückzug denken. Nachdem er das

Kommando in Weißenfels dem General-Major Retzow übergeben hatte, marschierte er nach Leipzig. Als hierher die Kunde von weiterem Zuzug der Feinde kam, gab er Order, daß auch Retzow sich von Weißenfels zurückziehe. Dieser traf mit der Weißenfelser Garnison am 24. Oktober abends 6 Uhr in Leipzig ein. Hier aber schlug Prinz von Soubise am 24. Oktober sein Hauptquartier auf. Die Rathaus-Akten sagen:

„Den 24. ej. vormittags sind des Kgl. französischen Feldmarschalls Prinzen von Soubise Durchlaucht mit Ihrem Corps Truppen an Cavallerie und Infanterie hier eingerückt, welche ebenfalls bequartieret worden.

Den 26. ejusd. Kahmen noch ein großer Theil derer selben von Lützen anhero, welche . . . in die Vorstadt verlegt worden sind.

Den 27.—29. ej. Sind gleichfalls . . . mehr solche Miliz hier ankommen. Der Prinz Soubise logirte in der Kleinnischen Fabric und die übrigen Offiziers erwehlten selber die Quartiere.

Den 29. ej. früh rückte zwar die französische Armee nach Lützen zu aus, welche aber wurden zur Besazung hier gelassen und des Prinzen von Hildburghauß ein Reichs-Armee giengen die Stadt über die Saale mit samt den schweren Geschiz, höchstdieselben haben Ihr Quartier im Schloße zu Burgwerben genommen, die Armee aber ist längst der Saale in selbige Dörffer verlegt worden. Gegen abend kamen noch welche von der Reichsarmee zu Pferd und zu Fuß, welchen Quartier gegeben werden müssen.“

Am 30. Oktober — Sonntag früh 6 Uhr — ließ Friedrich der Große die Generale versammeln, „um ihnen das Antreten der Truppen und den Marsch nach Lützen zu befehlen“. Der König rückte zuerst ab und stieß auf Seydlitz, mit dem er bis halben Wegs von Lützen nach Weißenfels vorging. Seydlitz blieb mit der Avantgarde, Husaren und Dragonern, in Rippach. Der König hatte die Absicht, die Feinde in ihren Cantonnements der Saale entlang zu überfallen. Er kam von diesem Plane ab, als ihm Seydlitz meldete, daß die Reichsarmee über die Weißenfelser Brücke ziehe und daß sechs Bataillone auf dem Klemmberge diesen Übergang deckten. Die Meldung war richtig. Die Reichsarmee des Prinzen von Hildburghausen ging „durch die Stadt über die Saale mit sammt dem schweren Geschütz, Höchstdieselben haben Ihr Quartier im Schlosse zu Burgwerben genommen, die Armee selber aber ist längst der Saale und selbige Dörffer verlegt worden“. Auch der Prinz von Soubise „faßte den Entschluß die Saale wieder zu überschreiten und seinen Posten in Merseburg zu nehmen“ — nahm aber wirklich in Groß-Corbetha Quartier. In Weißenfels hatte er unter dem Herzog von Crillon vier Bataillone Bayern und zehn Kompagnien französische Grenadiere zurückgelassen.

Am 31. Oktober war Friedrich schon morgens 3 Uhr von Lützen aufgebrochen und war, die andern hinter sich lassend, mit einem Teile des Heeres bei Tagesanbruch in Weißenfels angekommen. Schnell ließ er seine Artillerie beim Schlosse auffahren, das Schloß selbst nehmen

Geb. 18. Oktober 1774 in Langendorf bei Weißenfels,
gest. 11. Juni 1829 in Weißenfels.

und das Klingen-, Zeitzer- und Nikolaitor sprengen. Mit den noch in der Stadt befindlichen Bayern und französischen Grenadieren, denen der König zu früh erschienen war, gab es einen Kampf in den Straßen der Stadt. Nach seiner eigenen Angabe nahm der König ihrer 500 gefangen. Den Hauptzweck freilich sollte Friedrich nicht erreichen, nämlich den: sich in den Besitz der Saalbrücke zu setzen. Doch hören wir, was die „Acta der Königl. Preuß. Armee Durchmarsch in Weißenfels mense October 1757 im Rathhause hier Rep. L. E. I. No. 26 Bl. 14" berichten:

„Den 31. October 1757. Früh gegen acht Uhr kamen Ihro Königl. Maj. von Preußen mit dero ganzen Armée vor die Stadt, die Besatzung verschloß die Thore und versammelte sich auffm Markte, dargegen wurde Preuß. Seits von der Klemmerke auff die Stadt und Thore canonirt, endlich eröffnet und es drunge selbige Miliz über die Schloß-Hoffs-Mauer in die Stadt, bis die gemelde Besatzung die Stadt verliese, sich über die Saal-Brücke retirirte und dieselbe in Brand steckte, welche auch mitsamt des Brückschreibers Wohnung gänzlich abgebrannt ist, dennoch blieben die Österreicher drüben stehen und canonirten auff die Brücke, daß nicht gelöscht werden dürffe. Nach diesen wurden die Preußen einquartiert und es kamen in manches Hauß über 20 und 30 auch mehr Mann zu liegen, — welche mit Kost und Lager verpflegt werden mußten. — Die Preußen haben in der Stadt über 400 Mann Österreicher, die das tempo versehen und vorn Brand nicht über die Brücke gegangen, gefangen bekommen. Von diesen wurde einer am Klingen Thore beym Einmarsch erschossen. Das Elend in der Stadt und Vorstadt wurde nun allgemein, welches die Feder nicht beschreiben kann."

Eodem: Das Schießen diesseits und jenseits an der Saal-Brücke und von den Höhen dauerte bis Nachmittags um drei Uhr. Die folgende Nacht war es zwar in der Stadt ruhig, „übern Strohm von Burgwerben bis Tagewerben hatten die Österreicher und Franzosen ihr Lager aufgeschlagen und ein Wach-Feuer dabey".

Den 1. November. Nach 9 Uhr geschahe der Auffbruch zum March und Zeitzer Thor hinaus, es blieben dennoch 3 Batallions Besazung in der Stadt.

Eodem. Kamen noch 1 Regiment Cavallerie und 1 Regiment Infanterie in hiesige Quartiere.

Ehe wir die Ratsakten weiter hören, wollen wir uns noch einmal vorstellen die brennende Brücke, den beobachtenden König. Von der Brücke heißt es: „Dies schöne Monument der Baukunst, nach der überbauten Brücke von Torgau gemodelt, brannte ohne Rettung bis auffs Wasser ab, weil die Besatzung die Vorsicht gebraucht hatte, solche innerhalb mit Stroh, Pechkränzen und allen in der Stadt befindlich gewesenen Talglichtern dergestalt auszufüllen, daß sie in weniger als fünf Minuten völlig in Flammen stand." —

Das war schmerzlich für die Pläne Friedrichs.

Er kam zudem in wirkliche Lebensgefahr. Von dem Damme des rechten Saaleufers, „der zugleich Fahrweg ist" — hatte er den Brand der Brücke beobachtet. Auf der gegenüberliegenden Insel aber hatte Crillon zwei Offiziere, Canon und Brunet, postiert, die hinter und unter den noch belaubten Bäumen der Insel unbemerkt blieben. Sie sollten die Preußen und ihren König beobachten.

„Da kommt Brunet" — so berichtet Preuß in der Lebensgeschichte Friedrichs des Großen — „und fragt, ob es erlaubt sei, den König von Preußen tot zu schießen." Crillon reichte seinem treuen Brunet ein Glas Wein und schickte ihn auf seinen Posten zurück mit dem Bemerken, daß er ihn und seinen Kameraden dahin gestellt habe, acht zu geben, ob die Brücke gehörig abbrenne, nicht, um einen General zu töten, der allein vorkomme, zu rekognoszieren, viel weniger die geheiligte Person eines Königs, die stets verehrt werden müsse.

Der Sohn dieses edlen Crillon wünschte später den großen König persönlich kennen zu lernen. Deshalb verwendete sich für ihn d'Alembert, mit dem Friedrich in Briefwechsel stand. Am 27. September 1773 schrieb er: C' était M. le duc de Crillon son père, qui commandait au pont de Weissenfels dixsept compagnies de grenadièrs français, dont la bravoure mérita les éloges de v. M. Il avait placé dans une petite île deux officiers, qui observaient votre armée lorsqu'on brûlait le pont. Un de deux vint dire à M. le duc de Crillon, qui leur avait recommandé de se tenir cachés, que s'il le voulait, ils tueraient, qu'ils jugeaient être le roi de Prusse par le respect que les officiers lui térmoignaient .....

„Der Vater des Herzogs von Crillon, welcher 17 Compagnien französischer Grenadiere bei der Weißenfelser Brücke befehligte, verdiente die Lobreden Euer Majestät. Er hatte zwei Offiziere auf eine kleine Insel gestellt, welche Ihre Armee beobachteten, während man die Brücke abbrannte. Einer der beiden sagte dem Herzog von Crillon, der ihnen befohlen hatte, sich verborgen zu halten, daß sie, wenn er es wünschte, den töteten, den sie — nach dem Respekt zu urteilen, den ihm die Offiziere erwiesen — für den König der Preußen hielten."

Während dieses vor sich ging, predigte zur Feier des Reformationsfestes in der Stadtkirche M. Joh. Chr. Leo über Offenbarung Joh. 3, 10: „... will ich auch dich behalten vor der Stunde der Versuchung ..." — — —

So war der 31. Oktober ohne Nutzen für Friedrich vergangen. Aber noch am Abend desselben Tages gab er Befehl, „rechts von der Stadt, in der Nähe der Herrenmühle, wo sich Heger im Flusse befanden, eine Brücke über die Saale schlagen zu lassen. Dazu wurden die bei der Mühle liegenden Flösse benutzt. Und die Bürger der Stadt boten hülfreich die Hand. Die Brücke wurde über die Inseln unterhalb des Wehres geschlagen — in aller Stille, so daß der Feind nicht das geringste davon wahrnahm".

Die Franzosen hatten ihr ganzes Augenmerk auf die von ihnen zerstörte Saalebrücke gerichtet. Sie hatten, damit sie der König zum

Übergange nicht wieder herrichte, zwei Bataillone und sechs schwere Geschütze auf dem Spitalberg, der Brücke gegenüber, postiert und das Saaltor noch länger beschossen.

Der König war bemüht gewesen, den Feind von dem Baue der Notbrücke an der Herrenmühle abzulenken. Jetzt marschierte er stromabwärts nach Dehlitz, als wenn er hier über die Saale setzen wollte.

Im Parke des Rittergutes Dehlitz ist am 1. November 1858 ein Denkmal errichtet worden zum Gedächtnis an die Einquartierung des großen Königs vom 1. November 1757 vormittags 10 Uhr ab bis zum 2. November morgens 8 Uhr. Kein Geringerer als der Hauptmeister der neuen Berliner Schule Christian Rauch († 1857), der Schöpfer des Friedrichdenkmals in Berlin unter den Linden, des besten Reiterstandbilds in Deutschland, hat das am 1. November 1858 enthüllte Denkmal gefertigt. — In einem Aktenstücke des Rittergutes Dehlitz vom Jahre 1757 ist bemerkt: „Ihro Majestät der König von Preußen, Ihro Königl. Hoheit Prinz Heinrich mit starker Suite, Se. Excellenz der Herr General von Seydlitz, zwei Regimenter Cavallerie und zwei Regimenter Infanterie einquartiert. NB. 3/4 Bier, wovon der König selbst eins ausgezogen (= angesteckt), das übrige die Offiziere und Gemeinen getrunken."

Da kam die Nachricht, daß der Feind im Abzuge begriffen.

Hören wir nun die Ratsakten weiter:

Den 2. November. Früh um 4 Uhr marschirten nurgedachte beyde Regimenter der Königlichen Suite nach. Um 9 Uhr kamen die Franzosen aus ihrem Lager gegen die abgebrannte Brücke und canonirten eine Stunde lang auf die Stadt, welches die Besazung antwortete, endlich zogen jene widerum zurück, hoben mit denen Reichs-Völkern ihr Lager auf und marschirten weiter, dem Verlaut nach, gegen Frankleben zu. Erstere sollen die Dörfer Burgwerben, Tagewerben, Reichardtswerben, Posendorf rein ausfouragiert haben, worüber die Landleuthe ein entsezliches Wehklagen erhoben hätten, daß vor sie und ihr Viehk nichts übrig geblieben wäre.

Eodem. Nachmittags gegen 4 Uhr retournierte Ihro Königl. Preuß. Majt. mit dero bey sich habenden Armee (nach Weißenfels).

Den 3. November: Nachdem vorher bei der Herren-Mühle von Wierigt übern Grieß unterm Weher eine Brücke seit etlichen Tagen geschlagen und gestern noch fertig worden ist; So sind Se. Majt. und dero Armee darüber, bei Herrn Engres Weinberg hinauff (der Herrenmühle gegenüber, am heutigen Maschinenschuppen, hieß noch bis zur Zeit des Bahnbaues das Preußengäßchen) — und weiter nach Mücheln zu, denen Franzosen und Reichs-Völkern nachmarchirt, welcher Übergang wenigstens vier Stunden gewehret. Ein Bataillon blieb hier zur Besatzung, die sich aufs Schloß zog, Brod, Bier und Fleisch verlangte. Ersteres war noch von der Lieferung vorräthig, das nahmen sie zu sich, Fleisch und Bier war nicht vorhanden und letzteres seit etlichen Tagen, noch weniger Brandwein zu haben. Abends um 7 Uhr ist auch dieses Commando nachgegangen und der Ort von Preußen evacuirt gewesen. Denselben Nachmittag ist ein beständiges canonieren von weitem gehört worden.

Den 4. ejusdem fragten früh um 7 Uhr beym Herrn Bürgermeister Franke, weil regens Herr Burgermeister L. Brascha sich kranck befand, 4 Österreicher Hussaren nach der beschehenen Evacuation derer Preußen und dem Verhalten, welchen auch Antwort gegeben worden ist. Dieselben haben sofort die gemelde neue Brücke besetzt.

Den 5. ejusdem aber selbige abgebrochen und gänzlich ruinirt, auch die Bau-Materialien auffim Wasser fortgehen lassen, ob ihnen gleich alle mögliche Vorstellung geschehen ist, solches nicht zu thun.

Eodem. Des Nachmittags hörte man ein starckes schießen auß grobem und leichtem Geschüz, welches sich immer mehr näherte, bis man endlich gesehen und erfahren, daß zwischen beyden Partheyen hinter Reichardtswerben und selbiger Gegend eine Bataille vorging. Gegen Abend sahe man von der Höhe flüchtige Franzosen ankommen, die bei der abgebrannten Saal-Brücke übergesetzet sein wollen, endlich aber welche gar durchgeschwommen seyn.

Des Nachts gegen zwölf Uhr schrieb der General von Rezow an Herrn Baumeister Engres ein Billet über die Saale, verlangte wegen etlicher bey sich habender blessirter Officiere ein paar Bouteillen Ungar-Wein, und daß die neue Brücke sofort wieder gemacht und alles mögliche an Brod überschickt werden solte. So viel sich nun hat wollen thun laßen, sind Anstalten dazu vorgekehrt worden.

Früh. Den 6. ejusdem fuhren Herr Baumeister Engres und Herr Amts-Actuarius Schröter auf Kähnen übers Wasser den gemeldeten Herrn General zu sprechen; sie haben ihn aber nicht mehr angetroffen. Hingegen waren etliche blessirte Officiere, die der Chirurgus Pirste verbinden mussen und welche ganz ausgekleidet gewesen, in der Brücken-Mühle gelegen ... Man konnte inzwischen zuverlässig nicht erfahren, welche Parthey gestern obtinirt hätte. Ihro Preuß. Königl. Majt. haben die Nacht über im Schloße zu Burgwerben logirt.

Den 7. November Laße der Herr General-Major von Rezow von Freyburg anhero verordne(te)n, daß Amt, die Schriftsassen und der Rath sollen binnen zwei Tagen bey Leib- und Lebensstrafe 12000 Stück Brod jedes zu sechs Pfund liefern. Desgleichen soll specificirt werden, wer was von der Wahlstatt an französischen Flinten, Pulver, Gewehr ꝛc. eingetragen hat und zwar bey 100 Ducaten Strafe, welche dieses den 10. ejusdem nach Merseburg geliefert werden.

Den 8. November früh um 8 Uhr wurde der convocirten Bürgerschaft die von Herrn General-Major von Rezow gestern Nachmittags eingelaufene Ordre wegen der Brod-Lieferung publicirt und ihnen zugleich das Project, was jeder Haußwirth und Haußgenosse heut noch liefern soll, vorgelesen, sie alle aber derbey bedeutet ungesäumte Anstallt dazu zu machen, damit die angedrohte Execution vermieden werde; bei denen Beckern würden sie das Bedürfniß zu kauffen haben können.

Den 10. November 1757 rückte der Königl. Preuß. General Herr von Asseburg mit einem Batallion hier in die Quartiere und verlangte die Verpflegung vor die Mannschaft, auch Fütterung vor die Pferde. Auch in den nächsten Tagen ist die Stadt von Einquartierungssorgen und -Lasten nicht frei. Bis zum 14. November treffen immer neue Truppen ein, an diesem Tage Feldmarschall Keith, der am 15. November seinem Könige nachzieht, während dieser bereits am 13. November von Leipzig nach Schlesien aufgebrochen ist.

Am 16. November folgt die übrige Königliche Preuß. Besatzung nach. „Derbey erging von Herrn General-Major von Asseburg die Ordre, daß das ausgeschriebene noch vorräthig gebliebene Brod vom Amte nach Leipzig an die Preußen abgeliefert werden solte." — Genug!

Also die Nacht vom 2. zum 3. November war Friedrich der Große wieder in Weißenfels. Am 3. November überschritt er die Saale. Die

Nacht vom 3. zum 4. November beherbergt ihn das Pfarrhaus in Braunsdorf.

Als er da entdeckt, daß die Feinde ihn von Halle erwarten und die Front dahin gerichtet haben, beschließt er: den Angriff am Morgen des 4. November zu wagen. Aber es kam anders!

Die Franzosen hatten ihre ungünstige Stellung gewechselt und die schnell gesicherten Höhen zwischen Mücheln und Branderode eingenommen. Das war ein dicker Strich durch Friedrichs Rechnung: Seine 21 000 Mann — die Reiterei einbegriffen — konnten gegen die 41 000 in vorteilhaftester Stellung befindlichen Feinde nichts ausrichten. So sah sich der König genötigt, die Stellung zu wechseln und abzuwarten. Die Franzosen deuteten freilich diese Bewegung des preußischen Heeres falsch. Sie sahen darin den Anfang vom Ende. Sie bejubelten schon den sicheren Sieg. Es galt nur noch, die Preußen in einem anständigen, wohlgegliederten, glänzenden Angriffe in die Flucht zu schlagen. Der sollte am 5. November geschehen. Da sollten die Preußen eingeschlossen und aufgehoben werden.

Friedrich war in der Nacht vom 4. zum 5. November im Herrenhause zu Roßbach geblieben. Seit der Gedenkfeier des Tages von Roßbach im Jahre 1907 erinnert eine Tafel an den Aufenthalt des Königs.

Das Werk des Großen Generalstabes über den siebenjährigen Krieg gibt folgenden Bericht:

„Der König stieg gegen 8 Uhr morgens auf den Boden des Roßbacher Herrenhauses und ließ an der Westseite des Daches einige Ziegel herausnehmen. Durch die Öffnung beobachtete er die feindliche Armee." (Das Herrenhaus in Roßbach ist heute noch in demselben Zustande wie zur Zeit der Schlacht. Auf dem Boden befindet sich an der Westseite des Daches jetzt ein Fenster. Nach mündlicher Überlieferung ist dies die Lücke, die der König in das Dach brechen ließ. — Das Schreiben des Gutsverwalters zu Roßbach an den Gutsbesitzer vom 8. November 1757 ist gedruckt in den Denkwürdigkeiten für die Kriegskunst 6. Heft. 188.)

„Da er, der König, den Verbündeten (Feinden) nicht viel Unternehmungslust zutraute, glaubte er weder an einen Angriff noch an einen Abmarsch des Feindes auf Weißenfels oder Merseburg, um ihm den Rückzug über die Saale abzuschneiden ..." Dem Könige standen rund 22 000 Mann zur Verfügung — die feindliche Armee belief sich auf 41 000 Mann.

Im Lager der Verbündeten verstrich fast der Vormittag. Um 11½ Uhr setzten sich die Franzosen in Bewegung: 6 Eskadrons Szecheny-Husaren bildeten die Avantgarde, ihnen folgte die Armee in drei Kolonnen. Der Zwischenraum der Treffen war gering. Die

Entscheidung ruhte in den Händen der Generale Soubise und Hildburghausen. Der erste wollte am 5. November nur ein Lager beziehen, der andere blieb bei seinem Entschluß, noch heute anzugreifen. Gegen 2 Uhr nachmittags befand sich die Mitte der leidlich verschobenen Kolonnen auf dem Luftschiffe. Der Preußenkönig glaubte, daß der Feind sich nach Freyburg zurückzuziehen beabsichtige. Der König befand sich eben bei der Mittagstafel, als Gaudi ihm meldete, es habe das Ansehen, als ob die feindlichen Verbündeten den linken preußischen Flügel umgehen wollten, überzeugte sich aber bald von der Richtigkeit der Meldung. Rasch war der König entschlossen, dem Feinde durch einen Angriff zuvorzukommen und ihn im Marsche anzufallen. Er ließ die Infanterie treffenweise auf Groß-Kayna links abmarschieren. Seydlitz erhielt den Befehl über 38 Eskadrons, um dem Gegner den Weg nach Merseburg zu verlegen. Als jüngster General richtete von Seydlitz an die älteren die Worte: „Meine Herren, ich gehorche dem König und Sie gehorchen mir!" Er „formierte alle Regimenter zu zwei Gliedern, um breitere Fronten zu erhalten ..." Der Feind glaubt immer noch an einen Abmarsch des Königs nach Merseburg. „Nach der Meinung der verbündeten Feinde handelte es sich nur darum, die Preußen am Entkommen zu hindern." Man wähnte den König im vollen Rückzuge. Da ließ der König 18 schwere Geschütze auf dem Janushügel auffahren, um das Feuer auf die feindliche Kavallerie zu eröffnen. Die französische Artillerie hatte zu tiefen Stand, um sich recht wirksam zu erweisen. Gegen 1/24 Uhr brach von Seydlitz zur Attacke vor gegen die Front und rechte Flanke der überraschten feindlichen Reiter. Die feindlichen Kürassiere stürmen ihm unter Hildburghausens Führung entgegen ... In nicht langer Zeit „wälzen sich die geschlagenen Reitermassen westlich Reichardtswerben vorbei in der Richtung auf Storkau und Obschütz, um größtenteils gänzlich vom Schlachtfelde zu verschwinden. Sie tragen Schrecken und Verwirrung in die eigene Infanterie. Bald läßt Seydlitz von neuem sammeln und führt seine braven Reiter in das Gelände zwischen Tagewerben und Storkau, um sie hier aufs neue bereitzustellen."

Der Infanteriekampf währte nur von 4 bis 4 1/2 Uhr. Der unglückliche Verlauf des Kavalleriegefechts hatte bei der feindlichen Infanterie schon Verwirrung angerichtet. Die preußische Artillerie tat das ihrige: Sie durchbricht das erste feindliche Treffen, auch das zweite gerät in Panik. Einzelne gehen aber noch den anrückenden Preußen entschlossen entgegen. Aber die Stückkugeln der Batterien schlagen furchtbare Lücken in die dichten Massen. „Schon fangen die Kolonnen an, um ihre Fahnen zu wirbeln, da beginnt aus nächster Entfernung das Feuer der vorrückenden preußischen Bataillone vom linken Flügel aus ..." Die Umklammerung der linken Bataillone der preußischen

Linie steht jetzt vor Augen, die Verwirrung des Feindes wird jetzt allgemein. Da bricht Seydlitz wieder in zwei Treffen zur Attacke vor „von zwei Seiten umfaßt, strömt nun das Heer in völliger Auflösung über Pettstädt der Unstrut zu".

Die Schlacht erreichte ihr Ende gegen 5 $^{1}/_{2}$ Uhr abends. „Unterdessen war es dunkel geworden und der König ließ die Infanterie auf den Höhen östlich Obschütz Halt machen: „Nun verhüllte die Nacht die beispiellose Verwirrung, in der das geschlagene Heer sich gegen Freyburg wälzte. Der König ließ seine Infanterie auf den Höhen bei Obschütz und Markwerben lagern. Die Mannschaften zerschlugen die von den Feinden fortgeworfenen Gewehre und machten von den Schäften Wachtfeuer. Die Kavallerie bezog Unterkunft in Reichardtswerben, Tagewerben, Storkau. Die Grenadier-Bataillone Lubath und Jung-Billerbeck besetzten die westliche Vorstadt von Weißenfels, das Grenadier-Bataillon Fink Burgwerben, wo der König sein Hauptquartier im Schlosse nahm." Als er alle Zimmer des Burgwerbener Herrenhauses mit französischen Offizieren, die verwundet in Gefangenschaft geraten waren, besetzt fand, nahm er mit einer Dienerstube im Nebenbau vorlieb. Sie ist in demselben Zustande erhalten, wie der König sie bewohnte.

Noch heute ist der Raum mit der Statue des Königs und folgendem Berichte zu sehen: „Nach der Schlacht bei Roßbach den 5. November 1757, abends 6 Uhr verlangte der König von Preußen Friedrich II., der Große, mit nur geringer Begleitung auf hiesigem Schlosse Nachtquartier. Alle Zimmer waren bereits von 33 verwundeten Officieren in Beschlag genommen. Seine Majestät ließ daher, um keinen derselben zu stören, sein Feldbett in dieser Stube aufschlagen, gab den Tagesbefehl und brachte die Nacht an dieser Stelle zu. Der damalige Gutsbesitzer war der Herr Oberaufseher von Funcke und sein Enkel, der Herr Hauptmann von Funcke veranstaltete dieses zum Andenken an jene Nacht. Schloß Burgwerben, den 9. Juli 1844. Franz Leopold von Funcke."

Erlaubt sei gleich hier die Bemerkung, daß die auf Reichardtswerbener Boden geschlagene Schlacht als die von Roßbach wohl darum bezeichnet wird, weil der König von Preußen sein Hauptquartier auf dem Edelhofe zu Roßbach hatte. Der preußische Major Ewald Christ. von Kleist, der von patriotischer Begeisterung für Friedrich den Großen erfüllte Dichter, nennt diese Schlacht auch die Schlacht bei Weißenfels.

Des großen Königs Ruhm und Seydlitzens, des berühmten Reitergenerals Name, erfüllten die Welt. Vergl. auch „Die Schlacht von Roßbach" von Professor E. Schröter. 1907. (Schirdewahns Buchhandlung.)

Doch, wir nehmen den Faden der Geschichte wieder auf!

Am Morgen des 6. November machte sich der König mit Tagesanbruch von Burgwerben aus an die Verfolgung der Feinde über das Luftschiff, Markröhlitz, über die Unstrut nach Eckartsberga. Nach einem Ruhetage kehrte er von da nach Merseburg zurück.

Friedrich hatte befohlen, die von nachrückenden Österreichern inzwischen ruinierte Notbrücke bei der Herrenmühle wieder herzustellen.

Die Rathaus-Akten und ihre Wiedergabe im Kreisblatt 1857 Nr. 28 berichten: „Den 9. November 1757. Nachdem auf Königl. Preuß. Anordnung die vorhin unter dem Herren-Wehr aufgeschlagene und nachher von österreichischen Trouppen wieder demolirte (Not) Brücke aufs neue hergestellt werden müßen, so hat acto der Königl. Preuß. H. Ingenieur-Lieut. von Darius dem H. Amtsverwalter Müllner Anweisung getan, daß gleich neben dem Orte, wo die vorherige große Saalen Brücken gestanden, eine Brücke von denen auf der Saale liegenden Holzflößen angeleget werden solle... daß die Brücke morgen Mittags im Stande sei, weil solche alsdann passiret werden müsse."

„Herr Amtsverwalter Müllner habe hierauf sogleich Denen an der vormahligen Saal-Brücke befindlichen Fischern angedeutet, die Floßen unverzüglich anzufahren, zugleich auch in Vorschlag gebracht, daß die Fischer sich vors Überpassiren etwas bezahlen lassen und von diesem Gelde diejenigen, welchen die Flöße zustünden, ihre Bezahlung vor das Holz erlangen solten; welches Herr Lieutenant Darius zufrieden gewesen..."

Eodem: Meldet der Obermeister Johann Paul Jost, „er habe es denen Fischer angesagt, daß sie die Flößen anfahren solten, er sey aber nicht im Stande, die Leute zu zwingen, dahero er bitten wollte, solches obrigkeitshalber intimiren (gerichtlich ankündigen) zu lassen. Hierauf ist sofort Denenjenigen, so Floßholz haben, durch den Amts Frohn Bedeutung geschehen, ohne allen verzug die Flöße anzufahren".

Die Fischer wollten ihr Floßholz diesmal nicht hergeben, oder nur gegen Bescheinigung und garantierte Bezahlung. Es kam zu schweren Auftritten! Endlich ließ man's bei der Herrenmühl-Notbrücke bewenden.

Unterm 9. November 1757 berichten die Rats-Akten dann weiter: Die nächsten Tage waren die Städte Merseburg und Weißenfels voller Soldaten: Gefangener und Verwundeter, Franzosen und Reichssoldaten, Offiziere und Mannschaften. „Sollten die blessirten französischen Offiziers sich nicht selbst einquartieret, sondern von dem Rathe ex officio untergebracht worden seyn, so kann denenselben auf Raths-Scheine das benöthigte Weich-Feuer-Holtz, jedoch mit möglichster Menage ohne Entgelt auf Rath-Scheine gegeben werden..." so schrieb der Herr von Wuthenau aus Merseburg dem Magistrate. Auch waren „etliche blessirte Offizier, die der Chirurg Pirste verbinden mußte und welche ganz ausgekleidet gewesen, in der Brücken-Mühle gelegen".

Die Truppendurchzüge dauerten bis zum 16. November. Am 10. November „rückte der Königlich Preußische General, Herr von Asseburg mit einem Bataillon hier in die Quartiere und verlangte die Verpflegung vor die Mannschaft auch Fütterung vor die Pferde". Kaum hatten die Dragoner die Stadt verlassen, da erschien der Feldmarschall von Keith. „Sie sind mit dero Suite anhero auffs Schloß und drei Bataillone in die Vorstädte kommen, die gleichfalls verpflegt werden müssen." Während des Winters blieb Weißenfels dann von preußischen Truppen besetzt.

Unsere Darstellung aber wäre unvollkommen, wenn wir im Lichte des Sieges die Schatten des Elends übersehen wollten.

Als Friedrich der Große durch den Sächsischen Kanzlisten Menzel die Abschrift der Verhandlungen der Großmächte unter einander wider sich selbst besaß, nahm er mit seinem Hauptheere Sachsen, während vier kleinere preußische Truppenteile an verschiedenen Orten die Grenze überschritten. Auch in Weißenfels erschienen 2000 Mann, die sich auf dem Marsche nach Naumburg befanden. Daß sie nicht ohne Ansprüche die Stadt durchzogen, versteht sich. Ihnen folgte in späterer Zeit ein preußisches Korps, welches dem herzoglichen Zeughause einen Besuch machte und mitgehen hieß, was von Kursachsen nach des letzten Herzogs Tode noch hier zurückgelassen war. Den Bürgern der Stadt legten die Preußen starke Lieferungen auf — der österreichische Feldmarschall Dombasle verbot sie. Als die Naumburger es mit der Lieferung an die Preußen an sich kommen ließen, nahmen die Zieten-Husaren ihren Bürgermeister und etliche Ratsherren als Geiseln mit nach Leipzig, bis sie außer anderem 12000 Taler Strafe wegen säumiger Lieferungen erlegt haben würden. Hier stand das durch Brühl ausgesaugte Volk auf preußischer Seite. Aber das machte die Preußen nicht satt.

Da haben sie auch Gewalt gebraucht — wenn sie nicht verhungern wollten, oder wenn sie auf Brühls Güter kamen.

Von den Franzosen aber und Reichsvölkern, die doch als Freunde Sachsens kamen, erzählt die im Pfarrarchiv zu Burgwerben befindliche kleine Chronik: „Da es den nahen Dörfern, sonderlich Burgwerben am aller erbärmlichsten ging. Die meisten Scheunen wurden leer gemacht, die Thüren und Thore, Leitern und allerhand Holzwerk wurde ins Lager getragen, an den Gebäuden und Scheunen-Giebeln wurde auch angefangen und in Gärten so viele Bäume abgehauen, in Häusern wurde fouragiret an Heu, Stroh und Mehl, auch geplündert, Geld und Kleider von den Frantzosen genommen, daß also der Schade, welcher kaum zur Hälfte angegeben, beinahe Burgwerben auf 6000 Thaler beschworen wurde."

Aber was einigermaßen noch durch die Not entschuldbar sein könnte, das sollte zur Tugend werden! Seit dem 2. November nimmt die Verfolgung der evangelischen Einwohner hier einen konfessionellen Charakter an. Glaubenshaß wird das Motiv zur grausamen Tat.

Die „Berlinischen Nachrichten von Staats- und Gelehrten-Sachen" auf das Jahr 1757 brachten einen „Auszug eines Schreibens aus dem Weißenfelsischen Gebiet" vom 6. November: „Am 3. dieses Monats ward unsere Gegend von einer Hülfsarmee von etlichen 70000 Mann überzogen, und sobald das Lager formirt war, geschahe der Einfall in die benachbarten Oerter mit so fürchterlichem Getöse, daß ich mich desselben ohne Entsetzen nicht wieder erinnern kann. Aller Vorrath von Getreide, Vieh, Holz, Stroh, Heu ... ward ohne Erbarmen weggeschleppt, ohne auf das heftige Weinen und Seufzen der armen Einwohner vieler Orte zu achten. Auf den Dörfern wurden Stuben und Kammern mit Gewalt geöffnet, bewegliche Sachen mit fortgenommen, unbewegliche aber ruinirt, Häuser abgedeckt, die Betten zerschnitten und die Federn herumgestreut, Weinfässer zerschlagen, und welches das Erschrecklichste ist, sonderlich den Kirchen und Predigerwohnungen so begegnet, daß man es fast zu melden sich schämt. Nicht genug, daß man sich der Kirchen- und Priester-Ornate bemächtigte, sondern man hat auch die Altäre auf das Abscheulichste verunreinigt ..."

Und wer mag die Bilder des Schreckens ausmalen in der Stadt Weißenfels? Daran hat lange Zeit eine Gedächtnistafel in der alten Hospitalkirche erinnert, welche die Inschrift trug vom „Hausvatter" J. G. Zeißler:

„Mein Leser, dieses Denkmal weiset,
Daß, wenn die Noth am größten heißet,
Gott, der die Seinen nicht vergißt,
Mit Schutz und Hülf am nächsten ist;
Denn, was der Krieg für Angst und Schrecken
Mit seinem Wüten konnt' erwecken,
Was aber Gott an uns gethan
Das zeigt' der letzt' Oktober an — — —"

Daran haben erinnert die Kugeln in den Häusern der Bürgern.

Friedrich dachte nicht daran, die Franzosen lange zu verfolgen. Er hatte in Schlesien zu tun. Und da tat Eile not. Am 5. Dezember 1757, wenige Wochen nach der Niederlage der Franzosen bei Roßbach, siegte die „Potsdamer Wachtparade" bei Leuthen — das war ein österreichisches Roßbach. Und der August des folgenden Jahres brachte einen Tag des Zornes über die Russen bei Zorndorf — das war ein russisches Roßbach, in dem auch Seydlitz die Entscheidung herbeiführt. — Aber freilich: das preußische Cannae stand noch bevor!

Nach der Niederlage bei Kunersdorf 1759, in welcher Friedrich alles verloren gab, in welcher 12000 Preußen gefangen wurden und Sachsen verloren ging, mußte der König zu außerordentlichen Mitteln seine Zuflucht nehmen, um die Kriegskosten zu bestreiten: zu den drückendsten Auflagen, auch zur Ausgabe minderwertigen Geldes.

Der König hatte die Münze „an den Berliner Juden Ephraim verpachtet ... mit jedem Jahre wurde das Geld schlechter ... die alten August d'or oder Friedrich d'or gelten, anstatt der gewöhnlichen fünf Thaler, zwanzig Reichsthaler in den circulirenden Silbermünzen, die man spottweise Ephraimiten oder auch Blechkappen nannte. Mit ihnen wurde alles bezahlt. Und diese leichte Methode, das Geld zu vervielfältigen, fand bald Nachahmer."

Die natürliche Folge war die Teuerung. „Verzweiflung spiegelt sich in den Gesichtern der meisten Bürger und Landleute. Mancher hatte bei dem unendlich auf ihm lastenden Elend kaum noch eine Thräne, um sein jammervolles Geschick zu beweinen."

Ich habe diesen kurzen Überblick gegeben, um verständlich zu machen, daß vom Jahre 1759 an auch für unsere Heimat eine Zeit unerhörter, noch nicht dagewesener Bedrückung folgte: „Die allgemeinen Not wird noch gesteigert durch das Rekrutengeld: Jede männliche Person zwischen 18 und 40 Jahren hat fünf Thaler gutes Geld zu zahlen. Gutes Geld! Wo gab es noch gutes Geld!?"

Sachsen war es, in dem Friedrich bei dem wechselnden Glücke der Jahre immer wieder Kräfte und Mittel sammelte. Kamen die verbündeten Österreicher, so kontribuierten und requirierten sie als Verbündete. Die Freibataillone Salomons und das schon genannte Ottosche glaubten sich im Besitze besonders privilegirter Freiheiten.

War schon 1759 der Oberaufseher Herr von Funck auf Burgwerben mit einigen Weißenfelser Bürgern nach Leipzig, und später von da nach Magdeburg transportiert worden, weil man nicht imstande gewesen war, die schweren Kontributionsgelder und Lieferungen zu den festgesetzten Fristen herbeizuschaffen, so war an ihre Freilassung jetzt nicht zu denken. Nur von Beurlaubung konnte die Rede sein, nach deren Ablauf der Rückweg in die Haft anzutreten war. —

Für die folgende Zeit gebe ich nur einige Daten nach den Ratsakten: Am 18. Juni 1761 kamen preußische Offiziere, traten sogleich in die Rathsstube ein und redeten dem Bürgermeister also an: „Warum der Rath von den Preußen feindlichen Kleefeldschen Verordnungen dem Preußischen Kriegs-Directorio keine Nachricht ertheilet? Und daß die Bezahlung der Gelder den Einnehmern inhibieret, dieserhalb müßte der Herr Bürgermeister mit in Arrest; forderten ihm die von Kleefeld unterm 30/31. May hierher ergangenen Befehle ab, so ihm extradiret und dabei alle Unschuld des Raths demonstriret und um Erlassung des Arrestes angesuchet wurde."

Es half aber nichts, sondern der Herr Bürgermeister Brascha mußte einen Revers ausstellen, sich um 12 Uhr auf dem Schlosse zu melden, widrigenfalls die Ausplünderung seines Hauses geschehen sollte.

Am selben Tage beschloß der Rat: „Daß, weiln der H. BMstr. Brascha Geld nöthig und in keiner Kasse etwas befindlich, ein Capital von 50 Thlr. aufzunehmen. Es hat sich aber kein Creditor finden wollen, bis endlich der Steuer-Einnehmer Jäger sich bewogen lassen und 25 Thlr. (gegen Vergütigung) darzu hergeben."

Als der König nach dem Siege bei Torgau sein Winterquartier in Leipzig genommen hatte, lagen auch hier noch in der Stadt und in jedem Dorfe Exekutionstruppen.

Wir übersehen die Angabe der folgenden Zeit über die von Weißenfels nach Leipzig ins preußische Lager gestellten Wagen, über die geforderten Lieferungen von Proviant und Futter, über die gestellten Rekruten, welche die Stadt selbst „den Mann mit hundert und mehr Thalern kaufte". Wir erinnern nur an die täglichen Einquartierungen, welche die Truppen-Durchzüge mit sich brachten, an die Brandschatzung von 60000 Taler, fällig am 15. und 30. Dezember 1760 und am 15. Januar 1761. In dem Berichte an das Preußische General-Feld-Kriegsdirektorium erklärt der Rat: „In Weißenfels stehen über 40 Häuser leer und zugemacht, die Besitzer aber sind davon gelaufen. Die Beamten der Stadt hätten sechs Jahre keine Besoldung erhalten. Die Mehrzahl der Einwohner seien nach dem Aufhören des hiesigen Hofstaates Handwerker. Außer den Crahmern sind keine Kauf- und Handelsleute vorhanden." Allein in den letzten acht Tagen, heißt es am 30. Dezember 1760, seien infolge der Exekution acht Häuser verlassen und die Schlüssel auf dem Rathause abgegeben worden, „daß solchem nach dieser Ort weiter eine Stadt zu seyn nun mehr bald aufhören möchte". Endlich wurde die Freilassung der Bürger vom Kammerdirektor verordnet — nur die beiden Bürgermeister behielt man noch.

Im folgenden Jahre 1762 sieht man am 15. Januar den einen der inzwischen aus Leipzig heimgesandten Weißenfelser Bürgermeister Lic. Brascha mit zwei Ratsmitgliedern in das Hauptquartier Zeitz befohlen.

Am 29. Mai desselben Jahres wird Weißenfels wieder angehalten, 20000 Taler Brandschatzung aufzubringen.

Die Lage war wirklich schwer. Die Verbündeten bedrohten die Stadt, wenn sie die preußischen Ausschreibungen erfülle und die Preußen ließen die Stadtvertreter abführen!

Zwei zeitlich nahe liegenden Befehle mögen dies bestätigen: Am 28. Mai 1762 schreibt Major Otto: „Es haben die Einwohner ... nicht das Mindeste von ihren Cassengeldern an Feind abzuliefern, sondern ... heute noch an mich nach Naumburg einzuhändigen ... darnach sich aufs Genaueste zu achten! Feldlager Weißenfels, 27. Mai 1762."

Und am 27. Juni traf eine preußische Exekutions-Ordre ein, die besagte, daß, wenn bis zum 1. Juli die Contribution nicht aufgebracht sei, ein Kommando eingelegt werde, daß (dieses mal) täglich 100 Taler Gebühren und Verpflegung zu erhalten habe.

In der offenen Ordre aus Leipzig vom 28. Juni an das Amt Weißenfels war angekündigt, daß nach 3/4 Tagen zu serieusen Zwangsmitteln vorgeschritten würde, die alle 24 Stunden verschärft werden sollen. Bald sah man vor den Ratsstuben Soldaten stehen und eine Anzahl Bürger in Arrest ziehen. Am 13. April wurden in die Pleißenburg nach Leipzig abgeführt: zum zweitenmale Brascha und mit ihm die Bürgermeister Franke, der Syndikus Wetzel, Seybicke, der Akzis-Inspektor Grünthal. Dazu eine Anzahl Bürger. Auch von Teuchern und Schkölen wurden die Bürgermeister mit Bürgern, vom Tschirnhügel der junge Thümmel abgeführt. Die Verhandlungen mit dem im Arrest zu Leipzig sitzenden Rate und Bürgern führten am 12. Mai zur Ausstellung folgenden Wechsels: „Gegen diesen unsern Sola Wechselbrief zahlen wir Endesunterschriebenen einer vor alle und alle vor einen in solidum wegen der Stadt Weißenfels vor die Königl. Preußische zugeschriebene Brandschatzung, an die auch Königl. Preuß. Ober Kriegs Cassa nächstkommende Johannis curr. anni 1550 Thlr. in Leipziger $^1/_3$ Stücken und leisten gute Zahlung, valuta wohl erhalten, nehmen Gott zu Hilfe." Und: „Zur Königl. Preuß. Ober Kriegs Cassa liefern die Stadt Weißenfels Brandschatzung 3900 Thlr. baar Geld und erbitten, sich darüber Quittung zu geben. Pleissenburg zu Leipzig den 12. Mai 1761. Die hier anwesenden Geißeln von Weißenfels Franke, Brascha, Wenzel, Dittrich, Seybicke, Beyerlein."

Die neunte Morgenstunde des 5. Dezember 1762 sieht Weißenfels den großen König selbst auf dem Markte. Alles Volk hatte sich versammelt, den Helden des Jahrhunderts zu sehen. Die Dorfschaften hatten Pferden stellen müssen zur Weiterreise. Um 10 Uhr reiste der König in raschem Trabe durch das Klingentor nach Leipzig.

Am 27. Dezember aber ist der Rat in die „Drei Schwäne" bestellt, um zu erfahren, daß die „restirende Brandschatzung von 17 000 Thaler einzutreiben sei".

Derselbe Monat bringt in seinen letzten Tagen neue Rekrutenforderungen. Diesmal kostet der Mann im Durchschnitt 130 Taler. Die so Eingezogenen wurden von jungen Kadetten, die Friedrich unter die Regimenter verteilt hatte, bald einexerziert.

Das neue Jahr 1763 bringt neue Nöte, neue Exekutionen, Requisitionen, Kontributionen für Stadt und Land, ja, es überbietet seine Vorgänger! Jedes Dorf soll 500 Taler, jede Stadt 1000 und mehr Taler (gute Münze) schaffen. Erpressungen und Mißhandlungen sind an der Tagesordnung. Das Schicksal des Lohgerbers Steinmüller am Saaltore, dem man Betten, Kleidungsstücke nahm, das bewegliche Mobiliar, Türen zerschlug, steht nicht vereinzelt da.

Am 18. Januar 1763 fordert von Arnimb 3700 Taler Brandschatzung „auf dieses und voriges Jahr" und läßt 21 Personen, Männer und Frauen, verhaften und in ein kaltes Zimmer bringen, indes die Soldaten in städtischen Wohnungen übel hausen und von den Gütern der Umgebung „ganze Herden zusammengetrieben werden. In der

Januarkälte krepierte viel Vieh unter freiem Himmel vor Hunger und Durst. Die Schweine fraßen marode Schafe und neugeborene Kälber auf. Die Brunnen, die Bäche, die Saale waren zugefroren, daß das Vieh kaum mit etwas kaltem Wasser aus der Klemmerke hat geträncket werden können." Genug!

Am 13. Februar 1763 endlich „ist die aufgehörte Kriegsunruhe in der Kirche und vom Rathause mit Trompeten und Paucken verkündigt worden". Die Einnahmen wurden wieder an die sächsischen Kollegien gewiesen. Am 17. Februar zog das hier liegende preußische Bataillon des Moselschen Infanterie-Regiments ab. „Sie haben Vorspann verlangt, aber wegen Mängel derer Pferde keine erlangen können."

Der Stadt Weißenfels hat der siebenjährige Krieg annähernd so viel gekostet, als der dreißigjährige — nämlich 300000 Taler.

Wie anders war das Bild der Stadt noch vor zehn Jahren!

Kapitel 30.

Unter den Kurfürsten Friedrich Christian und Friedrich August III. (1762—1806).

(Nr. 28 der genealogischen Tafel.)

Wir steigen von den Höhen der vaterländischen Geschichte, auf die uns der siebenjährige Krieg geführt, noch einmal hernieder in die gedrückte Stadt in der Tiefe.

Über ihr liegt um diese Zeit wie ein verwünschtes Schloß die Augustusburg auf der Höhe. Die Schloßgärten machen einen mehr als vergessenen Eindruck.

Die Straßen sind nicht mehr belebt von der fürstlichen Leibkompagnie, die im Klingenviertel in Privatquartieren lag, von eilenden Dienern und gewichtig einherschreitenden „Geheimbden Räten". Nicht mehr erfüllt der Troß hoher Besuche die Stadt, keine halben und Viertelskartaunen werden mehr gelöst beim Empfang fürstlicher Gäste. Im Lustgarten ists leer: Zwischen den Lorbeerbäumen, zwischen Granaten, Datteln, Mandeln, Feigen, Cypressen wandeln nicht mehr plaudernde Aristokraten. Die Glocken zweier Kirchen schweigen am Ende des Jahrhunderts: Die der Schloßkirche schon länger; — seit 1791 auch die der Klosterkirche. Das hohe steinerne Kreuz mit dem crucifixus und mit den Bildern von Heiligen, das am Eingange in den Nikolaigottesacker stand, ist im Kriegsgewühl verdorben.

Das Elend des siebenjährigen Krieges hat den letzten Schein ehemaliger Herrlichkeit zerstört. Dann kam die Hungersnot der siebziger Jahre.

Aber der Drang zum Leben und die Lust am Leben beherrscht doch die Bürger wieder. Nur daß der gute Wille auf harte Proben gestellt wurde! Liest man die Inhaltsangabe von Kapitel 21 der Sturmschen Chronik, so findet man Unglück an Unglück gereiht bis zum letzten Glockenschlage des Jahrhunderts. Weithin leuchtet in unheimlichen Glanze der Feuerschein des großen Brandes des Jahres 1776: Es war in der Nacht vom 5./6. September, da brach im „Gasthof zum Nelkenbusch" in der Jüdenstraße nachts $^{1}/_{2}$12 Uhr das Feuer aus und hatte in fünf Stunden 54 Häuser und sechs Scheunen in der Jüdengasse, am Markte, in der Kalandstraße und in der Fischgasse verzehrt.

Ein damaliger Geistlicher sagt, das Feuer sei in der Nacht vom 6./7. September geschehen. Er nennt nicht 54, sondern 45 Wohnhäuser und sieben angefüllte Scheunen nebst Ställen und Nebengebäuden in die Asche gelegt. „Armes Weißenfels, wie übel bist du zugerichtet worden! Unser Marktplatz, der vorhin eine Zierde unserer Stadt ausmachte, hat nun eine so betrübte Aussicht bekommen . . . Einige unter euch haben noch so viel Zeit gewonnen, einen ziemlichen Theil ihrer Habseligkeiten zu retten. Einige suchten in ängstlicher Geschwindigkeit etwas in unterirdische Behältnisse zu räumen, das aber doch von der Glut des Feuers auch da ergriffen und wo nicht gar verzehret, doch ganz verunstaltet und unbrauchbar geworden . . . Und wieder einige haben von ihren Kleidern, Betten und andern Bedürfnissen alles verloren und nichts als ihre wenige und zu der Zeit geringe Bedeckung des Leibes davon getragen, ja sich kaum mit dem Leben retten können. . . . Wenn ich mir dies erschreckliche Feuer, das mit so wütender Gewalt um sich griff, vorstelle, so überfällt mich itzt noch Grausen und Schrecken, denn da schien's mit Weißenfels gar aus zu werden."

Und acht Jahre später scheint es wieder, als haßten die Elemente das Gebild der Menschenhand; ich denke an die Überschwemmung am 18./29. Februar 1784. Die Saale hatte die Ufer verlassen, die Stadt unter Wasser gesetzt: „Die hiesige Saal- Klingen- und Nikolsvorstädte, die Saal- Jüden- und große Kahlen-Gasse der innern Stadt." Bei der Heftigkeit des einfallenden Wassers waren Häuser eingestürzt, in Scheunen, Gärten, Kellern und Stallungen war großer Schaden angerichtet worden. Wo die Fundamente fest waren, flüchtete man in die Etagen. Wer es konnte, rettete sich in höher gelegene Teile der Stadt. Dazu kam die empfindliche Kälte des Februars!

Mancher wird da auch gefürchtet haben für den Bestand der etliche Jahre zuvor wieder errichteten Saalbrücke. Sie hatte 23 Jahre als Ruine dagestanden, die Preußen hatten die Säckel des Staates und der Stadt so erleichtert, daß so viel Zeit vergehen mußte. — Auf dem Landtage zu Dresden 1776 war die Notwendigkeit des Aufbaues dringend zur Sprache gekommen: „Daß die Wiederherstellung dieser Brücke zur Beförderung und Aufrechterhaltung des Comercii dringend not tun „da über selbige eine Hauptstraße nach Niedersachsen und durch Thüringen, nach Hessen und anderen Landen" gehe, daß aber „bey großem Wasser und beständig verfallender reparatur der Fähre diese Passage oft ganze Wochen lang gesperrt sei — — dahero Stände und Ritterschaft der gnädigsten Erhöhrung ihrer treu gehormsten Bitte in tieffter Unterwerfung entgegensehen."

Um so dankbarer war man bei der Einweihung am 31. Oktober 1780 gewesen. Der Kurfürst Friedrich August war mit seinen Brüdern Anton und Maximilian selbst anwesend. Es war ein Festtag für die Bürger und für die beim Bau beteiligten Gewerke. Dank und Lob waren in Strömen geflossen.

Im Februar des letzten Jahres im Jahrhundert sollte die Brücke die nächste Probe bestehen. Sturm berichtet: „eine so außerordentliche Überschwemmung der Saal-Aue, als seit Menschengedenken nicht der Fall gewesen — — Die entfesselten Fluten strömten bis auf den Markt, in den Straßen erreichte das Wasser die Fensterbrüstungen".

Wieviel hatten in diesem Jahrhundert doch die Fluten der Saale, wieviel die Flammen der Brände, wieviel des Krieges Hände vernichtet!

Am 25. Februar 1763 fand der siebenjährige Krieg im Hubertusburger Frieden sein Ende: Schlesien wurde preußische Provinz. Hier fand das Friedensfest am 21. März seinen Ausdruck in Gottesdiensten, festlichen Aufzügen und Volksbelustigungen.

Auf dem Rathause wurde in einer Serenade „das erfreute Weißenfels" dargestellt. Vier Personen traten auf: Der Friede, die Freude, Weißenfels, die Saale, dazu ein Chor von „Salaninnen". Nachdem einige Freudenschüsse gefallen sind, singt die Saale: „Was muß ich hören? Welch ein fürchterlicher Knall — Will meine Ruhe stören? — Bringt dieses tonnernde Metall mir wieder jenen Tag — Deß ohne Schrecken sich niemand erinnern mag? — Wo wilde Gluth auch meinen Schooß durchbrannte — Und mir mein edles Brückenwerk — Die Zierde meines Haupts entwandte?" — — — Jetzt tritt die Freude auf und singt: „Halt ein erschrockene Salais — Und stille Dein erwecktes Klagen — Kein Mordgetümmel störet Dich — Denn Stadt und Land erholen sich — Von der erlittnen Noth — Und alle Töne sind der Freude Aufgebot". — Wir übergehen des Friedens goldene Worte und hören aus dem Chor der Salaninnen nur als Schluß: „Es tönet ganz Sachsen von Jubelgeschrei — Und Weißenfels stimmet dem Jauchzen mit bei." —

Aber ein Lehrmeister war der Krieg doch auch gewesen! Das beweisen die Landtagsverhandlungen der folgenden Jahre.

Wie abscheulich der Amtsvogt Triller seine Untertanen drillen konnte, ist in Kapitel 20 erzählt. Jetzt wird die Gerichtspflege dem Amtmann genommen (1793), ein besonderer Justitiar wird damit betraut, der nichts zu tun hat mit der Erhebung der Sporteln.

Die Getreideabgaben an das Landesmagazin werden gerecht geregelt. Reform der Akzise 1764 und Erleichterung des Meßverkehrs seit 1776, die Gründung eines Steuerkreditkassenrestes 1763, durch welches die 28 Millionen Staatsschulden amortisiert wurden, die Erhöhung der Einwohnerzahl durch Steuererlasse für Zuziehende, die Anlage von

Arbeitshäusern für Arbeitsscheue, die Aufmerksamkeit auf die Volksschulen und das Heerwesen — Erziehung zum Patriotismus — das sind die Segnungen des siebenjährigen Krieges.

Am 5. November 1762 war Kurfürst August II. gestorben. Der neue Herr war des Heimgegangenen Sohn, der edle Friedrich Christian. Zu seiner anbefohlenen Huldigung hatte auch die Stadt Weißenfels am 18. Oktober ihre Deputierten nach Merseburg geschickt, wo Brühl für den neuen Herrn die Gelübde der Treue entgegennahm. Leider war der 41 jährige edle Fürst von Jugend auf gebrechlich. Seine energische Gemahlin Maria Antonie stellte wieder freundliche Beziehungen zu Preußen her. Bald aber trug ungeheuchelte Trauer diesen Fürsten zu Grabe, der nicht einmal 99 Tage regiert hatte.

Sein Sohn und Nachfolger aber, der Kurprinz Friedrich August, war erst 13 Jahre alt. Für ihn übernahm der Bruder des Verstorbenen, Prinz Xaver, als Administrator die Führung der Staatsgeschäfte bis 1768. Er hatte keinen leichten Stand. Ein Bild des Jammers bot sich dar in Stadt und Land. Groß war die Hungersnot der siebziger Jahre gewesen. Da sah man Weiber den Pflug führen und das Feld bestellen. In den Städten waren ganze Häuser leer, eine große Ruine war das Heer. Drückende Schulden lasteten auf Staat und Kommunen. Die Industrie war vernichtet oder ins Ausland geflohen. Und welches Unheil hatte durch Veruntreuung und Verschwendung der am 13. August 1700 in Weißenfels geborene Sohn des Oberhofmarschalls und Geheimrats am hiesigen Hofe, der nachmalige Reichsgraf Heinrich von Brühl über das Land gebracht. Prinz Xaver war bemüht, durch Sparsamkeit den Wohlstand des erschöpften Landes wieder zu heben und die Armee wieder herzustellen. Alle unnützen Stellen wurden abgeschafft, die italienische Oper, die Komödie, das Ballett wurden aufgelöst. Handel und Militär, Schule und Akademie erfreuten sich seiner Förderung. Da aber die Neubildung der Armee besonders große Summen forderte, geriet er mit den Ständen in Streit, infolgedessen er schließlich die Administration niederlegte (1768).

Der junge Kurfürst trat nun die Regierung an. Am 22. September 1768 nahm der Landeshauptmann im Thüringer Kreise, Senfft von Pilsach auf Zscheiplitz, die Huldigung für den neuen Herrn an. Zehn Jahre später führt dieser in eigner Sache mit Friedrich dem Großen den bayrischen Erfolgekrieg gegen Österreich. Dazu waren auch aus Weißenfels Carabiniers ausgezogen. Der diesen Krieg beendete Friede von Teschen vom 13. Mai 1779 wurde am 6. Juni auch in Weißenfels gefeiert.

Kurfürst Friedrich August setzte das vom Prinzen Xaver begonnene Hilfswerk weiter fort. Es war auch in Weißenfels zu spüren:

Die jährlich fälligen Zinsen für das einst erworbene Beudegut (Kap. 19) hatte der Rat schon lange nicht mehr gleichmäßig an das

Amt entrichten können. Die restierenden Zinsen waren ein neues Schuldkapital geworden. Da schenkte der Kurfürst der Stadt nicht nur die aufgelaufenen Zinsen (mehr als 7000 Taler), sondern auch einen Teil von dem zu verzinsenden Grundkapital, so daß 1781 die Grundschuld nur noch 11845 Taler betrug.

Die Folge dieser Geldnöte war wieder einmal eine neue „Organisation" des Stadtrats, die in der Verminderung der Ratsstellen ihren Ausdruck fand.

Auf dem Landtage 1787 gedenkt der Deputierte Lindemann der traurigen Tatsachen, welche die Entwicklung hemmen, einen neuen Aufschwung der Stadt wesentlich hindern: Er erinnert an den Niedergang der Stadt seit dem Ende der Herzogszeit, an den damit verbundenen Wegzug der Notabeln und an den großen Brand des Jahres 1776. So beantragte er: Einbringung ausländischen Viehes, Baubegnadigung von 30 % bei Stein- und 15 % auf Holzbauten. Er wünscht weiter zur Hebung der Stadt: Die Abschaffung des Hausierhandels auf dem Lande, den Schutz der städtischen Braunahrung, die Anlegung eines Getreidemarktes in Weißenfels, die Wiederherstellung des Gymnasiums, eine ordentliche Poststation und Verminderung des Brückenzolles über die Saale. —

Aber mit der Wiederherstellung des Gymnasiums haperte es ganz besonders!

Eine besonders feindliche Stimmung hatte das Leipziger Konsistorium schon in der Herzogszeit gegen das hiesige Gymnasium bekundet. Nach dem Tode Johann Adolphs II. war Befehl ergangen: die kirchliche Fürbitte für das „sogenannte" Gymnasium zu unterlassen. Man schrieb: „Die bei dem sogenannten Gymnasium zu Weißenfels befindlichen Lehrer sind zu vereidigen — aber ihr werdet bei diesem Aktu von den Prädikaten eines illustris gymnasii . . . zu abstrahieren wissen, wie denn dem Rektori dieser Schule absonderlich zu erkennen zu geben ist, daß die Einrichtung dieses Gymnasii . . . von unserer Seite keineswegs anerkannt wird." — Die Ungunst von oben hatte zur Folge, daß es einging.

Die Stadt Weißenfels wurde darauf beim Landtage vorstellig, „daß statt dessen eine Ritter-Akademie allhier angeleget werden möchte, weil allhier 1. das schöne Auditorium, 2. derer Professoren Wohnungen, 3. das schöne Reithaus, 4. das große Ballhaus, 5. der große Lustgarten zu ritterlichen Exercitiis sowohl als gelehrten Lektionen sehr bequem sich finden". Erforderlich werde sein, daß die „Garnison-Einquartierung, weiln Soldaten und Studenten sich nicht wohl mit einander comportiren, in hiesige Vor- und benachbarte Städte auf gemächliche Art verleget werden". Die Stadt Weißenfels wolle 200 Taler jährlich dazu leisten.

Wenn „gnädigst anbefohlen würde, daß sowol die von der Noblesse als Bürgerstandes, wenn selbige am Churfürstlich Sächsischen Hof und

19*

auch sonsten placiret zu werden gedenken, jedes mahl eine Bescheinigung produciren müßten, daß selbige die Weißenfelsische Ritter-Academie auf 2 Jahre frequentiret hätten".

„Dieses wäre es, womit die fast in den letzten Zügen liegende arme Stadt zu einer erfreulichen Wiederaufrichtung überaus soulagiret werden . . . könnte."

Aus der Ritter-Akademie wurde nichts, aber für eine Sträflingskolonie fand man die Räume gut.

Das Kloster wurde zum Zucht- und Arbeitshause bestimmt und alsbald dem entsprechend umgewandelt.

Am 20. September 1770 war von Dresden ein Schreiben ergangen, in dem die Regierung mitteilte, daß „vor jetzo drei neue Zucht- und Arbeitshäuser zu Oschatz, Weißenfels und Zwickau, jedes auf 100—200 Personen für den Chur- und Meissnischen, für den Thüringischen und Leipziger, für den Gebirgischen und voigtländischen und Neustädtischen Creyß" zu erbauen willens sei, da „die zu Waldheim und Torgau angelegten Armen-Waisen- und Zuchthäuser nicht hinreichend sein wollen, sämtliche im Lande hier und da befindliche Landstreicher, so sich dem Müßiggang und liederlichen Leben ergeben, unterzubringen".

In jedem der drei neuen Arbeitshäuser sollte sich befinden: Ein Platz, wo der Gottesdienst kann gehalten werden, ein Platz zur Speisung, einer zur Arbeit nebst Räumen, in denen die Wolle, Spinnerei und andere Materialien mit Werkzeugen aufbewahrt werden könnten, eine Krankenstube, Schlafstätten, Küche und Keller, Boden und Behältnisse zur Aufbewahrung von Viktualien, Kleidern und Wäsche, ein Waschhaus, eine Reinigungsstube, worinnen besonders Angesteckte abgesondert werden können . . . Wohnung für den Hausverwalter, Schreiber, Schullehrer und Knecht, eine Wachstube. Die Räume waren so zu wählen, daß die Anstalt eventuell für 200 Insassen und in diesem Falle für einen besonderen Geistlichen ohne Not zu erweitern wären. Die am 26. Oktober hier anwesende Kommission fand das „große und kleine Clostergebäude nebst den darangelegenen zum hiesigen churfürstlichen Jägerhause gehörigen großen Garten und dabey befindlichen weitläufigen Hofraum" zu diesem Zwecke allein geeignet. Es bot Getreideböden zu einem Vorrate auf zwei Jahre zur Versorgung von 200 Personen, im Jägerhausgarten einen geräumigen, vom Zuchthause hinlänglich entfernten Holzplatz. Hier, „in denen hierzu aptirten alten Kreuzgängen" könnten die Züchtlinge „ohne viele persönliche Bewachung asserviret" werden.

Aus den Auditorien, Schulräumen des ehemaligen Gymnasiums war leicht Platz zu gewinnen für einen gottesdienstlichen Raum und für die Arbeitsstuben.

Unter Umständen könnte „das gleich beim Kloster gelegene und von demselben abgekommene Jägerische und Petzoldische Haus, welche beide schriftsässig sind und zur Zeit gar leicht verkäuflich, dazu mit ins Auge gefaßt werden".

Und die „bei hiesigem Amte ermangelnde höchst nöthige Frohen-Veste in dem Jägerhofs-Garten in Ansehung seines ansehnlichen Umfanges und des gleich daran gelegenen Nicolai-Thurmes, welcher ohnedies bisher nicht gebraucht worden, zugleich mit angebracht werden!" Für den im Klostergebäude zur Zeit wohnenden Stallmeister von Könneritz und für die seiner Aufsicht unterstellten Churfürstlich Wendelsteinischen Gestüde-Pferde, für das in den Klosterräumen befindliche Regierungs-Amts- und Justiz-Amts-Archiv, für die zur Zeit hier auch befindlichen Amts-Zinß- und Amts-Reservate Getreideböden" — wurde anderweit Rat geschafft. Dazu wurden unter Führung des Schloßinspektors Stippius die Böden des Schlosses in Augenschein genommen. Freilich waren die Dächer da so beschaffen, daß „zur Winterszeit der Schnee ellenhoch darauf lieget und im Frühjahre durch Frohnen heruntergebracht werden müsse. Und in denen in der zweiten Etage des einen Flügels befindlichen noch nicht ausgebauten neuen Zimmern fehlten noch die Dielen und würden etwa 100 Thlr. zu stehen kommen."

Der Landstallmeister zog in der Folge aus dem Kloster in das über dem Schlosse gelegene „Keltergebäude". Die darunter befindliche kurfürstliche Kelter kam in einen nahe daran gelegenen Pavillon des kurfürstlichen Lustgartens. Der bisher im Keltergebäude wohnhaft gewesene Landbauschreiber Schütze aber bezog das „anjetzo ohnedies leerstehende churfürstliche Ballhaus, über dessen Veräußerung eben an das Kammer-Collegium Bericht erstattet worden war". Die zum Teil baufälligen Klostergebäude mußten zu diesem Zwecke hergestellt und umgebaut werden. Es waren dazu 16 000 bis 20 000 Taler erforderlich.

Nachdem des General-Akzis-Baudirektors Locke Risse und Anschläge und die Verlegung der Getreide-Schütt-Böden für das Amts-Reservat-Getreide genehmigt waren, ging der Umbau rasch vorwärts. Es waren an Langholz allein erforderlich 432 Stämme zu 30 Ellen, 514 Stämme zu 28 Ellen, 800 Stämme zu 24 Ellen aus dem Ziegenrücker Revier. Der Oberaufseher der Saalflößerei, der Kreishauptmann Senfft von Pilsach, gab Anweisung zum freien Passieren des Holzes.

So fand der teilweise Abbruch der alten Klosterräume der Clarissinnen statt, um dem Baue des Zucht- und Arbeitshauses Platz zu machen.

Vom alten Kloster ist um diese Zeit schon nicht mehr viel geblieben.

Waren die alten Klostergebäude so neuen Zwecken dienstbar gemacht, so galt es von den ehemaligen Fonds des Gymnasiums für die Stadt zu retten, was zu retten war. Der Kurfürst bewilligte die Sicherstellung von noch vorhandenen 16 000 Talern und die Anlage eines Lehrerseminars. Der erste Beamte des Kreises Thüringen, der Kreisamtmann Just in Tennstedt, hatte den Plan befürwortet. Am

29. Januar 1794 war die Stiftung der neuen Erziehungsanstalt in Weißenfels beschlossene Sache. Der Stiftungsbrief lautet:

„Von Gottes Gnaden Friedrich August, Kurfürst … Würdige, liebe, andächtige und getreue! Uns ist aus deinem, des Kreisamtmanns, gehorsamst erstattetem Bericht geziemend vorgetragen worden, was von denen Städten des zurückgefallenen Weißenfelsischen Landes, welche vormals Alumnen des vorigen Gymnasiums zu Weißenfels gegen einen jährlichen Unterhaltungsbeitrag von 25 Thalern zu präsentieren gehabt, auf Eröffnung Unseres unter dem 21. November 1791 an dich erlassenen Rescripts erklärt worden, und ihr, der Superintendent und Amtmann zu Weißenfels, habt aus den anbei zurückfolgenden Akten zu ersehen, wohin damals Unsere Absicht gerichtet gewesen. Nachdem Wir aber nunmehr gnädigst resolviret haben, zur Verbesserung und zweckmäßigen Einrichtung der niederen Schulanstalten in Unseren alten Erblanden außer dem Schulseminarium, womit bei der in hiesiger Friedrichstadt neuerlich errichteten Bürger- und Armenschule bereits ein Anfang gemacht worden, noch mehrere Seminarien an anderen Orten und zwar auf eure, des Stadtraths, Vorstellungen und auf die von mehreren thüringischen Städten, welche vormals zu dem Weissenfelsischen Stipendia entrichtet, beschehenen Erklärungen baldmöglichst auch dergleichen Institut bei der Stadtschule zu Weissenfels unter Aufsicht des dortigen Superintendenten errichten zu lassen, so begehren Wir von euch insgesammt, ihr wollet sonder Anstand wenigstens einen Anfang zu einer auf dergleichen Institut abzielenden Einrichtung machen;
welche von den bei dasiger Stadtschule angestellten Lehrern zur Vorbereitung solcher Personen, die sich zu Schullehrern auf den Dörfern und in kleineren Städten wollen gebrauchen lassen, besonders geschickt und dazu erbötig sind, und, was jedem zur Verbesserung seiner Besoldung als Remuneration zuzubilligen sein dürfte, sorgfältig überlegen; hiernächst aber
einen vollständigen Plan mit Einschränkung auf das wahre Bedürfniß des auf den Dörfern und in den niederen Stadtschulen zu ertheilenden Unterrichts entwerfen.

Von dem Erfolge der von euch zu treffenden Einleitungen sind Wir von Zeit zu Zeit, so wie die Sache Fortgang gewinnt, gutachtlicher Anzeigen, insbesondere der Einsendung des Planes und überhaupt der möglichsten Beschleunigung von euch gewärtig.

Datum Dresden am 29. Januarii 1794."

Nach den Leiden des siebenjährigen Krieges, nach der Zeit splendidester Hofhaltung etlicher Kurfürsten, nach der wahnsinnigen Wirtschaft Brühls kostete es doch einige Mühe, die neue Anstalt zunächst nur für zwölf Seminaristen sicher zu stellen.

Erste Lehrer waren Geistliche und ein paar Kräfte der Bürgerschule. Die Bemühungen zweier Männer um diese Sache soll unvergessen sein. Der Superintendent Schumann und Kantor Gläser hatten durch ihre erste Eingabe an den Kürfürsten die Anlage des Seminars überhaupt in Fluß gebracht.

Die ersten Inspektoren waren die jedesmaligen Superintendenten. Jeder Lehrer gab eine Stunde täglich. Der Lehrsaal war noch nicht fertig. Die Seminaristen wanderten von einer Privatstunde zur anderen. Erst am 7. Januar des folgenden Jahres 1795 konnte der Unterricht im eigenen Lehrsaal beginnen. Der Magistrat hatte das damalige Armenhaus — die jetzige Superintendentur — zur Verfügung

gestellt. Erst unter dem ersten ordentlichen Seminardirektor Hansi (1801/22) erhielt das Seminar ein eigenes Gebäude: „Das zwischen der sogenannten Pforte, dem alten Schifftore und der alten Saale belegene Kürschnersche Grundstück mit zwei Häusern und großen Gärten, die bis zum Klingentore sich hinzogen, wurde vom sächsischen Staate für die Zwecke des Seminars erworben und am 1. Dezember 1802 bezogen. Kaufsumme und Einrichtung betrugen damals 7337 Taler."

Die in der Klingenvorstadt bestehende Schule wurde der Anstalt als Übungsschule zugewiesen.

Unter Wilhelm Harnisch (bis 1845) sollte das Weißenfelser Seminar schier Weltruf erlangen. Er erbat 1824 die Klostergebäude, die inzwischen aufgehört hatten, Zucht- und Arbeitshäuser zu sein, für die Zwecke des Seminars. Erst 1836 konnte das Seminar die weiten Räume beziehen. —

Doch zurück ans Ende des 18. Jahrhunderts! Da schrieb 1795 der Amts-Landrichter G. E. Otto seine Nachrichten. Von ihm, dem Augenzeugen, erfahren wir, daß das feine Militärwachhaus oder corps de garde unfern von dem unteren Röhrbrunnen erst neuerlicher Zeit bei Einlegung der kurfürstlichen Garnison vom Rate erbaut ist.

Ein Militärwachhaus stand zur Herzogszeit am oberen Röhrbrunnen des Marktes. Unter Johann Adolf II., dem letzten Herzog, wurde das corps de garde aufs Schloß verlegt.

„An weltlichen Gebäuden in der Stadt" nennt Otto 1795 das kurfürstliche Amtshaus, das jetzige, trotz wiederholter Anbauten nicht mehr genügende Amtsgericht. Die Tage dieses alten Hauses sind nunmehr gezählt. Der Erbauer war der Kanzler Kiesewetter. Er hatte das Haus 1552 „ganz neu von Steinen aufgebauet". Drei Jahre später kauft es der Kurfürst, um das Geleitsamt dahin zu legen. Vorübergehend wohnte zur Herzogszeit auch der Oberhofprediger da. Danach ists wieder Geleitshaus. Hier lag, wie schon erwähnt, die Leiche Gustav Adolfs. Die Front hat reiche Bilder und Inschriften: ein Glaubensbild mit der Inschrift: Fidei Symbolum, einen Sturmhut mit einem Bienenschwarm und den Worten: ex bello pax, ein Rebhuhnnest voll Eier und Jungen mit der Umschrift: ex pace ubertas (Friede ernährt).

Diesen Wandschmuck hat meines Erachtens Kurfürst Friedrich August III., der öfter hierher kam, bei der Erneuerung 1783 dem Hause verliehen. Ein evangelischer Fürst würde eine Erinnerung daran, daß Gustav Adolfs Leiche hier geruht, nicht haben fehlen lassen. —

Der Wein- und Bierkeller gegenüber dem Amtsgericht, „Zum alten Ratskeller", ist Eigentum des Rates. Diese Ratswirtschaft war ursprünglich im Rathause, wurde dann in die Niklasgasse und von da in die Burgstraße verlegt. Der Rat ließ 1693 da sein Wappen anbringen. Der „Ratskeller“ war berechtigt, „allerlei Weine und Stadtbiere zu schenken, wie er ehedessen auch Schneeberger Bier verschenkt“. — Um den Hunger zu stillen, lade ich dich ein, gleich nebenan in des Rats Garküche zu treten. „Diese hat vorhin neben dem Gasthofe „Zum dreien Schwanen“ gestanden und ist Anno 1688 in das hierzu vom Rathe erkaufte Ferberische Haus neben dem „Rathskeller“ gebracht worden.“

Die Stadt hatte auch ein Gemeinde-Backhaus. Es liegt „in der Klostergasse am Quergäßchen nach der Kirche zu“ — die Ley'sche Bäckerei heute. — Vormals hatte es der Rat an Bartel Molauen erblich verkauft, weil es aber in dem großen Brande 1668 mit eingeäschert wurde, „brachte es der Rath wieder zum gemeinen Stadtguthe und ließ es ganz neu erbauen.“ Ob es den dreizehn Backhäusern der Stadt, von denen zwei an der Burgstraße, zwei in der Nikolai-, zwei in der Marien-, drei in der Juden-, zwei in der Klingen-, zwei in der Saalstraße sich befanden, große Konkurrenz bereitet, verrät die Geschichte nicht; auch nicht, ob die Jahre der Teuerung 1770 bis 1772, wo der Scheffel Korn 10 Taler kostete und wo der Kurfürst infolgedessen das Kornbranntweinbrennen verbot, für die Bäcker oder ihre Kunden schreckliche waren.

Ein für jene Zeit nicht unbedeutendes Unternehmen war die Königlich privilegierte Klein'sche Seidenfabrik. Sie befand sich „in dem am Schloßberge auf der alten Saale stehenden „Fürstenhause“, welches Klein vom Grafen Brühl gekauft hatte und zu dem Zwecke umgebaut worden war. Der Inhaber war von allen städtischen Lasten, Ratsgefällen und Einquartierung frei. Das gab ewigen Krieg mit der Stadt. „Ich habe seit 1751 hier gewis mehr als 100000 Thlr. an Werkmeister, Gesellen, Putz- und Ziehjungen, Wickler und Handwerksleute bezahlt,“ schreibt der Fabrikant 1762.

Wir betrachten endlich die 1553 erbaute öffentliche lateinische Knabenschule der Stadt „gegen den Kirchthurm“ zu gelegen. Sie ist 1795 nicht mehr in dem blühenden Zustande wie in vorigen Zeiten. Dort wird auch „die Jungfer- oder Mägdchenschule, so für die kleinen Kinder angeordnet, in einem feinen Hause am Kirchgäßchen der Superintendentur gegenüber“ gehalten. Sie ist wohl besucht. An die im Jahre 1725 auf kurfürstlichen Befehl eingerichtete Schule vor dem Klingentore sei hier noch einmal erinnert. Der am Ende des 17. Jahrhunderts daselbst arbeitende Lehrer Joh. Gottlob Nolle wurde „ebenermaßen vom Amte vociret und vom hochlöbl. Consistorio zu Leipzig konfirmieret.“

Im Jahre 1787 meldet der Rat unterm 29. Juni dem Konsistorium in Leipzig die geschehene Einrichtung eines völligen Armenhauses mit Wohnung, Kleidung, Kost. Das Haus sei bezogen von 17 Personen,

„die theils ganz elend, theils aber auch hohen Alters halber zu allen Verdienst untüchtig sind".

Auf der Viehwiese und an anderen Orten wurden 1806 vier Schock aus Naumburg bezogene italienische Pappeln angepflanzt.

Der Amts-Landrichter Otto, dessen „Historischtopische Nachrichten" 1795 von der Pflege Weißenfels im folgenden Jahre als „Geschichte und Topographie der Stadt und des Amtes Weißenfels" 1796 bei Friedrich Severin erschien, sieht mit seinen Zeitgenossen in die Vergangenheit, wo die Stadt „bei weitem noch nicht den Inbegriff und Umfang gehabt, den sie jezo (1795) hat, welches er noch aus einigen Stück alten Mauern und Thürmen in der Stadt wahrnehmen können". Wie hat sich bis zu Ottos Zeit die Stadt ausgedehnt, wie weit und breit laufen die Mauern und Gräben mit Toren und Türmen! — „Zehn Elen hoch und auf 2 Ellen stark und gehet von einem Thore zum andern rings um die Stadt herum, dergestalt, daß sie — wenn man beim Ausgange des Klingenthors linker Hand anfängt — auf dem Stadtgraben hin, bis zum Saalthore und von da an weiter innerhalb der Gärten und ehemaligen Graben bis zum Zwinger am Niklasthore mit Einschlusse des St. Clarenklosters, ferner von diesem Thore bei dem Gottesacker auf dem äußersten Rande des Georgenberges mit Einschlusse desselben, fort bis zum Zeizischen Thore und von da weiter unter dem Schlosberge weg bis wieder zum Klingenthore sich erstrecket."

Von der Stadtmauer blickte man hinunter in den Stadtgraben, den die Wasser von der Höhe speisen. Vor den hochgelegenen Teilen der Stadtmauer aber, wie vor dem Zeitzer Tor, erhebt sich der Stadtwall (Otto 151), eine Erdbrustwehr zur Abwehr.

In den Türmen am Nikolai-, Zeitzer- und Saaltor sieht Otto noch die Gefängnisse, Arreststuben und Marterkammer. Naiv ist seine Bemerkung: „Jezo aber ist für die Honoratiores ein dergleichen Stübchen über dem Thorschreiberhause am Niklasthore vorhanden".

Daß sich 1796 die Stadt einigermaßen vom siebenjährige Kriege erholt hatte, beweist die Tatsache, daß nur noch 23 wüste Baustellen vorhanden und wieder 352 Wohnhäuser und Gebäude innerhalb der Stadtmauer im Gebrauche waren. Die Straßen sind immer noch dunkel, aber auf dem Markte plätschert das Wasser aus Röhren in Brunnenanlagen. Den einen Brunnen zierte ein geharnischtes Rolandsbild, eine Ritterstatue mit erhobenem Schwerte.

Und die Nahrung der Bürger? Der Weinbau ist zurückgegangen. Seit vielen Jahren sind einige 100 Acker Weinberge in den güldenen Bergen, am Tschirnhügel und an anderen Orten zu Ackerland verwendet. Die Preise für den Wein waren gering: der Eimer wurde mit 3 bis 4 Talern bezahlt. Diese Verminderung des Weinbaues am Orte und der eher vermehrte Konsum „nebst Abzug nach Leipzig" hatten zur

Folge, daß am Ende des Jahrhunderts der rote Wein hiesigen Gewächses der Eimer Dresdener Maßes mit 18 Taler bezahlt wurde. —

In der Tat war die Weinkultur in früherer Zeit ganz bedeutend. Wohin man schaute, grüßten die Weinberge, winkten die Reben, lockten die Trauben. Heute können wir nur mit unterdrückter Verwunderung vernehmen, daß über dem Schlosse, dem Klemmberge zu, ein Weinberg, der sogenannte Zaunberg, gewesen, „hielt einen Acker und gab 25 Eimer". Das war doch gewiß recht dankbar! Ein ebendahin gehöriges Weinbergsgrundstück von 3 Äckern und 60 Ruten gab 25 Eimer. Vor 20 Jahren war das Terrain eine Gärtnerei, welche die Stadt zum Bau der Bergschule dann ankaufte.

Daß auf dem Georgenberge Wein gebaut wurde, davon überzeugt uns die noch vorhandene Restkultur.

„Der Zschernödel zu Pulschitz", das Feld nach Borau, die Höhen über der Pfeffermühle und Forstersmühle trugen Reben.

Die bedeutendste Weinkultur war der Hochheim, über der vor dem Nikolaitore gelegenen Altstadt. Er hielt 10 Acker. „Hochheim" hieß er, weil er mit Hochheimer Weinfexern angelegt war. Vorher hieß er der „Große Berg".

An den Hochheim schlossen sich kleinere Weinbergsgrundstücke an. Auch das Waisenhaus in Langendorf und vordem die Klöster Langendorf und Beuditz bauten Wein.

Der beste Wein soll in Burgwerbener Flur gewachsen sein. Einmal „weil die Berge gegen Mittag liegen und den ganzen Tag über Sonne haben, auch weil sie fast durchgängig von dem schönsten Erdboden zum Weinwuchse sind". So der Petersberg unter der Kirche zu Burgwerben und seine Fortsetzung nach Kriechau zu. Auch in Schkortleben, in Posendorf und Tagewerben, in Wengelsdorf, in Uichteritz und Lobitzsch wurde Wein gebaut. Dem Burgwerbener Wein kam am nächsten der Markwerbener, besonders aus dem großen Lazerischen Weinberge, den 1760 der Kammerrat Lazer anlegte. Er hatte „Burgunder und dergleichen Weinsorten gepflanzt". Die großen Kellereien im Berge zeugen noch jetzt von dem Ertrage, den sich der Kammerrat versprach.

Auch das Clarenkloster hatte am Wege nach Markwerben einen Weinberg. Und in der Fortsetzung dieser Höhe, welche die Merseburgerstraße durchzieht, heißt heute noch eine Straße die Weinbergstraße. Im Nolleschen Weinberghause blieb Napoleon nach der verlorenen Leipziger Schlacht in der Nacht vom 20/21. Oktober.

Otto schließt seine Nachrichten von Gärten und Weinbergen mit den Worten, es sei „deutlich genug zu ersehen, was für ein ansehnlicher und gesegneter Weinbau in der Pflege Weißenfels anzutreffen ist. Der Herr erhalte uns ferner bei diesem edlen Getränke, schenke uns gute

Jahre und denen Weinbergherrn langes Leben". So 1795. Der Wunsch macht dem frommen Herzen des Amtslandrichters alle Ehre.

Er würde ihn vielleicht nicht ausgesprochen haben, wenn er hätte ahnen können, daß jemand 100 Jahre später darüber würde frivol lächeln können, daß er allen Ernstes schreibt: „Der Herr erhalte uns bei diesem edlen Getränke." Ich bezweifle, daß der Wein geringer geworden ist, bin vielmehr überzeugt, daß wir verwöhnter geworden sind.

Den völligen Niedergang des Weinbaues haben die folgenden Kriegszeiten herbeigeführt. Zu neuen Anlagen fehlten nachher die Mittel und die Menschen. Jetzt ist der Weinbau in der Pflege Weißenfels dahin. Ein paar Berge nur zeugen heute noch von verschwundener Kultur.

Doch zurück ans Ende des 18. Jahrhunderts!

Man hat damals über dem hiesigen auch den fremden Wein nicht vergessen: Der Pächter der Rats-Garküche war verpflichtet, am ersten der drei hohen Festtage jedem Ratsmitgliede eine Kanne guten Frankenweins und beim Rats-Aufgange neun Kannen guten Rheinweins zu schicken. Dabei war ihm ein Anspruch auf Darreichung der Getränke bei großen Bällen, Traktamenten, Lustbarkeiten und Redouten in den Rathaussälen noch nicht einmal gewährleistet. Bei solchen Gelegenheiten kamen die inventarisierten 10 Dutzend zinnernen Teller, die großen und kleinen zinnernen Schüsseln wahrscheinlich zur Verwendung.

Die Steinbrüche lieferten seit undenklichen Zeiten reichen Ertrag. Noch am Ende des 18. Jahrhunderts wurden die Steine zu Bauten nach Leipzig und an andere Orte geliefert. Hier senken sich die letzten Ausläufer der Thüringer Berge zur Ebene, die dann bis Berlin nur der hohe Petersberg bei Halle unterbricht.

Es gibt in den die Stadt umgebenden Höhen so gut wie keine Stelle, da man nicht Steine gebrochen hätte. Welche Massen hat das Felsengebiet der Hohenstraße, des Klemmberges zum Schloßbau geliefert! Am Ende des Jahrhunderts gilt der Steinbruch hinter dem fürstlichen Reitstalle als der bedeutendste. Der Hofmaurermeister Irmer liefert die größten Werkstücke und Quadersteine zum „Schlos- und jetzigen Schleusenhause." Und hinter dem Reit- und Magazinhause hat der Amtsmaurermeister Mathias auf freiem Felde einen Bruch angelegt und Steine gefunden, welche in unterirdischen Gängen gebrochen und durch Windenwerke herausgeschafft werden. Die 1790/93 erbauten, auch vom Kurfürsten in Augenschein genommenen, neuen Schleusen an der Beuditz- und Brückenmühle, erleichterten ja den Vertrieb und die Zufuhr. Otto sagt S. 385: „Jezo aber haben Seine für das Wohl des Landes so huldreichst besorgte Churfürstliche Durchlaucht — zu dero unsterblichen Nachruhm an verschiedenen Orten dieses Flusses neue Schleusen anrichten und mit unsäglichen Kosten bauen lassen."

Der Holzhandel befindet sich damals meist in den Händen der Fischer-Innung. Noch erhebt der Rat den Floßzoll und hat seinen eigenen Floßzollaufseher, wie die Rats-Rechnungen beweisen.

In dieser Zeit hat der Vater des Dichters Novalis, der Salinendirektor von Hardenberg, zugleich mit dem Amtsverwalter Kaiser auf die „Torferde oder Erdkohlen" aufmerksam gemacht, die nachmals für diese Gegend so bedeutungsvoll geworden ist. Im Anfange der neuen Entdeckung hat man 100 einfache Kohlensteine für 10 Gr. mit Fuhrlohn verkauft.

Ein Buchhändler besorgt die geistige Speise: Die Firma Friedrich Severin & Co., verbunden mit einer Buchdruckerei von Fr. Severin mit vier Pressen, neun Gesellen und drei Lehrlingen. Die Apotheke von W. Gräff „Zum Mohren" und Ludwig Lindner „Zum Goldenen Hirsch" erwarten die ärztlichen Rezepte.

Zu den beiden Schützengesellschaften war 1806 die uniformierte Bürgergarde gekommen, die im Jahre 1813 von zwei auf drei Kompagnien durch die Vorstädte verstärkt wurde.

Eine Anzahl „charakterisierter, graduirter, gelehrter" Einwohner gab es am Ende des 18. Jahrhunderts im Städtchen. Ich nenne: Heinrich Ulrich Erasmus von Hardenberg, kurfürstlicher Salinendirektor; Heinrich Adolf Müllner, kurfürstlicher Amtsprokurator; Innocentius Amadeus von Uichteritz; Heinrich E. von Röder, kurfürstlicher Kammerherr und Stallmeister; Joh. Christian August von Burkersrode; Künemund von Tettenborn, kurfürstlicher Hauptmann, 92 Jahre alt; Georg von Witzleben; Christian Wilhelm von Wutginau, kurfürstlicher Major.

Die Jurisprudenz vertraten D. L. Koch, kurfürstlicher Hof- und Justitien-Rat und elf „Rechtkonsulenten".

Eine Reihe kurfürstliche Zivilbeamten und Offizianten beschäftigte das Justiz-Amt. Die leitenden Herren waren Cajetan Aug. Jahn, Commissionsrat und Justizamtmann, Johann Gottlob Münch, Amts-Landrichter, Dr. Joh. Ehrenfried Randhahn, Amtsphysikus.

In Garnison lag hier das II. Bataillon des Infanterie-Regiments „Churfürst". Vordem befanden sich hier: Vier Schwadronen sächsische Carabiniers unter Graf Kahlenberg. Das Offizierkorps bestand aus lauter adeligen Herren, nur Oberstlieutnant Donat war bürgerlich.

Erster Schloßbeamter war der Hauptmann von Hayn. Wir nennen das Proviant- und das Rentamt, welches vier Personen beschäftigte. Oberforst- und Waldmeister war Karl Friedrich von Gerßdorf.

Auch war in unserer Stadt die General-Accis-Einnahme im Thüringer Kreis. Das Postamt beschäftigte einen Briefträger.

Der Stadt-Rath bestand aus dem regierenden Bürgermeister, einem Stadtrichter, einem Vizestadtrichter, vier Ratsassessoren, einem

Stadtsyndicus, je einem Gerichtsschreiber, Registrator, Ratskämmerer und dem Stadtvoigt. Dazu kam der Raths- und Stadt-Chirurgus.

In diesem Rahmen bewegt sich das Bild, welches von L. von François von dem armen adeligen Hauptmann macht, dessen Tochter, Die letzte Reckenburgerin, die Heldin des geschichtlichen Romans ist.

Sie schreibt:

„Auf der Höhe ragte, wenn auch unbewohnt, das reich ausgestattete Schloß, dessen Terassen, Weinberge und Gärten sich bis in die Bürgerhöfe hinabzogen und angenehme Erholungsplätze boten. Wir besaßen noch eine verwittwete Frau Hofmarschallin, einen pensionierten Hofjunker, einen Titular-Hofjägermeister, Hofprediger, Hofschneider und eine Hofkellerei. Die letztere sogar in unmittelbarer Nachbarschaft. Ein Faßbinder, namens Müller, hatte sie sammt der Schankgerechtigkeit in und außer dem Schloßpavillon erpachtet und so konnten wir uns in Haus und Garten an den Bachanalien unserer Mitbürger ergötzen oder über sie entrüsten, je nach Stimmung und Gelegenheit.

Auch das Haus, in welchem meine Eltern vom Traualtar bis zum Grabesrand geheimst haben, rühmte sich eines fürstlichen Ursprungs. Ein weiland Herzog hatte es für seinen Leibbader, vulgo Barbier, anlegen lassen, war aber des Todes verblichen, bevor es über den Unterstock hinaus gelangte . . . der wurde später Stockwerk um Stockwerk erhöht . . . Man nannte das Haus die Baderei oder auch die Faberei, denn es war samt der Kunst des Erbauers, in dessen Nachkommenschaft fortgeerbt und „Faber", so hieß jener vom Hofstaat gestrichene Leibbarbier, an dessen allerhöchstes Amt noch das Pförtchen erinnerte, das von unserer Gartenterasse auf das Schloßplateau führte.

In diesem Häuschen lagen unsere herrlichen „Appartements", die in dem geräumigen, gelb getünchten Familienzimmer bestanden, aus dem man in die Schlaf- und vertrauliche Rathskammer des ehelichen Konsortiums gelangte. Hinter beiden lag die Küche und das Bureau der Schwadron.

Zwischen dem Raum und seiner Füllung aber welch stilvolle Harmonie!

Das hochbeinige Kanapee mit dem blaugewürfelten Leinenbezuge, eigenhändig von Frau Adelheid gesponnen, die dito Gardinen, der große eichene Ausziehtisch und der lederne Ohrenstuhl, in welchem der Hausherr sein Mittagsschläfchen hielt, das mütterliche Spinnrad und die roh gezimmerte Hütsche; in der Hölle, hinter dem Ungeheuer von grünen Kacheln, der Waschtisch, an welchem die Familie nach dem Essen sich die Hände spülte, darüber als Draperie die selbstgesponnene, blitzblanke Queste — —

Und nun das Kleinzeug der Haushaltung: Das braune Kaffeegeschirr und das Tafelservice von Zinn; die Messingleuchter mit der tiefschnuppigen Unschlittkerze, die kupferne Feuerkieke, welche der Bursche seiner gnädigen Frau Sonntags auf dem Kirchgang nachtrug . . .

Was würden jedoch diese einfachen Umgebungen bedeuten ohne die gelassene Grandezza, mit welcher die Bewohner sich in denselben bewegten?

In des Kellermeisters erpachtetem Schloßgarten sammelt sich Donnerstags Nachmittags die adlige Sozietät, Montags ebenda die bürgerlichen Honoratioren: Die Herren kegelten, kannegießerten, spielten — meist mit deutschen — Karten und schlürften des Kellermeisters saures Landgewächs; das schöne Geschlecht strickte, tunkte selbstgebackenes Kuchenwerk in einen dünnen Milchkaffee und glossierte . . .

Dahingegen saßen wir in der Dämmerstunde aller übrigen Tage . . . nachbarlich bei einander auf der Bank vor der Straßenthür. Die Männer, bürgerlich und adlig, Militär und Civil, spazierten schmauchend auf und nieder, die Frauen plauderten hinüber und herüber, riefen die Vorübergehenden an, rückten zusammen, prüften ihr gegenseitiges Gespinnst oder Gestrick und ließen Eine die Andere von ihrem Abendbrot kosten . . . auch gab es keine Schlachtschüssel, kein Festgebäck, keine Wein- und Obsternte bei dem Nachbar Kellermeister hüben und dem Nachbar Tuchmacher drüben, daß die gnädge Frau Rittmeisterin nicht honoris causa ein Pröbchen zum Schmecken erhalten hätte.

Wir schließen den friedlichen Teil dieses Kapitels mit der Feier der Jahrhundertwende.

Die ausführlichen Nachrichten darüber haben gegeben der Privatgelehrte K. H. Heydenreich-Burgwerben in der Schrift: „Opfer der weltbürgerlichen Gesinnung und des Patriotismus bei dem Eintritte des 19. Jahrhunderts . . ." und Müllner in dem Aufsatze „Der Jubeltod" in den vermischten Schriften Bd. I.

So kurz anberaumt die Jahrhundertfeier war, so umfangreich war sie doch geplant.

Am 29. Dezember hatten sich der Rat der Stadt, der Vertreter des Amtes und Kommandeur Oberstleutenant Donat zu der Feier vereinigt. Aber noch mehr: Auch die jungen Bürger wollten „Zur Unterstützung der Armen ein Schauspiel geben" und der Arzt Dr. Otto — der Bruder des Chronisten und Juristen G. E. Otto und des 1757 bei Gotha gefangenen W. L. Otto aus Weißenfels — hatte die Leitung des Artilleriewesens übernommen. Er hatte drei Batterien postiert: In seinem Grundstück auf dem Georgenberge, auf dem Klemmberge und auf dem Spitalberge.

„Unter dem Glanze einer schönen Mondnacht stieg der erste Tag des neuen Jahrhunderts auf, es war, als schwebten Genien der Hoffnung vom Himmel nieder . . . Die Glocke verkündete die elfte Stunde, von den beiden Türmen der Stadt- und der Klosterkirche ertönte Geläut, vom Rathaus und vom Stadtkirchturm abwechselnd Musik. — Unter allgemeinem Schweigen ertönte die zwölfte Stunde: Die Glocken grüßen, die Türme flammen in Feuergluten. Unter Trompeten- und Paukenschall steigt zum Himmel an: „Nun danket alle Gott." Während das Te deum laudamus aus Menschenbrust und Instrumenten ertönt, feuern in majestätischem Akkorde die drei Batterien von den Höhen. „Die Batterie auf seinem (Ottos) Berge" — erzählt Müllner — „gab ihre erste Salve: Zwölf weithallende Schläge in gleich gemessenen Intervallen. Die Batterien der Anhöhen um die Stadt, eine nach der andern, erwiderten den jubelnden Gruß. Man wußte, daß er dreimal wiederholt werden sollte. Man war gespannt auf den zweiten Rundgesang der ehernen Kehlen. Die zwei ersten Schüsse fielen. Der dritte blieb ungewöhnlich lange aus, endlich erscholl auch er, aber schmetternd, schreiend! Das Feuer schwieg auf Ottos Berge . . . „Es muß ein Unglück geschehen sein" hieß es . . . Ein Mensch stürzte herab: „Die Kanon' ist gesprungen, der alte Otto ist verwundet!" Es war, wie man gesagt hatte . . . Er lag ausgestreckt auf dem Sofa. Der graue Sokrateskopf blutete . . . Keine Rettung!

Der Sterbende bestand darauf: „man soll fortfeuern!"

Müllners Gedicht auf den Tod des Verunglückten kann hier nicht folgen.

Der Anteil der Einwohner war so lebhaft, daß der Gottesacker zur Stadt, das Haus mit der aufgebahrten Leiche zum Wallfahrtsort geworden war. —

Nun folge teilweise die Beschreibung Heydenreichs von der Neujahrsnacht 1799—1800:

„Das Rathhaus strahlte: Das Portal war mit bunten Lampen in Form einer auf zwei Säulen ruhenden Krone von außen erleuchtet. Im Eingange war ein in verhältnißmäßiger Größe, auf korinthische Art gezeichneter Tempel transparent aufgestellet, in dessen Mitte die Göttin der Eintracht zu sehen war . . . In der ersten Etage stand von außen, quer über dem Balcon, mit sechs Zoll hohen und sehr hell erleuchteten Buchstaben die Inschrift: „Weißenfels grüne und blühe." Hinter derselben war über der Balkonthüre eine hohe pyramidenförmige Erleuchtung von bunten Lampen angebracht . . . Sämtliche Fenster der Stockwerke waren mit Lichtern erleuchtet. In der oberen Abtheilung des mittelsten Fensters leuchtete das strahlende Auge der Vorsehung mit der Unterschrift: „Verleih uns Frieden." Der untere Theil dieses Fensters enthielt das illuminirte Rathswappen mit grünem Laubwerk umgeben. Das Sinnbild des einen Seitenfensters stellte einen großen Baum mit Früchten vor, unter dem abgefallene Früchte lagen. Am Schafte des Baumes lag ein zerbrochenes Monument mit der Jahreszahl 1800 und einer ausgelaufenen Sanduhr. Das Sinnbild des zweiten Fensters stellte einen großen Stock mit blühenden Sonnenblumen vor, an dessen Behälter die Jahrzahl 1801 stand. Der über diesen Fenstern befindliche Altan des Thurms war ebenfalls mit bunten Lampen erleuchtet und in dem über demselben befindlichen ovalen Thurmfenster schimmerte der hell brennende Name des Durchl. Churfürsten nebst dem farbigen Churhute über alles hervor."

Das Justizamthaus war „churfürstlich" geschmückt „und drückte in allen Theilen die Empfindungen aus, welche den wahren Patrioten für sein Vaterland und seinen Fürsten beseelen müssen . . ." Auch die Beleuchtung des churfürstlichen Rentamtes, welches sich in dem ehemaligen Kloster St. Clara befindet, war von Interesse. „An dem einem Theile des dem Buchhändler Herrn Severin zuständigen Gebäudes nach der Klosterkirche zu, woselbst die Freymaurer ihre Zusammenkünfte zu halten pflegen", stand eine Ehrenpforte. Im Hintergrunde dieser Pforte befand sich ein großer schwarzer Vorhang, in welchem ein flammender Stern mit dem strahlenden Auge der Vorsehung in der Mitte zu sehen war. Unter diesem lag eine Sphinx auf einem Postamente mit der Überschrift: In spe et silentio fortitudo mea = „Im Hoffen und

Schweigen beruhet meine Stärke". Mit Pechkesseln hatte Dr. Otto den Thurm des Georgenberges erleuchtet.

Die Bürger hatten sich überboten in geschmackvollen Anlagen. — So Dr. Randhahn, der Apotheker zum goldenen Hirsch, Herr Lindner, Frau verwitwete Degen. Groß war die Zahl transparenter Inschriften — ernster und heiterer.

Um 8 Uhr riefen die Glocken zum Gotteshause. Niemand blieb zurück. Das Rathskollegium, die Gassenmeister und Bürger waren auf dem Rathhause, die kurfürstlichen Beamten im Amthause versammelt. An fast 800 Mädchen und Knaben eröffneten den Zug — geführt von zwei Marschällen mit weißen Schärpen und Stäben. Lehrer Fiedler führte die Mädchen, die nicht zur Rathsschule gehörigen Knaben Amtsschullehrer Nolle. Dann folgten die Geistlichen, das Rathskollegium, die Gassenmeister, die Bürger, die Beamten. Die Bürgercompagnie paradirte mit klingendem Spiel und Fahne auf dem Markte . . . Die Kirche war prächtig erleuchtet und decorirt. Als die Herren Geistlichen eintraten, ertönten Trompeten und Paucken vom Chore . . . Der Gottesdienst begann. „Aus eigner freyer Entschließung hatten sich 20 erwachsene Mädchen vereinigt und zogen paar und paar in die Kirche und verteilten am Altar den Raths- und Amtspersonen ein Gedicht!"

Nach der Kirche wurde auf dem obersten Saale des Rathhauses Wein an die Kinder vertheilt, die Herren Raths- und Amtspersonen nahmen ein Frühstück ein. 150 Arme wurden gespeist. Kaufmann Warmann spendete einen Eimer Wein. Nachmittags war wieder Gottesdienst.

Der Leser wird unwillkürlich Vergleiche ziehen zwischen einst und jetzt. Damals erfreuten die Bürger sich selbst durch ein öffentliches ästhetisches Fest. Und die Veranstaltungen bewiesen Geschmack. Wie konnte es auch anders sein in der Stadt, in welcher ein Müllner doch immer Kraft genug fand für die Aufführung seiner Dramen, in der Stadt, deren Bürger immer noch einen Hauch auch aus der Herzogszeit sich bewahrt hatten. —

Indes, der Wellenschlag der französischen Revolution blieb auch hier nicht unbemerkt.

Als 1792 der französische König gefangen gesetzt war, begannen die Revolutionskriege gegen die auswärtigen Mächte. Die deutschen Regenten hatten nämlich 1792 im Pillnitzer Schlosse bei Dresden ein Schutzbündnis für den entthronten Ludwig XVI. geschlossen.

Infolgedessen waren königstreue französische Offiziere mit ihren Mannschaften über die Grenze nach Deutschland gekommen, um den Preußen auf dem Marsche in die Champagne sich anzuschließen. Der Tag von Valmy war das Signal zum Rückzuge der Alliierten.

Diese Einmischung der deutschen Souveräne in ihre Angelegenheiten hatte alle Leidenschaften der Franzosen entflammt.

Der Marktplatz um 1830.

Der preußische König mußte 1795, der deutsche Kaiser am 18. Oktober 1797 sich der wilden Tapferkeit der Franzosen fügen und ihnen das linke Rheinufer lassen. Ein anderer 18. Oktober sollte es wiederbringen!

Die Zeit war voll von Revolutionsgedanken. Von Frankreich hatte sie die Luft weiter getragen nach Deutschland.

Auch in einigen kursächsischen Gegenden war das Landvolk bereit, sich den Verpflichtungen gegen ihre Erb- und Gerichtsherren zu entziehen. Am 26. August 1790 war ein Erlaß erschienen, „diejenigen, so sich denen zu diesem Endzwecke vorzukehrenden Masregeln mit Thathandlungen widersetzen, bey Tumult und Auflauf, geschähe es auch nur aus bloßer Neugierde sich einfinden und auf geschehenes Zurufen und Ermahnen sich nicht sogleich nach Hause begeben oder gar als Urheber und Anstifter der Empörung sich verdächtig machen, mit militärischer Gewalt, sollte es auch mit Verletzung ihres Leibes oder Verlust ihres Lebens geschehen müssen, ... ohne allen weitern Prozeß auf den Festungsbau oder in die Zucht- und Arbeitshäuser zu bringen. Wer den Rädelsführer meldet, soll 100 Thaler haben". Ein scharfes Auge hatte man auch auf den Vertrieb aufrührerischer Druckschriften. Dem hiesigen Buchhändler Severin wurde bedeutet, solche Schriften nicht zu vertreiben. Im Eifer der Konfiskation ging man da auch wohl zu weit. Die ganze Presse unterstand der Zensur. Über Kells „Wochen- und Intelligenzblatt" in Weißenfels wurde sie dem Syndikus Müller bestätigt. Er wurde bedeutet, in Ansehung der politischen Nachrichten nur solche Artikel aufnehmen zu lassen, welche bereits in zensierten und privilegierten Zeitungen stehen und zwei Exemplare der Polizeidirektion in Sachsen, eins dem Gouvernements-Kommissariat in Naumburg einzusenden.

Die Revolution hatte in Frankreich die Verbindung mit dem Königtume gelöst. In Deutschland trat in der Folge an Stelle des Despotismus der Konstitutionalismus.

Das wunderbarste Schauspiel der Geschichte aber vollzog sich in Frankreich! Da berühren sich die Extreme: Die Demokratie erzeugt den brutalsten Zäsarismus — hebt nach der Herrschaft der Guillotine Napoleon Bonaparte auf den Kaiserthron!

Der Sohn der Lätitia Bonaparte war kein Freudenbringer. Aber der vom Dämon des Ehrgeizes besessene Napoleon war in mancher Beziehung ein Teil von jener Kraft, die stets das Böse will und doch das Gute schafft: Er hob die Kleinstaaterei auf und reduzierte sie auf ein Zehntel.

Während Friedrich Wilhelm III. noch verhandelte, fiel Napoleon 1806 schon ins Tal der Saale ein.

Am 14. Oktober brach das einst so berühmte preußische Heer bei Jena und Auerstedt zusammen.

Im Siegeslaufe zog Napoleon nach Norden. Blüchers, Scharnhorsts und des Herzogs von Weimar Mut, die kein Brot und keine Munition mehr hatten, vermochten das Schicksal nicht aufzuhalten.

Natürlich blieb Weißenfels von diesen Ereignissen nicht unberührt. Hier war am 1. Dezember 1805 preußische Garde eingerückt und im Schlosse ein großes Magazin angelegt worden. Die 1806 hier errichtete Kommunalgarde hat in den Jahren 1806 bis 1813 viel gute Dienste geleistet.

In Rippach hatte 1805 Prinz Wilhelm Quartier genommen.

Am 10. Oktober 1806, berichtet Sturm, erhielt man die erste Nachricht von der Annäherung der Franzosen.

Einzelne flüchtende und versprengte Sachsen und Preußen brachten Tags darauf die Nachricht, daß ein Korps preußischer und sächsischer Truppen unter Tauenzien bei Schleiz geschlagen sei. Den ersten Flüchtlingen folgten bald verwundete Preußen und Sachsen in Menge, welche Angst und Bestürzung erregende Nachrichten über die drohende Nähe der noch fern geglaubten Franzosen verbreiteten. Aus Furcht hielt man den ganzen Tag über die Häuser geschlossen und sah wiederkehrenden Greuelszenen entgegen. Die Strahlen der Sonne vergoldeten eben noch die Türme und Giebel der Stadt, als die Nachricht kam, die Franzosen seien nur noch eine Stunde weit entfernt. In der Tat kamen um 6 Uhr abends die ersten französischen Reiter hier an und sprengten mit verhängten Zügeln zum Zeitzer Tore herein, die Burgstraße hinab bis zum Markt. Einen Trupp Preußen, der im Begriff war, die Stadt zu verlassen, nahmen sie eben noch gefangen, plünderten Häuser und Läden, führten den Postmeister Haack ab und brachten ihn nach Auma in das französische Hauptquartier.

Am selben Tage waren in Zeitz große Massen von Franzosen eingezogen: „es wurden gegen 20 Generäle, darunter die Marschälle Prinz Murat, Bernadotte, Bessières, Berthier, Martinières, Boileau u. a., mehr als 2000 Offiziere, dazu Kavallerie und Infanterie einquartiert". Bernadottes Korps verließ Zeitz und zog nach Meineweh.

Am 13. Oktober kam das ganze Heer nach Naumburg.

In fieberhafter Spannung wartete man der kommenden Dinge. Hier war ein Kommando leichter Jäger zurückgeblieben, das die Brücke besetzt hielt. In der Frühe des 14. Oktober hörte man den Donner der Kanonen, hie und da das Rasseln des Kleingewehrfeuers. — Was wird der Abend, was der folgende Tag bringen? Ob man die Stadt verläßt und in das Land flüchtet? Aber wohin?

Inzwischen war der blutige Würfel gefallen.

Am 16. Oktober kamen mehrere Tausend Verwundete, gedeckt von einer Linienbatterie und einer Abteilung Infanterie, hier an. Der

Stadtrat in Zeitz mußte alle Ärzte und Wundärzte ins hiesige Lazarett entsenden. Die Einwohner hier mußten Matratzen, Betten, Strohsäcke liefern. Als die öffentlichen Gebäude mit Verwundeten mehr als belegt waren, wurde das Schloß zum Lazarett eingerichtet.

Den fliehenden Preußen und Sachsen folgten französische Truppen, zum Teil seltsame Gestalten, abenteuerliche Figuren: „Viele der Soldaten waren in Priester-, Bürger- und Bauernkleider gehüllt, welche sie über ihre altersschwachen Uniformen angezogen, hatten es sogar nicht verschmäht, Bauernweiber zu plündern und deren Pelzjacken und Pelzmützen sich anzueignen, um sich gegen die nordische Luft zu schützen."

Die auf dem Schlosse und in der Klosterkirche von den Preußen angelegten Magazine waren als willkommene Beute an Mehl, Roggen, Hafer den Franzosen schon vorher in die Hände gefallen.

Der Durchmarsch der französischen Sieger dauerte bis zum 19. Oktober.

Entging auch die Stadt Weißenfels einer allgemeinen Plünderung durch die dem Kurfürsten bewilligte oder angebotene Neutralität, so gab es doch Drangsale genug.

Dem Durchzuge der französischen Sieger nach Norden folgten die Transporte gefangener Preußen nach Süden, nach Frankreich.

Am 18. Oktober wurde der zwischen Kursachsen und Napoleon geschlossene Waffenstillstand veröffentlicht. Am 17. Dezember folgte die Publikation des Friedens. Drei Jahre später die feierliche Proklamation der Königswürde für den Kurfürsten von Sachsen.

Den amtlichen Aufsatz für die „Leipziger Zeitung", der die Annahme der Königswürde verkündete, versah Graf Bose nachträglich eigenhändig mit der Überschrift: „Hoch lebe Napoleon, der großmütige Wiederhersteller des sächsischen Königtums."

Diese Zeit bildet den Hintergrund des prächtigen Romans unserer Mitbürgerin Luise von François: „Die letzte Reckenburgerin".

Sie schreibt darin:

„. . . . Wie die überstolzen Sieger von der Stadt Besitz nahmen, die Landestruppen halb und halb als französische Verbündete zurückkehrten; wie die gefangenen Preußen verhöhnt, des Notdürftigen bar in Kirchen und Schuppen gepfercht lagen, das stattliche Schloß in ein verpestendes Lazarett verwandelt, von Freunden und Feinden ausgeplündert ward, wie aller Mut, alle Kraft, aller guter Wille darniederlag, wie alles staunend, geblendet, bewundernd sich um den unüberwindlichen Kaiser drängte, als er an sieben Jahre später an dem für ihn so verhängnisvollen 18. Oktober durch unser Städtchen gen Leipzig jagte — von diesen Eindrücken des Grauens und Ekels laßt mich schweigen."

20*

Kapitel 31.

Unter König Friedrich August (1806—1815).

(Nr. 29 der genealogischen Tafel.)

Der am 12. Dezember 1806 zwischen Sachsen und Frankreich geschlossene Friede wurde am 8. Februar 1807 gefeiert. „Demnach durch die überschwengliche Güte Gottes der Frieden mit Sr. Majestät dem Kaiser der Franzosen und Könige von Italien wieder hergestellt und durch die Allweise Vorsehung die bisherigen churfürstlichen Lande zu einem Königreiche erhoben worden, für diese Gnadenwoltaten aber dem Geber derselben demütigsten Dank abzustatten, ist in den gesamten Landen ein allgemeines Dankfest in allen Städten, Flecken und Dörfern mit Predigten und andern Gottesdienstlichen Handlungen zu feiern angeordnet und dazu der achte Februar 1807 bestimmt worden."

Da die Viertelsmeister in diesem Falle nicht für ein äußerliches Gepränge stimmten, so wurde vom Rate beschlossen, „daß dieses Friedensfest in der Stille gefeiert und vom Rathe und den Gemeinden in der Kirche für den erhaltenen Frieden Gott gedankt und um Verleihung eines allgemeinen Friedens in allen Landen angerufen werden sollte".

Die Einwohner des neuen Königreichs hatten alsobald gegen die ehemals verbündeten Preußen mit zu Felde zu ziehen. Dem sächsischen Volke selbst war nicht immer wohl dabei. — Wurden die gefangenen Preußen von den übermütigen Franzosen hart behandelt, so verleugneten die Einwohner Kursachsens und insonderheit auch unserer Stadt das Gefühl vaterländischer Zusammengehörigkeit doch nicht. Sie taten, was in ihren Kräften stand, um die die Stadt passirenden Preußen mit dem Notwendigsten zu versehen, sie zu kleiden und zu speisen. „Sie gaben Brot und Suppe, ganze Körbe gekochter Speisen und anderer Lebensmittel; Kleidungsstücke und Schuhe trug man ihnen zu."

Ob sich der Kurfürst um den Preis der Königskrone auch hatte Napoleon anschließen müssen, die Nöte dauerten an bis zum Tilsiter Frieden im Juli 1807, zu dem sich der preußische König nach dem Tage von Jena und Auerstedt, nach dem Falle Erfurts und Magdeburgs, nach Blüchers Kapitulation von Travemünde, nach der Besetzung des preußischen Nordens und nach dem Schlage von Preußisch-Eylau bequemen mußte.

Nach dem Tilsiter Frieden im Sommer 1807 sah man auch den sich als mächtig dünkenden Napoleon in Weißenfels. Sturm berichtet: „Man hatte große Vorbereitungen getroffen, um den Gewaltigen würdig zu empfangen: Ehrenpforten waren errichtet, Ehrenjungfrauen hatten sich an der Herrenmühl-Ehrenpforte aufgestellt, auf einem seidenen Kissen lag ein französisches Begrüßungsgedicht bereit. Endlich erschien der Gefürchtete, von sächsischen Husaren begleitet. Aber der Leibmamelucke Rustan mußte im schnellen Trabe an den Wartenden vorbeifahren. Was nun? Was thun? Festkomitee und Ehrenjungfrauen setzen dem Gewaltigen nach. Das Gedicht werden sie los: zwar nicht an Ihn selbst, aber an einen seiner Begleiter! Sächsische und französische Infanterie, Vertreter von Staat und Kirche füllen den Markt, der im Festglanze strahlt. Während des Kaisers Wagen hält, erregt die Riesengestalt eines Bürgers, eine zufällige Handbewegung des Dr. Otto, das Mißtrauen des Mamelucken Rustan. Ein Attentat witternd, ergreift er die Pistole und verlangt drohend die Entfernung des friedsamen Bürgers. — Als die Pferde und die Ehrenwache gewechselt, eilt der Gewaltige weiter."

Wie anders schlugen die Herzen, als in dem folgenden Jahre 1808 der Kurfürst, nun König Friedrich August, Weißenfels berührte gelegentlich der Reise zu und von dem Fürstentage in Erfurt. Diesmal war die Tücke des Objekts kein Taschentuch wie beim Dr. Otto, sondern ein dem König fehlender Dukaten. Jeder Ehrenjungfrau hatte der König einen zugedacht. Am Ende war aber eine Ehrenjungfrau mehr als königliche Dukaten vorhanden. —

Sachsen hatte sich wie die anderen Herzöge dem Rheinbunde unter Napoleons Protektorate anschließen müssen. Am 21. September war der Fürstentag in Erfurt. Am ärgsten wurde die Schmach der Fremdherrschaft gefühlt in Österreich und Preußen. — Und die Stadt Weißenfels war Zeuge: Der Herzog Friedrich Wilhelm von Braunschweig-Öls war im Juni mit der schwarzen Legion der Rache in Sachsen erschienen. Das französisch-sächsische Heer hatte sich zurückziehen müssen, um sich hier in Weißenfels mit Truppen des jungen Königreichs Westfalen unter dem General d'Albiuac zu verstärken. Als die Österreicher bei Lützen davon hörten, zogen sie sich über Dresden nach Böhmen zurück und ließen die tapferen Braunschweiger im Stiche.

In Weißenfels waren in dieser Zeit die Soldaten so wohlfeil wie die Wassertropfen in der Saale. Hatte sich der König von Sachsen vor den Österreichern und dem Freikorps des Herzogs von Braunschweig flüchten müssen, so konnte er nun, im August aus Frankfurt nach Dresden zurückkehren. In Weißenfels wurde er wieder festlich empfangen: „Zahlreiche Ehrenpforten schmückten mit ihren Laub- und Blumengewinden Markt und Straßen und festlich geschmückte Kinder und Jungfrauen, sowie die Bürgergarde in Parade und die Fischer in alterthümlichen Kostüm, bewehrt mit Lanze und Schild, wie es beim Fischerstechen üblich war, erwarteten und begrüßten den Landesherrn. Unter Worten des Dankes nahm er das vom Rathe überreichte Gedicht und Geschenke an. Ein prächtiges Fischerstechen auf der Saale in alten Trachten in Gegenwart des Landesherrn, der anwesenden Generalität und einer nach Tausenden zählenden Menschenmenge beschloß den festlichen Tag."

In Preußen suchte man jetzt durch Gesinnung zu ersetzen, was man an Gebiet verloren hatte. Das ganze Volk glühte im Hasse gegen Frankreich. Und Stein, der Feuergeist, groß im Gottvertrauen, zäh in der Willenskraft, gab den Leibeigenen die persönliche Freiheit und den Städten die Selbstverwaltung. Scharnhorst aber bildete das preußische Heer um. Dichter und Denker fachten die Begeisterung des Volkes an durch Wort und Lied.

Den russisch-französischen Beziehungen hatte einen schweren Stoß gegeben die Erweiterung des französischen Reiches bis zur Ostsee und die Beraubung des Herzogs von Oldenburg, eines Verwandten des Zaren. Österreich und Preußen mußten bald ihre Heere liefern zum unermeßlichen Zuge Napoleons nach Rußland. Heersäulen auf Heersäulen folgten. „Es hatte das Ansehen, als ob Europa gegen Asien aufgestanden sei." Plötzlich, Mitte Dezember 1812, kam eine unglaubliche Kunde: Napoleons Heer sei vernichtet, der Kaiser allein in Dresden angekommen und sogleich nach Paris gefahren. — Es war so! Die ankommenden Trümmer der großen Armee bezeugten's mit Schrecken. Nur 20000 mit Lumpen aller Art bedeckte, vom Elend bis zum Tode gebeugte Unglückliche kamen zurück.

Am 15. Dezember 1812 nachts 1 Uhr war Napoleon in großer Stille und größerer Eile durch Weißenfels gefahren. „Die Stadt lag in tiefem Schlafe, nur hier und da brannte noch ein einsam Licht, als das zur Zeit noch wache Postpersonal vom Klingenthore her den Hufschlag der Pferde vernahm. In demselben Augenblicke flogen auch vier Schlitten heran. Im ersten saß Napoleon, dicht eingehüllt in Kutten und Pelze, im grauen Mantel zum Schutze gegen die schneidend kalte Dezemberluft. Im zweiten Schlitten, ebenfalls bis zur Unkenntlichkeit verhüllt, das kleine Gefolge, das ihn aus Rußland geleitet hatte. In den zwei letzten Schlitten befanden sich zwölf sächsische Garde-Kürassreiter zur Bedeckung. Kaum waren auf dem Markte die Pferde gewechselt, da sausten die Schlitten in Windeseile die Nikolaistraße entlang nach Naumburg zu."

Auch die Trümmer der stolzen Armee sah Weißenfels im Januar und Februar 1813. „Bekleidet oft mit den buntscheckigsten Kleidungsstücken, in maskenähnlichen Anzügen, mit erfrorenen und durch feindliche Geschosse verstümmelten Gliedern kamen und entfernten sich die ehemals so stolzen Sieger in dem jammervollsten Zustande, zu Fuß, auf abgetriebenen Kleppern, auf elenden Fuhrwerken, die zuweilen die Reste der Mannschaft ganzer Regimenter brachten."

„Oft wurden zehn, zwölf und mehr Regimenter Einquartierung angesagt. Man war schon bange, wo man Raum und Lebensmittel für die Menge Soldaten hernehmen sollte, bis man sah, daß diese Regimenter nur wenige hundert Mann betrugen."

Am 30. Dezember 1812 hatte sich der preußische General York von den Franzosen getrennt und mit dem russischen General Diebitsch Vertrag geschlossen. Der Freiherr von Stein aber hatte den Stein vaterländischer Begeisterung ins Rollen gebracht. Das Volk stand auf, der Sturm brach los! — Nur Sachsen stand bei Seite!

Im März 1813 verließen die Franzosen Berlin, wo der Russe Wittgenstein und York einzogen.

Im Febrar und März 1813 sind hier französische Truppen allerlei Art. Ende März machen sie sich marschbereit, als die Kunde kommt, daß die Russen die Elbe überschritten.

Ein peinlicher Zwischenfall erregte die Gemüter besonders. Einem durchziehenden französischen Regiment war die Regimentskasse gestohlen. Die Ratsakten berichten darüber ausführlich. Nach eifrigen Recherchen des Rats und nach dem feierlichen Versprechen des Regiments-Kommandeurs, daß die Sache keine üblen Folgen haben solle, fand die Kasse sich wieder. Man atmete auf!

Am 5. April war die erste Abteilung russischer Kosaken in Hohenmölsen eingerückt, am nächsten Morgen sprengen ihrer vier zum Zeitzer Tore herein. Eine Abteilung unter dem Major von Dankelmann folgte alsbald: Mit größter Neugier empfangen, mit Branntwein regalirt, waren sie bald in festlicher Stimmung.

Dankelmann nahm allerdings 500 Taler königliche Kassengelder in Beschlag und zog damit nach Dürrenberg. Man sah die kinderlieben, bärtigen Söhne des Nordens hier gern. Am selben Abend kam ein zweiter Trupp unter Major von Löwenstein, der Quartier in der Lindnerschen Hirschapotheke nahm.

Freilich verleugnete sich das Herdenwesen der Einquartierten nicht.

Ende April lagen Preußen vom Garde du Corps und schlesische Garde-Kosaken mit dem Grafen von Schaffgotsch als Feldwache auf dem damaligen Schießhause. Am 26. April marschiert auch General Lanskoys russische Division hier durch — sie war durch das anziehende französische Heer zur Umkehr gezwungen und biwakierte bei gesattelten Pferden. Es waren gewalttätige Männer und weniger gern gesehen als die ersten hier erschienenen Landsleute.

Lanskoy war es, der das gefüllte Magazin öffnen ließ, damit die Vorräte nicht am Ende den Franzosen in die Hände fielen. Und sie kamen. Nach wiederholten Alarmsignalen waren die Russen über Plotha dem Feinde entgegengezogen, aber ohne Erfolg zurückgekehrt.

Inzwischen hatte man begonnen, die Saalebrücke am linken Ufer abzutragen.

Als am 29. April mittags 1 Uhr kein Zweifel mehr war, daß die Franzosen sich näherten, verließen Russen und Preußen (schlesische Husaren) unter Blücher die Stadt. Die Letzten stoßen noch mit den Feinden bei den „Drei Schwänen" zusammen .... Bald folgen 30000 Mann französische Avantgarde unter Marschall Ney und ziehen durchs Klingentor weiter. — Da werden sie von den Russen in Empfang genommen. Von der „ledernen Trompete" herab ertönen die Grüße einer russischen Batterie, welche die Hauptstraße bestreicht. Und in den Weinbergen der Selauer Flur haben sich die russischen Feldjäger postiert und grüßen im ununterbrochenen Feuer. Indes haben die Franzosen sich doch des Mühlholzes, der Dörfer Borau, Selau, Cleben, Zorbau bemächtigt — aber ihre Artillerie schlägt nicht durch, das Gefecht auf den Dehlitzer Wiesen ist ohne Erfolg, die Russen bleiben im Besitze des Schirnhügels.

Die 170 Verwundeten brachte man aufs Weißenfelser Schloß. Die französischen Truppen blieben vor den Toren, ein Teil nur in der Stadt. Marschall Ney hatte beim Oberforstmeister von Gersdorff im „Jägerhofe" Quartier. Die Russen blieben in der Nähe von Rippach.

Das war das Vorspiel zum Tage von Groß-Görschen-Lützen, zum 2. Mai! Stadt und nächste Umgebung sind überfüllt von Franzosen. Die Fähren bei Dehlitz und Schkortleben hatten die Landleute klugerweise versenkt. — Der Herzog Carl August von Weimar hatte am 28. April Napoleon von Weimar bis Eckartsberga geleitet, „où S. M. a couché cette nuit", wo S. M. diese Nacht blieb.

Major Dr. Beitzke berichtet: „Napoleon war den 29. April vormittags in Naumburg und traf am Nachmittag in Weißenfels ein."

Damit stimmen Müllners Aufzeichnungen überein. Napoleon wohnt beim Bürgermeister Olzen, der Marschall Bessières beim Salinendirektor von Hardenberg. Der Kaiser ahnt nicht, daß die verbündeten Preußen und Russen da sind und so nah sind. Er glaubt Blücher noch bei Altenburg. Einen Angriff erwartet der Gewaltige gar nicht. Der 1. Mai, ein Sonntag mit freundlichem Gesicht nach trüben Regentagen, erschien. Um neun Uhr morgens erwarten die Marschälle den Kaiser zum Ausritt in der Richtung der Hauptstraße nach Leipzig. Das ganze große französische Heer ist konzentriert und im tagelangen Zuge über Lösau, Pörsten, Lützen nach Leipzig begriffen. Alles wälzt sich durch Weißenfels. Die Generalität mit dem Kaiser hat inzwischen das den unendlichen Zug führende Korps des Marschalls Ney erreicht: Der hatte mit den Mannschaften des Vortrabs die Aufgabe: Hier sich zeigende russische Reiter Wintzingerodes, des Generalissimus, zu vertreiben. Das gelang für den Augenblick. Nun hielten sich die Russen auf der Anhöhe jenseits des Dorfes. Als der Marschall Bessières sich zu weit vorwagte, als er im Begriff stand den Rand der östlichen Höhe zu erreichen, legt ihn eine Kanonenkugel in den Staub. Sturm gibt an, es sei nachmittags zwei Uhr gewesen, „bei dem Eingange des Gässchens hinter der Post zu Rippach".

Es kam nun zu einer der merkwürdigsten Schlachten, die überhaupt geschlagen sind. Beide Gegner sind sich nicht klar: Napoleon ahnt die Nähe der Verbündeten nicht und diese wissen nicht, daß Marschall Ney südlich von Lützen in der Nacht vom 1. zum 2. Mai vier Dörfer besetzt. Napoleons gewaltiges Heer hat besonders wenig Kavallerie und die preußische Reiterei und Artillerie kommt nicht zur Geltung — dank der Laune des russischen Generalissimus.

In Weißenfels lagern vom 1. zum 2. Mai 20000 Franzosen, blutjunge Garde und Infanterie. Am Sonntag Abend trafen die letzten des gewaltigen Zuges ein: Artillerie und vier Regimenter Marinetruppen. Vor den Türen der Bäcker standen französische Wachen. Die Weißenfelser Bäcker hatten Tag und Nacht für die Franzosen zu backen.

In der Nacht vom 1. zum 2. Mai übernachtete Napoleon im „Gasthofe zum Schwan" in Rippach.

Daß er aber in das Fenster des Wohnzimmers mit dem Ringe die Worte: Unter dieser Linde saß am Abend des 1. Mai 1813 Napoleon Kaiser in französischer Sprache eingeritzt habe, sieht dem Corsen so unähnlich wie nur möglich.

Am 2. Mai, dem Tage der Entscheidung von Groß-Görschen-Lützen, weiß Napoleon noch nicht, daß das verbündete Heer ihm so nahe ist. So zieht er weiter. Alles marschiert in großen Vierecken dicht gedrängt hintereinander. Napoleon war schon über Markranstädt hinaus, im vollen Marsche auf Leipzig. Hier wollte er den Feind mit voller Gewalt, mit ganzer Macht anfassen. Sollte nach Scharnhorsts Plane das bei Pegau vereinte Heer der Verbündeten den rechten Flügel der Franzosen überfallen, so verbiß sich der Russe in den Kampf um die von dem Franzosen Ney besetzten Dörfer: Die preußische Reiterei kam gar nicht zur Geltung, Napoleon hatte Zeit, die Truppen auf dem Marsche „Kehrt" machen zu lassen, um in den Kampf einzugreifen.

Als sich der Tag neigt, haben die Franzosen die Verbündeten in der Figur eines Halbmondes umklammert — trotz der großen Zahl der feindlichen Geschütze, trotz Blüchers und Scharnhorsts Wunden, trotz der Preußen unvergleichlichem Heldenmute. „Mit mehr Hingebung zu kämpfen als hier geschah, war nicht möglich." Selbst die Toten lagen da mit verklärtem Angesicht. Die Russen waren ungebührlich geschont worden. Wut und Schmerz durchglühten die Preußen. Blücher war geladen von Grimm. Sein König war außer sich: „Das ist ja wie bei Auerstedt!"

Napoleon hatte die Fortsetzung des Kampfes am andern Tage erwartet. Im Lande glaubte man die Schlacht gewonnen. —

Ich lasse die jetzt seltene Beschreibung Müllners nun folgen:

Am Nachmittag des 29. April kam Napoleon an. Es regnete ziemlich stark, dennoch war seine Umgebung in Galla. Er selbst war in einen weißgrauen Überrock geknöpft, der Hut hatte seine Form verloren, die hintere Krempe hing, vom Regen durchweicht, auf den Kragen herab und man hätte die ganze Person recht füglich für einen Müller ansehen können, den man irgendwo als Boten mitgenommen und auf ein Generalspferd gesetzt hätte. Sein Einzug hielt den Durchzug der Truppen nicht im Geringsten auf, sie schienen gar keine Notiz davon zu nehmen und es machte auf mich einen imposanten Eindruck zu hören, daß ein Soldat im Gliede, der auf die sehr merkliche Bewegung unter meinen Mitgaffern sich umgesehen hatte, zu seinem Nebenmanne, ruhig und doch nicht gleichgiltig, blos die Worte sagte: c' est lui! Das vive l' Empereur, welches die Wache vor seiner Wohnung hören ließ, war ungleich gehaltloser. Er ritt vorüber, zur Stadt hinaus und kehrte erst nach einigen Stunden zurück. Den folgenden Tag machte er eine Recognoscierung, bei welcher Bessières durch eine Kanonenkugel fiel. Die Ankunft des Leichnams in der Stadt erregte keine Bewegung unter den Soldaten. Ein Offizier, dem er näher angehen mochte, brach in heftige Thränen aus, als man ihn aus dem Wagen in das Haus trug. C' est toujours un Maréchal, sagte ein Soldat, „Il y en a d' autres" erwiderte der andere. Ein dritter meinte, er sei gut getroffen. Die Kugel hatte ihm nemlich den halben Leib mitgenommen. Den 2. Mai sehr früh brach Napoleon von Lützen auf mit der Garde. „Wir gehen gerade nach Leipzig," sagte mir der Oberst, dem ich mein Haus zum Präsent gemacht hatte, den Abend vorher: „Sie werden diesmal nicht das Vergnügen haben, eine Schlacht zu sehen." Er irrte. Als ich gegen 10 Uhr Morgens mit meinem Freunde v. R. den Thurm (des Schlosses) bestieg, sahen wir rechts von Lützen ein lebhaftes Kanonenfeuer, hörten aber, obgleich die Entfernung nur drei Stunden betrug, keinen Schuß vor dem Getöse des Geschützes und der Wagen, welche eben im Trabe in die Stadt gingen. Ich schlug vor, eine kleine Strecke in das Feld zu gehen, wo man dem Getöse in der Stadt ferner, die Kanonade hören mußte. Dies geschah in Gesellschaft eines jungen Kaufmannes aus Gotha, der auf seinem Wege nach Leipzig unter die französische Armee gerathen war. Wir hörten die Kanonade sehr bald, aber wir sahen nur nichts. Diese Entbehrung trieb uns in der Richtung des Schalles immer weiter über die verlassenen Lagerplätze der Franzosen hinweg, auf welchen eine Menge Wirtschaftsgeräth aus den nächsten Dörfern lag und noch viele Hütten standen, die aus Haus- und Stubenthüren zusammengebaut waren. Die Dörfer waren leer; in der ganzen Gegend war weit und breit kein Mensch zu sehen, außer die entfernte, mit Wagen bedeckte Heerstraße nach Lützen ... Jetzt hatten wir die Dörfer im Rücken, welche uns bis dahin die Aussicht gesperrt hatten. Welch ein Anblick! Wir waren kaum noch ½ Meile vom Kampfplatze, von welchem ein langes Thal uns trennte. Vier oder fünf Dörfer standen in Feuer und schwarze Rauchsäulen, unten von glühroten Flammen gefärbt, stiegen majestätisch in die blaue Luft ... Dieser schauerliche Hintergrund des lebenden Schlachtstückes, welches zugleich das Auge sah und das Ohr vernahm, machte auf mein Gemüth eine Wirkung, deren ich mich schämen müßte, wenn ein ohnmächtiges Mitleid die unerläßliche Bedingung der Moralität wäre. Ich vergaß vor der Macht des Eindrucks auf meine Sinne, daß das alles eine traurig Elend gebährende Wirklichkeit war. Das Wesen des Ereignisses wurde der Reflexion durch die magische Kunstgewalt des Scheines entrückt.

Besonders genußmindernd war es mir, daß das große Princip des Drama, der Kampf, sich nicht so deutlich und lebhaft aussprach, als ich erwartete. Die Franzosen erschienen mir zu faul. Sie hatten keine eigentliche Schlachtlinie, sondern standen in dichten, geschiedenen Massen, die sich, meist mit dem Geschütz, bloß zu verteidigen schienen ... wir waren gegen Ein Uhr auf unserm Standpunkte angekommen. Gegen vier Uhr bekamen wir einen Mitzuschauer. Es war ein französischer Officier, der ganz allein, der Gegend von Zeitz her, querfeldein geritten kam und hier erkunden wollte, was vorging. Ich machte ihm bemerklich, wo man bei unserer Ankunft gefochten hatte und wo man jetzt focht, woraus er die Folge zog, daß diese Schlacht verloren gehen würde. Wie Teufel — sagte er — kann der Kaiser, der kaum so viel Reiterei hat als ich Haare auf dem Kopfe (er war ein sehr prononcirtes Kahlhaupt) auf dieser Billardtafel da schlagen? Von Lützen her, auf dem linken Flügel der Franzosen verstärkte sich das Feuer des Geschützes und eine Batterie wurde laut, wo vordem keine gestanden hatte, auch überhaupt kein Gefecht zu sehen gewesen war. Jedes einzelne Geschützstück bezeichnete uns seinen Standpunkt durch den Dampfauswurf und wir zählten deren bereits in die 50, während die Reihe sich noch immer zu verlängern schien. „C' est lui!" rief der Officier mit einer so lebhaften Bewegung des ganzen Körpers, daß sein Pferd einen Seitensprung machte; das ist die Artillerie der Garde, setzte er hinzu, als er sich wieder sattelfest gemacht hatte, denn nur diese ist darauf eingerichtet, so in Einer Linie zu fechten und nur sie feuert mit solcher Lebhaftigkeit. In der Tat wurde ihr Feuer von Minute zu Minute heftiger; es verschlang für unsere Ohren das Tosen des ganzen übrigen Teiles der Schlacht, die einzelnen Schüsse schmolzen in einen ununterbrochen fortrollenden Donner zusammen und wir fühlten die Erde unter unsern Fußsohlen beben. Von diesem Zeitpunkte an sahen wir sehr deutlich, daß die Franzosen das verlorene Terrain wieder gewannen, obwohl sie nur sehr langsam vorrückten. Auch die Artillerie ging vorwärts, nach dem Dorfe Gr. Görschen zu und wir sahen schon wieder die Thürme von Leipzig, welche ihr Dampf uns anfangs verdeckt hatte. Mit einem: „Messieurs, je vous salue" — ritt der Officier von dannen, nachdem er mehrermale ausgerufen hatte: Kein Zweifel, er gewinnt die Schlacht! ... Gegen sieben Uhr war fast gar nichts mehr zu sehen, weil schon einige von den brennenden Dörfern zwischen uns und den Franzosen standen und mit ihren Dampfwolken die Scene wie mit einem Vorhang schlossen ... Es wurde dunkel, als wir in die Stadt zurückkamen; die Durchzüge hatten aufgehört und nur wenige Truppen waren einquartiert ... In diesem Augenblicke kamen einzelne Flüchtlinge mit der Nachricht, daß die Schlacht verloren wäre und der Feind käme. Officiere kamen aus den nächsten Häusern und examinirten sie. Es wurde ihnen nicht geglaubt. Aber es kamen mehrere in vollem Laufe mit dem Geschrei: Der Feind! Der Feind! Ich eilte auf das Schloß zu den Meinigen. Kaum war ich angekommen, so erscholl auch dort das allarmirende: sauve qui peut, l' ennemi arrive! Aus dem Hospitale flüchteten alle Verwundeten, die noch fortkonnten, zum Teil in so abenteuerlichen Gestalten, daß ich mich, des Mitleids ungeachtet, nicht enthalten konnte zu lachen. Die Sache schien jedoch ernsthaft. Die ganze Stadt war voll Getös, Soldaten liefen mit dem lauten Rufe, daß die Kosaken da wären, durch die Straßen, viele Wagen fuhren im Galopp hindurch, man schrie nach Lichtern, alles war in Aufruhr ... Wir machten Anstalt die Eingänge zu unserer gemeinschaftlichen Wohnung zu sperren. Die Flucht durch die Stadt dauert ziemlich eine Stunde, dann wird alles ruhig. Ein italienischer Officier, der mit einer kleinen Abteilung in einem Flügel des Schlosses Gefangene bewachte, entschloß sich, in die Stadt hinabzusteigen, kam bald zurück und erzählte in schlechtem französisch, aber mit vielem Witze, daß in der Stadt plötzlich eine Festung entstanden sei: Zwölf Grenadiere der Garde, welche den Leichnam Bessières bewachten, hatten dem Wirthe des Hauses erklärt, daß sie sich nötigenfalls unter dessen Ruinen begraben würden und — nachdem er es verlassen — hatten sie das Pflaster aufgerissen, die Thüren verrammelt und die Fenster besetzt, um den todten Marschall zu vertheidigen. Mais c' était travail perdou, ils ne sont pas venou — schloß der Italiener.

Meinem Zimmer gegenüber lag der Schloßgarten mit seinen blühenden Obstbäumen und seinen weißgrauen halbzerbrochenen Statuen in heller Mainacht ... Zur Linken, über ein Lustwäldchen des Gartens herüber, leuchtete noch vom Schlachtfelde der feindliche Brand, der in einem Wolkenstreifen sich spiegelte. Von Zeit zu Zeit, bis gegen Mitternacht, fielen einzelne Kanonenschüsse, deren dumpfer Schlag lange vorher durch ein blitzähnliches Zucken in dem Wolkenkreise sich ankündigte. Die zerstörende Erhabenheit des Kriegs und die milde Schönheit der Natur wirkten, von einem und demselben lebendigen Gemälde herab vereint auf meine Seele.

— — Die Nacht ging ruhig vorüber. Am Morgen bestiegen wir den Thurm. Die französische Armee war aus unsrem Gesichtskreise verschwunden. —

Stolze Siegesberichte erließ Napoleon nach dem Abzuge der Preußen und Russen. Sachsen zwang er jetzt zum förmlichen Bündnis: „Der schwache, alte König war in unbeschreiblicher Verlegenheit." Napoleon wandte sich Dresden zu. — Nach dem Siege Napoleons bei Bautzen, 20./21. Mai 1813, kamen Ende des Monats „mehrere Hundert Verwundete und Rekonvaleszenten" auf Wagen hier an. Als sie den Aufenthalt in der Stadt erzwingen wollten, rief die Sturmglocke die Bürger zur Wehr und zwang die Franzosen, den Wagen wieder zu besteigen und den Weg nach Naumburg einzuschlagen.

Am 4. Juni wurde eine Waffenruhe zwischen Napoleon und den Verbündeten abgeschlossen. Hier blieb aber alles im Fluß. Weißenfels sah gefangene Lützower und erntete das Lob der hier gespeisten Württemberger (8./9. Juni).

In den Monaten August bis Ende Oktober sieht Weißenfels das ganze Heer Napoleons und den großen Teil der mit ihm Verbündeten. — Am 12. August hatte auch Österreich an Frankreich den Krieg erklärt.

Während der Zeit einer Waffenruhe vom 4. Juni bis 10. August, an einem Sonntag Nachmittag, war Napoleon wieder einmal in Weißenfels.

Ein Kammerherr war vorausgeeilt und hatte Pferde bestellt. Nachmittags rückten kaiserliche Chasseurs ein, denen im schnellsten Tempo der Wagen mit dem Kaiser und Berthier folgte. Am ersten Brunnen auf dem Markte hält er. Rustan fliegt vom Wagen und hütet den Kutschenschlag. Der Kaiser hat, wie er es auf Reisen zu tun pflegt, ein seidenes Tuch um den Kopf gebunden. Diesmal ist des Kaisers Hüter weniger streng. Die Bürger dürfen herantreten und den Gewaltigen betrachten. Plötzlich flammen des Kaisers Augen hell auf! Er sieht Soldaten, die ins Lazarett gehören, zur Unzeit auf dem Markte herumschlendern. Am anderen Tage mußte die hiesige französische Rekonvaleszenten-Besatzung wieder in die Kolonnen eintreten! (Siehe die Aufzeichnungen Randhans.)

Seit Österreich den Verbündeten beigetreten, seit Schweden unter dem Kronprinzen Bernadotte ein Heer herbeigeführt, konnten die Verbündeten drei Armeen aufstellen: die große böhmische, die schlesische unter Blücher und die Nordarmee. Die schlugen die Schlachten bei Groß-Beeren, Dresden, Culm und Nonnendorf, an der Katzbach und bei Dennewitz. Nach dem glorreichen Siege bei Wartenburg am 3. Oktober rückten die Verbündeten nach Sachsen vor. Hier hatte sich inzwischen der ehemals sächsische Kommandant von Torgau, der inzwischen in preußische Dienste getretene General Thielemann einen Namen gemacht. Seinen Namen nennt eine Inschrift des Marien-Kirchturms auf der Südseite: „... 12. September 1813: Durch das preußische Thielemannsche Corps bei Vertreibung der Franzosen aus hiesiger Stadt vom Schießhausberge anhero geschossen."

In Waldenburg hatte der zu Thielemanns Korps gehörende Oberstleutnant von Eicke zwei französische Offiziere gefangen genommen. Sie waren aus Weißenfels gekommen, um Verpflegung und Futter beizutreiben und versicherten, „daß sich dort schon seit mehreren Tagen gegen 5000 Mann Infanterie und 800 Reiter befänden, welche den Auftrag hatten, einen über Leipzig zur Armee gehenden Mehltransport zu decken". Thielemann war entschlossen, den Transport zu stören oder aufzuheben. Er selbst berichtet dazu: „Ich ergriff die Partie Weißenfels zu forcieren, um vielleicht die darin befindlichen Magazine in meine Gewalt zu bekommen." Am 12. September kam er mit dem Obersten Orlow hier an und ließ die Stadt von Kosaken umschwärmen. Man fand die Tore verschlossen und nichts zu sehen. Jetzt wurden gegen eins die beiden reitenden Geschütze angefahren, die Stadt mit 15 Granaten beschossen. Während abgesessene preußische Husaren damit beschäftigt waren, das Tor einzuschlagen, erfuhr man von den erschreckten Einwohnern: „der Feind sei im Abzuge nach Freyburg, seine Kavallerie sei voraus, die Infanterie habe den Ort noch nicht verlassen". — Der abziehende Feind hatte die Kanonenschüsse auf die Stadt Weißenfels wohl gehört, die ihm panischen Schrecken eingejagt. Der in Weißenfels gebliebene Teil der Infanterie war indes von den Thielemannschen entwaffnet worden: Man nahm von den 4000 Mann Infanterie und den 500 Reitern, die den Mehl- und Munitionstransport über Freyburg hatten retten sollen, einen General, einen Obersten, 28 Offiziere, 1254 Mann gefangen.

Das ganze Thielemannsche Korps war in der folgenden Nacht an fünf Punkten verteilt. Thielemann berichtete aus Weißenfels: „Der Geist der französischen Armee ist der einer allgemeinen Niedergeschlagenheit ... Die Nation ist überall (in Sachsen) des besten Geistes. Seit sechs Tagen sind 15000 Blessierte hier durchgeschafft worden und vielleicht eine noch viel größere Zahl Versprengte durchgekommen." —

Auch die Besatzung von Naumburg hatte kapituliert. Thielemann zog ein und „schob in den Paß von Kösen eine Abteilung vor, welche in der Richtung nach Erfurt aufklären sollte". Er selbst blieb in Naumburg, um dann Merseburg anzugreifen. Aber das verzögerte sich durch andere Zwischenspiele, von denen auch eins hier in der Stadt sich ereignete: „Sechs Reiter wurden in den engen Gassen von Weißenfels durch anrückende Franzosen zusammengehauen und fanden den Tod."

Zur Vertreibung Thielemanns hatte Napoleon die Kavallerie-Division Lefèbre entsandt. Sie war am 18. September in Weißenfels eingetroffen. „Arrivé ici", meldet am 19. September morgens Lefèbre an Napoleon.

Der war in der Folge mit den Operationen seines Generals hier nicht zufrieden und schreibt zu einem der Berichte: „Ces lettres sont pleins de folies" — die Berichte sind voller Dummheiten.

Hatte Napoleon seinen Rückzug auf Leipzig eingeleitet, so galt es für Thielemann, dem von Würzburg auf Leipzig zu ziehenden Korps Augereau entgegenzuwirken. Das Korps sollte 20000 Mann stark sein. Am 9. Oktober griff Thielemann die Vorhut bei Wethau an und schlug sie mit Verlusten nach Naumburg zurück. Den Vormarsch des überstarken Feindes vermochte Thielemann in der Folge nicht aufzuhalten: Augereau setzte unter dem Schutze seiner Kavallerie den Marsch über Weißenfels fort. Napoleon aber hatte — vom Norden her durch Blücher scharf bedrängt — seine Streitkräfte bis zum 15. Oktober um Leipzig zusammengezogen.

Kalt, trübe, regnerisch war der Morgen des 16. Oktober 1813. Um 9 Uhr läutet der Donner der Kanonen die Völkerschlacht ein. Als die 300 Geschütze brüllend ihren ehernen Rachen öffnen, erbebt die Erde. Die Wunder der Tapferkeit, welche Yorks Korps an diesem Tage bei Möckern vollbringt, bringen dem Korsen eine Nacht peinvoller Unruhe. Und der folgende Sonntag weissagt nichts Gutes. In fünf Heersäulen sind die Verbündeten dicht an die Tore von Leipzig gerückt. Sie sind den Franzosen jetzt fast um das Doppelte überlegen. Aber Napoleons Stellung ist gut: den Rücken deckt das noch mit Mauern umgebene Leipzig. Doch der Tag des Gerichts war erschienen. Als am 19. Oktober die Herbstsonne den Nebel verzehrt, sehen die Verbündeten keinen Feind mehr. — Freilich, das Bild des Jammers, die Ernte des Todes, das Elend der Schlacht ist auch die glühendste Phantasie nicht imstande, zu malen.

Hätte man die Trümmer des französischen Heeres verfolgt — nicht ein Regiment wäre nach Frankreich entkommen. Nur York war mit seinem schwachen Korps dem Feinde auf den Fersen, um bei Roßbach 4000 gefangene Österreicher zu befreien und bei Freyburg 1000 Franzosen gefangen zu nehmen.

Unter einer Linde vor dem Posthause in Rippach hatte der Geschlagene seine Truppen passieren lassen.

Die Unruhe in der Stadt Weißenfels nach der Leipziger Schlacht war ähnlich der in den Tagen vor der Schlacht. Schon die ganze Nacht des 18. und 19. Oktobers zog Reiterei, zog Bagage im bunten Zuge durch das Nikolaitor die Naumburgerstraße hinauf und kam wieder zurück, um nach des Kaisers Weisung den Weg über Freyburg zu nehmen. Über der Saale hielten die Flüchtigen Biwak. Auf dem Markte und in den Gärten ringsum brennen die Wachtfeuer. Da hocken und liegen die Jammergestalten der Fliehenden. Unmittelbar neben dem Seminar an der Saale (der heutigen Bürgerschule) hatte der fliehende Feind eine Schiffbrücke geschlagen. „Durch das Schifftor ergoß sich die Flut der geschlagenen Armee, um jenseits in den Weinbergen ein Lager zu beziehen. Hunderte drangen da in das Seminargebäude ein, raubten, was zu rauben war, vernichteten, was zu vernichten war: Orgel, Bibliothek, Akten ... Viele Zöglinge kehrten, aller Habe beraubt, zu den Ihrigen zurück ... das waren die Schrecken des 19. und 20. Oktober."

Die Saalbrücke passierte nur Kavallerie und Artillerie. Als sich ein französisches Garde-Regiment hier sammeln wollte, fanden sich nur noch drei Offiziere und 60 Mann.

Die Not um Lebensmittel trieb zur Raserei — an dem Orte, in der Stadt, wo man wie selten anderswo übermütig gehaust hatte.

Am 20. Oktober sah Weißenfels Napoleon zum letztenmal: Er kam mit Murat, dem Gastwirtssohn, der den Thron von Neapel bestieg und zwei Jahre später von den Österreichern erschossen wurde. „Die hohe, kräftige Gestalt wurde vorteilhaft gehoben durch seine Kleidung, welche in einem grünen polnischen, mit Gold gestickten Sammetrocke, roten, mit einer breiten Goldtresse besetzten Beinkleidern, gelben Stiefeln und einen dreieckigen, mit rothen, weißen und blauen Federn besetzten Hute bestand, ein Damaszener-Säbel hing an einer breiten, goldenen Degenkoppel an seiner Seite." Napoleon verschwand neben der aufdringlichen Pracht der imposanten Erscheinung. In der Jüdenstraße staute sich der Zug, auch der Kaiser mußte halten. „Ihm schien dieses Hemmnis äußerst unangenehm, er warf seine forschenden Blicke überall hin, um die Ursache zu entdecken. Er war von einer Reiterphalanx alter Garde und polnischer Lanzenreiter umgeben. Ehe er im Nolleschen Weinberghause Quartier genommen, sei er die Markwerbenerstraße mit hinabgeritten, dann aber zurückgekommen.

Die hölzerne Saalebrücke ließ er mit Brennmaterial füllen. Nur ein schmaler Fußgängerweg blieb noch frei.

Am 21. Oktober Nachts 2 Uhr verließ Napoleon das mit N. gezeichnete Weinberghäuschen, um diesmal wirklich den Weg über Markwerben, Uichteritz, Markröhlitz, Freyburg zu nehmen. Da kam er morgens 7 Uhr an.

Um diese Zeit waren auch russische Jäger hier angekommen, die bei der Schiffbrücke ein Tirailleurfeuer auf das französische Lager jenseits der Saale eröffneten. Die Franzosen dankten mit Schüssen auf das Seminar. War auch der Kaiser vorangeeilt, so waren die Höhen zwischen Weißenfels und Burgwerben vom retirierenden Feinde besetzt und die Kugeln der da aufgestellten Batterieen schlugen in die Stadt. — Der von Leipzig kommende Blücher wurde vom Hutmacher Scheitel geführt, um nicht in die Schußlinie der Franzosen zu geraten. Als jetzt Blüchers Geschütze vom Klemmberge leuchteten und in das feindliche Lager über der Saale einschlugen, hieltens die Ruhebedürftigen doch an der Zeit, aufzubrechen.

Doch horch, das läutet doch Sturm? Was ist das? Die abrückenden Franzosen haben die dazu präparierte Brücke in Brand gesteckt. Zischend und krachend, schwelend und lohend stürzt das Gebälk in die Flut. Auch ihre Notbrücke für die Infanterie haben sie zerstört. Die Brückenteile schwimmen stromabwärts und bedrohen die auf Blüchers Befehl weiter unten von russischen Pontoniers und Weißenfelser Bürgern (Fischern) erbaute Floßbrücke. Die Fischer beugten einem gefahrvollen Zusammenstoße vor und erhielten die schwimmenden Brückenteile von Blücher geschenkt. Zur Sturmschen Darstellung des Dialogs zwischen Blücher und Mund fehlen mir die geschichtlichen Unterlagen.

Da, wo die retirierenden Franzosen gelagert, sieht man jetzt die Lagerfeuer der Verbündetrn auf den Höhen über der Saale. Zuerst waren die Russen unter den Generalen Sakken und Langeron „zum Zeitzer Thore herein und zum Klingenthore hinaus" marschiert, um über die Floßbrücke zu gehen. Ihnen folgten Preußen. Blücher sah dem Übergange, der sich unter den Klängen der Musik vollzog, mit seinem Stab zu.

Wer weiß noch etwas von der Linde, die zum Andenken an diesen Übergang gepflanzt wurde?

Als Blücher mit dem übergesetzten Heere Napoleon in der Richtung nach Freyburg nachgezogen war, wälzten sich immer neue Truppenmassen heran: Russen, unter General Benningsen, Bülows Korps (am 23. Oktober).

Übel war es den Dörfern ergangen, die an der Straße des fliehenden Heeres lagen, von der exponierten Brückenmühle bis Markwerben, Uichteritz, Goseck, Markröhlitz, Pödelist, Dobichau, Freyburg. Hatten sich hier manche Gesunde auf der der Mühle gegenüberliegenden Insel versteckt, so hatten die Maladen in Darren und Weinbergshäusern Zuflucht gesucht. Die Dörfer waren meist entleert, die Einwohner geflüchtet.

Wohl verdient hat sich wieder gemacht die Weißenfelser Bürgergarde. Ihr Kommandeur Anton von Hardenberg ließ die Ortschaften abpatrouillieren, Marodeure und Verwundete aufheben. Der Distrikts-Kommissar erbat sich die Hülfe vom Bürgermeister in dieser Form: „Zur Reinigung des Landes von Marodeurs werden morgen früh 8 Uhr zwei Patrouillen von mir abgesendet werden. Ich ersuche daher, 16 Mann Bürgermiliz zu dieser Stunde zu commandieren und sich vor meinem Quartier versammeln zu lassen. Unter diesen müßten zwei Unteroffiziere begriffen sein. Weißenfels, den 20. November 1813."

Die Bürgergarde stellt jener Zeit auch die Wachen in den Toren. Sie haben da alle Passanten anzuhalten — ausgenommen die Landleute und Postreisenden. Passanten aber soll die Schildwache bescheiden anhalten und zur weiteren Erkundigung den Gefreiten rufen. War der Passant bürgerlichen Standes, so waren die Fragen anderer Art, als wenn er zum Militär gehörte. Auch war in diesem Falle zu unterscheiden, ob es einzelne Militärs oder ganze Kommandos waren.

Der König von Sachsen war nach Berlin geführt worden. Zum Landes-Gouverneur war der russische Fürst Repnin bestellt. Er war milder als die Kosaken seines Landes. Die Durchmärsche dauerten übrigens das ganze Jahr noch fort und hielten auch im neuen noch an.

Am 10. November 1813 sah Weißenfels den zukünftigen Herrn, Friedrich Wilhelm III. von Preußen, und am 28. den Kaiser Alexander von Rußland.

Das Schlimmste aller Jahre in der Geschichte der Stadt ging zu Ende. Die Not in der Stadt war groß, sehr groß.

Am 9. November 1813 schreibt Bürgermeister Oelzen an das General-Gouvernement, daß die Stadt Weißenfels „die noch immer fortdauernden schweren Lasten der Einquartierung ohne kräftige Unterstützung vom ganzen Kreise nicht länger zu ertragen vermöge und die für die obrigkeitliche Behörde sehr beunruhigenden Beispiele von Übergabe der Häuser auch hier schon allgemein zu werden anfangen. Die Billigkeit, daß ein Etappenort wie Weißenfels, wo — die vorhergegangenen starken Durchmärsche ungerechnet — seit einem halben Jahre eine halbe Million Menschen einquartiert und verpflegt worden sind, notwendig von außenher Unterstützungen erhalten müsse, wenn er nicht ganz zu Grunde gehen solle, liege klar am Tage". Oelzen bittet um Fleisch und Brot für die Truppen, um Mehl für die armen brotlosen Einwohner, er bittet um Verschonung mit weiterer Einquartierung. Obwohl eine Epidemie in der Stadt herrsche, habe man noch russisches Militär hierher gelegt. Dazu kam, daß hier das große Lazarett sich befand.

Am 10. November 1813 war dem Rate aufgegeben, dafür zu sorgen, daß die russischen transportabeln Kranken nach Merseburg, die österreichischen nach Altenburg, die preußischen nach Gera gebracht würden.

Um der Not zu begegnen, hatte Fürst Repnin die Abgabe von je 500 Zentnern Roggenmehl für die Soldaten und für die armen Bürger der Stadt angeordnet. Als im Jahre 1814 den Geistlichen die Texte für drei abzuhaltende Buß- und Bettage zugingen, war ihnen aufgegeben, zu berichten, wie viel im Laufe der verflossenen Woche in ihrer Parochie Menschen gestorben und wie viele von den Toten dem Nervenfieber erlegen seien.

In dem Zeitraume dieses einen Jahres waren in der Stadt 600 Menschen gestorben. Im großen Schloßlazarett aber sollen am Lazarettfieber gegen 3000 Soldaten, gegen 60 Ärzte, Chirurgen und Wärter vor dem Tyrannen Tod kapituliert haben. In drei großen Gruben, in drei Massengräbern, zwischen der sogenannten Pflaumenhohle und dem Zorbauer Hohlwege, wurden sie beigesetzt.

Die von den Franzosen abgebrannte Brücke wurde 1814 schon wieder neu geweiht. Die guten Wünsche am Tage der Weihe waren nicht in Erfüllung gegangen. Sie bedurfte nach kaum vier Jahren schon wieder eines Ergänzungsbaues.

Den Beschluß mache ein Brief Blüchers an seine Gattin und die Bitte: das Haus, in dem er gewohnt, mit einer Gedenktafel zu versehen.

Die Ächtheit des Briefes kann ich nicht verbürgen. Das „Weißenfelser Kreisblatt" bringt ihn in Nr. 100 des Jahrganges 1876:

Weißenfels, den 25. Oktober 1813.

Libes Kind

Ich kann Dich führ dieses mahll nichts besonderes schreiben als daß wihr Sigreich Fort gehen, und ich hoffe höchstens tage so wird die große armeh in Frankfuhrt am Meyn sein, ich werde wahrscheinlich meinen marsch nach Casell nehmen und so über Paterborn nach Münster hast Du am letzten ohrt etwaß zu bestellen, so trage es mich auf. Frantz glaub ich ist noch als gefangener in Dressen, letzter ohrt wird wahrscheinlich ballde übergehn und dann kriegen wir ihm wieder, gott wolle daß er nuhr gesund werde, zum Soldaten wird er Schwerlich mehr tauglich werden, Dein bruder hat vortreffliche Sachen gemagt und er wird gewiß vom König besonders avansirt und belohnt werden, diesen Augenblick ist er im Rücken des Flihenden Feindes aus den einlagen wirst Du daß mehrere ersehen, als Frau Feldmarschallin mußt Du nun anstendig leben und sey nur nicht geizig und laß Dir was abgehen ich kriege nun doch ein ansehnlich Gehalt, aber wir haben leider in 2 Monaten kein gehald gekrigt weil von Berlin nichts zu uns kommen konnte. Schreib mich ballde, ich habe 4 Schöne Schimmel vor Dich auch 2 Maull Essel, wenn ich sie nur zu Dich hin krigen könnte. Meine gantze umgebung ist gesund und Empfiehlt sich, grüße Hem auch Stößell. immer Dein bester Freund Blücher.

mit die Ordens weiß ich mich nun kein Raht mehr ich bin wie ein alt Kutsch Pferd behangen, aber der Gedanke lohnt mich über alles, daß ich derjenige wahr der den übermüttigen Tihrannen demühtigte. B.

Der II. Hauptteil.

Weißenfels unter den Hohenzollern.

Kapitel 32.

Unter König Friedrich Wilhelm III. (1815—1840).

Am 22. Mai 1815 war die Stadt Weißenfels an Preußen gekommen. Der König hatte an diesem Tage „an die Einwohner des preußischen Sachsen" einen würdigen Erlaß gerichtet:

„. . . Die gemeinsame Übereinkunft der zum Congreß hierselbst versammelten Mächte hat Eure, dem Loos des Krieges unterworfenen Länder Mir zur Entschädigung für den Verlust angewiesen . . . Wenn Ihr Euch mit Schmerz von früheren Euch werthen Verhältnissen lossagt, so ehre ich diesen Schmerz als dem Ernste des deutschen Gemüths geziemend und als eine Bürgschaft, daß Ihr und Eure Kinder auch Mir und meinem Hause mit eben solcher Treue fernerhin angehören werdet. Ihr werdet die Nothwendigkeit Eurer Trennung erwägen. Meine alten Unterthanen haben große und theure Opfer gebracht, sie haben vor der Welt und Nachwelt den Anspruch erhalten, daß die Gefahren der Tage von Gr. Beeren und von Dennewitz ihnen auf immer fern bleiben müssen . . . Euern Gewerben eröffnen sich durch die Vereinigung mit Meinen Staaten reichere Quellen . . . Meine Vorsorge wird Eurem Fleiß wirksam entgegen kommen . . . und wenn der preußische Thron noch nach Jahrhunderten auf den Tugenden des Friedens und des Krieges dauerhaft gegründet, die Freiheit des deutschen Vaterlandes bewacht, so werdet auch Ihr den Vorzug theilen, der dem preußischen Namen gebührt und in den Jahrbüchern des preußischen Ruhmes, brave Sachsen, wird die Geschichte auch Euren Namen verzeichnen."

In der damals wöchentlich erscheinenden Weißenfelser Zeitung hatte man 14 Monate zuvor die „Herzensergießungen eines patriotischen Sachsen" gelesen, darin er die Verdienste des früheren Herrn preist und mit den Worten schließt: „Laßt uns also, liebe Mitbürger, unsere alten Wohlthäter nicht vergessen. Laßt uns mit deutschem Sinn und wahrer Vaterlandsliebe auch das liebevolle Andenken an unsern König verbinden. Laßt uns jedes Urtheil über ihn und seine Handlungen vermeiden. Sein und unser Schicksal steht in den Händen großmütiger Sieger."

21*

Am 12. August 1815 feierte man zum erstenmal des neuen Landesherrn Geburtstag. Drei Tage vorher hatte das I. Bataillon vom I. Thüringischen Landwehr-Infanterie-Regiment die Stadt verlassen und der Kommandeur von Loeber von der Bürgerschaft herzlichen Abschied genommen.

Jeder Tag brachte noch neue Truppenmassen, die der Heimat zuzogen. Jahr und Tag dauerte das noch. Ein Sonnenstrahl der Freude schien auch den Insassen und Gästen des hiesigen Provinziallazaretts: Am 3. August 1815 wurden 90 kranken Militärs vom Lazarett-Kommandanten Kapitän von Rohrscheid in die Kirche, dann in einen großen Saal geführt und an langen Tafeln bewirtet. Die beteiligten Lazarettbehörden tranken mit den Kranken auf das Wohl des Königs. Die Schwerkranken, die nicht dabei sein konnten, erhielten besondere Erquickungen. Abends war die Schloßfront illuminiert.

Hatte sich hier schon während der russischen Verwaltung — ehe Weißenfels preußisch wurde — ein Banner freiwilliger Sachsen gebildet, dem Frauen und Jungfrauen eine Fahne schenkten, so hatte die Anlage des Provinziallazaretts in Weißenfels die Begründung eines vaterländischen Frauenvereins zur Folge. Dieser „Frauen- und Jungfrauen-Verein" hatte sich mit 26 Mitgliedern konstituiert: Den Vorsitz hatte „die Vorsteherin Cammerherrin Louise von Gerßdorf geb. Gräfin von Hopffgarten". Zum Vereine gehörten noch als beratende Mitglieder eine Anzahl Herren, in deren Namen mit zeichnete als Sekretär der Ober-Feldlazarett-Inspektor Heintz.

Reiche Gaben gingen ein an Geld und Sachen.

Das Generalgouvernement versicherte den Verein seines Schutzes in einem gnädigen Schreiben. Dem Provinziallazarett dienten außer dem Kommandanten von Rohrscheidt drei Ober-Ärzte, ein Inspektor, ein Administrator, ein Revier-Aufseher. Aus der ganzen Provinz, von Stadt und Land gingen Gaben ein: selbst goldne Ringe und Nadeln. Den Gemeinden Markwerben und Obschütz, der Stadt Osterfeld wird besonders gedankt. Eine Lotterie wurde veranstaltet. Vierhundert Taler gingen durch das Feldpostamt des V. Armeekorps zu Halle an den Chef des sämtlichen Medizinalwesens der Armee nach Paris für die Kranken in den Lazaretten am Rhein und jenseits des Rheins. — Zwanzig Taler erhielten auch die Stadtarmen.

Dem Frauenvereine dankte am 21. Dezember 1815 Mariane Prinzessin Wilhelm von Preußen für die geleisteten Dienste.

Das neue Jahr brachte am 18. Januar 1816 das Fest des am 20. November 1815 geschlossenen zweiten Pariser Friedens. Um sechs Uhr morgens ging unter dem Geläute der Glocken die Reveille mit beiden Musikchören von der Landwehr und von der Bürgergarde durch die Stadt und vereinigte sich auf dem Markte mit einem Sänger-Chore, wo der Choral: „Nun danket alle Gott" erklang. Um $7\frac{1}{2}$ Uhr stellte sich die Landwehr und die Bürger-Garde in Parade auf. Amt und Rat, dazu die Deputierten der Bürgerschaft, hatten sich in schwarzer Kleidung auf dem Rathause versammelt, ebenso die Vertreter der Kirche und Schulen mit allen Kindern. Um acht Uhr begab sich unter dem Geläut aller Glocken der Zug in die Kirche: Den weißgekleideten Mädchen mit Kränzen im Haar gingen zwei Marschälle vorauf, ebenso den nachfolgenden Knaben. Als der Zug mit den Lehrern und Geistlichen beim Rathause anlangte, schlossen sich die Vertreter des Amtes, der Stadt und die Deputierten der Gemeinde an. Der Zug selbst ging innerhalb des vom Militär geschlossenen Vierecks um die Hauptwache zur Kirche. Nach dem Gottesdienst erhielten alle Kinder Brezeln und Wein, die Armen in der Stadt und in den Vorstädten wurden gespeist. Die Honoratioren versammelten sich zu einem Mittagsmahl auf dem Rathause und abends beschließt ein allgemeiner Bürgerball die Feier. —

Zu Ehren der Gefallenen fand am 4. Juli nachmittags 4 Uhr ein Gottesdienst statt. Auf der Bürgerwiese wurde die Stelle, wo die französische Armee durch das ausgebrochene Gebäude des Schlachthauses über die Saale retirierte, mit einem Pappelhalbkreis auf dem jenseitigen Ufer bepflanzt, um das Andenken jener Ereignisse den Nachkommen zu erhalten.

Daß das Denkmal des bei Auerstedt tötlich verwundeten Herzogs von Braunschweig hier in Weißenfels an der Stelle hergestellt wurde, wo die retirierende französische Armee ans Land trat, wird manchem neu sein.

Man hatte nach den Jahren schwerer Heimsuchung und großer Bewegungen, in denen alle menschliche Kraft aufgeboten und doch ihre Unzulänglichkeit offenbar wurde, wieder Trost im Ewigem gesucht. Aus stillen Familien und Sekten war die Liebe zur alten Kirche wieder laut geworden. So neigten sich die Herzen zum Glauben der Väter und bekundeten das 1817 bei der Feier des 300jährigen Jubiliäums der Reformation am 31. Oktober. Am Abend vorher wurde das Fest mit allen Glocken eingeläutet und danach eine Vesper gehalten, zu der jedes sein Licht mit in die Kirche brachte. Um Mitternacht wurde der 31. Oktober mit Glockengeläut begrüßt, auf dem Markte ein Feuer angezündet und unter Posaunenbegleitung von den Seminaristen gesungen. Um fünf Uhr morgens schlug die Bürgergarde Reveille. Halb neun Uhr versammelten sich Behörden, Honoratioren, Bürger auf dem Rathause und zogen in Prozession mit der Bürgergarde um neun Uhr durch die in Reihen aufgestellte Schuljugend in die Kirche. Auch die aus Frankreich heimkehrenden hier Rasttag haltenden Offiziere des 34. Regiments beteiligten sich. Am nächsten Morgen war um neun Uhr Kirchgang für die Schuljugend der Stadt und der Vorstädte. Von ihren Lehrern, der Geistlichkeit, von dem Musikchor der Bürgergarde geleitet, zogen sie ins Gotteshaus. Dann wurde zwischen dem Magazin und dem Schloßgarten eine Schuleiche gepflanzt.

Eine durchgreifende Veränderung erfuhr das Schloß. Der Schloßkirchturm mußte am 9. Juli 1819 entfernt werden.

Nachdem im Sommer 1819 die alten Kasernen-Utensilien verkauft worden waren, richtete man das Schloß als Kaserne ein. Die Weihe zur Kaserne erfolgte am 16. August 1820. Das Füsilier-Bataillon des 14. Infanterie-Regiments bezog die neuen Räume, wurde aber bald vom zweiten Bataillon des 31. Infanterie-Regiments abgelöst. —

Als seine nächste Friedensarbeit sah es der König an, dem heruntergekommenen Lande wieder aufzuhelfen. Dazu gab er selbst durch einfachen Sinn und durch ein musterhaftes Familienleben das beste Beispiel.

Durch die Städte-Ordnung vom Jahre 1831 wurden die altpreußischen Verhältnisse auf die neuen sächsischen Gebiete übertragen.

Da galts zuerst nach allen Seiten hin zu helfen, Mut einzuflößen, Zerstörtes wieder aufzurichten. Das hat der König getan. Bis 1836 hat er für mehr als 20 Millionen Taler Straßen gebaut. Die Post wurde staatlich.

Eine Reihe Neuordnungen bekundeten die veränderten Verhältnisse: Die Einführung des preußischen Landrechts, der allgemeinen Wehrpflicht, einer neuen Steuergesetzgebung, der Mahl- und Schlachtsteuer und einer Armen-Ordnung (1839).

Als der sparsame König starb, waren nicht nur alle Schulden gedeckt, da war — trotz reichlicher Aufwendungen für Heer und Kunst, für Handel und Wandel — noch ein ansehnlicher Staatsschatz vorhanden.

Dazu hatte u. a. das staatliche Salzmonopol beigetragen. Die „Königlichen Salzwerks Gerechte" wurden natürlich auch in Weißenfels ausgeübt. Auch unserer Stadt wurde damals ein bestimmtes jährliches Quantum des Verbrauches zugeschrieben, für das die Kommune verhaftet war. Diese hatte infolgedessen darüber zu wachen, daß jedermann in der Stadt und in den Vorstädten auch das für ihn bestimmte Salzquantum aus der Gemeindesellerei abholte. Für den Kopf wurden zwölf Pfund jährliches Verbrauchsquantum gerechnet — den Kopf vom zwölften Jahre an gerechnet. Ein Pfund weißes Salz kostete 1 Silbergroschen 4 Pf.

Zur Hebung der Schiffahrt war hier die neue Schleuse erbaut und gelegentlich des 25jährigen Regierungsjubiläums des Königs 1840 feierlich eingeweiht worden. In der Marienkirche fand zu diesem Zweck für Militär- und Zivilgemeinde ein Festgottesdienst statt. Darnach Parade auf dem Markte, „wobei ein dreifaches Hurrah ertönte!" Auf dem Rathause war ein Festmahl, woran, außer dem ganzen Offizierkorps, die Bürgerschaft in erfreulicher Harmonie teilnahmen. Der Major von Kesteloth brachte unter Abfeuerung der auf den Höhen aufgestellten Kanonen die Gesundheit Seiner Majestät aus. Nach dem Mittagessen bestieg die ganze Gesellschaft in Begleitung eines Musikkorps ein großes, neu erbautes Schiff, um die neue Schleuse zum erstenmal zu durchfahren. Es war damals ein großes Ereignis, zu dem eine Menschenmenge sich eingefunden hatte. Unter Musik, Pelotonfeuer des auf dem Schiffe befindlichen Militärs und unter dem Feuer der Kanonen ging der große Moment vor sich. Am Abend war die Stadt erleuchtet. Vor dem Rathause brannte auf einem Altare, an dessen einer Seite man die Worte: Liebe und Treue las, eine Opferflamme, um die sich nach 7 Uhr der Seminarchor aufstellte und das Lied sang: „Heil Dir, im Siegerkranz".

Das Jahr der Einführung preußischer Maße und Gewichte (1820) brachte auch der Stadt das Eichungsamt für den Bezirk.

Für den Bestand und die Pflege des noch vorhandenen Waldes sorgte die Weißenfelser Forstinspektion.

Eine Einbuße für die Stadt bedeutete die Auflösung der bisherigen Stadtgerichte. Das hiesige war der größten eines in Sachsen. Die Bemühungen der Stadt um das große Landgericht waren erfolglos, es kam nach Naumburg.

Endlich sei als letztes Stück königlicher Neuerungen erwähnt, die Anlage der Kunststraße von Weißenfels nach Merseburg 1817/18. Dazu hatte man die Scharfrichterei, „welche gleich über der Brücke in der genommenen Linie (der neuen Chaussee) quer vorlag, abgebrochen und die Straße durch den Berg hindurch gearbeitet". Heute merkt man kaum noch etwas davon. Bei der Arbeit stieß man auf heidnische Gräber. —

Im Innern des Landes und Volkes sah es traurig genug aus. Nach amtlichen Erhebungen bezifferte sich der Silberstand in ganz Preußen noch im Jahre 1819 auf nur sieben Millionen Taler. Welch Glück, daß ein sparsamer König auf dem Throne saß. Die Stadt Weißenfels hatte nach Müllners Rechnung und Bekanntmachung in den Jahren 1812 bis 1816 bar vergütet erhalten 44850 Taler 3 Silbergroschen 6 Pf. Was wollte das heißen! Dazu war 1817 eine schwere Hungersnot gekommen. Vom Sommer 1814, wo der Scheffel Roggen 3 Taler 12 Silbergroschen kostete, war der Preis nach drei Jahren für dasselbe Maß mit demselben Inhalt auf 10 Taler gestiegen. Da hatte sich auch hier ein Kornverein gegründet. Der Hunger hatte auch hierher viele aus dem Vogtlande getrieben — leichenähnliche Menschen, Weber, die in ihrer Heimat das Leben mit Gräsern gefristet. — Schon damals stellte man das Vergnügen in den Dienst der Wohltätigkeit. Wie in Merseburg, fanden auch hier Maskenbälle — zur Armenpflege statt: Am 2. Februar 1816 ist auf dem Rathause große Redoute. Die Ballsäle sind Punkt 6 Uhr geöffnet. Die Karte zum Eintritt kostet 16 Groschen. Eine amtliche Bekanntmachung weist darauf hin, daß vor 6 Uhr kein

Einlaß stattfindet, daß unmaskierten Personen und unanständigen Masken der Eintritt verboten ist. Militär und Zivil haben ohne Waffen zu erscheinen. Die Aufsicht führen ein vom Rate Deputierter und der wachhabende Offizier der Bürgergarde. Vor 10 Uhr findet Demaskierung nicht statt. —

Sonst aber bot das Leben ein seltsam farbloses Bild. Es verlief alles einfach. Die herrschende Geldnot ließ Sammet und Seide seltener sehen. Der englische Kattun (Cotton, Baumwolle) bildete einen Luxusartikel. Theater und Konzert gestattet man sich nur bei besonderen Vorkommnissen und festlichen Gelegenheiten. Öffentliche Bälle gab es nicht. Die Honoratioren finden sich in geschlossenen Gesellschaften gegen Abend zusammen. Schützen und Zünfte halten zusammen. Der Handwerker tut sich besonders an den Quartaltagen gütlich.

Im Jahre 1823 machte der Magistrat bekannt: „In hiesiger Stadt und Vorstädten sind nach genauer Ermittlung über 200 Tagelöhner und Familien, wovon die Hälfte in größter Armut sich befindet. Es soll mit aller Strenge gegen alle ohne unsere Erlaubnis sich hier aufhaltenden Handarbeiter verfahren werden . . .“ Die Hausbesitzer wurden angewiesen, alle Personen ohne Erlaubnisschein bei Strafe anzuzeigen.

In dieser Zeit hatte die Freimaurer-Loge das alte Hospital St. Nicolai mit Garten precarie (leihweise) erworben. Es wurde ihr zur Einrichtung eines Waisenhauses auf Widerruf zur Benutzung überlassen. Die Behörden: Königliche Regierung und Magistrat hatten die Genehmigung erteilt. So wurde das alte Gebäude wieder hergestellt, neu eingerichtet. Drei noch berechtigte Insassen wurden anderweit versorgt und aufgehoben und machten 15 Waisenkindern Platz, die von einer tüchtigen Hausmutter gepflegt und unter Aufsicht eines dazu besonders gegründeten Frauen-Vereins, der für Kleidung und Wäsche sorgte, erzogen wurden.

Sie betätigte sich 1828 weiter in der Anlage eines Krankenhauses vor dem Nikolaitore — am linken Giebel des Waisenhauses. Das hiesige Armen-Institut hatte dazu 500 Taler vorgeschossen, der Rats-Assessor Beyer 300 Taler gespendet. Sie überließ dann, trotz der Bemühungen der Königlichen Regierung, die Fürsorge der verpflichteten Kommune.

Einheitlich organisiert wurde das Armenwesen durch die Armen-Ordnung für die Stadt Weißenfels vom 4. Februar 1839.

In dieser Zeit hatte 1831 auch die Cholera die Gemüter erschreckt. Zum Empfange des grausigen Gastes waren in dem Stadtarmen- und Logenwaisenhause „die für eine Cholera-Kranken- und Kontumazanstalt erforderlichen Einrichtungen getroffen“. Auch das Klingenvorstädtische Armenhaus — jede früher selbständige Vorstadt hatte ein solches — war dazu eingerichtet. Für etwaige Kranke im Hause war Krankensperre angeordnet. Von den Krankenwärtern und -Pflegerinnen erhielten vier im Zeitzer- und im Saaltorhause Quartier. Falls die Krankheit ausbräche, sollten Tag und Nacht zwei Boten in der Rathauswache bereit sein, um bei Meldung der Erkrankung den Arzt zu rufen! —

Auf den umliegenden Orten und den dahin führenden Straßen sah es jammervoll genug aus. Der Landrat von Funcke bot hülfreiche Hand: „Der Fahrweg zwischen der Klosterwiese und den sogenannten Krautländern wird zu einem anmutigen Spaziergange umgeschaffen. Der Damm von der Aschenbrücke bis zum Scheitsetzerhause wird auf Kosten der Stadt mit Kies überfahren und mit einer Barrière versehen. Der Damm vom Saaltore am Seminare (der heutigen Bürgerschule) vorbei bis an die Wasserkunst wurde mit Kies überfahren." Es wird einem ganz festlich dabei zu Mute. —

Jetzt aber folge mir geraden Weges aufs Rathaus. Da gehts gerade scharf her. Der Nachfolger des Bürgermeisters Metzner, der sich mit 200 Taler Pension zur Ruhe gesetzt hat, der wackere Bürgermeister Oelzen, führt in einer Junisitzung des Jahres 1820 das Wort in Sachen der provisorischen Repräsentativ- oder Kommunalverfassung, die er seit 1813 in dem ehemalig sächsischen Weißenfels eingeführt hat. Wir hören in der Debatte mehrmals den Namen Müllners, jetzt Königlich preußischen Hofrats und Bürgers zu Weißenfels.

Er hatte den rechtlichen Bestand dieser provisorischen Repräsentanten bestritten und die Anwendung dieser Verfassung auf seine Person abgelehnt. Müllner ging noch weiter, er machte die „verbesserte Einrichtung" in verschiedenen Blättern lächerlich.

Die Königliche Regierung drückte dem Stadtrate aber durch den Königlichen Landrat von Funcke ihr Vertrauen aus.

Es nützte nichts, daß Müllner sich darauf entschlossen erklärte, „diese Sache nöthigenfalls bis zur unmittelbaren Entscheidung Seiner Majestät zu bringen".

Es war ohne Frage ein großer Fortschritt, daß die Regierung den Bürgern die Wahl der Gemeindevertreter ganz überließ. „Der Bürgersmann hörte jetzt auf, ein Untertan des Rats zu sein."

Hier ist gleich zu gedenken der infolge der revidierten Städteordnung vom 17. März 1831 zwei Jahre später erfolgten Vereinigung der vorstädtischen Gemeinden mit der Stadtkommune zu gleichen Rechten und Pflichten. Alle teilweisen bisherigen Beitragspflichten der Vorstädter fielen jetzt: So das bisherige Drittel zur Einquartierung, die bisherigen $^{11}/_{84}$ zu den geistlichen Bauen und Reparaturen. Nur an dem Rechte des Bierbrauens und Bierschankes der brauberechtigten Hausbesitzer empfingen die Vorstädter keinen Anteil. Sie zahlten nun wie die Bürger an Steuern: 1. Ein Geschoß, je nach Größe und Beschaffenheit des Hauses, 5 Groschen bis 2 Taler. 2. Born- und Gassengeld an die Kämmerei 1 bis 2 Groschen. 3. Wachgeld an die Kämmereikasse 15 Groschen. 4. Bei allen Käufen vom Taler hundert an

Armenkasse und Gotteskasten je 2 Groschen 6 Pf. 5. Bei Hausverkäufen zur Unterhaltung des Feuergerätes 10 Groschen und zur Kirchenvater-Besoldung 5 bis 15 Groschen. In demselben Jahre 1833 erschien die Straßen-Ordnung, und fünf Jahre später ein Lokalstatut. Nach Titel I, § 2 der revidierten Städte-Ordnung soll jede Stadt im Besitze solchen Lokalstatuts sein. Das für die Stadt Weißenfels genehmigte handelt: Kapitel 1: Vom Stadtbezirke. Kapitel 2: Von Bürgern und Bürgerrechten. Kapitel 3: Von Stadtverordneten. Kapitel 4: Vom Magistrat. Kapitel 5: Von Bezirksvorstehern. Kapitel 6: Von Deputationen und Kommissionen.

Über Stadt und Amt Weißenfels vom Jahre 1825 macht Schumanns Lexikon von Sachsen Angaben. Ebenda geschieht einer Fabrik für geringes Porzellan Erwähnung, die seit 1826 hier bestand. Man benutzte „Porzellanerde, die den feinkörnigen weißen Sandstein durchdringt". Von diesem Weißenfelser Sandstein heißt es: „Er lagere sogleich unter dem aufgeschwemmten Sande. Der weiße, feine und gleichkörnige Stein ist für Bildhauer sowohl als zu Werkstücken brauchbar. Seine Gewinnung wird dadurch erschwert, daß sie nicht von oben hinunter, sondern wie in Stollenstrecken vom Fuße des Gebirges an geschehen muß, weil über dem Sandstein meist gute Felder und Weingärten sind. Einige dieser Strecken sollen 200 Ellen Gebirge über sich haben. Die Arbeit geschah mit Keilhauen. Nach Leipzig und auf der Saale abwärts gingen die Werkstücken, auch sind Saalschleußen daraus gebaut. In dem hiesigen Sandstein, und sonst nirgends in Sachsen, findet man auch den meerschaumähnlichen Kolyrit." —

Der Hoffischer Arnold zeigt 1826 an, daß er mit einem Kahne nach Magdeburg fährt und verspricht billige Fracht für alle Güter auf seinem ganz verdeckten Schiffe. Noch saust die Lokomotive nicht an dem Ufer der Saale dahin. Das Posthorn schallt zu Tale. Noch brauen die Bürger ihr Bier und ärgern sich über unbefugten Import fremden Stoffes. Das Billardspiel hat sich als vornehmer Besuch eingestellt und fordert die Betrachtung der Philosophen heraus. Der Kaffee hatte lange seine Poeten. Hier in Weißenfels ladet Wilhelm Friedrich Bürgers Champagnerfabrik zum Kaufe ihrer Erzeugnisse ein, die Flasche 16 Groschen Cour. — 20 Groschen: „Der hier in Weißenfels von mir bereitete Champagner kommt hinsichtlich seiner Mischung, seines Geschmacks und seiner übrigen Eigenschaften dem von mir in Leipzig bereiteten vollkommen gleich." Als die Weinberge hier verschwanden, zog Bürgers Champagnerfabrik saalaufwärts.

Endlich gedenke ich der Wollfabrik, die 1831 sich hier befindet. So monoton kann die Arbeit darin nicht gewesen sein, denn einer ihrer Arbeiter veröffentlicht ein Neujahrslied.

Aber Trauer will einen beschleichen, wenn man erfährt, daß 1820/21 die alten Stadttore verschwinden.

Den äußeren Anlaß hatte wohl ein gewaltiges Unwetter im Jahre 1819 gegeben. Über diesen Sturm berichtet der Chronist Sturm:

„Am 8. Juli abends 10 Uhr entstand ein heftiger Gewittersturm, wodurch die „wandelbar gewordene Kuppel der Schloßkirche“ herabgeworfen, starke Obst- und Waldbäume entwurzelt, Gebäude zum Einsturz gebracht wurden, daß niemand sich erinnern konnte, etwas ähnliches erlebt zu haben; dabei grollte ununterbrochener heftiger Donner und schnell hintereinander folgende Blitze fuhren zischend durch die brausende Luft und bildeten ein ordentliches Feuermeer. Furcht und Entsetzen trieb viele Einwohner aus den Häusern, um dem Einsturze zu entgehen. Die Wolkenmassen entluden sich endlich in einem gießenden Gewitterregen, so daß das Wasser stromweise die hochgelegenen Straßen herabflutete.“

Dabei sind die alten Tore arg beschädigt worden. Jetzt trug man zuerst das dem Einsturze nahe Niklastor ab. Ihm folgte der Turm des Saaltores. Die Turmspitze hatte 1558 einen zinnernen Knopf erhalten, der die Namen der Ratspersonen von 1558 bis 1716 enthielt. Endlich fiel auch das Zeitzer Tor mit seinem in Spitzbogenform gebauten Turme. — Freilich, die Kommune war sehr arm und die Zeit — sehr nüchtern. Es war alles mögliche, daß sich das 1484 in Spitzbogenform erbaute Klingentor wieder erhob „in Säulenform mit dem Stadtwappen, das 1198 Markgraf Dietrich verliehen“.

Um so eifriger sorgt der Stadtrat auf anderen Gebieten. Er läßt sich das Feuerlöschwesen angelegen sein.

Und nun vom Feuer zum Wasser. Weißenfels ist Bad geworden!

Zwei Jahre nach dem Ende des 30jährigen Prozesses, der die Stadt Weißenfels in den Besitz des Klemmberges setzte, im Jahre 1824, erbauten der Bürgermeister Oelzen, der Kreisphysikus Dr. Randhan, der Rauchwarenhändler Keller, die Rats-Assessoren Degen und Berger auf gemeinschaftliche Kosten die Bade-Anstalt bei der Herrenmühl-Schleuse.

Das Bade-Direktorium zeigte an, daß die Bade-Anstalt acht bequeme, komfortable Badestübchen eingerichtet hat und außerdem zwei daran stoßende Zimmer zum Aufenthalt für Badegäste. Die Badewannen wurden

„durch Zuleitung des Wassers mittelst Metallröhren gefüllt und es steht in der Willkühr des Badenden, seinem Bade die gehörige Temperatur durch Eröffnung zweier an denselben angebrachten Hähne, von denen der eine warmes, der andere kaltes Wasser verschließt, zu geben.

§ 3. Die eigentliche Badezeit beginnt mit dem 1. Juni und dauert bis Ende September — doch können auf Verlangen auch das ganze Jahr hindurch warme Bäder bereitet werden, wo dann für nötige Erwärmung der Badestübchen durch Oefen gesorgt werden wird.

§ 4. Zu haben sind außer einfachen Wasserbädern Seifenbäder, aromatische Kräuter-, Schwefel-, Stahl-, Seesalz-Bäder. Auf Wunsch auch andere.

§ 6. Billets wurden in halben oder ganzen Dutzenden abgegeben — erwünscht war Angabe der Art des Bades und der Zeit-Stunde des gewünschten Empfanges.

§ 13. Um jedem Badegaste Gelegenheit zu verschaffen, eine vollständige Badekur gebrauchen zu können, werden in Bereitschaft gehalten: Saidschützer Bitterwasser, Eger-, Mariakreuz-, Geilnauer-, Pirmonter- und Selterwasser.

§ 14. Die Direktion ist überzeugt, daß — dem Zwecke der Anstalt gemäß nur Anstand und Sittlichkeit daselbst herrschen und kein Anstoß sowohl die Badenden treffen als das gesellige Vergnügen überhaupt stören werde.

§ 15. Das gesellige Vergnügen anlangend, so sind die zur Bade-Anstalt gehörigen nahen Umgebungen zum Promeniren und zur Ergötzlichkeit der Badegäste bestimmt, wobei jedoch um Schonung der gemachten Anpflanzungen gebeten wird.

§ 16. Wöchentlich einigemal in den Morgen- und Abendstunden ist Musik ... Kalte und warme Speisen und Getränke reicht der Bademeister, „wovon der Anschlag ein Näheres besagt. Die Preise der Bäder in Courant: 1 Dutzend einfache Wasserbäder a) in Holzwanne 2 Thlr., b) in Zinkwanne 2 Thlr. 12 Sgr., ein Dutzend Seifenbäder a) in Holzwanne 3 Thlr., b) in Zinkwanne 3 Thlr. 12 Sgr., ein Dutzend Aromatische Kräuterbäder a) in Holzwanne 3 Thlr. 16 Sgr., b) in Zinkwanne 4 Thlr. 8 Sgr., ein Dutzend Schwefelbäder 3 Thlr. 8 Sgr., ein Dutzend Stahlbäder 3 Thlr. 12 Sgr., ein Dutzend Seebäder in Holzwannen 4 Thlr. 12 Sgr.

Nun braucht das Königliche Grenz-Postamt Weißenfels nur für die Ankunft der Badegäste zu sorgen!

Kein Wunder, wenn sich auch die Musen rühren: Wenn die Bürger bei den großen Musik-Aufführungen des Musikdirektors Ernst Hentschel, bei den großen Gesangsfesten tätig waren, die am 25. Mai 1831, am 26. Juni 1833, am 6. September 1846 stattfanden, wo 300 bezw. 400 Sänger auftraten.

Kein Wunder, daß man 1839 auch daran dachte, ein großes Jubelfest der Einführung der Reformation in Weißenfels zu feiern. Das auf den 3. Juni eigentlich fallende kirchliche Ereignis beging man am 31. Oktober großartig.

Am Tage vorher war die Weihe der wiederhergestellten Kirchturmkuppel, des vergoldeten Knopfes. Eingelegt wurden u. a. ein messingenes Stadtgericht-Siegel, zahlreiche Ansichten der Stadt. Die Wiedergabe der Feier am 31. Oktober bringt Heydenreich S. 454. Am 1. November wurde die neue Orgel geweiht, die Musikdirektor Hentschel „schlug". Ein festlicher Zug bewegt sich die Burgstraße hinauf zur Pflanzung einer Luther-Eiche und einer „Heinrichs"-Linde auf dem „Heinrichs"-Platze.

Die auf das Fest geprägte Medaille trägt die Umschrift: „Zum Andenken an die Einführung der Reformation den 3. Juni 1539 gefeiert den 31. Oktober 1839".

Schade, daß die Anwesenheit des damaligen Kronprinzen mit seiner jungen Gemahlin Prinzessin Elisa von Bayern im Jahre 1823 oder 1829, die des Prinzen Wilhelm von Preußen mit der eben vermählten Augusta von Sachsen-Weimar am 7. Juni mit keinem dieser Feste zusammenfiel. Immerhin war alles aufgeboten, die Stadt im schönsten Schmucke zu zeigen: Der Markt war einem Garten gleich, die Straßen waren in Maiengänge verwandelt, durch deren zierliches Grün die mit rotem Sand bedeckten Straßen gar anmutig hindurchleuchteten.

Kapitel 33.

Unter König Friedrich Wilhelm IV. (1840—1861).

Am 7. Juni 1840 nachmittags $3\frac{1}{2}$ Uhr war König Friedrich Wilhelm III. entschlafen.

Hatte er auch durch einfachen Sinn und musterhaftes Familienleben seinem Volke ein treffliches Vorbild gegeben, so hatte er doch zu den von ihm selbst als notwendig anerkannten Reformen den Entschluß nicht finden können.

Der König war über die Strömung in seinem Preußenvolke übel beraten. Man hatte ihn glauben gemacht, die Partei des „Deutschen Bundes" wolle Thron und Altar stürzen. Wie verhielt sich aber die Sache mit dem geheimen Bunde in Wirklichkeit?

Hören wir einen, der Mitglied des Bundes war, den Weißenfelser Seminardirektor Harnisch, in einer nach seinem Tode erst veröffentlichten Schrift:

„Im Sommer 1810 fesselte ein Nervenfieber Jahn an das Krankenbett. In dieser stillen Zeit entwickelte er den Freunden, die ihn besuchten, den Gedanken, daß man sich im Geheimen gegen die Feinde des Vaterlandes, die Franzosen und deren Anhänger, zusammenthun und mit vereinter Kraft die Mittel zur Bekämpfung derselben herbeischaffen, namentlich aber die Jugend zum Befreiungswerke heranbilden müsse. Es bildete sich eine große Fechtbodengesellschaft, welcher Leute aus höheren Ständen, Kaufleute, Künstler, Beamte, Lehrer und Officiere angehörten und die nicht blos Übung in den Waffen im Auge hatten...

An einem Herbstabend 1810 stand in später Stunde ein Kreis von Männern unter hohen, dunklen Bäumen in abgelegener Gegend auf den Höhen bei Berlin, weihte sich... der Befreiung des Vaterlandes vom französischen Joche und schlossen so einen „Deutschen Bund"... „Bei dem Gedanken an die Einheit Deutschlands ist es damals Niemand von uns in den Sinn gekommen, an eine Republik... zu denken."

Harnisch erzählt weiter, daß viele Mitglieder dieses „Deutschen Bundes" in Lützows Freischar eingetreten seien. — Schleiermacher, Fichte, Blücher und E. M. Arndt gehören hierher. Dieser Art waren die Männer, die man als Vaterlandsverräter denunzierte.

Preußen erhielt statt der verheißenen einheitlichen Verfassung nur Provinzialverfassungen — und auch diese nur mit sehr beschränktem Wirkungskreis.

Aber die Erinnerung an die gemeinsam erlebte und erlittene schwere Zeit, an des Königs vorbildliche Persönlichkeit hatte das Volk an seinem König Friedrich Wilhelm III. trotz allem nicht irre werden lassen: „Er war beliebt, wie wenige Fürsten seiner Zeit." Viel schwieriger wurden die Dinge unter seinem Nachfolger.

Wie überall, so war es auch in Weißenfels am 19. April zu ernsten Unruhen gekommen. Die Unzufriedenheit mit dem bestehenden Ministerium war auch hier in der Bürgerschaft zum scharfen Ausdruck gekommen. Ein „constitutioneller Vaterlandsverein" wurde unter dem Rektor Eydam begründet. Aber noch in demselben Jahre wird bekannt gegeben, daß dieser Verein sich in einen „demokratisch-constitutionellen" verwandelt hat.

Auch in Weißenfels hatte man beschlossen, „diesem Ministerium" die Steuern zu verweigern. Die Bekanntmachung der Stadtbehörden vom 20. November lautete:

„Wir haben zwar die Steuerverweigerung beschlossen und werden demzufolge Steuern nicht abliefern. Wir bemerken aber, daß deßhalb diese Steuern nicht erlassen sind."

Am selben Tage aber mahnte die Stadtbehörde auch:

„Mitbürger! Kommt auch Ihr der Aufforderung der Nationalversammlung nach, den gesetzlichen Boden nicht zu verlassen. Verschont uns mit ungesetzlichen Anträgen, die wir nicht erfüllen können noch werden. Enthaltet Euch ungesetzlicher Handlungen, denen wir im Verein mit der Bürgerwehr entgegentreten müßten. Erwägt die gegenwärtige Lage unserer Stadt! Trage Jeder dazu bei, die geängsteten Herzen zu beruhigen, Ordnung und Gesetz in denselben zu erhalten ... Den Fluch der Vaterstadt aber über jeden, der ihr durch sein ungesetzliches Thun Unheil bringt."

Die Mahnung fand nicht überall Gehör.

Im November 1848 fanden neue Bewegungen statt. Die Radikalen verlangten von dem Magistrat und von den Stadtverordneten die Bildung eines Sicherheits-Ausschusses mit unbedingter Macht und Gewalt. Man bildete mobile Kolonnen, die den Bahnhof besetzten, um Militärzüge nach Berlin aufzuhalten und betätigte sich auf andere Weise zu Gunsten der Nationalversammlung in Berlin.

Unter dem Direktor Hennicke (1842 bis 1852) nahmen im wildbewegten Jahre 1848 auf Wunsch des Magistrats und mit Genehmigung der Behörde die Seminaristen teil an dem Nachtwachdienste der freiwilligen Bürgerwehr. „An je einem Abend in der Woche zogen ihrer 20 unter Aufsicht eines Lehrers aufs Rathhaus, empfingen dort ihre Pike und patroullirten mit bewaffneten Bürgern bis 2 Uhr morgens." (!)

Das folgende Jahr hielten die Unruhen an. Der Einfluß Dr. Stockmanns in Bibra reichte auch bis Weißenfels. Am 20. November verlangte er Hülfsmannschaften von hier mit dem Ersuchen: Auf dem Wege dorthin die Kasse in Freyburg mit Beschlag zu belegen und mitzubringen.

Als am 7. Dezember eine Militärperson in Weißenfels überfallen war, erließen Magistrat und Stadtverordnete unter Ausdrücken des Bedauerns eine Aufforderung zur Entdeckung. Und 20 Taler Belohnung setzte der demokratisch-konstitutionelle Verein für den aus, welcher den Täter zur Verantwortung namhaft machte.

Der Beschluß der Steuerverweigerung war auch hier inzwischen wieder aufgehoben worden.

Auch war die Landwehr der Provinz noch einberufen, um Personen und Eigentum zu schützen da, wo die Kräfte der Bürgerwehr nicht ausreichten.

Über die Vorgänge ist ein „amtlicher Bericht" erschienen.

Doch wir haben noch zu gedenken der einzigen außerpolitischen Tat jener Zeit, der Erstürmung des Dänenwerks in Schleswig-Holstein durch Wrangel und der dadurch hervorgerufenen Begeisterung für eine deutsche Flotte, die auch hier ihre Wellen schlug.

Der Bundesrat hatte Preußen ersucht, den Schleswig-Holsteinern gegen die Dänen Beistand zu leisten. Dieser anfangs siegreiche Krieg unter Wrangels Führung 1848 machte die ganze Ohnmacht eines flottenlosen Deutschlands offenbar. Noch vor dem amtlichen Aufrufe erschien hier ein Artikel aus Teuchern am 7. Juli:

„Der dänische Krieg, in welchem nun bald ein Vierteljahr das Blut unserer Brüder fließt, in welchem namentlich auch die Kämpfer unsres Kreises so herrliche Thaten angestammter Tapferkeit vollbracht und Manche, fern vom heimathlichen Herde, ihr Leben ausgehaucht haben, dieser dänische Krieg wäre längst beendet, hätte Deutschland eine Flotte! Nach der denkwürdigen Erstürmung der Danenwerke am ersten Osterfeiertage würden Wochen hingereicht haben, diesen Krieg zu einem ruhmvollen Ende zu führen ... Aber es wird eine deutsche Flotte erstehen und das erste deutsche Kriegsschiff, das sich vor die Mündung des Rio de la Plata in Südamerika legt, wird den Deutschen dort zeigen, daß hinter ihnen ein Volk von 45 Millionen steht! ..."

Dann folgte der amtlichen Aufforderung zur Begründung eines Vereins für eine deutsche Flotte der Aufruf: „An Preußens Frauen und Jungfrauen". Hier hatte sich ein Ausschuß zur Förderung der Sache unter dem Vorsitze der Geheimrätin Luise Senfft von Pilsach gebildet. Wie an anderen Orten war auch in Weißenfels bei der am 24. Januar 1850 stattfindenden Wahl zum deutschen Volkshause in Erfurt gesammelt worden, um dem Auslande zu zeigen, daß der deutsche Gemeinsinn und die Liebe zu unserm herrlichen Vaterlande noch nicht erstorben sind. —

Wer im Besitze des 1841 erschienenen Kunstblattes ist, der hat das äußere Stadtbild jener Zeit:

Die Stadtmauer ist fast verschwunden: Eine polizeiliche Bekanntmachung des Jahres 1857 redet von einer Promenade im ehemaligen Schulgarten und von einer Nadelholzpflanzung längs der Stadtmauer.

Im Jahre 1860 läßt der Besitzer eines an den alten Gottesacker grenzenden Hauses den Teil der Stadtmauer, auf dem sein Haus mit stand, abbrechen und entschädigt das Steinmaterial der Stadtkasse mit 10 Talern.

Als verkauft werden angeführt im Magistratsberichte von 1854 die Torhäuser am Saal- und Klingentore, ein Teil der Schulgärten an der Promenade und werdenden Dammstraße, die als Bauplätze dienten.

Es ist im allgemeinen eine prosaische, nüchterne Zeit: nur das Zweckmäßige hat Wert, Schönheit gilt als Luxus. — Geschichtlich Gewordenes muß indes geschichtlich verstanden werden! Der verstorbene König Friedrich Wilhelm III. hatte ans Sparen gewöhnt, hatte fast in einem Vierteljahrhundert wiederhergestellt, was die Freiheitskriege zerstört hatten. Da war es im privaten und öffentlichen Leben schlicht, sehr schlicht zugegangen. Auch als die Zeiten besser geworden waren, als Bürger und Landmann aufzuatmen begannen, waren die Vergnügen in der „Ressource", in der „Harmonie", in der „Liedertafel", im „Odeon" einfach genug.

Große Aufregung gab es vom 30. zum 31. März 1845, als nach mächtigem Eisgange die Saale zu einer im ganzen Jahrhundert noch nicht erreichten Höhe gestiegen. Das Gebiet der heutigen großen Deichstraße war aufs höchste gefährdet. Man sah die Gefahren eines Dammbruches vor Augen. Der panische Schrecken erreichte seine Höhe, als in der damaligen Feuergasse, die von der Dammstraße nach der Saale ging, Feuer ausbrach. Dabei stand das Wasser einen Meter hoch in den brennenden Gebäuden, in denen Wöchnerinnen ihre Stunde erwarteten. Preis und Ehre den Tapferen, die das Rettungswerk wagten, den Offizieren, den Bürgern (Maler Pirkholz, die Gerber Worg und Prätorius), die bis an die Brust im eiskalten Wasser die herzzerreißend um Hülfe Rufenden einzeln durch die Wogen trugen. In der Zeitzer Vorstadt hatte damals die Gräfische Familie großen Grundbesitz, den die Stadt zur Anlage eines neuen Gottesackers ankaufte. Das Wohnhaus mit Garten war an den Kommandeur des hier garnisonierenden Bataillons vermietet. Es ist das noch jetzt mit Ketten und Steinsäulen abgeschlossene Haus der jetzigen Friedensstraße.

Zum äußeren Stadtbilde sei auch gerechnet die Garnison. Am 23. September 1850 trug die Stadt ein festlich Kleid: das zweite Bataillon des 31. Infanterie-Regiments kehrte zurück und zwei Schwadronen des 12. Husaren-Regiments zogen ein. Die Vertreter der städtischen Behörden hatten die Einziehenden begrüßt und sie unter Kanonensalven durch das in eine Ehrenpforte verwandelte Saaltor in die Stadt geleitet. Auf dem Marktplatze entbot der Bürgermeister den Willkommen-Gruß, vom geschmückten Rathause erklang das Preußenlied.

Marie Luise von François
geb. 27. Juni 1817 zu Herzberg in Sachsen,
gest. 25. September 1893 in Weißenfels.

Alten Weißenfelsern werden einzelne Namen auch dieser Zeit noch in Erinnerung sein: Ich nenne an erster Stelle den Namen Heydenreich, den Verfasser der 1839 erschienenen Kirchen- und Schulchronik. Hat ihm auch dazu das in der Zeitzer Stifts-Bibliothek befindliche Manuskript einer Weißenfelser Stadtgeschichte mehr als das geschichtliche Material geliefert, so war Heydenreich dennoch ein bedeutender Mensch, auch eine ausgesprochen poetische Natur. Ich nenne nur ein paar Gedichte: Verklärung auf Tabor — Das Kreuz — Übergabe der augsburgischen Konfession — ein „Erntefestlied", das 1824 in der Kirche als Choral gesungen wurde. Nicht ohne Bedeutung für die Stadt ist die durch ihn angeregte Arbeit auf humanitärem Gebiete. Ich denke an die Einrichtung einer Kleinkinderbewahranstalt und einer Fortbildungsschule im Jahre 1838. Sie trug damals den Namen einer Sonntagsschule. — Andere Namen jener Zeit sind die Oberstleutnants von Riets, des Majors von Loelhoeffel, des Oberstleutnants von Zülow, des Kreisgerichts-Rats und Hofrats Herbst, des Stiefvaters der Luise von François, des Justizrats Eichapfel, des Geh. Ober-Rechnungsrats Brömel, des Postmeisters von Beerenberg, der Geheimrätin Senfft von Pilsach, der Ehrenbürger Mons und von Witzleben.

Und nun zur inneren Organisation.

Die Städte-Ordnung des Freiherrn von Stein hatte schon 1808 den preußischen Städten eine selbstgewählte Behörde, ausgedehnte Mitwirkung bei Verwaltung der Gemeinde-Angelegenheiten eingeräumt. In die neuerworbenen, ehemals kursächsischen Landesteile war die preußische Praxis erst zur Orientierung, dann endgiltig eingeführt.

Im Jahre 1845 bestand der Magistrat aus fünf Mitgliedern und vier Assessoren (Beisitzern), zwei besoldeten und zwei unbesoldeten; die Stadtverordneten-Versammlung aus 15 Mitgliedern, die in fünf Wahlbezirken gewählt wurden.

Ein Ereignis war die erste öffentliche Sitzung der Stadtverordneten am 19. Januar 1848. Der Bürgermeister Ölzen richtete folgende Worte an die Versammlung:

„Der heutige Tag ist als ein wichtiger, bedeutungsvoller Moment für unsere Stadt zu betrachten, denn mit ihm beginnt eine neue Ära für unser städtisches Leben und Gemeinwesen. Wenn schon durch die . . . Städte-Ordnungen eine Anbahnung zu einer politischen Bildung des städtischen Bürgers bezweckt wurde, wenn durch sie die Städte schon mit einer größeren Freiheit und Selbständigkeit beschenkt wurden, so gehet aus dem neuen königlichen Geschenke die Überzeugung Sr. Majestät hervor: Daß die politische Bildung des städtischen Bürgers nunmehr eine mehr gereifte sei und sich zum Heil des Vaterlandes würdig und frei bethätigen werde . . . In der That werden auch die Folgen ... wichtig und fruchtbringend sein. Als die vorzüglichsten bezeichne ich, daß das Vertrauen der Vertretenen zu den Vertretern fester begründet und das dann und wann wohl noch gehegte Mißtrauen gegen die Wirksamkeit der Stadtbehörden gänzlich verschwinden müsse, denn wie könnte noch ein solches

Mißtrauen bei dem Bürger auftauchen, der fortan selbst den Verhandlungen über alle städtische Angelegenheiten beiwohnet?

Aber auch der wahre Gemeinsinn wird durch dieses neue Institut belebt und gekräftigt werden. Denn es kann gar nicht fehlen, daß ... ein ächter Bürger- und Gemeinsinn Wurzel schlage, der ... den rechten, fähigen Mann, der mit gleichem Gemeinsinn die wahren Interessen kräftig zu vertreten im Stande ist, in die Versammlung zu wählen und die Wahl nicht dem Zufall zu überlassen ... Und so sei von mir, im Gefühl der Freude, daß ich in meinem hohen Alter den heutigen Tag noch erlebt habe, zuletzt der Wunsch ausgesprochen, daß der in das städtische Leben gepflanzte Baum recht viele goldne Früchte tragen möge."

Der erste Beschluß galt — der Beleuchtung der Straßen.

Die Städte-Ordnung von 1853 garantierte dann den Einfluß der Regierung und erweiterte die Befugnisse des Magistrats gegenüber den Stadtverordneten.

Seit 1849 wurde die königliche Polizei-Anwaltschaft von einem Magistrats-Mitgliede verwaltet. Seit 1853 ist die Polizei-Verwaltung den Städten zugewiesen.

Um die Einführung der Städte-Ordnung hatte sich, wie wir sahen, der Bürgermeister Ölzen besonders verdient gemacht. Ein halbes Jahr nach der eben erwähnten ersten öffentlichen Sitzung der Stadtverordneten legte er sein Amt nieder. Seine Laufbahn ist interessant und gibt ein Bild der Zeit.

Kurz nachdem er die juristische Laufbahn bei dem Justiz-Amte in Weißenfels (1799) angetreten hatte, wurde er 1802 zum General-Akzis-Inspektor befördert, verwaltete als Justitiarius und Finanz-Beamter die fürstlich reußischen Güter und betrieb die Praxis als „Advokat". Am 5. Mai 1813, wenige Tage nach der Lützener Schlacht, wurde ihm, auf Veranlassung des Amtshauptmanns von Burckersroda, das Amt des Bürgermeisters unter den schwierigsten Verhältnissen anvertraut. Nach dem Jahre 1813 regulierte er die zerrütteten Finanzen der Stadt, erweiterte er die Schulen, verbesserte er Armenwesen und Krankenpflege, half er die Stadt verschönen (Bad), stiftete er den Frauen-Verein.

Bei Einführung der neuen Städte-Ordnung war er einstimmig wieder zum Bürgermeister erwählt worden. Am 5. Mai 1838 hatte die Bürgerschaft sein 25jähriges Jubiläum glänzend gefeiert. Vom König mit dem roten Adler-Orden, vom Großherzog von Weimar durch die goldene Zivil-Verdienst-Medaille des Haus-Ordens vom weißen Falken ausgezeichnet, legte er am 1. Juli 1848 sein Amt nach 35jähriger Tätigkeit nieder. Der König verlieh ihm den Charakter als Königlicher Justiz-Rat. Zehn Jahre später begrub man ihn in der Morgenstunde des 6. Mai unter allseitiger Teilnahme.

Für die Beziehungen des Handels war einschneidend die Frage der Gewerbefreiheit. Sie hat im Laufe des 19. Jahrhunderts verschiedene Antwort gefunden, im Jahre 1810/11, als man sie in Preußen einführte, als man sie 1845 und 1849 fast bis zur Aufhebung einschränkte, durch eine neue Gewerbe-Ordnung 1869 wieder zu Ehren brachte und 1871 für das ganze deutsche Reich wieder einführte.

Wir erinnern uns noch der Mahl- und Schlachtsteuer, die an den Toren die Einfuhr überwachte und taxierte.

Ein Ereignis allerersten Ranges war der Bau der Thüringer Eisenbahn. Im stummen Staunen stand der Zeitgenosse vor dem Wunder, das den Absatz erleichtern, die Gütererzeugung fördern, die Ausnützung vieler Kräfte und Bodenschätze ermöglichen, die Industrien erblühen lassen und das Volksvermögen gewaltig vermehren sollte.

Am 20. Juni 1846 war die Thüringische Eisenbahn eröffnet worden. Auch Weißenfelser Bürger waren Mitglieder der Thüringischen Eisenbahngesellschaft und im Besitze wohl rentierender Aktien.

Über die Eröffnung der Bahnstrecke Halle-Weißenfels unter Teilnahme des Königs bringt das Kreisblatt merkwürdiger Weise nicht ein Wort — nur den Fahrplan von Halle nach Weißenfels „vom 20. Juni ab in den nachstehend angegebenen Stunden zu befahren:

von Weißenfels		in Merseburg	in Halle
Morgenzug	5,35	6,8	6,30
Mittagszug	10.20	10,53	11,15
Abendzug	3,50	4,23	4,45

Entsprechend gingen die Züge von Weißenfels nach Thüringen.

Seit die Eisenbahn Briefe beförderte, wurden vom 1. März 1850 ab von der Post sogenannte Frankierzettel von einem bis zu drei Groschen ausgegeben. Diese auf der Post gelösten, auf den Brief geklebten Zettel waren in England schon lange in Gebrauch. Seit dem 15. November 1850 konnte die Frankierung durch Marken bewirkt werden. Am Ende der diesbezüglichen amtlichen Mitteilung hieß es: „Außer den Postanstalten ist vorläufig Niemand gestattet Post-Freimarken zum Verkaufe zu führen.“ Die Landboten-Post ging „auf rechtes und linkes Saalufer am Montag, Mittwoch, Freitag früh sechs Uhr“. Die Post, das Postamt war untergebracht am Markt, in dem Hause, an welchem eine Kanonenkugel die Erinnerung an 1813 wachruft. — Auf dem Umwege über England und Amerika hatte man auch in Deutschland angefangen, sich für den Telegraphen zu interessieren (1843).

Fünf Jahre nach Eröffnung der Thüringer Bahn wurde das Projekt einer Zweigbahn nach Artern lebhaft erörtert.

Im Jahre 1854 war der Bau einer Zweigbahn von Weißenfels nach Leipzig schon beschlossen. Da trat ein anderes Projekt in den Vordergrund, das einer Bahnanlage von Corbetha über Dürrenberg nach Leipzig. Die Direktion zog dieses am Ende dem von Weißenfels durch das Rippachtal über Lützen und Markranstädt vor. Damals wurde zur Evidenz erwiesen, daß die letzte Strecke die billigere und rentablere sein müsse.

22*

Ganz gewiß nicht unrecht war der Hinweis auf die Rentabilitäts-Verhältnisse der Linie Weißenfels-Rippach: Sie würde den Werschener und Granschützer Torfkohlen-Revieren einen großen Verkehr erschließen. Damals gingen täglich Extra-Kohlenzüge von Weißenfels, trotzdem die Kohle mehrere Stunden weit an die Bahn geschafft werden mußte. Ebenso war der Achsen-Vertrieb nach Lützen, Markranstädt, Leipzig ein sehr bedeutender. Der Ort Dürrenberg biete außer Salzfracht keinen wesentlichen Güterverkehr. Wollte man Holz und Steine dazu rechnen, so sei zu erinnern, daß diese Gegenstände erst von Weißenfels als ihrem eigentlichen Stapel- und Ursprungsplatze durch Wasserfracht dorthin geschafft würden.

Daß bei solchem wirtschaftlichen Aufschwunge die Gründung eines Vorschußvereines ein Bedürfnis war, läßt sich ahnen. Aus dem 1841 begründeten Sparvereine wurde 1850 ein Vorschußverein. Im Jahre 1860 hatte er eingenommen: 9432 Taler 28 Groschen 5 Pf. und ausgegeben: 9076 Taler 13 Groschen 6 Pf. Die Zahl seiner Mitglieder belief sich 1860 auf 134.

An gewerblichen Anlagen neu entstanden eine Zuckerfabrik, drei Brauereien, vier Gerbereien, fünf Ziegelbrennereien, eine Ölraffinerie, eine Leimsiederei, Zigarren- und Guttapercha-Fabriken.

Die im Jahre 1846 eingerichtete Wollkämmerei war wieder eingegangen.

Ein 1849 errichteter Gewerberat hatte sich auch im Jahre 1852 wieder aufgelöst.

Von 34 Innungen, welche bis zur Reorganisation des Innungswesens bestanden, hatten sich aufgelöst die der Seifensieder, Posamentierer, Tuchbereiter, Töpfer.

Eine einschneidende Veränderung in dem gewerblichen Leben der Stadt brachte die Gewerbe-Ordnung vom 17. Januar 1845: Sie entzog den Bürgern die Braunahrung. Von welchem Jahre das Brauprivileg ist, kann ich nicht sagen. Jedenfalls war es ein Recht der Bürger der jungen Stadtgemeinde Weißenfels zwischen dem Niklas- und dem Klingentore. Mir ist, ich weiß nicht wo, ein Brauverhör von 1482 zu Gesicht gekommen. Im Jahre 1502 fand ich einen neuen Bierzehnt als Steuer erhoben. Der konnte indes auch von eingeführtem Bier erhoben werden. Und die Stadtrechnung von 1574/5 zählt davon nicht wenig auf: 47 Faß Torgisch Bier im Keller verzapft (Ratskeller), 41 Faß Naumburger Bier, 60 Faß Schneeberger Bier, 67 Faß desselben, sechs Viertel Eisenberger. Unter den Ausgaben des nämlichen Jahres fanden sich indes unter den städtischen Ausgaben für „Wochen- und Tagelöhner" zwei, die auf das vorhandene Braugewerbe, der Braukommune hinwiesen: die für das Brauhausgesinde . . . und für „Stro ins Brauhaus" . . . Wahrscheinlich finden sich noch ältere Beweise. So scheint 1574 ein Brauhaus vorhanden gewesen zu sein. Später ist die Rede von zwei Brauhäusern, von dem „Hohlischen" unter dem Schloßberge und von dem „Neustädtischen" in der Fischgasse. Das erste verkauft 1668 der Administrator, ersteht ein abgebranntes Privatbrauhaus des Bürgermeisters Müller in der Klingengasse und überträgt die Braugerechtigkeit dieses Grundstückes auf ein anderes zur Errichtung eines Brauhauses vor dem Klingentore.

Wie dem auch sei, ob der Landesherr ein Brauhaus hier hatte oder nicht — das Brauen war ein den Bürgern gewährleistetes Privileg. Die Braukommune bestand (nach der Braurolle von 1717) nur aus Bürgern innerhalb der Ringmauer. Die Vorstädter waren grundsätzlich ausgeschlossen. Nach der genannten Braurolle waren 900 Viertelgebräue vorhanden, von denen auf den einzelnen Häusern $^1/_8$ bis $^8/_9$ ruhten. Die Braunahrung haftete damals auf 279 Häusern und Baustellen. Auch der Gotteskasten (die Kirchkasse) und die Kämmerei waren beteiligt. Einen steuerfreien Haustrunk zu brauen war den Beamten des Herzogs erlaubt.

Von den gewöhnlichen Brauberechtigten, die der Reihe nach brauen durften, waren zu unterscheiden die Privilegierten, die jeder Zeit ein Viertel zu brauen berechtigt waren. Sie und der Bürgermeister nahmen an der Auslosung der Reihenfolge nicht teil.

Mancher Brauberechtigte konnte sein Recht nicht ausüben „wegen Mangelung des Gefäßes". Dann konnte er sein Los verkaufen.

Von dem gebrauten Stoffe sind wohl drei Arten zu unterscheiden: Der einfache Tischtrunk, das Lagerbier, das stärkere Quantitäten und besondere Anmeldung erforderte, und das Hauptgebräu, wohl ein Doppelbraunbier.

Auf Verlangen trugen die Brauknechte die Gerste vom brauberechtigten Hause in das Brauhaus gegen einen gewissen Lohn.

Die Brauzeit begann für den allgemeinen Braubetrieb mit Martini: „Es soll dann jedesmal den Osterabend das Feuer in allen Brauhäusern ausgehen und kein Bier nach Ostern gebraut werden" heißt es 1670.

Im Sommer durften nur die Privilegierten einen Tischtrunk brauen.

Im Brauverfahren wurde zuerst die Gerste vom Brauvogt oder gar von den Braukonsorten besichtigt „ob sie tüchtig oder nicht". Das hergestellte Malz wurde dann, ehe es in die Mühle (Herrenmühle) kam, von des Rats geschworenen Leuten über das Braufaß abgemessen, „nemlich 50 gestrichene oder 40 gehäufte Braufaß".

Gemalzt werden mußte in der Herrenmühle gegen bestimmte Abgaben ins Amt. Andere brauberechtigten Kommunen z. B. Jena hatten „ein gemein meltzhaus".

Garantiert wurde der Stoff im § 11 der Brau-Ordnung. Da heißt es: „Ein jeder soll sein Bier in der Güte lassen, wie es ihm Gott bescheret und selbiges fürsätzlich nicht verfälschen."

Die Schenken vor den Toren konnten, durften das Bier nur von denen beziehen, „so das Zeichen ausgestecket haben und schenken".

Übergehen muß ich die Abgaben an den Braumeister, Mälzer, Vogt, an Rührer, Helfer — an das Braugesinde, ebenso die Vorschriften über Verwendung der Treber, des Kovents (Conventbier), der Hefe u. a. Auch die Wiedergabe des feierlichen juramentum derer Brauknechte und Helfer.

Die Abnahme des Stoffes war mehrfach gesichert. Zuerst durch das Verbot der Einfuhr fremden Bieres (und Weines), „es wäre denn zu Ehrensachen oder zu eines oder des andern Gesundheit: In diesem Falle hatte man sich zuvor beym regierenden Bürgermeister anzugeben und von demselben hierzu Erlaubnis zu erlangen." Vom Bierzwange waren frei Adel im Besitze eines Rittergutes und Offiziere. Frei war auch der Ratskeller, der 1670 zwei fremde Stadtbiere halten kann. Im Jahre 1574/75 ist nach obiger Mitteilung von dieser Freiheit reichlich Gebrauch gemacht. Frei waren auch von der Verpflichtung, hier gebrautes Bier zu nehmen, die vier vorstädtischen Schenken insofern, als sie sechs Wochen lang Dorfbier ausschenken konnten. Dazu kamen die Gasthöfe, in denen eigentlich damals nur Fremde verkehrten.

Weiter war der Ertrag des städtischen Braurechts gesichert durch das Recht der Bannmeile. Wohl die meisten Ortschaften im Umkreise waren ohne Braurecht — abgesehen von der Zubereitung eines Haustrunkes im Kessel und von dem Privileg einiger alter Erbkretzschmarn (Kretzscham = Dorfschenke). Die Ortschaften in der Bannmeile hatten allermeist ihr Bier aus Naumburg oder aus Weißenfels zu beziehen. In alter Zeit waren eben die meisten Gewerbe auf die Städte beschränkt. —

Diese sogenannte prohibitive Braugerechtigkeit macht die brauende Bürgerschaft zu Weißenfels je und je mit Nachdruck geltend! Wenn auch der siebenjährige Bierkrieg mit Prittitz (bis 1590) mit der Niederlage der Weißenfelser endete, um so eindrucksvoller war das Biergericht, das 1598 an denen in Burgwerben und 1663 an denen in Schkortleben vollzogen wurde. Die Weißenfelser nahmen ihnen das vorhandene, nicht von ihnen bezogene Bier mit bewaffneter Hand.

Im dreißigjährigen Kriege stand mehr auf dem Spiele, man ließ da Einzelne und Kommunen gewähren auch auf diesem Gebiete. Aber 1661 wurden die alten Braurechte und Pflichten erneuert. Und 1670 will der Rat zu Weißenfels darauf bedacht sein, „aus einer berühmten Braustadt einen tüchtigen Braumeister zu verschreiben". —

Kein Wunder, wenn in der Herzogszeit selbst der Wirt und Wärter der herzoglichen Fasanerie ganz bedeutend pascht, indem er Bier aus Corbetha einschmuggelt.

Der große Bierprozeß anno 1726 kostete der Braukommune viel Geld, hatte aber den gehofften Erfolg nicht.

Das Ende des Weißenfelser Hofes, die Lage der Stadt — „in der Klemme von den berühmten Städten Leipzig, Naumburg und Merseburg" — nicht weniger wohl der Stoff selber, haben zum Niedergange beigetragen.

Der Ertrag des in der letzten Zeit verpachteten Stadtbrauhauses sank von Jahr zu Jahr — von 2300 Taler auf 500 Taler. — Erhielt man für das Brauhaus 8850 Taler, so war dieser Betrag unter 919 Anteile zu vergeben. Das letzte städtische Braugrundstück ging 1858 mit allen Rechten und Lasten in städtischen Besitz über.

Seit 1845 das städtische Brauprivileg gefallen, waren andere Brauhäuser entstanden, die dem verschmähten Bürgerbräu wirksame Konkurrenz machten. —

Unsere Schilderung der Zeit würde unvollkommen sein, wenn wir nicht der Anstrengungen gedächten, die man sichs kosten ließ, um dem Armenwesen zu begegnen. Das hatte, wie schon früher angedeutet, einen bedeutenden Umfang angenommen.

Schon im Jahre 1841 hatte sich im Weißenfelser Kreise ein Verein zur Verhütung von Verbrechen durch Besserung der aus den Gefängnissen und Strafanstalten Entlassenen, sowie der bereits sittlich verwahrlosten Unmündigen, gebildet.

Der Kreis war in 29 Aufsichtsbezirke mit je einem Bezirksvorsteher zerlegt. Über dem Kreise stand das Direktorium, das sich alle Quartale auf dem Weißenfelser Rathause versammelte. Die Seele der Arbeit waren die Bezirksvorsteher. Sie sollten da besonders eingreifen, wo noch Aussicht auf Besserung vorhanden war. Der Kreis hatte damals 43753 Einwohner. Im ersten Jahre hatte der 472 Mitglieder zählende Kreisverein 521 Taler 15 Groschen 1 Pfennig aufgebracht, dazu reiche Naturalien geliefert: 192 Scheffel Kartoffeln, Brote, Getreide, Gemüse, Kleidungsstücke.

Gegenstand seiner Arbeit waren 178 Korrigenden. Auch auf Trunkenbolde, Dirnen, Bettler dehnte der Verein seine Tätigkeit aus.

Die Stadt Weißenfels war der vierte Bezirk des Kreisvereins mit 66 Korrigenden. Da heißt es in einem Berichte: „In unserem Bereiche hat die Erfahrung gezeigt, daß Müßiggang, Armut und Arbeitslosigkeit die Hauptquelle aller Verbrechen sei." In unserer Stadt war es zu einer „tolerirten Observanz" geworden, daß jeden Freitag alte und anscheinend bedürftige Personen sich in den Häuser Almosen sammelten.

Die Fürsorge für die Kleinen der auf Arbeit gehenden Eltern in einer Kleinkinder-Bewahranstalt hatte schon 1835 eingesetzt, als ein allein daheim gebliebenes Kind verbrannt und jämmerlich gestorben war. Damals tauchte bei vielen der Gedanke auf, eine Anstalt zu bauen, welche die Kinder bewahrte. Der Gerichtsdirektor Herr von Könen betrieb das Werk mit großem Eifer. Es wurde die Unterstube im Rektorat zu dem Zwecke bewilligt. „Die christliche Liebe hat sich beim ersten Anklopfen weit aufgetan und wird sich noch weiter auftun, sobald die Sache erst Gestalt und Leben gewinnt." Die Anstalt wurde am 29. April 1850 eröffnet. Sie war zunächst nur während der Sommermonate bis Ende Oktober geöffnet. Es waren im Anfang 20—24 Kinder in Pflege gegeben. Aber nach neunjährigem Betriebe mußte die Arbeit eingestellt werden: Das Lokal wurde zu einer Schulklasse gebraucht. Aber 1860 konnte der Verein auf einem von der Stadt geschenkten Platze ein Haus bauen. Es stand auf einer Gartenparzelle des vormaligen Seminars. Im Frühjahr 1861 wurde die neue Kinder-Bewahranstalt eröffnet. — Heute, nach mehr als 50 Jahren, ist auch dieser Raum für mehr als 100 Kinder zu klein. Der Verein wartet auf das Geschenk eines neuen Bauplatzes. Doch zurück!

Das Jahr 1854 war ein Jahr der Teuerung. Eine Suppenanstalt reichte durchschnittlich 225, eine Speiseanstalt täglich 79 Portionen. Der Aufwand beider Anstalten betrug 620 Taler 28 Groschen, die durch private Gaben und Zuschüsse aus der Stadtkasse gedeckt werden.

Auch die Regierung sah nicht müßig zu. Sie hatte 1854 angeboten und gegeben 300 Scheffel Roggen, 30 Scheffel Gerste gegen Zahlung von 3 Taler 3 Groschen bezw. 2 Taler 16¼ Groschen mit 15% Rückschlag. Die Stadtverordneten nahmen das Angebot einstimmig an. Das Pfund Brot konnte jetzt den Armen für 1 Groschen gegeben werden.

Arbeitslosen wurde im Abtragen alter Schanzen Beschäftigung und Verdienst gewährt.

Zuletzt gedenke ich der Fürsorge des Magistrats auch in dem Jahre 1854 für arme Konfirmanden. In dem Aufrufe hieß es:

„Die drückenden Zeitverhältnisse machen es einer übergroßen Anzahl von Eltern ganz unmöglich, zu der bevorstehenden Confirmation nur einigermaßen anständig und so zu bekleiden, wie es die Heiligkeit der Handlung unbedingt verlangt. Wir richten daher an Alle, welche für die Noth ihrer Mitmenschen ein Herz und zur Milderung dieser Noth ein Scherflein übrig haben, die dringende und herzliche Bitte: Kleidungsstücke und andere Gaben, solche anzuschaffen, in möglichst reichlichem Maße zu spenden und dieselben entweder an den Armenlehrer Rössmann oder auf dem Rathhause an den Registrator Lorenz gefälligst abzugeben."

Die Anregung zu der mannigfachen Betätigung menschlicher Barmherzigkeit und christlicher Liebe war auch von dem streng christlich gesinnten, vom Gottesgnadentum seiner Stellung tief durchdrungenen Friedrich Wilhelm IV. ausgegangen. Die Stadt Weißenfels hat ihn mehrfach gesehen. So wieder im Herbste 1853. Anläßlich des großen Manövers, traf der König am 10. September hier ein. Wie in früheren Fällen, haben die Stadtbehörden den Bau einer Ehrenpforte auf dem Markte beschlossen, „ein kühn hochstrebendes Säulenwerk in edlem Stile". Von Flaggen, Fahnen, Laub- und Blumengewinden brauche ich nicht zu reden, auch nicht vom festlichen Aufzuge aller Innungen mit Fahnen und verzierten Werkzeugen, aller Vereine und Schulen. Die Knaben tragen schwarzweiße Schärpen und Fähnchen, die Mädchen zierliche Stäbe in den Landesfarben. Um einhalb 12 Uhr verkündet Glockengeläute, Kanonendonner das Nahen des Königlichen Wagens. Zur Seite des Königs sitzt Prinz Karl von Bayern, ihm folgen die Prinzen Karl und Adalbert u. a., „eine sehr glänzende Cortège". Die Hand auf der Brust, dankt der König für Blumen und Hochs der Kinder, für Lebehochs des Seminars, für das Hurra der städtischen Behörden. Die „Spitzen" waren zur Vorstellung auf den Bahnhof befohlen. Da war der ritterliche Prinz von Preußen angekommen — der nachmalige Kaiser Wilhelm I. — und hatte sich mit den dort zum Empfange Befohlenen, besonders mit einem Schulzen des Kreises, dem Ortsrichter Keferstein in Schkortleben, lange und freundlich unterhalten. Als der Prinz das nahegelegene Napoleonshäuschen im Weinberge noch in Augenschein genommen hatte, erschien der König. Bürgermeister Hirsemann dankte für die Ehre des Besuches. Die Töchter dreier Bürger, des Bürgermeisters, des Stadtverordneten C. Schmidt und des Kaufmanns Scharf überreichten ein Gedicht des poetischen Superintendenten Heydenreich:

„Sei uns gegrüßt auf uns'rem Saalgefilde,
Sei uns willkommen heut in uns'rer Stadt!
Du theurer König, reich an Lieb' und Milde,
Du edler Fürst, Du Mann von Wort und That,
Sei uns gesegnet, Du des Landes Krone,
Ein Diener Gottes, auf dem Königsthrone!"

Schon am 6. September hatte er an seinen Minister Manteuffel von Merseburg aus geschrieben: „Am 10. werde ich Sie, bester Manteuffel, in Halle empfangen — — Ich hoffe nemlich um 11 Uhr von Weißenfels abzudampfen."

Vier Jahre später waren 100 Jahre vergangen seit dem glorreichen Tage von Roßbach. Aus diesem Anlasse hatten am 19. April 1857 Bürger und Beamte eine Gedächtnisfeier für die Toten des 31. Oktober 1757 und des 21. Oktober 1813 angeregt. Sie baten um Beiträge, „daß es möglich wird, den Nachkommen die Stellen durch Denksteine zu bezeichnen, an welchen die Brücken geschlagen sind, über die Friedrich der Große nach Roßbach, das Blüchersche Corps nach Freyburg ging — ingleichen auf dem Klemmberge ein Denkmal zu errichten zur steten Erinnerung an die zweimalige Rettung der Stadt aus großer Gefahr, woran sich die Erinnerungen an zwei ewig denkwürdige Weltbegebenheiten, die Schlachten bei Roßbach und Leipzig knüpft, in welchen Preußens Krieger sich unvergänglichen Ruhm erworben haben".

In dem geplanten Umfange geschah die Erinnerung an die gedachten Ereignisse indessen nicht: „es wird jedoch das Andenken an jene Ereignisse durch Gedächtnistafeln auf dem Klemmberge, vor dem Saaltore und in der Klingenvorstadt sowie durch einen Denkstein vor derselben erhalten werden. Auf die demnächste Errichtung eines Denkmals werden die Stadtbehörden bedacht sein, denen die dazu vorhandenen Mittel zu Verwaltung übergeben sind". Der 31. Oktober dieses Jahres wurde so zum dreifachen Gedächtnistage, an die Reformation, an die Errettung der Stadt aus großer Gefahr, an die wunderbare Führung, die Friedrichs des Großen Leben schützte.

So wurden diese Gedächtnistafeln auf dem Klemmberge, vor dem Saaltore und am Ende der Klingenvorstadt angebracht. Die Inschriften lauten:

a) Auf dem Klemmberge: „Französische Heere, welche auf den gegenüberliegenden Höhen standen, wurden durch Preußische Geschütze von dem Klemmberge aus zum Rückzuge genöthigt am 31. Oktober 1757 von Friedrich dem Großen vor der Schlacht bei Roßbach und am 21. Oktober 1813 von dem Feldmarschall Blücher nach der Schlacht bei Leipzig."

b) Auf dem Friedrichsplatze: „Auf seinem Zuge nach Roßbach hielt am 31. October 1757 in der Nähe dieses Hauses Friedrich der Große, in der Verfolgung des fliehenden Feindes gehemmt durch die brennende Saalbrücke. Auf dem jenseitigen Ufer im Hinterhalte liegende französische Scharfschützen wollten auf den König schießen; ihr Befehlshaber, der Herzog von Crillon, verbot es aus schuldiger Ehrfurcht vor der geheiligten Person eines Königs." (Diese Inschrift ist kaum mehr zu erkennen und herauszufinden.)

c) Am Ende der Klingenvorstadt: „Nachdem die bei Leipzig besiegte französische Armee unter Napoleon I. ihren Rückzug durch die Stadt Weißenfels genommen und die Saalbrücke hinter sich abgebrannt hatte, schlugen die Fischer von Weißenfels am 21. October 1813 dem Feldmarschall Blücher hier eine Brücke zur Verfolgung des Feindes."

Am 3. November 1857 wurde dann zur Erinnerung an den am 3. November 1757 erfolgten Übergang Friedrichs des Großen über die Saale ein Denkstein errichtet und mit den oben genannten Gedächtnistafeln in Gegenwart von Deputationen des Militärs, der geistlichen und weltlichen Behörden, der Bezirksvorsteher, der Innungsvorstände, dem Magistrat und der Stadtverordneten-Versammlung übergeben. Die Inschrift des Denksteins lautet auf den vier Seiten:

„Am 31. October 1757 nahm Friedrich der Große die Stadt Weißenfels mit stürmender Hand und der fliehende Feind brannte die Saalbrücke hinter sich ab. Unterhalb des von hier aus sichtbaren Wehres schlugen Bürger von Weißenfels eine Brücke, so daß der König am 3. November dem Feinde folgen konnte. Am 5. November siegte der König bei Roßbach. Errichtet am 3. November 1857.

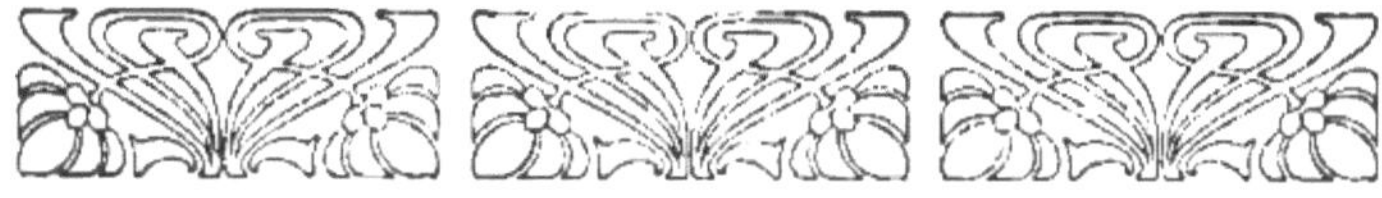

Aus großer Zeit.

Kapitel 34.

Unter Wilhelm I., König von Preußen, Kaiser in Deutschland (1861—1888).

Wilhelm I., dem zweiten Sohne Friedrich Wilhelms III. und der Königin Luise war, infolge der kinderlosen Ehe seines Bruders Friedrich Wilhelms IV., der Titel Prinz von Preußen beigelegt worden.

Zur Feier seiner silbernen Hochzeit war Gottesdienst mit folgender Parade. An 28 bedürftige Invaliden wurde im festlich geschmückten Rathaussaale eine Geldspende verteilt. In allen Schulen des Kreises waren Feiern veranstaltet. Hier beschlossen Konzerte und Bälle den festlichen Tag. Magistrat und Stadtverordnete hatten „die Gefühle der Einwohner in einer Glückwunschadresse ausgedrückt".

Schon seit 1858 hatte der Prinz für den unheilbar erkrankten Bruder die Regierung übernommen. Drei Jahre später bestieg er den preußischen Thron, um im Greisenalter noch Großes und Weltbewegendes zu vollbringen. Als Krönungsgeschenk sandten Stadt und Kreis Weißenfels einen Beitrag zur Flotte.

Äußere Ereignisse sollten den Beweis bringen, daß der König auf dem rechten Wege war.

Mehr als einmal hatte er betont, daß der Schutz deutschen Gebietes ihm eine seiner Lebensaufgaben sei.

Die schleswig-holsteinische Frage bot ihm Gelegenheit, das zu zeigen. Da sollte sich die bisher so scharf angegriffene Herresorganisation schon bewähren.

Glänzend betätigen sollte sie sich zwei Jahre später. Am 18. Juni 1866 war der Aufruf des Königs an sein Volk ergangen: „Wohin wir in Deutschland schauen, sind wir von Feinden umgeben, deren Kampfgeschrei ist Erniedrigung Preußens." Ausführlich sind die Kriegsberichte aus Böhmen bis zum Siege von Königgrätz auch hier erfolgt.

Wie 1864 unter Frau von Wurmb und Frau Therese Hirsemann, so arbeitete alsbald wieder der Verein zur Pflege verwundeter und erkrankter Krieger. Nach dem siebentägigen Kriege ohnegleichen sollte er reichlich zu tun haben: Es galt die Unterbringung Verwundeter und Kranker aus Böhmen und der in den Gefechten in Thüringen verletzten Soldaten.

Am 11. September 1866 wurden die heimkehrenden Krieger und Sieger festlich empfangen.

Die städtischen Behörden hatten dazu Mittel bereitgestellt.

Straßen und Plätze wurden festlich geschmückt, an jedem Hause sah man Kränze und Laubgewinde, unzählige Fahnen und Flaggen — nur preußische! Jede Straße war ein duftender Laubgang, die gegenüberstehenden Häuser mit Eichengirlanden verbunden. Am Saaltore stand ein Triumphbogen mit dem seine Fittiche weit ausbreitenden Adler und dem großen preußischen Staatswappen.

Nachmittags $3^{3}/_{4}$ Uhr traf das Infanterie-Bataillon von Brünn auf dem Bahnhofe ein. Eine Deputation beider Stadtbehörden begrüßte den Bataillons-Kommandeur Major von Hagen und geleitete das Bataillon nach dem nahe gelegenen großen Exerzierplatze, wo alle Teilnehmer am Festzuge in einem großen Karree sich aufgestellt hatten. Das Bataillon wurde mit Musik und donnernden Hurras empfangen. Der Bürgermeister Hirsemann hielt eine Ansprache, die mit einem Hoch auf die heimgekehrten Sieger endete. Dann überreichten mit schwarz-weißen Schärpen geschmückte Jungfrauen Lorbeerkränze dem Bataillons-Kommandeur, der Fahne und den einzelnen Kompagnien, Blumensträuße den Offizieren, Unteroffizieren und Mannschaften. Nach dem Danke des Kommandeurs setzte sich der Zug vom Empfangsplatze (in der heutigen Neustadt) unter ordnender Begleitung einzelner Vereine in folgender Reihenfolge in Bewegung:

1. Die Langendorfer Waisenkinder mit ihrem Musikkorps. 2. Blumenstreuende Schulmädchen der Stadt. 3. Vier Knabenklassen mit ihren Fahnen und Trommlerkorps. 4. Seminaristen und Präparanden, „die Wacht am Rhein" singend. 5. Die Herren Lehrer. 6. Ein Musikkorps. 7. Die Kriegervereine. 8. Die königlichen und städtischen Beamten. 9. Die beiden Stadtbehörden. 10. Die königlichen Behörden. 11. Die inaktiven Herren Offiziere. 12. Die Geistlichen beider Konfessionen. 13. Jungfrauen. 14. Die Truppen. 15. Ein Musikkorps. 16. Die Bezirksvorsteher. 17. Anwesende beurlaubte Soldaten. 18. Einberufen gewesene und wieder entlassene Wehrmänner und Reservisten. 19. Korporationen.

Unter Glockengeläut und Kanonendonner marschierte das gefeierte Bataillon so auf den Marktplatz, mit Blumen überschüttet, von Freude umflutet.

Als der Kommandeur das Hoch auf den König und das auf die Stadt ausgebracht, hielt der Oberpfarrer Superintendent Jürgens eine Rede. Mit dem Gesange: „Nun danket alle Gott" endete die offizielle Feier. Illumination und Fackelzug am Abend beschlossen das Fest.

Am 13. September wurden die Husaren ebenso eingeholt. Am Abend fand für alle Garnisontruppen in fünf Sälen ein Festessen statt, bei dem je ein Magistratsmitglied und einige Stadtverordnete die Stadt vertraten. Jeder Husar erhielt zum Festmahl eine Flasche Wein, zwei Glas Bier, zwei Tassen Kaffee. — Solchen Festschmuckes, solcher Menschenmengen aus Stadt und Land, solcher Begeisterung erinnerten sich aus bewegter Vergangenheit nur Wenige. — Zur kirchlichen Dank- und Friedensfeier erbrausten mächtig die Weisen von „Nun danket alle Gott". Alle Register ließ Meister Ladegasts 1862 erbautes Orgelwerk ertönen.

Dem Andenken an die im Kampfe Gefallenen ist das schlichte Denkmal an der Promenade gewidmet, zu dem am 3. Juli vom allgemeinen Kriegerverein der Grundstein gelegt wurde.

Am gleichen Vormittage hatte man das Grabmal geweiht, welches der vaterländische Frauen- und Jungfrauenverein den hier im Lazarett erlegenen Kriegern, 6 Preußen und 18 Österreichern, errichtet hatte. Die Damen des Vereins, das Offizierkorps, die Vertreter der Behörden zogen vom Rathause unter dem Vortritt der Geistlichkeit nach dem Gottesacker, wo das Militär schon Aufstellung genommen hatte. Superintendent Jürgens hielt die Rede, welcher eine dreimalige Ehrensalve der Infanterie folgte. Während eines Gesanges schmückten Frauen die Gräber der Helden. Ein vom Major von Klöden ausgebrachtes Hoch schloß die religiöse und patriotische Feier.

Die Einunddreißiger verließen im Jahre 1869 die Stadt Weißenfels. Sie hatten vom Jahre 1849—1869 hier gelegen. Dafür zog hier die Königliche Unteroffizierschule ein.

In Deutschland war die Frucht des Sieges der norddeutsche Bund mit dem König von Preußen an der Spitze. In ein näheres Verhältnis trat der grollende Süden Deutschlands zum Norden durch das Zollparlament. Mehr noch: in einem stillen Vertrage hatten sich beide gegenseitiger Hilfe im Kriegsfalle versichert. Die Hoffnung auf eine Flotte wurde indes wieder zu Wasser: Die Regierung mußte 1000 Matrosen beurlauben und die Korvetten abrüsten. — Daß Frankreich dem sich vollziehenden Einigungswerke zwischen Süden und Norden nicht ruhig zusehen würde, war vorauszusehen. Ein Vorwand zum Streit, ein Anlaß zum Kriege war bald gefunden. Der Riesenkampf von 1870/71 erschien urplötzlich, ungeahnt wie ein Gewitter, das den Wanderer überrascht.

Nach der Depesche vom 16. Juli nachmittags 2 Uhr: „Der Krieg ist erklärt" traten die vaterländischen Vereine in ihre fürsorgende Arbeit ein. Bald kamen die ersten Blessierten. Sie wurden in den im „Hölzchen" und im „Schießhause" errichteten Militärlazaretten untergebracht. Es wurde daran erinnert, wie man den fremden Gefangenen, wie den Verwundeten begegnen solle: Den ersten mit achtungsvoller Zurückhaltung, den andern mit barmherziger Liebe. Die Schatten der Furcht, der Bann der Sorge, die Not der Zeit beherrschten die Gemüter. Die Engel des Glaubens und der Hoffnung übten ihr Werk fast an allen Herzen. — Hier lagen u. a. 95 kriegsgefangene französische Offiziere. Die Spekulation hatte sich den Fall gleich zu Nutze gemacht. Es pries sich eine Wirtschaft an als Restaurant de la bourse, marché: On parle français! Natürlich: Wenn die Franzosen hinkamen, sprach man französisch! Wie beim Beginne des Krieges für die ausziehenden, so sorgte am Ende das Verpflegungs-Komitee für die rückkehrenden Truppen. Als am 11. Mai 1871 nachmittags $4^1/_2$ Uhr Bismarck Weißenfels passierte, wurde er von den Stadtbehörden begrüßt und von den Anwesenden durch Lebehochs erfreut.

Der Begeisterung bei der Kriegserklärung wird sich heute noch mancher erinnern. Die oberste Klasse, die Prima, der hohen Schulen sah manchen mutigen Jüngling, die Universitäten sahen die Studenten ins Feld ziehen. Auch vom hiesigen Königlichen Seminar erhielten sechs die Erlaubnis ins Heer zu treten. Gemeldet hatten sich viel mehr: Die Zurückgebliebenen taten aber auch manch patriotisches Werk: „An schönen Herbsttagen bereiteten die Zöglinge den hier garnisonierenden Truppen, bärtigen Landwehrmännern und blutjungen Husaren durch Chorgesang unter den Linden des (Seminar-) Gartens oftmals Genuß, namentlich wenn sie das Wort vom alten Blücher sangen: „Wo liegt Paris? Paris, dahier! Den Finger drauf! Das nehmen wir!"

Was Frankreich hatte vereiteln wollen, das vollzog sich nun in Feindesland selbst: Der völlige Zusammenschluß des Südens und Nordens unter einem Hohenzollern-Kaiser.

Der Magistrat von Weißenfels sandte die folgende Depesche nach Versailles:

23. Januar 1871.

An Se. Majestät den deutschen Kaiser Wilhelm I., König von Preußen.

Allerdurchlauchtigster, Großmächtigster Kaiser, Allergnädigster König und Herr. Ew. Kaiserliche und Königliche Majestät haben das heiße Verlangen der deutschen Stämme nach geeinter Macht verwirklicht und Ihr großes Werk durch Annahme der deutschen Kaiserwürde gekrönt. — Wir begrüßen diesen erhabenen, längst ersehnten Akt mit hoher Freude und gestatten uns, Ew. Majestät dafür den ehrfurchtsvollen Dank und Glückwunsch darzubringen. Wie Ew. Majestät in einem schweren Kriege durch glorreiche, mit staunenswerthen Erfolgen begleitete Führung der deutschen Heere das von einem mächtigen Feinde hart bedrohte Vaterland geschirmt und denselben den höchsten Ruhm und Glanz auf kriegerischem Gebiete verliehen haben, so werden Allerhöchstdieselben, wie wir zu Gott hoffen, dem geeinten Vaterlande die Güter und Gaben des Friedens sichern und mehren und dasselbe auch auf dem Gebiete der nationalen Wohlfahrt, der Freiheit und Gesittung zu gleichem Ruhm und Glanze führen.

Gott erhalte, Gott schütze und segne Ew. Majestät mit seinem besten Segen!

In tiefster Ehrfurcht und unwandelbarer Treue

Ew. Kaiserlichen Majestät
Allerunterthänigste
Magistrat und Stadtverordnete.

Weißenfels, den 23. Januar 1871.

Am 12. Juni kam das erste Bataillon des 4. Thüringischen Landwehr-Regiments, am 19. Juni trafen die Husaren hier wieder ein. Beidemale war großer Empfang.

An der Grenze des Kreises begrüßte der Königliche Landrat, jenseits der Brücke der Bürgermeister die Heimkehrenden. Zum Empfange waren erschienen die Turnerfeuerwehr, die Turner und Kriegervereine, Offiziere, königliche und städtische Behörden. Unter Glockengeläut ging der Zug durch die mit Ehrenpforten, Laubgewinden, Fahnen reich geschmückte Stadt. Frohe Zurufe aus Häusern und Straßen, ein Blumenregen aus vielen Händen grüßt die Sieger und Krieger. Auf dem Marktplatze steht die Geistlichkeit. Der Superintendent Nebe spricht. Die Massen singen sodann „Nun danket alle Gott".

Bei der ersten Sedanfeier 1872 war schon der Vorabend ein Fest: die Häuser waren geschmückt. Auf dem Markte fand eine Gesangsaufführung mit Musikbegleitung statt. Elf Gesangvereine und der Seminarchor unter Kantor Liebings Leitung wirkten mit. Die Schüler der höheren Klassen des Progymnasiums und des Seminars hielten einen Fackelzug, der auf dem Klemmberge mit einer Ansprache Dr. Rosalskys, mit einem Hoch auf den deutschen Kaiser endete. Die Nacht zum 2. September erhellten dann Freudenfeuer, durchzitterte Glockengeläut. Am folgenden Morgen war Festgottesdienst, am Nachmittag fand das erste große Sedan-Kinderfest statt, an dem damals 3000 Kinder teilnahmen.

Nicht lange auf sich warten ließ die Einweihung des Denkmals für die in Frankreich gefallenen 28 Söhne der Stadt Weißenfels (1874). Die Weiherede hielt der Archidiakonus Schröter über das Wort: „Wo diese werden schweigen, da werden die Steine schreien". Das Denkmal ist ein 25 Fuß hohes gotisches Werk aus Seeberger Sandstein mit Inschriften auf Marmortafeln in Gold, auf den Sockeln in Schwarz vom Steinmetzmeister Herrn Donnerhack gefertigt.

Die Urkunde der Übergabe an die Stadt hat folgenden Wortlaut:

Im 14. Jahre der Regierung Seiner Majestät des Königs von Preußen Wilhelm I. und im 4. Jahre Allerhöchstdessen Regierung als Kaiser des von ihm wieder aufgerichteten Deutschen Reiches, am 44. Geburtstage des Kronprinzen des

Deutschen Reiches und Kronprinzen von Preußen, Friedrich Wilhelm Kaiserlicher und Königlicher Hoheit, sowie am 61. Jahrestage der Deutschland von der Fremdherrschaft befreienden Völkerschlacht bei Leipzig wird das zum dankbaren und ehrenden Andenken an die 28 Söhne der Stadt Weißenfels, welche den Heldentod fanden in dem von Frankreich unserm Könige und dem deutschen Volke aufgedrungenen, von diesen mannhaft und einmütig aufgenommenen und glorreich geführten Kriege der Jahre 1870/71, von Bürgern unserer Stadt gestiftete und auf der Promenade errichtete, heute feierlich enthüllte und eingeweihte Denkmal als Eigenthum der Stadt dem Magistrate derselben zum ferneren Schutz und zur Bewahrung in seinem Bestande hiermit förmlich überwiesen und zu dem Behufe diese Urkunde dem Herrn Bürgermeister Hirsemann inmitten der öffentlichen Versammlung überreicht.

Weißenfels, am 18. Oktober 1874.

Vorstand und Comité für die Gründung eines Denkmals zur Erinnerung an die im Kriege der Jahre 1870 und 1871 gebliebenen Weißenfelser.

(Unterschriften.)

Groß war der Jubel als 1883 nach dem großen Manöver bei Roßbach in der Zeit vom 14. bis 19. September drei Kaiser die Stadt Weißenfels passierten.

An Schatten zum Licht sollte es freilich auch nicht fehlen. Ich denke nicht an den Kriegskostenanteil, den Stadt und Kreis zu tragen hatten, der wurde ja durch den Milliardenregen aus Frankreich wett gemacht. Als aber nach den goldenen Tagen, nach kurzem Glückstraum 1870 der „Krach" eintrat, infolgedessen Hunderte und Tausende von Arbeitern entlassen werden mußten, als offen und heimlich die Revolution gepredigt, als die beiden Attentate auf den Kaiser den Ernst der Lage kennzeichneten, da folgten die Sozialistengesetze, die ihren Zweck wohl verfehlt hatten. Und die sozialen Gesetze über Altersversorgung, Unfall, Invalidität — obwohl sie den Gegensatz mildern, die Kluft überbrücken, die soziale Frage lösen helfen sollten — haben dem greisen Kaiser keinen Dank eingetragen. Deshalb bleiben sie aber doch eine große Tat! Den liberalen Parteien kam der preußische Staat entgegen in der Gewährung noch größeren Spielraumes in der Selbstverwaltung der Gemeinden durch Kreis- und Provinzialordnungen.

Die Aufgaben auch der Stadtgemeinde Weißenfels wuchsen mit dem wirtschaftlichen Fortschritte und mit der Zunahme der Bevölkerung, sie stiegen besonders auf dem Gebiete der Armenfürsorge, der Gesundheitspflege (Wasserleitung 1886, Kanalisation, Krankenpflege), des Unterrichts, der Schule, des Verkehrswesens. Im Jahre 1886 wurde das Postamt aus dem Novalishause in das neue Postgebäude in der Saalstraße verlegt.

Bemerkenswert ist auch die Stromregulierung der Saale von der Roßbacher Brücke bis Weißenfels vom Jahre 1883. Das Saalbett wurde vollständig verlegt durch ein Parallelwerk von 300 laufenden Metern. Wo früher eisenfeste Männer in den Stromschnellen die Flöße regieren mußten, dazu genügt nun die Hand eines Knaben.

Wo früher die Schiffer stundenlang zubringen mußten, um Pferde und Zugtaue von einem Flußarm zum andern zu bringen, da gehen sie jetzt auf wohlgepflegten Leinpfaden im schlanken Gange vorwärts. In fünf Jahren waren über 200 000 Mark „ins Wasser geworfen".

Mit dem bisherigen Wirtschaftsprinzip im städtischen Haushalte, das in weiser Sparsamkeit, in Ablösung alter Lasten, in Abstoßung alter Schulden bestand, hatte man im Jahre 1867 in der Aufnahme einer ordentlichen Anleihe zum Baue einer Gasanstalt zu brechen begonnen.

Die beginnende neue Zeit stellte neue Aufgaben. Von allergrößter Bedeutung für die Stadt war die Erschließung des Braunkohlenbergbaues im Norden des Weichbildes: Züge von Wagen bedeckten die Straße von Gerstewitz-Webau nach dem Bahnhof Weißenfels und Karawanen von Menschen sah man zur Bergfahrt eilen und von der Arbeit kommen.

Nicht nur als Feuerungsmaterial wurde die Braunkohle verwendet, auch Paraffin- und Solarölfabrikation wurde in großartigem Maßstabe betrieben.

Man bringt die Braunkohle in ihrem natürlichen Zustande in großen eisernen Retorten oder in Zylindern zum Schwelen. Wenn sich die aus der Kohle gewonnenen Gase in Teer abgesetzt haben, wird diese Masse verschiedenen Reinigungsprozessen unterworfen und zu Solaröl und Paraffin verarbeitet.

Im Jahre 1879 gab es 28 Schweelereien. In 737 liegenden Retorten und in 544 stehenden Zylindern wurden 4 745 540 Hektoliter Braunkohle verschwelt und 539 240 Zentner Teer gewonnen. Davon verarbeiteten sieben Fabriken 472 420 Zentner Teer zu Öl und Paraffin. Aus den Rückständen der Fabrikation wird Kreosot, Asphalt, Goudron und Koks gewonnen.

Die größten Betriebe waren die des nachmaligen Kommerzienrats A. Riebeck in Halle, die der Sächsisch-Thüringischen, die der Werschen-Weißenfelser Aktien-Gesellschaft, die der Firma Behrigs u. Söhne in Teuchern, die der Waldauer Aktiengesellschaft in Naumburg.

Ende der siebziger Jahre beschäftigte die Montan-Industrie 2500 Personen in den Schachten, mehr als 850 in den Schweelereien, über 740 in der Mineralöl- und Paraffinfabrikation. Der Braunkohlenbergbau ernährte mit den Angehörigen des ganzen Personals 14 000 Köpfe. Der Wertumsatz im Jahre 1875 betrug im Kreise Weißenfels 11 840 000 Taler. Die Hauptladeplätze waren damals Weißenfels und Teuchern.

Durch den Bau neuer Bahnlinien hat sich heute das Bild verändert. Die Wagen-Reihen rasseln nicht mehr die Burgstraße hinab zum Bahnhofe. Neue Lager werden in dieser Zeit um Roßbach de bat. erschlossen.

In der goldenen Zeit wurde auch die Bahnhofs-Fußgängerbrücke gebaut, die ohne Umweg vom Herzen der Stadt zur Zentrale des Schienenverkehrs führen sollte.

Einem dringenden Bedürfnis war damit abgeholfen. Die Mittel zum Bau gewährte eine Anzahl Bürger der Stadt.

Am 30. September 1876 konnte die Brücke in Anwesenheit des Herrn Regierungspräsidenten, der Regierungsbauleiter, der Spitzen der hiesigen Zivil- und Militärbehörden, des Aufsichtsrats, der Aktionäre und Bürger der Stadt — nicht zu vergessen des um das Ganze besonders verdienten Baumeisters Heidelberg — eröffnet werden:

Nach dem Spiele des Chorals: „Nun danket alle Gott" übergab der Kreisbaumeister dem Aufsichtsrate die Brücke mit einer sinnigen Ansprache. Der Königliche Landrat von Richter brachte ein Hoch auf Seine Majestät aus. Danach fand ein frohes Mahl statt, zu dem sich der Zug über die neue Brücke nach „Schumanns Garten" bewegte. Die Speisekarte kündete: „Was gegessen wird und was getrunken werden kann." Abends $^{1}/_{2}7$ Uhr erstrahlte das stattliche Bauwerk in bengalischem Lichte.

Die Brücke besteht aus drei Öffnungen, von denen die mittlere eine lichte Weite von 70 Metern und zwei seitliche von 8 Meter resp. 15 Meter Lichtweite haben. Das Bauwerk ruht auf zwei Pfeilern aus Nebraer Sandsteinquadern. Zum Bogenbau wurden 17000 Nieten geschlagen. Die Kosten der Brücke beliefen sich — ohne den Erwerb des Grund und Bodens — auf 76000 Taler. Übrigens findet sich eine Beschreibung des Bauwerkes in der Zeitschrift des Architekten- und Ingenieur-Vereins zu Hannover Bd. XXIV., Jahrgang 1876, Heft 1.

Vom Jahre 1855 bis 1875/76 war die Einwohnerzahl der Stadt von 10651 auf 17000 gestiegen. Die nächsten 30 Jahre bringen einen Zuwachs von 13000 Einwohnern. Das Kreisblatt brachte 1877 einen Artikel über das industrielle Weißenfels, dem wir das Folgende entnehmen:

Der Gewerbebetrieb wurde gefördert:

1. Durch die in der Umgegend begründete Kohlen-Industrie und Mineralölfabrikation.

2. Der Handel in Holz, Eisen, der Maschinenbau, Mühlen, Getreidehandel, Zuckerfabrikation und im Zusammenhange damit das Speditions- und Inkasso-Geschäft haben sich gehoben. Alte Firmen haben sich erweitert, neue sind begründet.

3. Viel Arbeitskräfte verwenden die Schuhfabriken und Kürschnergeschäfte, die in der Handelswelt weit bekannt sind und einen beträchtlichen Umsatz haben.

4. Bierbrauereien, die Bier und Malz ausführen.

5. Durch Anfertigung von Zahnstochern findet der alte und schwache Arbeiter mit seiner Familie besonders in den Wintermonaten Verdienst. Die hiesigen Zahnstocher sind weit und breit bekannt.

6. Auch unsere Gerbereien sind nicht zu übersehen.

7. So haben die Bahnhofs-Anlagen notwendig erweitert werden müssen und haben einen Umfang, der den Bahnhöfen vieler größeren Städte nichts nachgibt.

Es wurden da im abgelaufenen Jahre verfrachtet (versandt und empfangen) 3 104 908 Centner, davon fielen auf die städtische Industrie 1 430 711 Centner, die sich auf folgende Artikel verteilten: Theer und Theerabfall, Solaröl, Photogen, Petroleum, dunkles Braunkohlentheeröl, Paraffin, Kerzen, Braunkohlen-Coaks, Braunkohlen = 37 816 570 Kilogramm der Mineralöl-Industrie. — Ferner: Bier, Zucker, Holz, Rüben, Eisen und Maschinentheile, Mehl, Malz, Getreide, Kalk, Papier, Steine, Gurken, Fenchel, Allgemeines = 71 535 589 Kilogramm.

Dazu wurden im Jahre 74 697 Frachtbriefe verschrieben, zu denen 38 Ries 18 Buch Papier erforderlich waren. — Zur Beförderung der angegebenen Güter waren jährlich erforderlich — den Güterzug zu 40 Wagen gerechnet — 331 komplette Güterzüge, fast jeden Wochentag ein Zug. Das ist die Ausfuhr.

Die Einfuhr betrug 83 809 811 Kilogramm Güter. Ging auch der sechste Teil der hier ankommenden Güter sogleich weiter, so blieben immer noch 2 587 390 Centner zur An- und Abfuhr. Dazu würden 64 685 Fuhren oder (das Jahr zu 300 Arbeitstagen gerechnet) täglich 212 Geschirre nötig sein, die wieder vielerlei bedingen.

So stand die Stadt um diese Zeit im Zeichen des gewaltigen Aufschwungs in Handel und Wandel und der bürgerlichen Wohlfahrt.

Aber neben dem Sinne für Erwerb betätigte sich auch der Sinn für das Geistige, Edle, Schöne. Ich erinnere an die Fundamentierung des Progymnasiums, an die Arbeit einzelner Vereine, die Kunst und Wissenschaft pflegen.

Die Bemühungen aber, das Landgericht nach Weißenfels zu bekommen, waren vergeblich (1877). Mehr noch: das große Betriebsamt wurde in der Folge auch von Weißenfels verlegt.

Wir schließen das Kapitel mit einem Ereignis dieser Zeit, das für die geschichtliche Betrachtung von größtem Interesse ist, mit der Weihe der Grabkapelle am 23. September 1886.

Dazu müssen wir ein wenig ausholen. Denke dich, lieber Leser, zurück ins Jahr 1801. Da stehen vor Deinem Auge die Ruinen der alten Klosterkirche. Das noch vorhandene Glockentürmchen drohte einzubrechen. Seine Wegnahme wurde 1824 „licitando verakkordirt". Zwei Jahre später wurde des Epitaphium (Stein mit Grabschrift) Markgraf Ottos bestohlen: Man hatte seine Basis aus Alabaster fortgeschleppt.

Dann dienten die Räume militärischen Zwecken. Da die Mittel zur Wiederherstellung nicht vorhanden waren, so entsagte die Stadt dem Nießbrauche. Im Jahre 1882 wurde der noch vorhandene Ostchor des altehrwürdigen Gotteshauses endlich abgebrochen. Hatten doch Max und Moritz den in der verwahrlosten Kirche noch vorhandenen Heiligenstatuen die Nasen abgeschlagen, um sich Petschafte daraus zu machen!

Der Ostchor erhob sich nun auf freier Bergeshöhe als Grabkapelle. Sie wurde am 23. September 1886 vormittags $9^1/_2$ Uhr feierlich geweiht. Die Teilnehmer hatten sich im Stadtverordnetensaale gesammelt. Als um 10 Uhr die Glocken erklangen, setzte sich der vom Musikkorps und von den Schulkindern eröffnete Zug in Bewegung. Darin waren zu sehen die bei dem Bau beteiligten Handwerker, der Stadtbaumeister mit dem Schlüssel zur Kapelle, die Geistlichen im Ornat, der Magistrat, die Stadtverordneten, der General-Superintendent D. Moeller, der Regierungspräsident von Diest, der Landrat von Richter, der Gemeinde-Kirchenrat, die Gemeinde-Vertretung und die geladenen Ehrengäste. Nach einmaligem Umzuge um die Kapelle fand die Schlüsselübergabe an den Bürgermeister statt. Er reichte den Schlüssel dem Regierungspräsidenten, der ihn mit einer Ansprache an den General-Superintendenten weiter gab. Der las Psalm 24 und forderte den Oberpfarrer auf, die Türe zu erschließen. Das geschah unter Spruch und Segenswunsch. Nach dem Gesange eines Chorals hielt der General-Superintendent die Weiherede. Die Liturgie zum folgenden Gottesdienst hielt Archidiakonus Lehmann, die Festpredigt der Oberpfarrer Superintendent Vogel. Das Schlußgebet sprach der damalige Diakonus Meusch. Ein Festmahl schloß die Feier.

Nun ragt der baulich auferstandene Brüderchor der alten Klosterkirche von St. Clara als ein Denkmal längst vergangener Tage in die Gegenwart hinein.

Kapitel 35.

Unter Kaiser Wilhelm II. (1888 bis zur Gegenwart).

Als der Heldengreis Wilhelm I. die Augen schloß, richteten sich die Blicke erwartungsvoll auf den Kronprinzen. Der kunstsinnige Friedrich III. erlag nach 99tägiger Regierung seinem Leiden am 15. Juni 1888. Sein Sohn trat als Kaiser Wilhelm II. starken Willens die Regierung an.

Den jähen Übergang von der alten zur neuen Zeit sehe ich verkörpert in dem Wechsel der kaiserlichen Herren: Auf die greise, historische Gestalt folgte die jugendliche Energie. So schier unvermittelt den Leuten der alten Zeit die neue gekommen ist, so weise hatte die Vorsehung in die junge, gährende, ringende Zeit einen verständnisvollen Vermittler gestellt.

Im Schutze eines bewaffneten Friedens leitet er das Deutsche Reich mit seiner überquellenden Bevölkerung aus der Kontinental- in die Weltpolitik über durch Kolonien und Flotte.

Deutschland ist in die Reihe der Handelsmächte eingetreten. Dadurch hat sich in einigen Jahrzehnten die Physiognomie der meisten Städte verändert. Es geht einem beim Wiedersehen solcher Stadt nach langer Zeit wie beim Zusammentreffen mit einem alten Freunde, den man Jahrzehnte lang nicht sah. Direktor Dr. Löwisch hier hat Recht, wenn er früher einmal schreibt: „Dies Weißenfels ist ein radikal anderes als die Stadt der Reformation mit ihrem heillosen Kaland, die Luther besuchte, als die Stadt des dreißigjährigen Krieges, wie sie Maria Eleonore im November 1632 von den Fenstern des kurz nachher zerstörten alten Schlosses sah, als sie während der Schlacht bei Lützen der Rückkehr des königlichen Gatten harrte. Es ist ein anderes als das Versailles en miniature des 17. und 18. Jahrhunderts, das ein lebensfrohes und kunstsinniges, aber wenig landesväterliches Fürstengeschlecht beherrschte ... ein anderes als das Weißenfels des Jahres 1792, dessen gesellschaftliches Leben die letzte Reckenburgerin in ihrer kulturgeschichtlich so interessanten Lebensgeschichte schildert. Eine Industriestadt ist es .... Der genius loci wohnt hier nicht im volkstümlichen

Kleinleben der Landschaft, nicht so sehr in Kirche und Rathaus und auch nicht einmal im majestätischen Schloßbau. Hier hat er seinen Aufenthalt in den Arbeitsräumen der Fabriken genommen. Es ist eine Mannigfaltigkeit industriellen Lebens, das sich in Weißenfels dem Studium darbietet." —

Über die Industriestadt von heute angemessen zu schreiben, bin ich nicht imstande. Die Gründe mögen hier unerörtert bleiben.

Nur eine Skizze in großen Zügen möge folgen. Aus der stillen Stadt bürgerlicher Behaglichkeit, der je und je der Spieß nicht fehlte, ist ein geräuschvolles Industriezentrum geworden. Tausende und wieder Tausende verlassen am Mittag und Abend auf die gellenden Zeichen der Maschinen die großen Arbeitsstätten. Eine Völkerwanderung ergießt sich da in die Stadt, eine Menschenflut zerteilt sich in die Straßen.

In erster Linie steht die Schuhfabrikation. Sie gibt der Stadt ihr air, ihre Haltung, macht ihr Wesen aus. Welche Wandlung in diesem Gewerbe — seit 1488 „einen abendmahls-Kelch haben lassen machen die schue Knechte in der ecc. unser lieben frawen"!

Was würdest du sagen Hans Sachs, Lutherfreund und Meistersinger, wenn du heute auf dem Wege nach Merseburg Weißenfels passiertest? Und vollends du Jakob Böhme († 1624), Görlitzer Philosoph? Für deine Mystik ist hier kein Raum. Hier gilt's mit schnellem Griffe die Maschinen zu bedienen.

Man schreibt mir: „Weißenfels nimmt die zweite Stelle als Schuhproduktionsplatz in Deutschland ein. Die Bedeutung als Schuhmacherstadt reicht bis in die Anfänge des vorigen Jahrhunderts hinein. In den sechziger Jahren entstanden die ersten mechanischen Betriebe mit Einführung der Sohlenstanzen und Mac Kay-Sohlendurchnähmaschine, in den siebziger Jahren die ersten Dampfbetriebe. Heute zählt Weißenfels zirka 80 Betriebe, darunter etwa 20 bedeutende, 40 mittlere und 20 unbedeutende. Die Gesamtproduktion beläuft sich auf 30000 bis 40000 Paar pro Tag. Der Durchschnittswert pro Paar ist 4 Mark, so daß die Tagesproduktion in Werten ausgedrückt 120000 bis 150000 Mark beträgt. Die Schuh-Industrie gewährt etwa 3000 Familien der Stadt Brot."

Dieser Schuhfabrikation geht naturgemäß zur Seite ein bedeutender Lederhandel einzelner Großfirmen, von dessen Umfang und Inhalt der Laie keine rechte Vorstellung hat.

Dem Betriebe und dem Versande der Erzeugnisse dienen vorhandene Kartonnage-Fabriken.

Einen Teil der zu den verschiedensten Betrieben nötigen Maschinen liefern hiesige Fabriken und Eisengießereien selbst: Ich denke an die im Jahre 1869 begründete Dampfkesselfabrik der Firma Hoddick & Röthe, die, bei einer durchschnittlichen Arbeiterzahl von 175 Mann, durchschnittlich 37000 Zentner Eisen für die Braunkohlen-Industrie verarbeitet: Zu Kesseln für Mineralölfabriken und Teerschwelereien, für Brikettfabriken und Naßpreßstein-Anlagen, für Wasserhaltungs- und Fördermaschinen, für eiserne Fördertürme, Kettenfahnen, Dampfmaschinen und Dampfpumpen. Ein Bild großzügiger Entwicklung geben die Nolleschen Werke. Sie haben in fortschreitender räumlicher Ausdehnung, in schneller zeitlicher Aufeinanderfolge eine Schuhnagelfabrik, Patent-Stahlkettenwerke und Maschinenfabrik in sich vereinigt. Um ein Bild zu zeichnen: Im letzten Jahre wurden in den Nolleschen Werken 1360000 Kilogramm der bezeichneten Ketten erzeugt. Wolltest du diese Länge zu Fuß gehen, so müßtest Du 3350 Kilometer zurücklegen, d. h. einen Weg etwa von Madrid bis Odessa machen. Etwa 300 Arbeiter und 50 kaufmännische und technische Beamte sind hier tätig.

Groß und umfangreich ist auch der Brauereibetrieb in Weißenfels geworden. Das Weißenfelser Bier hat heute auch auswärts einen Namen. Der statistische Jahresbericht der Handelskammer berichtet, daß für 1904/05 erzeugt wurden 8170 Hektoliter und 1905/06 ein Quantum von 8391 Hektoliter obergähriges und 86666 bezw. 85562 Hektoliter untergähriges Bier. An Gerstenmalz wurden jährlich verbraucht 16047 Doppelzentner. — Etwa 3 Millionen, die der Durst alljährlich in dem in Weißenfels gebrauten Bier verschlingt. —

Gedacht sei endlich auch der Trommelfabrikation.

Diesen ausgedehnten Betrieben steht ein ansehnlicher Großhandel in Eisen, Holz, Getreide, Rauchwaren zur Seite.

Bedeutende Kunst- und Handelsgärtnereien verwandeln große Landflächen in Muster strahlender Farben.

Einladende Läden großen Stils, geschmackvolle Auslagen aller Handelsartikel lassen den Käufer hier finden, was sein Herz begehrt und seine Kasse verträgt.

Aber das größte geschäftliche Unternehmen stellen dar die Dietrichschen Papierfabriken. Seit Oskar Dietrich 1875 die in der nächsten Nähe der Eisenbahn und Saale gelegene ehemals herzogliche Brückenmühle angekauft, hat sich dieses Unternehmen bis zu der heutigen gewaltigen Ausdehnung erhoben. Ende der achtziger Jahre erbaute die Firma oberhalb der Brückenmühle eine zweite Fabrik, die außer der Papiererzeugung die Herstellung von Holzschliff (Papierstoff) mittelst Dampfkraft umfaßt. In dieser Art die erste Anlage der Welt, in der kein Teil der Kraft, kaum ein Atom von Stoff verloren geht. War man bisher der Meinung, der billige Holzschliff lasse sich wirtschaftlich nur mit Wasserkraft erfolgreich herstellen, so ist der Satz jetzt widerlegt.

Anfang dieses Jahrhunderts nahm die Firma noch die Herstellung des Strohzellstoffes (Papierstoff) auf. Damit rückte sie in der Schreibpapier-Erzeugung an die erste Stelle in Deutschland.

Heute umfassen die Anlagen eine Cellulosefabrik, eine Holzschleiferei und zwei Papierfabriken. Beschäftigt werden jetzt 650 männliche und weibliche Arbeiter und etwa 50 Beamte. Der jährliche Versand beläuft sich auf 17 Millionen Kilo Papier als Schreib-, Post-, Normal-, Illustrations- und Werkdruckpapiere. Die Gesamtwerte der Jahreserzeugung beziffern sich etwa auf 6 Millionen Mark. Der durchschnittliche Umschlag der Betriebe an Gütern beläuft sich täglich auf rund 420000 Kilo. Diese füllen einen Eisenbahnzug von 42 Wagen mit je 10000 Kilo Fracht, für welche die Firma über 600000 Mark jährlich Frachtgelder zahlt. Die verschiedenen Papiere vom feinsten Parfüm bis zum einfachsten Konzept, vom linierten Geschäftsbogen bis zum gröbsten Packpapier bin ich nicht in der Lage zu nennen. Der Absatz für alle Erzeugnisse erstreckt sich ins In- und Ausland: Dänemark, Skandinavien, England, Argentinien, Brasilien, Ecuador, Japan, Australien und andere Länder sind Abnehmer für die in Weißenfels hergestellten Papiere.

Der objektive Leser wird sich über die nun folgenden Angaben allzusehr nicht mehr verwundern:

1) Die Eisenbahn-Station, Betriebs-Amt Weißenfels, beschäftigt zurzeit 768 Mann (323 Beamte und 445 Arbeiter). Ein Bild des Verkehrs mögen Zahlen zeichnen:

	1896:	1906:
a) Fahrkarten wurden verkauft	350 930 Stück	390 277 Stück
b) Eingang an Eil- und Frachtgutstücken	13 447 Tonnen	1 862 Tonnen
Versand	13 668 „	3 034 „
c) Eingang an Wagenladungsgütern	2 156 „	41 „
d) Frachtbriefe gingen ein:		
1) für Eilgut		24 900 Stück
2) für Frachtgut		16 212 „
dd) Frachtbriefe gingen ab:		
1) für Eilgut		25 274 „
2) für Frachtgut		12 890 „
e) Wagenladungen:		
1) gingen ein		230 241 „
2) gingen ab		55 925 „
f) Frachtbriefe wurden abgefertigt:		
1) bei Empfang		137 942 „
2) bei Versand		103 943 „

Seit die Bahn Corbetha-Deuben im Jahre 1897 eröffnet ist, hat sich eine Verminderung des Versandes im Wagenladungsverkehr bemerkbar gemacht.

2) Das Postamt war 1886 noch im Novalishause untergebracht. Am 10. Dezember 1886 fand die Übersiedelung in das neue Postgebäude der Saalstraße statt. Der im engen Raume unheimliche Verkehr machte eine Erweiterung der Diensträume nötig. So wurden zu dem bisher der Post dienenden Areal von 1968 Quadratmeter noch 2064 Quadratmeter vom Terrain des Seminargrundstücks zu einem

bedeutenden Erweiterungsbaue erworben. Dem Kaiserlichen Postamt Weißenfels dienen zurzeit 129 Beamte. Die Ein- und Abgänge stellten sich nach Angaben des Herrn Postdirektors Knoblauch für 1906/07 folgendermaßen:

Eingegangen sind im Orts- und Landbestellbezirke:

a) Briefe, Postkarten, Drucksachen, Proben, Geschäftspapiere	4 230 000	Stück.
b) Pakete ohne Wertangabe	183 593	"
c) Pakete mit Wertangabe	4 701	"
d) Briefe und Kästchen mit Wertangabe	6 185	"
e) Postnachnahmesendungen	32 704	"
f) Postauftragsbriefe	4 490	"
g) Betrag für ausgezahlte Postanweisungen	13 261 437	Mark.
h) Zeitungen	923 724	Stück.
i) Depeschen-Eingang	23 243	"
k) Verkaufte Wechselstempelmarken	17 115	Mark.

Aufgegeben und abgegangen sind im Orts- und Landbestellbezirke:

a) Briefe, Postkarten	3 978 600	Stück.
b) Pakete ohne Wertangabe	299 250	"
c) Pakete mit Wertangabe	4 731	"
d) Briefe und Kästchen mit Wertangabe	7 530	"
e) Postnachnahmesendungen	35 360	"
f) Postauftragsbriefe	5 492	"
g) Eingezahlte Postanweisungen	10 011 613	Mark.
h) Depeschen wurden aufgegeben	24 057	Stück.
i) Dem Verkehre dienen gegenwärtig Fernsprechstellen	333	"

Im Jahre 1896 wurde auch die Wiederherstellung der Schloßkirche beendet. Schreiber dieses erhielt den Auftrag, anläßlich der Weihe dieser erneuten Kirche eine Schrift zu schreiben. Sie trägt den Titel „Schloß und Schloßkirche zu Weißenfels, zugleich ein Beitrag zur Geschichte des Herzogtums Weißenfels". Herausgegeben von der Königl. Unteroffizierschule Weißenfels 1898. (Lehmstedts Verlag.)

Die Begründung einer Schloßkirchen-Gemeinde mit eigenem Geistlichen war schon im Jahre 1882 ins Auge gefaßt. (Kreisblatt 1882 Nr. 239.) Warum man sich dazu nicht entschloß?

Auch bei Wiederaufrichtung der vierten geistlichen Stelle an der Marienkirche im Jahre 1896 hat man den Plan nicht verwirklicht.

Einen Schritt vorwärts bedeuteten die Neuordnung des Kirchenwesens in den Jahren 1896 bis 1900, in Sonderheit die Einrichtung kirchlicher Bezirke.

Für die Neustadt wurde 1897 die Hospitalkirche den Gemeindezwecken offiziell dienstbar gemacht.

Das durch die Tradition geweihte 600jährige Jubiläum der Stadtkirche beging man am 20. September 1903. Der derzeitige Superintendent Dr. Lorenz hatte dazu schon früher im „Tageblatte" einige Artikel erscheinen lassen: „Das neue Jahr 1903 — ein Jubiläumsjahr der evangelischen Gemeinde." Eine Reihe kirchengeschichtlicher

Bilder mit dem Titel: „Unter dem weißen Felsen“ brachte dieselbe Zeitung. Ein Festspiel „Die Clarissinnen“, ein dramatisirter geschichtlicher Überblick über die kirchlichen Vorgänge der Stadt, war im Verlage von Gebauer-Schwetschke in Halle erschienen. Das Gotteshaus war gründlich renoviert. Prächtige Chorfenster waren von reichen Händen und dankbaren Herzen gestiftet. Im Glanze elektrischen Lichtes strahlte die Kirche, als man am Vorabend des Festtages die Feier des heiligen Abendmahls beging. Am Festtage selbst war zweimal Festgottesdienst für die Gemeinde: Um 10 Uhr, wo der Superintendent — um 5 Uhr, wo der am Orte älteste Geistliche die Festpredigten hielten. Nach beiden Gottesdiensten sprachen der derzeitige Generalsuperintendent D. Holtzheuer und der frühere hiesige Geistliche Professor D. Hering-Halle. Der erste nach beendetem Vormittags-, der andere am Schlusse des Abendgottesdienstes. Einen wohlgelungenen Festgottesdienst der Sonntagsschule hatte der Archidiakonus veranstaltet. Die am Festtage fälligen Taufen verrichtete der Oberhirte der Provinz. Vor der reich besuchten Abendversammlung hatte ein Festmahl die Teilnehmer in „Schumanns Garten“ vereinigt. Die geschmackvolle Tischkarte zum „Jubilfest ze Wizzenfelß“ war der nachgebildet, welche von der Weihe der 1303 vorhandenen, dem Kloster gehörigen Marienkirche zur Gemeindekirche auf Seite 49 wiedergegeben ist: „Hie lies, was denen Herren der Koch berentet, wann sie beim Jubilfest hungrig worden.“

Den Bau einer Beuditzkirche erstrebt der 1898 gegründete Kirchbauverein.

Das ganze Kirchenwesen der einen Parochie untersteht dem Gemeinde-Kirchenrat bezw. der Gemeindevertretung. Das Patronat übt der Magistrat aus, dem zurzeit Oberbürgermeister Wabehn vorsteht.

Die katholischen Mitbürger sammelt die in der Friedrichstraße mit Pfarrhaus und Schule befindliche, der heiligen Elisabeth von Thüringen geweihte Kirche. Sie wurde am 19. November 1873 geweiht und am 29. Juni 1889 durch Bischof Dr. Weiand-Fulda benedicirt.

Und neben dem geordneten Kirchenwesen geht der Engel der Barmherzigkeit hin und her im Diakonissenhause Salem, im neuen Krankenhaus, im stattlichen Waltherstift, im freundlichen Hospital St. Laurentii, in der christlichen Herberge zur Heimat, in der Kleinkinderbewahranstalt. Er geht in den Festzeiten durch Schulen und Krankenhäuser, er geht und kommt mehr noch ungesehen und unbemerkt.

Die geschichtliche Entwicklung des Schulwesens im 19. Jahrhundert für die Stadt zur Darstellung zu bringen, muß berufener Feder überlassen bleiben. Hier nur ein paar Notizen. — Seit preußischer Zeit unterstand die Pflege der Schulen einer aus Mitgliedern des Rats, der Stadtverordneten, des Schul- und Erziehungswesens kundiger Männer bestehenden Schuldeputation. Hier scheint sie in der ersten

Hälfte des Jahrhunderts gar nicht eingerichtet gewesen zu sein. Als um das Volksschulwesen hochverdient ist (neben dem damaligen Superintendenten Schmidt) zu nennen der Seminardirektor Wilhelm Harnisch, der pädagogische Stern, der von 1822—1845 hier leuchtete, den eine Gedenktafel am Direktorgebäude besonders preist. Von ihm erschien 1826 die Schrift: „Das städtische Schulwesen mit Bezug auf Weißenfels."

Er verlangt Vermehrung der Schulen... Außer diesen Hauptbedürfnissen wäre zu achten auf Einrichtung eines kirchlichen Sängerchores, Errichtung einer Sonntagsschule, einer Verwahrschule... Die Einrichtung, daß jeder Lehrer das Schulgeld von seiner Klasse erhält, muß aufhören....

„Weißenfels" — schreibt Harnisch 1826 — „hatte im vorigen Jahrhundert seine (lateinische) Stadtschule, von der man, wie in andern Städten, die größern Mädchen gesondert. An der Stadtschule arbeiten vier Lehrer, an der Mädchenschule einer. Die Schule der Klingenvorstadt war 1803 den Zwecken des Königlichen Seminars dienstbar gemacht! Außerdem bestand eine Freischule."

„Weißenfels zählt jetzt (1826) 1000 schulpflichtige Kinder ... alle empfangen im Ganzen einen zweckmäßigen Unterricht, aber ... wir müssen vorwärts! ... Die Privatschulen der Töchterlehrer beweisen, daß die öffentlichen Schulen nicht genügen ..."

Schon 1829 erschien Harnischs folgende Schrift: „Die alte Schulverfassung und die neue". Und es ging vorwärts: Die Eingemeindung der Vorstädte 1833 brachte eine Kommunalschule.

Die Besitzungen des Königlichen Seminars an der Saale — drei Gebäude mit Hausgärten und außerdem 882 Quadratruten, den vierten Teil der Stadt umgebende Obst- und Weingärten — wurden vom Magistrat für 6914 Taler 13 Silbergroschen 4 Pfennig gekauft. Die Gärten wurden parzellenweise verpachtet. Die Gebäude zu Schulen eingerichtet. Am 15. August 1838 wurden die alten Räume an der Kirche verlassen. Lehrer und Schüler nahmen auf dem Marienkirchhofe Aufstellung. Superintendent Heydenreich hielt im Beisein der Vertreter der Stadt, der Kirche, der Eltern die Abschiedsrede. Dann erfolgte, von einem Musikkorps geführt, der feierliche Aus- und Einzug.

Alle Kosten hatte die Kämmerei übernommen. Sie erhob das Schulgeld, zahlte Gehälter, schaffte Schulgebäude. Zu dieser Kommunalschule, zur Armen- oder Freischule war 1838 eine Mittelschule gekommen. Beide bestanden bis 1854.

Nach dem Jahre 1848 trat auch eine allgemeine Reorganisation des Schulwesens ein im Sinne der Reumerschen Regulative, die durch Aufbürdung eines „übergroßen Stoffes auswendig zu lernender Religion an Lehrern und Schülern kirchlich gesinnte Unterthanen zu Demuth und Treue erziehen" sollte!

Als die Frei- und Mittelschule aufgehoben war, hatte Weißenfels zwei Stadtschulen: Die erste Stadtschule an der Promenade mit zehn Klassen und etwa 600 Kindern, die zweite Stadtschule im jetzigen Stadtbauamte, im Parterre-Zimmer der Kantorei und anderswo untergebracht.

Inzwischen hatte das Jahr 1872 die Falksche Ära gebracht: Das Recht des Staates über die Schule zur Erziehung seiner künftigen Bürger.

In der ersten Stadtschule betrug das Schulgeld 2—4 Taler, in der zweiten jährlich einen Taler für das Kind. Für ganz Unbemittelte trat die Armenkasse ein.

Im Jahre 1883 bezog die zweite Stadtschule ihr neues stattliches Gebäude mit 18 Klassen und 1140 Kindern in der Beuditzstraße. —

Die erste Stadtschule ist in eine trefflich geleitete, gute Bürgerschule umgewandelt, die rechtlich unter die Bestimmung des Gesetzes vom 11. Juni 1894 fällt.

Mit der Entwicklung der Industrie ging Hand in Hand die Vermehrung des Volksschulwesens. Heute sind drei Tüchtiges leistende Volksschulen vorhanden: Außer der Beuditzschule das Doppelhaus der Bergschule und die Neustadtschule. Die Aufhebung jeglichen Schulgeldes — auch der monatlichen 25 Pfennig — hat den Stadtsäckel wesentlich belastet.

Und nun ein Wort von den andern städtischen Schulen. Die alte Lateinschule hatte Rektor Eydam privatim noch fortgesetzt, indem er eine Anzahl Schüler zur Aufnahme für Pforta vorbereitete. Aus einer Privatanstalt mit drei Klassen unter Hauses Leitung ging das im Jahre 1877 staatlich anerkannte Progymnasium unter der Leitung Professor Dr. Rosalskys hervor, das seit 1895 allmählich in eine Ober-Realschule verwandelt worden ist, die blüht und gedeiht.

Die Anfänge einer gehobenen Mädchenschule reichen auch weiter zurück. Im Anfange sollte die erste Klasse der Stadtschule zur Weiterführung des Unterrichts dienen, den der meist akademische erste Mädchenlehrer gab. Daraus ist eine gehobene Mädchenschule, aus ihr eine höhere Mädchenschule mit eigenem Lehrplan entstanden.

Die Fortbildung der schulentlassenen Jugend hatte sich schon Heydenreich in der 1839 von ihm errichteten Sonntagsschule angelegen sein lassen.

Sonntags nachmittags von 3—5 Uhr wurde der Unterricht erteilt in Religion, Geschichte, Geographie Deutschlands, Kopfrechnen, Stilübungen, Schönschreiben und Gesang. — Waren die Lehrer auch erbötig, den Unterricht unentgeltlich zu erteilen, so blieben doch Mittel zu beschaffen für Heizung, Beleuchtung, Reinigung und Schulutensilien. Die Stadtverordneten damals hatten dazu die Kosten nicht bewilligt. Mit 108 Schülern, Lehrlingen und Gesellen, begann die Arbeit.

Diese Sonntagsschule wurde auf Veranlassung der Königlichen Regierung im Winter 1857/58 in eine Handwerker-Fortbildungsschule unter Leitung des Rektors Stutzer verwandelt.

Nachmals — unter Bürgermeister Falkson — war diese Schule eine zwanglose allgemeine Fortbildungsschule. Heute hat sie sich zur blühenden gewerblichen Fortbildungsschule entwickelt, um Kenntnisse für die verschiedenen Gewerbe und für das Kunsthandwerk zu vermitteln.

Der königlichen Anstalten des Lehrerseminars mit eigener Bürgerschule und einer Präparande, jetzt unter Direktor Dr. Girardets Leitung, ist schon gedacht.

Hier haben wir nur noch die einst mit dem Seminar verbundene Provinzial-Taubstummen-Anstalt zu erwähnen (Direktor Jarandt), einen stattlichen Bau mit großer Gartenfläche. Vor dem Gebäude erhebt sich seit 1905 das Denkmal Moritz Hills, des Altmeisters des deutschen Taubstummen-Unterrichts. Das bartlose Gesicht zeigt Liebe, Geduld, Freundlichkeit.

Die seit 1859 bestehende katholische Privatschule wurde am 1. Dezember 1890 von der Stadt als Volksschule übernommen. —

Inzwischen war die Stadt zu einer Einwohnerzahl angewachsen, welche das Ausscheiden aus dem Kreisverbande zur Folge hatte. Das geschah 1. April 1899. Heute hat die Stadt 32000 Einwohner.

Der Apparat der Leitung und Verwaltung hat entsprechend der steigenden Bevölkerungsziffer, den neuen Aufgaben, welche die Versorgung mit Wasser und Licht, welche die Einrichtung des großen Schlachthauses forderten, entsprechend vermehrt werden müssen.

Darüber gibt auch Auskunft die Studie von Dr. Meusch: „Die Finanzwirtschaft der Stadt Weißenfels im 19. Jahrhundert."

Auf allen Gebieten merkt mans: „Das Alte fällt, es ändert sich die Zeit." — Heute präsentieren sich stattliche Neubauten: Auf der Höhe, dem alten Burgfried gegenüber, das Landratsamt, unten das Königliche Seminar am Eingange des lauschigen Greislautales.

In Kurzem werden sich auf dem Boden des alten Seminars erheben die Neubauten des Königlichen Amtsgerichts und der städtischen Ober-Realschule. Das erste wird Recht sprechen und Urteil fällen auf dem Terrain des hier gewesenen Arbeitshauses, die andere wird sich erinnern, daß auf diesem Boden einst Klosterzucht und dann gelehrtes Wesen des gymnasium illustre hier eine Stätte hatte.

Wir weinen den geschmacklosen Umbauten des alten Klosters zur Strafanstalt und nachher zum Lehrerseminar keine Träne nach.

Die altehrwürdigen Erinnerungen werden nun freilich je länger je mehr schwinden. Den Rest des alten Klosterkreuzganges wird ein genialer Baumeister im Anschlusse an einen Neubau vielleicht zu erhalten wissen. Er wird vielleicht auch Fremden zugängig werden.

Den Literaturfreund wird Novalis und Müllners Haus und Grab interessieren. (Der 100jährige Todestag des ersteren wurde am 25. März 1901 begangen.) Der Kunstfreund wird seine Schritte nach der Schloßkirche lenken, der Geschichtsfreund wird den Spuren Gustav Adolfs, Wallensteins, Tillys, Friedrichs des Großen folgen.

Napoleons Aufenthalt beim Bürgermeister Olzen in den ehemaligen „Drei Schwänen", seine wiederholte Durchfahrt durch die Stadt erzählt dem Fremden, der nach Erscheinen dieses Buches die Stadt aufsucht, wohl auch bald eine Gedenktafel. Von dieser Tafel blickt man dann direkt auf den vom Kaiser Wilhelm-Denkmal beherrschten Markt. Das hier im Jahre 1900 errichtete, von Ernst Wenck-Berlin gearbeitete Monument zeigt in den Reliefbildern seines Sockels Friedrich den Großen vor der Schlacht bei Roßbach mit Seydlitz, Ziethen u. a. vor der durch die Franzosen in Brand gesteckten Saalbrücke. Das andere Relief zeigt, wie 1883 der damalige Kronprinz Friedrich mit Herren seines Gefolges: von Blumenthal, von Mischke vom Rate der Stadt Weißenfels begrüßt wird. Das Königshaus hatte den Prinzen Friedrich Heinrich von Preußen zur Feier der Enthüllung in die überaus festlich geschmückte Stadt entsandt.

In der Marktkirche befinden sich zwei andere Denkmäler, die offene Hand und frommer Sinn gestiftet: Die Luthers und Gustav Adolfs. Läßt sich von Luthers Aufenthalt in Weißenfels auch geschichtlich mehr nicht feststellen, als daß er die Stadt ein paar mal passierte, ist seine Rede über den heillosen Kaland in Weißenfels oder gar eine Predigt in Weißenfels nicht zu erweisen, so wissen die Evangelischen hier nicht weniger als anderswo, was sie ihm danken. Und frommes Gedenken hat seine wie Gustav Adolfs Statue in der Stadtkirche aus Meister Juckoffs Hand errichtet.

Er hat im Jahre 1905 im Auftrage des Verschönerungsvereins auch das Relief am Rosalsky-Stein an der Promenade gearbeitet.

Vom selben Meister sind auch zwei hübsche Phantasiestücke: Der Zierbrunnen in der Beuditzstraße, der Wasserspeier, der dem Humor des Künstlers alle Ehre macht — und der Knaben-Lazzaroni im Bürgergarten: „Weils mich freut!" Gern setzte ich diese Inschrift auch meinem Buche vor!

Wir lassen zum Schluß die letzten Ereignisse des neuen Jahrhunderts an uns vorüberziehen:

Die Feier der Jahrhundertwende war vom Bundestage auf den 1. Januar 1900 festgesetzt worden. Der Aufzug der Kriegervereine mit brennenden Fackeln in der Mitternachtsstunde war wohl die einzige Besonderheit, von der sich diese Neujahrsnacht von andern unterschied. Wenn wir dazu die Feier der letzten Jahrhundertwende auf S. 302 dieses Buches vergleichen, so erscheint der Übergang ins 20. Jahrhundert recht nüchtern. Ob die Leute vor 100 Jahren wohlhabender waren? Nein! Aber das Empfinden war ästhetischer, das Fühlen unmittelbarer.

Die ins Jahr 1901 fallende Novalisfeier sammelte einen erwählten Kreis. Ihrer wird im Schlußkapitel gedacht.

Von dem Kirchweihfest 1903 war schon die Rede.

Wie in ganz Deutschland und über die Grenzen des deutschen Vaterlandes hinaus, so fanden am 9. Mai 1905 auch in Weißenfels Schillerfeiern statt. Schulen und Bürgervereine gedachten des großen Dichters. Bedeutsam waren die Veranstaltungen des Königlichen Seminars: Zwei Schillerlinden wurden gepflanzt. Weihevoll war die öffentliche Feier im Saale des „Goldenen Hirsch". Nach Direktor Tomuschats Festrede, nach Darbietungen des Seminarchors führten die Zöglinge der Anstalt Schillers Fragment „Demetrius" begeistert und begeisternd auf. Von den Erträgen der Festaufführungen errichtete das Königliche Seminar den Schillerstein auf dem Klemmberge.

Am Tage der Feier der silbernen Hochzeit des Kaiserpaares, am 27. Februar 1906 fand statt die Grundsteinlegung zu einer neuen Kirche im Beuditzviertel unter Teilnahme der staatlichen und kirchlichen Behörden der Provinz, des Kreises und der Stadt.

Im Jahre 1907 war der Bau des Bismarckturms auf dem Plateau des Klemmberges beendet. Die Bemühungen des ästhetischen Rechtsanwalts Junge, das Entgegenkommen der städtischen Behörden und die Opferfreudigkeit der Bürger, in Sonderheit die große Gabe des Verschönerungsvereins, haben das vom hiesigen Architekten Meienberg geschmackvoll entworfene, von hiesigen Meistern ausgeführte Werk vollenden helfen. Der 26. August war ein Festtag erster Klasse: Der Tag der Weihe des Werkes. Im Mittelpunkte stand die glänzende Festrede, die von der Seele dieses „Steins" mit ihrer dreifachen Kraft handelte. Festmahl und Fest-Abend beschlossen stimmungsvoll den Tag.

Wie Bismarck selbst auf einer Fahrt nach Kissingen, auf der Heimkehr aus Frankreich die Weißenfelser Bürger hier gegrüßt, so grüße das Denkmal des politischen Genius der Deutschen die kommenden Geschlechter!

Vom Bismarckdenkmal geht der Blick hinüber nach Roßbach. Zur Roßbachfeier am 5. November 1907 — der 150. Wiederkehr der Schlacht bei Roßbach — ziehen und fahren die Scharen zum Denkmal auf Reichardtswerbener Flur. Der Festschrift Professor Schröters gedachten wir schon. Die Leiter des Altertums-Vereins haben eine Roßbach-Ausstellung ermöglicht, die sich sehen lassen kann. Museen, königliche und private Bibliotheken haben ihre Schätze dazu nach Weißenfels gesandt. — An der Roßbach-Feier nahmen von hier offiziell teil die Kreis- und städtischen Behörden, Militär- und Kriegervereine, Schulen aus Stadt und Land. Wir erinnerten uns wieder der gewaltigen Opfer, die damals gebracht werden mußten. Seien wir nun auf der Hut, tragen wir durch Wort und Tat dazu bei, daß uns im 20. Jahrhundert auf die Tage des Ruhms nicht ein neues „Jena" ereile! Und nun zurück in die Stadt.

Begleite mich, geduldiger Leser, zu einem Abschiedsgange.

Geht man vom Bahnhofe durch die freundlichen Anlagen des Bades, setzt man bei der Schleuse über die von Kähnen und von den Seelenfängern des Rudervereins belebte Saale, wendet man die Schritte zur stattlichen Herrenmühle und zu dem städtischen Landgute gegenüber, ersteigt man hier die Höhe zu den Parkanlagen, so hat man von dem Rande des Plateaus einen freundlichen Ausblick!

Die Stadt hat ihren Leib gedehnt besonders nach Süden und Norden. Die etwa 100 Meter breite Saale trennt die Neustadt von der Altstadt. Ein Teil derselben liegt hinter vorgeschobenen Höhen des Klemmberges, des Schloß- und des Georgenberges.

Zu Füßen dieser Höhen ziehen sich die in die Stadt einmündenden Landstraßen und die dem Flußlaufe parallelen Häuserlinien, durchschnitten von Straßen, die zur großen und kleinen Saalbrücke führen.

Wenn am Abend die Lichter vom Klemmberge zu Tale leuchten, wenn man um diese Zeit hier hinabschaut auf den elektrisch erleuchteten Bahnkörper, der sich bis Burgwerben ausdehnt, wenn man den Blick schweifen läßt über die dem Auge sichtbare Altstadt mit dem stattlichen, strahlenden Marktplatze, über die glitzernden Wasser der Saale in die erstaunlich sich dehnende Neustadt — so ist das zwar nicht mit einem Blicke vom Kreuzberge bei Berlin oder vom Mt. Martre bei Paris vergleichbar, aber es wird den Fremden doch ein angenehmes, ja überraschendes Bild bieten. Lebendige Militärmusik klingt vom Schloßplateau herüber. Es ist hoher Besuch da! Wir sahen am Nachmittag die von anstrengendem Felddienste heimkehrenden Unteroffizierschüler ins Schloß zurückkehren. In stiller Bewunderung schauen wir den jugendlichen Gestalten nach, die sich den Ausdruck der Mattigkeit, die Zeichen der Müdigkeit tapfer verbeißen.

Da sind wir schon wieder an der alten lieben Saale, die das Bild unsrer Stadt so freundlich verklärt. Im Geiste gehen wir über die neue, große, imposante Zukunfts-Brücke, die an Stelle des unschönen im Jahre 1895 errichteten Eisenwerkes Altstadt und Neustadt verbinden wird. Die Anlage hat wegen der Eisenbahn-Überführung viel Kopfzerbrechen gekostet. Aber das fertige Werk ist nun auch ein Muster der Solidität und des Geschmackes: Ein ästhetischer und doch massiver Steinbau, berechnet auf inkommensurabele Lasten, für ungeheure Transporte, wie sie ein Krieg — seine Tage mögen ferne sein — wohl mit sich bringen könnte. Solch stattliches Bauwerk glaubte man der Stadt, die wie keine andere die Nöte aller Kriege erfuhr, als heilendes Pflaster für manche Wunde zuwenden zu sollen.

Begrüßung des Kronprinzen Friedrich Wilhelm durch die Spitzen der Behörden von Weißenfels beim Kaisermanöver 1883. (Relief vom Kaiser Wilhelm-Denkmal.)

Kunst und Künstler in Weißenfels.

(Eine ästhetische Beigabe.)

Die bildende Kunst im Raume, die Baukunst, hat auch in Weißenfels einige Denkmäler alter Zeit aufzuweisen. Viele sind es ja nicht mehr. — Die größten sind Kirchen, von denen die interessanteste unstreitig die Schloßkirche, die ehrwürdigste die gotische Marienkirche, die intimste die Hospitalkirche aus neuer Zeit ist.

Reste deutscher Renaissance zeigen die Portale des jetzigen Amtsgerichts in der Burgstraße, der Erker am Gasthof zum Schützen, das Stadtbauamt an der Marienkirche und eine Anzahl Privathäuser der Großen Burg- und Jüdenstraße, der Kaland- und Kloster-, Marien- und Leipziger-, der Nikolaistraße und der Kirchgasse, des Marktes und der Promenade.

Stellt die Marienkirche — abgesehen von den weiteren Nachbauten — ein Stück Gotik dar, so zeigen Schloß und Kavalierhäuser zu seinen Füßen den deutschen Barockstil, dessen Prachtstück die Schloßkirche ist. Daß das zu Füßen des Schlosses liegende Rathaus im Hofstile des Rokoko erbaut ist, kann nicht Wunder nehmen.

Auch die Plastik wurde gefördert. Von Bildhauern jener Zeit werden genannt: Andreas Griebenstein, der den zum Teil verdeckten Altar der Marienkirche baute, Johann Christof Reinebott und Jakob Hofmann.

Die Malerei fand bei Hofe willige Unterstützung, soweit die Mittel reichten. — Aus dem Anfange des 16. Jahrhunderts hat die Marienkirche ein Ecce Homo-Bild Jesu: „Gute Malerei aus der sächsischen Schule“. Der Meister ist unbekannt. Ein Altarbild — Ölgemälde auf Goldgrund — stellt Jesum dar: die linke Hand auf die Brust gelegt, die rechte erhoben.

Von Johann Jakob Matterleyn (1699) ist ein Christus mit dem Reichsapfel aus der alten Hospitalkirche im Hospital St. Laurentii noch zu sehen.

Johann Paul Lindemann war Porträtist. Außer diesen werden genannt Christian Hofmann, Gottfried Goldmann, Philipp Welsch,

Hof- und Landschaftsmaler. Erstklassige Künstler waren sie natürlich alle nicht. Lübke in seinem Grundriß der Kunstgeschichte nennt keinen von ihnen. Aber sie geben Zeugnis davon, daß die bildende Kunst hier eine Stätte hatte.

Vom Kunsthandwerk seien unvergessen die Weißenfelser Gold-, Silber- und Löffelschmiede. Ihre Blütezeit reicht über den Flor des Herzogtums Weißenfels hinaus.

Die Marienkirche besitzt eine prächtige silberne Taufkanne vom Goldarbeiter Kind (1840). Wertvoller ist das herrliche silberne Taufbecken mit -Kanne, das Herzogin Johanna Magdalena zum 1681 vom Herzog Johann Adolf I. errichteten Taufsteine schenkte.

Nach dem Ende des Herzogtums lieferten die Meister viel nach Leipzig — wohl auch nach Nürnberg.

Das Ratsarchiv hat ihre Innungsartikel vom 31. Januar 1684 bezw. vom 5. Januar 1694.

Noch 1852 erhalten neun Meister ihre Statuten bestätigt. Heute ist keine Innung dieses Kunsthandwerks mehr vorhanden. —

Aus der Gegenwart seien die Arbeiten der Firma Karl Ruck u. Söhne besonders auf dem Gebiete der Kirchenmalerei als rühmenswert nicht übergangen. Des Orgelbaumeisters Friedrich Ladegasts Namen nennt jedes Konversations-Lexikon. Die Orgel des Domes in Merseburg, die in der Nikolai- und Paulinerkirche in Leipzig, in der Schloßkirche zu Wittenberg, in den Domen zu Riga und Schwerin singen mit 200 anderen Werken seinen Ruhm. Das Werk führt fort sein Sohn Oskar Ladegast.

Stellen Baukunst, Plastik, Malerei das Schöne dar für das Auge, so stellt die Musik als bildende Kunst das Schöne dar für das Ohr. Die Künste unterscheiden sich von einander durch das Material, das sie verwenden, um Schönes zu schaffen.

Den von Luther mit eingeführten kirchlichen Volkschoral half weiter ausbilden der Organist und Kantor an der Nikolaikirche in Berlin, Johann Crueger, der Vater des Weißenfelser Hofkapellmeisters Johann Crueger.

Die vom Gottesdienste losgelöste Musik entwickelte sich im 16./19. Jahrhundert zu unerreichter Höhe durch einen Schütz, Händel, Bach u. a. Sie stehen auch zu Weißenfels in Beziehung.

Wir nennen zuerst:

1) Joh. Herm. Schein, bis 1630 Thomas-Kantor in Leipzig, von 1612 bis 1615 Informator und Haus-Kapellmeister beim Schloßhauptmann von Wolfersdorf in Weißenfels. Dem Rate zu Weißenfels hat er sein „Cymbalum symphonicum" verehrt. Von hier aus wurde er Hofkapellmeister in Weimar. Seine „Waldliederlein" sind wert, bekannt zu werden.

2) Heinrich Schütz (Sagittarius), der größte deutsche Tonsetzer des 17. Jahrhunderts, der Vorläufer Bachs, der Vater der Kirchen-

konzertmusik, der Verfasser der ersten deutschen Oper darf in unserer Stadtgeschichte nicht unerwähnt bleiben. Sein Vater Christoph Schütz war 1591 von Köstritz nach Weißenfels gezogen und hier ein wohlhabender Bürger, Mitglied des Rates, Besitzer des nach ihm noch heute benannten Gasthofes „Zum Schützen" geworden. In dem Schuldbriefe, den Christoph Schütze dem Rate zu Weißenfels ausstellt über 1000 fl. rückständige Kaufgelder vom Anteil der Güter des Uichteritzer Rittersitzes, hört man die Sprache des wohlhabenden Mannes: „Nachdem ein Erbar wolweißer Rath alhier auß gueter Bewegnuß mir Christoph schützen ezliche gueter von dem Uichteritzer Rittersitz kauffweise zukommen lassen, die Ich dann gott sey danck bezahlet, bis uff tausend Gülden, die mir wegen des Ritterdienstes ohne Verzinßung uff sechs Jahre frei gelassen, dero wegen, daß ich jeder Zeit gefaßt und bereit sein soll, da ein uffgeboth geschehen, den Ritterdienst wie sichs gehoret und erfordert zu bestellen ...."

Der 19jährige Heinrich Schütz sang 1614 in Dresden mit bei der Taufe des späteren Administrators Augustus, des ersten Herzogs von Weißenfels.

Als der berühmte Musiker später seine Tochter verheiratet, sendet ihm auch der Stadtrat zu Weißenfels seinen Glückwunsch.

Hundert Jahre nach Schütz werden Händel und Bach geboren:

3) Georg Friedrich Händel, der Schöpfer des „Messias", wurde am 23. Februar 1865 in Halle, Gr. Schlamm 4, geboren.

Er schlich nachts auf den Speicher, wo das vom Großvater ererbte Klavier untergebracht war. Um den Knaben und sein Treiben kümmerte sich niemand. Nur ein befreundeter Musikant gab ihm heimlich Anleitung. Als den 67jährigen Vater eine Reise von Halle nach Weißenfels zum Herzog führt, läuft der Junge so lange neben dem Wagen her, bis ihn der Vater doch noch mitnimmt. In Weißenfels liefert er ihn bei seinem ältesten Sohne ab, der des Herzogs Kammerdiener ist. Der hat natürlich mehr zu tun, als sich besonders um den jungen Bruder zu kümmern. Dem ist's indes gelungen, an die Orgel der Schloßkirche zu kommen. Eines Tages wird sein Vater zum Herzog beschieden. „Was hat er da für einen Tausendsasa von Buben?" In der Kirche habe er, der Herzog, Orgel spielen hören und erfahren, daß es seines Kammerdieners Bruder sei, ein siebenjähriger Schlingel. „Was soll er werden?" fragt der Herzog weiter. „Doktor, Durchlaucht". „So einer wie er?" Und der Fürst redets dem Alten aus und redet ihm zu, den Jungen Musik treiben zu lassen. — In Halle nahm der junge Händel nun Unterricht beim Dom-Organisten Zachau. Bald kann der Schüler den Lehrer vertreten. Ja, er spielt Sonntags bald seine eigenen Noten! Die Kirche füllt sich, um des jungen Künstlers willen. Zachau treibt die Eltern nun, mehr für den Knaben zu tun: er könne ihm nichts mehr lehren. Jetzt kommt der Vierzehnjährige 1698 zu einem

24*

Verwandten nach Berlin. Ein italienischer Musiker, Attilio, wird nun sein Lehrer. Als der Kurfürst von dem musikalischen Wunder hört, bescheidet er den Jüngling aufs Schloß und ist bereit, ihn auf seine Kosten nach Italien zu schicken. Der aber will seine eigenen Wege gehen! Dem Drängen des Vaters, der ihn zum Juristen bestimmt hat, muß er sich aber doch am Ende fügen! Ein Jahr hat ers aber nur in Halle ausgehalten beim corpus juris und Pandekten. Jetzt geht er seine Wege allein — Frau Musika zu Liebe. — So laufen die Lebensfäden Händels, des Atleten an Körper, des Riesen an Geist, des Cyklopen an Kraft auch über unsere Stadt. — Als blinder Seher beschloß er mit der Aufführung des „Messias" sein reiches Leben. Ich sah sein Grabmal in der Westminsterabtei zu London.

4) Auch Johann Sebastian Bachs Spuren finden sich hier, des großen Tonmeisters aller Zeiten, der seinen evangelischen Glauben durch die Macht der Töne bezeugt. War seine erste Frau Maria Barbara die Tochter seines Oheims Bach, des Organisten und Stadtschreibers in Gehren, so stammte die zweite Lebensgefährtin aus Weißenfels: Anna Magdalene Wülcken war die Tochter eines Weißenfelser Hoftrompeters, von der er 13 Kinder hatte. Sie nahm an des Meisters Künstlerarbeit regen Anteil. Bach konnte mit seinen Familiengliedern ein Konzert „vocaliter und instrumentaliter formiren", wie er einmal an seinen Freund Erdmann schreibt. — Der große Meister widmete auch dem Herzog Christian eine Kantate.

5) Der Weißenfelser Hofkapellmeister Johann Philipp Crueger war am 26. Februar 1649 in Nürnberg geboren. Er ist der Sohn des verdienstvollen Komponisten von „Nun danket alle Gott", von „Jesus, meine Zuversicht" u. a.

Als mit dem Hofe Geschmack und Kunst in Weißenfels ihren Einzug hielten, ließen sich die Herzöge auch die Pflege der Musik angelegen sein. Die in Halle tätig gewesene Hofkapelle wurde neu organisiert. Bei ihr war Johann Philipp Crueger seit dem 12. Dezember 1677 angestellt.

Das Jahr darauf verehrt der Kurfürst dem Weißenfelser Kapellmeister einen kostbaren Ring. Im Ephoralarchiv hier ist von Crueger vorhanden ein umfangreiches Manuskript, das für alle Gottesdienste das musikalische Programm enthält. In Nürnberg ist 1690 eine Ariensammlung aus Singspielen von Crueger gedruckt, Sonaten für Violinen, lustige Feldmusik für Hautboisten. — Einen Ruf nach Dresden lehnte er, trotz eines geschenkten goldenen Ringes, ab.

In Weißenfels bezog Johann Philipp Crueger ein Gehalt von 400 Taler und 120 Taler Entschädigung für „Notisten, Calkanten, Instrumente und Saiten". Als Gegenstück dazu sei das Gehalt der Weißenfelser Kammersängerin Pauline Kellner genannt: Sie erhielt unter Herzog Georg 500 Taler und gute Behandlung! Johann Philipp Crueger starb geehrt am 6. Februar 1726.

Das Biographische Quellenlexikon der Musiker und Musikgelehrten von Robert Eitner (1901) berichtet, daß Johann Philipp Crueger vom Kaiser in den Adelsstand erhoben war. Das war dann wohl der persönliche Adel, wie er in Süddeutschland noch heute verliehen wird. Jedenfalls heißt sein Sohn nicht von Crueger, sondern Johann Gotthelf Crueger. Er ist in Weißenfels geboren am 13. September 1687. Er wurde hier 1711 Amts-, Regierungs- und Konsistorial-Advokat, legte aber 1712 diese Ämter nieder, um Hoforganist und Kammermusikus zu sein.

Nach des älteren Crueger Tode war Hofkapellmeister J. A. Kobelius, aber die Kirchenmusik scheint von J. Gotthelf Crueger allein geleitet worden zu sein. Denn in dem genannten Faszikel steht für die Kirchenmusik J. G. Crueger als Kapellmeister. Er wird nach Kobelius Tode 1735 alleiniger und allseitiger Kapelldirektor.

Neben Johann Philipp Crueger, der musikalischen Leuchte auf dem Felsen, schien still ein Licht in den Gassen der Stadt:

Von den Männern, welche Luthers Volkschoral weiter bildeten, ist in Weißenfels jener Zeit tätig Paul Becker, Komponist der Lieder des Naumburger Rechtsanwalts E. Ch. Homburg: „Ach Wundergeist, Siegesheld“, „Jesu meines Lebens Leben“. Der zweite Teil der geistlichen Lieder Homburgs ist „mit dreistimmigen Melodien gezieret von Paul Becker, der Musik Geflissenen zu Weißenfels“. Zur Einweihung der Kanzel, des Altars, des Taufsteins, der neuen Glocken bringt Becker 1675 ein „melos cathedrale“.

Selbständig waren die Hof-Kantoren, von denen Christian Edelmann, Vater des hier geborenen theologischen Schriftstellers Johann Christian Edelmann, genannt sei.

Endlich noch ein Wort zur leichteren Ware der Musik am hiesigen Hofe, zur Oper, zur Operette, zum Singspiel. Die Oper war hier „eine groteske Mischung sentimentaler oder düsterer Szenen mit derb Possenhaftem“, stand aber doch noch über dem, was sich anderwärts zynische Poeten erlauben durften. —

Als erste Oper überhaupt war im Jahre 1654 die „Hochzeit der Thetis“ aufgeführt.

Am Weißenfelser Hofe dienen der Muse die Rektoren und Professoren des gymnasium illustre im Nebenamt, als öde Schmeichler: Johann Riemer und Christian Weise.

Man darf nicht den Maßstab der zweiten klassischen Literaturperiode an ihre und der anderen Poesie legen. Sie preisen Augustus als den Erbauer des Schlosses, „vor dem die Saale sich am weißen Felsen bückt“.

„Du wertes Weißenfels, des Himmels Huld und Güte
Wohnt scheinbar über dir, weil Wittekinds Geblüte
Dich mehr als dreimal liebt: der tapfere Ditterich,
Der Glanz von Thüringen, verliebte sich in Dich
Und saß in Deinem Schloß. August, die große Stütze
Des Albertiner Stamms, nahm Dich zu seinem Sitze."

Als die neue Schloßuhr 1678 „geweiht" wird, ist Riemer, der Professor der Poesie am Gymnasium, zur Stelle mit einem großen Gedicht, aus dessen Schlußsatze ein paar Strophen lauten:

„Augustus selber sei mit Hofe, Land und Leuten
Gleich einer teuren Uhr, daran Er weiser ist:
Der güldnen Ziffern Gold mag die Gesetz' bedeuten,
Wo die Gerechtigkeit den goldnen Frieden küßt."

Das ist ja gewiß ganz nett. Anders steht es mit Augustus Lohse, des Herzogs Sekretär, der sich Talander nennt, mit Heinrich Lincke (1705), Paul Thiemich — nach Gervinus Urteil, Verfasser noch leidlicher Opern; während Augsburger wirklich ein gewöhnlicher Reimer war.

Der bedeutendste von allen war jedenfalls Johannes Beer. Er war alles: Musiker, Tondichter, Schauspieler, Humorist. Als ihn der Rektor Bockerodt in Mühlhausen den Harlekin von Weißenfels nennt, zieht er vom Leder in seinem „ursus murmurat" = der Bär knurrt und „ursus vulpinatur" = der Bär spielt den Fuchs.

Im „bellum musicum", dem musikalischen Kriege, richtet er sich gegen die musikalischen Stümper. Den eingebildeten Kunstgenossen liest er 1719 ordentlich den Text in den „musicalischen Diskursen": Audi domine Francisce! = Höre Herr Franz, wenn alle andern mehr könnten als Du, wer wärest Du? Lachst Deinen Nächsten aus, daß er weniger kann als Du und bist doch nur darum glücklich, weil er nicht mehr kann." Sein Sohn war 1747 Pfarrer in Burgwerben.

Von den Operntexten seien nur einige genannt: „Nero, der verzweifelte Selbstmörder" Oper mit Handlungen und einem Zechgelage, 1685. „Dulcimene und Lauretto" in einer Pastorelle (Schäfer und Schäferinnen), 1696. „Die Lybische Talestris" bei Herzogs Geburtstag, ein Singspiel mit einem Vorspiel, 1696. „Donna violanta" oder „Der Spiegel keuscher Damen" in einer Opera, 1708. „Irene und Vulcanus" — „Selimoene und Cloridan" — zum Schluß: Le grand Ballet. „Der tyrannische Großvater" oder „Der glückliche Bastard", eine Tragicomödie. „Die erlöste Germania". „Phöbus und Iris". „Elmira". „Antonius, römischer Triumvir". „Der Königliche Schäfer Paris" — u. a.

Der Künstleratmosphäre eines Beer gehörte schließlich doch auch an der Magister Erdmann Neumeister, 1704 Hofdiakonus in Weißenfels. Der Mann ist ein psychologisches Rätsel, wenn ich den Dichter frommer Lieder und den Mann der beißenden Satire in seiner Person vereinigt sehe. In letzter Beziehung ist zu nennen sein „Vibraischer Brunnengast, Nachdenkliche Betrachtungen des curieusen Brunnengastes zu Bibra von Erdmann Neumeister", worin er die Verhältnisse des kleinen thüringischen Badeortes geißelt, und das „Lobgedicht des sogenannten Bauerhundes oder Fürstlichen Leibhundes zu Weißenfels" mit allerhand Sitten, Lehren, angenehmen Galanterien. Da wird dem Zeitalter ein Hund Herzog Christians in seinem Lebenslaufe als Muster hingestellt — in specie werden die Verhältnisse des Weißenfelser Hofes gegeißelt. Der Herzog besaß nämlich ein Wundertier von einem Hunde, einen redenden „Leibhund", den 1714 sogar der Philosoph Leibnitz zu bewundern Gelegenheit hatte und ihn das zweite Wunder Sachsens nannte.

Die Tatsache, daß der Hund gerade den gütigen Herzog zum Herrn erwischte, bildet den Ausgang zur Satire über Titelsucht und Streberei.

„Jetzt lebet eine Welt, wo nichts als Schmink-Werk gilt,
Bei Dir hingegen darf die Wahrheit nicht erblöden,
Du sterbest, Edler Hund, wie, wann und wo Du wilt." —

Übrigens erschien eine dritte Auflage des Lobgedichtes 1722 mit einer Zugabe von sechs Blättern: Schöne Raritätenkasten, Schöne Spielwerke, alles lebendig, vor der Meß, in der Meß, nach der Meß!

Wie die Professores gymnasii zum Teil zu den Opern, so lieferte Neumeister zu den kirchlichen Aufführungen Cruegers und Beers die Oratorien- und Cantate-Dichtungen über die Evangelien. —

Sein Verstand beherrscht das Herz. Und doch vermag es warm zu schlagen in einzelnen Chorälen: „Jesu großer Wunderstern" — „Jesus nimmt die Sünder an" — „Mein lieber Gott gedenke meiner" — „Höchster Gott durch deinen Segen" — „So ist die Woche nun geschlossen" . . .

Eine eigenartige Erscheinung ist der Verwalter der Bibliothek Herzog Christians, der Philosoph, Mathematiker, Spötter Poley.

Er stand in Beziehung zum vielwissenden Leipziger Universitätsprofessor, Poeten und Kunstrichter Joh. Christoph Gottsched. Er mußte sich mit seinen Gedichten Geld verdienen und so wird, als Poley sich an ihn wendet, ein reger Briefwechsel eingeleitet. Poley teilt dem Leipziger Freunde mit, daß er ihn dem Fürsten empfohlen: Gottsched solle den Text zu einer Tafelmusik machen. Er warnt dabei Gottsched, Reime auf Wonne, Sachsen, Wachsen, Achsen zu verwenden, da Seine Durchlaucht solche nicht ausstehen könne. — Poley schreibt an Gottsched auch gelegentlich, daß er in das Stahlbad Bibra reisen wolle. Darauf bezieht sich wohl eine in jener Zeit entstandene Satyre „Der Bibraer Brunnengast".

Poley hat auch die Schrift des englischen Pilosophen John Locke: „Versuch vom menschlichen Verstande" übersetzt.

Auch mit der späteren, hier gegründeten alethophilischen Gesellschaft stand Gottsched in Briefwechsel. „Seine Bemühungen um die Reinigung der deutschen Sprache treten hier deutlich zu Tage." (Junge, „Gottsched und seine Weißenfelser Freunde.")

Unvergessen seien zwei andere geistliche Dichter: Zuerst der 1684 als Hofprediger in Weißenfels gestorbene Johann Olearius, von dem zehn Lieder noch jetzt das Gesangbuch zieren, von denen ich nur anführe: „Herr Jesu Christ dein teures Blut" — „Gelobt sei der Herr, mein Gott" — „Herr öffne mir die Herzenstür" — „O großer Gott Du reines Wesen". — Er wurde in der Klosterkirche beigesetzt.

Hat auch das Provinzialgesangbuch die Lieder Johann Michael Schumanns, gestorben 1741, des Professors am Gymnasium, nicht mehr aufgenommen, in unserm Stadtgesangbuche sind doch noch zwei gern gesehen: „Herz sei getreu in deinem Glauben" und „Gerechter Gott ich bin betrübt".

Er gab 1723 ein neues Weißenfelser Gesangbuch mit einer „genialen Vorrede" heraus.

Die Bettelpoesie der Schmeichlerpoeten Nauert, Lüders, Peiser, Jakob Vogel wird gebührend übergangen.

Den Übergang zu einer ganz anderen Gattung bildet der am 4. Februar 1738 hier geborene Johann Wilhelm von Brawe, ein pfortenser Genie, das in seinem mit 20 Jahren schon abgeschlossenen Leben den „Freigeist" und „Brutus" in fünffüßigen Jamben geschrieben hatte. —

Genannt sei aus dieser Zeit auch Heinrich Graf von Bünau. Er war am 2. Juni 1697 in Weißenfels geboren. Er, der Gönner Winkelmanns, des Altertumsforschers und Kunstschriftstellers, schrieb u. a. eine „Genaue und umständliche Teutsche Kayser und Reichs-Historie aus den bewehrtesten Geschicht-Schreibern und Uhrkunden zusammengetragen." (1728—43.) Seine Bibliothek umfaßte 42000 Bände. Er starb in Oßmannstedt.

Hohe Gäste aus dem Reiche des Geistes sah Weißenfels 1794: Schiller und Körner trafen sich in Weißenfels vom 26.—30. August. Körner hatte Schiller gebeten, ihn in Leipzig zu besuchen. Dem kranken Dichter wars nicht möglich. Körner schrieb ihm: „Es ist traurig, daß du nicht wagen kannst, bis Leipzig zu reisen. Wir bleiben wenigstens eine Woche hier, und unterdessen kann sich deine Gesundheit sehr bessern. Äußerstenfalls komme ich nach Weißenfels, und du bestimmst den Tag vom 20. an bis zu Ende des Monats. Aber doch sollte ich glauben, daß du besser tätest, lieber noch die vier Meilen zu reisen, um in Leipzig besseres Nachtlager und mehr Bequemlichkeit zu haben. Dein Körner."

Als er Besserung spürte, schrieb Schiller 14 Tage später: „Nächstens, Dienstag abends, werde ich mit Humboldt in Weißenfels eintreffen.

Das ist alles, was ich wagen konnte, da ich erst heute zum erstenmal wieder nach einer 20tägigen Unpäßlichkeit auf die Gasse gekommen bin. Suche es also möglich zu machen, daß Du etwa abends zwischen 7 und 8 Uhr dort eintreffen und ein paar Tage bleiben kannst. Ich bin voll Verlangen, Dich wiederzusehen, und diese Tage werden ein Fest für mich sein." — Nachschrift: Da wir kein Wirtshaus in Weißenfels kennen, so werden wir uns nach dem besten erkundigen. Welches Du auch beobachten kannst — und so finden wir uns gewiß."

Nach Ottos Chronik, die zwei Jahre nach der Zusammenkunft erschien, trafen sie sich im Gasthof „Zum drei Schwanen".

In einem Briefe an Göthe erwähnt Schiller den Aufenthalt in Weißenfels alsbald: „Bei meiner Rückkehr aus Weißenfels, wo ich mit meinem Freunde Körner aus Dresden eine Zusammenkunft gehabt, erhielt ich Ihren Brief, dessen Inhalt mir doppelt erfreulich war."

Und der Biograph Schillers, Palleske, sagt über diese Tage Schillers und Körners in Weißenfels: „Hier disputierten, während Hannibal vor den Thoren stand, diese Männer mit antiker Sorglosigkeit 1½ Tage lang über den Begriff des Wahren, Schönen und über den möglichen Weg das deutsche Publikum zu dem Bewußtsein des ihm innewohnenden Idealmenschen zu bringen. Wird man doch fast an Luthers Disputationen erinnert."

Am 19. September 1781, als er von Körner aus nach Dresden zurückkehrte, im September 1801 und im Frühjahr 1804 — mit seiner Familie auf dem Wege nach Berlin — hat Schiller Weißenfels dann noch berührt.

Mit zwei Weißenfelsern stand Schiller in naher Beziehung: mit Friedrich von Hardenberg und mit Luise Brachmann, der Tochter des hier angestellten Geleits-Kommissars Brachmann, der Dichterin, von der das geflügelte Wort stammt: „Was willst Du, Fernando, so trüb und so bleich" — der Anfang der lyrisch-epischen Dichtung „Columbus".

Ihre auserlesenen Dichtungen gab Professor Schütz heraus, vier Bände 1824/26. Später in Meyers Groschenbibliothek Band 138.

Ihre Gedichte gefallen durch Mannigfaltigkeit der Stoffe, durch reine Sprache und leichten Versbau: „Ergebung" — „Das Lied des Ritters" — „Von der festen Treue" — „Das Glück der Dichter."

Ihre Mutter, eine Pfarrerstochter, war die Jugendfreundin der Gemahlin des Freiherrn von Hardenberg gewesen. So ergaben sich die Beziehungen in Weißenfels von selbst. Dann studierte Luisens Bruder zusammen mit Friedrich von Hardenberg, durch den Schiller auf die Weißenfelser Poetin aufmerksam gemacht wurde. Er nahm einige Gedichte von ihr in den „Horen" auf.

Das Labyrinth ihres Lebens sei hier gemieden. Nur Schillers Brief an Luise Brachmann vom 15. September 1802 sei noch genannt:

„Ich habe nie aufgehört, an Ihrem Schicksal Anteil zu nehmen, ja, Ihr letzter Brief hat mir eine lebhafte Freude verursacht, weil er ein trauriges Gerücht, das Sie tot sagte, widerlegte. Als ich im September vorigen Jahres durch Weißenfels reiste, war in dem Gasthofe, wo ich abstieg, meine erste Erkundigung nach Ihnen, und eben dort bestätigte man mir zu meiner großen Betrübnis Ihren Tod. Ihr Brief hat mir das Mißverständnis aufgeklärt, und obgleich die Veranlassung zu demselben immer etwas Trauriges für Sie ist, so will ich doch lieber mit Ihnen eine Freundin und Schwester, als Sie selbst beklagen."

Am 22. März 1801 starb hier Friedrich von Hardenberg (Novalis). Im Jahre 1787 hatte sein Vater, der hier das Direktorium des Salinenwesens im Thüringischen repräsentierte, Haus und Garten gekauft für seine Familie von elf Kindern.

Nach dem Abgange vom Gymnasium in Eisleben, 1790, hatte Novalis die Universität Jena bezogen, wo Schiller durch sein Wort und Wesen auf ihn tiefen Eindruck machte. Als seine jungverlobte Braut den Folgen einer Operation unterlag, begann der Brunnen der Dichtung zu fließen in den „Hymnen an die Nacht". Die nächsten und letzten zehn Jahre seines zu früh vollendeten Lebens erfüllen Arbeit, Sorgen ums eigne Leben und — neue Liebe.

Als im März 1801 Friedrich Schlegel, der Romantiker, und sein Bruder Karl bei dem Kranken in Weißenfels weilen, schlummert er sanft in das ersehnte Jenseits hinüber.

So oft die Lieder erklingen: „Wenn ich Ihn nur habe" — „Wenn alle untreu werden" — „Was wär' ich ohne Dich gewesen", gedenken wir seiner.

Hier sei auch der Novalisfeier in Weißenfels am 2. Mai 1872 gedacht. Lange vor dem hundertsten Geburtstage des Dichterjünglings hatte eine Gemeinschaft Weißenfelser Bürger einen Aufruf zur Errichtung eines Denkmals erlassen, zu dem auch aus der Ferne reichliche Mittel zugeflossen waren. Zur Enthüllung des Denkmals auf dem Nikolai-Gottesacker waren die Vertreter der Regierung, der Schulen, der Kirche, der Universität, der Kunst und Wissenschaft, des Salzamtes Dürrenberg, wo Novalis gearbeitet, erschienen. Der Seminarchor eröffnete die Feier mit dem Gesange: „Wenn alle untreu werden", der Superintendent Nebe hielt die Weiherede und wies hin auf Göthes Urteil: „Er wäre ein Imperator geworden, die Literatur zu beherrschen" . . . und auf Schleiermachers Wort: „. . . ich will euch hinweisen auf den zu früh entschlafenen göttlichen Jüngling, den ihr, ob er kaum mehr als die ersten Laute ausgesprochen, den reichsten Dichtern beigesellen müßt . . . er bleibt in den Herzen eingeschrieben, wenn er auch nur eine kurze Morgenstunde seine Harfe rührte."

Um fünf Uhr Nachmittags hielt Professor Gosche-Halle die Festrede in Schumanns Garten. Am Abend vereinte ein Mahl die Festgäste. —

Das schöne Marmorhaupt des Denkmals hat Schaper-Berlin, ein Landsmann von Novalis, geschaffen. Um die Lippe liegt der feine Zug des Denkers, das nach oben gerichtete Auge spricht das Sehnen des Geistes nach dem Ewigen aus und etwas von der heiligen Wehmut, welche seine Lieder erfüllt, scheint die Züge des Marmorantlitzes zu beleben. Auch am 100. Todestage, am 25. März 1901, fand eine glänzende Feier statt: Wieder sang der Seminarchor unter Meister Gräßners Leitung. Dann ergriff der in Weißenfels geborene gelehrte Germanist Geheimrat Professor Dr. Moritz Heyne aus Göttingen das Wort zur fein empfundenen Festrede, in der es u. a. hieß: „Die Hinneigung des Dichters zum Katholizismus ist behauptet worden auf Grund der Marienlieder, die sich in einem unvollendet gebliebenen Roman einreihen sollen. Sie können ebensowenig für Novalis' Zuneigung zum Katholizismus zeugen, wie man Schiller einen Nadowessier nennen könnte, weil er Nadowessiers Totenklage geschrieben hat."

„Es war eine rührende Szene, als nach dem Tode seines Sohnes der Vater hier in Weißenfels in der Trauergemeinde ein Lied mit singen mußte: ‚Was wär' ich ohne dich gewesen, was würd' ich ohne dich nicht sein?' und als er von diesem Liede gerührt hernach fragte, von wem es verfaßt sei, erfahren mußte: der Verfasser sei sein verewigter Sohn gewesen." Die Spitzen der Behörden, die Vertreter von Vereinen und Schulen legten Kränze nieder.

In Weißenfels hatte sich 1799 als „Advokat" niedergelassen Amadeus Gottfried Adolf Müllner, der Mann „um dessen Dichtergröße ein tumultarischer Sturm über ganz Deutschland ging". Er war am 18. Oktober 1774 um Mitternacht in Langendorf geboren, wo sein Vater kursächsischer Domänenpächter, seine Mutter die jüngste Schwester des Leonoren-Dichters Gottfried August Bürgers war, der viel im Hause verkehrte.

Die bisher von ihm erschienenen rechtlichen Abhandlungen treten in den Hintergrund vor seiner dramatischen Tätigkeit, die mit der Begründung eines Liebhaber-Theaters in Weißenfels beginnt. Für dieses Theater schreibt er seine ersten Lustspiele zum Teil nach französischen Originalen aber in fließenden deutschen Versen. Vor Müllner hatte der jedesmalige Schauspiel-Direktor an die Rats-Kämmerei 1 Taler 8 Groschen und dem Rate alle Wochen zwölf Freibillette zu geben. Im Jahre 1797 dauerte die Spielzeit nicht länger als bis zum Sonnabend nach dem „ersten Advent".

Eine Privatbühne rief Müllner dann ins Leben an Stelle des Gesellschafts-Theaters. Sie wurde im Februar 1810 eröffnet durch Göthes „Mitschuldigen" — Müllner gab den Wirt.

Das letzte Mal wohl spielte Müllner selbst in seiner eigenen „Onkeley", wo er den Hauptmann von Hold darstellte. Der Theaterzettel trug die Bemerkung: „Herren, welche Sitze einnehmen, so lange noch eine einzige Dame stehen muß, werden künftig vom Zutritte namentlich ausgeschlossen." —

Müllners Ruhm begründen die Schicksalsdramen. Für die 1812 geschriebene „Schuld" war der Direktor des Königlichen Nationaltheaters in Berlin A. W. Iffland Feuer und Flamme.

Seitdem er preußischer Hofrat geworden ist, hört er bald auf, sich dramatisch zu betätigen. Er beschäftigt sich jetzt mit kritisch-literarischen Arbeiten in der „Mitternachtszeitung". Übrigens redigierte er eine ganze Reihe Blätter: „Das Literaturblatt", das „Morgenblatt", die „Hekate".

Ich lasse den Bericht O. L. B. Wolfs, des weimarischen Improvisators, folgen über: „Zwei Abende in Müllners Gesellschaft", weil er in mehr als einer Beziehung interessant ist:

„Es war an einem Nachmittage im Spätsommer 1826" — erzählt Wolf — „als ich in Begleitung eines jungen Freundes in Weißenfels einfuhr. Das Städchen ist, da die große Straße von Berlin nach Frankfurt hindurch führt, bekannt genug ... Mich interessirte indessen seine Physiognomie doch sehr, da ich sie mit dem Wesen Müllners, der hier geboren war und den größten Teil seines Lebens daselbst zugebracht hatte, in Einklang zu bringen suchte. Eine kleine Stadt übt auf einen genialen oder doch außergewöhnlichen Menschen stets ihren Einfluß aus .... Weißenfels ist eine solche kleine Stadt, ehemalige Residenz einer sächsischen Nebenlinie, deren letzter Sprößling eine Passion für Geigen hatte und Jemanden zur Belohnung für einen Riesenbaß zum Geheimrath machte, zu einer Zeit, als ein Geheimrath, namentlich in Sachsen noch eine Delikatesse war. Es wird belebt durch Garnison und Holzhandel ... hat ein stattliches Schloß. Das alles kann man in einem geographischen Handbuche lesen. Er wird auch vielleicht darin finden, daß es im Geschmacke Leipzigs gebaut ist, sich hoher Häuser und breiter Straßen, sowie eines sehr schönen Marktes zu erfreuen hat, aber nicht, daß eine seiner Vorstädte fast ganz allein von zwei Holzhändlerfamilien bewohnt wird, deren Namen man in abwechselnder Reihenfolge über der Mehrzahl der Hausthüren einer sehr langen Straße liest und unabwendbar, selbst bei dem schlechtesten Gedächtnisse, auswendig wissen muß, ehe man das Ende derselben erreicht hat ...

Auf unsere Erkundigung wurden wir vom Gasthofe aus erst nach Müllners Wohnung, dann aber, als wir ihn hier nicht fanden, nach einem öffentlichen Garten „das Bad" genannt, wo er bestimmt zu treffen sei, gewiesen. Wir ließen uns, um den kürzesten Weg zu nehmen, über die Saale setzen und landeten in dem Garten selbst. — —

Unser Gespräch war anfangs gemessen und spärlich, vielleicht mochte die Anwesenheit der anderen daran schuld sein, wenigstens stimmte es nicht mit dem freundlichen Ton überein, den er gleich von Anbeginn in seinen

Briefen gegen mich angenommen hatte. Ich hatte ihm, dem gefürchtetsten und wenn er nicht gereizt war, unbedingt auch gewiegtesten Kritiker jener Tage, mein Buch mit der Bitte um eine Anzeige in der „Mitternachtzeitung" zugesandt, der einen Briefwechsel zur Folge gehabt hatte. Ich benutzte die Muße, seine Gestalt und sein ganzes Wesen genau zu betrachten. Nach seinem Portrait, das als Titelkupfer einer der späteren Ausgaben der „Schuld" beigefügt war, hatte ich ein ganz anderes Bild von ihm ...

... Er war unter mittlerer Größe, breit und starkknochig, beleibt, mit glatt anliegendem dunkeln Haar, gekniffenem Munde und einem falschen Blick in dem einen Auge, jedoch nicht so, daß man es schielend hätte nennen können. In einem grünen Überrock mit gelben Metallknöpfen etwas unmodisch gekleidet, unterschied er sich in seinem ganzen Wesen durchaus nicht von jedem andern guten Bürger der guten Stadt Weißenfels, und ein Fremder würde ... gewiß nicht errathen haben, daß dieß derselbe Mann sei, dessen Tragödie „Die Schuld" noch vor wenigen Jahren die deutsche Bühne mit einer Umwälzung bedrohte und sich eines fast unglaublichen Beifalls bei der Menge zu erfreuen hatte. Am deutlichsten blickte der gewesene Advokat hindurch, wie ihm dieser überhaupt während seines ganzen Lebens beständig im Nacken saß ...

Er lud uns ein, ihn in die Ressource zu begleiten. Unterwegs ward er gesprächiger ... gab Gelegenheit zu manchem lustigen Wort, da er seinen Gegner nicht schonte (Buchhändler Vieweg) und unter Lachen und Scherzen erreichten wir das Ziel .... Nirgends kann der eigentliche Philister sich so im Schlafrock zeigen und mit aller Bequemlichkeit gehen lassen wie hier ... Ob die Weißenfelser Ressource besser oder schlechter sei als ihre Mitschwestern, kann ich nicht sagen — sie schien ihnen, wenigstens dem Äußern nach, vollkommen zu gleichen: düstere, verhältnißmäßig enge, mit Tabaksrauch angefüllte Zimmer, ein Billard, mehrere Spieltische, das war alles. Ich hatte mir den Verfasser der „Schuld" und der „Albaneserin" aristokratischer gedacht, als daß er so lange in alltäglicher Umgebung, bei der sich's nie in's volle Menschenleben hineingreifen läßt, ausdauern könne, aber ich sollte noch mehr über seine Sittengewohnheiten enttäuscht werden. — Bei mächtigen Humpen Biers mit Musik (thüringischer Kunstausdruck für Brot und Zucker) wurden nun die Zigarren angesteckt und ein gutes hausbackenes Gespräch über Hans und Kunz, Autoren und Verleger, Journale und Abonnenten geführt ... Der kleine Mann, der da neben uns saß und sich auf so wohlwollende Weise ganz gescheit mit uns unterhielt, konnte seinen Äußerungen und dem Stoff seiner Gespräche nach ebenso gut Buchhändler, Leihbibliothekar, Oberlandsgerichtsregistrator mit Vorliebe für die belles lettres sein ... Aber Müllners große Bedeutsamkeit schien sich erst zu entfalten, je tiefer das Dunkel der Nacht zu herrschen begann. Gegen neun Uhr trat plötzlich ein Mann zu ihm und berichtete: Alles sei bereit und der Himmel günstig. — „Finden Sie Vergnügen, mich auf mein Observatorium zu begleiten und die Sterne zu beobachten?"

Dankbar nahmen wir sein Anerbieten an und erstiegen mit ihm den Boden des Hauses, der von dem Weißenfelsischen Aichungsbeamten, seinem astronomischen Gehülfen, als Magazin benutzt wurde. Hier war in einem Erker, der wie dazu gebaut schien, ein sehr schönes Teloskop aufgestellt ... Er richtete nun alles ein, ließ uns abwechselnd hindurchschauen und zeigte dabei ein solches Talent des Lehrens, daß er mich auf das Lebhafteste in Erstaunen setzte ....

Aufziehende Wolken, welche den Himmel verfinsterten, machten gegen Mitternacht dieser höchst anziehenden Unterhaltung ein Ende. Als wir vor seiner Wohnung uns verabschieden wollten, gab er das nicht zu: „Sie müssen mit heraufkommen, nun wollen wir uns erst eigentlich kennen lernen und von interessanten Dingen reden." Jetzt erst, erklärte er, gehe sein Abend und mit diesem seine Arbeitszeit an. Er stehe um zwölf Uhr mittags auf, esse um Eins mit seiner Familie, lese darauf leichte Schriften, gehe dann aus, im Sommer auf das Bad, wo er an Schießübungen teinehme, im Winter auf die Jagd oder aufs Eis; später begebe er sich in die Ressource und von hier auf seine Sternwarte, dann erst gehe er um Mitternacht an den Arbeitstisch, den er vor fünf Uhr nicht wieder verlasse ... Sein Bedienter servierte Tee mit Portwein, den er stark und viel trank, und dazu die stärksten Havanna-Zigarren, ein Geschenk von Lotz in Hamburg. Ich konnte die Mittel nicht loben. Daß ein Dichter äußere Aufregung haben müsse, gab ich ihm zu, sein Geist verliere sonst die Flüssigkeit. — Das Gespräch wandte sich nun auf mein Talent des Improvisierens, er verlangte eine Probe und gab einen historischen Gegenstand auf, den ich in einem Sonnett ausführen sollte .... Wir sprachen nun vieles über die Formen der Poesie und vereinigten uns darüber, daß eine innere Notwendigkeit allen Formen als Urgesetz zu Grunde liege .... Mir war es interessant gewesen, zu bemerken, daß auf einem Repositorium neben seinem Schreibtische keine anderen Bücher als von ihm verfaßte standen und daß er während der ganzen Diskussion zur Verteidigung seiner Ansichten nie ein anderes Beispiel zitierte, als aus seinen eigenen Schriften. Auf die Frage, ob er der tragischen Muse ganz entsagt habe, rief er lebhaft aus: „Sie sind selbst ein Dichter und thun solche Frage? In der Poesie will man nicht, man muß!" ... Der helle Morgen schien ins Zimmer hinein, als wir fortgingen. Er nahm in seiner Weise herzlichen Abschied von uns und forderte uns lebhaft auf, ihn wieder zu besuchen.

Wolf traf später wieder mit Müllner in Leipzig zusammen und fand sich zu dem Urteil berechtigt: „denn eitel war er sehr. Das

Schicksal führte damals einen höchst mittelmäßigen Schauspieler herbei, der sich zu ihm setzte und ihm auf die unverschämteste Weise, das Lob fingerdick aufs Brot streichend, den Hof zu machen begann. Ich erwartete, er werde den Patron auf die gehörige Weise nach Hause leuchten, aber das geschah keineswegs; mit der größten Selbstgefälligkeit athmete er den Weihrauch ein, den ihm dieser in immer stärkeren Maaßen, aber ohne die geringste Spur von Geist, unter die Nase brachte ...

Ein Schlagfluß hatte ihn 1827 auf die Bahre gestreckt. Jetzt brach die Meute los ... Mancher war allerdings arg von ihm gehudelt und gezaust worden, aber dieser Mangel an Pietät gegen den wehrlosen Abgeschiedenen entehrte ihn doch." Wolf schließt: „Müllner blieb während seines ganzen Lebens Advokat: als Recensent wie als Dichter. Alle seine Arbeiten sind eigentlich Acta Privata in Sachen P. P. gegen Q. Q. wegen R. R. Und daran war, man sage was man wolle, zum großen Teil die kleine Stadt Schuld, in der er sein Leben verbrachte."

Am 18. Oktober 1874, zur Feier seines 100. Geburtstages, wurde das Haus, in dem er „Die Schuld" geschrieben, illuminiert und geschmückt. Morgens 8 Uhr hatte eine Gedächtnisfeier mit Rede und Gesang an seinem Grabe stattgefunden.

Luise von François, am 27. Juni 1817 zu Herzberg geboren, war die Tochter des sächsischen, dann preußischen Majors Friedrich von François. Ihre Mutter, Amalie Hohl, stammte aus einem angesehenen Weißenfelser Bürgerhause. Als im Jahre 1818 der Vater starb, zog die Mutter mit ihren Kindern Luise und Ernst nach Weißenfels zurück, wo sie sich mit dem Justizrat Herbst wieder verheiratete. Was der dem frischen Kinde erteilte Privatunterricht vermissen ließ, suchte sich Luise durch eifrige Lektüre und privates Studium anzueignen. Im Jahre 1829 lernte sie im Hause der damals in Weißenfels weilenden Schriftstellerin Fanny Tornow den Grafen Alfred Görtz, derzeit Militär, kennen. Da Luise durch einen treulosen Vormund um ihr Vermögen gebracht worden war, und am Ende dadurch doch Schatten auf den längeren Brautstand fielen, gab sie dem Verlobten sein Wort zurück. Noch nicht viel über 20 Jahre zählend, zog sie sich nun aus der Gesellschaft zurück. Viel hatte sie dafür überhaupt nie übrig gehabt. Nach einer ereignislosen Reihe von Jahren traf sie ein zweiter pekuniärer Verlust. Ihre Mutter verlor ihr Vermögen und erkrankte schwer.

Freundlicher wird erst ihr Leben während des Aufenthaltes im Hause ihres Verwandten, des Generals Karl von François, mit dem sie erst in Halberstadt, dann in Potsdam lebt. Nach vierjährigem Zusammensein starb 1855 der Generalleutenant.

Jetzt beginnt ihre schriftstellerische Arbeit mit einer Reihe Novellen. Ihren Ruhm begründete der Roman „Die letzte Reckenburgerin“. „Ein Stück echtes, kraftvolles Menschenleben auf meisterhaft gezeichnetem historischen Hintergrunde.“ Gustav Freytags glänzende Beurteilung setzt das Werk in das gebührende Licht. — Nun ruhte ihre Feder nicht mehr. Es folgt eine „Geschichte der Befreiungskriege“ 1874, es folgen Romane, von denen ich nenne „Die Stufenjahre eines Glücklichen“ 1877, „Der Katzenjunker“ 1879, „Phosphorus Hollunder“, „Zu Füßen des Monarchen“ 1881.

Nach dem Tode ihrer Mutter 1871 und dem des Stiefvaters 1874, den sie — einen erblindeten Greis — aufopfernd gepflegt, lebte sie ganz einsam im A. Kleinickeschen Hause und starb am 25. September 1893.

Eine Gedenktafel wird auch hier bald das Haus zieren: Fremden und Einheimischen zur Erinnerung, daß in der Geschichte der Stadt Weißenfels sich eine Fülle nationaler Ereignisse und literaturgeschichtlicher Namen vereinigen. —

Alphabetisches Sach-Register.

A.

Aberglaube 180.
Abgaben an den Landesherrn 86. Siehe Beten, Steuern.
Ablaß für die Marienkirche 87. 93.
Ablaßbrief 93.
Abzugsgeld 141.
Akzise 247.
Adel des Amtes Weißenfels 64 ff.
Adler, schwarzer 139.
Administrator Herzog Friedrich Wilhelm 148.
Administrator Herzog Augustus 201.
Adolf von Nassau in Weißenfels 44.
Adolf von Nassau, Schutzurkunde für Weißenfels 45. 47.
Agnes, Kurfürstin 9. 18.
Agnes von Kärnthen 55.
Alba, Herzog 128.
Albertinische Herzöge 98.
Albrecht der Beherzte 98.
Albrecht der Unartige 19. 29.
Albrecht von Brandenstein 72.
Albrecht von Österreich, Kaiser 45.
Albrecht von Wettin 88.
Aletophilische Gesellschaft 265.
Almosen-Ordnung 239.
Altar der Marienkirche 94.
Altenburg, Landtag 73.
Altertumsverein in Weißenfels 367.
Altenburger Stadtrecht 118.
Alte Saale in der Stadt Weißenfels 63.
Altstadt Weißenfels. Vor dem Niklastore 77. 139.
Amalaberga 1.
Amtshaus, Kurfürstliches 295.
Amts-Archiv 222.
Amtmann von Weißenfels 76.
Amtsmühle in Cubamark 141.
Amtsstühle 244.
Amt Weißenfels, Karte 265.
Amtsvögte 153.
Amtsuntertanen-Lasten 153. 154.
Anna „Mutter“ 130.
Anna Sibylle, die Wunderdoktorin 254.
Anzugsgeld 141.
Apitz 28.
Apotheken 213.
Arbeitshaus 292.
Armbrustschützen 133.
Armen-Ordnung 328.
Armenhaus 296.
Armenwesen 238. 343.
Arnshaugk, Gräfin 28.
Arnstadt, Treffen 59.
Arreststuben 297.
Assessoren, städtische 75.
Artikel der Vorstädter 225.
Artolerei 116. 127.
Auerstedt und Jena 306.
Augsburger 201.
August, Kurfürst der Sparsame 133.
Augustus, Administrator 201.
August II., Kurfürst 265. 290.
August der Starke 228.
Augustusburg 206. 215.
Azirian, Jude 80.

B.

Bach, Johann Sebastian 372.
Bäcker 205. 218.
Backhaus der Gemeinde, des Rats 296.
Bad Weißenfels 331.
Badestube, Baderei des Rates 139.
Bahnhofsbrücke 354.
Ballhaus 241.

Balthasar, Landgraf in Thüringen 64. 72.
Bann über Weißenfels 72.
Banner freiwilliger Sachsen 324.
Barockstil 220.
Bauer, Schutzbrief für Weißenfels 194.
Bau-Ordnung 134.
Baubegnadigung 252.
Bauernhund, Lobgedicht 254.
Bär (Steuer) 67.
Bär, schwarzer, Gasthof 88. 213.
Becher, Wirtschaft zum 249.
Becker, Paul, Komponist 373.
Bede siehe Bete.
Beer, Joh. 374.
Begnadigungen, siehe Privilegien.
Begräbniswesen 141. 160.
Begräbnisparade des letzten Herzogs 262.
Begräbnisplätze, kirchliche 115.
Begräbnisplätze, vorgeschichtliche, siehe Einleitung XV.
Behrisch 249.
Beichtmarken 113.
Beisetzung, Johann Adolfs II. 261.
Bern, siehe Landbern 96.
Besserungs-Anstalt in Weißenfels 292.
Besserungs-Verein 343.
Bessière, Marschall 312.
Besoldungen, fürstlicher alter Zeit 86.
Besuche, hohe 236.
Bete 66. 67. 71. 72. 73. 86. 119.
Bete im bischöflichen Gebiet 67.
Bete im Witwensitz 71.
Beuditz 5.
Beuditz-Gericht 144.
Beuditz-Kirchen-Grundsteinlegung 367.
Beuditz-Kloster 22. 54. 111. 129. 143. 144.
Beuditz-Mühle 162.
Beuditz-Mühle, Frohnen derselben 162.
Beuditz-Teich 144.
Bibra 111. 242.
Billunger Sachsen-Herzöge 15.
Bierbrauerei, siehe Brauwesen.
Bier-Zehnt 87. 116.
Billunger 15.
Brauende Bürgerschaft 87.
Biesenrodt auf Schkortleben, Amtshauptmann 117. 153.
Bischof Petrus von Naumburg 91.
Bischof Christian von Naumburg 70.
Bismarckturm 367.
Bistümer, eingezogen 137.
Blüchers Brief 322.
Böhmen im Lande 21. 90.
Boleslaw 7.
Brachmann, Luise 377.
von Brandenstein, Katharina von 91.
von Brandenstein, Amtmann 72.
Brände 69. 158. 208. 209. 210. 249. 288. 336.
Brandenburger Fehde 527.
Branntweinbrennen 109.
Brascha, Bürgermeister 268. 283.
Brauende Bürgerschaft 340. 341. 342.
Brauhäuser 213.
Braunkohlen-Industrie 353.
Brau-Recht 146.
Brau-Pflicht 108.
Brauwesen 106. 340. 359.
von Brawe 376.
Brücke, siehe Saalebrücke.
Brücken-Mühle 141. 213. 280.
Bruderkirche in Weißenfels 19. 20. 89.
Bruderkrieg 89.
Bruderschaft corporis Christi 51.
Brühl, Moritz von 243.
Brühl, Heinrich von 257. 290.
Brunnen, städtische 176.
Bruno, Bischof von Naumburg 48.
Buchen, Waisenvater 237. 238.
Büchsenschützen-Privileg 155.
Bühne des Weißenfelser Hofes 374.
Bühne Müllners 379.
Bünau, Ritter von, auf Schkölen 236.
Bünau, von, Oberst 233. 236.
Bünau, von, Geschichtsschreiber 376.
Burgen an der Saale 3.
Bürger außer den Ringmauern 168.
Bürger-Gehorsam 187.
Bürgergarde 321.
Bürger-Recht, -Brief 119.
Bürgermeister, erstgen. Anno 1633 54.
Bürger-Ordnung 156. Siehe auch Statuta.

Bürger-Rechte 119.
Bürgerschule, siehe Schule 179.
Burgstraße 94.
Burgscheidungen 1.
Burgwerben, Grafen von 5. 13. 14.
Burgwerben, Schloß 15. 45. 65.
Burggrafen von Nürnberg 53. 70.
Burgsdorf, Oberhofmeister 263.
Burgwerben, Pfarrarchiv 281.

C.

Caland 50. 51.
Calvinismus 148.
Camburg 22.
Cantorei 151.
Capistrano 91.
Carnzov 258.
Castrum doloris 216.
Catharinas Witwensitz 83.
Cezurbow, Dietrich 64.
Champagnerfabrik Weißenfels 330.
Choleragefahr 329.
Chor, der wird in der Marienkirche gebaut 137.
Christian I., Kurfürst 148.
Christian II., Kurfürst 158.
Christian Herzog von Weißenfels 241.
Christian, Herzog von Weißenfels, Reiterstatue in Freyburg 244.
Christian, Bischof von Naumburg 71. 72.
Clarenkloster von St. Niklas 32. 39. 40. 41. 42. 43. 85. 112. 124. 162. 355.
Clarenkloster, Clarissinnen 144.
Clarenkloster-Gerichtsbarkeit 55.
Clarenkloster-Ritualbuch 82.
Clarenkloster-Verlegung 46.
Clarenkloster als Inhaber des Gerichts 55.
Colonisation, deutsche 9. 22.
Colonisten, deutsche 9.
Cölleda 111.
Collegium musicum 151.
Colloredo 190.
Communal-Verfassung 329.
Compagnie der Handwerker 160.
Condolenzschreiben des Stadtrats von Merseburg 159.
Confirmanden-Fürsorge des Rats 311.
„Consuetudines" siehe Gewohnheiten der Stadt Weißenfels 77. 164.
Consuln, städtische 75. 79.
Corporis Christi siehe Brüderschaft 51.
Costnitz-Conzil 81.
Crell, Kanzler 148. 149.
Creuz, zum güldenen 213.
Crillon 272. 274.
Crueger, Kapelldir. Komponist 258. 372.
Cuba 141.
Cuba-Mühle 141.
Curie in Weißenfels mit Burgrecht 65.
Curie in Weißenfels bei der Stadtkirche 66.
Curen, Anna Sibyllens 254.
Czernebog 4.

D.

Dagobert 2.
Dänische Kriege 335.
Dammstraße 96. 138.
Dampfkesselfabrik 358.
Dedo 9.
Defensioner 235.
Dehne, General-Major 192.
Dehlitz 275.
Dehlitz, Landtag 24.
Denkmal Kaiser Wilhelms 365.
Denkmäler der Stadt 351. 366.
Depesche des Rats nach Versailles 350.
Dessau, Moritz, Fürst von 270.
Dieskau, Hans von 129.
Diluvialzeit — Einleitung XIV.
Dietrich der Bedrängte von Weißenfels 17. ff.
Dietrich der Weise von Landsberg-Weißenfels 28. 32.
Dietrich II., Graf von Wettin 8.
Dietrich von Burgwerben 13.
Dietrich, O., Papierfabriken 359.
Dietrich, Bischof von Naumburg 27. 29.
Diezmann, Markgraf 28. 39. 44. ff.
Doelitz, Albert von 65.
Dornburg-Weißenfels, Friede von 59.
Dreißigjähriger Krieg 182—197.
Duchelitz, Verschreibung der Bürger zu 13.

E.

Ebeleben, Christoph von 118. 128. 129.
Edelknaben 243.

Eigentum, städtisches, siehe Grundbesitz.
Ellika von Burgwerben 13.
Einfuhr von Wein 224.
Einrichtungen alter Zeit, siehe Gebräuche.
Einwohner, graduierte 300.
Eisgang 336.
Eisenbahn, Thüringer 339. 340. 360.
Eisenbahn-Betriebsamt Weißenfels 360.
Eisenberg, Kunigunde von 28.
Eisengießerei 358.
Ekkardsberga 54.
Ekkehard I. 7.
Ekkehardiner 5.
Engelhard, Bischof von Naumburg 22.
Emigranten 253.
Erbgericht 78.
Erdbeben 59.
Ereignisse, schreckhafte 59.
Eremitage 234. 235.
Erfurt 2.
Erfurts, Mag. Simons Singulena 212.
Erich, Erzbischof 22.
Erich, Erzbischof von Magdeburg 35.
Erkenbold von Weißenfels 21.
Ermsreuth, A. von 95.
Ernst, Kurfürst 88. 98.
Ernst, Graf von Weißenfels 6.
Euphemia von Plausigk 112. 114. 117. 141.
Exemtionen von städtischer Gerichtsbarkeit, siehe privilegierte Häuser.
Exemte Häuser 77.
Exorcismus 149.
Eydam 334.

F.

Fabriken 358.
Fälckner, Amtsvogt 163.
familiares 26.
Franziskaner in Weißenfels 36.
Fasanerie 243. 247.
Ferber, Geschlecht 87. 88. 94. 114. 118. 129. 202.
Festungssteuer 116.
Feuer-Ordnungen 104. 217.
Feuersnöte, siehe Brände 104.
Feuerwehr zu Herzogszeiten 218.
Finanzwesen, des Rates übles 211.
Fischer, die Weißenfelser 101. 118.
Fischer, angeblich Privileg Ludwigs des Springers 11. 12.
Fischer, im siebenjährigen Kriege 280.
Fischerei-Gerechtigkeit 12.
Fischergasse, die alte 139.
Flagellanten (Geißler) 61.
Fleischer-Innung 101. 105.
Fleischpreise (1674) 205.
Flösse 135.
Floßzoll 69. 167. 173.
Flotte, deutsche 335. 347. 349.
Flußschiffahrt 136.
Forner, Orgelbauer 220.
Fortbildungsschule 364.
Forsthaus, herzogliches 230.
François, Luise von 301. 305. 307. 337. 383.
Franken 2.
Frankenstraße 135.
Fränkische Kaiser 9.
Franziskaner in Weißenfels 22.
Französische Gefangene in Weißenfels 350.
Frauenholz bei Dehlitz vergeben 162.
Frauenverein, vaterländischer 324.
Freiheiten, von des Rates Gericht, siehe privileg. Häuser.
Freiheitskriege 310—322. 327.
Freihof auf dem Georgenberg, siehe Georgenberg.
Freistellen der Stadt Weißenfels in Pforta 168.
Freyburg I. 11. (Jagden) 244.
Friedenthal 244.
Friederike Elisabeth, Herzogin, Einzug in Weißenfels 228.
Friedensfeier 351.
Friedrich August III., Kurfürst 287.
Friedrich August, König 309.
Friedrich von Landsberg-Tuta, Markgraf 28. 32. 39. Statue 43.
Friedrich I., der Freidige 27. 39. 52.
Friedrich II., der Ernsthafte 57.
Friedrich III., der Strenge 64. 70.
Friedrich IV., der Streitbare 80.
Friedrich II., der Sanftmütige 83.
Friedrich der Schöne 57.
Friedrich der Weise 99.

Friedrich Christian, Kurfürst 287.
Friedrich Wilhelm, Herzog, Administrator 148.
Friedrich der Große, König, in Weißenfels 273.
Friedrich Wilhelm III., König von Preußen 323.
Friedrich Wilhelm IV., König von Preußen 333. 345.
Friesenfeld 9.
Funcke-Burgwerben, von 283.
Fürstenbündnis, Weißenfelser 81.
Fürstenhaus 234, 241.
Fürstenschulen 129.

G.

Gallas 191.
Galgen, neuer 116.
Galgenberg 96.
Garnison Weißenfels 336.
Gartenlusthaus, herzogliches 234.
Gärtnereien 359.
Gartolfus, Heinrich, Ritter 65.
Gasanstalt 353.
Gassenmeister (Viertelsmeister) 77. 141. 218.
Gasthöfe 213, 225, 241.
Gastwirts-Ordnung, alte 205.
Gedächtnistafeln 346.
Gefängnisstellen 197. 214. 223.
Geiseln 21.
Geißler (Flagellanten) 61.
Geld 41.
Geleit 67. 72. 135.
Geleitrolle 68.
Geleitsamt 68. 129.
Geleitsfreiheit der Stadt Weißenfels 69. 135.
Geleitskutsche 68.
Geleitsstraßen 135.
Genealogische Tafel 16.
Georg der Bärtige 110.
Georgenberg, Kapelle 7. 77. 123.
Georgenberg, Erbgerichte 145. 163.
Georgenberg, Freihof 95. 117.
Georgenberg, Bewohner 227.
Gera, Vögte von 53.
Gerade, die 119. 167.
Gerbote, Bürgermeister zu Weißenfels 54. 55.
Gerichtspachtgeld 146.
Gericht des Rats in Beudiß 156.
Gericht-Amt 64.
Gerichtsbarkeit des Amtes und der Stadt 142.
Gerichtsbarkeit des Klosters siehe Clarenkloster.
Gerichtskosten 79.
Gerichtsstuhl — roter Graben 40.
Gerichtsvogtei 77.
Gero, Markgraf 6.
Gersdorf, von, Exzellenz 267.
Gersdorf, von, Oberforstmeister 312.
Gersdorf, von, Luise 324.
Gertrud, Klosterjungfrau 34.
Geschworene des Rats 77.
Getreide-Ausfuhrverbot 106. 107. 120.
Getreideprivileg, städtisches 120. 128. 143.
Gevatterbrief 255.
Gevatterschaftspräsent der Städte 256.
Gewerbe, Mitte des 19. Jahrhunderts 354.
Gewerbe, siehe Handwerk.
Gewerbefreiheit 338.
Gewerbe-Ordnung 340.
Gewohnheits-Recht der Stadt (consuetudines) 164.
Glocken 150. 221. 250.
Goldene Hirsch 258.
Gosecker Pfalzgrafen 8. 9. 10. 11. 12. 15.
Gottesäcker 140. 150. 252.
Gottesacker-Halle 150. 151.
Gottsched 375.
Gozvinus, Münzmeister 67.
Gräben in den Straßen der Stadt 203.
Gräber, vorgeschichtliche, s. Einleitung XV.
Gräber in der Klosterkirche 130.
Grabkapelle 150. 355.
Grabstätten 115. 150.
Grafenkrieg, Thüringer 58.
Gradgericht 76. 223.
gravamina der Viertelsmeister 169.
Greislau, die von 23.
Greislau-Kloster 94.
Groß-Görschen, Schlacht 313.

Grumbachsche Händel 134.
Grundbesitz, städtischer 143. 144.
Grundsteinlegung des Schlosses 206.
Grundsteinlegung der Schloßkirche 206.
Grüne Gasse von Weißenfels 62.
Grünenthal 285.
Gustav Adolf 183. 198. 200.
Gustav Adolf-Statue 365.
gymnasium academicum 207. 245.
gymnasium illustre 207. 241. 288. 291.
Günther von Kefernburg 26.

H.

Haberschlaf 191.
Hagelwetter 218.
Hakenschützen 218.
Haldeck, Heinrich von 16. 65.
Haldeke, 23. 66. 71.
Halseisen abgesch. 95.
Halsgerichte 55. 77. 79. 118. 222. 253.
Handel 68.
Handelsstraßen 135, siehe auch Zoll- und Geleitsstraßen.
Handfröhne 117.
Handwerker, siehe Innungen 99. 157. 160. 203.
Händel, Musiker 371.
Hardenberg, Anton von 320.
Hardenberg, von, siehe Novalis.
Harnisch, Seminardirektor 333.
Harras, Heinrich von 45.
Hassegau 5.
Hauptstraße 135.
Hausgenossen 141.
Häuser-Privilegien 145.
Hebestreit, Ritter auf Anbau 65. 77.
Heergeräte 141.
Heidenreich 189.
Heidnische Gräber, siehe Einleitung XV.
Heinrich I., König 5.
Heinrich von Veldecke 23.
Heinrich III., Kaiser 8. 9.
Heinrich IV., Kaiser 12.
Heinrich der Erlauchte 25. 28.
Heinrich der Fromme 113. 120.
Heldrungen, Grafen von 207.
Helene, Markgräfin von Brandenburg 28.
Hentschel 332.
Hermann von Thüringen, Landgraf 20.
Hermannfried 1.
Hermunduren 1.
Herrenmühle 88. 268.
Hersfeld 3.
Herzöge von Weißenfels 201.
Hessegau 5. 9.
Heydenreich, Superintendent 337.
Heyne, Germanist 376.
Hiller, Stadtrichter 248.
Hinrichtungen, Orte der, siehe Galgen.
Hirsch, goldene 258.
Hirte der Gemeinde 107.
Hochzeit, silberne, Kaiser Wilhelm II. 366.
Hof in Weißenfels 62. 81. Siehe auch Sebelhof.
Hoffischer 243.
Hofgericht 76.
Hofleben (Hofstaat) in Weißenfels 242. 243.
Hochaltar Jakobi 114.
Hohenzollern 323.
Hochgericht 96.
Hohenmölsen 3.
Hohenmölsen, Burg 147.
Hohenmölsen, Schlacht 11.
Hohestraße 135.
Hohenfriedberg 257.
Holcke 186.
Holzhandel 300.
Hochzeitsfeier 231.
Horkitz-Kapelle 3.
Horn, Bürgermeister 159. 202.
Hosenband-Orden 259.
Hospitale der Stadt Weißenfels 31.
Hospitalkirche 31.
Hospital bei Weißenfels 54.
Hubertusburger Friede 289.
Huldigungsmedaille von Weißenfels 229.
Husanus 196.
Hussiten 82. 83. 84.
Hütegeld 142.

J.

Jacobskapelle 123. 140.
Jagdgerechtigkeit des Rats 155.
Jägerhaus 140. 178. 230.

Jägerhaus, Einweihung des neuen 230.
Jahn, Cafet. 21. 189.
Jahn, Steinhauer 231.
Jahrhundertfeier 303.
Jahrmärkte 87. 101. 102.
Jena, Universität 210.
Jena, Schlacht bei 305.
Jena, Universitäts-Bibliothek 229.
Jenzich 22.
Industrie der Stadt 354. 358. 359.
Innungen, siehe auch Zünfte.
Innungmeister und Feuer 217.
Inquisition 113.
Johann Adolf I., Herzog von Weißenfels 215.
Johann Adolf II., Herzog von Weißenfels 255.
Johann Friedrich der Großmütige 127. 131.
Johann Georg I., Kurfürst 161.
Johann Georg II., Kurfürst 197.
Johann Georg, Herzog von Weißenfels 228.
Johanniskapelle 123.
Jubelfeier der Marienkirche 361.
Jubelfeier der Einführung der Reformation 332.
Juckoff, Bildhauer 366.
Juden 57. 60.
Judenschule 88.
Jungfrauen, kluge und törichte 54.
Justiz 78. 128. 183.
Justiz auf dem Markte 203.
Justus Jonas 113.
Jutta von Thüringen 20.
Jutta von Henneberg 44.

K.

Kahl, Dietrich von 66.
Kahleberg 21. 66. 73. 87. 88.
Kaland 49 ff.
Kaiser Wilhelm-Denkmal 366.
Kammerlauge 108.
Kapellen 123.
Karten (Pläne) des Amtes Weißenfels 265.
Karl V. in Naumburg 128.
Karl von Österreich in Weißenfels 236.
Karl V., Kaiser 128. 236.
Katharina, Gemahlin Friedrichs des Strengen 71.
Katharina, Gemahlin Friedrichs des Streitbaren 83.
Kefernburg, Günther von 26.
Kiesewetter, Kanzler 143.
Kilian 1.
Kinderbewahr-Anstalt 344.
Kinsky 195.
Kipper und Wipper 163.
Kirchhöfe 140. 150. 252.
Kirchenwesen, gegenwärtiges 361.
Kirche der Hl. Maria und Michael 18.
Kirche des Klosters, siehe Klosterkirche.
Kirche des Hospitals St. Laurentii, siehe Hospitalkirche.
Kirchenbibliothek 47.
Kirchen-Ordnung Kurfürst Augusts 137.
Kirchlichkeit 204.
Kirchweihe 47. 49. 130. 310.
Klein, Seidenfabrik 296.
Kleider-Ordnung des Rates 205.
Klingengasse 76. 86.
Klingenschule 254.
Klingenvorstadt 117. 140. 141.
Klingentor 142.
Klingentorteich 145.
Klingentor-Gemeinde 225. 226.
Klemme — Klemmberg 19.
Kloster St. Clara, siehe Clarenkloster.
Kloster in Beuditz, siehe Beuditzkloster.
Klostergebäude 162.
Klostergärten 138.
Klosterkirche, siehe Clarenkloster 129. 130. (wiederhergestellt) 131. 137. 221. 355.
Klosterkirche, Begräbnisplatz 130.
Klosterteich 162.
Knaben- (und Mägdleinschule) 124. 137.
Knut, Ritter 22. 27. 29. 64.
Knuthin, Äbtissin 22.
Kohlen 300.
Konrad von Wettin 12.
König von Spanien in Weißenfels 236.
Königsmark, Schwede 195.
Kopfsteuer 87.
Körner 376.

Kornglocke 205.
Kosaken, russische 311.
Krankenhaus 328.
Kreischau, von 113.
Kreuzbrüder, siehe Flagellanten.
Kreuzstraße 68.
Kriegerdenkmal 351.
Kunemunde von Nebra 58.
Kunststraße von Weißenfels nach Merseburg 327.
Kriegerdenkmäler 349.
Krugholz 116.
Kuttelpforte 139. 234.
Kuttelteich 177.

L.

Ladegast 370.
Landbern 96.
Landbete zu Weißenfels 58. 62.
Landding 20.
Landes-Ordnung, erste 91.
Landesteilung 85.
Landgericht 76.
Landgrafen, Thüringer 7. 11. 15. 16.
„Landlehnwaar" 161.
Landsberg, Mark 28.
Landstraßen-Verbesserung 219.
Langendorf, Kloster 27. 111. 124. (verkauft) 144. 171.
Langendorf, Waisenhaus 237.
Langensalza 256.
Lasten der Amtsuntertanen 153.
Laternen 248.
Laurentius-Hospital 31. 123.
Laucha, Landgericht 14.
Lanskoy 312.
Lehrer-Seminar 294.
Lehmann, Superintendent 209.
Lehnbuch Friedrich des Strengen 65.
Lehen-Hof 62.
Lehenklepper von Reichardtswerben 162.
Lehengeld 173.
Leipzig, Handel 117.
Leipzig, Universität 85.
Leipzig, Völkerschlacht 318.
Leipziger Straße 68.
Leistungen der Untertanen 153.
Leo, Archidiakonus 209.
Leopold von Österreich 24.
limes 52.
Lindemann 291.
Literaturgeschichtliche Personen, Weißenfelser 369.
Liudolf 5.
Lobdaburg 22.
Lobgedicht auf fürstlichen Leibhund 254.
Löffelschmiede 368.
Loge 328.
Lorenz, Superintendent 361.
Löwisch 357.
Lubusa, rector ecclesiae 55.
Ludwig von Baiern 57.
Ludwig der Springer in Weißenfels 11.
Lusa, Amtsvogt 142.
Lusthafen 236.
Lusthäuschen 249.
Luthers Brief an Stein nach Weißenfels 124.
Luther-Statue 365.
Luthers Tod 132.
Lützen, Schlacht 188. 272. 313.
Lysthenius 149.

M.

Mädchenschule 126. 138.
Magazin, siehe Reithaus 231.
Magdalenen Sibyllens Hochzeitsfeier 231.
Maria Theresia 257.
Marienkirche 18. 30. 33. 47. 221.
Marienkirche von Hussiten verbrannt 93.
Marienkirche, vergrößert aufgebaut 93. 94.
Mark Merseburg 6.
Mark Zeitz 6.
Mark Meissen 6.
Markgrafen von Meißen 17 ff.
Markt, siehe auch Jahrmärkte 203. 205.
Marktbrunnen 203.
Marktbild (16. Jahrhundert) 143.
Markwerben 13.
Markwerben kommt an Weißenfels 87.
Marodeurs 321.
Marterkammer 297.
Mauern der Stadt 55.
Mauretius 189.
Maschinenfabrik 359.

Medaille zur Taufe 256.
Meinherus, Pfarrer in Weißenfels 30. 81.
Melanchthon 121.
Merians Bild von Weißenfels 164.
Merseburger Mark 6.
Merseburger Stadtrat kondoliert 159.
Mieter 141.
miles 26. 64.
milito 3.
Minoriten in Weißenfels 22.
Ministerialen 52.
Molberg = Mühlberg 73. 142.
Mölsen 63.
Montag, guter 102.
Montanwerke 353.
Moritz, Herzog und Kurfürst 127.
Mortaigne 195.
Musicalische Gesellschaft 151.
Musik 370.
Musik-Aufführungen 332.
Musiker 368.
Mund, Johann Paul 231.
Mund, Johann Michael 247.
Mühlberg, siehe auch Molberg 118. 142.
Mühle an der Saale in Weißenfels 63.
Mühlberger Schlacht 128.
Mühlen am Greislaubach 140.
Müllner 314 ff. 379 ff.
Münze in Weißenfels 67. 163.
Münzstätten, staatliche verpachtet 163.

N.

Nägelstädt 12.
Napoleon in Weißenfels 309. 310. 312. 316. 319.
Naumburg 3. 7.
Naumburg, Bistum 137.
Naumburg, Kirschfest 84.
Naumburg, Teilungsvertrag 23.
Nebe 111.
Nebra, Kunemunde von 58.
Nelkenbusch, zum 213.
Neuenburg a. U. 58. 71.
Neumeister 254. 374.
Neupulschitz 237. 266.
Niklas-Gemeinde 140.
Niklas-Kapelle 123.
Niklas-Hospital 140.
Niklas-Kirchhof 115. 137. 150. 252.
Niklas-Tor 139. 259.
Niunburg, siehe auch Neuenburg 3.
noble passion, de la 229.
Nordische Krieg 239.
Notbeten 59.
Novalis 378.
Nürnberg, Burggrafen von 70.

O.

Ober- und Erbgerichte 163.
Oberförsterei 230.
Ober-Gemeinde vor d. Klingentore 226.
Ober-Gemeinde-Schenke 226.
Ober-Hofgericht in Weißenfels 147.
Ober-Marschall 243.
Ober-Mühle 144.
Ober-Nessa 65.
Oberst- und Halsgericht 77.
Oda 8.
Olearius, Joh. 376.
Olzen, Bürgermeister 321. 329. 338.
Oper 373. 374.
Orangerie 249.
Orden de la noble passion 229.
„Ordnungen und Satzungen des Rats zu Weißenfels" von 1598 150.
Ortsnamen, sorbische 4.
Ossa, von 110.
Osterfeld, Grafen von 14.
Osterland 19.
Österreichischer Feldzug 347.
Otto, G. E., Jurist und Chronist von Weißenfels 297.
Otto, Arzt (Tod) 302.
Otto, Major 283.
Otto II. 4.
Otto der Reiche 17 ff.
Otto IV. in Thüringen 21.
Ottokar von Böhmen 19.

P.

Pagenhofmeister 243.
Papierfabriken 359.
Pappenheim 188.
Pariser Friede, zweiter 324.

passion, de la noble 229.
Patronat der Kirchen und Schulen 114. 124.
Patronatswechsel 114.
Pegau 12.
Pest 59. 87. 115. 147. 159.
Peter I. von Rußland 236.
Petrus, Bischof von Naumburg 91.
Pfalzgrafen von Goseck, siehe Goseck.
Pfeffermühle 144.
Philipp von Hessen 113. 127.
Philipp von Schwaben 21.
Pforta 71.
Pfortisches beneficium 168.
plagium Kauffungense 91.
Plastik 369.
Plauen, Vögte von 53.
plebanus 62.
Podelicz-Mühle 118.
Poley 375.
Polizei-Verwaltung 338.
Pollicarius 132.
Poncigk 9.
Poppe von Henneberg 24.
Portale 219. 369.
Porzellan-Fabrik 330.
Posern, Herren von 14. 65.
Poserna, Salinen 136.
Post 339. 360.
Pouch, Hermann von 58.
Pranger 95.
Präsente, herzogliche Gevattern 256.
Prediger-Mönche 80.
Prinzen-Raub 90.
Privilegierte Häuser 77. 145.
Prokop 82. 84.
Provinzial-Lazarett 324.
Pulschitz 88. 96.
Pulschitz-Mühle 22. 71. 88.
Puonzowa (Gau) 4.

Q.

Querfurt 65. 201. 216.

R.

Radulf I. 2. 3.
Rastenberg (Raspenburg) 54.
Rat der Stadt 102. 171.
Rathaus 210. 221. 251. (Neubau).
Rats-Backhaus 165.
Rats-Gebräuche 165.
Rats-Jagd 155.
Rats-Keller 166. 212. 295.
Rats-Mitglieder 142.
Rats-Niedergang 79. 211.
Rats-Ordnung, erste 172.
Rats-Rechte 119. 167.
Rats-Reisen 212.
Rats-Ritterpferde 182.
Rautenkranz (Rautenstock) 213.
Reckenburgerin, letzte 301.
Reformation 110. 121. 123.
Reformations-Jubiläen 180. 241. 325. 332.
Registratur, Nachrichten der 271. 276. 280.
Reithaus, neues 231. 233.
Reit- und Marstall 258.
Reitschule (Magazin) 231.
Rekrutengeld 283.
Religions-Eid 149.
Religions-Übung, freie 121. 128.
Repnin, Fürst 322.
resignatio alter Bürgermeister 170.
Revolution 304. 305. 334.
Richarewerben, Cuno von 65.
Riemer, Professor 208. 374.
Ring, goldener 67. 139. 213.
Ritter-Akademie 291.
Ritterpferde des Rats 182.
Ronneberg 1.
Rohrteich 96.
Rosalsky-Stein 366.
Roßbach, Schlacht bei 277.
Roßbach, Hundertjahrfeier 345.
Roßbach, Anderthalbhundertjahrfeier 367.
Rost, Simon 146.
Rote Graben 40.
Rudolf von Schwaben 10.
Rudolf Schenk von Tautenburg 61.
Rüstkammer des Rats 176.
Rysfel, Lustgebäude 235.

S.

Saalbrücke 158 (wird kurfürstlich). 163. 252. 273. 288. 320. 368.
Saaltor 139.
Sachsenburg 5.

Sachsen-Kaiser 5.
Sachsen, Königreich 307. 308.
Sächsische Pfalzgrafen 9. 15.
Salem 362.
Salinen 136.
Salzburger 253.
Salz-Fuhrleute 62.
Salz-Kauf 136. 173.
Salz-Straße 68.
Salz-Werks-Gerechte 326.
Salz-Zoll 139.
Scharfrichterei, alte 142.
Scidingi (Scheidungen) 1.
Schein, Musiker 368. 370.
Scheunen in der Stadt 209. 216.
Schiedsgericht zu Weißenfels 53. 76.
Schießgraben vor dem Nikolaitore 115.
Schiffer 353.
Schiffahrt nach Magdeburg 330.
Schiller 376.
Schillerfeier 367.
Schkölen 3. 20.
Schkölzig 5.
Schlesische Kriege 258.
Schleusen 299. 326.
Schloßbau 206. 215.
Schloßgärtner 243.
Schloß-Kaserne 326.
Schloß-Kirche 220. 361.
Schloß Weißenfels 195. 206. 215.
Schmalkaldische Bund 113. 120.
Schneider-Handwerk 101.
Schönburg 92.
Schraplau, Gebhard von 58.
Schuhfabrikation 358.
Schuhknechte 101. 116.
Schuhnagelfabrik 359.
Schule 62. 124. 129. 137. 179. 254. 296.
Schule, siehe auch Gymnasium illustre.
Schulexamen 168.
Schultheißen 75.
Schulwesen im 19. Jahrhundert 362.
Schumann, Joh. Michael 376.
Schutthaus für Getreide 163. 177.
Schütz, Christoph 160.
Schütz, Heinrich 171. 190. 368. 370.
Schützen, Gasthof zum 213.
Schützen-Haus 234.
Schwanen, zum dreien 213.
Schwarzburg, Günther von 26.
Schwarzer Tod 60.
Schweden in Weißenfels 189. 190. 194. 197. 239.
Sedanfeier, erste 351.
Sedelhof am Rathause 81.
Seidenfabrik 296.
seminarium gymnasii 125.
seminarium illustre 245.
Seminar, Königliches 294.
Seuchen (siehe auch Pest) 159. 209. 216.
Seydicke 285.
Seydlitz, von 272.
Sibdenberg 19.
Sidonie von Braunschweig in Weißenfels 133. 139. 140.
Siebenjährige Krieg 269 ff.
Sievenshausen 133.
Sigismund, Herzog 85. 86.
Silber- und Löffelschmiede 370.
singularia weissenfelsensia 212.
Slatebach, Ulz von 11. 65.
Slaven, siehe Sorben.
Smedeberg 88.
Smurden 7. 9.
Sommerhaus, herzogliches 219.
Sophie, Clarissin in Weißenfels 32.
Sorben 2. 4.
Soubise, Prinz von 272.
Spiel, nächtliches 107.
Stadt-Anlage von Weißenfels 18.
Stadt-Bilder, geschichtliche 55. 64. 91. 164. 202. 297. 300. 335. 368.
Stadt-Brände 69. 158. 206. 210.
Stadt-Defensioner 235.
Stadt-Frieden 206.
Stadt-Garten 297.
Stadtgericht Weißenfels 55. 76. 118. 327.
Stadtgraben 95. 177. 219.
Stadt-Hirte 107.
Stadt-Kirche 18. 361.
Stadt-Mauer 55. 94. 95. 138.
Stadt-Rechnung (von 1620) 173.
Stadt-Recht 73. 118. 119.

Stadt-Regiment 102.
Stadt-Richter 62. 76. 248.
Stadt-Tore 297. 331.
Stadt-Verfassung 73.
Stadtverordnetenversammlung, erste 337.
Stadt-Wappen 18.
Stadt-Weichbild 247.
Städte-Ordnungen 326.
Stahlkettenwerke 359.
statuta (von 1483), städtische 79. 103. 171. 204.
statuta (von 1619) 172.
statuta (von 1662) 204.
Stein, Wolfgang 122. 124.
Steinbrüche 290.
Steuer-Nöte (Herzogszeit) 67. 86. 136. 210. 224.
Steuer-Verweigerung 334.
Stockmann 334.
Storkau, Gebr. von 24. 66.
Stößen 85.
„Straff und Gericht" (von 1483) 103.
Straßen 68. 204. 329.
Straßen-Reinigung 219.
Strom-Regulierung der Saale 352.
Supan 7.
Superintendent, der erste 122.

T.

Taubstummen-Anstalt 364.
Tauchlitz 13. 74.
Taufbecken, herzogliches 370.
Taufe, herzogliche 255.
Tautenburg 81.
Tetzel 114.
Thielemann 317.
Thietmar von Merseburg 8.
Thüringer 1.
Thüringer Erbfolgekrieg 25.
Thüringer Grafenkrieg 58.
Thüringer Königreich 1.
Thüringer Mark 3.
Thüringer „Sündflut" 158.
Tierbach, Gebrüder von 22. 66.
Tilly 185.
Tilsiter Friede 309.
Töpferdamm 241.
Tod, schwarzer 60.
Torf 300.
Torhäuser 336.
Torwärter 105.
Treben 4.
Tribun (Flemminger) 22.
Triftgeld 174.
Triller 90. 154.
Trompete, lederne 237.
Trotzer 19.
Tucher (Teuchern) 3. 11.
Tucherinl 4.
Tuchirn, Heinrich von 58.
Tuchscherer 203.
Türkengefahr 93. 127. 150.
Türkensteuer 116.
Türmer 107. 217.

U.

Überschwemmungen 289. 336.
Überschwemmung, siehe Wassersnot.
Uichteritz, die von 64.
Uichteritz, Rittergut, gehört der Stadt Weißenfels 159.
Uhrwerk für die Stadt 210.
Ulrich, Bischof von Nürnberg 80.
Umgeld 87. 116.
Ungarn 5.
Unruh, Graf von 266.
Unruhen, politische 334.
Untergemeinde-Artikel 225.
Untergreislau 163.
Untergreislau, Kloster 27.
Unteroffizierschule 349.
Urfried, Geschworener 100.
Ursulakapelle 96. 123.

V.

Vargula, Rudolf von 27.
Vaterlandsverein, konstitutioneller 334.
Verhütung von Verbrechen, Verein zur 343.
Verkehrsübersicht 360.
Vermögenssteuer Albrechts 99.
Vesta, Johannes von 27. 66.
Vetternwirtschaft 211.
Viehtrift 139.
Viertelsmeister 77. 169. 170.
Visitationen der Klöster 111.
Visitationen, evangelische 122. 137. 149.

Vogelschießen zur Herzogszeit 230.
Vogt des Amtes Weißenfels 76.
Völkerschlacht bei Leipzig 318.
Vorschuß-Verein 340.
Vorstädte 138—141. (kommen zur Stadt) 329.
Vorwerke in Weißenfels 54.
Vulpius X. 214.

W.

Wachen 146.
Waffentragen 204.
Waisenhaus der Loge 328.
Walbitz 96.
Wallenstein 186. 188. 189.
Wallgraben 95.
Wangen a. U. 2.
Wangenheim, Friedrich von 58.
Wassergraben in der Stadt 109.
Wasserkorb 95.
Wassersnot 288. 336.
Watzdorff, Margarethe von 124. 130. 131. 175.
Wechsel des Rats über 1550 Taler 285.
Wege, Beschaffenheit 117. 219.
Weichbild 55. 76. 97. 247.
Weida, Vögte von 53.
Weidling 245.
Wein-Bau 177. 224. 297.
Wein-Einfuhr 117. 224. 247.
Weise 373.
Weißenfels, Amt 10.
Weißenfels, Bad 321.
Weißenfels befestigt 94.
Weißenfels, Bündnis 81.
Weißenfels erstmals genannt 10.
Weißenfels, Friede von 25. 26.
Weißenfels, Hauptvergleich 53.
Weißenfels, Schiedsgericht von 53.
Weißenfels, Schloß wird zerstört 195.
Weißenfels, Stadt 25. 39. 42.
Weißenfels, neue Stadt 74.
Weißenfels verkauft 53.
Weißenfels versetzt 24. 45.
Weißenfels wird preußisch 322.
Weißenfels, Vertrag von 86.
Weißenfels, Witwensitz 71.
Weitao, Gau 3.
Werber, 267.
Werinafeld 2. 3.
Werterde, Hans von 118.
Werthern, von 118.
Wettaburg 2.
Wiehe 118.
Wiprecht von Groitzsch 12.
Wilhelm II., Herzog 71. 72.
Wilhelm III., der Strenge, Herzog 89 ff.
Wilhelm, Prinz von Preußen 332.
Wilhelm I., Deutscher Kaiser 347.
Wilhelm II., Deutscher Kaiser 357.
Wilke 229.
Wirbinaburg 5.
Witzberg 118.
Wochenmarkt 101. 203.
Wolf 380.
Wolfersdorf, von 153. 162. 184. 370.
Wrangel, von 297.
Wundergeschichte 180.

X.

Xaver, Administrator 259. 290.
Xaver-Regiment 266.

Z.

Zastrow, von 214. 269.
Zeurbow (Zorbau), Heinr. von 20. 54. 66.
Zeitzer Mark 3. 6.
Zeitz, Stadt 6. 8.
Zeitz, Bistum 7.
Zeitzer Vorstadt 219.
Zeitzer Tor 139.
Ziethen 268.
Zins (census) 74.
Zins, fälliger 175.
Zinsfuß 117.
Zip 7.
Zise 86. 87.
Zorbau 4.
Zorbau, die von 23.
Zollfreiheit der Stadt Weißenfels 46.
Zoll 69.
Zölle 135.
Zschirnhügel 4.
Zucht- und Arbeitshaus 266. 292.
Zünfte 99. 100. 203.
Zupan 7.

Von demselben Verfasser erschienen:

1) **Schloß und Schloßkirche zu Weißenfels.** Zugleich ein Beitrag zur Geschichte des Herzogtums Weißenfels. Herausgegeben von der Königl. Unteroffizierschule Weißenfels. 1898. Max Lehmstedts Verlag.
2) **Die Clarissinnen**, Bilder aus der kirchlichen Vergangenheit. Für die Bühne bearbeitet. 1903. Halle, Verlag von Gebauer u. Schwetschke.

Im Verlage von R. Schirdewahn, Weißenfels erschienen:

1) Wolf, Professor Dr. H. Klassisches Lesebuch. Eine Einführung in das Geistes- und Kulturleben der Griechen und Römer in Übersetzungen ihrer Klassiker. 2 Bde. Geb. I 2 Mark, II 2.50 Mark. Geschenkausgabe in einem Bande 5 Mark.
2) Schröter, Prof. E. Die Schlacht bei Roßbach. Zur Erinnerung an die hundertfünfzigste Wiederkehr des Schlachttages (5. November 1757). Mit Kartenskizze. 0,50 Mark.
3) Schön, A. 136 vierstimmige Männerchöre für die Sängerriegen deutscher Turnvereine 1.50 Mark.

Buchdruckerei von Leopold Kell, Weißenfels.

Erinnerungen:

Zeitfracht Medien GmbH
Ferdinand-Jühlke-Straße 7
99095 Erfurt, Deutschland
produktsicherheit@kolibri360.de